ULISES GORINI

A REBELIÃO DAS MÃES

História das Mães da Praça de Maio

TOMO II (1983–1986)

Tradução
Gabriela Petit e Laura Rossini dos Santos

coragem

Porto Alegre
2025

Título original: *La otra lucha: Historia de las Madres de la Plaza de Mayo (1983–1986).*

Projeto editorial e diagramação
Thomás Daniel Vieira.

Coordenação
Camila Costa Silva.

Tradução
Gabriela Petit e
Laura Rossini dos Santos.

Revisão
Nathália Boni Cadore.

Capa
Cintia Belloc.

Índice
Taís Amorim.

EDITORA CORAGEM LTDA
www.editoracoragem.com.br
contato@editoracoragem.com.br
(51) 98014.2709

Porto Alegre, Rio Grande do Sul.
Inverno de 2025.

Dados Internacionais de Catalogação na Publicação (CIP)

G669r Gorini, Ulises Gorini
A rebelião das mães: história das Mães da Praça de Maio / Ulises Gorini; tradução Gabriela Petit e Laura Rossini dos Santos; prólogo por Osvaldo Bayer – Porto Alegre: Coragem, 2025.
2 v.

Título original: La rebelión de las Madres: Historia de las Madres de la Plaza de Mayo
Conteúdo: t.1. 1976-1983 – t.2. 1983-1986
ISBN: 978-65-85243-58-2
ISBN: 978-65-85243-56-8 (v.1)
ISBN: 978-65-85243-57-5 (v.2)

1. Mães da Praça de Maio – História. 2. Movimentos sociais – Direitos humanos. 3. Ditadura – Argentina. 4. Mães – Resistência. 5. Movimentos de resistência. 6. Ditadura civil-militar. 7. Movimentos sociais – América Latina. 8. Repressão política. 9. História – Memória – Argentina. I. Bayer, Osvaldo. II. Petit, Gabriela. III. Santos, Laura Rossini dos. IV. Título.

CDU: 316.4.066(82)

Bibliotecária responsável: Jacira Gil Bernardes – CRB 10/463

A rebelião das Mães da Praça de Maio
Tomo II

Sumário

A Mariana, minha companheira.

INTRODUÇÃO

> "É absolutamente verdadeiro, e assim o prova a História, que neste mundo nunca se consegue o possível se não se tenta uma e outra vez o impossível."
>
> Max Weber, *A Política como vocação.*

> "Eu preferi falar de coisas impossíveis, porque do que é possível, se sabe demasiado."
>
> Silvio Rodríguez, *Resumen de noticias.*

O dia 10 de dezembro de 1983, data em que termina o "Processo de Reorganização Nacional" e o radical Raúl Alfonsín assume a presidência, é um divisor de águas tanto na história nacional como no desenvolvimento do movimento das Mães da Praça de Maio. Depois do regime cívico-militar mais sangrento do século XX, na Argentina começa uma etapa que a historiografia tradicional define como "transição à democracia", e os autores vinculados ao pensamento crítico denominam "pós-ditadura".

Situadas nessa fronteira, as Mães começaram um processo de redefinição e reposicionamento de seu movimento. Elas haviam surgido na pior etapa da repressão como resposta imediata ao desaparecimento forçado de pessoas, e logo se converteram no principal foco de resistência ao terrorismo de Estado. Suas reivindicações, seu discurso, suas ações, enfim, o conjunto de suas práticas políticas foi ficando definido no confronto com a ditadura. Mas, agora, esse inimigo retraía-se para deixar o centro da cena para outros atores.

Como impactaria nelas essa mudança? Em que medida o novo contexto implicaria mudanças em seu discurso e naquelas práticas à luz do terrorismo de Estado?

A busca de respostas para essas e outras perguntas-chave e sua resolução efetiva geraria, na nova cena política, debates que por sua profundidade e magnitude não registravam antecedentes na curta, porém intensa, história das Mães — na época mal passava de seis anos — e revelariam não apenas a essência do movimento do qual faziam parte, mas também o caráter da nova etapa. Isso porque a intensa dinâmica política exigia definições urgentes para as dramáticas e imperiosas demandas das Mães, sob uma intensa pressão do flamante governo e de outros atores sociais e políticos, em meio a reivindicações de "a luta contra a subversão" e as ostensivas ou veladas ameaças de setores castrenses.

Nesse tenso e incerto clima pós-ditatorial, as Mães tiveram que discutir, entrar em consenso, ou discrepar sobre várias representações do poder, da democracia, da justiça, do papel da oposição. Então, todas as contradições sob o denominador comum da busca de seus filhos e a luta contra o mais cruel dos inimigos afloraram: diferentes abordagens éticas, ideológicas e culturais que respondiam, por sua vez, à heterogênea composição social do movimento, à imparcialidade política e à complexa conformação psicológica de cada uma de suas integrantes. Grandezas e desventuras coletivas e individuais dessas mulheres que eram objeto tanto de humilhantes acusações como de mitificações reverenciais. Uma dimensão ao mesmo tempo mais complexa e rica do movimento emergia agora com toda a clareza, expondo as suas limitações originais, mas também os aportes singulares e poderosamente renovadores das Mães às práticas políticas nacionais.

Certamente, esse estado deliberativo não foi somente um processo interno. Pelo contrário, a explosão das contradições no seio do movimento pautava, dialogava e era permeada pela briga política, cultural e ideológica que interpelava, na época, o conjunto da sociedade da Argentina pós-ditatorial. Trata-se de um dos períodos mais dramáticos e, ao mesmo tempo, mais apaixonantes da história das Mães, em que ficaram em evidência com toda precisão dois olhares sobre a realidade do país e a forma de enfrentar, na nova etapa, a luta que haviam iniciado em 1977.

Este livro aborda, precisamente, a análise desses anos: uma primeira etapa a partir daquele 10 de dezembro de 1983, em que assumiu Alfonsín, quando boa parte das forças políticas e sociais consideravam as Mães o principal referente da resistência à ditadura. Depois, a crise que vão atravessar como consequência das redefinições que os fatos iriam exigindo, até abril de 1986, momento em que a briga interna e a que mantinham com o governo e outros setores políticos as conduz irremediavelmente à ruptura do movimento.

Para dar conta da evolução desse movimento em um período delimitado de sua história, foi necessário não apenas reconstruir, como em *A rebelião das Mães da Praça de Maio – Tomo I*, a sequência de ações que o grupo foi desenvolvendo na etapa, mas também caracterizar a trama de relações sociais e políticas em que aconteceram e as contradições e os confrontos que geraram.

A análise vai exigir atender constantemente o desenvolvimento da história do país em um período em que o poder procura consolidar um novo modelo de governabilidade, e no qual intervêm variáveis nacionais e internacionais.

Entretanto, à diferença do primeiro, neste segundo volume intensifiquei o olhar sobre as Mães no momento em que se produz a crise mais profunda do movimento. A explosão de suas contradições internas resulta reveladora, tanto do passado imediato do grupo como das duas identidades que surgirão como consequência dessa ruptura.

A dimensão desconhecida

Para todos os protagonistas daqueles dias, no dia 10 de dezembro de 1983 começou uma etapa de trânsito. Os termos "transição à democracia" e "pós-ditadura" com que as diversas disciplinas das ciências sociais a caracterizam, revelam, além de diferenças de enfoques teóricos ou ideológicos, uma certa dificuldade em definir a essência desse período da história argentina.[1] O politólogo chileno Manuel Antonio Garretón, nesse sentido, assinalou que o conceito "transição" traz ambiguidade sobre a etapa que pretende descrever, pois existe a certeza de seu ponto de partida — a ditadura —, mas não sobre seu futuro — a suposta democracia.

1. Resulta sumamente interessante que quando nem teóricos nem intelectuais encontravam ainda o termo "pós-ditadura", as Mães já o haviam usado para diferenciá-lo do conceito de "democracia", que pretendia definir essa etapa. Em um documento apresentado na *Federación de Familiares de Detenidos Desaparecidos*, do dia 19 de novembro de 1984, disseram: "Mães entendem que é importante destacar a similitude entre os governos pós-ditadura de Bolívia, Peru, países irmãos da Argentina. Esses governos chegam por eleições populares, mas mantêm as estruturas das Forças Armadas sob aparência de democracia, que só permite expressar-se na rua sem poder ter acesso aos meios de informação. Defende-se a impunidade dos crimes cometidos sob leis que brincam ou se disfarçam de serem exemplares. O resultado é significativo para tomar em conta o conjunto dos povos latino-americanos, que ingressaram ou estão por ingressar a esses sistemas pseudodemocráticos. As Forças Armadas mantêm as suas estruturas e controlam o poder que lhes permite manter seus privilégios e a submissão de quem, por etapas, e à medida que se recupera, insiste em exigir seus Direitos. Nós sabemos que tudo isso obedece a um nefasto acionar político, que negocia, em todos os níveis, com aqueles faltos de ética que aderem aos cúmplices dos massacres populares".

A incerteza, porém, também afetava aquilo que ia ficando para trás: naquele momento limite, de retirada da ditadura, não se percebia ainda a dimensão e a profundidade das mudanças operadas na sociedade argentina sob o "Processo", e não resultava tão claro nem o que ficaria definitivamente no passado, nem o que persistiria para além de certas aparências.

A ideia mais próxima que define essa etapa como pós-ditadura é a do sociólogo argentino Atilio Boron, que defende que o componente democrático dessas formações sociais — refere-se tanto à Argentina como a outros países do Cone Sul da América Latina que passaram por processos similares — deriva muito menos do que eram, do que do simples fato de surgirem da queda de ditaduras; recuperaram certamente algumas liberdades violadas em períodos ditatoriais, mas "de jeito nenhum chegaram a instituir, para além das suas aparências e rasgos formais, um regime genuinamente democrático".[2]

O modo como se "retirou" a ditadura, no caso da Argentina, explica com nitidez a singularidade dessa etapa. De fato, em que condições se entregava o poder? Que significava, realmente, essa entrega? Em que situação ficavam os protagonistas coletivos e individuais do velho regime? Com que atributos reais e potenciais contava a nova institucionalidade político-estatal emergente? Que correlação de forças se estabelecia entre os atores políticos, sociais e econômicos?

Para além das aparências e de expressões que simplificam a realidade a partir de pares antinômicos como democracia e ditadura, ou vencedores e vencidos, esses questionamentos obrigam a revisitar não apenas as imagens do momento em que o último ditador entrega os atributos de comando ao presidente eleito Raúl Alfonsín, mas também o longo processo histórico que resulta nesse fato ponderável, mas de forma alguma definitivo. Porque o bloco cívico-militar que deixava o governo não era derrotado em toda sua linha. Ao contrário, a ditadura conseguia muitos dos objetivos que havia procurado, alguns explícitos, outros nem tanto. Particularmente, conseguia impor um novo modelo de acumulação e modificava notadamente a configuração orgânica e subjetiva das forças políticas e sociais anteriores ao golpe de Estado de 1976.

Nesse sentido, foi decisivo o extermínio da oposição mais radicalizada e o disciplinamento imposto ao conjunto de partidos e movimentos sociais.

---

2. BORON, Atilio. "Aristóteles en Macondo: notas sobre el fetichismo democrático en América Latina". BURACOS, Guillermo (comp.). *Filosofía y teorías políticas entre la crítica y la utopía*. Buenos Aires: CLACSO, 2007.

Por essa razão o genocídio não significou, nem muito menos, somente o aniquilamento de milhares de argentinos, e também não pode ser resumido na soma de violações aos direitos humanos que implicou sua execução. A redução do genocídio à sua dimensão criminal esconde uma deformação juridicista e implica uma simplificação descontextualizada e anistórica do fenômeno, posto que isola o genocídio do conjunto de seus planificadores e executores, da trama de relações sociais e políticos de uma época e uma sociedade determinadas.

O genocídio foi o ponto de chegada e também o ponto de partida de um complexo processo social. Como ficou registrado na Introdução de *A rebelião das Mães da Praça de Maio – Tomo I*, o aniquilamento em massa foi o recurso com que certos grupos de poder resolveram, em parte e a seu favor, a profunda crise pela que passava a sociedade. Por meio do terror e da violência conseguiram impor um novo modelo de acumulação baseado na primazia do capital financeiro. Precisamente, uma das características distintivas do genocídio argentino deve ser procurada nas características das vítimas: como o novo desenho das relações sociais e econômicas afetaria as classes populares, o massacre foi dirigido a eliminar pessoas e organizações opositoras ao plano no terreno teórico, político, e na práxis. Enquanto outras eliminações em massa, distantes no tempo e nas coordenadas geográficas, foram marcadas por objetivos étnicos, religiosos ou nacionais, na Argentina apontaram à aniquilação total, física e subjetiva, de uma heterogênea força social de oposição.

Antes do "caso argentino" não fora reconhecido — ainda que sim, conhecido — juridicamente esse tipo de genocídio. As primeiras normas e convenções sobre crimes em massa restringiam-se a casos de eliminação étnica, confessional ou nacional. Depois de um longo processo de debates políticos e jurídicos, e após uma extensa luta social e política, pela primeira vez o juiz espanhol Baltasar Garzón — aplicando o instituto da jurisdição universal para os delitos de lesa humanidade — se debruçou em 1999 nos crimes cometidos pelo "Processo" sob a figura de genocídio político-ideológico.

O genocídio perpetrado na Argentina teve consequências e cumpriu com objetivos perseguidos por um amplo conjunto de setores, e até por alguns que posteriormente afirmaram não ter comungado com o "método". Outras camadas sociais não aceitaram muito a nova ordem, e em troca obtiveram apenas algumas migalhas. Houve ganhadores e perdedores.

Muitos dos protagonistas da nova etapa estavam, precisamente, entre os ganhadores, que não mostravam qualquer interesse em agitar o passado, nem em modificar a nova conformação que a ditadura deixara, assim como também antes não fizeram nada para resistir. Entretanto, a nova relação de forças — derivada da reestruturação social, econômica e política urdida pelo regime que terminava — não estava completa, nem muito menos definitivamente estabelecida, pois ainda devia ser experimentada pelos diferentes atores. Essas circunstâncias são essenciais para compreender e avaliar, na justa medida, os triunfos e derrotas do "Processo".

Para além de suas indiscutíveis conquistas, os operadores políticos da ditadura — fundamentalmente as Forças Armadas e alguns grupos civis, políticos e económicos — não conseguiram concretizar alguns aspectos decisivos do seu plano. Quando os golpistas de 1976 intitularam sua empresa genocida de "Processo de Reorganização Nacional" estavam proclamando objetivos de refundação mais ambiciosos que aqueles que finalmente alcançaram. Entre outros, anunciaram o propósito de redesenhar a governabilidade que — além de eliminar definitivamente toda ameaça que impedisse ou dificultasse a consolidação do novo modelo — deveria acabar com os vaivéns institucionais de várias décadas de golpes de Estado seguidos de governos constitucionais. No entanto, por diversas circunstâncias — que foram analisadas extensamente em *A rebelião das Mães da Praça de Maio - Tomo I* — não conseguiram consolidar um marco estável que permitisse que permanecessem no governo por muito tempo, e menos ainda, diferentemente da direita chilena, por exemplo, que garantisse terem uma ingerência gravitante no futuro institucional.

Entre os fatores determinantes desse fracasso deve ser mencionada a resistência do movimento de denúncia do terrorismo de Estado e, em menor medida, de alguns setores da classe operária contra a política económica da ditadura. Pois, apesar da brutal repressão, os militares não conseguiram disciplinar completamente alguns grupos que, ainda que não chegaram a conformar uma força opositora capaz de disputar o poder contra o bloco dirigente, ao menos impediram a consolidação daquele partido denominado "herdeiros do Processo", e aos poucos começavam a ameaçar os objetivos de governabilidade do sistema.[3] Em finais de 1981 a ditadura enfrentou

3. A polêmica e real dimensão da resistência sob ditadura ainda não foi suficientemente pesquisada em todas suas facetas. Alguns autores sustentam que somente pode-se qualificar como tal a oposição das Mães, outros incluem um movimento de denúncia do terrorismo

duramente essa realidade que a desgastava, que tirava dela os últimos vestígios do consenso oferecido por amplos setores, e que debilitava as tramas do medo colocando em xeque seu poder, até então quase absoluto. No início dos anos oitenta, essas vertentes opositoras estavam ainda longe de se configurar como uma alternativa de poder, mas eram suficientemente consistentes como para questionar o objetivo de uma hegemonia duradoura.

Diante de tais dificuldades, a finais de 1981 o regime ditatorial visualizou duas alternativas: uma moderada abertura para atores políticos que ampliassem sua base da sustentação, ou aprofundar o autoritarismo, fechando filas, refugiando-se no bloco cívico-militar. Como resultado desse embate político no seio do bloco governante, os partidários de aprofundar o caráter ditatorial levaram ao poder o general Leopoldo Fortunato Galtieri. Além disso, reservaram uma carta para recuperar o consenso perdido: uma manobra ufanista que tiraria do centro das atenções os fatores da crise. Com essas finalidades e nessa encruzilhada sobreveio a Guerra das Malvinas.

Mas o sucesso inicial do recurso bélico foi efêmero e ficou totalmente diluído logo após a derrota. Então, o rotundo fracasso frente aos britânicos voltou a colocar em primeiro plano a crise que a junta militar tentava disfarçar, agravada agora com a fissura do bloco cívico-militar e o desprestígio das Forças Armadas.

Alguns perceberam claramente o caráter definitivo dessa derrota. O jornal *La Nación*, um dos meios de expressão com mais privilégios na época ditatorial, disse com todas as letras, poucos dias depois da capitulação argentina nas Malvinas: “O que acaba não é o governo de Galtieri, e sim um sistema de governo estabelecido em 1976 pelas Forças Armadas”.[4]

Foi o ponto de partida da rearticulação de atores políticos e sociais, de uma nova configuração do sistema político que devia chegar

de Estado bem mais amplo, e somam também os grupos armados da esquerda revolucionária — ainda que no final tenham sido derrotados — e alguns, finalmente, caracterizam como resistência o enfrentamento que setores de trabalhadores e operários fizeram contra o regime, particularmente no âmbito do trabalho. Perto do final do regime é apontado o surgimento de outra frente opositora conformada por setores da cultura e da intelectualidade. Além da polêmica sobre os grupos e forças efetivamente envolvidos na resistência, a questão mais espinhosa parece ser a medição do grau de desenvolvimento, da capacidade e da possibilidade de constituir uma alternativa efetiva para o sistema. Todos esses pontos foram amplamente desenvolvidos em *A rebelião das Mães da Praça de Maio – Tomo I*, e, portanto, aqui me limito a assinalar o debate.

4. El fin del Proceso. *La Nación*, 23 jun. 1982.

consensualmente num acordo de governabilidade que derivou no chamado às eleições em que ganhou Raúl Alfonsín. Com a presidência de Alfonsín voltaram ao centro da cena setores afastados do poder durante pouco mais de sete anos, mas que em nenhum momento ficaram à margem da trama política. Trata-se dos partidos maioritários que antes do golpe de Estado — uns no governo e outros na oposição moderada e concessiva — não apresentaram maior resistência aos avanços militares e que, depois de instalado o "Processo", legitimaram a "luta antissubversiva" pelo "caos reinante", e justificaram sua passividade conciliadora alegando uma correlação de forças que, diziam, impedia qualquer tentativa de resistência. Os grandes ausentes da nova etapa foram os setores de esquerda — alvo central do genocídio — que ainda que não tenham desaparecido totalmente, estavam representados por forças minoritárias, debilitadas e imersas ainda na profunda crise iniciada em meados dos anos setenta.

Exposta de forma sintética, essa singular configuração das relações econômicas, sociais e políticas determinou o caráter da etapa pós-ditatorial, à qual deve ser incorporado o fator internacional, tão relevante nesse momento, e que apoiava a via eleitoral, como no passado, como condição de possibilidade da ditadura.

Governabilidade à norte-americana

Esse processo de rearticulação política do sistema não foi um fenômeno exclusivo da Argentina, nem foi apenas produto de variáveis internas. De fato, vários países do Cone Sul da América Latina experimentaram processos similares aos quais não foi alheia a virada da política dos Estados Unidos sobre a região, depois de ter impulsionado e sustentado regimes ditatoriais na maioria das nações que a integram.

Ainda que a administração conservadora de Ronald Reagan — que estava transitando o final de seu primeiro mandato e que conseguiria um segundo período de governo em novembro de 1984 — não abandonasse sua política de contrainsurgência sustentada pelas ditaduras militares que se estenderam por toda a região nos anos setenta, começava a perceber a debilidade desses regimes.

Como fica confirmado por seu persistente apoio aos "contras" nicaraguenses e à invasão a Granada, a obsessão hegemônica estadunidense no contexto do final da "guerra fria" manteve, em princípio durante os anos oitenta, seus métodos mais violentos. Porém, essa mesma ambição obrigou a administração Reagan a repensar o problema que Samuel Huntington assinalava, ou seja, o problema da "governabilidade" diante da instabilidade que começavam a manifestar a maioria das ditaduras no Cone Sul como consequência do desgaste das Forças Armadas no exercício direto do poder político.

Nesse marco, o Departamento de Estado adaptou a seus próprios objetivos aquele conceito de "democracias governáveis" de Huntington, e aderiu ao de "democracias viáveis", ou seja, regimes, agora institucionais, mas que cumprissem funções antes assignadas aos militares. Na medida em que fosse eficaz na manutenção do *statu quo*, a política exterior norte-americana impulsionou esse trânsito de ditaduras a "democracias viáveis": exceto com as do Paraguai e do Chile, cuja estabilidade não gerava temores, empreenderam esse caminho no Brasil e na Bolívia, primeiro, depois na Argentina e mais tarde no Uruguai.

A retração militar criava, entre outros, um problema essencial para a estabilidade do novo modelo: a possível repreensão judicial às Forças Armadas pela violência exercida contra os opositores. O profundo e vasto envolvimento das instituições castrenses na repressão permitia conjecturar que qualquer processo judicial colocaria no banco dos arguidos não só uma significativa quantidade de quadros militares, mas também afetaria as próprias instituições. Em consequência, seria fundamental garantir, em todos os casos, a impunidade do terrorismo de Estado. A Argentina geraria as novidades históricas mais relevantes nessa matéria.

Em menor medida também a Espanha tentou gravitar nas mudanças. A experiência ibérica, a "transição espanhola", foi evocada como modelo das concessões recíprocas que os diversos setores sociais e políticos deveriam praticar visando um futuro que supere as desavenças — o esquecimento dos crimes do franquismo. O passado, então, não devia ser um obstáculo que impedisse a mudança. Mas além de alguma intervenção da Embaixada de Espanha em Buenos Aires e de algumas tentativas dos líderes socialistas desse país — na época no governo peninsular —, sua influência no processo argentino e latino-americano foi fraca se comparada com a incidência da intervenção dos Estados Unidos.

No encontro dessas variáveis nacionais e internacionais a Argentina começou a transitar um caminho de construção de uma nova institucionalidade política que pretendia deixar para trás as formas ditatoriais, e inclusive o ciclo de golpes militares. Os setores empenhados nesses objetivos; no entanto, ainda deviam medir forças com o velho regime que, embora recuado, continuava controlando alguns aspectos do poder.

Redefinição

As Mães analisavam esse trânsito e se perguntavam que lugar ocupariam, exatamente, na nova etapa.

Para todos os protagonistas foi um momento de transição, mas não de caminhos aprazíveis por lugares conhecidos, e sim por caminhos sendo abertos no ritmo da caminhada, cheios de armadilhas, algumas aguardadas e outras inesperadas. Decidir, a cada vez, que rumo tomar, implicava escolhas que não se resolviam simplesmente no plano intelectual e era importante enfrentar contradições encarnadas em sujeitos e forças políticas e sociais concretas e, sobretudo, estabelecer correlações de força cujos perfis eram ainda pouco claros.

A luta entre o novo e o velho, o conflito entre a continuidade e a mudança, a dialética entre realidade, necessidade e possibilidade foram a chave dos debates, dos projetos, das políticas de Estado, das críticas da oposição e também foram aquilo que dirimiu o futuro do movimento de mulheres mais singular da nossa história.

Entre tantos dilemas e disjuntivas, destacava-se, contudo, uma certeza: o nó górdio dessa rearticulação política era a questão dos desaparecidos.

Um jornalista, militante e colaborador das Mães da Praça de Maio, Alipio Paoletti, durante os primeiros anos do governo de Raúl Alfonsín escreveu que a sociedade argentina não enfrentava um problema maior do que a resposta à pergunta "onde estão os desaparecidos?".[5]

Não era necessário ser partidário das mulheres de lenço branco para chegar na mesma conclusão. Isso havia entendido o bloco cívico militar que estava abandonando o poder quando tentou negociar as condições da entrega com os partidos que provavelmente iriam sucedê-lo. E assim teria compreendido também o presidente eleito, que ocupou boa parte de seu tempo prévio à posse elaborando as medidas que adotaria nesse sentido.

5. PAOLETTI, Alipio. *Como los nazis, como en Vietnam.* Los campos de concentración en la Argentina, Buenos Aires: Asociación Madres de Plaza de Mayo, 1986. Paoletti foi um dos mais destacados e ativos jornalistas que, depois de seu exílio durante a ditadura, contribuiu, entre outras ações, com a edição do jornal das Mães.

Certamente, aguardavam ao novo governo outros problemas urgentes, sobretudo em matéria económica, como a dívida externa — que havia estourado em agosto de 1982 —, a persistente inflação, e também, no plano internacional, o litígio limítrofe com o Chile. No entanto, nenhum deles se comparava, por sua urgência, dramatismo e potencial conflitivo, com as violações aos direitos humanos. Desde o início da pós-ditadura, quase nenhum analista político deixou de apontar que aquilo se convertera em "o problema dos problemas". Inclusive, muitos anos depois de finalizado o mandato de Alfonsín, o historiador Tulio Halperin Donghi[6] comparou a profunda intensidade desse conflito que balançava os alicerces da política e da vida dos argentinos com uma falha geológica. O ensaista Hugo Vezzetti, por sua parte, o chamou de "peso real do passado".[7]

Mas o "problema dos problemas" não era uma fenda no subsolo, nem o peso intrínseco do passado. Não se tratava de um movimento telúrico inanimado nem de uma abstração que ganhava forma como um fantasma reencarnado. Como afirmou Vladimir Ilich Ulianov Lenin em relação ao pensamento de Marx, as ideias não se convertem em força material até os humanos não se apropriarem delas. Com o passado acontece o mesmo. No caso do genocídio argentino, era a força simbólica encarnada nas Mães da Praça de Maio que sacudia, persistentemente, a consciência e a falta de consciência dos argentinos.[8]

6. "Que o futuro não tenha se perdido não leva, no entanto, a nenhuma conclusão cegamente otimista quanto ao legado que nos deixou o Processo; embora não haja conseguido imprimir no país o perfil que se propunha impor, deferiu-lhe uma ferida que resiste em cicatrizar, e é a de temer que essa impressão — embora cada vez mais enterrada sob os novos sedimentos depositados todos os dias por uma história cujo avanço não pára — esteja destinada a permanecer como a falha subterrânea que no corpo mesmo da nação seguirá oferecendo o testemunho daquilo que ela deve ao Processo." DONGHI, Halperin Tulio. Una historia que se resiste a entrar en la Historia, *Clarín*, 20 mar. 2001.

7. VEZZETTI, Hugo. *Pasado y presente.* Guerra, dictadura y sociedad en la Argentina. Buenos Aires: Siglo Veintiuno, 2002, p. 29. Não acredito que Halperin Donghi ou Vezzetti afirmem que as sequelas do terrorismo de Estado e sua persistência na agenda política, cultural e judicial da Argentina estejam determinados por forças inanimadas. Só quero assinalar como, para explicar o fenômeno, dois relevantes intelectuais utilizam, sugestivamente, metáforas que levam para um segundo plano — ou o ocultam — o papel das forças sociais e individuais nesse processo e, muito especialmente, o papel da subjetividade, expressa na vontade política.

8. Inês Izaguirre defende que "o sucesso de uma 'política de esquecimento e de deshistorização' depende da não constituição de uma força social de resistência e de oposição que sustente a análise dos fatos em uma versão diferente à da ordem social. Nesse sentido, considero que a

"A questão do genocídio divide a sociedade em dois blocos claros: de um lado, aqueles que exigimos justiça; do outro, os repressores e quem, conscientemente ou não, contribuem com sua prepotência", escreveu Paoletti. Disso se trata, de forças sociais e de seres humanos. Um dos dois blocos que menciona Paoletti, aquele que exige verdade e justiça, leva na cabeça os lenços brancos das Mães da Praça de Maio.

As Mães eram "o problema". Um grupo de mulheres que poucos anos antes saía para procurar seus filhos e se debatera com a muralha erguida pelo terrorismo de Estado e seus cúmplices que se negavam a reconhecer a própria existência dos desaparecidos. Naquele momento, nem a ditadura os reconhecia, e ninguém percebia nada. Mas surgiram as Mães como um verdadeiro novo fato maldito para o poder: o "problema dos problemas", "filhas de seus filhos", como elas mesmas se definem, mas também, tragicamente, as filhas do genocídio.

O que fazer?

Durante toda aquela etapa, o poder se perguntou uma e outra vez o que fazer com as Mães. Transformaram-se em um novo sujeito político que não aceitaria ser jogado no lixo da história. As Mães estavam aí, na praça, fazendo as caminhadas ainda, com seus lenços brancos, e eram uma força simbólica sumamente poderosa.

Alfonsín entendeu que nessa força simbólica residia o obstáculo para acabar com o conflito dos desaparecidos que, caso permanecesse aberto, impediria estruturar a rearticulação política que propiciaria e manteria estável a governabilidade do sistema. Alfonsín não negaria aquilo que a necedade militar negava: com uma reação rápida, nos primeiros dias como presidente eleito dos argentinos anunciou um pacote importante de medidas para encarar "os horrores do passado".

Anos depois ele diria que essas medidas eram a forma que havia encontrado para enfrentar os militares que resistiam de fazer qualquer concessão e, ao mesmo tempo, procurar que as Mães se considerassem

política de extermínio dos grupos revolucionários na Argentina, iniciada antes da ditadura militar, não pôde completar seus objetivos precisamente pela enorme força do movimento de direitos humanos que havia se transformado em uma reserva de força moral da sociedade argentina". Comunicação: *Argentina: Una larga tradición de prácticas genocidas normalizadas.*

satisfeitas, essas mulheres heroicas, embora desesperadas — segundo a nova versão oficial — que na sua fixação "pediam o impossível".

Assim como durante a ditadura, as Mães continuaram reclamando "Aparecimento com vida", uma demanda que, se na literalidade parecia exigir algo "impossível" para o governo, na verdade deixava o conflito exposto em toda sua dimensão e complexidade, um caminho que os protagonistas da nova etapa não estavam dispostos a percorrer: requeria desandar aquela morte abstrata, sem responsáveis, sem cúmplices e sem justiça que tinha decretado a ditadura, para depois julgar todos os autores intelectuais e materiais do genocídio. O polêmico mote, que ainda é objeto de críticas que revelam a profunda incompreensão de seu sentido e de sua lógica, pretendia, precisamente, revelar a trama de relações sociais, de agentes e de sujeitos que tenham urdido e executado o crime mais monstruoso da história argentina do século vinte, para que cada um dos responsáveis fosse alcançado pela condenação da justiça.

Certamente, aqueles que durante o pós-ditadura afirmavam que as Mães pediam o impossível, na verdade, o que revelavam era que não iriam indagar profundamente na trama do genocídio. Essa atitude de autolimitação por parte de grandes setores políticos e sociais envolveu não apenas o partido dirigente mas também a oposição majoritária — o justicialismo sobretudo —, que além de tentar em benefício próprio explodir o lado fraco da estratégia oficial — depois de ter demonstrado durante a campanha eleitoral muito menos vontade do que Alfonsín de questionar a impunidade da corporação militar —, também não demonstrou vocação real de colocar em crise a essência dessa rearticulação político-institucional que devia salvaguardar a integridade e o papel das Forças Armadas.

O possibilismo, então, foi a variante com que se expressou a velha estratégia negociadora da maior parte das lideranças políticas nacionais. O que falavam que podia, ou não, ser feito, não resultava da análise dialética da realidade, das necessidades e das possibilidades, era apenas um discurso que procurava legitimar as novas relações de força, uma nova estrutura social fundada a partir do genocídio e que afiançava relações de classe e interesses económicos.

Assim, as políticas de Estado alfonsinistas em matéria de violações aos direitos humanos não pretendiam fazer justiça, se é que a justiça real, plena e profunda, significava processar o passado para depois consertar as múltiplas feridas e sequelas do terrorismo da ditadura. Procuraram, sim, disciplinar a corporação castrense expondo diante da opinião pública os crimes da ditadura, visando favorecer uma rearticulação dos fatores de poder cujo desenho requeria a subordinação das Forças Armadas ao poder civil como um fator decisivo. A contrapartida foi "a questão militar", isto é, a série de crises e rebeliões castrenses que uma e outra vez xequearam a gestão de Alfonsín.

A armadilha

Aquela afirmação de que as Mães pediam o impossível era falaciosa. Todo debate leal supõe respeitar certas regras básicas, como interpretar com fidelidade os argumentos do adversário. Nesse sentido, o oficialismo não foi honesto na disputa com as Mães.

Uma e outra vez as Mães explicaram que "aparecimento com vida" era uma expressão simbólica com um significado complexo, mas muito claro e concreto: se a ditadura e seus cúmplices tentavam acabar com o "problema dos problemas" decretando a morte dos desaparecidos sem mais explicações que apresentar a morte como um fato consumado, elas, justamente, demandavam que fosse explicado por que seus filhos não podiam reaparecer vivos, caso contrário, exigiam que viesse a público a sequência de fatos que teria conduzido à massacre, e ficassem expostos seus executores. O contrário significava aceitar uma morte abstrata, sem elucidar, além de um ardil para evitar a ação da justiça e apontar os responsáveis pelos crimes. Isso pretendia o dirigente radical Ricardo Balbín, em 1979, quando declarou que preferia ver as Mães chorar seus mortos do que escutá-las pedindo "algo inútil", ou o genocida Roberto Viola quando mencionou os "ausentes para sempre", ou os meios de comunicação quando, em 1982, montaram um "show de horrores" para mostrar o desenterro de NN ou, mais uma vez, quando em 1983 o Relatório Final da ditadura transformava os desaparecidos em mortos sem explicações, entre tantos outros exemplos de "realismo" político.

Ninguém se enganava e as Mães também não. A morte, seguramente, era um fato definitivo, ao menos para a enorme maioria de seus filhos. As Mães sabiam disso. Para além de qualquer esperança, depois de chorar, procurar, rogar, suplicar, denunciar, pedir, exigir, gritar, marchar, elas sabiam. Quiçá ainda abrigavam esperanças em 1979 quando Balbín manifestava suas preferências, enquanto a ditadura continuava sequestrando e novas mães somavam-se ao grito de "Aparecimento com vida". Mas em 1983, às vésperas da posse de Alfonsín, elas sabiam: apesar do trauma da dúvida eterna, a morte estava aí. Naquele momento já o lema trazia outra ideia.

Para as Mães não bastava que dissessem que os desaparecidos foram "transferidos", "executados", "mortos em confrontos". Exigiam, no caso, que revelassem por que foram sequestrados, por que foram submetidos a cativeiro clandestino, a vexações e torturas, e depois assassinados e ocultados seus cadáveres; precisavam saber, tinham direito de saber quem dava as ordens, quem as executara e, sobretudo, que a exaustiva investigação que exigiam conduzisse à ação da justiça, e que a justiça cumprisse com seu dever.

Era isso impossível?

A resposta não podia surgir de um discurso enganoso que distorcesse o espírito, o verdadeiro sentido do lema "aparecimento com vida", discurso que interpretava literalmente essas três palavras acunhadas pelas Mães, um discurso que voltava a tratá-las como loucas ou néscias, como acontecia durante a primeira etapa da ditadura.

Para sair da literalidade bastava com que os traidores tivessem ouvido, lido, analisado as declarações, os comunicados, a imprensa e as inúmeras manifestações das Mães. Não existia, sem dúvidas, nenhum obstáculo informativo nem intelectual que explicasse a distorção da imagem das Mães, e menos sua difamação. Foi uma armadilha, um ardil para eludir o debate franco.

O novo poder procurou encurralar as Mães no lugar fácil do absurdo, da irracionalidade, do excesso emocional, ou diretamente as acusou de ser objeto de manipulação política — dos outros, dos "inimigos da democracia".

Por que só as Mães e um setor minoritário da sociedade argentina propuseram esse lema? Por que o oficialismo recusou o debate leal? Por que a tergiversação? Por que ainda depois de tantos anos de luta por verdade e justiça persiste o "mal-entendido"? Por que tantos políticos e até intelectuais continuam fazendo de conta que entendem outra coisa? Por que alguns pesquisadores das ciências sociais persistiram no equívoco mostrando tão pouco interesse em compreender a lógica que "aparecimento com vida" encerra? A elucidação desses questionamentos é um dos propósitos deste ensaio.

Teriam sido mais inteligentes, as Mães, mais astutas, se houvessem evitado aquela armadilha acunhando outro lema, talvez mais claro e mais singelo, um lema que não se prestasse à manipulação sórdida da literalidade? Sempre foi difícil para os setores contra-hegemônicos, o ponto mais fraco das relações de força, fazer ouvir sua palavra. O Estado, os partidos políticos e outras estruturas sociais, os meios de comunicação, os setores concentrados da economia e das finanças costumam impor com facilidade sua verdade, a "verdade oficial". Nesse sentido, a intransigente invariabilidade das palavras das Mães, durante e depois da ditadura, foi parte de seu significado simbólico: as mil e uma artimanhas do poder para garantir a impunidade de seus próprios crimes bateram uma e outra vez com uma lógica de ferro que não cedeu um palmo à mentira.

Se realmente havia algo de impossível na demanda de justiça plena das Mães, essa impossibilidade surgia de uma correlação de forças que, evidentemente, não as favorecia. Mas foi a insistência dessas mulheres que revelou a dimensão política da ideia de Max Weber: "O homem não teria alcançado o possível se, repetidas vezes, não tivesse tentado o impossível". A demanda intransigente simbolizada nos lenços brancos impulsionou uma dinâmica que, uma e outra vez, forçou os limites impostos pelo poder.

Realidade e possibilidade

Se o governo de Alfonsín instaurou uma construção discursiva que colocava as Mães praticamente na esfera da irracionalidade, a nova liderança — que gerenciava a impunidade do genocídio — se postulava como a combinação exata dos atributos que a cena política pedia: racionalismo, mesura, equilíbrio, autocontrole. Afirmavam compreender a dor das Mães, justificavam sua emotividade, mas a política era o espaço da racionalidade, e a racionalidade e a política lhes pertenciam. Eles sabiam do que se tratava e, portanto, correspondia que processar o passado ficasse em suas mãos.

Poucos anos antes, sob o velho regime, a maior parte das forças políticas e dos movimentos sociais justificou sua passividade diante da ditadura e do golpe de Estado de 1976 amparados no "possível". Certamente fora transgredida a ordem constitucional, mas o caos prévio ao "Processo de Reorganização Nacional" não deixava margem à oposição. Já sob ditadura, como a correlação de forças favorecia o regime, não existia a possibilidade de resistência, exceto a manifestação de alguns fracos protestos sob risco de morte. O princípio do possível explica as consequentes estratégias negociadoras.[9]

9. Como apontou o filósofo Alfredo Raúl Pucciarelli ao analisar o período ditatorial, "os partidos tentaram justificar sua opção estratégica pela opacidade e a inação política, elaborando uma leitura equivocada, frívola e superficial do novo tipo de correlação de forças que gerava a usurpação militar e o projeto de refundar o Processo de Reorganização Nacional.

A tensão entre o possível e o impossível ocupa, então, um longo capítulo na história da Argentina. Felizmente não apenas foram escritos os nomes dos políticos "realistas" ou "possibilistas": também temos as Mães que pediram o impossível. As Mães foram forjadas na luta contra a ditadura, inaugurando um espaço de resistência inimaginável para a maioria dos argentinos até um dia antes de quando, em 30 de abril de 1977, elas se instalaram na Praça de Maio. Forçando os limites impostos pelo terror definiram seus lemas, seu discurso, sua organização e a totalidade de suas práticas políticas. No percurso, converteram-se no "problema dos problemas". Mas em que iriam se converter agora que o velho inimigo se retirava?

Os escribas do novo governo advertiram elas de que deveriam mudar. Agora a "democracia" ficaria a cargo de "gerenciar" as "sequelas" do terrorismo de Estado e, portanto, já não podiam nem deviam ser um movimento de resistência. Ou iriam marchar contra a democracia?

Uma enorme pressão foi desatada sobre as Mães.

No começo, só conseguiram responder que continuariam lutando. Seria "outra luta", disseram. Mas qual?

A procura por uma resposta concreta a essa pergunta, no meio das pressões do poder, desencadeou inúmeras contradições internas, sociais, de classe, ideológicas, culturais e políticas que as Mães, no passado imediato, haviam evitado sob o denominador comum do confronto contra a ditadura, diferenças que tinham protelado ou que durante a etapa que acabava de finalizar resultavam irrelevantes. O lenço branco, que havia se convertido em símbolo de quase todos os argentinos — daqueles que enfrentaram a ditadura, dos que ficaram paralisados submetidos ao terror, e inclusive dos arrependidos que se apressaram a aderir na última hora —, sofreria o esfacelamento de uma disputa no seio mesmo da organização dessas mulheres heroicas.

Quando, na última quinta-feira sob ditadura, Bonafini definiu que a partir da posse de Alfonsín começava uma "outra luta", para algumas mães essas palavras soaram excessivamente beligerantes. Que em linhas gerais

---

Consideraram que a usurpação do poder era ilegítima, mas necessária para recompor a ordem social e o funcionamento institucional anterior. Esses desafios eram questionados tanto pelos enfrentamentos militares das organizações revolucionárias como pela própria incapacidade do sistema de partidos e das instituições representativas da democracia para dar conta de ambos os desafios. Assim, são criados os alicerces da concepção impossibilista que tantos estragos produziu no imaginário e na vontade política dos setores populares durante as décadas posteriores". PUCCIARELLI, Alfredo R. "Empresas, tecnócratas y militares. La trama corporativa de la última dictadura". *In: La Pátria contratista.* Buenos Aires: Siglo Veintiuno, 2004, p. 162

continuariam lutando por seus objetivos não estava em questão; o ponto era, desde que lugar, como e contra quem. A ambiguidade inicial de Bonafini ao mencionar "outra" forma de luta foi ficando mais clara à medida que a presidenta da Associação — e um grupo de Mães que concordava totalmente com isso — enfrentou cada vez mais abertamente o novo governo e, de certo modo, também a nova institucionalidade política em seu conjunto. Então, outro setor de Mães iniciou uma pugna interna, em princípio por moderar a beligerância que o grupo de Bonafini estava imprimindo no movimento. Depois, disputaram decididamente a condução. Pois, ainda da oposição, esse setor não descartava o apoio a algumas medidas de governo, inclusive a participação em iniciativas oficiais, convencidas de que assim poderiam alcançar determinados objetivos, provavelmente parciais, mas não por isso contra as metas gerais que as Mães perseguiam.

Esse confronto, que em meados de 1986 terminaria com a divisão do movimento das Mães da Praça de Maio, expressa a complexidade e os dilemas da oposição, e finca suas raízes na essência da etapa pós-ditatorial, pois o conflito que surgiu na Comissão Diretiva das Mães não se esgotava em uma simples briga interna, visto que expressava o processo político em sua totalidade, as continuidades e as mudanças, e foi desenvolvido ao mesmo tempo em que o sistema se reconfigurava, involucrando todas as forças sociais e políticas do país.

Este livro, então, mergulha na análise do ciclo histórico do movimento das Mães que começa em finais de 1983, momento em que atingia seu maior desenvolvimento e grau de influência na sociedade — na etapa final da ditadura —, até a ruptura interna na cúpula da organização, em junho de 1986, quando aquela gravitação sofre seu declínio mais pronunciado. No andamento dessa etapa verifica-se uma redefinição profunda nesse grupo de mulheres, que acabou cristalizado em duas identidades contundentes e claramente diferenciadas: por um lado a Associação Mães da Praça de Maio, liderada por Bonafini, e, por outro, o setor dissidente reunido com o nome de Linha Fundadora.

Essa divisão foi objeto de diversas análises que tentaram examinar tanto a ruptura quanto aquilo que ela representa, a origem e o passado do movimento.[10] Mas, independentemente de alguns debates, o que determinou

10. Esse é, entre outros, o caso da análise de Beatriz Sarlo. A ensaísta pretende situar a origem das Mães em um plano de valores universais, independente de fracionamentos e de confrontos, como se as Mães encarnassem sua luta a partir de uma esfera neutra a partir da

a identidade dos dois setores foi o complexo processo de confronto com o poder e com as diversas forças políticas e sociais. O fato de que, atualmente, tanto a Associação quanto a Linha Fundadora criam núcleos intensamente políticos, descontando as particularidades que os diferenciam dos partidos no sentido tradicional, deve servir de guia para compreender o fenômeno das Mães da Praça de Maio e a singularidade dessas mulheres que decidiram lutar pelo impossível.

qual interpelaram os outros setores políticos para se somarem a suas demandas. "Foram o mais intensamente político e ao mesmo tempo se posicionaram acima das facções políticas", assinalou Sarlo em 2002, numa suposta exaltação do passado dessas mulheres. Tentei, entretanto, demonstrar no primeiro tomo que o movimento das Mães da Praça de Maio não se constituiu nem acima nem por baixo de ninguém, em nenhum plano neutro nem transcendente, e sim numa dialética de confronto com o poder e com os numerosos atores sociais e políticos que o representavam. Desde o começo assumiram o lugar de enfrentamento e, portanto, eram uma parcialidade em disputa, uma facção, no começo, tragicamente minoritária. Encarnando a resistência ao terrorismo de Estado e seus cúmplices foi como construíram sua identidade e conseguiram desenvolver sua luta com eficácia. A neutralidade, em termos de inoperância inócua ou de complacência com o genocídio, foi patrimônio, dentre outros, de políticos, dirigentes sociais e religiosos. Sobre a divisão do movimento, Sarlo afirma, em implícita referência à Associação liderada por Bonafini, que "um setor de Mães já não é isso hoje porque em nome de uma política identificada com uma facção deixou de interpelar e mobilizar toda a sociedade". SARLO, Beatriz. Las fundadoras de una nueva conciencia en la Argentina. *Página/12*.

PRIMEIRA PARTE

TRANSIÇÕES

(De 10 de dezembro de 1983 a finais de março de 1984)

1. Caim

"E Jeová disse a Caim: 'Onde está Abel, o teu irmão?'."

Gênesis 4, versículo 9.

"Eva: — Que aconteceu com meu filho Abel?
Caim: — Nada, mãe. Tudo está sob controle."

Elio Gallipoli, *Teatro Aberto*, 1981.

As Mães imaginaram uma cerimônia de posse de Raúl Alfonsín muito diferente da que finalmente ocorreu. Quando, nos primeiros dias de novembro de 1983, o então presidente eleito as recebeu nos seus escritórios do Hotel Panamericano — onde havia se instalado para preparar os primeiros passos do seu governo —, elas lhe propuseram, entre outras questões, que não devia receber os símbolos presidenciais de mãos do ditador Reynaldo Bignone. Quem encarnava a máxima instância do poder durante o último período do regime usurpador e genocida designado pela quarta Junta Militar, disseram-lhe as Mães, não podia lhe transmitir os emblemas de uma representação popular que, para além de cumplicidades e silêncios, nunca possuíra legitimamente.

Alfonsín, imaginaram as Mães — e assim foi comunicado para o presidente eleito —, devia receber os atributos presidenciais das mãos de qualquer cidadão que tivesse votado nele. Ficaria estabelecida, assim, uma marca de ruptura com o passado e de sólido vínculo com quem era a fonte legítima de sua investidura e sustentaria seu mandato. Isso mostraria uma diferença substancial com as anteriores trocas de governo, de tantos presidentes civis que aceitaram receber de seus antecessores militares atribuições que a eles não correspondiam por direito: seria a forma de inaugurar uma nova época de verdadeira democracia e de respeito à Constituição.

Não era uma questão trivial. Embora nesse caso fosse um gesto mais simbólico que efetivo, o problema das continuidades e rupturas entre a ditadura e a pós-ditadura era uma das chaves do que o discurso hegemônico denominava “transição”.

Naquela entrevista, o candidato eleito pela União Cívica Radical escutou e respondeu atenciosamente às Mães: elas lhe transmitiram suas expectativas sobre a formação de uma comissão parlamentar bicameral para pesquisar as violações aos direitos humanos, a busca dos desaparecidos e o ajuizamento dos militares. Alfonsín respondeu que estava preparando as primeiras medidas nesse sentido, que impulsionariam a anulação da anistia auto-outorgada pela última Junta Militar em relação às violações aos direitos humanos e que deixaria com liberdade de ação os legisladores de seu partido quanto à investigação parlamentar que as Mães solicitavam e, inclusive, com palavras que as comoveram, disse que achava que podia haver desaparecidos com vida. Entretanto, quando lhe propuseram que fizesse sugestões sobre a cerimônia de posse, Alfonsín permaneceu em silêncio e não respondeu nada a respeito. Dizem ter visto em seu rosto um gesto de reflexão.

A seu modo, Alfonsín respondeu com fatos. No mesmo dia 10 de dezembro, quando após mais de sete anos da mais feroz ditadura da história argentina chegou à Casa Rosada para assumir o cargo da primeira magistratura do país, acompanhado por sua esposa, a bordo de um Cadillac preto descapotável, seguido por um batalhão de Granadeiros a cavalo, com sua tradicional fanfarra. Ali, em uma cerimônia sem maiores efusões, que a imprensa qualificou como sóbria, o ditador e genocida Reynaldo Bignone entregou a faixa e o bastão presidencial ao novo presidente dos argentinos.

Aquele ato ficou gravado na memória de milhões de telespectadores, enquanto uma multidão expectante — incluídas as próprias Mães —, permanecia sem vê-lo na Praça de Maio. Alguns jornalistas informaram que Alfonsín evitava o abraço de Bignone estreitando sua mão com uma firmeza tal que pareceu lhe impor ao general moderada distância. Porém, praticamente ninguém chegou a saber o que as mulheres do lenço branco lhe tinham sugerido como símbolo inaugural de uma nova etapa na vida do país.

Por que o homem que durante a campanha eleitoral falava de refundação da democracia e que depois de assumir a presidência se dirigia à multidão reunida na Praça de Maio desde a varanda do Cabildo de Buenos Aires, em um estudado ato evocativo da independência nacional, aceitou tomar os símbolos presidenciais de mãos de um ditador? Por que o homem que tinha evidente consciência do significado de certos ritos históricos, e que afirmava que vinha para terminar com o ciclo de golpes militares, protagonizava essa cerimônia de sucessão que implicava, em alguma medida, a aceitação de uma linha de continuidade com o velho regime?[1] As Mães respondiam a essas perguntas com novas interrogações carregadas de suspeitas: que relações de forças ou, pior ainda, que compromissos obrigavam Alfonsín a aceitar que um general da cúpula do velho regime lhe entregasse as insígnias de presidente? Será que o mandatário radical não dava importância a que Bignone fosse pessoalmente acusado de alguns desaparecimentos? Por ora não tinham respostas definitivas, mas independentemente do que fizesse ou deixasse de fazer o novo governo, elas tinham seus próprios planos com respeito ao general.

Após a cerimônia de sucessão, Alfonsín tomou o juramento de quem integraria seu gabinete. Depois, saiu da Casa Rosada rumo ao Cabildo, de onde falaria à multidão reunida na Praça de Maio. Todos os olhares convergiam sobre esse lugar e, dentro de alguns minutos, milhões de argentinos escutariam o augúrio presidencial de "cem anos de liberdade, paz e democracia". As Mães, no entanto, estavam atentas a outra situação.

Já quase ninguém escutava Bignone, que — por recomendação dos encarregados do cerimonial — tentou sair da sede do governo sem chamar a atenção e, diferentemente do que fora previsto, não acompanhou o presidente até a rua Rivadavia, onde um grupo de manifestantes aguardava, hostil, gritando em coro *slogans* contra o regime militar. Dessa forma esperava-se evitar que o general passasse por um mau momento, mas as Mães tinham-se encarregado de vigiar o automóvel que trouxe o ditador, e no

1. Os reis eram investidos pelos sacerdotes, não só porque o monarca anterior geralmente acabara de morrer, mas também porque sustentavam que seu poder era outorgado por Deus. Com as democracias, essa ação de investidura correspondeu ao mandatário saliente e anterior depositário da vontade popular. Na Argentina do século XX, também coube aos ditadores e genocidas que se retiravam do governo.

qual ele, muito provavelmente, abandonaria o lugar: estava estacionado numa rua lateral atrás da Casa Rosada, custodiado pelo condutor e pelos agentes à paisana. Antes de Bignone subir no veículo, uma mãe aproveitou a distração da segurança e colocou sobre o para-brisas um pequeno bilhete no qual escreveu cinco palavras. Quando o condutor a viu se afastar do carro, pegou o papel, deu uma olhada rápida, amassou e o jogou no chão.

Então as Mães começaram a gritar-lhe, recriminando o que fizera, enquanto avançavam em sua direção. O condutor retrocedeu alguns passos, mas depois parou, vacilou alguns segundos e logo abaixou-se, recolheu o papel, o alisou e voltou a colocá-lo no para-brisa do veículo de Bignone. As Mães se tranquilizaram.

O cartaz continha uma pergunta dirigida ao ditador:

"Caim, onde está o teu irmão?"[2]

Era uma pergunta retórica que recorria — como tantas vezes fizeram as Mães — a uma linguagem religiosa, embora aplicada e ressignificada politicamente em relação aos desaparecidos. Caim, que segundo o relato bíblico matara seu irmão Abel, era, neste caso, o militar que sequestrava, em um enfrentamento fratricida, seu irmão argentino. Seguramente, na visão antimilitarista de algumas Mães, os militares não deveriam se considerar irmãos das vítimas e dos vitimados, mas, para além dessa diferença, própria da heterogeneidade do movimento, davam um sinal claro e partilhado por todas: não perderiam de vista os genocidas e continuariam questionando e demandando justiça. E, a partir desse momento, olhariam, questionariam e fariam seus pedidos também a Alfonsín ou, melhor dito, ao governo de turno.

Indícios

Alfonsín havia começado sua jornada pública no Congresso, onde logo depois de prestar juramento junto ao vice-presidente, Víctor Martínez, pronunciou seu primeiro discurso frente ao plenário da Assembleia Legislativa. Aquela mensagem conteve os indícios fundamentais do que seria sua gestão, incluídos aqueles aspectos que mais interessavam às Mães. Diante da totalidade dos deputados e senadores, os integrantes do seu gabinete, vários mandatários e delegados estrangeiros, e os ex-presidentes argentinos Arturo

2. "Episódio". *Crónica*, 11 dez. 1983.

Frondizi e María Estela Martínez de Perón — *Isabelita* —, o flamante mandatário abordou os principais problemas do país, dentre eles o das violações aos direitos humanos.

Afirmou que o estado em que as autoridades constitucionais recebiam o país era deplorável e, em alguns aspectos, catastrófico, "com a economia desarticulada e deformada, com vastos setores da população acossados pelas mais duras manifestações do empobrecimento, com situações sociais que refletem cruamente o impacto da miséria, com um endividamento de insólito volume e de origem muitas vezes inexplicável, que compromete grande parte dos recursos nacionais para um longo futuro, com uma inflação descontrolada cujos efeitos são uma verdadeira afronta para os homens que produzem e trabalham, com um clima de arbitrariedade, atropelo e incerteza criado pela absurda pretensão de governar pelo medo e pela prepotência, com a cultura postergada e perseguida em muitas das suas expressões, com a educação e a saúde relegadas a um segundo plano e, consequentemente, convertidas em privilégio de uma minoria, com uma situação internacional agravada por decisões irresponsáveis cujas consequências se transferiram para o futuro, imprudentemente, e que agora vêm depositar em nossas mãos, com o ônus afligente de todos esses males".

Porém, entre os múltiplos aspectos analisados em seu discurso — recomposição salarial, elaboração de um Plano Alimentar Nacional, atenção aos desempregados, restauração da autonomia universitária, a necessidade da democratização sindical, reforma do Estado, proteção à industrial nacional, adoção de uma estratégia exterior independente e a solução pacífica dos conflitos externos —, enfatizou especialmente as questões relativas às Forças Armadas e às sequelas do terrorismo de Estado. Sem dúvida, sobre essas definições concentrou-se a maior atenção das Mães.

Nesse sentido, a condenação do presidente à Doutrina de Segurança Nacional foi rotunda. "A segurança sem liberdade perde todo seu conteúdo", sustentou. "Nossa filosofia se baseia em ideias diferentes: a segurança do Estado não pode se firmar sobre a insegurança da comunidade nacional. Nós privilegiamos, portanto, a plena vigência dos direitos humanos e a necessidade de desmantelar o aparato repressivo para que somente as instituições naturais, modernas e eficientes da Justiça e dos organismos que devem servir no marco da legalidade fiquem a cargo dos complexos problemas da sociedade moderna".

Alfonsín proclamou a substituição da Doutrina de Segurança Nacional pela da Defesa Nacional, o princípio de subordinação das Forças Armadas ao poder civil, e, em um dos anúncios mais esperados e aplaudidos, prometeu a revogação da lei de autoanistia militar, e — a partir desse passo — o fim da impunidade dos culpados pelas violações aos direitos humanos. Nesse marco e como antecipação de iminentes medidas, prometeu que os métodos violentos de direita e de esquerda seriam combatidos.

A rejeição de "todo o tipo de violência" ocupou boa parte de seu discurso. "O fim jamais justifica os meios", disse em uma das passagens mais aplaudidas de sua intervenção. "Quem pensa que o fim justifica os meios supõe que um futuro maravilhoso apagará as culpas provenientes das claudicações éticas e dos crimes". Era uma referência implícita tanto a quem reprimia a "subversão" com o suposto objetivo de instaurar uma democracia estável, quanto a quem recorria às armas em prol de uma sociedade melhor.

A versão sobre o passado recente sustentava-se nitidamente na teoria dos "dois demônios": "O país viveu frequentemente tensões que no fim derivaram na violência espasmódica do terrorismo subversivo e em uma repressão indiscriminada, com sua sequência de mortos e desaparecidos. A luta entre setores extremistas, bem como o terrorismo de Estado, deixaram profundas feridas na sociedade argentina". Nesse processo, segundo Alfonsín, não poderia ser atribuída nenhuma responsabilidade aos principais movimentos sociais nem aos partidos políticos. Em todo caso, o papel dessas forças, encarnadas principalmente pelo seu governo, começava a partir desse momento, através da ação da justiça, que descartava toda a ideia de vingança: "A forma de estancar essas feridas não pode girar em torno de vinganças ou de ressentimentos que seriam ignóbeis em si mesmos, quando não imorais em muitos casos, uma vez que poderiam comprometer o destino do país em estéreis fixações no passado. Mas a democracia também não poderia ser edificada sobre claudicações, atuando como se aqui não houvesse acontecido nada".

Nessa direção, anunciou que o governo facilitaria para a justiça "as ferramentas necessárias para evitar que sejam considerados do mesmo modo os que decidiram a forma adotada na luta contra a subversão, quem obedeceu ordens e quem se excedeu ao cumpri-las". E acrescentou que "para além das sanções que pudesse determinar a Justiça, o governo democrático se empenharia em esclarecer a situação das pessoas desaparecidas".

Mas Alfonsín advertiu que essas medidas contra as violações aos direitos humanos não significavam eximir de grandes responsabilidades "o terrorismo subversivo, que deveria ter sido combatido com os meios que a civilização atual põe nas mãos do Estado, e não através do emprego de meios similares aos condenados pelo conjunto da comunidade nacional". A equiparação entre os métodos empregados pelos grupos da esquerda revolucionária e os do terrorismo de Estado era um dos cavalos de batalha do mito dos dois demônios, que se transformava em um dos argumentos que justificariam as medidas a serem adotadas, especialmente, contra parte da cúpula sobrevivente do grupo Montoneros e do Partido Revolucionário dos Trabalhadores, além da tácita decisão de manter na cadeia mais de uma dezena de presos políticos herdados da ditadura.

Em um dos momentos mais vibrantes e emotivos de sua mensagem, Alfonsín definiu a missão fundacional que atribuía a seu mandato: "Todos somos humanos e falíveis, mas dessa vez contamos com muito pouco espaço para o erro e a fraqueza. Não devemos falhar. Não falharemos. E se ao término do nosso mandato cumprimos com aqueles grandes fins do Preâmbulo da Constituição que alguma vez nos permitimos lembrar de viva voz, como oferecendo à grande Argentina do futuro nossa comovida oração laica de modestos cidadãos, então, como também o dissemos em mais de uma ocasião, nada teremos a invejar dos grandes personagens da nossa história passada". Foi a revelação da missão que, pessoalmente, se atribuía, e da régua com a qual mediria seus resultados.

Feliz democracia

Não houve unanimidade entre as Mães na avaliação do discurso de Alfonsín. As definições das mulheres do lenço branco eram permeadas, invariavelmente, pela tensão entre os fundamentos de sua unidade originária — busca dos filhos, "aparecimento com vida", verdade e justiça — e a diversidade social e política de seus integrantes. Ainda sob a ditadura, a resolução dessa tensão nem sempre era afortunada e coincidente. E nesse caso, a mudança que estava sendo produzida com a troca de governo não só acentuava os efeitos da heterogênea composição do movimento, mas também punha em julgamento muitas das orientações e práticas sustentadas em comum no passado imediato. Em que medida seguiam vigentes seus lemas, suas reivindicações e todas suas práticas de luta surgidas no processo de confronto com o Estado terrorista? Quão grande era a mudança que estava ocorrendo e em que medida deveria modificá-las? Que significado dar, nesse marco, às palavras presidenciais?

As Mães não estavam descobrindo Alfonsín, já o conheciam há tempo: tinham-no observado tanto nos primeiros anos da ditadura como durante a campanha eleitoral. Essas experiências prévias modelavam suas visões sobre a nova etapa, mas todas sabiam perfeitamente que nesses dias começava outra história e que deviam estar atentas aos primeiros passos do novo mandatário.

Esse primeiro discurso em frente à Assembleia legislativa continha muitos aspectos-chave do que aconteceria no país. As palavras do presidente geraram basicamente duas reações entre as Mães: uma, de esperança, e outra, descrente e crítica. Quando poucos anos depois se produzissem os confrontos que levaram à divisão do movimento, seus principais dirigentes veriam nos inícios do governo de Alfonsín a origem de diferenças infranqueáveis. Contudo, no imediato, ambas as perspectivas confluem numa atitude de alerta e de mobilização: nenhuma renunciava a sua demanda de "aparecimento com vida" nem estava disposta a deixar o problema dos desaparecidos nas mãos dos novos governantes.

Enquanto as Mães preocupavam-se em discernir e entrever linhas de ruptura e de continuidade com o velho regime e questionavam-se sobre a real magnitude da mudança que estava acontecendo, a maioria dos argentinos só parecia perceber o novo. E o novo estava em todas partes: ocupava o lugar do ex-ditador um presidente investido pelo voto popular; onde antes dominavam os uniformes agora havia civis, e se no passado imediato ressoava o discurso da repressão e do autoritarismo, desde o 10 de dezembro se escutava a reivindicação dos direitos humanos no Congresso Nacional e no Cabildo de Buenos Aires. Uma enorme quantidade de cidadãos, sobretudo uma faixa importante da juventude que votara pela primeira vez no dia 30 de outubro, se sentia protagonista de uma nova "primavera democrática".

Segundo a maioria dos meios de comunicação, aquela primeira jornada do governo de Alfonsín caracterizou-se por um clima de festa popular, com epicentro na Praça de Maio. Era preciso retroceder dez anos para encontrar um fenômeno similar, exatamente em 25 de maio de 1973, data da posse do justicialista Héctor J. Cámpora. Na época, os jornais destacavam a presença na praça de "peronistas e não peronistas", e agora assinalavam a participação de "radicais e não radicais". A observação não apenas apontava uma mudança na coloração política, como também na composição social dos manifestantes. Percebiam-se, ademais, outras diferenças entre ambos os momentos: não estavam ali, na Praça do 10 de dezembro de 1983, as colunas de Montoneros nem de outras organizações de esquerda — armadas e não armadas — que protagonizaram a resistência sob a ditadura anterior à do "Processo"[3], muitos dos militantes engrossavam a lista de desaparecidos. A radicalização política daquela praça do 25 de maio, que correspondia ao lema "Libertação ou dependência" da fórmula presidencial que assumiu nesse dia e com assistência dos mandatários de Cuba — Osvaldo Dorticós — e do Chile — Salvador Allende —, contrastava com o espírito bem mais moderado que se refletia nos bordões dos manifestantes e no próprio discurso de Alfonsín. Também não ocorreu durante essa jornada do 10 de dezembro nada comparável àquela mobilização em massa que, depois da posse de Cámpora, se dirigiu à penitenciária de Devoto para exigir a liberdade dos presos políticos. Pelo contrário, ninguém reclamou pelos detentos herdados da ditadura, enquanto a maioria dos argentinos estava longe de considerá-los sob a aura heroica de "combatentes populares" como aqueles outros jovens que enfrentaram com armas na mão a ditadura de Onganía, Levingston e Lanusse. Depois do genocídio político mais brutal da história argentina e de um Estado terrorista que superava todas as cifras de assassinados, presos e exilados de qualquer outro regime anterior, só as Mães e alguns grupos menores de militantes de direitos humanos lembravam, com seus bordões gritados na praça, a tragédia. Todas essas diferenças eram apenas a expressão mais visível das mudanças operadas durante o último decênio no cenário social e político.

Após o ato, segundo a resenha do jornal *Clarín* do dia seguinte, "a Praça de Maio ficou coberta de papeizinhos e cheia de bandeiras argentinas. Os carros passeavam, ao redor e lentamente, como nas carreatas nos povoados. Porque essa era a atitude que se percebia nas pessoas: distensão, equilíbrio e, finalmente, uma grande paz".[4] A mesma crônica descrevia o espírito festivo com que concluía a jornada e relatava que, na maioria dos bairros portenhos, se repetiam cenas de famílias e de grupos de jovens que percorriam as ruas a passeio, e que assistiam espetáculos de rua gratuitos. Em San Telmo, por exemplo, um grupo musical — explicava a matéria — subiu

3. A ditadura surgida do golpe do 28 de junho de 1966, encabeçada sucessivamente por Juan Carlos Onganía, Roberto Marcelo Levingston e Alejandro Agustín Lanusse.

4. Alfonsín es presidente constitucional de la Argentina. *Clarín*, 11 dez. 1983.

no palco que foi montado na Praça Dorrego e começou sua apresentação com uma saudação singular: "Feliz democracia", disse o diretor da Banda de San Telmo. Os assistentes responderam com uma ovação.

Entre as Mães, entretanto, não havia espírito para festas nem para ovações. Durante um dia, a Praça de Maio — o lugar de sua evolução como movimento, o qual lhes dava o nome — mostrava um país disposto a começar uma nova etapa. Elas, aí presentes, eram quase devoradas pela multidão exultante e feliz. Na quinta-feira seguinte, no entanto, outra imagem, comovedora e dramática, dominaria a mesma cena, quando os lenços brancos repetissem a marcha de cada semana ao redor da Pirâmide.

2. Verdade e justiça

"Verdade + Justiça + Liberdade + Amor = Paz"

Lema do *Boletim Informativo de Mães*.

As marchas das Mães de todas as quintas-feiras às três e meia da tarde na Praça de Maio já estavam gravadas na memória dos argentinos como um símbolo irrevogável da luta contra o terrorismo de Estado. Dos mais diversos setores políticos, especialmente do oficialismo, foi comunicado que era esperada uma mudança no papel das Mães a partir da posse de Alfonsín e, inclusive, insinuava-se que quiçá aquela presença na praça correspondia ao tempo que acabara de ser concluído e não com a etapa que estava começando. As Mães ignoraram tais sugestões.

Todas concordaram em que deviam continuar na praça depois da mudança de governo. Sua presença era a expressão mais visível de um drama nacional, de uma reivindicação que não fora resolvida e, mesmo incomodando alguns, lá permaneceriam, alertas, até obterem uma resposta real a suas demandas de justiça. Assim o tinha anunciado Hebe de Bonafini na última quinta-feira sob ditadura.

Mas se nesse ponto não havia controvérsias entre elas, nem todas concordavam com as palavras da presidenta da Associação, pronunciadas nessa mesma quinta-feira, quando falou que, depois da posse de Alfonsín, começava "uma outra luta".

Para algumas mães identificadas com Bonafini parecia muito claro que o novo governo não traria por si só as respostas que elas procuravam e que, inclusive, teria novos e talvez mais difíceis adversários. Mas será que elas não conheciam bem quem era Alfonsín e muitos dos que o acompanhavam na sua gestão? Não sabiam de cor quem chegava ao Parlamento, e que a maioria dos juízes, após ter sido parte do sistema judicial da ditadura, continuava em seus cargos? E as Forças Armadas e as polícias não permaneciam intactas? O "inimigo" ainda estava lá e os novos governantes não eram completamente novos. A luta devia continuar e quiçá fosse, em algum sentido, mais difícil que a anterior, porque grande parte do velho regime perdurava latente sob aparência de novo.

Outras mães não pensavam assim. Suas expectativas concentravam-se mais na mudança e depositavam fortes esperanças nas flamantes autoridades. Ademais, se perguntavam por que Hebe se adiantava aos fatos e expressava publicamente uma desconfiança que ia na contramão da expectativa geral. Sobre que base descrer? Por que anunciar praticamente um novo confronto — uma "nova luta" — antes de conhecer as medidas do novo primeiro mandatário? Essas palavras eram agourentas e anunciavam um confronto que se antecipava aos fatos.

A diferença nas perspectivas de umas e de outras estava, pois, claramente proposta desde os primeiros dias da chamada "transição".

"Não acreditávamos em Alfonsín porque tínhamos visto como atuava frente aos militares e sabíamos quem era", disse muitos anos depois Bonafini. "Eu tinha uma grande esperança em Alfonsín, não por Alfonsín mesmo, mas porque depois de tantos anos de horror, voltávamos a ter um presidente constitucional que prometia justiça", explicou Marta de Vázquez.

Esse contraste entre aquilo que parecia uma atitude antecipadamente crítica da presidenta das Mães e a posição confiada — ou, no mínimo, expectante — de outras integrantes do movimento, em sintonia com a maior parte da opinião pública, se acentuou quando em 13 de dezembro de 1983 o presidente Alfonsín anunciou, em uma mensagem dirigida a todo o país, um conjunto de medidas especificamente dirigidas a encarar o problema das violações aos direitos humanos.

Mal havia se passado três dias após sua instalação na Casa Rosada, Alfonsín descarregou uma audaz ofensiva para resolver o que chamou, utilizando um eufemismo, de "situações passadas" — para se referir tanto à violência política da esquerda quanto ao terrorismo de Estado — e, além disso, segundo dizia, para prevenir situações futuras. Anunciou, entre outras medidas, um projeto de lei para anular a anistia ditada pela quarta Junta Militar, a submissão a processo sumário dos integrantes das três primeiras juntas militares e o ajuizamento de um grupo de sobreviventes das cúpulas de Montoneros e do Exército Revolucionário do Povo. Tratava-se de medidas de uma magnitude excepcional, destinadas a provocar uma mudança profunda na situação política, sem antecedentes na história argentina.

Em uma mensagem difundida pela rede de rádio e televisão, o primeiro mandatário justificou os anúncios afirmando que o passado gravitava "sobre o nosso porvir" e que "as violações extremamente aberrantes dos direitos que fazem a essência da dignidade humana em que incorreu o terrorismo e a repressão desse terrorismo" não podiam ficar impunes.

Considerando o teor do discurso de Alfonsín durante a campanha eleitoral e a recente mensagem à Assembleia Legislativa, certas decisões sobre a matéria eram previsíveis, mas a prioridade outorgada ao tema e a envergadura das iniciativas oficiais produziu uma verdadeira comoção e a sensação quase generalizada de que um passo histórico estava sendo dado. Do seu jeito, o presidente encabeçava a ofensiva em um terreno espinhoso.

A lucidez do líder radical consistia em compreender, ainda antes de lançar sua candidatura a presidente, que a ação do movimento de denúncia do terrorismo de Estado afetava profundamente a opinião pública, o que fazia naufragar as manobras do velho regime para garantir a impunidade e, até, fazia fracassar as negociações que, com esse mesmo fim, estabeleceram os militares com os dirigentes políticos que se preparavam para substituí-los no poder. Como consequência, o problema das violações aos direitos humanos se convertera em um dos problemas mais importantes a ser resolvido pelo futuro governo e precisava de uma abordagem inédita.

Giro histórico

A anulação da autoanistia representava um giro copernicano na história do país e do resto do continente. Até os anos 1970, as leis de esquecimento eram uma demanda tradicional da esquerda e dos setores populares que, depois da retirada das ditaduras, reclamavam pela liberdade de seus militantes. Com exceções, também era um recurso dos governos de fato como moeda de troca para negociar "saídas institucionais" e perdões que favoreciam os próprios militares. Assim, as leis de anistia faziam parte de uma longa tradição histórica.

Todavia, depois do genocídio perpetrado pelo "Processo de Reorganização Nacional" — que inclusive cobrara suas primeiras vítimas durante o derrocado governo justicialista —, a heroica resistência das Mães e a paulatina conformação de um amplo movimento contra o terrorismo de Estado conseguiram igualar ante a opinião pública a anistia outorgada pela última Junta Militar com a impunidade, e vincular a demanda de justiça com os próprios fundamentos de uma futura etapa democrática.

Foi uma situação peculiar da Argentina: não apenas significava uma inovação em relação ao seu próprio passado, como também marcava uma diferença com toda a história latino-americana, incluídos os processos recentes que, tanto no Brasil — 1979 — como na Bolívia — 1981 —, culminaram na sanção de normas legais de esquecimento dos crimes. Isso mesmo ocorreria no Uruguai e no Chile nos anos seguintes.

As Mães haviam vivido de perto essas experiências políticas regionais. Nas reuniões de familiares de vítimas da repressão do subcontinente, travaram intensas discussões, já que absolutamente todas as organizações não só aceitavam como também reclamavam por leis de anistia. Por um lado, essas entidades eram formadas por parentes de desaparecidos, mas também por familiares de assassinados e de presos políticos. Essa composição favorecia a tendência a negociar politicamente o perdão dos repressores, a liberdade dos presos e o fim das perseguições. Ao mesmo tempo, esses grupos eram pressionados pelos partidos políticos progressistas e de esquerda que tendiam a utilizar as leis de perdão como moeda de troca para "aberturas democráticas", isto é, conceder exceções penais relativas ao passado em troca de futuras liberdades democráticas. Durante os intensos debates de tais questões nos núcleos humanitários latino-americanos, as Mães não conseguiram impor seu ponto de vista.

No Brasil, em vésperas da lei de perdão imposta pelo ditador João Figueiredo, as Mães polemizaram intensamente com os organismos locais que levantavam o lema da anistia, em coincidindo com outras delegações de familiares provenientes de países que passavam por processos similares. O projeto de Figueiredo beneficiava tanto repressores quanto militantes populares — neste último caso, havia exceção para aqueles acusados de cometer delitos de "sangue". Para os familiares de vítimas da repressão do

Brasil, a medida representava um avanço na democratização do país[5]; para as Mães significava, entretanto, uma concepção ética e política inadmissível, que prejudicaria não só os brasileiros como também os argentinos, já que repercutiria negativamente na Argentina. O debate não se esgotou nessa ocasião, mas teve seus efeitos: os familiares brasileiros foram os últimos em aceitar os "benefícios" de uma anistia.[6]

Uma dinâmica política muito diferente começava a desenvolver-se na Argentina desde que os militares sancionaram a lei de anistia que agora Alfonsín convocava a anular. A majoritária rejeição à iniciativa da Junta Militar, encabeçada pelas Mães, bem como o fracasso de outras manobras anteriores tendentes à impunidade foi, para quem soube vê-lo, uma antecipação do que poderia ocorrer se o futuro governo pós-ditatorial tentasse ignorar a demanda por justiça.

O peso da posição das Mães não se assentava na força de sua organização nem no número de seus integrantes: era o efeito simbólico de uma orientação ética e política que colocava ênfase na "defesa da vida", exigia justiça, rejeitava "todo o tipo de violência" e fazia calar seus simpatizantes quando exigiam "paredão/paredão", replicando que o melhor castigo não era a pena de morte, e sim cem anos de cadeia. Ainda que amplo em sua formulação, não deixava de ser significativo o lema que durante todos esses anos mantiveram na capa do seu *Boletim Informativo* — o principal meio de comunicação gráfico com que contaram até esse momento — que dizia: "Verdade + Justiça + Liberdade + Amor = Paz". Foi quando a

5. Depois de lembrar que a luta pela anistia era uma das principais bandeiras da oposição ao regime ditatorial, o historiador brasileiro Boris Fausto (2003) sustentou que a lei aprovada pelo Congresso "continha sérias restrições e, ao incluir os responsáveis por práticas de torturas, fazia uma importante concessão à linha dura. De qualquer forma, permitiu o retorno dos exilados políticos e foi um passo importante na ampliação das liberdades públicas". FAUSTO, Boris. *Historia concisa de Brasil.* Buenos Aires: Fondo de Cultura Económica, 2003, p. 249. Por sua vez, o ensaísta Waldo Ansaldi (1996) descreveu que, segundo o projeto de anistia, "os responsáveis pelos atos terroristas não seriam processados nem julgados, mas em troca teriam que aceitar a saída eleitoral e não obstruir as eleições de novembro de 1982". "Isto é mais uma mostra da delicada arte brasileira da conciliação política", concluiu. ANSALDI, Waldo. "Continuidades y rupturas en un sistema de partidos políticos en situación de dictadura: Brasil, 1964-1985". *In:* DUTRENIT, Silvia (coord). *Diversidad partidaria y dictaduras*: Argentina, Brasil y Uruguay. México: Instituto Mora, 1996, p. 199.

6. Nessa convicção, foi determinante a posição de um dos mais prestigiosos lutadores pelos direitos humanos desse país, Raymundo Faoro, que estava concluindo seu mandato como presidente da Associação de Advogados do Brasil.

singular incidência desse discurso e da inovadora resistência que encarnou esse punhado de mulheres — que terminou amalgamando depois de sua radicalidade em um amplo e heterogêneo movimento contra o terrorismo de Estado —, que criou as condições para esse giro histórico contrário à anistia.[7]

Alfonsín teve essa compreensão antes de todos os líderes dos partidos maioritários que se preparavam para substituir os militares no poder depois da derrota nas Malvinas. Essa percepção prematura determinava que o dirigente radical utilizasse um discurso de campanha destinado a capitalizar eleitoralmente certo espírito dominante favorável às demandas de justiça.

Direita e esquerda

Nem a direita — como no caso do candidato justicialista Ítalo Argentino Luder ou de algumas correntes do próprio partido radical — nem certos setores da esquerda — que como o grupo Montoneros ou o Partido Comunista dava seu apoio à fórmula presidencial do Partido Justicialista sem sentirem coceira pelas declarações de Luder sobre a validade jurídica da anistia decretada pelos militares — compreendia a verdadeira magnitude do novo fenômeno que, para a opinião pública, convertia a anistia, outrora símbolo de "abertura democrática", em um benefício de impunidade contrário à ética e aos fundamentos de um novo regime político.

Nessa encruzilhada, ainda sob o velho regime, aconteceu um dos paradoxos políticos mais significativos da história da esquerda, o qual marcou novamente as distâncias entre as Mães e parte dessas forças políticas às que pertenceram a maioria de seus filhos: enquanto o movimento de denúncia

7. Quanto à evolução desse assunto, é importante apontar duas questões. Por um lado, o juiz Sergio García Ramírez, da Corte Interamericana de Direitos Humanos, emitiu um voto decisivo no caso "La Cantuta", no dia 29 de novembro de 2006, que é imprescindível consultar. Ademais, é interessante o trabalho de M. Joinet, no marco de um relatório requisitado pela Comissão de Direitos Humanos das Nações Unidas, referente às origens da luta contra a impunidade, no qual o autor assinala que, nos anos 1980, "a anistia, símbolo de liberdade, aparece cada vez mais como uma espécie de 'prima da impunidade' com o surgimento, e depois a proliferação, das leis de autoanistia, auto proclamadas pelas ditaduras militares em declive, preocupadas por organizar seu sistema de impunidade enquanto ainda tivesse tempo. Esses desvios provocaram vivas reações por parte das vítimas, que reforçaram sua capacidade de auto-organização para que 'a justiça aconteça', tal e como comprova, na América Latina, o auge alcançado pelo movimento de Mães da Praça de Maio e, posteriormente, pela Federação de Associações de Familiares de Detentos e Desaparecidos da América Latina (FEDEFAM), cuja irradiação se estenderia depois a outros continentes".

do terrorismo de Estado impugnou a tentativa da ditadura de consagrar a impunidade de seus crimes, alguns grupos da esquerda revolucionária, como Montoneros, se mantiveram dubitativos em relação a essa medida, especulando sobre eventuais benefícios para suas forças. No caso do grupo Montoneros, essa atitude equivalia aos chamados à "pacificação" — a autoanistia foi batizada pelos militares "Lei de Pacificação" —, em expressa coincidência com a direita política e social, e com a hierarquia eclesiástica católica. O termo "pacificação" voltou a ser lido, em julho de 1983, em um documento desse setor da esquerda peronista — intitulado sugestivamente de "A responsabilidade de todos" —, nas vésperas da imposição da lei de autoanistia. O injustificável oportunismo político de uma parte significativa das cúpulas guerrilheiras — que, no entanto, contou com notáveis exceções entre dirigentes intermediários e militantes de base — pretendia camuflar-se, em alguns casos, com aquela tradição histórica da esquerda em diferentes partes do mundo que, com razão, sempre lutou pela liberdade dos militantes populares detidos. Apesar do velho lema que proclamava que o sangue derramado não seria negociado, esses setores não perceberam a mudança cultural e política que estava sendo produzida, nem conceberam — viciados em oportunismo tático — que poderiam trocar mínimas concessões pela impunidade dos genocidas. Muitos anos depois, alguns líderes montoneros ainda voltariam a pedir por um perdão que beneficiasse a "todos", e isso foi o que outorgou o presidente Carlos Menem com os indultos decretados entre 1990 e 1991 e que favoreceu Jorge R. Videla e Mario Firmenich, entre outros.[8]

Nesse sentido, quanto a certas tradições políticas, as Mães encarnavam um ponto de inflexão que estava comovendo, e ainda comoveria mais profundamente a cultura dos setores progressistas e de esquerda. Como já faziam antes da queda do regime ditatorial ao exigir a liberdade dos presos políticos, afirmavam que o caminho para que a reivindicação por liberdade fosse efetivo, bem como para resistir à perseguição dos militantes

8. Assim, se a origem das Mães como resposta imediata ao desaparecimento forçado de pessoas teve, também, raízes na crise e derrota da esquerda em meados da década de 1970 — como foi analisado no primeiro volume de *A rebelião das Mães da Praça de Maio*. Sua persistência como movimento autônomo e em puja com essas mesmas forças — particularmente Montoneros e PRT, por um lado, e com os setores tradicionais desse mesmo segmento político por outro — a que pertencia, na sua imensa maioria, seus próprios filhos, tinha fundamentos políticos, éticos, ideológicos e programáticos que transcendiam longamente os daqueles primeiros anos, e se prolongavam até a nova conjuntura da pós-ditadura.

populares, já não podia ser a negociação ou a troca pela impunidade dos repressores, e sim a reivindicação das lutas e suas práticas políticas progressistas e revolucionárias. Esse caminho exigia uma reflexão autocrítica que permitisse separar o legítimo do ilegítimo, o ético do censurável, o verdadeiramente revolucionário e avançado das velhas práticas políticas. Esse seria o único modo de encarar uma ofensiva reivindicativa assentada em um novo paradigma social e político. Mas, um impedimento seguia latente, isto é, a crise ideológica e política que conduzia ao fracasso, e a derrota das forças políticas da esquerda revolucionária na década de 1970, agravada com a terrível devastação de que foram vítimas.

Nesse sentido, foi diferente a relação entre as Mães e outros grupos de esquerda que, como o Partido Comunista (PC) e alguns partidos pequenos com participação na Assembleia Permanente pelos Direitos Humanos (APDH) — como o Partido Socialista Unificado, o Partido Intransigente e a corrente Humanismo e Libertação da Democracia Cristã —, se identificavam com a denominada linha do "esclarecimento". Esses setores caracterizavam-se por um verdadeiro pragmatismo político que "privilegiava" um suposto futuro "democrático", "sacrificando" o passado — isto é, a justiça retroativa —, a fim de garantir a "saída institucional". Assim, o PC e outros grupos de esquerda e centro esquerda estimavam saldadas as contas com o velho regime com a elucidação da verdade, o "esclarecimento" e alguma ação judicial limitada, sem enfatizar demasiado na demanda por uma justiça irrestrita e profunda. Não era uma visão muito diferente da que inspirava o novo oficialismo, e que explicava com todas as letras o assessor presidencial Carlos Nino.[9]

Efetivamente, embora arriasse a bandeira da revogação da autoanistia militar, a nova linha oficial tentava pôr limites nas ações judiciais em prol de preservar um sistema social, econômico e político que propunha sólidas continuidades com o passado imediato.

Segundo Carlos Nino (1996) — um dos homens que participou da elaboração da estratégia oficial na matéria —, foi pessoalmente Alfonsín quem estabeleceu as pautas iniciais para o desenho daqueles primeiros passos do seu governo. "Em primeiro lugar", relatou o assessor presidencial ao recordar as instruções recebidas, "devia empreender-se uma busca imediata

9. Alguns anos depois, o PC realizou uma dura autocrítica sobre a linha que adotara durante a ditadura. Todavia, nunca incluiu seu apoio a Luder, apesar do ex-candidato presidencial aceitar a legalidade da autoanistia dos militares.

do paradeiro dos desaparecidos. Em relação ao castigo, Alfonsín impulsionou três princípios que serviriam como guia: 1) tanto o terrorismo de Estado como o subversivo seriam castigados; 2) haveria limites para aqueles que precisam ser responsabilizados, porque seria impossível perseguir eficazmente todos que cometeram delitos; 3) os julgamentos devem ficar limitados a um período finito de tempo durante o qual o entusiasmo por esse programa se mantivesse em níveis altos".[10]

Alguns anos depois, Nino disse que essas primeiras resoluções de Alfonsín procuravam "a reinstalação do Estado de direito e a prevenção de violações aos direitos humanos no futuro. Enquanto a perseguição da verdade seria irrestrita, o castigo seria limitado, tendo mais considerações preventivas do que retributivas, e a necessidade de incorporar todos os setores no processo democrático". Ou seja, a partir de sua perspectiva procuravam "fazer algo de justiça", porém mais em função da construção de um novo sistema de governo e sua estabilidade do que da revisão do passado; daí seu caráter mais preventivo — quanto a assegurar que não voltasse a acontecer — do que retributivo — quanto à condenação que deveria recair no ocorrido — e que os ajuizados fossem uma quantidade muito menor do que deveria ser para estimular a incorporação de amplas maiorias ao novo processo institucional.

Objetos manipuláveis

Utilizando esse giro histórico contra as anistias em função de seus próprios fins políticos, Alfonsín introduziria um novo elemento, que não estava nas propostas de sua campanha eleitoral: a perseguição ativa das cúpulas das organizações armadas de esquerda. De fato, a decisão presidencial de enviar ao Parlamento um projeto de anulação da "Lei de Pacificação" abria as portas para o ajuizamento tanto dos militares quanto dos militantes de esquerda e, ao mesmo tempo, o presidente anunciou medidas ativas para a iniciação desses processos judiciais. O mito dos "dois demônios" serviu como argumento para tais decisões: "A convicção de que é necessário fazer justiça com quem, de um e de outro lado, tomara os homens como meros objetos manipuláveis para chegar em determinados fins, implica que deve ser revogada e se declarar insanavelmente nula a lei de fato chamada de

10. NINO, Carlos S. *Juicio al mal absoluto*. Buenos Aires: Emecé, 1996, p. 18.

Pacificação ou de anistia", sustentou enfaticamente Alfonsín na sua mensagem do dia 13 de dezembro.

O presidente equiparava, desse modo, cúpulas militares e guerrilheiras. Nesse marco, anunciou o decreto 157, que ordenava submeter a julgamento os principais sobreviventes das cúpulas guerrilheiras por delitos cometidos a partir de 25 de maio de 1973: Mario Eduardo Firmenich, Fernando Vaca Narvaja, Rodolfo Gabriel Galimberti, Héctor Pedro Pardo e Roberto Cirilo Perdía, do grupo Montoneros; Ricardo Armando Obregón Cano, ex-governador de Córdoba, que estava vinculado aos anteriores na conformação do Partido Peronista Autêntico, e Enrique Haroldo Gorriarán Merlo, do Exército Revolucionário do Povo. Todos eles foram acusados de: "delitos de homicídio, associação ilícita, instigação pública a cometer delitos, apologia ao crime e outros atentados contra a ordem pública, sem prejuízo dos demais delitos dos que resultem autores imediatos ou mediatos, instigadores ou cúmplices".

Os fundamentos do decreto consideravam negativa a anistia outorgada aos combatentes e lutadores populares em 1973. Paradoxalmente, esse argumento era esgrimido pela direita e pelas Forças Armadas para justificar o emprego de "métodos excepcionais na luta antissubversiva" depois do golpe de Estado de 1976: se o perdão legal ditado por "governos constitucionais" deixava em liberdade os "subversivos" capturados durante os governos "militares", a "solução" para acabar com a "instabilidade institucional" e o "caos" que provocavam esses "elementos" era o aniquilamento. Particularmente esses setores políticos e castrenses se referiam ao "fracasso do sistema penal"; uma definição hipócrita, já que a maior parte dos reprimidos pelo "Processo" não estava incursa em nenhum delito penal, senão que eram militantes rebeldes aos projetos dos setores dominantes.

De alguma maneira, ao fundamentar a nova perseguição à esquerda "armada", Alfonsín assumia o mesmo discurso que servia para justificar o genocídio. Agora, afirmava Alfonsín, o sistema penal seria efetivo.

Em consequência, permaneceriam detidos durante o governo radical os "presos políticos herdados da ditadura" — que a quarta Junta Militar excluía da anistia — cumprindo condenações impostas durante o período do terrorismo de Estado. Para isso não foi necessário nenhum decreto: de fato, bastou sustentar certa continuidade jurídica com o velho regime.[11]

Delitos e penas

Quanto às cúpulas militares, o governo assinou o decreto 158 pelo qual seriam submetidos a julgamento sumário, ante o Conselho Supremo da Força Armadas, os integrantes das três primeiras juntas que governavam o país desde o golpe do 24 de março de 1976, a saber: o tenente general Jorge R. Videla, o brigadeiro-general Orlando R. Agosti, o almirante Emilio E. Massera, o tenente-general Roberto E. Viola, o brigadeiro general Omar D. R. Graffigna, o almirante Armando J. Lambruschini, o tenente-general Leopoldo F. Galtieri, o brigadeiro-general Basilio Lami Dozo e o almirante Jorge I. Anaya. Eram acusados por homicídios, torturas, violações e sequestros.

No mesmo dia em que Alfonsín assinou os decretos 157 e 158, Félix Ferreiro — advogado que atuou por iniciativa própria — apresentou uma demanda ante os tribunais federais contra os ex-integrantes das quatro juntas militares, vários generais retirados e todo o pessoal das Forças Armadas, da segurança e da polícia, pelos delitos de genocídio, traição à Pátria, homicídio qualificado e outros.

O contraste entre os delitos que lhes imputava o decreto de Alfonsín e os que apontava Ferreiro era muito claro e evidenciava o reducionismo jurídico do oficialismo.

De fato, a questão sobre os delitos imputados aos ex-comandantes tornou-se tema de debate constante no movimento de direitos humanos. Um ano depois, a APDH reclamou, sem sucesso, que os integrantes das juntas militares fossem julgados pelos crimes de assunção da *suma del poder público* e por traição à Pátria: sem esses delitos, argumentou a APDH, não puderam ser executados todos os demais. Entretanto, sua palavra não foi sequer considerada, nem por Alfonsín, nem pelos juízes de turno.[12]

11. Um desses casos foi o de Hilda Nava de Encosta, a presa política que mais anos permaneceu no cárcere, em toda a história argentina. A prova principal contra ela foi uma confissão obtida sob tortura. Para mais informação sobre o caso ver *Lilí, presa política, reportaje desde la cárcel*, de Ulisses Gorini e Oscar Castelnovo.

12. Esse debate foi sustentado durante vários anos, embora tenha sido ignorado sistematicamente pelo oficialismo e subestimado pela oposição majoritária. O jurista Marcelo A. Sancinetti (1987) — entre outros destacados advogados — demonstrou, em um trabalho

Além do enquadramento jurídico restritivo em matéria de delitos, determinava um limite temporal estratégico. A decisão de excluir a quarta Junta Militar de ser processada significava, em si, a impunidade dos crimes cometidos no período em que ela governou, muitos deles ainda bastante frescos na memória, como os assassinatos de Osvaldo Cambiaso e de Eduardo Pereyra Rossi. A quarta Junta também era a encarregada de garantir a impunidade do genocídio, o qual, agora, ficava fora de qualquer análise judicial. Por exemplo, essa junta foi encarregada do chamado "Relatório final sobre a luta antissubversiva", a Lei de Autoanistia e o decreto secreto 2726/83, que ordenava a incineração de qualquer documento oficial comprometedor, ação que destruiu provas fundamentais.

Por outro lado, o período abarcado pela medida do novo presidente deixava fora do olhar da justiça os assassinatos, os desaparecimentos e outras violações aos direitos humanos cometidos durante o último governo justicialista, por parte do braço executor da Aliança Anticomunista Argentina, do Comando Libertadores da América e do Operativo Independência, entre outros grupos participantes do terrorismo de Estado prévio ao golpe de 1976.

Finalmente, tal como tinha anunciado em sua mensagem à Assembleia Legislativa, essas normas estabeleciam níveis de responsabilidade entre quem havia concebido e dado as ordens, quem havia se limitado somente a cumpri-las e quem havia se excedido. Alfonsín, dessa forma, parecia equitativo: só as cúpulas de ambos os bandos enfrentados eram o objeto de cada um dos decretos.

Desse modo, o presidente tentava impor limites aos processos, já que, desde sua perspectiva, o ajuizamento de todos os implicados no terrorismo de Estado arriscaria a estabilidade institucional: a extensão irrestrita dos julgamentos geraria uma massa de afetados que, inevitavelmente, impulsionaria

publicado em 1987, que era possível — além de necessário e obrigatório do ponto de vista penal — aplicar a figura do artigo 226 do Código Penal de 1921, vigente nesse momento. O referido artigo do Código Penal define a ação de rebelião: "alçar-se em armas [...] para impedir [...] a formação ou renovação [dos poderes públicos do governo nacional] nos termos e formas legais". Da análise de Sancinetti, entre outros estudos, surge claramente que a decisão de Alfonsín não primou por uma abordagem jurídica e sim por uma perspectiva política que, dentre outros fatos, apontava diluir a verdadeira dimensão do acontecido e ignorar, entre outras questões, a complexa avaliação das responsabilidades de vastos setores políticos e sociais na produção do golpe de Estado de 1976. SANCINETTI, Marcelo A. *Derechos Humanos en la Argentina postdictatorial*. Buenos Aires: Lerner Editores Associados, 1987, p. 23 e seguintes.

um espírito de corpo para resistir à medida. Essa, ao menos, era a justificativa que o oficialismo expressava a meia voz.

Os decretos mostravam uma notória diferença no tratamento outorgado a guerrilheiros e a militares. Enquanto os líderes do grupo Montoneros e do Exército Revolucionário do Povo seriam submetidos à justiça civil, os ex-comandantes seriam processados por seus próprios pares. Segundo a perspectiva oficial, tratava-se de uma hábil jogada, já que a eventual condenação do Conselho Supremo das Forças Armadas aos ex-comandantes não apenas satisfaria as demandas populares, como também permitiria à instituição castrense descolar dos métodos usados na repressão. Por outro lado, pensavam, facilitaria a integração dos uniformizados ao processo democrático.

Alfonsín disse na sua mensagem que o Conselho Supremo era "o juiz natural" dos arguidos, pois era o estabelecido no Código de Justiça Militar, apesar da manifesta inconstitucionalidade da disposição, cuja qualificação ignorava o presidente.[13] Nos dias que seguiram à derrota nas Malvinas, os políticos exigiram aos militares que não deixassem como herança o problema das violações aos direitos humanos — em especial dos desaparecidos — e, ainda que naquele momento os uniformizados não tivessem dado uma resposta satisfatória nem efetiva, agora Alfonsín lhes oferecia uma nova oportunidade.

Uma vez que publicou as medidas, no dia 14 de dezembro de 1983, Alfonsín pactuou com os comandos militares a conformação de uma nova cúpula para as Forças Armadas. Como consequência, designou Julio Fernández Torres como chefe do Estado Maior Conjunto; na frente do Exército, nomeou o general Jorge Hugo Arguindegui; na Armada, o contra-almirante Ramón Arosa e na Força Aérea, o brigadeiro Teodoro Waldner. Fernández Torres era, até esse momento, o segundo do general Juan Carlos Trimarco no Primeiro Corpo de Exército, e embora tenha sido apresentado como alheio a todo compromisso político com o regime caído, era interventor na CGT. Também havia estado no palco das operações durante a Guerra das Malvinas, em que uma de suas ações mais destacadas foi negar-se a saltar nas ilhas com os paraquedistas da 4ª Brigada Aerotransportada. Por sua vez, Arguindegui, segundo foi difundido durante a campanha eleitoral, era o candidato do ex-postulante presidencial Ítalo Luder a esse mesmo posto, caso este último ganhasse as eleições. Integrara, por sua arma, a denominada Comissão de Assessoramento Legislativo (CAL), uma espécie

13. Ver o referido trabalho de Marcelo A. Sancinetti.

de farsa parlamentar da ditadura, cuja real missão consistia em compatibilizar os projetos legislativos do regime entre as três forças. Quanto aos membros do Conselho Supremo das Forças Armadas, um deles, Julio Gómez, era ministro de Justiça da ditadura e outro, René Osvaldo Azpitarte, havia desempenhado o papel de comandante do V Corpo de Exército durante o governo de fato de Videla.

Em síntese, a concepção sobre o formato da nova cúpula militar e a integração do Conselho Supremo era tributária do conceito de "transição" que orientava os planos de governo de Alfonsín, deixando intacta a estrutura das Forças Armadas e mantendo em atividade a maioria dos criminosos.

Tantas limitações não podiam senão contrastar com as expectativas das Mães. Mas deveriam ser valorizados os anúncios do presidente que acompanhavam os parâmetros da demanda de justiça irrestrita, ou deveria ser considerada a diferença substancial entre as medidas de impunidade absoluta adotadas a respeito do passado? Nenhuma delas, ainda, tinha respostas claras nem categóricas para essas perguntas.

3. Demônios

A sequência numérica dos decretos que ordenavam o ajuizamento das cúpulas guerrilheiras e militares — o 157 e o 158, respectivamente — levava a marca pouco sutil de uma periodização da história funcional do mito dos "dois demônios", segundo a qual a ação guerrilheira precedia a repressão militar, ao mesmo tempo que a última era uma resposta à primeira.

No marco desse discurso, os confrontos armados dos anos 1970 apresentavam-se descontextualizados, despolitizados, desvinculados de suas causas e de seus fins, à margem das relações políticas e sociais em que haviam estado inscritos. Essa indiferença pelo processo histórico e social, em seu conjunto, era explicada com a frase conclusiva que Alfonsín utilizou na mensagem presidencial na assembleia legislativa: "o fim jamais justifica os meios".

A consagração legal do mito mostrava um Alfonsín equilibrado na persecução dos "violentos de esquerda e de direita", e além disso situava o governo que assumia, a força política que o levara à presidência e ele próprio como alheios à violência, sem nenhuma responsabilidade sobre o passado imediato.

Nesse sentido, o discurso dos "dois demônios" encobria a profunda implicação de dirigentes e de organizações sociais, econômicas e políticas com a ditadura, que deram ao regime um verdadeiro caráter cívico-militar; uma cumplicidade que, de fato, as Mães haviam denunciado em numerosas oportunidades.[14]

14. Esse discurso, demonizador por um lado e exculpatório por outro, procurava encerrar rapidamente a questão da violência, não apenas de uma perspectiva histórica, mas também de uma visão teórica que focasse nas relações de força e de poder.

Como afirma Hugo Vezzetti, "é necessário lembrar que o regime foi, de fato, cívico-militar, que incorporou amplamente quadros políticos provenientes dos partidos principais e que não faltou forte apoio eclesiástico, empresarial, jornalístico e sindical. De modo que a representação, amplamente instalada após a renascimento democrático, de uma sociedade vítima de um poder despótico é apenas uma parte do quadro e perde de vista que a ditadura foi algo muito diferente de uma ocupação estrangeira, e que seu programa brutal de intervenção sobre o Estado e sobre amplos setores sociais não era, em absoluto, alheio a tradições, ações e representações políticas que estavam presentes na sociedade desde muito antes".[15]

Esse discurso também procurava a identificação de grandes setores da sociedade com a política oficial, já que resultava sumamente tranquilizador não apenas para as elites dirigentes que, sem dúvida, tinham a maior responsabilidade na execução do genocídio, como também para amplos setores da opinião pública que consensuava com o ocorrido. A ideia simplista que pretendia dar conta de um complexo período histórico a partir do confronto entre dois setores demoníacos e messiânicos, que estavam à margem do resto da sociedade e que, em todo o caso, a mantinha como vítima de um fogo cruzado, era um discurso confortável para quem, sem protagonismo nem notoriedade, havia alegado desconhecimento do que passava e posteriormente surpresa frente à revelação daquilo que começaria a acontecer nessa primeira etapa do governo de Alfonsín. A versão, no entanto, não resiste à mínima confrontação com a história.

Uma investigação do sociólogo Guillermo O'Donnell[16], por exemplo, ilustrou de um modo significativo a evolução da perspectiva com que alguns setores da sociedade argentina avaliaram o que o regime ditatorial denominou como "a luta anti subversiva". No marco de um estudo sobre a vida cotidiana durante a ditadura, O'Donnell explica e analisa uma série de entrevistas, realizadas em 1978, nas quais se pedia aos interrogados a opinião sobre o presente, comparado com outras etapas do país. A primeira constatação do pesquisador é o medo dos entrevistados, um aspecto pouco estudado e que, no entanto, deve ser considerado para avaliar as respostas.

15. VEZZETTI, Hugo. *Pasado y presente*. Guerra, ditadura e sociedade na Argentina. Buenos Aires: Siglo Veintiuno, 2002, p. 39.

16. O'DONNELL, Guillermo. "Contrapuntos". *In: Ensayos escogidos sobre autoritarismo y democratización*. Buenos Aires: Paidós, 1997, p. 140, 154 e 162.

Em segundo lugar, comprova que "muitas dessas pessoas [...] mostravam-se de acordo com algumas das mensagens que transmitia a ditadura. Do estudo depreende-se que "nada podia ser pior do que o caos do período prévio" ao golpe de Estado. A "ordem" que oferecia o regime era melhor que o "caos" anterior. A origem dos problemas do país tinha origem na "demagogia irresponsável" que abria as portas à "subversão". Embora houvesse discretas críticas à brutal redistribuição dos ingressos, "o dever de cada argentino era trabalhar duro e ter cuidado para que a subversão não voltasse a ter espaço na família, na escola, no trabalho e nas ruas".

Pois bem, a pesquisa de O'Donnell incluiu novas entrevistas com as mesmas pessoas, realizadas, desta vez, no período imediatamente posterior à derrota nas Malvinas, sob o pretexto de ter perdido as gravações. "Nessa segunda oportunidade, a maioria estava cheia de ódio contra o regime, as Forças Armadas, seu comportamento na guerra e as atrocidades de todo tipo que cometia", diz o sociólogo. "Mais ainda, alguns tinham voltado a ser politicamente ativos. Todos eles 'lembravam' o que haviam respondido, sendo que pouco tinha a ver com o que naquele momento realmente disseram". Embora O'Donnell acreditasse que eram sinceros nas respostas "tanto quanto na primeira oportunidade", agora os entrevistados sustentavam que sempre se opuseram com firmeza ao regime e que nunca aceitaram seus imperativos: "Nas primeiras entrevistas davam respostas decepcionantes quando eram questionados sobre os sequestros, torturas e assassinatos que eram praticados, no sentido de falarem que somente eram 'rumores' ou 'exageros' e que, em todo o caso, 'alguma coisa' essas pessoas fizeram para ser vitimizadas dessa maneira".

A pesquisa de O'Donnell mostra a adesão social à teoria dos dois demônios. A postura alheia que revelam essas "segundas" opiniões quanto ao regime traz uma negação do consenso dado na etapa anterior às Malvinas. A mutação que registra o estudo é a base para a rápida aceitação da nova perspectiva oficial. A teoria dos dois demônios era uma forma fácil de descartar qualquer cumplicidade e responsabilidade com o genocídio, e ao mesmo tempo conservava e reformulava a anterior condenação à violência "subversiva". A mudança das opiniões aparecia, então, não como uma incoerência, e sim como uma evolução na abordagem do passado, cuja essência tinha origem no fato de "perceber": agora que é sabido o que aconteceu, é possível entender que não houve somente um demônio, e sim dois.

A nova doutrina oficial foi o fundamento político das medidas que começavam a ser aplicadas, já que, ao fornecer uma versão sobre aqueles fatos, proporcionou as representações que substanciariam o consenso quanto à forma como suas sequelas deveriam ser processadas.

Inocentes ou militantes

Esses dois momentos da opinião pública descritos na pesquisa de O'Donnell — correlacionados com dois períodos diferentes da ditadura —, têm correspondência com dois posicionamentos das Mães que é necessário repassar para compreender sua reação diante do mito dos "dois demônios" esgrimido pelo oficialismo, e para entender as diferenças que surgiriam dentro do movimento a esse respeito.

Primeiro, quando a ditadura qualificou genericamente seus filhos de subversivos, as Mães rejeitaram terminantemente a acusação. A atitude partia de uma questão de princípios: nem a junta militar nem os juízes do "Processo" provaram nada a respeito e, se fosse o caso, a justiça devia ter atuado conforme a lei, mas de modo algum fazê-los desaparecer, torturá-los ou assassiná-los impunemente.

A resposta não encontrava exceções entre as Mães. Mas por trás dessa unanimidade subjazia uma diversidade de situações pessoais, não apenas relativas ao conhecimento ou desconhecimento de cada familiar quanto à militância do desaparecido,como também ao fato de que, na prática, o alvo da repressão podia ser, indiferentemente, guerrilheiros, simpatizantes da guerrilha ou até militantes sociais e de esquerda que não apenas não estavam envolvidos com a guerrilha, mas que rejeitavam, baseados em críticas firmes e explícitas, o emprego das armas.

As Mães sempre estiveram conscientes dessa diversidade à qual se somava, para complicar ainda mais o panorama, outra diferença: as diversas posições de cada uma delas diante da militância de seus filhos e suas próprias opiniões a respeito da violência. Todo esse complexo universo que constituía o movimento concordou com deixar o tema fora de discussão, firmando-se na postura ética — e também jurídica e política — de que nada justificava o desaparecimento nem que seus filhos não tivessem direito a uma justiça imparcial.

Em uma segunda etapa, após a derrota nas Malvinas, quando diminuiu a pressão da ditadura e também o cerco do terror, e enquanto importantes setores da opinião pública começavam a reconhecer a "injustificabilidade" dos métodos empregados pelas juntas militares para combater a "subversão", começaria a surgir entre as Mães uma nova perspectiva tendente ao reconhecimento da militância de seus filhos — embora ainda não a respeito do recurso à violência. Essa nova orientação interna, que ficou conhecida publicamente, causou fortes polêmicas entre elas. De fato, houve um setor que não só seguiu negando-se a reconhecer a condição política de seus filhos, como também, e com certa lógica, afirmou que essa condição era irrelevante em relação à demanda de "aparecimento com vida", porque nada, nem jurídica nem moralmente, justificava o desaparecimento de pessoas. Questionavam: para que abrir, então, um debate que não apenas era irrelevante para suas demandas, mas que seguia sendo inoportuno para a opinião pública?

É claro que depois dessa polêmica interna começou a ser processada no movimento uma mudança profunda, que surgira no meio do confronto entre aquelas que mantinham as posições tradicionais das Mães, alicerçadas na ideia de inocência de seus filhos, e as que pretendiam avançar em direção a uma postura com uma definição mais radical, que pediam por seus filhos e defendiam as ideias deles, chegando a reivindicar sua militância.

Diante dessa diversidade de situações e enfoques, as Mães posicionaram-se frente à teoria dos dois demônios, inicialmente tentando uma resposta comum, mesmo que logo depois ficasse evidente a impossibilidade de um acordo.

Reivindicar a militância dos filhos nesse momento significou um passo realmente transgressor, porque colocava no centro da cena um grupo social com o qual somente havia predisposição para reconhecer seu caráter de vítima. Enquanto se discutia a militância, deixava de ser um grupo social para se transformar em uma força política e, assim, era questionada a partir da teoria dos dois demônios: os desaparecidos, nesse marco, não eram somente vítimas, eram fundamentalmente "subversivos" e até eram responsabilizados pelo golpe militar e por ter "provocado" o genocídio. Desse modo, reivindicar as ideias e as lutas daqueles jovens batia de frente com o discurso oficial. A outra cara do mito dos dois demônios era, então, a crise e a derrota da esquerda revolucionária. Se depois da ditadura de Onganía, Levingston e Lanusse, e com a chegada de Cámpora ao governo, a esquerda revolucionária aparecia como vitoriosa e o uso da violência desse setor político durante toda a resistência ao regime militar ficava maioritariamente respaldado como legítimo, paradoxalmente, depois do mais sangrento genocídio ocorrido na Argentina do século XX — do qual esses grupos foram o alvo privilegiado —, recorrer a essa mesma violência passava a não se justificar, e não apenas era condenado politicamente, como também era comparado ao terrorismo de Estado em termos de uma aberração correlativa.

Embora em março de 1976 os setores que praticavam a luta armada estivessem praticamente derrotados, e ainda que o regime que se originou desse assalto ao poder tivesse objetivos de disciplinamento social bem mais amplos do que o extermínio da guerrilha — tais como uma reestruturação política, econômica, institucional e cultural que incluía toda a sociedade —, a nova doutrina oficial ocultava ou, no mínimo, tornava opacos esses fins para ressaltar as supostas responsabilidades da esquerda.

No novo contexto político, a esquerda carregou o estigma dessas acusações e, ademais, o peso de sua própria crise.[17]

Mas seja porque o grau de crise era muito profundo ou porque aqueles que conseguiram sobreviver ao aniquilamento se empenharam em repetir esquemas de pensamento que conduziram à debacle, as esquerdas não tiveram condições de incidir politicamente na nova situação do país,

17. Abordar a análise detalhada dessa crise significaria desviar-se demasiado do tema central deste livro, mas cabe apontar, ao menos, para um melhor entendimento da nossa posição, que a crise da esquerda ou, melhor, as crises das esquerdas, revelam alguns aspectos comuns a todos os grupos, e outros que os diferenciam. Comum, basicamente, é a crise do projeto socialista comunista em escala mundial e o esgotamento definitivo de um modelo de socialismo com o qual, em diferente medida, tinham se identificado tanto Montoneros quanto *perretistas* e outros grupos que não encontraram uma alternativa que representasse seus valores ideológicos, culturais, políticos, sociais e econômicos. Diferentes, entretanto, foram as estratégias nas crises. Enquanto para o PRT o caminho era a revolução mundial, com a qual devia contactar uma força local, para os Montoneros era central o problema nacional e, nessa direção, a ideia da construção de uma frente de libertação nacional, que não era outra senão o próprio peronismo. Ambas estratégias, por diferentes motivos, se truncaram. O socialismo internacional, em especial o chamado socialismo real, expresso no bloco de países comunistas hegemonizado pela União Soviética, deixou de ser uma referência a partir da qual fosse possível construir uma identidade. Logo iria sucumbir, e os grupos que outrora reverenciavam esse bloco, ainda não conseguiam encontrar um modelo social alternativo que o substituísse como paradigma político. O peronismo, por sua vez, sofreu tantas modificações que não permitiu sequer iludir-se com a ideia da frente de libertação, que por outro lado demonstrava seu fracasso como estratégia, inclusive quando Juan Domingo Perón ainda era vivo. A possibilidade de uma recuperação dos projetos de esquerda dependia, em grande parte, de uma memória estabelecida na continuidade de certas identidades históricas e, ao mesmo tempo, na determinação de um novo ponto de partida. Uma memória, então, que resgatasse programas, discursos, práticas políticas, mas no marco de uma reflexão crítica que permitisse emergir o novo.

e, portanto, mantiveram-se na defensiva. As eleições de outubro de 1983 foram uma mostra parcial, pode-se dizer, mas bastante eloquente, da sua praticamente nula influência. Alguns grupos repetiam — já sem muito sustento teórico nem político — velhos esquemas explicativos da violência, enquanto outros se sumiram em uma autocrítica que, em outra época, e quiçá nesses mesmos tempos também, parecia uma claudicação total.

O oportunismo e a desorientação começaram a dominar. A posição diante de eventuais anistias ou julgamentos foi tão somente um aspecto das manifestações mais críticas dessa situação. As Mães não podiam esperar muito desses setores. Se em 1973 a esquerda exibia sua força na cena pública e encabeçava cada demanda pelos crimes da passada ditadura, agora esse papel era assumido por umas mulheres de lenço branco que, na sua maioria, pertenciam a uma geração anterior à dos principais líderes de esquerda. forças essas integradas por grande parte dos desaparecidos, assassinados, torturados, presos e exilados.

Sim. Elas sim estavam, e na praça onde, ainda agora, assim como nos primeiros tempos, se encontravam com seus filhos. Para os integrantes de outros organismos de direitos humanos, esse sentimento era místico, religioso. Talvez também fosse assim para algumas mães, mas não para María del Rosario de Cerruti, que acreditava que era uma atitude "bem política". Chegaram lá há muitos anos procurando seus filhos. E embora eles não tivessem aparecido, de algum modo os encontraram; encontraram seus ideais, suas lutas. Hebe afirmava, à sua maneira: "Estamos grávidas para sempre dos nossos filhos". Ela sabia inventar essas frases que tão bem representavam todas, pensou María del Rosario. Não era a expressão de uma impossibilidade de distinguir a realidade, não era uma ideação em que confundiam a identidade dos militantes dos anos 1970 e a delas mesmas: era a nova identidade que assumiam as Mães.[18]

18. Ao analisar a referida frase de Bonafini, Nora Domínguez sustenta que é expressão de "uma maternidade regressiva e fusional que implica a impossibilidade de se diferenciar deles [dos filhos]". Conforme *De dónde vienen los niños.* Maternidad y escritura en la cultura argentina. Rosario: Beatriz Viterbo, 2007, p. 296. Não concordo com essa afirmação. Em primeiro lugar, a metáfora da gravidez não pode ser interpretada necessariamente como uma impossibilidade de distinguir entre o filho e a mãe: muito pelo contrário, tratam-se de dois seres, exceto que na gravidez a sobrevivência do filho depende da mãe. Isso é o que expressa Hebe. Fora isso, nas práticas políticas as mães estabeleceram desde o início diferenças com as práticas políticas de seus filhos. Desde o começo, a própria presidenta das Mães sustentava que "se os garotos, mesmo quando clandestinos, haviam passado por tudo aquilo que passaram, nós devíamos

4. Intempéries

Uma forte chuva caía sobre a Praça de Maio nessa quinta-feira, 15 de dezembro de 1983, quando as Mães, protegidas por alguns guarda-chuvas e com os lenços brancos sobre suas cabeças, iniciaram sua primeira marcha depois da queda da ditadura.

De estatura média, porém robusta, María Elisa Hachmann de Landín sobressaía entre as outras mulheres, e talvez por causa disso a inclemência do tempo parecia se assanhar especialmente com ela; ia de guarda-chuva e com uma capa que mal a protegiam das rajadas carregadas de água que a açoitavam, bem como ao resto das Mães. Fazia mais de seis anos do desaparecimento de seus filhos Martín Ramón e Horacio Ramón Landín[19], e quase o mesmo tempo desde que decidira somar-se a essa marcha, tão silenciosa então como neste mesmo dia. Quantas vezes Elisa havia marchado sobre esses paralelepípedos com chuva ou sem chuva, com frio ou com calor? Não importava, tinha que enfrentar coisas bem mais difíceis do que o mau tempo. A repressão, a perseguição, a intimidação, a solidão de suas denúncias, estariam acabando para sempre? Caminhava com os lábios apertados, como se quisesse evitar que a água lhe entrasse pela boca. Pensava. Uma amiga tinha se surpreendido quando soube que nesse dia as Mães voltavam

---

tentar outra coisa, fazer tudo de dia e à luz pública, só por aquilo de tentar algo diferente". Desde aquela reflexão de 1977 até o presente seria possível mencionar inúmeras diferenças entre a identidade dos militantes e a das Mães.

19. Martín Ramón e Horacio Ramón Landín, filhos de Elisa e de Edmundo Ramón Landín. Martín desapareceu no dia 21 de janeiro de 1977 e Horacio no dia 9 de setembro do mesmo ano. Elisa e seu esposo foram sequestrados no dia 5 de janeiro de 1977 e depois libertados. Os quatro estiveram na Escola de Mecânica da Armada.

à Praça. "Não voltamos", havia respondido ela, "continuamos". Precisavam continuar. E não acreditava que fossem abandonar a Praça tão cedo. Apesar da ideia que as pessoas pareciam ter a respeito de uma mudança fundamental a partir do começo do novo governo, Elisa entrevia continuidades: "Que o novo presidente aceitasse a faixa e o bastão presidencial das mãos de Bignone era externalizar o que estava acontecendo por dentro", pensou.

Havia ouvido Alfonsín apenas quarenta e oito horas antes quando, em uma mensagem dirigida a todo o país, anunciava o projeto de anulação da autoanistia e o processo de nove ex-comandantes. Em algumas horas começaria a sessão da Câmara de Deputados para tratar do projeto que acabaria com a lei de Pacificação ditada pelos militares para perdoar seus próprios crimes, e ainda há pouco escutara pelo rádio que o presidente decretava a formação de uma comissão para investigar o que havia acontecido com os desaparecidos.

Precisamente, antes de chegar à Praça, comentara com outras mães a nova medida de Alfonsín. Havia entre elas opiniões variadas, mas todas coincidiam em dois pontos: aquilo que o presidente chamava de "justiça militar", não era justiça; e a denominada Comissão Nacional sobre o Desaparecimento de Pessoas (CONADEP) era um atalho que o governo encontrara para escapar do pedido de uma comissão de investigação bicameral, exigida por todos os organismos de direitos humanos.

Contudo, Elisa tinha muitas esperanças. O fim da ditadura criava, sem dúvidas, melhores condições para atingir os objetivos das Mães. Sobretudo, impunha-se uma consciência majoritária favorável a que se fizesse justiça, inclusive contra as limitações que pretendia impor Alfonsín. Isso lhe dava forças para continuar a luta; "outra luta", como disse Hebe na última quinta-feira, ainda sob ditadura. Em um sentido seria mais difícil, porque teriam que desmontar as armadilhas que encontrariam no caminho, mas, talvez contassem com mais possibilidades de atingir seus objetivos.

A chuva não parava, mas a ronda em torno da Pirâmide sim. As Mães se dirigiram ao pé do monumento a Belgrano. Bonafini chegou entre as primeiras, e já estava pensando no que ia dizer. Tinha que falar de todas essas medidas que anunciara Alfonsín: devia encontrar o ponto justo para não ir contra as expectativas geradas pela nova situação, mas também não as incentivar e, especialmente, criticar aqueles aspectos que, certamente, eram verdadeiras maquinações do governo.

CONADEP

Bonafini estava repleta de indignação. Em maior ou menor grau, todas as mães estavam. Acabavam de receber mais uma mostra das perversidades desse projeto de "transição" e de "democracia": algumas horas antes, Alfonsín acabara com o pedido de uma comissão de investigação parlamentar, como demandava a totalidade do movimento de denúncia do terrorismo de Estado. Dois dias após os decretos de ajuizamento às cúpulas guerrilheiras e militares, uma nova decisão presidencial, desta vez uma clara contramedida, criava a CONADEP. Concebida como um escritório receptor de denúncias e sem impulso próprio para a indagação da verdade, a iniciativa oficial fechava as portas para uma possibilidade mais efetiva de elucidar o genocídio.

Assim, reduzidos ao máximo os limites da investigação e submetidos a processo na própria instituição castrense nove dos ex-comandantes, as Mães constataram que aquela promessa oficial de que os poderes do Estado de direito seriam os que fariam justiça havia sido completamente desvirtuada: a CONADEP substituía o Parlamento e o Conselho Supremo das Forças Armadas substituía o Poder Judicial.

Alfonsín era consciente de não poder ignorar completamente as demandas de investigar a verdade, mas em todo o caso essa investigação devia ficar o mais limitada possível, tanto no tempo quanto no objeto. A fim de controlar especialmente essas duas variáveis — objeto e tempo — e não contradizer seus pactos com os comandos militares, a investigação deveria ser fortemente controlada pelo Executivo. Essa foi a gênese da CONADEP, criada por decreto presidencial, com o único fim de pesquisar o que havia acontecido com os desaparecidos, e no prazo de 180 dias. Por outra parte, toda a atividade do organismo ficava nas mãos de um grupo de pessoas escolhidas pelo próprio presidente, de modo que os resultados não revelassem maiores surpresas.

A comissão parlamentar exigida pelas Mães e pelo resto do movimento de denúncia do terrorismo de Estado, pelo contrário, teria inscrito a investigação em uma trama política bem mais difícil de controlar. Potencialmente, a pluralidade de forças políticas que integrava o Congresso, e o próprio fato de se tratar de um outro poder, alheio ao Executivo, lhe teria outorgado uma autonomia que tornaria imprevisíveis suas obrigações e seus prazos, questão que não entrava nos planos de Alfonsín. Essa comissão, por exemplo, poderia fixar suas próprias competências e o tempo que demandaria cumprir seus objetivos. Para o presidente, uma coisa era lidar com individualidades, por mais notórias que fossem, e outra muito diferente era confrontar representantes orgânicos de partidos e de movimentos sociais, com obrigações exigidas, mesmo que de modo simbólico, pelo voto popular.

Cabe destacar que a proposta das Mães de criar uma comissão parlamentar revelava uma relativa confiança, a priori, na institucionalidade emergente depois da ditadura. Pouco depois, ao menos um setor de Mães começaria a manifestar rejeição não só pela maioria dos partidos que integravam o Congresso, como também pelo próprio parlamentarismo. Faltava algum tempo, porém, para que isso ocorresse, de modo que, ainda depois de criada a CONADEP, as Mães continuariam levantando o pedido de uma comissão bicameral.

Desde a perspectiva oficial, a possibilidade de formar uma comissão parlamentar ficava totalmente inviabilizada pela criação da CONADEP. Não obstante, as Mães não desistiram dessa demanda nem durante a etapa de funcionamento da Comissão de "notáveis", nem mesmo após a conclusão da investigação, ainda que nessa época a demanda já houvesse perdido força.

Como resultado dessa nova decisão do governo, as principais reivindicações das Mães — justiça civil e comissão bicameral — foram totalmente descartadas.

Bonafini foi breve. Não devia alongar aquela permanência sob a intensa chuvarada. Disse que o discurso de Alfonsín diante da Assembleia Legislativa era "uma mensagem positiva", ainda que certos aspectos de seu conteúdo não ficassem claros, como no que se refere à necessidade de provas para o julgamento dos delitos. "Nós, as Mães, estamos bastante preocupadas, porque em muitos casos não temos nenhum tipo de provas para apresentar à justiça", comentou.

Embora o anúncio da formação da CONADEP fosse recente e não soubessem muito a respeito, ela manifestou suas dúvidas sobre se esse organismo teria condições de reunir as provas necessárias. Sustentou que não via a comissão como um grupo de pessoas que cumpriria uma tarefa de investigação que requeria enormes poderes; não era que desconfiasse das pessoas escolhidas, mas sim de serem escolhidas pelo presidente e não pelo voto popular, como era o caso dos que integrariam uma comissão de investigação parlamentar.

"Até a próxima quinta-feira, mães", concluiu Hebe. Sim, até a próxima quinta-feira, pensou de novo a presidenta da associação, porque da

Praça ninguém as tiraria, apesar das inclemências do tempo, da natureza e da política, apesar das pressões para abandonar a rua. A intempérie era, já há muitos anos, sua especialidade.

Continuar na Praça

Elas tinham suas razões para seguir lá, na Praça. Sabiam do poder de sua presença. Essa atitude firme não passou despercebida para os meios de comunicação. "As Mães da Praça de Maio realizaram sua marcha habitual das quintas-feiras na frente da casa de governo, a primeira com as novas autoridades constitucionais no poder", foi a manchete do jornal *Tiempo Argentino* no dia seguinte. E agregava no título: "Uma forte chuva caía na Praça de Maio quando um considerável número de Mães, com seus clássicos lenços brancos, começou a girar em torno da Pirâmide de Maio. Adolfo Pérez Esquivel acompanhava-as".[20] Praticamente nenhum jornal ignorou o fato.

Tanto o oficialismo quanto alguns setores políticos afins, bem como grupos pertencentes ao movimento de direitos humanos, intensificaram a pressão sobre as Mães. Pela primeira vez após a derrota nas Malvinas sentiram a tensão de outros tempos quando sua marcha em torno da Pirâmide de Maio começou a ser criticada como um despropósito.

Elas tinham que manter, contra vento e maré, a força da insistência. Mas nesse novo contexto, diante do que a maioria percebia como uma mudança substancial, não estaria se tratando de uma teimosia? Não estava o governo fazendo o máximo que podia e que ninguém antes na história fizera? O oficialismo conseguiu introduzir esses questionamentos na opinião pública, que pesavam como uma condenação sobre as Mães.

De algum modo, viu-se forçado a fazê-lo. Anos atrás, esse movimento de mulheres tinha dado ao radicalismo e a muitas outras forças políticas a oportunidade de impugnar o terrorismo de Estado desde certa assepsia e neutralidade política, apoiando-se nessa figura supostamente universal de mães que reclamam pela vida de seus filhos. Assim, as tinham elevado ao pódio da máxima representação da resistência, um pouco como justificativa de que o terror impedia a atuação dos partidos políticos. Mas desde o

20. *Tiempo Argentino*, 16 dez. 1983.

momento em que começaram a demandar mais do que o governo estava disposto a fazer, o poder simbólico das Mães se voltava contra ele.

O governo contava com as redes de rádio e de televisão para comunicar suas iniciativas, e os meios gráficos lhe tinham dedicado mais páginas do que a qualquer outro tema. O impacto na opinião pública era sensacional e tratava-se, sem dúvidas, de políticas que iam repercutir com força nos próximos tempos.

Que mais queriam as Mães? Pediam talvez o impossível? Sua presença na praça não era uma afronta ao governo? E, pior ainda, essa presença não significava um ataque ao presidente, uma intenção de dividir a opinião pública quando os argentinos deveriam se mostrar unidos contra o poder militar, que não estava nem perto de desaparecer?

Aquela polêmica gerada pela continuidade da mobilização das Mães obrigou-as a emitir um comunicado que, precisamente, lançava a pergunta-chave no próprio título: "Por que seguimos indo à Praça".[21] A declaração começava repassando a história das Mães, desde suas origens até esse mesmo momento, como se precisassem lembrar os argentinos da trajetória que as legitimava para fazer o que estavam fazendo. As Mães sintetizavam nessa resenha, mais uma vez, sua demanda básica, mas com uma adição que remetia tanto a suas próprias transformações quanto às sucessivas mudanças na situação política e a resignificação da sua demanda: "Aparecimento com vida, primeiro um grito, depois um lema".

Em relação a esse lema, as Mães afirmaram que já não era apenas uma bandeira exclusivamente delas, e sim "de todo o povo argentino". "É hasteada por toda a juventude argentina e por todas as consciências sãs do país que viram em nossa luta um símbolo da dignidade. Essa juventude e essas consciências sãs que sabem que se calarmos ou perdoamos o horror, caminhamos para o próprio túmulo, que não se deve perder a memória pois é a única garantia de aprendizagem, garantia de verdade e de justiça. Nosso grito original foi convertido, assim, em bandeira e salvaguarda da honra e da vida dos argentinos".

Todavia, apesar da confiança que manifestaram sobre a adesão que despertavam na opinião pública, eram conscientes de pesar contra elas a repreensão de não valorizarem o suficiente a recuperação do Estado de Direito, e que esse suposto menosprezo as distanciava do povo. Por esse

21. *Boletim Informativo das Mães da Praça de Maio*, ano II, n. 14, fev. 1984, p. 2.

motivo, reafirmaram que compartilhavam "a alegria da imensa maioria dos argentinos pela recuperação da democracia" e que se associavam "ao regozijo geral do 10 de dezembro pela posse do presidente constitucional, Dr. Raúl Alfonsín, embora inevitavelmente maculado com nosso particular e terrível carga de pesar e de esperança. Como cidadãs e como mães de 'detidos-desaparecidos', nós, as Mães, participamos e seguiremos participando ativamente nesta democracia nascente na qual o povo argentino tem tantas expectativas e ilusões".

Estavam percebendo que essa "alegria popular", contrastava com as críticas das Mães ao governo e começava a gerar condições para que questionassem sua adesão à nova institucionalidade política. Por isso, defendem apoiar o "Governo Constitucional" sem limitações. "Nenhum argentino pode permitir mais golpes de estado". "Mas essa participação ativa", enfatizaram, "também significa manifestar, publicamente se fosse necessário, nossas discrepâncias com as medidas ou as decisões avaliadas por nós como de duvidosa eficácia ou desacertadas. Mais ainda, a nossa obrigação é fazê-lo, posto que esse é o dever de todo bom cidadão no marco de uma democracia plural e livre em cujo seio o dissenso deve se expressar civilizadamente".

"Pensar de outro modo, confundir o apoio crítico, o questionamento honesto de medidas adotadas por um Governo Constitucional, com um questionamento à legitimidade desse Governo, está fora de qualquer questão. É supor que a firme adesão aos princípios republicanos e democráticos que nossa Constituição determina, obriga a uma unanimidade de opinião, ao ocultamento do dissenso, precisamente signos característicos da ditadura."

Consequentemente, defendem uma distância crítica: "É saudável e necessário exercer esse apoio crítico e apontar erros e acertos. É o alimento necessário para fortalecer a democracia. Esse é nosso compromisso — sem prestar-nos aos interesses nem aos jogos subalternos de ninguém — manteremos firme nossa demanda".

Em realidade, mais do que aquilo que falavam, era o que elas faziam o que incomodava, particularmente sua permanência na praça de Maio. Justificavam-se: "E por isso seguimos indo à Praça de Maio todas as quintas-feiras. Nosso grito ainda não obteve resposta. Devem aparecer os 'detentos-desaparecidos' que estejam com vida e ainda estão nos devendo a informação detalhada do destino de todos e de cada um deles".

No final do texto, expressavam sua contrariedade com as medidas anunciadas por Alfonsín: "Os culpados dos sequestros, torturas e assassinatos devem ser julgados e punidos conforme a magnitude de seus crimes. Quanto maior a responsabilidade, maior o castigo. Esse julgamento deve ser exemplar e conhecido por todo o povo que, assim, poderá ter a certeza de que o horror não vai mais se repetir, e que o 'Nunca mais' será efetivamente 'Nunca mais'. Por isso questionamos que os militares acusados sejam julgados por um tribunal castrense e não pela Justiça Ordinária Penal como qualquer outro cidadão. Por isso insistimos com que seja constituída uma Comissão Bicameral de investigação uma vez que o Congresso, enquanto Poder Legislativo, cuja Câmara Jovem é a representação do próprio povo, é o âmbito, a caixa de ressonância adequada para a consideração de um problema que afeta todo o povo, assim como a Praça de Maio, palco da nossa resistência à Ditadura durante longos sete anos, é o âmbito natural para que nós, as Mães, sigamos manifestando nossa demanda".

E concluíam: "Assim e só assim, com Verdade e Justiça, os argentinos poderão recuperar o sentido ético da vida sem o qual nada que for perdurável, nem nada que valha a pena pode ser construído".

No dia seguinte daquela primeira marcha após o fim da ditadura, exatamente na sexta-feira, 16 de dezembro, a Câmara de Deputados discutiu e aprovou a anulação da lei de autoanistia, cujo projeto já contava com meia sanção do Senado. A medida foi apoiada massivamente, com muito poucas exceções. Até o capitão engenheiro Álvaro Alzogaray, um partidário de várias ditaduras, inclusive a que acabara de fenecer, votou favorável ao projeto oficial. Para alguns, esse passo significava a abertura das portas da justiça. Para outros — ao menos no caso de Alsogaray, mas seguramente para muitos outros —, era o ponto de partida para a criação de uma nova estrutura política e jurídica que pusesse "ponto final" ao problema das violações aos direitos humanos, depois dos sucessivos fracassos do velho regime para saldar a questão. Mas para além do que achavam uns e outros, o futuro evidenciaria que a revogação da autoanistia se inscreveu em um complexo processo de confrontos, de novas disputas políticas, e que o tema não estava resolvido. Quer dizer, aquela medida não foi, em si mesma, o fim da impunidade, nem sequer o fim das barreiras que impediam a ação da justiça. Em todo o caso, essa era a disjuntiva que estava por ser dirimida.

5. Desaparecidos

O 16 de dezembro de 1983, um dia depois de Alfonsín assinar e anunciar publicamente o decreto de criação da CONADEP, a totalidade dos chamados organismos de direitos humanos, incluídas as Mães, enviaram um telegrama no qual solicitavam uma entrevista urgente para que o primeiro mandatário explicasse os alcances do decreto. Tratava-se evidentemente de uma medida que os afetava, mas nenhum organismo fora advertido oficialmente desse passo, exceto por alguns rumores e vazamentos da imprensa. Podia-se supor, com bastante certeza, que a medida impulsionada pelo Poder Executivo era uma forma de driblar a demanda por uma comissão de investigação bicameral.

A notícia contrariou as Mães que, como foi dito, procuravam uma instância parlamentar que levasse adiante a investigação, da mesma forma que o resto dos organismos. Embora não confiassem na totalidade dos deputados e só alguns poucos dessem sinais de um compromisso profundo com os direitos humanos, elas tinham a convicção de que somente o Congresso Nacional poderia abordar o problema na sua real dimensão. Além disso, pensavam, era um dos três poderes do Estado e, como tal, tinha a faculdade para fazê-lo. Por último, seu caráter deliberativo e público permitiria acompanhar de perto sua atuação e, ao mesmo tempo, a investigação alcançaria repercussão nacional.

Assim, após a surpresa inicial, as Mães concluíram quase imediatamente que a comissão de notáveis eleitos de modo discricionário por Alfonsín, estava a anos luz do que elas demandavam e, pior ainda, tiveram a absoluta certeza de que era um passo destinado a cortar o caminho para investigação parlamentar. Não foi necessário pensar nem debater muito para marcar posição diante da iniciativa oficial: o fato de que o presidente optasse por essa comissão de "notáveis" em vez de acolher a petição unânime dos organismos, causava desconfiança. Os nomes das pessoas que, segundo a mídia, integrariam a comissão, também não deixava as Mães tranquilas. Como era possível que Alfonsín não houvesse consultado elas antes de assinar o decreto? Por que não seguia o caminho que sugeria unanimemente todo o movimento contra o terrorismo de Estado? A disposição do governo parecia menosprezar a autoridade que tanto elas como outras entidades haviam conquistado, encabeçando a resistência ao velho regime.

No entanto, embora as Mães não soubessem e a imprensa nada houvesse informado a respeito, uma das pessoas convidadas a integrar a CONADEP era nada menos que o prêmio Nobel da Paz, Adolfo Pérez Esquivel.[22] Pouco antes do anúncio público do decreto, o ministro do Interior, Antonio Tróccoli, comunicou-se com o titular do Serviço de Paz e Justiça para que se apresentasse no seu gabinete. Ali, o Prêmio Nobel da Paz escutou a oferta que o ministro lhe transmitia em nome do próprio Alfonsín: presidir o organismo que estava prestes a ser criado. Tróccoli acrescentou que o presidente pretendia formar uma comissão de "notáveis" integrada por personalidades reconhecidas no âmbito social, cultural e científico. Mencionou, entre outros, René Favaloro, a jornalista Magdalena Ruiz Guiñazú e o bispo de Neuquén, Jaime De Nevares.

Esquivel encabeçar essa comissão era uma proposta audaz do presidente. Esquivel havia sido um dos homens mais intransigentes e destacados da resistência à ditadura, preso político daquele regime e com renome internacional, especialmente depois de receber o galardão da Academia norueguesa. Não restava dúvida de que, em caso de aceitar, Esquivel prestigiaria e legitimaria a gestão oficial. Entretanto, como aceitar a petição presidencial sem contradizer a demanda da bicameral que, ademais, segundo os organismos, devia dedicar-se não apenas ao problema dos desaparecidos, mas a todas as violações dos direitos humanos cometidas sob o regime anterior, e contribuir com o Poder Judicial a partir do resultado de sua investigação? Quanto à intervenção da justiça, já existia uma clara diferença

22. A entrevista de Pérez Esquivel com o ministro Tróccoli foi reconstruída a partir do depoimento que o próprio Prêmio Nobel escreveu em seu livro *Gota de tiempo*. Crónica entre la angustia y la esperanza. Buenos Aires: Opoloop Ediciones, 1996, p. 198-200; e completada com uma entrevista pessoal a seu autor.

com a decisão presidencial de submeter os militares a tribunais castrenses. Então, como aceitar a proposta presidencial sem convalidar a política oficial na matéria, e sobretudo, como seguir mantendo uma posição crítica sobre o tema se se incorporava à CONADEP?

Esquivel — que fora à entrevista com Tróccoli acompanhado de seu filho Leonardo — escutou as palavras do ministro com bastante surpresa. A primeira pergunta que ele fez foi se essa comissão não contradizia a demanda dos organismos.

Sim — respondeu sinceramente o ministro — o presidente entende que é melhor tirar o problema do âmbito político e derivá-lo para uma comissão de notáveis, por isso chamamos você para presidir.

Ser ou não ser

Esquivel estava na frente de um dilema que, ademais, pensou, não devia resolver sozinho: ele era parte de uma organização e sempre tentava coordenar sua ação com o resto das entidades humanitárias. Disse-lhe, então, que antes de responder necessitava de tempo para fazer as consultas pertinentes. Tróccoli respondeu com uma firme negativa.

— O presidente quer que você tome a decisão agora — disse.

Esquivel insistiu que não devia e nem podia dar uma resposta sem fazer aquelas consultas. Em consequência disso, o ministro consultou por telefone Alfonsín.

— Está certo — foi a última palavra de Tróccoli. — O presidente aceita que amanhã às oito você tenha uma resposta, e ele espera que seja afirmativa. O presidente queria anunciar a assinatura do decreto hoje à noite.

Logo depois de acabar o encontro com o ministro, Pérez Esquivel convocou o resto dos organismos. Naquela tarde do dia 16 de dezembro, os representantes do movimento de denúncia ao terrorismo de Estado reuniram-se para ouvir os pormenores da reunião com Tróccoli e definir um posicionamento.

A discussão foi intensa e durou até a uma da madrugada do dia seguinte. Uma parte dos organismos, entre eles as Mães, sustentou que não deveria participar, posto que eram manifestas as contradições entre suas demandas e a política oficial.

Porém, a maioria, embora percebesse essas contradições, considerava importante o debate e estava inclinada a aceitar a iniciativa para não perder a oportunidade de participar dos acontecimentos. Essa maioria propôs, finalmente, concordar com a oferta sempre que Alfonsín aceitasse derivar as investigações para a Justiça Federal e revisasse sua posição quanto ao Conselho Supremo das Forças Armadas.

Mas Alfonsín decidiu não aguardar pela resposta de Pérez Esquivel. Para a grande surpresa do prêmio Nobel da Paz, no dia seguinte ficou sabendo pelos jornais que o presidente havia assinado o decreto de criação da CONADEP, e que o escritor Ernesto Sábato presidiria o organismo .

No mesmo dia que ele, por meio da imprensa, soube que a CONADEP já era um fato, os organismos enviaram para o primeiro mandatário um telegrama taxativo solicitando uma reunião urgente. O presidente atuou rapidamente, recebendo-os de imediato. Tinha certas garantias: já contava com a aceitação da maior parte dos organismos quanto a participarem na CONADEP, integrando as equipes de investigação, com apenas duas exceções: as Mães e o Serviço de Paz e Justiça. Era uma sucesso notável da política oficial, pois não apenas conseguia incorporar ao ente recém criado uma boa parte do movimento de denúncia, como também essa integração implicava, ou ao menos conotava sua proximidade com o oficialismo. Alfonsín havia conseguido dividir o movimento de denúncia em um momento-chave.

Assim, contornava um obstáculo que claramente percebera antes de assumir o governo: a intransigência das Mães.[23] Embora fosse cedo para afirmar que o governo houvesse conseguido isolá-las, a verdade é que conseguiu deixá-las praticamente na solidão. A situação, na hora, não gerou fortes diferenças entre as Mães, mas começava a se instalar no movimento uma polêmica sobre a valoração das políticas oficiais. Para algumas delas, uma crítica intransigente deixava somente a possibilidade de protesto, enquanto uma análise que discriminasse entre fatos positivos e negativos as permitiria de atuarem e até de participarem em impulsionar as questões que coincidirem com seus objetivos. Essa disjuntiva terminaria por instalar-se no grupo cada vez com maior intensidade. Seu tratamento e resolução final colocaria em jogo questões presentes desde sempre, mas que elas não haviam enfrentado até o momento. Agora, as ideias de cada Mãe sobre política e poder, quanto às relações com outras forças, movimentos

23. Em *Memoria política*. Transición a la democracia y derechos humanos. Buenos Aires: Fundo de Cultura Económica, 2004, p. 37, Alfonsín explicita que na elaboração de suas políticas precisou pensar em como enfrentar a pressão — ele fala demandas — de quem defendia "Aparecimento com vida", isto é, fundamentalmente as Mães.

ou partidos, quanto ao estilo, a tática e o discurso com que deveriam atuar, geravam discussões internas. Se a frontalidade era a atitude sem exceção diante do velho regime, na nova etapa nem todas as Mães pensavam que fosse a melhor forma de se manifestar.

Segundo os jornais, o encontro dos organismos com Alfonsín teve um tom cordial. A maior parte dos organismos reiterou sua preocupação sobre o tema dos desaparecidos e seu pedido de uma comissão parlamentar e, embora a proposta fosse, de fato, substancialmente diferente à da CONADEP, as intervenções não tiveram confrontos significativos com a decisão oficial. Em rigor, o espírito geral parecia ser "pedimos isso, nos dão uma outra coisa, mas o sentido de ambas iniciativas é o mesmo, de modo que não vamos confrontar", comentou um dos assistentes. As Mães permaneceram a maior parte do tempo em silêncio. Limitaram-se a expressar seu desacordo com a CONADEP, e que manteriam a demanda da bicameral.

Por sua vez, Adolfo Pérez Esquivel declarou que "Alfonsín nos explicou que estava com pressa de conformar a CONADEP, cujos alcances eram reunir a informação e elaborar uma resenha. Quando perguntado pela comissão bicameral, respondeu que não era conveniente levar o problema para o âmbito político parlamentar".

Anos depois, o próprio Alfonsín expressou que a CONADEP "foi a resposta específica do governo aos reclamos de constituir, com o mesmo fim, uma comissão parlamentar bicameral. Essa era a proposta de muitos dirigentes dos organismos de direitos humanos e de alguns partidos políticos que pensavam que só uma comissão desse tipo podia levar adiante a tarefa, munida de poderes especiais. A proposta foi descartada porque estávamos convencidos de que não era a solução que o problema requeria".[24]

Mas Alfonsín não dizia a verdade sobre os fins de ambas as comissões. Sabia muito bem que a CONADEP iria se ocupar somente dos desaparecidos, e a comissão legislativa que se exigia envolveria o conjunto das violações aos direitos humanos, incluídos os presos políticos que o presidente pensou manter encarcerados.

Por que Alfonsín rejeitou de plano a conformação da bicameral? Isso também ele explicou em seu livro de memórias, e não difere daquilo que expôs nessa reunião diante dos organismos: "Era fácil prever que

24. ALFONSÍN, Raúl. *Memoria política*. Transición a la democracia y derechos humanos. Buenos Aires: Fondo de Cultura Económica, Buenos Aires, 2004, p. 39.

uma comissão bicameral podia ficar envolvida em manobras políticas, ter dificuldade para alcançar acordos efetivos na materialização dos objetivos perseguidos, entrar em conflito com o Poder Judicial e, por fim, fracassar no cumprimento da sua missão". Inclusive sustentou que os fatos lhe deram a razão: "Em várias províncias foram criadas comissões desse tipo. Nenhuma conseguiu funcionar a pleno com efetividade, nenhuma se destacou no esclarecimento dos fatos - para o qual haviam sido formadas".

Diferenças

Na verdade, dada a composição do parlamento nacional — os radicais tinham maioria na Câmara de Deputados e eram a primeira minoria no Senado —, não havia motivos para esperar grandes diferenças entre as ações de uma comissão bicameral ou da CONADEP. Nem sequer se podia esperar que a principal oposição — o justicialismo — gerasse grandes debates sobre o tema.

Esses mesmos argumentos servem para relativizar as expectativas das Mães na bicameral. Até que ponto era razoável aguardar melhores resultados nesse âmbito, quando a maior parte dos legisladores fazia parte dos partidos que, se não eram cúmplices do terrorismo de Estado, demonstravam uma perseverante vontade conciliadora com o velho regime? Bem poucos homens, para não dizer um punhado escasso dos que participaram da resistência, foram eleitos para o Congresso, como o caso de Augusto Conte. Embora também seja verdadeiro que — como ficaria demonstrado no debate sobre a reforma do Código de Justiça Militar — uma comissão bicameral estaria exposta a uma discussão muitíssimo mais plural do que a pretendida pelo oficialismo — basicamente a que imaginava Alfonsín — e, portanto, não seria fácil de manejar.

De resto, o decreto de Alfonsín — como expressa claramente seu texto e como reconhece nas suas memórias — não cria uma comissão de investigação, e sim um escritório receptor de denúncias. Isto é, a comissão não teria impulso próprio para a investigação, pois se limitaria a registrar os depoimentos das vítimas da repressão. Nas condições de forte segredo com que operara o Estado terrorista, e pelo medo que ainda imperava entre os argentinos, essa condição passiva do organismo implicava uma limitação muito grande. Furar a estrutura clandestina que executou o plano genocida requeria poderes especiais que emanassem da essência jurídica e da legitimidade política do órgão que tentasse fazer uma investigação. Ao mesmo tempo, o que Hugo Vezzetti chamou de "a cultura do medo" como condição e, ao mesmo tempo, como efeito do regime ditatorial[25], contribuía para o retraimento das denúncias de vítimas e testemunhas, obstáculo que precisava ser enfrentado com uma ação inquisitiva e não só receptiva. Ou seja, o debate sobre as formas, os conteúdos e os atributos das instituições que ficariam encarregadas de pesquisar o passado imediato não era uma discussão caprichosa ou banal. E Alfonsín sabia bem disso.

Até Alfonsín assumir a presidência, a exposição dos crimes da ditadura era o resultado da ação política do movimento de denúncia, especialmente das Mães. Esse labor envolveu tanto o protagonismo daqueles que enfrentaram a ditadura quanto a produção de sentido, pois não se tratava de uma verdade abstrata e vazia, mas de um acúmulo de informação que foi transformando-se em uma ata de acusação contra sujeitos e instituições que atuaram com uma finalidade específica contra outros sujeitos e organizações que tinham, por sua vez, seus próprios objetivos. Isto é, o grande mérito das denúncias do movimento contra o terrorismo de Estado consistia em ter deixado em evidência o crime, mas também em se inscrever na disputa política de seu tempo. Deve ser entendida, na mesma linha, a iniciativa das Mães de começar a reivindicar a militância de seus filhos e, simultaneamente, deixar em evidência os interesses econômicos e corporativos do regime genocida. Por meio da CONADEP, Alfonsín propunha que fossem mudados os protagonistas da denúncia, e também o seu sentido. Em consequência, a decisão final sobre como executar esse processo determinaria em boa medida seu alcance. Tal como apontou Horacio Verbitsky, "o governo criou a CONADEP como um contrafogo para que o interesse da sociedade civil em intervir esclarecendo os trágicos episódios em que desapareceram milhares de pessoas fosse reconhecido como legítimo pelo decreto presidencial, e não se propagasse impulsionado pelo vento da mobilização popular, capaz de inflamar a oratória parlamentar".[26]

Em relação à estratégia de Alfonsín, Hugo Vezzetti aponta que não se tratava de expor de qualquer modo aquilo que aconteceu durante a ditadura, já que as formas de processamento dependiam dos objetivos. Nesse

25. VEZZETTI, Hugo. *Pasado y presente*. Guerra, dictadura y sociedad en la Argentina. Buenos Aires: Siglo Veintiuno, 2002, p. 50.

26. VERBITSKY, Horacio. *Civiles y militares*. Memoria secreta de la transición. Buenos Aires: Contrapunto, 1987, p. 72.

sentido, contudo, em oposição ao que assinala este ensaísta, cabe esclarecer que Alfonsín não pretendia continuar e aprofundar aquele trabalho dos organismos, muito menos o trabalho das Mães, e sim orientá-los em função das suas metas políticas. Tratava-se, sobretudo, de construir um discurso hegemônico sobre o passado recente, que marcaria distâncias tanto dos grupos mais radicalizados da resistência, quanto da própria ditadura. Como se viu, o mito dos "dois demônios" seria mais um de seus pontos-chave. Mas não o único.[27]

Naquela reunião com o presidente, os organismos também objetaram a competência da justiça militar. Os dirigentes apontaram sua desconfiança e, em alguns casos, uma absoluta oposição a que o Conselho Supremo fosse juiz do que era parte. Alfonsín, entretanto, evitou a questão central, isto é, a

27. Na opinião de Vezzetti, "do ponto de vista da experiência social, a questão da memória e dos direitos humanos só tardiamente conseguiram se instalar amplamente na cena pública". Afirma que "como é sabido, essa ação coletiva esteve inicialmente a cargo dos familiares e dos afetados diretamente, e logo se estendeu e mergulhou fortemente na sociedade no período que começou com a derrota da aventura militar nas Malvinas". Para explicar de algum modo a política alfonsinista inaugurada em dezembro de 1983, particularmente a partir da criação da CONADEP, Vezzetti diz: "Já não se tratava simplesmente de trazer à luz os fatos de qualquer maneira, mas de favorecer uma seleção e uma apresentação que permitisse demonstrar, em princípio, que se tratava de um plano [da ditadura], de uma maquinaria deliberadamente organizada desde o Estado. Nesse sentido, o pedido de justiça estabelecia um marco preciso para reunir e preparar os elementos probatórios, uma vez que se procurava demonstrar a responsabilidade institucional das Forças Armadas". Essas afirmações contêm vários erros ou falsidades: a) se falarmos da primeira ação de Alfonsín, a intenção não foi de modo algum mostrar a existência de um "plano" nem a responsabilidade "institucional" das Forças Armadas. Pelo contrário, o decreto de Alfonsín que ordena o julgamento exclui todos aqueles delitos que possam insinuar o plano ou o lado institucional, por exemplo, exclui-se a ideia de soma do poder público, o delito de associação ilícita, e o de genocídio. b) a correlação tão direta entre demanda de justiça e elementos de prova, que estabelece, encobre outros fins, como criar instituições manipuláveis para a investigação e, em parte, que não se faça justiça plena. A sistematicidade da repressão começa a aparecer a partir da denúncia dos movimentos de direitos humanos e é ratificada pela investigação da CONADEP. O plano já era denunciado por Rodolfo Walsh, a esquerda revolucionária, e ratificado pelo julgamento às juntas. Ninguém, entretanto, pode assegurar que essas constatações se devam às intenções de Alfonsín, pelo contrário. E o que se alega como respaldo dessa afirmação é que tanto a CONADEP como o Julgamento escaparam das previsões oficiais, foi pelo jogo de forças ao qual ambas instâncias estiveram submetidas. Agrega Vezzetti que, a diferença das ações anteriores do movimento de denúncia, a ação empreendida por Alfonsín "começava a se referir à vontade de prevenir, de impedir que essa experiência pudesse se repetir. O que interessa destacar — continua — é que enquanto se passava da etapa da *resistência* à de uma ação destinada a superar essa etapa, no sentido de completar a derrocada da ditadura, era trazido à tona o problema dos critérios e *valores* que deveriam orientar um trabalho deliberado da memória no novo rumo".

própria essência daquelas comissões administrativas castrenses, e respondeu que se os militares não atuassem adequadamente, no prazo de três meses as causas passariam para a justiça civil.

No final da reunião com os organismos, Alfonsín aproximou-se de Pérez Esquivel. Disse-lhe que ainda tinha tempo para se juntar à CONADEP, que continuava esperando sua resposta. O prêmio Nobel não negou, mas impôs como condição que, depois da CONADEP, a justiça civil atuasse. O presidente não insistiu. Pérez Esquivel, obviamente, não foi incluído no decreto, nem nunca escutou uma explicação oficial a respeito. Porém, logo em seguida escutaria uma voz que, pelo telefone, invocava o nome de uma desaparecida.

6. Vivos

"...telefonemas nos que se acha reconhecer uma voz querida que somente pronuncia umas poucas frases para confirmar que ainda está do lado de cá, enquanto quem escuta tem que calar as perguntas mais elementares por temor de se voltarem imediatamente contra o suposto prisioneiro. Um diálogo real ou tramado entre o inferno e a terra é o único alento dessa esperança que não quer admitir o que tantas evidências negativas estão sendo recebidas há meses, há anos."

Júlio Cortázar

Apenas onze dias após a posse de Raúl Alfonsín na presidência da nação, no dia 21 de dezembro de 1983, o senhor Viñas recebeu a primeira ligação. Uma voz no telefone disse:

— Pai? Sou eu, Cecilia.

O homem ficou mudo. Sua filha Cecilia desaparecera com seu marido, Hugo Reynaldo Penino, no dia 13 de julho de 1977. Desde então, nunca mais voltou a ter informações sobre eles. Agora, de repente, uma voz que se identificava como Cecilia o interpelava por telefone e, entre outros dados, confirmava que durante seu longo cativeiro — que continuava, segundo afirmava essa voz — tivera um filho. Era a primeira vez que recebia uma ligação desse tipo, mas não era a primeira ocasião em que familiares de desaparecidos estabeleciam contatos similares. De tempos em tempos, quando ainda vigorava a ditadura, algum desaparecido ainda em cativeiro se comunicava com sua família. Às vezes significava o começo de uma reaparição que depois se convertia em liberdade, mas em outras o ente querido se afundava na escuridão para sempre. Entre os familiares, essas histórias eram conhecidas.

O impacto daquele telefonema na família Viñas-Fernández foi enorme. A dúvida a respeito da autenticidade da ligação e a ilusão da possibilidade real de que sua filha se encontrasse ainda com vida depois de mais de seis anos da desaparecimento se combinavam dramaticamente.

Na única entrevista que havia concedido às Mães antes de assumir, o presidente disse que achava que as vítimas desapareciam com vida, e no dia 15 de dezembro repetiu isso à imprensa.

Nesse mesmo dia 15 de dezembro, o jornal *La Razón* publicou que *Familiares de Desaparecidos y Detenidos por Razones Políticas* pediam, por meio de uma nota dirigida ao presidente, que aplicasse "todas as medidas necessárias para verificar a existência, em dependências militares, de detidos desaparecidos em condições clandestinas". Afirmava também que "há inúmeros depoimentos sobre campos que funcionaram em dependências das Forças Armadas e continuam existindo".

No dia 17 de dezembro, Alfonsín recebeu representantes de organizações de direitos humanos. Segundo revelaria depois um dos participantes, o prêmio Nobel Pérez Esquivel, o presidente afirmaria que, de acordo com investigações efetuadas pelo governo, já não havia cárceres clandestinos no país, embora não descartasse que pudesse haver desaparecidos com vida em locais clandestinos.

Apenas uma semana antes, no dia 8 de dezembro, o jornal *Crónica* havia informado que o pai do jovem Alberto César Ferreyra — desaparecido em agosto de 1976 em San Miguel de Tucumán —, recebera uma denúncia anônima que lhe informava que seu filho estaria internado no hospício psiquiátrico Colônia Doctor Juan M. Obarrio, supostamente com perda de memória e com suas faculdades mentais alteradas. O familiar apresentou a denúncia ante o juiz federal René Padilla, que — junto com seu secretário e pessoal da Polícia Federal — apresentou-se na instituição, localizada na periferia da cidade de Tucumán. "Havendo realizado uma procura em todas as instalações do estabelecimento", explicou o jornal, "o jovem não se achava no local, mas um dos médicos o reconheceu por uma fotografia e disse que entre 1980 e 1981 esteve internado no Hospital Psiquiátrico Señora del Carmen, também em Tucumán. Segundo o relato desse profissional, o jovem Fernández fora conduzido até a sede assistencial por um policial que o deixou na 'mesa de entrada', sem nenhum tipo de documentação que o identificasse. O médico também declarou que uma funcionária do estabelecimento poderia saber de seu paradeiro atual, com o que o juiz ordenou a citação da mulher".

No mesmo dia em que ocorreu o primeiro telefonema aos pais de Cecilia Viñas, as Mães, as Avós, o grupo Familiares, o CELS[28] e o Serviço de Paz e Justiça, publicaram uma petição no jornal *Clarín* na qual criticavam as medidas adotadas pelo presidente em matéria de direitos humanos. Defendiam que "o Poder Executivo pode dispor da documentação e dos meios para informar a população, sem demora, a respeito do destino dos detidos-desaparecidos, a reintegração dos que se encontrem com vida aos seus lares e a restituição dos meninos às suas legítimas famílias. Isso significa que o poder Executivo deve transformar-se em quartéis, unidades carcerárias, hospitais, institutos psiquiátricos, institutos de menores e em todos aqueles espaços onde se presuma a existência de detentos ilegais".[29]

Magdalena Ruiz Guiñazú — que integraria a CONADEP — inclusive imaginava que na imensidão da Patagônia ainda podiam subsistir campos de concentração, onde ainda podiam permanecer pessoas reclusas, ou mesmo em institutos psiquiátricos.[30] Muitos familiares pensavam assim. Quando no

28. Centro de Estudios Legales y Sociales. [N. da T.]

29. Petição "Organismos de Derechos Humanos Opinan", Clarín, 21 de dezembro de 1983.

30. RUIZ GUIÑAZÚ, Magdalena. Así fue la CONADEP. Reivindicación del Nunca Más. *Perfil*, Caderno *Treinta Años de Periodismo*, 17 dez. 2006, p. 12. Na referida nota, muitos anos após os acontecimentos, Magdalena relatou o que pensava pouco antes de Alfonsín assumir e ainda nos primeiros meses do funcionamento da CONADEP: "Aos jovens pode talvez parecer estranho, mas muitos de nós pensávamos que existiam campos de concentração na imensidão da Patagônia e que muita gente estava ali reclusa. Era tão possível disso acontecer que, vários meses depois, fomos procurar desaparecidos em um regimento de San Martín de los Andes. Obviamente, não encontramos ninguém. Também não encontramos ninguém em Tucumán, um bairro fechado do Exército do qual havia denúncias apresentadas. [...] Eu, ao menos, não imaginei uma tamanha monstruosidade como lançar de um avião pessoas com vida, no Rio da Prata. [...] Como disse antes, nossa esperança era encontrar desaparecidos. Inclusive, pensando que alguns poderiam ter perdido suas faculdades mentais, foram organizados grupos de visitas ao Hospital Borda, dos quais participei. Foi muito impressionante acompanhar os familiares que, com fotografias em mãos, procuravam pessoas que, caso estivessem lá, deviam apresentar um aspecto completamente diferente do habitual. Tudo foi em vão e, em alguns casos, comprovamos que falsos informantes haviam iludido as famílias com dados

dia 1° de janeiro de 1984 Clara de Israel, mãe de Teresa Israel, desaparecida no dia 8 de março de 1977, escreveu "Ano novo! Esperamos teu retorno, Teresa da minha vida" no caderno em que todo dia apontava as ações feitas para recuperar sua filha, não sabia o que acontecera com a família Viñas-Fernández. Porém, ainda contra toda esperança, Clara — dirigente do grupo Familiares e antiga militante do Partido Comunista — esperava. Como quase toda mãe.

A grande maioria dos familiares de desaparecidos, e até aqueles que tinham alguma notícia sobre a possível morte de seu ente querido, mantinham vivas as esperanças. Mas essa ilusão seria uma atitude doentia de negação da realidade? Uma ferida sem cicatrizar, condição própria de quem nem individual nem coletivamente conseguira informação verdadeira sobre os desaparecidos? Naqueles primeiros dias, a família de Cecilia Viñas, bem como a de Teresa Israel e de tantos milhares de desaparecidos, revivia o que tantas vezes sofrera sob a ditadura. "A existência de indícios, informações tangenciais, telefonemas e até comunicações oficiais sobre a sobrevivência do desaparecido constituíam a volta daquilo que renegavam", escreveu Raquel Bozzolo, uma das integrantes da Equipe de Assistência Psicológica das Mães, repassando suas experiências no contato com familiares durante os anos do terror. E acrescentou: "Essa presença-ausência ou existência-não-existência simultâneas operavam em uma zona de ambiguidade psicotizante".[31]

Com o fim da ditadura, as notícias sobre a possibilidade de sobrevivência dos desaparecidos se multiplicavam e, embora fossem só uns poucos, essa possibilidade mobilizava todas as Mães. *Crónica* dava conta de uma dessas ações: "Um grupo de Mães da Praça de Maio efetuou uma visita ao Hospital Neuropsiquiátrico José Bordá, onde realizaram diferentes indagações sobre a suposta existência de desaparecidos com vida nesse estabelecimento, comprovando que houve numerosos casos de pacientes que ingressaram sem ser identificados, especialmente em setembro de 1976, quando o número chegou a 302".

"Percorreram as diferentes instalações", apontava o artigo, referindo-se às Mães, "com exceção da unidade U-20, que depende do Serviço

inexistentes. [...] A Comissão Nacional também fez buscas com o mesmo propósito no Hospital Neuropsiquiátrico de San Justo, no Instituto Estévez e no Hospital Braulio Moyano".

31. BOZZOLO, Raquel. Algunos aspectos de la contratransferencia en la asistencia a familiares de desaparecidos. *In: Desaparecidos.* Efectos psicológicos de la represión. Buenos Aires: Madres de Plaza de Mayo, set. 1983, p. 18.

Penitenciário Federal, porque ali estão sendo realizadas 'tarefas de refacção' e os pacientes que estavam ali foram enviados, em outubro passado, para a unidade 2 do presídio de Devoto".

Depois, o jornal informava que o juiz de instrução Carlos Alfredo Oliveri "visitou também o hospital em razão das denúncias".[32]

Fim de ano

Nem as palavras de um presidente, nem a neutra crônica de um jornalista, nem tampouco a ação de um juiz podem conter o dilema, a angústia, a dor e a eterna incerteza de uma mãe ou um pai de um desaparecido. No último dia desse ano em que viram cair a ditadura que havia sequestrado seus filhos e em que viram surgir um novo governo, no marco de uma nova etapa desse país por qual tanto lutaram e no qual haviam depositado tantas esperanças, Alfredo Galletti, esposo de Élida, uma das vinte Mães da Comissão Diretiva do movimento, não aguentou mais. No dia 31 de dezembro, decidiu acabar com sua vida e suicidou-se. "Foi o trágico selo final de um ano-chave, durante o qual recebemos felizes a chegada de um governo eleito pelo povo, algo que duvidamos que chegaríamos a ver.", escreveram as Mães em seu Boletim, ao comunicar a morte do esposo de Élida.

> Ao mesmo tempo, todos estamos sacudidos pelas múltiplas denúncias de fatos que, embora conhecêssemos difusamente, às vezes, ao se tornarem realidades incontestáveis faziam desaparecer as ilusões que até mesmo os mais céticos conservavam.
>
> Então, sentimos angústia pela soberba com que os responsáveis soltos continuam alardeando. Horrorizados pelos detalhes que expõem. Não podíamos imaginar que em nosso povo gaudério existissem tantas feras, tantos sádicos capazes do que, dia após dia, estamos descobrindo por meio de revistas, que mesmo podendo beirar o sensacionalismo quanto às formas, publicam sobre informações concretas, das quais há numerosas provas. O nosso muito querido Alfredo não resistiu mais. Sua saúde foi quebrantada no percurso de sete anos de luta.

32. *Crónica*, 4 jan. 1984.

> Fomos vendo curvar-se sua alta e charmosa figura. Cada vez mais pálido, cada vez mais magro.

Diferente de Galletti, o casal Viñas-Fernández conservava as esperanças. Porém, o que podiam fazer diante desse "reaparecimento", que na realidade se limitava a uma voz espectral, a um diálogo entre o céu e o inferno que apenas mencionava que Cecilia estava viva, e que, a partir daquele telefonema, os deixava mergulhados na mais absoluta impotência?

Os pais de Cecilia mantiveram o possível reaparecimento da filha em segredo até decidirem o que fazer. Àquele telefonema seguiram outros dez. Durante essas conversas, algumas das quais conseguiram gravar. A voz que se identificava com o nome de Cecilia dizia: "Eles vão nos transferir a Mar del Plata e depois a Buenos Aires". O uso da primeira pessoa do plural permitiu deduzir que não se tratava apenas de uma desaparecida, mas de vários. Vários desaparecidos vivos, ainda sob o governo de Alfonsín? A mãe de Cecilia era quem menos duvidava da veracidade da ligação: durante as conversas, a mulher tinha perguntado por dados muito íntimos que somente sua filha poderia conhecer, e a voz respondia corretamente. No dia 19 de março receberam um novo telefonema, mas depois a comunicação foi interrompida por um longo período.

Descartada qualquer outra expectativa, os pais de Cecilia procuraram Adolfo Pérez Esquivel. Precisavam fazer alguma coisa, disseram, mas não sabiam o quê. O titular do Serpaj aconselhou que fossem ver um ex-militante do movimento de denúncia que agora cumpria funções vinculadas aos direitos humanos na Chancelaria, o doutor Horacio Ravena, quem, por sua vez, sugeriu que marcassem um encontro com o ministro do Interior Antonio Tróccoli.

No dia 30 de abril se concretizou a reunião entre Ravena, Tróccoli e Pérez Esquivel. O ministro do Interior também acreditava que ainda pudesse haver desaparecidos com vida, tal como havia manifestado o próprio Alfonsín.

— Temos que pôr o caso nas mãos do chefe da Polícia Federal — sugeriu Tróccoli.

Os pais de Cecilia não concordaram com o ministro do Interior.

Como podiam confiar em uma força envolvida com a repressão? A mudança de governo não significava nenhuma garantia. A questão não ficou resolvida na primeira entrevista. Em um encontro posterior, o ministro propôs formar uma equipe especial de investigação: isso sim foi aceito pelos familiares de Cecilia, embora depois de algum tempo trabalhando no caso, a investigação não alcançasse nenhum resultado positivo. Pelo menos Tróccoli nunca mais respondeu ao chamado dos familiares, nem tentou contatar eles. Simplesmente ficou em silêncio.

Surpreendentemente, no dia 10 de maio, a voz que se identificava como Cecilia Viñas voltou a soar através do telefone. Seu tom havia mudado e era francamente alarmante. Afirmou que tinha um grave problema, que a situação era outra mudado, mas não disse claramente o que estava acontecendo. Foi a última comunicação.

"Tudo se perdeu no labirinto de cumplicidades", afirmou anos depois Pérez Esquivel.

Poucos meses mais tarde, as Mães fariam uma dramática constatação. Em uma declaração pública diriam: "A sociedade argentina parece ter-se dividido entre quem afirma que os desaparecidos estão mortos e quem, como as Mães da Praça de Maio, sustentam que há desaparecidos com vida. Entre os primeiros, estão os que acham — ou decidiram achar — que os homens, mulheres e meninos arrancados de suas casas, de seus trabalhos, ou sequestrados em plena rua, foram assassinados impunemente pelos militares genocidas. Mas existem, também, outros setores que, conscientemente, orquestraram uma campanha para fazer a população pensar que já não há desaparecidos vivos. Nesse caso, o objetivo é claro: 'fechar' o capítulo do horror e postergar indefinidamente o julgamento e castigo dos culpados".

"Para aqueles que asseguram que há desaparecidos com vida", continuava, "essa convicção não surge de uma simples atitude voluntarista. Apoia-se em fatos e dados concretos da realidade".

Para as Mães, a atitude de Tróccoli o convertia em responsável pelo destino de Cecilia Viñas.

Em setembro desse mesmo ano, o pai de outra desaparecida recebeu informação confidencial de que sua filha se encontrava detida em um bairro militar de Tucumán. Dirigiu-se então a essa cidade, e se apresentou diante do juiz federal René Padilla para solicitar a ordem de busca no endereço onde supostamente estava a jovem. Diante da surpresa do familiar denunciante, Padilla — nomeado pela ditadura e confirmado durante o período constitucional — solicitou a um alto oficial das Forças Armadas da guarnição local que efetuasse a busca que foi realizada sem outra constatação que a de uma casa que fora desocupada recentemente.

"Nos últimos meses, várias Mães da Praça de Maio receberam, através de cartas e chamados, denúncias que certificariam que seus filhos estão vivos — afirmaram, na mesma declaração antes mencionada. A inoperância do governo, resultado de sua falta de decisão política no tema dos desaparecidos, determinou que [os familiares] não comparecessem nos organismos oficiais, posto que não é possível encontrar na 'democracia' os mecanismos imprescindíveis para conseguir sua liberdade e garantir sua vida."[33]

Muitos anos depois, e apesar de tudo, haveria um aparecimento que lembrava o caso da voz de Cecilia: um jovem que na época se chamava Javier Gonzalo Vildoza escreveu uma carta para a juíza María Servini de Cubría. Nela afirmava que "através da leitura de notícias e da busca de informações sobre a Argentina na Internet que meu pai está sendo acusado de não ser meu pai biológico, e sim um militar de atuação durante a década de 70, que me roubou quando era bebê".[34] Poucos meses depois, ele foi pessoalmente diante dessa mesma juíza, e pediu para ser submetido a estudos genéticos para comprovar sua identidade. A análise do sangue extraído deu o resultado de uma compatibilidade de 99,99999 com as famílias Penino-Viñas. Aquele telefonema, que no começo de 1984 anunciava o nascimento do filho de Cecilia, ao menos nesse ponto, era verdadeiro. Seu apropriador, Jorge Raúl Vildoza, fora capitão de navio e chefe do Grupo de Tarefas 3.3.2, com sede na Escola de Mecânica da Armada.

33. A un año del gobierno radical y de impunidad militar ¿Dónde están los desaparecidos?. *Madres de Plaza de Mayo*, ano I, n. I, dez. 1984.

34. MEYER, Adriana. "El segundo intento de la justicia", "El ex almirante declaró hoy ante Servini de Cubría por el secuestro de niños". *Página/12*, 14 nov. 1998.

7. A raiva

"Nosso objetivo não podia ser o julgamento e a condenação de todos que de uma ou de outra forma haviam violado os direitos humanos, porque isso era irrealizável, e sim alcançar um castigo exemplar que prevenisse a reiteração de fatos similares."

Raúl Alfonsín[35]

"Julgamento e castigo a todos os culpados."

Lema do movimento de denúncia ao terrorismo de Estado.

Umas cinquenta mães com o lenço branco sobre suas cabeças se debruçavam nas varandas que davam para o recinto principal da Câmara de Deputados da Nação. Só alguns legisladores ocupavam seus assentos quando o apito que chamava à abertura da sessão começou a tocar. Aquele dia 5 de janeiro de 1984 seria uma jornada-chave para a bancada oficial e para o governo de Alfonsín que esperava terminar de definir o esquema jurídico-político para o tratamento das violações aos direitos humanos.

Em meados de dezembro, depois de revogar a anistia determinada pela ditadura e de ordenar que os ex-comandantes fossem processados, o Poder Executivo enviou ao Congresso da Nação o projeto de reforma ao

35. ALFONSÍN, Raúl. *Memoria política.* Transición a la democracia y derechos humanos. Buenos Aires: Fondo de Cultura Económica, 2004, p. 45.

Código de Justiça Militar que, do ponto de vista oficial, era imprescindível para ratificar a competência do Conselho Supremo das Forças Armadas como tribunal para entender nessa matéria e, ao mesmo tempo, pôr um limite preciso aos ajuizamentos.

O projeto deixou em estado de alerta máximo às Mães e também à maioria dos integrantes do movimento contra o terrorismo de Estado, que logo perceberam que era uma iniciativa "aberrante" e "dirigida a consagrar a impunidade dos genocidas". Estritamente não se tratava de um passo surpreendente do oficialismo que, com o objetivo de restringir ao máximo os processos por crimes do terrorismo de Estado, já havia mandado sumariar os ex-comandantes ante aquele tribunal castrense, e também sustentava — antes de assumir o governo — a necessidade de discriminar entre quem dava as ordenes criminosas, quem se excedia e quem se havia limitado a obedecer acreditando, equivocadamente, na legitimidade do disposto pela superioridade. Mas à medida que a construção concreta da estruturação oficial avançava, avançavam as Mães em um contraponto cada vez mais crítico ao governo.

Não era para menos. Na perspectiva das mulheres de lenço branco, ambas as questões terminavam revogando a eficácia da anulação da anistia, concretizada poucos dias antes do envio da reforma do Código. "Dizer que os militares vão julgar os militares e que aqueles que cumpriram ordens não têm nenhuma culpa", sustentou Bonafini, "é a mesma coisa que perdoar todos eles". Simultaneamente, na marcha das Mães arrefeceram os bordões "Julgamento e castigo a todos os culpados" e "Não houve erros, não houve excessos, são todos assassinos os milicos do Processo".

Para o oficialismo, tratava-se de questões fundamentais que deviam ser implementadas com urgência. Impor a competência dos tribunais militares era, de imediato, o que mais preocupava. Por um lado, o Poder Executivo pretendia que o parlamento avalizasse a disposição de submeter os ex-comandantes ao Conselho Supremo e, por outro, tentava dar um sinal aos juízes encarregados de processos vinculados a militares, para que fossem encaminhados ao tribunal castrense.

Como havia apontado o presidente na sua mensagem na Assembleia Legislativa, o Código de Justiça Militar dispunha, nos seus artigos 108 e 109, a competência dos tribunais castrenses em matéria de delitos comuns dos integrantes das Forças Armadas, mas essas normas foram marcadas pela inconstitucionalidade por fazer parte de um foro especial, explicitamente proibido pelo artigo 16 da Constituição Nacional. Essa era, até então, a interpretação da maioria dos juízes que tramitavam causas por violações aos direitos humanos desde os tempos do velho regime.

Em uma definição claramente contraditória, Alfonsín afirmara, nesse mesmo discurso perante o Congresso que, apesar da sua inconstitucionalidade, as normas estavam vigentes e deveriam ser respeitadas.

O texto da reforma do Código seguia o mesmo curso argumentativo. Depois de, nos fundamentos do projeto, admitir que "o atual regime de competência dos tribunais militares estabelecido pelos artigos 108 e 109 do Código de Justiça Militar, que inclui o julgamento de delitos comuns cometidos em espaços militares ou por ocasião de atos de serviço, constitui um verdadeiro foro pessoal contrário ao artigo 16 da Constituição Nacional", os artigos e dispositivos ratificavam expressamente essa competência quanto aos crimes do período ditatorial. O projeto previa sua revogação somente no futuro.

A questão não era banal: de acordo com os compromissos assumidos pelo governo com as cúpulas castrenses, devia-se evitar que os uniformizados começassem a desfilar pelos tribunais civis, e isso exigia dar uma mensagem muito clara ao Poder Judicial. Nada devia comprometer os acordos, nem gerar mais inquietação entre os militares.

Anistia encoberta

O aspecto mais inovador do projeto legislativo era a figura jurídica da obediência que, na estrutura castrense, o subordinado devia a seus superiores. A concepção da obediência devida no texto enviado pelo Executivo procurava desculpar, lisa e claramente, todos os militares que participaram da repressão obedecendo a linha de seus ex-comandantes. Nesse sentido, o novo texto dava forma legal ao esquema de responsabilidades desenhado pelo próprio Alfonsín antes de assumir o governo, que sustentava que seria feita uma distinção entre quem dava as ordens, quem havia se excedido e quem só cumpria as ordens por engano quanto a sua legitimidade.

A habilidade política do governo parecia indiscutível: depois de revogar com a boca no trombone a anistia outorgada pela quarta junta militar, atribuindo-se um giro histórico na matéria, voltava a consagrar a impunidade para a maioria dos implicados no genocídio, mas não sob uma lei de "esquecimento" expresso, que seria criticada pela maior parte da opinião pública, e sim pela via solapada da interpretação do dever da obediência.

O projeto dispunha que "a respeito dos atos cometidos por pessoal militar das forças armadas, da segurança, policial e penitenciária sob o controle operacional das forças armadas, que atuaram nas operações realizadas com o alegado motivo de repressão ao terrorismo, cumprindo ordens ou diretrizes que responderam a planos aprovados e supervisionados pelos comandos superiores orgânicos das forças armadas e pela junta militar", os juízes deveriam presumir que esse pessoal operou por um erro imperdoável, passando por cima da legitimidade da ordem.

Quem fundamentava expressava:

"Nossa sociedade está disposta a contemplar com outro critério a situação especial daqueles membros das forças armadas e de segurança que se limitaram a atuar em cumprimento de ordens superiores. Embora se espere que a obediência em um estado democrático não seja cega e sim que pressuponha o controle da legitimidade da ordem, é preciso admitir que nas circunstâncias excepcionais da luta contra o terrorismo se operou em um contexto de grande confusão e coerção, a condução militar desencadeou uma intensa propaganda, inspirada na doutrina totalitária da segurança nacional, que pôde ter feito que aqueles que não tinham capacidade decisória acreditassem que as ordens recebidas eram legítimas. Ao mesmo tempo, muitas vezes os militares subalternos atuaram sob pressões irresistíveis e de natureza diversa."

Carlos Nino, o assessor presidencial na matéria, revelará em um depoimento posterior que foi extremamente complexo para o governo articular o princípio do dever de obediência em relação às ordens relacionadas à comissão de delitos evidentes. Reconheceu também que isso só foi possível solapando considerações éticas, e alegou que se viram obrigados a fazê-lo para evitar uma reação militar em massa. Alfonsín chegara a dizer, na mensagem à Assembleia Legislativa, que essa classificação dos níveis de responsabilidade, que escusava aqueles que "cumpriam ordens", se fundamentava em que era "imperioso oferecer a oportunidade de servir lealmente à democracia constitucional àqueles membros das Forças Armadas e de segurança que não atuaram por iniciativa própria quando participaram em atos lesivos à dignidade humana". O projeto tinha as assinaturas de Alfonsín e de seus ministros Antonio A. Tróccoli, Dante Caputo, Raúl

Borrás, Bernardo Grinspun, Roque Carranza, Carlos Alconada Aramburú, Antonio Mucci e Aldo Neri.

Quanto à referência de Alfonsín de julgar também quem cometesse "excessos" parecia, ou melhor, era mera retórica. Efetivamente, se incluísse dentro das ordens as torturas, as violações, os vexames, os assassinatos e os desaparecimentos, que fatos poderiam se considerar como excessos? Os juristas e ideólogos do oficialismo consideravam excessos esses mesmos delitos no caso de haver sido cometidos em proveito pessoal, e não no marco do plano criminoso dos ex-comandantes.

Em conjunto, as disposições mostravam aquilo que se transformaria em uma conduta reiterada de Alfonsín: ceder, no presente, em troca da promessa de que todo esse horror não acontecesse novamente no futuro. Isto é, o futuro como moeda de troca pelo passado. Mas, perguntavam as Mães, seria possível garantir um futuro democrático deixando a salvo, e muitas vezes em seus cargos, aqueles que aniquilaram a democracia? E mais: seria possível garantir que não se repetissem os crimes mantendo intactas as estruturas que os geraram? As Mães respondiam rotundamente que não.

Anistia descoberta

Em um documento público que entregaram no Congresso da Nação, as Mães marcaram sua posição detalhada diante da reforma impulsionada pelo Executivo. O escrito começava assinalando a necessidade de que "o regime constitucional" se diferenciasse totalmente do "Estado de exceção" instituído pela ditadura.

Precisamente, o documento indicava que a própria ditadura instaurara a competência dos tribunais castrenses em matéria de delitos comuns. "Para poder aplicar essa política, o 'Processo' — explicaram as Mães — ditou, no 24 de março de 1976, a chamada lei 21.267 que estabelecia que, a partir de 13 horas desse dia, o pessoal das forças de segurança, policiais e penitenciárias ficaria submetido à jurisdição militar em razão dos delitos que cometeram durante ou em ocasião das funções impostas pelo comando militar respectivo".

"Ampliava assim a competência da justiça militar a casos alheios aos dos artigos 108 e 109 do Código de Justiça Militar, já que os fatos delitivos da repressão não estavam compreendidos dentro desses artigos e, portanto, estavam submetidos ao julgamento dos tribunais civis. E é o próprio regime militar o que revoga a Lei 21.267 no mês de setembro de 1983", lembraram.

O que resultava paradoxal para as Mães era que "agora os artigos 5 e 8 do Projeto do Poder Executivo restabelece essa lei do Processo, notoriamente inconstitucional, que estabelece um foro pessoal violatório dos artigos 16 e 18 da Constituição, não apenas para os militares, mas para todas as forças de segurança em todos os delitos cometidos com o motivo alegado de reprimir o terrorismo".

Como conclusão, mesmo o Alfonsín não gostando, quem dizia respeitar uma norma vigente, "o projeto outorga aos tribunais militares uma competência que atualmente não têm sobre os delitos cometidos nesses sete anos, caracterizados pelo desaparecimento forçado de pessoas, a tortura, o saqueio e os assassinatos como expressão do terrorismo de Estado que implantou o chamado 'Processo' no nosso país".

Do ponto de vista das Mães, a inconstitucionalidade desse foro castrense especial não se resolvia com um recurso de apelação à justiça civil porque, além de violar a lei fundamental, havia uma razão política de fundo, isto é, que todas as instituições militares estiveram envolvidas com o genocídio. Finalmente sustentavam, "são os Juízes comuns a todos os argentinos que devem julgar os delitos cometidos, sem nenhum tipo de privilégio para um setor determinado da sociedade, precisamente aquele que é responsável pela política de terrorismo de Estado que custou a vida e a liberdade de milhares de argentinos".

Por último, o documento das Mães advertia sobre a inconstitucionalidade da modificação que o projeto pretendia introduzir em relação à obediência devida, a qual significava o que consideraram "uma anistia encoberta": "O artigo 9 do Projeto do Poder Executivo determina uma interpretação que também ataca o princípio de igualdade perante a lei ao estabelecer uma presunção legal de quem cometeu um delito com o motivo alegado de reprimir o terrorismo, o fez achando que a ordem era legítima. Isto determina um tratamento privilegiado para os executores dos crimes de lesa humanidade dos quais o povo argentino foi vítima. Perguntamos: devem ser contemplados com outro critério e achar que estavam em uma situação especial aqueles que sequestraram, torturaram, mataram e saquearam? É possível pensar que esses sujeitos atuaram achando que as ordens eram legítimas?".

A análise das Mães concluía solicitando que os legisladores não aprovassem o projeto enviado pelo Poder Executivo com o objetivo de garantir "a plena vigência dos princípios constitucionais para o julgamento de todos os argentinos, na certeza de que esse é o melhor modo de fortalecer a democracia e a plena vigência das instituições".

A sólida argumentação das Mães não chegou a afetar os ouvidos dos congressistas do oficialismo, mas serviu para que representantes de outras forças políticas dentro do Congresso percebessem a manobra governamental.

Surpresas

O debate parlamentar se depararia com surpresas que fariam naufragar — ao menos parcial e temporariamente — um dos aspectos centrais da estratégia alfonsinista. Quando no dia 5 de janeiro a Câmara de Deputados se reuniu para tratar do projeto de lei, as Mães foram ao Congresso para exercer pressão com sua presença. Os fotógrafos retrataram-nas apoiadas sobre as varandas e parapeitos que circundam a sala de sessões, com seus lenços brancos, seguindo atenciosamente o debate. Testemunhas implacáveis de cada uma das intervenções, vaiaram ou aplaudiram os legisladores que faziam uso da palavra para apoiar ou criticar o projeto governamental. Essa atitude de estarem presentes, de pôr o corpo e obrigar a que os acontecimentos decorressem diante delas, era já uma prática política que definia o movimento. Quiçá seu principal instrumento, na falta de outros. E deixavam nervoso a mais de um, como ficou demonstrado nesse mesmo dia nos meios de comunicação.

Juan Manuel Casella teve a seu cargo a defesa da posição oficial.[36] Previsivelmente, o deputado radical centrou seus argumentos na justificativa da competência dos tribunais militares em relação aos delitos do terrorismo de Estado, e em alegar de que modo sequestros, assassinatos, violações e torturas ficavam inscritos como atos de serviço executados sobre a base do erro intransponível quanto à legitimidade da ordem. Esse último aspecto, que tinha por objeto consagrar uma verdadeira anistia para a maior parte do pessoal das forças armadas e de segurança, foi fundamentado por Casella na necessidade de recuperar essas pessoas para a democracia. Efetivamente, disse que "além

36. A síntese da exposição do deputado Casella, bem como as referências às intervenções dos outros legisladores na sessão do 5 de janeiro de 1984, foram extraídas do Diário de Sessões da Câmara de Deputados da Nação.

de estabelecer as sanções para os responsáveis pela condução do terrorismo de Estado e, ao mesmo tempo, sancionar, também pela via judicialmente apta, os excessos cometidos por quem cumpria ordens, devemos tentar recuperar para a democracia aqueles integrantes das forças armadas que involuntariamente, e cumprindo ordens, executaram atos de repressão".

Nesse sentido, insistiu com que "é intelectualmente compreensível admitir que aqueles que pertenciam à escala inferior da hierarquia militar pudessem aceitar como legítimas as ordens recebidas de seus superiores, porque estavam habituados a eles e porque a concepção ideológica que deliberadamente era imposta a eles os conduzia a aceitar essa ordem como válida". Referia-se aos executores diretos dos sequestros, das torturas, das violações e de outros vexames, além dos operadores dos voos da morte e dos assassinatos de prisioneiros.

O primeiro em tratar de refutar Casella foi o deputado peronista Oscar Luján Fappiano, que antecipou o voto negativo do bloco justicialista. O legislador rejeitou a competência dos tribunais militares por considerá-la "um verdadeiro foro pessoal contrário ao artigo 16° da Constituição Nacional". Em contrapartida, o bloco propôs a substituição por juízes civis dos militares que integravam aqueles tribunais.

A intervenção de Augusto Conte significou uma das réplicas mais efetivas e contundentes da jornada. O veterano, dirigente do movimento de denúncia e pai de um desaparecido, assinalou que o projeto do governo tinha dois objetivos básicos: o primeiro, derivar à justiça militar as causas vinculadas aos direitos humanos e, o segundo, encobrir uma anistia sob o conceito de obediência devida.

Além de revisar as normas e princípios na legislação que permitiam aos magistrados declararem a inconstitucionalidade dos tribunais militares, perguntou aos demais legisladores: "Há algum argentino que pense que um tribunal que está subordinado a uma instituição que assumiu globalmente o compromisso e a decisão de pôr em prática planos repressivos com critérios sustentados na doutrina de segurança nacional, doutrina comum nas Forças Armadas durante esses anos, está dotado das exigências e das qualidades de imparcialidade para atender a essas causas?". A resposta seria conhecida depois de vários meses de funcionamento do Conselho Superior das Forças Armadas.

Quanto à presunção de que em virtude da obediência devida a maioria dos repressores teria operado dentro de um equívoco inevitável sobre a legitimidade da ordem, Conte advertiu que devia ser tomada "a decisão de qualificar claramente que os atos atrozes não estão incluídos, ou assumimos o risco de que esta legislação termine os amparando".

Conte finalizou sua intervenção no meio do aplauso prolongado vindo das varandas das galerias, quando disse: "Para além dos votos que estão aqui expressos, esta Câmara de Deputados tem a perspectiva de reafirmar a vocação, a faculdade e a possibilidade da justiça civil levar adiante este conjunto de casos que se apresentam na Argentina e de dar a eles a solução justa, legítima e adequada que o nosso país espera".

O intransigente Raúl Rabanaque foi um dos legisladores mais aplaudidos pelas Mães. O deputado começou lembrando que os tribunais militares que pretendiam que fossem encarregados de julgar as violações aos direitos humanos faziam parte do sistema de terror, e que eles durante a ditadura condenaram cidadãos que ainda continuavam presos. E não deixou de apontar que "também fomos testemunhas de como os juízes do 'Processo' não foram mais do que serventes da ditadura militar que desonrou nosso país".

"O projeto", disse, "tem dois aspectos fundamentalmente diferentes. Por um lado, olha para o futuro quando pretende corrigir uma desigualdade jurídica no país, mas por outro, quando olha para o passado, lamentavelmente se perde no labirinto das contradições e dos atenuantes por onde, sem nenhuma dúvida, escaparão os torturadores e os assassinos do povo argentino".

"Nós consideramos que aqui não houve nem há justiça militar, que aqui não há juízes militares, a única coisa que houve foi indivíduos cúmplices de tudo o que aconteceu no país", acrescentou.

Sobre a chamada obediência devida, Rabanaque disse que a estratégia oficial esperava que essa medida passasse despercebida; no entanto, acrescentou, "aqui não houve conscritos que cumpriram ordens de matar e torturar. Aqui houve corpos especializados que atuaram conscientemente; ou seja, corpos paramilitares e parapoliciais que cumpriram todas as ordens sem nenhum tipo de arrependimento. Isso fica demonstrado no fato de, publicamente, nenhum dos supostos 'recebedores de ordens' expressar seu arrependimento pelo que fizeram durante esses anos da ditadura militar".

"Quem, havendo torturado, sequestrado, violado, pode se considerar em situação de haver cumprido ordens?", perguntou com voz indignada. "Todos esses indivíduos cometeram excessos e cumpriram essas ordens porque também as sentiam dentro da sua própria forma de ser e de pensar", respondeu enfaticamente. Os aplausos soaram em todo o recinto da Câmara.

"É imperioso estabelecer a oportunidade de servir lealmente à democracia constitucional", continuou, "mas resulta, senhor presidente, que a partir desses fundamentos, para esses senhores que cometeram genocídio, ainda a democracia vai dar a oportunidade de servir lealmente, quando na realidade o que deveríamos fazer é meter todos eles na cadeia, por assassinos". Aos berros, as Mães gritavam "Muito bem! Muito bem!", e acompanharam seus gritos com aplausos.

"Nego-me a aceitar que o glorioso exército sanmartiniano possa considerar essas atitudes como atos de serviço na sociedade argentina." A intervenção de Rabanaque terminou com aplausos e novos gritos de apoio vindos das galerias.

Conjunto orgânico

Com a lucidez de quem percebe que nessas circunstâncias era o que mais beneficiaria os genocidas, Álvaro Alsogaray antecipou ser favorável no voto geral e, no particular, apoiar o projeto do oficialismo. Depois de ter avalizado a ditadura, sustentou que "o Poder Executivo enviou ao Congresso uma série de projetos de lei que conformam um conjunto orgânico. E fez isso com o propósito de pôr fim, de uma vez e da melhor forma possível, nessa penosa etapa que viveu a Argentina contemporânea".

"Além disso", acrescentou, "foi constituída uma comissão integrada por pessoas independentes para que seja possível formular diante dela todas as reivindicações que existam. Assim, esse conjunto de leis e essa comissão constituem o instrumento adequado para canalizar de um modo racional e efetivo o fechamento desse capítulo a que me refiro".

"Nós", disse o deputado pela *Unión de Centro Democrático*, "concordamos com essa abordagem global: acreditamos que inclui a forma mais adequada, dentro das dificuldades imensas que o problema tem, para atuar daqui em diante. Por isso aprovamos a revogação da lei de anistia e apoiaremos também o projeto da maioria sobre modificações no Código de Justiça Militar".

"Pensamos que os aspectos positivos são mais do que os negativos, e por isso daremos o nosso voto a favor no sentido global e em cada um dos casos particulares, posto que se houver mudanças de critérios ou caso se complicarem muito as normas, a harmonia do conjunto será destruída", sustentou, antecipando o que ocorreria no Senado.

Destacando a estratégia oficial dos dois demônios, Alsogaray terminou dizendo: "Falta-nos ainda uma lei, que é a de defesa da democracia, porque até agora nos referimos somente ao chamado terrorismo de Estado. Mas não esqueçamos que existiu, na República Argentina, outro terrorismo que ainda perdura e que seguirá existindo, assim que, quando fizermos a análise da lei de defesa da democracia teremos que nos ocupar — além do terrorismo de Estado, que tem concentrado totalmente nossa atenção nas sessões — desse outro terrorismo, e agora seria o momento de realizar um grande debate a respeito de como organizar a defesa da democracia".

Das galerias ouviram-se manifestações de repúdio.

Astuto, Alsogaray demonstrou que percebera que o ânimo popular não admitia fechar o passado sem mais nem menos, e que a estratégia alfonsinista representava um custo menor que, naquelas circunstâncias, deveriam pagar os últimos responsáveis do regime deposto. Seria um bom negócio se conservassem intacto o aparelho repressivo, mantivessem em liberdade milhares de repressores e, inclusive no exercício de seus cargos, tanto dentro das Forças Armadas como em serviços de inteligência e policiais.

As expressões de aprovação ou de repúdio que, conforme o orador e o que ele dizia, chegavam das galerias, obrigavam Juan Carlos Pugliese, presidente da Câmara, a chamar constantemente à ordem e até ameaçar com a expulsão dos manifestantes: "Advirto pela segunda e última vez à galeria que está proibido realizar qualquer tipo de manifestação".

Mas as Mães ignoraram a advertência e continuaram aplaudindo e gritando. As vaias tornaram-se particularmente intensas quando chegou a vez do deputado Ricardo Ramón Palestra — um homem que servia de apoio civil à ditadura — que, nesse momento, se dirigindo a Pugliese, disse: "Lembro a você que já fez duas recomendações à galeria e que a segunda seria a última".

A intervenção de María Cristina Guzmán, deputada do conservador *Movimiento Popular Jujeño*, destacou tanto os contrassensos do projeto quanto as contradições históricas de radicais e peronistas. Dirigindo-se ao oficialismo, expressou que "gostaria que me informassem por que este artigo tem como referência a data do 24 de março de 1976 e não a da assinatura do decreto 261 de 1975 do então presidente María Estela Martínez de Perón e seu ministro do Interior Robledo, segundo o qual as forças de segurança passaram a ficar sob o controle operacional das Forças Armadas. Acho importante lembrar, também, que naquele momento, por um decreto do doutor Luder, foi nomeado como chefe da Polícia Federal o general Albano Harguindeguy". E, posteriormente, ela justificou assim suas expressões: "Quero dizer que essa história de dor e de tragédia no país vem de antes de 1976. Lamentavelmente, muitas vezes nos reunimos nesta Câmara sem saber se o ataque viria da esquerda subversiva ou da *Triple A*, que segundo foi dito, seria comandada por um ministro de Bem-estar Social da Nação, José López Rega".

Não obstante, o projeto oficial passaria quase ileso pela Câmara de Deputados, apesar das acertadas e profundas críticas de alguns legisladores. O oficialismo se veria obrigado a introduzir, nesta instância, duas modificações: a presunção legal sobre a obediência devida tornava-se discricional para o julgador, pelo qual se mudou a expressão "se presumiria" por "poderá ser presumida"; a outra fazia referência à imposição de um prazo máximo de 180 dias aos tribunais militares para decidir sobre os casos submetidos a seu julgamento. Assim, nada alterava de maneira essencial os planos do radicalismo. Ficava pendente, apenas, a aprovação do Senado.

Passarela

A indignação das Mães, exacerbada pela intensa jornada na qual precisaram suportar os mais inesperados argumentos a favor dos tribunais militares, explodiria poucos minutos após concluída a sessão. As Mães, que reuniam umas cinquenta mulheres com seus lenços brancos, desceram das galerias e se posicionaram no corredor do primeiro andar por onde, necessariamente, deveriam passar os deputados para sair da sala de sessões, próxima à Sala de Jornalistas do Congresso e na frente do gabinete do presidente do bloco radical, César Jaroslavsky, a quem atribuíam, em especial, a responsabilidade pela meia sanção do projeto.

Nesse reduzido espaço, expuseram seus cartazes e aguardaram a passagem dos legisladores enquanto gritavam seus bordões e seu repúdio pela aprovação da lei. "As Mães transformaram o corredor em uma verdadeira passarela da raiva", relatou o jornal *Clarín* no dia seguinte.[37]

"Que levantem a mão os radicais", reclamavam as Mães aos deputados. Enquanto os legisladores iam atravessando aquele estreito corredor, deviam escutar as recriminações dessas mulheres que exigiam que se identificassem,

37. Passarela da raiva. *Clarín*, 6 jan. 1984.

que assumissem na sua cara a responsabilidade pelo que faziam. Alguns poucos obedeciam, mas a maioria não. Quem se atrevia a levantar a mão, recebia como resposta o repúdio de um coro unânime.

"Os militares estão aqui", "Justiça", "Traíram-nos", foram alguns dos gritos de protesto, além dos conhecidos cânticos de "Não houve erros, não houve excessos, são todos assassinos os milicos do processo".

Atingiu-se o momento mais intenso, sem dúvida, quando chegou a vez do Jaroslavsky, deputado que as Mães acusaram repetidamente de traidor. Lembravam muito bem quando, em dezembro, o agora titular do bloco radical dizia que a justiça que impulsionariam os radicais seria tão dura que pareceria uma vingança. Elas não pediam vingança. Não achavam que essa fosse a justiça mais dura, nem sequer que fosse justiça. Também lembravam do encontro pessoal que tiveram nesse mesmo mês, poucos dias após a revogação da anistia, quando o deputado se orgulhou daquela decisão do Congresso que agora ficava impugnada. Todas essas manifestações do chefe da bancada radical pareciam agora um deboche demagógico e sinistro. Não foi fácil para o deputado atravessar o corredor. Antes de chegar à porta de seu gabinete, passando pelo meio das vaias, Jaroslavsky gritou, buscando se legitimar: "Eu também tenho um irmão desaparecido".

Jaroslavsky tinha um irmão desaparecido? Perguntaram-se algumas mães, para quem a informação era absolutamente nova. Mas o efeito desse anúncio não as intimidou, e continuaram levantando seus cartazes e gritando seus bordões de "Aparição com vida e castigo aos culpados".

8. Política e dor

No dia seguinte ao escracho que as Mães fizeram ao chefe da bancada radical César Jaroslavsky, um jornalista de *La Razón* se interessou por esse detalhe do "irmão desaparecido" que havia comentado o deputado para se proteger das críticas. Jaroslavsky explicou, então, que na realidade se tratava do filho de uma prima, e que teria dito "irmão", aos gritos, enquanto passava entre as Mães, para se referir ao dirigente radical Mario Abel Amaya, a quem, segundo o deputado, todos os militantes de seu partido consideravam um "irmão". Agregou que o incidente com as mulheres do lenço branco era lamentável e que "as organizações vítimas da repressão ilegal do terrorismo de Estado estão mal assessoradas e orientadas com uma finalidade que, no meu conceito, está mostrando ter uma clara intencionalidade política".

"Isto é deplorável", continuou, "porque quem procura se aproveitar de forma ignóbil de uma causa tão justa e tão fechada, traz finalidades expressivas. Estão querendo aproveitar essa justificável subjetividade das Mães (como não compreendê-la?) e levá-la à categoria de posição política, e isso é impossível. Nós estamos procurando que o país realmente alcance a paz de acordo com o Estado de Direito, de acordo com a ordem jurídica".

Sobre a presença das Mães na Câmara de Deputados, afirmou que elas aplaudiam "verdadeiras barbaridades que foram ditas por alguns senhores representantes que se atribuem a paternidade da defesa desses direitos humanos. Não houve, no debate, uma só resposta aos argumentos que os representantes da nossa bancada expuseram para fundamentar o projeto com verdadeira técnica jurídica importante. Naturalmente, a reação das Mães quando terminou a sessão foi se instalar na frente do local onde fica a imprensa e começar a entoar cânticos de repúdio, com muita energia. Não existia outra forma de chegar em outras dependências, e quando foi minha vez de passar por elas, as expressões subiram de tom e alguma resposta foi dada procurando que entendessem o erro em que estavam incorrendo. No fim das contas não chegou a ser realmente um incidente".

"Eu quero que assinalem", enfatizou, "que estas senhoras que nos questionaram e nos trataram como cúmplices, estão vivendo um idílio com senhores que estavam fazendo um aproveitamento político de sua honra". O título da nota foi, precisamente, "Jaroslavsky denuncia que as Mães da Praça de Maio estão assessoradas e orientadas com finalidades políticas".[38]

Imediatamente após essas declarações, as Mães exigiram a Jaroslavsky que lhes concedesse uma entrevista. O titular da bancada radical as recebeu no dia 6 de janeiro junto com o vice-presidente da mesma bancada, Marcelo Stubrin. Tanto Nora de Cortiñas como María Adela Gard de Antokoletz pediram que esclarecesse as imputações que fizera contra o movimento que elas integravam. O legislador respondeu que "apesar delas e por cima delas, gostassem ou não, suas atitudes e o movimento eram utilizados politicamente".

Ambas as Mães rejeitaram a acusação e afirmaram que "o movimento nunca foi manejado por qualquer partido político". Jaroslavsky sabia disso apenas havia recorrido a um velho truque, tão pouco sutil como quando afirmou ter um irmão desaparecido.

Em outra sequência dessa polêmica, desta vez na *Radio Mitre*, Jaroslavsky lançou uma crítica genérica dirigida a quem, segundo ele, fazia uma "demagogia dos cadáveres" e apontou que nos debates parlamentares da antevéspera havia ficado claro quem assumia essa posição e "quem estava procurando contribuir com alguma solução concreta".

A seguir, e por essa mesma rádio, Hebe de Bonafini expressou contrariedade das Mães com o projeto de reforma do Código de Justiça Militar "porque acreditamos que ninguém será julgado, porque estão aparecendo centenas de cadáveres, para não dizer milhares já neste momento, e não há nenhum assassino preso, com todas as provas que estão surgindo". Acrescentou que "com esta lei, os militares vão se perdoar a si mesmos" e que, "como disse Jaroslavsky, o tempo vai mostrar quem é que tem razão".

38. *La Razón*, 6 jan. 1984.

No dia anterior, Bonafini fora ameaçada de morte por telefone. "Vamos te matar, disse uma voz ao telefone, já estás sentenciada".[39]

Aquelas críticas de Jaroslavsky às Mães foram reforçadas, no dia seguinte, nada menos que pelo ministro do Interior, Antonio Tróccoli. Em uma nova tentativa para justificar a decisão de submeter os militares envolvidos com a repressão ao Conselho Supremo das Forças Armadas. O ministro sustentou que as demandas das Mães expressavam uma "legítima dor impossível de satisfazer" e sugeriu que quiçá "tenha quem esteja aproveitando-se politicamente dessa dolorosa situação". Nesse mesmo dia, Hebe de Bonafini aprofundou a polêmica. Durante uma entrevista para a rádio *El Mundo*, que no dia seguinte seria reproduzida por todos os jornais de circulação nacional, a presidenta das Mães acusou Tróccoli de "responder como a ditadura" para desqualificá-las. Agregou que mesmo elas fazendo parte de um movimento político, não tinham nenhuma identificação partidária. "Nós, as Mães, quando começou isso tudo, passamos de ser as donas de casa que lavavam, passavam e cozinhavam, a ocupar as ruas para lutar pela vida e pelo amor que tínhamos por nossos filhos. E na medida em que fomos caminhando, fomos aprendendo e nos politizando".

"Nós sabemos", complementou, "que isso que fazemos é bem político, mas não é partidário e não temos nenhum vínculo especial com nenhum partido político. Estão utilizando os mesmos argumentos que usou a ditadura militar, que sempre disse que estávamos sendo dirigidas".

Bonafini continuou dizendo que "quando arrancam seus filhos, como fizeram conosco, não dá para ficar sentado em casa. E todos os dias você sente que não faz o suficiente para recuperá-los".

"Hoje estamos muito alarmadas porque vemos que os criminosos andam soltos", enfatizou.[40]

Senhor ministro

As Mães emitiram um documento que explicitava os termos da polêmica. No dia 10 de janeiro de 1984, em uma carta pública, mas dirigida pessoalmente

39. Sobre a entrevista das Mães com Jaroslavsky e a briga radical entre o deputado e Bonafini, ver "Jaroslavsky con las Madres". *Clarín*, 7 jan. 1984.

40. Bonafini: Responden como la dictadura. *Clarín*, 9 jan. 1984.

ao "senhor ministro", começaram fazendo valer sua trajetória contra o terrorismo de Estado e sua vocação democrática:

> Nós, as Mães da Praça de Maio, travamos durante anos uma luta frontal e pública contra a ditadura militar, apontando o caminho para a recuperação nacional.
>
> Com essa mesma atitude aberta e diante de suas recentes declarações públicas que afirmam a existência de um aproveitamento político baseado em nossas legítimas reivindicações, hoje dizemos ao senhor, Dr. Tróccoli, que acreditamos na Democracia e em seus valores éticos e que lutaremos sempre por sua vigência plena, sem rodeios e sem claudicações e que, porque acreditamos na Democracia ratificamos mais uma vez, nosso direito de discordar e de expressar essa discordância que é o direito que têm todos os cidadãos no marco de uma sociedade democrática, ainda que essa discrepância tenha origem em medidas ou iniciativas que vêm de um governo constitucional e que, segundo nosso entender, são desacertadas.

Segundo as Mães, a acusação e os argumentos do ministro contra elas lembravam os da ditadura:

> E porque não conhecemos malícia é que afirmamos, senhor Ministro, que lamentavelmente esse tipo de apreciação foi usada com frequência por conspícuos membros do "Processo" para tentar nos difamar e invalidar nossas demandas, mas de nada serviu, já que a nossa posição foi e é absolutamente clara.

Para além da resposta ao ataque do ministro, as Mães insistiam na defesa da justiça civil e em sua crítica ao Conselho Supremo, alicerçando essa posição na Constituição Nacional:

> E porque acreditamos na democracia, manifestamos publicamente a convicção de que militares e civis responsáveis pelos delitos comuns (sequestros, torturas, desaparecimentos, assassinatos e roubos) dos últimos anos, severamente agravados por se tratar, na maioria, de delitos de lesa humanidade, devem

> também ser julgados pelos mesmos tribunais ordinários e não por qualquer tribunal especial, como seriam os tribunais militares.
>
> O espírito da nossa Constituição, democrática e igualitária, rejeita a discriminação ou as diferenciações irritantes entre os habitantes desta Nação, e não é aceitável que alguns homens tenham privilégios pelo simples fato de haver escolhido a profissão militar. Por outra parte, é óbvio que nosso código não pode contemplar delitos com as características dos cometidos nesses anos pela ditadura militar; e sim unicamente aqueles de natureza estritamente castrense.

Finalmente, as Mães comprometiam-se em sua defesa da democracia, definindo esse sistema como sinônimo de direitos humanos:

> Porque acreditamos na Democracia, Democracia é Direitos Humanos, nos comprometemos a seguir defendendo seus princípios com toda a firmeza que for necessária.
>
> Para finalizar, Dr. Tróccoli, precisamos dizer que é com pesar que lhe dirigimos esta nota, obrigadas por suas palavras, posto que nosso desejo é que todos, Governo e governados, compartilhemos a tarefa de reconstruir moralmente o País em um clima de cordial harmonia.

Tanto a acusação de Tróccoli quanto as declarações de Jaroslavsky evidenciavam que o governo não sabia como manejar o fenômeno das Mães, o enorme poder simbólico dos lenços brancos já era carne na opinião pública. Portanto, não as atacavam de forma direta, se mostravam compreensivos com sua dor e até as justificavam. Em todo o caso, eram outras as pessoas ou grupos que manipulavam e exploravam sua imagem com fins obscuros.

Escracho

O governo estava consciente do alto custo político que deveria pagar como consequência do debate na Câmara de Deputados, especialmente depois da reação crítica das Mães. Por meio de uma ação que, em última instância, não era inovadora, recuperaram, nesse episódio do corredor do Congresso, um velho recurso de protesto: a denúncia pública, que poucos anos depois, e ante a inação legal contra os repressores, se generalizaria com os chamados escrachos, como uma forma de sanção ética e política. Setores importantes da militância política e social se apropriariam desse "cara a cara", ou melhor, desse "encarar" o adversário como uma forma de luta: os escrachos pressupõem que quem está com a verdade pode sustentar uma voz potente na cena pública, acusadora, os corpos rodeando ou encurralando o inimigo, enquanto o implicado foge rapidamente da cena ou se esconde, em silêncio, em uma atitude que revelaria sua culpa, sua falta de honestidade.

Após os episódios do Congresso, Jaroslavsky e Tróccoli procuraram reposicionar-se e recuperar prestígio público, lesionados pelo escracho. Certamente compreendiam as Mães, mas ao declarar que entendiam sua "dor", sutilmente tentavam desmerecer esse ato de "encarar" das Mães, que, portanto, perdia sua força de coragem civil para se transformar em um mero ato de emotividade descontrolada.[41] Na verdade, a resposta de ambos os radicais fugia do debate que as Mães estavam propondo e que eles não estavam dispostos a levar adiante.

Por outro lado, os dois dirigentes radicais insinuaram que outras pessoas ou grupos as manipulavam, que se aproveitavam de sua imagem com finalidades obscuras tentando, assim, diminuir o valor político da oposição das Mães. Nessa linha, sugeriam que, perturbadas pela dor, não percebiam que outros se aproveitavam delas.

No entanto, a análise detalhada das ações das Mães, do documento que entregaram aos legisladores, do respaldo e das críticas manifestadas durante o debate parlamentar quando os legisladores apresentavam os argumentos, refletem um pensamento ético, político e jurídico que transcende a emotividade e a dor, embora suas reflexões estivessem, ao mesmo tempo, marcadas por sentimentos.

O discurso de "reconhecimento da dor" e de sua "utilização política" não era exclusivo do oficialismo. O jornal *La Prensa*, por exemplo, publicou

41. A manobra discursiva de ambos os políticos se apoia em uma longa tradição racionalista que exclui a subjetividade da razão; sobretudo se essa subjetividade se expressa através das paixões. Pelo contrário, a lucidez das Mães, desde suas origens até esse momento, demonstrava uma possibilidade diferente segundo a qual aquelas velhas categorias enfrentadas, a emoção e a lógica, se combinavam de um modo peculiar como um par que se identifica em lugar de se contradizer ou resultar incompatível. Essa é a origem da singular força emotiva e argumentativa do discurso das Mães, e também — ou quiçá sobretudo — a arrebatadora força de sua presença.

no dia 9 de janeiro de 1984 uma carta de leitor, assinada por Jeremías M. Taurydzkyj, que repetia aqueles tópicos.

"Uma das constantes destes últimos anos", dizia a carta, "foi a marcha que realizavam, cada semana, as chamadas Mães da Praça de Maio. Sua causa é inteiramente compreensível e ninguém com um mínimo de sensibilidade poderia criticá-la".

"Ao falar 'a causa' refiro-me concretamente às mães ou às avós que perderam seus filhos ou netos, e que nas suas marchas e contramarchas reivindicam somente o aparecimento com ou sem vida de seus seres mais queridos. Até aí trata-se do estritamente objetivo", acrescentava.

"No entanto, no 'ambiente' que rodeia a justa causa a que aludimos, existem interesses que utilizam a dor de outros para dar um caráter dramático a essas reivindicações, e que se convertem em verdadeiros ataques às instituições que, como tais, não deveriam ser incluídas."

O leitor se perguntava, depois, se todas as acusações contra o "Processo" eram inteiramente justas, se as demandas não deveriam ser dirigidas também contra Firmenich e companhia "como os verdadeiros responsáveis por toda a tragédia", e finalmente, lembrava que também na União Soviética e Cuba "houve desaparecidos e mortos por excessos da repressão".

Como tantas vezes, se reconhecia a "dor" das Mães e, ao mesmo tempo, seus argumentos e reclamos eram desacreditados. Era uma tática discursiva já conhecida por elas, que fora repetida, como tantas vezes no passado, que não queriam que fosse compreendida sua dor, e sim que fosse compreendida sua luta. Na frente daqueles que se atribuíam a racionalidade, contrapondo razão e dor, as Mães procuravam que o entendimento fosse aplicado não na compreensão de seus sentimentos, mas de sua dimensão política. Paradoxalmente, da mesma forma que a ditadura as chamara de "loucas", agora o oficialismo se negava a reconhecê-las como sujeitos racionais. Não obstante, as Mães pediam um debate de ideias, porque tinham motivos para fundamentar sua posição, embora tais ideias não coincidissem com a lógica que o governo pretendia impor.

Um grupo de mães acompanha atentamente o debate sobre a reforma do Código de Justiça Militar na Câmara dos Deputados, em 5 de janeiro de 1984. Fotografia: Enrique Shore.

Gerardo Romano e Miguel Ángel Solá, entre outros, seguram um cartaz com apoios ao ato de homenagem. Foto: Sandoval.

Mães entre o público se protegendo do sol durante o ato de homenagem.

Pichações das Mães e de apoiadores sobre os ladrilhos da Praça de Maio. Diante dos protestos de alguns setores contra a "apropriação do espaço público", as inscrições eram periodicamente apagadas.
Com o tempo, acabariam por permanecer. Foto: Daniel Ricardo Merle.

Juana Meller de Pargament, tesoureira histórica da Associação, na Casa das Mães, Hipólito Yrigoyen 1445, pouco antes de partir para a Praça de Maio.

Um grupo de Mães na linha A do metrô a caminho da marcha de cada quinta-feira na Praça de Maio.

Como suporte de seu discurso conciliador com as Forças Armadas, Alfonsín manteve o tradicional desfile de tropas durante a celebração do Dia da Independência. Em 9 de julho de 1984, as Madres estenderam um cartaz de quinze metros atrás da formação do Regimento de Patricios.
Foto: Enrique Shore.

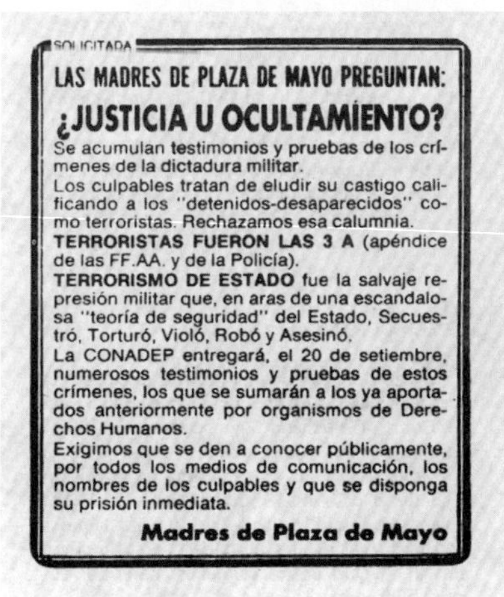

SOLICITADA

LAS MADRES DE PLAZA DE MAYO PREGUNTAN:

¿JUSTICIA U OCULTAMIENTO?

Se acumulan testimonios y pruebas de los crímenes de la dictadura militar.

Los culpables tratan de eludir su castigo calificando a los "detenidos-desaparecidos" como terroristas. Rechazamos esa calumnia.

TERRORISTAS FUERON LAS 3 A (apéndice de las FF.AA. y de la Policía).

TERRORISMO DE ESTADO fue la salvaje represión militar que, en aras de una escandalosa "teoría de seguridad" del Estado, Secuestró, Torturó, Violó, Robó y Asesinó.

La CONADEP entregará, el 20 de setiembre, numerosos testimonios y pruebas de estos crímenes, los que se sumarán a los ya aportados anteriormente por organismos de Derechos Humanos.

Exigimos que se den a conocer públicamente, por todos los medios de comunicación, los nombres de los culpables y que se disponga su prisión inmediata.

Madres de Plaza de Mayo

Solicitação das Madres de 9 de setembro de 1984, em plena polêmica pública com o presidente, após a frustrante segunda reunião.

Marcha de 21 de setembro de 1984 pela entrega do Relatório da Conadep ao presidente Alfonsín. As Madres decidiram não comparecer. Foto: Daniel Ricardo Merle.

Enquanto a Conadep e o governo se recusam a publicar a lista de repressores denunciados perante essa Comissão, as Madres expõem seus nomes e rostos na Plaza de Mayo. Foto: Enrique Shore.

Mobilização em outubro de 1984. As Madres, Familiares e a Liga foram as organizações que mais firmemente reivindicaram a liberdade dos presos políticos "herdados" da ditadura, que o governo mantinha na prisão. Foto: Daniel Ricardo Merle.

Madres de Ayacucho durante uma coletiva de imprensa nessa cidade peruana em novembro de 1984. A forma de luta das Madres foi adotada por outros movimentos da América Latina e do resto do mundo.

Nadia de Ricny carrega uma faixa com a silhueta de um militar sobre papel de jornal. O recurso denuncia que a imprensa se negava a publicar os nomes dos criminosos.

9. Judas

"Por isso no julgamento gritei 'Judas!'. Depois um jornalista perguntou: 'Você o chamou de Judas?'. 'Sim, porque me deu um beijo para me marcar na igreja de Santa Cruz e Judas beijou o nosso Senhor antes de traí-lo'."

Quita Nélida Carmen Fiordeliza de Chidíchimo[42]

Mesmo havendo conhecido ele pelo nome de Gustavo Niño, tempos depois, quando realmente souberam quem era, as Mães o chamaram de Judas: o mesmo nome daquele que traiu Cristo em troca por um saco de moedas. Ao começo, durante o primeiro ano da ditadura, ele teria se aproximado dos familiares de desaparecidos alegando ter um irmão nessa situação, e que queria se somar ao grupo da praça. Elas o aceitaram, mesmo tendo certos reparos. Não desconfiança, pelo contrário. Viam-no demasiado jovem, da idade de seus próprios filhos, o qual supunha maiores riscos do que aqueles que elas mesmas corriam, porque a juventude era um dos rasgos lombrosianos do "delinquente subversivo". Foi o que pensaram. E protegeram-no. Azucena Villaflor tinha-o levado à sua casa, Ketty de Neuhaus

42. Relato de Fiordeliza de Chidíchimo sobre sua reação na Câmara Federal de Apelações, no Criminal e Correcional da Capital Federal, em dezembro de 1986. A citação é de *Judas, la verdadera historia, de Alfredo Astiz, el infiltrado,* de Uki Goñi. Buenos Aires: Editorial Sudamericana, 1996, p. 15.

recomendava-lhe que não fosse à Praça de Maio porque se expunha, as Mães, de um modo geral o excluíam das atividades de mais risco. Quantas delas o olharam com o orgulho de quem olha um filho e o pensam valente? Quantas devem tê-lo comparado com seus filhos desaparecidos ou com seus outros filhos sobreviventes, que elas mesmas não admitiam que se comprometessem na sua luta? Então aconteceu o golpe da Igreja da Santa Cruz, quando em dezembro de 1977 sequestraram o grupo de familiares e militantes que lá reunido para coordenar os trabalhos de denúncia do terrorismo de Estado. Desapareceu mais de uma dúzia de pessoas, entre elas duas freiras francesas e a própria Azucena. A ele, que havia estado entre os que assistiram à reunião na igreja naquele 8 de dezembro, não voltaram a vê-lo por uns dias. Algumas mães sofreram pensando que era mais uma das vítimas. Entretanto, apareceu na quinta-feira depois dos sequestros, nas cercanias da Praça, e *Ketty* e María del Rosario disseram-lhe que se afastasse, que corria perigo, e ele foi embora.

Não souberam mais daquele jovem até um par de anos depois quando receberam notícias da França sobre um homem que se fazia chamar Escudero e cuja descrição coincidia com a de Gustavo Niño. Os militantes do movimento de denúncia do genocídio no exílio suspeitaram dele porque procurava conseguir informação, e em seguida tiveram a certeza de que era um agente dos serviços de inteligência. Assim foi que as Mães começaram a saber a verdade. Um dia, inclusive, souberam seu verdadeiro nome, quando viram seu rosto na foto que retratou o ato de rendição das tropas argentinas nas Georgias do Sul, em maio de 1982, durante a guerra contra Grã-Bretanha. Escudero ou Gustavo Niño, aquele rapaz com cara de anjo, que com um beijo no rosto apontava as pessoas que o Grupo de Tarefas da Armada devia sequestrar era, na verdade, Alfredo Astiz. Ou seja, Judas, para as Mães.

Verão quente

Outra foto, desta vez ao sol e em traje de banho, levou Astiz novamente a ser capa de revista. Foi no verão quente de 1984. O oficial mostrava-se sem temor, sem pudor, no exclusivo balneário marplatense de Praia Grande, cujas barracas, com os nomes e sobrenomes daqueles que ano após ano a visitam, protegem os veranistas dos raios do sol e, em alguns casos, de olhares curiosos. Mas ele não estava muito preocupado com se esconder. Lá, ao lado da barraca da família Suárez Lastra, Clorindo Testa e outros, estava a de Alfredo B. Astiz, seu pai. Tirava umas férias, em um local relativamente próximo de seu trabalho, a Base Naval de Porto Belgrano, onde morava regularmente, na casa número 10 do bairro de oficiais, atribuído ao porta-aviões *25 de Maio*.

Um grupo de jornalistas da revista *Gente* encontrou-o: "É uma questão de caminhar", escreveu o colunista. "Olhar as jovens — as bonitas, claro — e uma alta, muito loira, com jeito de modelo, que cumprimenta todo mundo enquanto anda pelo caminho da fileira número três do Yacht Club. Ela para bem na frente de uma barraca. Cumprimenta quem parece ser seu irmão. María Eugenia, esse é seu nome, saúda o grupo. O irmão em questão é o capitão Alfredo Astiz. Está difícil de reconhecer. Não há fotos que sirvam para identificá-lo. A única foto conhecida é aquela que foi difundida durante a Guerra das Malvinas, quando ele estava assinando a rendição de Georgias. Na ocasião vestia uniforme, tinha barba de várias semanas e aparecia de perfil. Mas naquela foto dava para perceber um detalhe: seus olhos, seu olhar. Agora não usa barba, está bem bronzeado (o que destaca seus olhos azuis). Cabelo loiro, ligeiramente ondulado e um estilo de falar e de se mexer quase aristocrático".[43]

O cronista relatava que Astiz costumava chegar à praia perto do meio-dia, com seus pais. Depois visitava algumas barracas na fila três, sentava para ler o jornal, conversava com Ricardo Yoli, quem havia estado com ele nas Ilhas Georgias e alguma vez tinha capitaneado o iate *Fortuna* em regatas internacionais. Outra rotina nessas férias, segundo *Gente*, consistia em passar longos períodos no bar do Yacht Club. Se o tempo ajudava, deitava na areia, no final da fileira de barracas. Ali seguia conversando, ria às gargalhadas. Nesse dia vestia um *short* de tecido náutico em cores amarelo, vermelho e azul, e usava chinelos na moda. Estava sentado numa cadeirinha de praia de ferro e lona de cor azul; quase sempre olhava para o mar. Em torno dele agrupavam-se meninas jovens e muito bonitas. Esticava as pernas, as entrecruzava e batia constantemente um pé contra o outro. Também cruzava os braços. Pelo lugar que ocupava quem o acompanhava, parecia ser o eixo da reunião.

Depois da pormenorizada resenha dos hábitos de Astiz na praia, o jornalista reproduzia a breve conversa que manteve com o militar:

43. Las vacaciones del capitán Astiz. *Gente*, 12 jan. 1984.

— Senhor capitão — disse um de eles —, somos jornalistas. Gostaríamos de falar com você.

— Não faço declarações — respondeu o criminoso.

— Mas, senhor capitão, você deve entender que...

— Agradeço, mas não faço declarações. Qualquer declaração deve ser solicitada no Comando.

— Quer dizer que se conseguimos essa autorização podemos falar com você?

— Ehh... sim, se o Comando autorizar...

Até aí chegou o diálogo. Os jornalistas não conseguiram muito mais, mas a matéria ocupava várias páginas da edição semanal. A conversa em si não justificava o espaço que ganhou, isso tinha a ver com a escandalosa impunidade que exibia o oficial da Marinha. O título da nota foi uma provocação nos ouvidos de suas vítimas e dos familiares: "As férias do capitão Astiz". E seu efeito foi multiplicado por dezenas: praticamente não teve mídia gráfica, radial ou televisiva que não fosse eco da notícia.

Outros jornalistas, desta vez do *Clarín*, não tiveram mais sorte ao procurar declarações do criminoso. Astiz respondeu parcamente: "Já estou com problemas suficientes para me preocupar com vocês. Faz favor, remetam ao Comando em Chefe da Armada".

O impacto desse advento foi terrível entre as Mães. Não se tratava apenas de um outro criminoso, e sim do responsável pela operação que tinha como "alvo militar" Azucena, sua inspiradora, e outras mães e militantes que só procuravam seus familiares e amigos.

As Mães saíram a exigir que medidas fossem adotadas. Não tinham uma explicação clara das intenções da operação midiática, mas o objetivo era que, ante essa obscena exibição de impunidade, o governo de Alfonsín não parecia disposto a efetivar sua prisão.

"Que há por trás de Astiz", foi o título na revista *Somos*, que desta vez encontrou ele nas praias de Pinamar. "Apareceu novamente à beira do mar. Delicadamente bronzeado, cabelo um pouco mais cumprido, uma camiseta desportiva branca, aquele olhar extremadamente glacial de sempre. Alfredo Astiz cansou dos curiosos e dos jornalistas de Mar del Plata e foi provar sorte — e pegar sol — em Pinamar, antes de voltar ao serviço em Porto Belgrano. Alguns dias depois, os jornais trouxeram a notícia de que o Ministério do Interior tinha proibido que saísse do país. Muitos, a essas alturas, começaram a perguntar-se que interesses e que personagens são mobilizados para que um dos militares mais questionados e acusados dos últimos tempos continue em atividade sem passar pelos escritórios da justiça para esclarecer os gravíssimos cargos que lhe eram imputados".[44]

Esse surgimento público de Astiz e sua repercussão midiática tornou evidente a clara contradição entre o discurso do final da impunidade sustentado a partir do poder, e a exibição obscena dos criminosos. Porque o de Astiz não era o único caso. As declarações públicas de hierarcas do "Processo", as tranquilas caminhadas de seus principais responsáveis pelas ruas do país também iam na contramão da imagem que pretendia transmitir o governo de Alfonsín.

"Não entendemos como o governo ainda não prendeu esses notórios criminosos", sustentaram as Mães em um comunicado de imprensa. "Se o que se proclama é justiça, não é possível entender que continuem como se nada acontecesse, andando livremente pelas ruas", insistiram.

La Prensa, que não se escandalizara com a vergonhosa mostra de impunidade, sim ficou horrorizada, entretanto, com o pedido das Mães: "Não se pode esperar que o Poder Executivo tome medidas que só competem à justiça. E esse grupo de mães que diz defender os direitos humanos, não pode pedir algo assim".

Expressões do mesmo teor multiplicaram-se nos meios de comunicação. E sugestivamente repetiam argumentos do oficialismo: o Poder Executivo já fazia sua parte, colocava a rodar alguns mecanismos fundamentais para fazer justiça. Somente precisaria de um tempo para funcionar.

No entanto, não era bem assim. Astiz livre era o resultado direto e inquestionável de uma política de governo que o eximia de qualquer responsabilidade enquanto se encontrasse na faixa dos partícipes da repressão que cumpriam ordens. Assim, não apenas ficava a salvo da ação da justiça, mas sequer era afastado das filas da Armada. É provável que Alfonsín não gostasse daquela presença pública e provocativa nas praias do litoral atlântico, mas devia entender que era consequência e efeito da estratégia oficial na matéria.

Nesse contexto, um alto oficial retirado da Marinha saiu a defender, com argumentos próprios, a política do governo. Nesse mesmo número do dia 12 de janeiro, a revista *Gente* publicou uma longa reportagem com o contra-almirante retirado Horacio Zaratiegui. Era um bom complemento para a nota sobre Astiz. Além de exculpar o oficial, Zaratiegui acrescentou

44. Qué hay detrás de Astiz. *Somos*, 10 fev. 1984.

seu apoio ao mito dos dois demônios. "Por um lado, estavam os terroristas", sustentou, "que acharam que o caminho adequado era o da violência para mudar as estruturas e para instaurar-se no poder, e pelo outro, os militares que aos poucos foram deformando sua visão desse tema e se sentiram impotentes diante dos mecanismos que a sociedade lhes oferecia para sua defesa, e terminaram achando que só existia uma forma de combater a subversão".[45]

Gente se autopromovia: assinalava que era a primeira vez que um alto oficial naval aceitava falar da "participação da Armada na luta antissubversiva, dos excessos cometidos, dos grupos de tarefas e da psicologia [sic] dos homens que reprimiram o terrorismo". "Eu sou mais responsável do que Astiz", confessava o contra-almirante retirado. Mas não era uma verdadeira confissão, e sim uma justificativa para o genocídio. Essa era a verdadeira linha editorial do semanário que apenas um par de anos antes acompanhava fielmente a ação de contrainformação da ditadura.

Zaratiegui lembrou de quando "morava num bairro de casas da Marinha e pouco tempo depois de me mudar mataram o capitão da Fragata Burgos". "Bem podia ter sido eu", disse. "E isso foi deixando a gente em uma situação de stress, em uma situação de tensão que alterou o raciocínio e as reações. A tendência era reagir cada vez de forma mais violenta. Por que? Porque a situação de impotência crescia a cada instante. É o que acontece com o indivíduo submisso ao qual o valentão do canto todos os dias chega e dá um golpe ou um cuspe. Até que chega um dia em que esse indivíduo explode e mata esse valentão que durante muito tempo o assediara".

A singular versão sobre a origem do genocídio, que não resistia a menor análise histórica, coincidia com o mito dos dois demônios do novo governo e se complementava com um aceite da classificação das responsabilidades que estava praticando o presidente Alfonsín: "Acredito que de alguma forma Alfredo Astiz simboliza o oficial médio da Armada, o oficial médio das Forças Armadas, que teve que participar nessa guerra não declarada contra a subversão e cujo nome transcendeu sabe-se lá por que motivo, se por razões de cacofonia ou pelo motivo que for. São esses os mistérios da opinião pública que às vezes se assanha com uma determinada pessoa e talvez essa pessoa não tenha nada a ver ou não tem a dimensão que lhe foi atribuída. [...] Quem é o responsável? Aquele que não estava nem preparado, nem maduro por sua falta de experiência nesse tipo de

45. "Yo soy más responsable que Astiz", entrevista de Adrián Vão Der Horst. *Gente*, 12 jan. 1984.

luta? Ou aqueles que deram as ordens, ou aqueles — como eu — que na sua condição de chefes de cargos médios consentimos que esse fosse o sistema escolhido, que esse fosse o caminho para combater a subversão? Eu acho que a responsabilidade é maior nas pessoas a mais idade que deveríamos ter previsto as consequências que poderiam acarretar casos de deformação de conduta. No entanto, nenhum de nós, nesse momento, pensou nada disso. Nós estávamos convencidos de que não existia outro caminho".

O marinheiro navegava na ambiguidade, seus argumentos vacilavam entre a psicologia barata e a disciplina militar: por um lado falava de "deformações de conduta" — para referir-se a sequestros, assassinatos, torturas e violações entre outros delitos — e, por outro lado, segundo afirmava, essas condutas se ajustavam a ordens superiores.

Provavelmente sem intenção, já que quase tudo que comentava procurava consolidar a estratégia alfonsinista, Zaratiegui contradizia a ideia de que a obediência àquelas ordens podia ser explicada, como havia assinalado o presidente, pelo clima de compulsão nas Forças Armadas que impedia o oficial de não aceitar as ordens. Pelo contrário: "A luta contra a subversão", disse, "foi encarada de tal forma que necessariamente requeria o consentimento de todos os membros da Marinha. Nos casos de objeções de consciência o indivíduo ficava liberado desse tipo de compromisso militar, não era colocado em situação de ter que lutar contra a subversão".

Mas em algo Zaratiegui estava certo: Astiz representava o oficial médio, aquele que cumpria ordens. Essas mesmas ordens cujo cumprimento por parte de oficiais meios ou subalternos Alfonsín argumentava que deviam exculpar, e para isso assinava decretos e impulsionava projetos de lei, como o que modificava o Código de Justiça Militar.

O símbolo

A divulgação do caso de Astiz era uma arma de dois gumes para o governo. Se por um lado a atenção sobre o jovem oficial parecia sanha contra um homem situado num nível muito baixo na escala de responsabilidades, por outro, a exibição do marinheiro — que protagonizava alguns dos crimes mais notórios da "luta antissubverssiva" e que, nesse momento, passava livremente suas férias em Praia Grande conversando com amigos — convertia em escândalo uma parte da realidade que o governo queria ocultar ou, pelo menos, disfarçar.

Contudo, a notoriedade do marinheiro não era apenas consequência da demasia sensacionalista dos meios que centravam seu foco em Astiz enquanto outros oficiais, inclusive de maior grau do que ele, permaneciam no anonimato. O certo era que uma complexa e secreta trama havia levado ele até esse lugar. Sua exposição permanente não era por acaso: da mesma maneira que aconteceu com oficiais de outras armas, o aparecimento de Astiz nas Georgias do Sul procurava expor criminosos já apontados pela opinião pública, e seu notório exibicionismo na cidade de praia mais frequentada da Argentina e durante os primeiros dias do governo de Alfonsín — depois do presidente impulsionar a revogação da autoanistia, falar do fim da impunidade e mandar julgar nove comandantes — era uma forma de reivindicar a "luta antissubverssiva".

Quem podia, então, ficar escandalizado com o argumento da terrível injustiça da opinião pública se concentrar na figura desse criminoso, enquanto outros, os maiores responsáveis do genocídio viviam na confortável invisibilidade da desinformação e da impunidade?

Paradoxalmente, Zaratiegui, transformado em defensor de Astiz, ganhara notoriedade depois da Guerra das Malvinas ao enfrentar discursivamente o almirante Franco, a cargo da arma durante a guerra, com críticas sobre a forma como conduzia operações bélicas. Naquele momento e em relação com esse episódio, os meios destacaram a "valentia" com a que falava após a derrota e, nesse novo aparecimento midiático, os mesmos meios lembravam daquele "mérito". Nada falavam ele nem a imprensa sobre seus méritos na execução do genocídio. No final, o jornalista perguntou a Zaratiegui o que opinava sobre as Mães. "Procuram de forma ostensiva o debate político dentro do Congresso em lugar de procurar justiça. Há até um pouco de ingratidão das Mães com um governo que é o único que em todos esses anos atende suas demandas e que, de uma maneira ou outra, está cumprindo com o prometido na campanha eleitoral. Isso me faz pensar que por trás de tudo isso existe algo mais que elas não advertem: uma necessidade subconsciente de seguir estando no protesto permanente, continuar na oposição seja qual for o oficialismo de turno. Por que? Porque no fundo estão expiando alguma eventual culpa que possam sentir por não ter sabido formar ou supervisionar seus filhos. Há um condicionamento psicológico nessas pessoas e acredito que também sofrem desequilíbrio. Não importa o que digam, elas têm marcas indeléveis provocadas pelo desaparecimento de seus filhos e suas condutas estão condicionadas. E com sua atitude estão perdendo parte do apoio que possam haver conquistado diante da opinião pública."

As Mães foram ao confronto de suas declarações. Em uma carta dirigida à diretora do jornal Clarín, Hebe de Bonafini, afirmou:

> Posto que *Clarín* é um dos jornais mais lidos — especialmente essa seção — como presidenta de Mães da Praça de Maio gostaria de indicar algumas precisões.
>
> O contra-almirante Horacio Zaratiegui formulou recentemente diversas declarações por meios jornalísticos, injuriosas para as Mães (insinuando dúvidas sobre nosso estado mental entre outras coisas) e que procuram, sem dúvida, dar um marco de impunidade aos responsáveis e executores dos horríveis crimes cometidos pelo governo do "Processo" a cujos agentes também atribui uma certa "alienação" mental que os tornaria, assim, "inimputáveis". Entendemos pertinente lembrar agora das manifestações do capitão de navio Zaratiegui, em seu caráter de secretário do almirante Massera, na época, fez a um grupo de Mães que recebeu em várias oportunidades durante 1977.
>
> Em algumas dessas oportunidades o aludido marinheiro sugeriu para as Mães que fossem solicitar ajuda ao senhor Lawrence Birns, presidente do Conselho sobre Assuntos Hemisféricos nos Estados Unidos (Council on Hemisferic Affaire, COHA), entidade privada que se interessava nos problemas do continente americano, especialmente nos vinculados a direitos humanos. Quando as Mães manifestaram sua estranheza diante dessa recomendação, que significava passar por alto quem governava na própria Argentina, o senhor Zaratiegui respondeu: "Já que aqui não são ouvidas...".
>
> Logo, para evitar erros, o então capitão Zaratiegui escreveu com sua própria mão o nome da pessoa e instituição que ele sugeria, em um papel que guardamos cuidadosamente.
>
> O hoje contra-almirante Zaratiegui, também manifestou que os nomes de seus filhos não apareciam nas listas de 'detidos' sob responsabilidade da Armada, que poderiam estar nas listas do Exército que era a arma que tinha maior quantidade de

> "detidos" posto que contava com muitos lugares onde alojá-los, enquanto a Marinha tinha poucos.
>
> Acrescentou que Massera (aparentemente com a intenção de assinalar as boas intenções do almirante) solicitara a Videla, em cada oportunidade em que se reuniam, que o Exército e a Marinha fizessem conhecer publicamente as listas com os nomes dos "detidos de cada arma".
>
> Bonafini concluía dizendo que acreditava que poderia ser útil dar a conhecer esses detalhes à opinião pública para que ela tirasse suas próprias conclusões a respeito do marinheiro.[46]

Zaratiegui não perdeu a oportunidade para responder e seguir exercendo seu papel nos meios. Em outra carta de leitores a *Clarín*, o contra-almirante afirmava que não era necessário lembrar que a presidenta das Mães tinha dois filhos e uma nora desaparecidos entre 1977 e 1978, e que insistia em agredi-lo. Afirmava que ele procurava justificá-la porque entendia que era seu coração quem orientava seus atos e não a mente fria, calculadora e perversa de alguém que pudesse estar a serviço de interesses inconfessáveis. "Para quem vive um drama como o dela, deve resultar difícil reconhecer que se encontra em estado de desequilíbrio emocional, como assinalei ao analisar sua permanente atitude opositora, seja qual for o oficialismo de turno". Além de atribuir-lhe alguma interpretação errada e de negar o que foi dito pela presidenta das Mães, sustentou que não entraria em detalhes porque, caso contrário, "seria entrar no jogo que ela propõe". E explicou, pretendendo sutileza, que "se eu digo que não falei o que ela disse que eu falei começaria uma polémica de nunca acabar. Assim como também se originaria se eu manifestasse, só agora, que houve mães — quase todas as que me pediram audiência — que em privado reconheceram que seus filhos desaparecidos eram terroristas".[47]

Limites

O exibicionismo dos repressores e a reivindicação midiática do genocídio contrastavam com a inação do governo diante dessas declarações. As Mães

46. Zaratiegui y las Madres de Plaza de Mayo. *Clarín*, Cartas al País, 11 fev. 1984.

47. Madres. *Clarín*, Cartas al País, 29 fev. 1984.

exigiram, então, que os criminosos fossem para a cadeia. O oficialismo, entretanto, opinava que estava mexendo em todas as peças que devia mexer — reforma do Código de Justiça Militar, criação da CONADEP, decreto de ajuizamento dos ex-comandantes. Em todo o caso, a liberdade com que se moviam certos personagens nefastos, como Astiz, era uma consequência quiçá ofensiva, mas inevitável e coerente com uma classificação das responsabilidades formulada para encarar o problema das Forças Armadas, e a liberdade de expressão que agora reinava explicavam as declarações de Zaratiegui. Tudo estava dentro dos limites previstos por Alfonsín.

O impudor militar e midiático não recebia uma resposta contundente do governo, enquanto o pedido de justiça das Mães desvanecia no ar.[48] Um aparente rigor jurídico na contramão do escândalo moral e político desqualificava a demanda das Mães. Diante da demanda de que o governo prendesse os delinquentes. *La Prensa* publicava o editorial com o título de "Arbitrário requerimento", que "só o órgão jurisdicional está investido do poder de privar de liberdade as pessoas, e o modo e a forma em que pode fazê-lo está claramente previsto nas normas processuais. Tudo que vá além do que autorizam suas disposições, configura uma condenável demasia e um excesso reprovável".

Para as Mães, entretanto, demasias e excessos estavam do lado do terrorismo de Estado e não faltavam normas jurídicas para efetivar a prisão desses militares, e sim decisão política para cumpri-las.

Não estava nas previsões oficiais atuar contra esses setores das Forças Armadas. O pacto estabelecido com os novos comandos das três forças — em troca de deixar fora a maioria dos implicados no genocídio, bem como à própria configuração da instituição armada —, tinha o preço de sumariar militarmente os integrantes das três primeiras juntas militares. E até por motivos próprios da negociação da transição, ficavam excluídos os integrantes da última junta militar, e muito especialmente Reynaldo Bignone.

Por essas circunstâncias Zaratiegui colocava o dedo na ferida: a perseguição de Astiz resultava arbitrária se comparada com a situação de milhares de repressores de igual hierarquia militar, e de centenas de oficiais

48. Somente no caso do general em atividade Aguado Benítez, que reivindicava publicamente a "luta antissubversiva", o ministro de Defesa, Raúl Borrás, mostrou reflexos como para citá-lo, mesmo não lhe aplicando nenhuma sanção. Embora não tenha transcendido o conteúdo do encontro, depois dessa entrevista Borrás lembrou que era proibido que chefes das Forças Armadas em atividade realizassem declarações políticas.

com tanta ou mais responsabilidade que a do marinheiro loiro. Habilmente, o comentário do hierarca da Marinha não estava dirigido ao governo e sim a quem pretendia o ajuizamento de Astiz e, certamente, não estava pedindo igual justiça para todos, e sim a total impunidade.

"Ao ver caminhar Astiz pela praia, são muitos os argentinos que se perguntam o que aconteceu, onde estará quem participou com ele dos excessos da repressão", interrogavam-se um par de jornalistas da revista *Gente*.[49] A resposta não estava nos misteriosos mecanismos da opinião pública que assinalavam uns e não outros, como dizia Zaratiegui, e sim no pacto de sangue que unia os repressores no segredo e na decisão do governo radical de garantir impunidade para a maioria deles. No entanto, duas circunstâncias iriam minar transitória e parcialmente os planos de Alfonsín. A instâncias de denúncias apresentadas por familiares de desaparecidos na justiça civil, a tranquilidade acabaria para o capitão Astiz e o general Bignone. Em ambos os casos, seriam ultrapassados os limites marcados por Alfonsín sobre quem tinha a impunidade garantida.

Por um lado, começou a prosperar judicialmente uma denúncia promovida pelos familiares dos soldados conscritos e militantes da juventude comunista desaparecidos Luis García e Luis Steimberg. Ambos estavam alistados sob o comando de Bignone quando o general era encarregado do Colégio Militar, e várias testemunhas indicavam o ex-ditador como responsável direto desses desaparecimentos. O juiz Oliveri, que se havia declarado competente apesar da posição do promotor da causa, ordenou a declaração indagatória de Bignone, que foi realizada no dia 11 de janeiro de 1984.

Esse fato colocava em risco o pacto que Alfonsín estabelecera com as cúpulas das Forças Armadas, fixando limites precisos para a perseguição penal — que excluíam os integrantes da quarta Junta militar. Além disso, adquiria um alto valor simbólico, posto que Bignone era um dos protagonistas decisivos no desenho da transição e entregava pessoalmente os atributos do comando ao novo presidente. Embora Alfonsín pudesse alegar diante das cúpulas militares que a prisão não derivava de nenhuma de suas medidas na matéria e que, ainda mais, as contradiziam expressamente, a verdade é que especialmente o Exército lhe fez saber que o que estava acontecendo

49. AREAS, Tabaré; BERTOLINI, Ana María. Qué hay detrás de Astiz. *Gente*, 12 fev.1984.

violava os acordos e afetava nada menos que o último ex-presidente de fato da ditadura.

Nesse mesmo 11 de janeiro, todavia, Bignone foi detido por ordem do juiz Oliveri. A defesa apelou à decisão. Dois dias depois, o general teve que comparecer ante um juizado da localidade bonaerense de San Martín pela causa iniciada por familiares de um outro desaparecido.

Ao mesmo tempo, duas denúncias paralelas começaram a fechar o cerco sobre Astiz. O extraordinário trabalho investigativo dos pais da jovem sueco-argentina Dagmar Ingrid Hagelin, a quem Astiz tinha baleado na cabeça por confundi-la com uma militante montonera que se achava desaparecida, deu como resultado uma prova importante que não deixava escapatória para o capitão da Marinha. Registrada no Juizado Penal Número 6 de Morón, a cargo de Luis Chichizola, com o apoio de Luis Fernando Zamora, na época advogado do CELS, a causa ganhava impulso ante a declaração testemunhal prestada ante esse tribunal pelo ex-cabo da Armada Raúl David Vilariño, quem afirmava ser membro do Grupo de Tarefas que funcionava na Escola de Mecânica da Armada, que dependia de forma direta do então chefe dessa dependência, o contra-almirante Rubén Eduardo Chamorro. Entre outras circunstâncias, Vilariño relatou que a prisão da jovem, ocorrido em janeiro de 1977, era "produto de um erro que teve uma grande repercussão entre todo o pessoal que trabalhava no lugar". Segundo esse mesmo depoimento, o operativo em questão "ficou a cargo do então tenente de navio Alfredo Astiz".

Por sua vez, a partir de outra iniciativa do CELS, foi apresentado no Juizado Nacional de Instrução Número 10 da Capital Federal, a cargo do juiz Raúl Pierini, um pedido de prisão e processamento do contra-almirante Rubén Chamorro e do capitão Alfredo Astiz, quem era acusado da privação ilegítima da liberdade das freiras francesas Leonie Duquet e Alice Domont, e de Azucena Villaflor de De Vincenti, junto de todos os sequestrados do grupo da Igreja Santa Cruz.

A todas essas vicissitudes judiciais, o oficial da Marinha devia somar seu estado de disposição ante o Conselho Supremo das Forças Armadas em relação à causa Malvinas, particularmente seu papel no momento da rendição das tropas argentinas destinadas nas Georgias do Sul. A iniciação do sumário Astiz era recomendada pela Comissão Investigadora da guerra — conhecida como Comissão Rattenbach —, porque "rendeu sua tropa ao inimigo sem efetuar a devida resistência", segundo expressava o relatório.

Competentes e incompetentes

Foi nesse contexto que o governo desmentiu, primeiro, e depois decidiu proibir a saída de Astiz do país. Uma notícia jornalística difundia que o marinheiro aparecia numa lista de passageiros que sairiam de Ezeiza a finais de janeiro. No dia 6 de fevereiro o Poder Executivo desmentiu essa informação e, simultaneamente, anunciou que o marinheiro foi proibido de sair do território nacional. No entanto, ninguém se atrevia a prender Astiz.

Quanto a Bignone, a defesa do general apelou contra a competência do juiz Oliveri e, pouco depois, a Câmara Federal pronunciou-se a favor da jurisdição militar, o que derivou a causa para o Conselho Supremo das Forças Armadas. Também no caso de Astiz a justiça civil logo se declararia incompetente em favor do foro especial militar e, pouco depois, o Conselho declararia que era aplicável a coisa julgada, atento a que o desaparecimento da jovem sueco-argentina já era tratado em instância militar e o oficial havia sido absolvido. Nos outros casos não se pronunciaria imediatamente sobre a questão de fundo, mas ordenaria a imediata liberdade de Bignone.

Na causa aberta contra Astiz ante o juiz Pierini, o advogado Zamora apelou à declaração de incompetência do magistrado, mas sua apelação foi desestimada. Depois de passar aos tribunais militares e diante da evidência da manobra em favor da impunidade, Zamora voltaria a apresentar-se ante o juiz Pierini para manifestar: "No dia 17 de fevereiro de 1984 V.S.ª declarou sua incompetência para continuar entendendo no presente sumário e decidiu por seu encaminhamento ao Conselho Supremo das Forças Armadas, para seu eventual prosseguimento no âmbito castrense. Essa decisão foi apelada pela parte querelante, posto que a mesma causava encargo irreparável. [...] Entretanto, como V.S.ª não desconhece — dada a similaridade com outros tantos acontecimentos no país, nos últimos anos, como consequência do acionar ilegítimo e ilícito de pessoas que usaram o proceder estatal para seu melhor cometimento —, a morosidade do Poder Judicial na investigação e no castigo dos responsáveis estende-se já sete longos anos. Sabe disso também porque a denúncia que requeria sua atividade jurisdicional abundou em detalhes que mostravam essa grave morosidade. A esses anos — nos quais não existiu justiça no país — se soma agora a enorme dilação que habitualmente implicam as questões de competência do teor das suscitadas em autos. Tudo isso significaria que a impunidade dos graves delitos cometidos como a incerteza pelo seu não esclarecimento continuará sendo, insolitamente, por mais tempo ainda e com as faces diferentes, mas necessárias, de uma mesma moeda, as consequências inevitáveis daquela 'privação de justiça' que alguma vez confessou a mesma Corte Suprema. E tem mais. A demora aludida — inédita em uma sociedade que pretenda ser regida por normas de respeito aos direitos elementares — pode trazer como eventual derivação a perda irreparável dos elementos necessários para a obrigatória e plena reconstrução dos direitos enunciados. Do mesmo modo — e por outra parte — pode acarretar que a pronúncia punitiva, que em definitiva deveria ser emitida, não tenha efetividade".[50] Toda a argumentação apontava a solicitar ao Juiz medidas de prova, que no caso de não acontecer, corriam o risco de se perder definitivamente.

O espetáculo da impunidade dos militares culpados pelo desaparecimento de pessoas era uma afronta para as Mães. Hebe de Bonafini alçou sua voz para dizer que "se não fizerem justiça rápido, como pedimos, com certeza iremos procurá-la, e onde eles estiverem vamos fazer com que sejam julgados e condenados, e não desrespeitando a lei como eles fizeram".[51]

Essas palavras acenderam o alarme de jornalistas dos meios de comunicação que anteriormente nem se importavam com as violações de direitos humanos. Entre eles estava a conhecida dupla de comunicadores integrada por Bernardo Neustadt e Mariano Grondona, que convidaram Hebe para uma entrevista no seu programa televisivo. Os dois tinham muito interesse por conhecer a opinião das Mães sobre as Forças Armadas, mas antes de responder qualquer pergunta, a presidenta da associação quis fazer uma ressalva: "Quero saber como você sabe que nossos filhos são subversivos, se é que tem informação dos serviços, porque nos milhares de habeas corpus e nas milhares de pastas de julgamentos por privação ilegítima da liberdade, as respostas dos juízes do Processo dizem que não pesa ordem de prisão e não há nenhuma acusação sobre nenhum deles, portanto, enquanto não houver nenhuma outra acusação, nossos filhos são absolutamente inocentes". Imutáveis, os profissionais continuaram com seu trabalho.

"Acha que todos os militares são irrecuperáveis?", perguntaram.

"Acho que se há militares honoráveis deveriam ter se retirado das Forças Armadas. Se eu fico em um lugar e aceito aquilo que está acontecendo, sou honorável realmente ou sou tão cretino que fico? Acho que quem fica

50. Ver "Por qué sigue libre Astiz". *La Semana*, 17 maio 1984.

51. Bonafini opina de las FF AA. *Clarín*, 10 jan. 1984.

e aceita o crime e o horror com seu silêncio é culpado. Quem deu a ordem é tão culpado quanto aquele que a executou, isso tem que ficar bem claro."

Os jornalistas puseram, então, o dedo na ferida do pensamento oficial, ainda que na verdade pretendessem pô-lo no pensamento das Mães.

"Vamos supor que realmente todos sejam julgados. Pode o país ficar sem Forças Armadas?"[52]

Em outra entrevista, Bonafini já dissera que "as Forças Armadas se destroem sozinhas". Os jornalistas caminhavam em terreno conhecido, queriam demonstrar que as reivindicações das Mães eram maximalistas e impossíveis de satisfazer. Ela não percebia essas sutilezas, e respondeu com sua lógica de sempre:

— E para que servem as Forças Armadas como essas que nós temos, que converteram o país num grande campo de concentração, que roubaram, assassinaram, torturaram, levaram meio país para o exterior com o dinheiro que pegaram, e quando precisaram defender a Pátria não conseguiram?".

Os jornalistas não responderam a questão, e insistiram: "É possível começar novamente?".

"Vai ser bem mais grave para o país", respondeu, "conviver com os assassinos, com os torturadores".

Depois de cinco meses de inatividade, o juizado decidiu, à raiz da apresentação contra Astiz, tomar declaração testemunhal de Maria del Rosario Carballeda de Cerruti e Haydée Segura de Maratea, que relataram pormenorizadamente o processo de infiltração de Astiz entre as Mães, que derivou no sequestro de várias delas, de um grupo de religiosas e de militantes do movimento de denúncia. Dias depois também o fizeram Beatriz Aicardi de Neuhaus e Lucas Orfanó. Como prova documental foi acrescentada a declaração testemunhal de Silvia Labayrú, que tinha comparecido ante uma representante da CONADEP, constituída na embaixada argentina em Madrid. Essa última declaração permitiu estender a denúncia contra o capitão Héctor "Tigre" Deita, na época chefe efetivo do Grupo de Tarefas ao qual pertencia Astiz.

Em seu depoimento, *Ketty* Neuhaus novamente chamou Astiz de Judas. O marinheiro rejeitaria, no entanto, o mote de traidor: muitos anos depois daqueles episódios, falando com a jornalista Gabriela Cerruti, Astiz argumentou que não podia ser considerado um traidor uma vez que traidor

52. Diálogo reproduzido em *Ámbito Financiero*.

é quem procede de maneira infiel com respeito a seu próprio grupo, e ele jamais pertencera aos núcleos de direitos humanos, mas que era um infiltrado como parte de uma missão que lhe fora solicitada para identificar subversivos.

Eram subversivos os familiares que procuravam seus filhos desaparecidos? perguntou Cerruti. Astiz respondeu que ele só atuava contra subversivos. Cerruti insistiu com a pergunta, e lembrou que em meio aos desaparecidos que houve entre os dias 8 e 10 de dezembro de 1977 havia várias mães. Astiz voltou a defender-se, e dessa vez não teve melhor ideia do que alegar que Azucena tinha contato com o grupo Montoneros, por meio de Envar El Kadri. El Kadri fazia tempo que morava no exílio, e muito antes de ir embora do país havia deixado de pertencer a essa organização; também não conheceu Azucena, nem Mari Ponce, nem Esther de Careaga. Mas, ao igual que Judas, para esconder sua vilania, Astiz negou e mentiu.

10. Regras do jogo

A transferência das causas judiciais contra Bignone e Astiz para o Conselho Supremo das Forças Armadas indicava claramente, pensavam as Mães, o destino que teriam os processos por violações aos direitos humanos. Ao declarar-se incompetentes em favor do tribunal castrense, os juízes civis mostravam entender os sinais emitidos pelo governo com o impulso da reforma ao Código de Justiça Militar. Nesse sentido, depois do projeto receber meia sanção na Câmara de Deputados, no dia 31 de janeiro era a vez dos Senadores.

Embora a aprovação do projeto pela Câmara baixa não desse muita margem de esperança, de qualquer modo as Mães decidiram manter a pressão nos legisladores para evitar a sanção da lei ou, ao menos, pôr em evidência perante a opinião pública aquilo que consideravam maquinações do governo para consagrar a impunidade de milhares de genocidas. Nesse dia terrivelmente quente do verão portenho, enquanto soava a campainha convocando à sessão e os senadores iam ocupando, aos poucos, suas bancadas, dezenas de Mães ingressaram no Congresso da Nação para se instalar nos palcos e corredores que circundam a sala de sessões para assistir ao debate. Mas não estariam sós: prevendo a possibilidade de um escracho como o padecido por Jaroslavsky e outros congressistas poucos dias antes, o oficialismo fez ingressar, primeiro, os jovens da Juventude Radical que — alguns se fazendo passar por jornalistas — ocuparam boa parte do recinto. Sem vozes próprias nem amigas que as representassem no debate que estava por iniciar, as Mães — como já tinham feito com os Deputados — fariam o papel de coro. Para a ocasião, o oficialismo inventara o "contra coro".

As Mães sabiam que o governo não teria se embrenhado nessa briga sem tomar precauções suficientes e, inclusive, sem antes de marcar a data do debate já "terem tudo cozinhado", como disseram aos poucos jornalistas que as consultaram antes da sessão.

Mas também sabiam que uma coisa eram os planos oficiais e outra muito diferente aquilo que, efetivamente, fosse acontecer: a pressão pública que exerciam apontava que conseguiriam incidir nisso.

De fato, para o bloco radical do Senado essa tarefa não resultara nada simples até esse momento. Sem maioria própria para aprovar o projeto, e com a oposição do justicialismo, devia contar com uma força menor que garantisse os votos que faltavam, que só podiam vir de uma força provincial de direita: encontraram esse apoio no bloco do *Movimiento Popular Neuquino* (MPN) que já prometia avalizar o projeto se fossem introduzidas algumas modificações.

Em primeiro lugar, nas negociações prévias àquela jornada no Senado, o titular do MPN e senador Elías Sapag exigia que fosse incorporada no projeto a obrigatoriedade, em todos os casos, de apelar às resoluções do Conselho Supremo ante a Justiça Federal; em segundo lugar, solicitou que a Câmara de Apelações no âmbito Federal fosse facultada para intervir no processo em caso de demora ou negligência do Conselho Supremo; em terceiro lugar, reclamou que fossem ampliadas as faculdades dos querelantes particulares no processo e, por último, pediu uma profunda reformulação do artigo referido à obediência devida.

Sapag não era precisamente um progressista. Dirigente máximo do conservador e populista MPN, algumas décadas atrás havia se distanciado do justicialismo para formar seu próprio partido em sua província natal. Só um dado de sua biografia pessoal poderia sugerir algum compromisso com os direitos humanos: tinha dois sobrinhos desaparecidos, filhos de seu irmão Felipe, co-fundador de seu movimento político.

As negociações entre o oficialismo e Sapag transcorreram em segredo, assim, as propostas de modificação exigidas pelo dirigente neuquino não seriam conhecidas publicamente. O Poder Executivo deu rápido sinal de aceitar três das condições impostas pelo dirigente provincial: a que tratava da apelação obrigatória das decisões do Conselho Supremo perante a Câmara Federal, a referente à intervenção desse mesmo órgão em caso de negligência ou demora injustificada na tomada de decisões por parte do Conselho e a da ampliação das faculdades do querelante particular no processo. Em todos os casos, tratava-se de emendas importantes que mudavam o plano original, mas que não modificavam a essência do plano de Alfonsín, posto que não afetavam a competência militar em primeira instância.

Mas, se essas emendas não foram difíceis de aceitar, entretanto, para o oficialismo era inadmissível a redefinição do conceito de obediência devida, que na redação oficial implicava lisa e claramente uma anistia encoberta. De fato, a norma projetada por Alfonsín determinava a inimputabilidade dos atos realizados em cumprimento de ordens. Essa inimputabilidade presumia como fundamento, sem admitir prova em contrário, que o subordinado atuava convencido da legitimidade das ordens de seus superiores.

Em seus escritos sobre esse assunto, o assessor presidencial Carlos Nino lembra das dificuldades que teve ao enfrentar o grupo de colaboradores de Alfonsín para justificar uma norma que estabelecia, sem admitir prova em contrário, a presunção de que torturar ou atirar pessoas vivas no mar eram ordens legítimas. Achavam ter resolvido o problema com a ideia do erro irresolúvel no qual teriam incorrido os executores dos crimes naquele momento no qual imperava um clima de coerção e de intensa propaganda que os teria confundido a respeito da legitimidade e da legalidade dessas ordens superiores.

Quem não estava convencido do argumento era Sapag. O neuquino ficou firme e em troca de seu voto favorável ao projeto oficial quanto à competência, manteve a exigência de estabelecer que a presunção sobre a legitimidade da ordem admitisse refutação judicial, e que fossem excetuados da exculpação os autores de delitos "atrozes e aberrantes". Essas duas condições complicavam a estratégia do governo porque não impediam o exame judicial do autuado e, além disso, desvirtuavam a anistia encoberta que havia planejado.

Aceitar esse pedido de Sapag implicava um forte golpe para o oficialismo. Mas poucas horas antes de começar o debate no Senado, e a ponto de fracassar a aprovação da reforma do Código de Justiça Militar e, com isso, a consolidação do alicerce normativo que devia orientar os primeiros passos na matéria — muito especialmente a questão da "competência" do Conselho Supremo —, os radicais cederam às exigências do neuquino.

Aliado difícil

Nesse 31 de janeiro, os argumentos no Senado favoráveis ou contrários ao projeto não inovaram se comparados ao debate dos Deputados. Todavia, a intervenção de Sapag revelaria, em parte, os dilemas do oficialismo prévios a essa ação, e constituiria a verdadeira e única novidade da sessão.

O líder neuquino começou seu discurso antecipando o voto favorável ao projeto do governo. Lembrou que, na plataforma do partido que ele dirigia, os extremismos e a violência eram condenáveis, "qualquer um que for seu signo, em defesa da vida, da liberdade e da dignidade do homem". Acrescentou que sempre havia defendido que para conseguir a paz social e a união nacional devia propugnar-se a revogação de toda legislação de exceção e que, consequente com esses princípios e com sua doutrina de profundo sentimento humanista, exigiria "uma resposta veraz nos estrados da justiça, para estabelecer as responsabilidades pelas mortes e desaparecimentos ocorridos durante o trágico período de violência que assolou o país, como contribuição à pacificação e para superar o doloroso saldo que enlutou o povo argentino".

"Não esquecemos", disse, "os difíceis momentos que viveu a República, em que os terrorismos de esquerda e de direita fizeram estragos em famílias argentinas, cometendo todo o tipo de atropelos e atos delitivos. Foi naquele momento que deveria ter sido exercido o legítimo direito de defesa da sociedade diante da agressão à qual era objeto, mas, em nome desse direito de defesa e desnaturando-o, foram cometidas crueldades, excessos e arbitrariedades que configuraram situações de repressão indiscriminada com as quais foram ceifadas vidas inocentes".

Para surpresa do oficialismo, que havia cedido na questão da obediência devida, o senador neuquino continuou falando como se nada disso tivesse acontecido. A respeito, assinalou que, embora a figura da obediência devida recebesse acolhimento no ordenamento penal argentino, no artigo 34°, inciso 5, como causal de inimputabilidade em ocasião do cumprimento da ordem de um servidor público hierarquicamente superior, se ele cometer um ato delitivo, esse princípio não é absoluto, pois não pode ser justificada a obediência do inferior, independentemente do exercício legítimo do cargo do superior. "Para beneficiar com a declaração de inculpabilidade", sublinhou Sapag, "o inferior deve ter acatado uma ordem legítima, pois somente a obediência do subordinado não pode legitimar uma decisão contrária às leis. Se cometer um ato contrário à lei, que constitui um delito previsto e imputável, obedecendo a ordem do superior, essa ordem não é suficiente para encobrir seu autor e deixá-lo ao abrigo de toda responsabilidade penal, pois ele não deve obediência a seu superior quando este ordena cometer um delito".

Enfatizou que "estabelecer legislativamente uma presunção de legalidade da ordem do superior em favor do subordinado que a recebeu, significava alterar toda a tradição doutrinária e a jurisprudência em relação a essa causa excludente do ato ilícito, que é o caso da obediência devida. Quando o superior manda um subordinado que depende hierarquicamente dele cometer um fato evidentemente delitivo, a ordem é ilegítima, tanto por não estar dentro do âmbito das faculdades do superior que a emite, como por não se referir às relações legais e regulamentares existentes entre quem manda e quem obedece, ou não estar revestida das formas que a lei exige. Assim, o subordinado deve desobedecer a ordem claramente delitiva do superior hierárquico, pois sua obrigação é respeitar firmemente a ordem jurídica vigente e a consciência moral do nosso povo".

Destacando esse aspecto, disse que "ainda apesar de entender-se que em numerosos pressupostos o subordinado militar carece totalmente da possibilidade de analisar a legalidade da ordem, isso deve ter, ao menos, as limitações que provêm da própria natureza humana e, assim, as questões que constituem fatos atrozes e aberrantes ficarão sempre excluídas da obrigatoriedade de cumprimento, como sustenta uma pacífica corrente doutrinária e jurisprudencial elaborada nas origens do nosso direito ocidental e que lembra Guillermo Julio Fierro".

Sapag explicou que, antes do debate público na Câmara, o oficialismo aceitava uma modificação-chave. "Com a clara e terminante finalidade de tentar contribuir à causa da pacificação nacional, o bloco de senadores do *Movimiento Popular Neuquino* partilha, de um modo geral, a proposta do bloco oficialista, que inclusive aceitou suas propostas quanto à obrigatoriedade de apelar em todos os casos as sentenças militares, e sobre o maior alcance das faculdades da parte prejudicada diante da justiça federal."

Nesse momento foi ouvido um aplauso que chegava das galerias onde estavam as Mães.

Depois, Sapag desenvolveu a espinhosa questão da obediência devida: "Deixamos assentada nossa desconformidade — enfatizou — quanto à interpretação que se faz sobre a obediência devida, por entender que a presunção a respeito do erro irresolúvel quanto à legitimidade da ordem recebida do superior, que o projeto propicia, deve ceder ante a evidência em contrário e a configuração de fatos atrozes ou aberrantes".

Então, o senador radical Fernando de la Rúa pediu uma interrupção, que lhe foi concedida. Disse que o que acabava de expressar Sapag já estava contemplado, introduzindo a modificação que o neuquino pedia. De la Rúa não entendia por que Sapag estava afirmando aquilo se já havia sido acordado modificar o texto da reforma segundo os critérios que expressou o titular do MPN. Na verdade, o que mais incomodava o radical era que o senador revelasse publicamente a "cozinha" aludida pelas Mães. Por que insistia nesse ponto se a questão já havia sido superada? — questionou De la Rúa. Sapag explicou, talvez de forma inexplicável, que teria escrito seu discurso antes do acordo com o radicalismo sobre o novo texto. Mais ainda, após esse esclarecimento, o senador neuquino continuou com sua fundamentação, como se quisesse que ficassem registradas no livro de sessões da Câmara suas exigências durante a negociação reservada do projeto.

Essa foi a única novidade da jornada que concluiu, por um lado, com a aprovação da reforma que avalizava a competência do tribunal militar almejada pelo governo e, por outro, obstruia a estratégia retórica que viabilizava, por meio da obediência devida, a impunidade da maioria dos implicados no terrorismo de Estado.

Assim, o último parágrafo do artigo referido à obediência devida ficou redigido como segue:

> A esses efeitos, poderá se presumir, fora evidência em contrário, que se operou com erro irresolúvel sobre a legitimidade da ordem recebida, exceto quando haja consistido no cometimento de fatos atrozes e aberrantes.

Por essa simples inclusão, a anistia pretendida por Alfonsín ficava desvirtuada. Ao ficar estabelecida a exceção relativa aos delitos atrozes e aberrantes, não apenas eram incluídos a maioria dos delitos executados no marco do terrorismo de Estado, como também se forçava a investigação judicial, isto é, não se podia evitar a análise judicial das condutas e, assim, o desfile dos militares pelos tribunais seria inevitável.

O outro desfile inevitável era aquele que fariam os próprios senadores para sair do recinto em que estavam votando a aprovação da estratégia oficial, onde eram aguardados pelas Mães.

Injustiça militar

Para além dos triunfos e derrotas do oficialismo no debate, e do resultado final do projeto de reforma do Código de Justiça Militar, Alfonsín alcançara um sucesso decisivo: o Parlamento havia aprovado uma lei que estabelecia a competência de um tribunal administrativo castrense para julgar os delitos do passado imediato. Nem a inconstitucionalidade, nem a aberração política e ética que aceitava que militares julgassem militares ficava afetada com as modificações introduzidas, pelo contrário, essa orientação era reafirmada. A nova lei convertia-se, então, em uma mensagem política do governo, orientada a consolidar o pacto com as cúpulas castrenses.

Alfonsín havia conseguido um aceno político do Congresso que podia ser considerado um triunfo e um sinal que devia ser interpretado pelos juízes civis que, eventualmente, podiam exercer o controle da constitucionalidade. As modificações introduzidas pelo oficialismo na justiça federal, particularmente na composição da Câmara Federal de Apelações da Capital Federal, asseguravam um resultado alinhado ao objetivo oficial.

As Mães se mostraram fortemente unidas na oposição à reforma. Nenhuma delas duvidava que teria que enfrentar o governo nesse ponto decisivo de sua estratégia. Porém, a interpretação da política alfonsinista continuava mostrando diferenças que, embora não fossem perceptíveis à primeira vista, existiam desde antes do líder radical assumir a presidência: enquanto um setor do movimento pensava que a competência que era atribuída ao Conselho Supremo era uma peça do quebra-cabeças da impunidade que tramava o oficialismo, outro setor o considerava um erro ou, no pior dos casos, uma medida conciliadora diante de uma ainda poderosa corporação militar que impunha limites aos anseios de justiça.

Consequentemente, aquilo que para algumas causava desconfiança e rejeição, porque as medidas do governo seguiam uma direção totalmente diferente à que elas impulsionavam — não se tratava de ir além ou aquém na mesma direção, e sim de adotar uma orientação diferente, instaurando outra lógica política —, para outras era cautela: deviam saber discriminar o lado bom e o lado ruim das políticas oficiais, entendendo que era preciso lutar por aprofundar o que estava bem, empurrando os limites impostos, em parte, por uma correlação de forças desfavorável, e, em parte, por uma concepção negociadora da política.

Esses diferentes olhares determinavam não apenas divergências no grau de beligerância de seus discursos — em ambos os casos críticos, porém com diferente grau de intensidade — mas também nas práticas políticas de enfrentamento. Por exemplo, nem todas as Mães concordavam com esse método de denúncia que estava sendo utilizado tanto na Câmara de Deputados — quando se assanharam com Jaroslavsky — quanto na Câmara dos Senadores, ainda que com menor repercussão midiática. Certamente, uma coisa era tratar o governo e seus partidários como inimigos e submetê-los ao escárnio público, e outra, muito diferente, era criticar duramente as medidas sem situar-se na calçada oposta, onde estavam somente os militares que encarnaram o "Processo" e seus cúmplices civis.

Embora ainda não fosse formulado com absoluta clareza, o setor liderado por Bonafini se firmou na ideia de que, na contramão daquela argumentação que justificava o caráter necessariamente negociado da "transição para a democracia", a explicação das limitações da política de Alfonsín em matéria de ajuizamento dos atos de terrorismo de Estado tinha uma relação direta com o conceito mesmo dessa "democracia" imaginada por Alfonsín e seus seguidores. A rearticulação institucional e política que estava se produzindo não apontava, segundo a visão dessa corrente, a uma democracia plena e a um pleno Estado de direito. Se a base da democracia é a soberania popular e o Estado de direito caracteriza-se pela definição de regras de jogo verdadeiras que, no entanto, derivam em um resultado incerto, as limitações à soberania popular e a manipulação das regras do jogo para determinar um resultado real — aquele procurado pelo governo — revelavam que Alfonsín estava longe das ideias de um verdadeiro democrata. Bonafini e suas seguidoras chegavam, assim, à conclusão de que, independentemente do discurso, a prática do governo de Alfonsín apontava para preservar as Forças Armadas exatamente como eram até esse momento. Essa conclusão levaria as mães a agudizar o confronto com o governo. Para elas, a derrota da ditadura e a correlação de forças determinavam possibilidades verdadeiras de uma renovação total das Forças Armadas, sem que, por isso, a institucionalidade constitucional corresse riscos. Mas, além dessa possibilidade real, pensavam que essa transformação era um imperativo político e ético para fundar uma autêntica democracia. Porém, agora elas que tanto haviam lutado pela chegada do novo regime, percebiam com mal-estar que esse não era o caminho empreendido. Agora estavam constatando aquilo que intuíram antes de Alfonsín assumir.

Afinal de contas, as teorias "possibilistas" dominantes criaram raízes antes do triunfo eleitoral do radicalismo. Tinham-no percebido nas atitudes vacilantes e conciliadoras da maioria dos dirigentes políticos, quando o regime militar se desmoronou imediatamente após a derrota nas Malvinas. Na época, as cúpulas dos partidos majoritários, que se preparavam para substituir a junta militar no poder, explicavam essa atitude negociadora por uma suposta debilidade das forças "democráticas".[53]

Quando, na última quinta-feira sob ditadura, Bonafini sustentou que com a posse do novo governo começava "uma nova luta", "mais difícil" do que a anterior, estava chegando em conclusões a partir da experiência que as Mães acumulavam. Perceberam que a proposta daqueles que se apresentavam como oposição à ditadura não era uma luta profunda contra o regime, e que se conformavam com uma transição moderada que deixaria intacto o essencial. Portanto, concluía Bonafini, a luta seria mais difícil porque seria necessário explicar que a troca de "caras" no poder não modificava, substancialmente, nada.

Assim, enquanto Alfonsín proclamava como objetivo fundamental de seu governo a subordinação das Forças Armadas ao poder civil, Bonafini e

53. Tal como o sustentou o filósofo Alfredo Raúl Pucciarelli, "os partidos procuraram justificar sua opção estratégica pela opacidade e a inação política, elaborando uma leitura errada, frívola e superficial do novo tipo de correlação de forças que geravam a usurpação militar e o projeto refundacional do Processo de Reorganização Nacional. Consideraram que a usurpação do poder era ilegítima, porém necessária para recompor a ordem social e o funcionamento institucional anterior. Esses desafios eram questionados tanto pelos embates militares das organizações revolucionárias quanto pela própria incapacidade do sistema de partidos e das instituições representativas da democracia para se responsabilizar por ambos os desafios. Desse modo, colocam os alicerces da concepção *impossibilista* que tantos estragos causou no imaginário e na vontade política dos setores populares durante as décadas posteriores. Como não há possibilidade objetiva de modificar a correlação de forças existente, proclamaram que a ditadura militar dominante deveria ser recebida, aceita, e justificada, não como aquilo que diz ser e sim como o que tem que vir a ser, ou seja, como um inevitável interregno entre dois momentos democráticos. Fundamentaram assim uma estratégia cúmplice (ou pelo menos complacente) com a devastadora ofensiva do primeiro período da ditadura que ficou registrada dramaticamente nos discursos e análises dos dirigentes de quase todos os partidos tradicionais (Yannuzzi, 1996, cap. II). Essa posição funcionou como aval implícito ao terrorismo de Estado e também como instrumento de dependência e de sustentação das poucas instâncias orgânicas dos partidos sobreviventes às variáveis e erráticas estratégias elaboradas em diversos momentos por diferentes facções do elenco militar para resolver o problema que, por irresolúvel, terminou se transformando em um novo dilema: a continuidade política do regime". PUCCIARELLI, A. (compilador). "La Patria contratista". *In: Empresas, tecnócratas y militares.* La trama corporativa de la última dictadura. Buenos Aires: Siglo Veintiuno, 2004, p. 162.

suas seguidoras pensavam que o compromisso dessas Forças Armadas com o terrorismo de Estado, assim como acontecia com o sistema judicial, requeria um profundo processo de transformação estrutural.

María Adela de Antokoletz pensava diferente, e com ela, muitas outras Mães. Aquilo que para Bonafini se apresentava como um sistema de impunidade no qual era encaixada cada uma das medidas que o governo ia adotando, para María Adela era, entretanto, a materialização de uma política contraditória, resultado de uma medição de forças que ainda não estava completamente definida. A "questão militar" não era um invento, e o que podia ou não ser feito não era apenas produto das intenções oficiais, mas também da continuidade do verdadeiro poder que, mais ou menos à sombra e mais ou menos às claras, insinuava suas ameaças.

Assim, pôr o governo no lugar do inimigo era como submetê-lo simultaneamente a dois fogos: o dos militares pela direita, e o das Mães pela esquerda. Um equívoco, sustentava María Adela. As Mães, afirmava, podiam ser as críticas mais duras e implacáveis do governo, mas nunca confundiriam quem era o "inimigo".

Essa polêmica interna mal despontava naquele quente janeiro de 1984. Não era perceptível para a maioria dos argentinos, nem sequer para todas as mães. Ao contrário, ainda apareciam para a opinião pública como uma totalidade homogênea, radicalizada, que exigia, evidentemente, bem mais do que o oficialismo estava disposto a oferecer. E, sem dúvidas, isso acontecia em todos os casos, independente das nascentes diferenças dentro do movimento.

A pressão

Uma tática elaborada pelo governo, com aliados em setores políticos da direita e alguns meios de comunicação, tratou de identificar a intransigência das Mães com a vingança. No dia 20 de janeiro, a revista *Somos* publicou um artigo assinado com o pseudônimo Políbio, no qual um suposto jornalista comparava os conceitos vingança e justiça, baseado livremente nas especulações do filósofo norte-americano Robert Nozick.

Esse artigo permite compreender os níveis de debate que as Mães precisaram enfrentar. Já nos tempos da ditadura, *Somos* destacava-se naquilo que os militares denominavam "ação psicológica", certamente em favor do regime caído. Segundo o esquema subscrito por Políbio, a justiça quer corrigir um mal, enquanto a vingança quer devolver uma injúria; a justiça aceita limites, enquanto a vingança não os reconhece; a justiça é impessoal, enquanto a vingança é pessoal; a justiça não se orienta por emoções, a vingança, entretanto, é emotiva; a justiça procura aplicar princípios, a vingança expressa sentimentos.

As Mães responderam-lhe com um dos seus mais emotivos e impactantes documentos. Em uma espécie de declaração de princípios sobre o tipo de luta em que estavam debruçadas, não isenta de certa ironia, lembraram Políbio que manifestava repetidamente a importância de "corrigir o mal" como única alternativa de prevenir sua repetição. Sustentavam que na demanda de justiça nunca "pedimos a pena de morte para aqueles que acusamos, embora sejam eles que a legislaram e quem teve a covardia de aplicá-la sem submeter as vítimas a juízo prévio, sem reconhecê-lo, negando-o e mentindo aos familiares". Não existia nelas, enfatizavam, nenhuma sanha pessoal. Sua demanda era "impessoal": "exigimos a condenação do método enquanto crime de lesa humanidade. Logo, a Justiça, com base no Código Penal, avaliará as responsabilidades individuais".

"Silenciamos as emoções" declaravam as Mães. "Ao nosso lado circulam os torturadores, os assassinos. Vangloriam-se, passeiam, pegam sol, se exibem. Nenhuma mãe fez justiça pelas próprias mãos. Embora legalmente até poderia ter sido explicado como caso de emoção violenta. Só pedimos que sejam aplicados princípios, os da nossa maltratada Constituição".

Políbio sustentava que era necessário "terminar com o conflito" que propunha a demanda das Mães, e elas concordavam nesse ponto: "Exatamente isso exigimos, que não seja um pleito indefinido (que poderia ser considerado vingança) e sim que termine na maior brevidade possível".

Mas apontavam, ao mesmo tempo, a contradição de "quem entre 1976 e 1983 não se preocupou com o vandalismo que o cercava", e que "agora reclama 'pelas agressões que sofrem os militares impugnados', a raiz de que os castos ouvidos de dois generais, cuja consciência não deve estar limpa, posto que se fazem acompanhar por um séquito de guarda-costas, se sentiram 'afrontados' pelo grito: Assassinos!".

"O jornalista expressa", assinalavam as Mães, "o desejo de que as causas fossem submetidas a juízes imparciais. Isso pedimos, juízes imparciais. E questionamos: a justiça Militar está integrada por militares estrangeiros? Por militares extraterrestres? Ou por camaradas militares envolvidos no genocídio?".

Depois citavam Políbio quando concluía que "a democracia, que é o governo da maioria, só se concretiza quando a maioria dos não afetados diretamente pela briga entre os violentos consegue impor a eles o critério de observador imparcial". Elas se permitiam algumas "observações":

> — Os "afetados" são o povo todo, porque atentou-se contra os princípios que regem a convivência.
>
> — Porque os meios de comunicação modelaram o pensamento da maioria, hoje atônita diante das realidades que se apresentam.
>
> — Porque conseguiram que os cidadãos não exercitassem a defesa da democracia.
>
> — Porque se adormeceram valores que acreditávamos internalizados para sempre em nosso país, orgulhoso de sua condição de país civilizado, convertendo seus habitantes em indivíduos egoístas que só cuidam da sua própria parcela.
>
> NÃO ACUSAMOS O POVO E SIM QUEM O LEVOU A ISSO.
>
> — Segunda observação: nunca nos deram respostas sobre o destino de nossos filhos, ninguém prestou conta das acusações, não foram julgados. É como se tivessem feito com que eles se esfumaçassem no ar.
>
> Em que motivos se apoia Políbio para colocá-los do lado contrário dos violentos? Pode, por fim, esclarecer onde estão, o que foi que aconteceu com eles, já que foi permitido qualificar aqueles a quem os militares nunca reconheceram ter levado?

Realmente, o artigo do desconhecido Políbio não deveria nos surpreender, posto que é coerente com a posição sustentada durante todo o "Processo" pela revista *Somos*, assim como as outras publicações da editora Atlántida: *Para Ti*, *El Gráfico*, *Gente*.

Compensações

Apesar da hegemonia sobre os meios de comunicação e de uma opinião pública que parecia observar o rumo oficial majoritariamente comprazida, as críticas das Mães durante o debate parlamentar e as próprias revelações produzidas pelo debate a respeito da encoberta intenção de anistiar a maioria dos repressores, começavam a afetar a estratégia do oficialismo na matéria.

Para amortecer esses embates, no dia 20 de janeiro Alfonsín determinou a detenção e o processamento do general Ramón Alberto Camps. A medida, um tanto tardia, foi fundada em declarações efetuadas pelo militar no dia 5 de novembro do ano anterior, para a revista madrilenha *Tempo*, quando lhe foi atribuída a responsabilidade pela morte de cinco mil pessoas na província de Buenos Aires. O Conselho Supremo das Forças Armadas iniciou o julgamento no dia 23 de janeiro. Camps designou como defensor outro general, um dos máximos teóricos locais da doutrina de Segurança Nacional, Osiris Villegas.

No dia seguinte, o próprio Conselho Supremo tomou a declaração do brigadeiro Agosti, que sustentou que a "luta anti subversiva" era realizada independentemente por cada arma, e não pela Junta. Também declarou Massera, que afirmou que o atuado tinha sido feito em conformidade com a legislação vigente.

Devido às modificações introduzidas pelo Senado, no dia 9 de fevereiro de 1984 a Câmara de Deputados teve que tratar novamente do projeto de reforma ao Código de Justiça Militar. Com a mesma correlação de forças que havia permitido aprovar sem maiores modificações, já na primeira oportunidade, e com a disposição de aceitação do radicalismo, por não ter como evitá-la, a mudança exigida por Sapag foi convertida em lei. As Mães foram derrotadas no básico. O oficialismo achava ter vencido a briga. Porém, era apenas uma instância de um processo que passaria, ainda, por muitíssimas batalhas.

De fato, no mesmo dia em que o Senado aprovou a reforma, o Procurador Geral da Nação, chefe dos promotores federais, instruiu seus subordinados para que se apresentassem em todas as causas em que militares estivessem implicados em violações aos direitos humanos, e que solicitassem a derivação das mesmas a comissões castrenses. Mas ainda haveria um longo caminho para percorrer, cheio de dificuldades. Além de ainda estar para ser comprovada a eficácia da estratégia que pedia que os militares resolvessem o passado por meio do Conselho Supremo no sumário aos ex-comandantes, ficava pendente de resolução a questão da anistia em favor do resto dos repressores.

"Uma coisa eram os esquemas ideais criados no laboratório, e outra era o funcionamento de uma realidade conflitiva, na que as motivações de cada setor não necessariamente se acomodavam no plano mestre de

Alfonsín", disse com agudeza Horacio Verbitsky[54] ao avaliar o regulamento elaborado pelo oficialismo e confrontá-lo com os fatos que aconteceriam depois de sua aprovação parlamentar.

O governo de Alfonsín pretendia definir as regras do jogo, mas o jogo tinha muitos protagonistas. O postulado democrático — de um ponto de vista doutrinário, ao menos — requer regras de jogo "certas" que, no seu desenvolvimento, conduzem a um resultado mais ou menos "incerto". Que outra coisa pode ser, senão esse, o sentido do Estado de Direito? No entanto, Alfonsín não pretendia estabelecer regras de jogo, e sim, que a lei determinasse *a priori* o resultado que o presidente havia pactuado com as cúpulas militares.

Nesse sentido, a situação mudava a respeito da última etapa da ditadura. Naquele momento, quando os militares chamaram para negociar, se mostraram intransigentes com as sugestões de seus interlocutores políticos. Depois, como aconteceu com a autoanistia, acabaram fazendo mais ou menos o que queriam. Agora eram os políticos no poder quem estava chamando para negociar, e no caso dos militares não aceitarem a proposta, Alfonsín terminaria materializando sua própria vontade. Os novos comandos castrenses compreenderam o novo quadro, razão pela qual negociaram, tentando obter a maior quantidade possível de vantagens, considerando a complexa situação em que se encontravam.

Memória e balanço

No dia 1° de março de 1984 as Mães fizeram seu primeiro balanço público do período iniciado em 10 de dezembro de 1983, e difundiram-no em um documento intitulado "Carta aberta ao país". Apesar de que a posição de Bonafini costumava ser a que marcava a orientação geral do movimento, nessa carta predominaram, notavelmente, as concepções do setor que a questionava.

O texto começava ratificando a "profunda alegria" das Mães pela recuperação democrática, ao mesmo tempo que lembrava que isso fora possível "depois de anos de luta", durante a qual as organizações de direitos humanos desenvolveram um "papel de protagonismo". Afirmavam que a consolidação da democracia dependia, agora, da participação de todos os

54. VERBITSKY, Horacio. *Civiles y militares.* Memoria secreta de la transición. Buenos Aires: Editorial Contrapunto, 1987, p. 81- 82.

setores. "Nós, as Mães", disseram, "demos claras amostras da nossa vontade de participação, e — para além de nossas discrepâncias com medidas do governo — estaremos na linha de frente para mobilizar-nos contra qualquer tentativa de desestabilização do regime democrático". Achavam essa ratificação de sua vocação democrática um prefácio indispensável antes de pontuar suas críticas à política oficial, tal era o grau de pressão que sofriam por manter distância de um governo que pretendia identificar-se com a própria estabilidade institucional. "Lamentavelmente", enfatizaram, "os instrumentos concebidos para castigar os culpados não se ajustam à gravidade dos fatos denunciados. O caminho escolhido pelo governo estabelece o julgamento dos responsáveis realizado por tribunais militares, com uma instância de apelação civil. A recente comunicação do Conselho Supremo das Forças Armadas ao juiz Chichizola, indicando que o capitão Astiz lamentavelmente já teria sido absolvido pela justiça militar no caso do desaparecimento da jovem sueca Dagmar Hagelin, ocorrida em 1977, pode ser tomado como um presságio do que pode acontecer se os militares forem julgados por seus pares. Quanto à instância da apelação civil, ela exige a apresentação de provas adicionais, portanto, a falta de imparcialidade da primeira instância [tribunal militar] também teria uma influência determinante sobre a sentença definitiva".

Logo, faziam um contraponto entre a política oficial e suas próprias propostas que, segundo explicavam, consistiam em uma "dupla condenação, política e penal, dos crimes da ditadura".

"A condenação política", explicaram, "compete ao Congresso da Nação: nesse sentido propusemos a sanção de uma lei que declare 'crime de lesa humanidade' o desaparecimento de pessoas, e continuaremos insistindo na formação de uma Comissão Bicameral de Investigação para sancionar politicamente os responsáveis das flagrantes violações aos direitos humanos perpetradas em nosso país. A condenação penal compete exclusivamente à Justiça civil: em tal sentido continuamos considerando que o instrumento mais apropriado é o julgamento feito por júris (previsto no Artigo 102° da Constituição Nacional), apesar do qual apoiaremos plenamente o recurso aos tribunais ordinários existentes".

Por último, o documento defendia que a procura da verdade e da justiça era a força que impulsionava as Mães: "Nossos filhos foram levados com vida, e vivos deveriam ser devolvidos. Constatamos, com dor, que muitos foram assassinados. Constatamos, com inquietude, que existe a possibilidade de que os assassinos permaneçam impunes. Por isso, nós, as Mães, continuaremos demandando o aparecimento com vida dos nossos filhos, porque nós, os argentinos, não podemos resignar-nos a identificar cadáveres NN enquanto os assassinos pretendam passar por NN. Por isso, nós, as Mães, continuaremos exigindo o castigo dos culpados, porque nós, os argentinos, sabemos que cada crime que ficar sem castigo hoje pode alentar milhares de crimes no futuro. Acompanha-nos a profunda convicção de que somente com verdade e justiça conseguiremos o fortalecimento da democracia".

Mas a voz das Mães não interpelava o oficialismo, ao menos não modificava em nada seus planos. Concluída a fase de construção dos alicerces políticos e jurídicos impulsionados pelo governo, agora começava uma outra etapa, na qual ganhariam protagonismo os "notáveis" que integravam a CONADEP.

11. Os notáveis

A CONADEP ainda não havia começado realmente seu trabalho e Bonafini já estava dirigindo suas críticas contra o organismo. No começo de janeiro, vários meios jornalísticos publicaram declarações da presidenta das Mães, nas que sustentava que elas não concordavam para nada com a iniciativa oficial. Depois de fundamentar sua desconformidade pelo organismo estar contra, de fato, ao pedido de uma comissão de investigação parlamentar, acrescentou que, no entanto, esperava que fizessem um bom trabalho e que elas respeitavam seus integrantes.

Na CONADEP não havia demônios, ao menos não com a acepção que o oficialismo dava ao termo. Integravam-na o jurista e ex-membro da Corte Suprema de Justiça Ricardo Colombres; o famoso cárdio cirurgião René Favaloro; o engenheiro e ex-reitor da Universidade de Buenos Aires Hilario Fernández Long; o bispo metodista protestante Carlos Gattinoni; o filósofo e professor universitário Gregório Klimovsky; o rabino Marshall Meyer; o bispo católico Jaime de Nevares; o jurista Eduardo Rabossi; a jornalista Magdalena Ruiz Guiñazú e o escritor Ernesto Sabato. Como o decreto previa que o Congresso devia designar seis membros para completar o grupo titular, posteriormente seriam nomeados os deputados nacionais do radicalismo Santiago M. López, Hugo D. Piucil e Horacio H. Huarte. Outros três legisladores da oposição designados para fazer parte do organismo nunca se somaram efetivamente.

Além dos integrantes da Comissão propriamente dita, participaram na estrutura da CONADEP, em caráter de secretários, o professor Raúl Aragón — encarregado de Procedimentos —, a dirigente da APDH,

Graciela Fernández Meijide — encarregada da Recepção de Denúncias —, o advogado Alberto Mansur — titular da Secretaria de Assuntos Legais —, o advogado Daniel Salvador — a cargo da Secretaria de Documentação e Processamento de Dados — e Leopoldo Silgueira — na Secretaria Administrativa. Numerosos militantes de vários organismos de direitos humanos, especialmente do CELS, da Liga e da APDH, integraram o grupo de funcionários do organismo. Essa captação foi considerada uma conquista importante de Alfonsín.

Duas características são destacáveis naquela lista de integrantes titulares da Comissão: nenhum deles havia participado ativamente na resistência à ditadura, e nenhum se apoiava em uma força social ou política que lhe outorgasse poder próprio, autônomo ou delegado pelo Executivo, salvo seus respectivos, desiguais e paradoxais prestígios individuais.

A maioria dos chamados "notáveis" fazia parte de uma variada e complexa parte da população que, depois de ter aceitado em termos gerais a "luta anti subversiva", somara-se tardiamente à condenação da ditadura, alguns somente depois do Relatório da OEA em 1979, e outros depois da derrota nas Malvinas. Entre eles havia até quem prestasse serviços ao regime, como Ruiz Guiñazú, apologista do ministro de economia José Alfredo Martínez de Hoz, ou integrasse a delegação que fora às Malvinas após o desembarque argentino, como René Favaloro. Aqueles que pensaram que os militares vinham para pôr ordem no caos do governo de Isabel Perón e da ação da guerrilha, em algum momento começaram a perceber a "desproporção" da resposta do regime ditatorial, o "desvio da legalidade" na utilização dos métodos repressivos, os "excessos" e as "vítimas inocentes".

O caso prototípico foi, sem dúvida, o de Sabato. Nos primeiros meses após o golpe do 24 de março de 1976, o escritor reuniu-se com um grupo de intelectuais e de personalidades da cultura, como o próprio Videla. Depois desse encontro ele caracterizou o ditador como "um homem culto, modesto e inteligente", um general "com civismo", que o impressionou por sua "amplitude de critério e de cultura". Tiveram que passar vários anos para que esse discurso do autor de *Sobre héroes y tumbas* mudasse para a crítica e a condenação.

Essas características, aplicáveis à maior parte dos membros da CONADEP, garantiam a Alfonsín condições acordes com sua política: seus integrantes apareciam como neutros e sem preconceitos diante dos conflitos do passado, não esgrimiam um discurso antimilitar nem repartiam culpas a torto e a direito por igual.

Não eram essas, de fato, características que descreviam a maioria dos argentinos? Não eram rasgos que, inclusive, haviam permeado o movimento contra o terrorismo de Estado, entre eles alguns partidos de esquerda? A maior parte dos argentinos identificava-se com esse repentino "perceber" os "excessos", em parte porque era real que alguns foram vítimas da ação psicológica do regime e da cumplicidade de muitos políticos e dirigentes sociais que erguiam uma muralha de silêncio em torno dos crimes, em parte porque servia de justificativa para criar consenso, ou no mínimo passividade ante o que a ditadura havia chamado de "luta anti subversiva".

A verdade foi que, com exceção das Mães e de Pérez Esquivel, os organismos ofereceram não apenas seu consentimento à criação da CONADEP, mas renunciaram de fato à demanda por uma bicameral. A APDH foi a mais entusiasta partidária do organismo, e contribuiu em cheio com sua infraestrutura e com seus quadros para essa tarefa. As Avós apressaram-se a solicitar uma entrevista e foram recebidas em primeiro lugar e logo depois da Comissão se instalar nos escritórios. O titular do CELS, Emilio Mignone, enviou a seus integrantes uma carta de adesão.

Quanto aos partidos políticos, as posturas ante a CONADEP foram diversas: a direita mais recalcitrante expressou sua oposição. A democracia cristã — representada por Conte e Néstor Vicente —, o Partido Intransigente, o Partido Comunista e outros partidos de esquerda foram cautelosos no começo, mas logo manifestaram sua aprovação. O Partido Justicialista — que mais desaparecidos, mortos, presos e exilados sofrera durante a ditadura —, mostrou inicialmente uma posição ambígua e terminou definindo-se pela rejeição, em uma mistura de crítica oportunista e de gesto de indiferença profunda com o assunto.

Nesse marco, a posição das Mães ficava em extrema minoria, e sua rotunda negativa a somar-se à CONADEP foi lida como intransigência e desmesura inconformista.

Espera respeitosa

Mas nem todas as Mães concordavam com essa perspectiva crítica manifestada pela presidenta do movimento. A partir de sua condição de dirigente máxima e principal porta-voz da associação, Bonafini ocupava um lugar privilegiado para difundir sua opinião e colocar o grupo em uma posição fortemente beligerante contra a CONADEP, atitude que desagradava um setor da Comissão Diretiva.

Esta situação interna do movimento provocou debates em que o grupo de Mães que sustentava uma orientação diferente à de Bonafini procurou impulsionar um documento público a fim de evitar que as declarações da presidenta representassem a posição oficial do movimento.

Esse documento foi dado a conhecer no dia 3 de fevereiro de 1984, e explicava a opinião consensuada das Mães sobre a CONADEP. Os termos não diferiam demasiado das declarações de Hebe, mas o tom mais moderado evitava uma oposição terminante. A declaração sustentava que a comissão nacional designada pelo presidente não estava investida das faculdades necessárias para uma investigação e, por isso, não era mais do que uma "receptora de denúncias". "A condenação que essa comissão poderia dar já foi dada pelo povo quando manifestou seu repúdio à covarde ação militar", afirmava.

Palavras mais, palavras menos, o texto dizia o que sustentava Bonafini, fora que Hebe concluía impugnando por completo a iniciativa oficial, enquanto o documento da Comissão Diretiva das Mães limitava-se a deixar registradas as diferenças de abordagem, e não propunha um eventual desconhecimento dos resultados do organismo.

As Mães anunciaram que iriam recorrer à Corte Suprema de Justiça da Nação para que o máximo tribunal reconhecesse "que as pessoas desaparecidas foram detidas com vida pelas Forças Armadas", e que se chegasse a ficar comprovado que foram assassinadas, devia ser dado a conhecer publicamente "quem deu a ordem e quem a executou, para o devido castigo aos responsáveis".

"Nós, Mães, não aceitaremos jamais a morte sem responsabilidade do ou dos autores do assassinato considerando que a aceitação é dar impunidade aos vândalos que representam um perigo latente para a sociedade", concluía o comunicado.

Para além das diferenças internas, que ainda não eram perceptíveis para a maioria dos argentinos, a atitude crítica das Mães contrariou o oficialismo, que começou a desqualificá-las publicamente. Na verdade, o governo estava diante de um problema sério: se algum grupo representava cabalmente a tragédia dos desaparecidos — isto é, o assunto principal no qual devia debruçar-se a CONADEP —, era o mesmo que reunia as mulheres de lenço branco. E esse símbolo estava se virando contra ele.

Planos e realidades

O decreto 187/83 de criação da CONADEP fixou um prazo perentório de 180 dias para cumprir seu trabalho. Alfonsín estabeleceu um período sumamente breve para a dimensão da tarefa, fato que respondia ao plano geral, ou seja, com sua ideia de que a CONADEP não perturbasse a estabilidade institucional, particularmente que não perturbasse as Forças Armadas.

Não obstante, uma coisa eram os planos do governo e outra a dinâmica política e social na qual esses planos se inscreviam, que no caso da CONADEP, como em tantas outras questões, excedeu os limites previstos pelo oficialismo.

O decreto previa uma única comissão que atuaria em todo o país, o grupo de "notáveis" funcionou no Centro Cultural San Martín, situado em pleno centro da cidade de Buenos Aires, mas logo surgiram delegações em várias cidades do interior, entre elas Mar del Plata e Córdoba. A Comissão chegou até a ser constituída em várias embaixadas argentinas, como as da Espanha, Estados Unidos, México e Venezuela, a fim de receber depoimentos de exilados.

Em contraste com o ceticismo das Mães, o trabalho da Comissão despertou enormes expectativas entre vastos núcleos dos familiares das vítimas do terrorismo de Estado, que foram em massa contribuir com seus depoimentos. Mesmo que a comissão fosse concebida como um escritório receptor de denúncias, adquiriu um caráter mais dinâmico e ativo, se desfazendo do roteiro original: não apenas recebeu os depoimentos das vítimas e dos familiares das vítimas, como também realizou de forma inquisitiva múltiplas investigações. Embora de modo algum pôs em crise os planos de Alfonsín, os excedeu.

Todos os dias durante os primeiros meses de funcionamento da Comissão, eram formadas longas filas de familiares e de vítimas da repressão na frente dos escritórios para contribuir com seus depoimentos. Algumas dessas declarações começaram a vazar nos meios de comunicação, provocando forte impacto na opinião pública. Diante de certas denúncias, os integrantes da CONADEP compreenderam que não podiam se limitar a permanecer como simples escutas, assim, assumiram certas atitudes investigativas que incluíram desde visitas a hospitais e cemitérios, até visitas a lugares nos quais funcionavam centros de detenção de desaparecidos.

"Nos três primeiros meses", lembrou Graciela Fernández Meijide (1995), "recebemos uma avalanche de familiares que repetiam a denúncia feita durante tantos anos em todos os lugares possíveis, e alguns que vieram denunciar que receberam telefonemas dizendo que seu ente querido estava vivo. Em um primeiro momento, isso causou comoção dentro da Comissão a tal ponto que a partir de dados precisos, fomos até dois locais onde supostamente haveria desaparecidos com vida, mas os resultados foram infrutíferos. [...] O plano de trabalho marcou uma política — acredito que poucas pessoas percebem isso — do que seriam os julgamentos. A partir de depoimentos obtidos há anos, de pessoas que sobreviveram aos diferentes centros de detenção — umas 200 — decidimos que cada centro já localizado atuaria como centro de recepção de denúncias conformando 'pacotes'. Cada centro clandestino era a base do que chamávamos 'testemunho mãe'. Assim, procurávamos entre as denúncias, as de todas as pessoas que foram vistas com vida nesse lugar; chamávamos os familiares, procurávamos testemunhas. Para isso foram formados grupos de rua, que não somente tomavam depoimentos que podiam levar horas e horas, como também era procurado o dono do quiosque ou o vizinho para convencê-los a dar seu depoimento. Nessa primeira etapa, fomos procurar provas do indivíduo ter sido vítima de sequestro, e também do lugar do sequestro. Solicitamos fotografias de todos os desaparecidos para facilitar a identificação".

Fernández Meijide apontou que, em certo sentido, a Comissão superou o que conseguira o movimento de denúncia até esse momento quanto a demonstrar a magnitude do genocídio. Um setor das Mães o advertiu, e começou a manifestar-se favorável às atividades da CONADEP. "É necessário destacar", disse Meijide, "que, embora os organismos de direitos humanos tivessem uma grande quantidade de denúncias, estar, nesse momento, em um regime democrático, com o respaldo político que significava que fosse oficial, com delegações criadas em todo o país, e uma vez que a CONADEP fora a povoados do interior, que devido ao isolamento não haviam podido realizar sua denúncia, chegou a quase 9000 o número de denúncias. Isso deve ser atribuído, primeiro, à democracia; segundo, ao fato da Comissão ser Nacional e ganhar muita publicidade, coisa que os organismos de direitos humanos não tiveram; terceiro, que se saiu a procurar a denúncia tanto no interior como no exterior".

Aparecidos

Os depoimentos dos sobreviventes dos campos de concentração foram os mais impactantes. Para as Mães não eram uma novidade. Tinham-nos escutado durante os anos mais escuros da repressão. Às vezes, quando algum cativo era liberado, ele se aproximava levando mensagens do filho ou do familiar que continuava desaparecido, ou elas mesmas os procuravam com a esperança de obter algum dado. Por meio deles iam conhecendo o horror. As Mães escutavam com uma mistura de desespero, ansiedade por saber mais alguma coisa e desconfiança. Quem eram esses mensageiros que transmitiam, muitas vezes tremendo, aquelas imagens da mais terrível vexação? "Nos sentíamos aterrorizados e aterrorizantes", segundo definiu a condição desses reaparecidos Adriana Calvo de Laborde, ex-detida desaparecida, em declaração à CONADEP.

O seu depoimento chegou à imprensa, e aquilo que as Mães conheciam e haviam denunciado anos antes, agora se instalava na cena pública através dos meios de comunicação. Adriana contara muitas vezes sua experiência, mas desta vez seu relato repercutiria de modo singular.

Calvo de Laborde foi sequestrada no dia 4 de fevereiro de 1977. Era docente universitária e militante sindical. Estava casada com Miguel Ángel Laborde, tinha dois filhos e esperava o terceiro quando foi sequestrada. Além das humilhações, a fome e a tortura, um dos episódios mais impactantes de seu depoimento foi o relato de seu parto em cativeiro, em um carro policial e com os olhos vendados. Passou por vários campos de concentração — Arana, Poço de Banfield e pela 5ª delegacia da polícia bonaerense — até ser libertada. Mas não acabou nisso seu infortúnio. Era o ano de 1978, e ainda imperava o terror. Teve que continuar vivendo isolada, e foram bem poucos os que quiseram ou puderam escutar o que havia sofrido. "Não conte, não conte, olha, esquece, isso faz pra você", falou com ela um de seus irmãos. E continuou assim por muitos anos.

Primeiro foi o "por algo será", aquela frase que deslizava uma acusação contra as vítimas do terrorismo de Estado e que simbolizou uma enorme cumplicidade com o genocídio. Depois veio a suspeita de por que fora libertada.

Ali, na antessala dos escritórios onde ia dar sua declaração, Adriana conheceu outros que, como ela, sobreviveram à dramática experiência. Lá mesmo começaram a conceber a ideia de organizar-se e trabalhar juntos. Foi o germe da associação de Ex-Detidos-Desaparecidos, que seria criada alguns meses mais tarde, em outubro de 1984, e que logo mais iria se somar ao movimento de direitos humanos.

O novo organismo apresentou-se no Teatro Planeta. Na ocasião falaram sobreviventes de diversos campos de concentração e no final foram entregues certificados de reconhecimento ao CELS, ao MEDH, às Avós, ao grupo Familiares, à Liga e às Mães, representadas por María Adela de Antokoletz.

Não obstante, nem todos aceitariam facilmente, nem essa nova organização, nem os próprios ex-detidos-desaparecidos. "A teoria dos dois demônios bateu muito fundo e nos níveis mais insuspeitados. Para essa sociedade, existem as Mães e os Filhos; nós, os ex-detidos-desaparecidos não existimos. É como se as Mães fossem puras e brancas, e os Filhos também. Continua existindo algo do tipo elas mãezinhas, eles inocentes, e nós, os representantes dos que não são nem tão puros, nem tão brancos. Assim entende a sociedade e aceita as Mães e os Filhos. Nós não temos lugar", escreveu anos depois Adriana Calvo.[55]

Mas os depoimentos de Calvo e de muitos outros ante a CONADEP impactaram profundamente na opinião pública. Todo o período de trabalho da Comissão, da difusão desses relatos, da descoberta de novos centros de detenção e de novas tumbas clandestinas converteu-se em uma etapa de construção de uma nova versão do passado recente.

Como era de se prever, o trabalho da CONADEP ficou rodeado de perseguições e de conspirações dos aparelhos repressivos. "Não se via pessoas de uniforme pela rua, mas os respectivos serviços de inteligência estavam praticamente intactos", lembrou Ruiz Guiñazú anos depois.[56] "Tanto que, como a CONADEP dependia do Ministério do Interior, todos os procedimentos que nós efetuávamos eram feitos nos famosos carros Falcon, que saudavam com suas luzes cada vez que passávamos por uma delegacia! Inclusive, em um dado momento, descobrimos que uma pessoa que acompanhava Sabato até sua casa em Santos Lugares tinha antecedentes de violação aos direitos humanos".

Do mesmo modo, aconteceram choques e tensões diante de certos procedimentos da Comissão que envolveram inspeções em quartéis ou outras dependências militares.

55. CALVO, Adriana. "Campos". *In:* GELMAN, Juan; LA MADRID, Mara. *Ni el flaco perdón de Dios*. Hijos de desaparecidos. Buenos Aires: Planeta, 1997, p. 113.

56. RUIZ GUIÑAZÚ, Magdalena. Así fue la Conadep. *Perfil*, 17 dez. 2006.

Nunca mais

Nesse clima, os oito organismos de direitos humanos convocaram uma mobilização para comemorar o primeiro aniversário depois da queda do regime que seguiu ao golpe de Estado de 1976, sob o lema "Nunca mais uma ditadura militar". A concentração começou na quinta-feira, 22 de março, às 15h30min, com a ronda das Mães, e terminou poucas horas depois, no Obelisco da cidade de Buenos Aires.

Foi uma demonstração unitária, à que aderiram numerosos partidos políticos e a CGT. No entanto, previamente havia sido desenvolvida uma intensa discussão centrada, especialmente, nos lemas que encabeçariam a convocação.

Contrastando com a proposta da maioria dos organismos, as Mães — com o apoio do grupo Familiares — exigiram que se chamasse à mobilização não só em repúdio ao golpe, mas também para reivindicar à justiça civil o ajuizamento dos repressores e exigir liberdade para os presos políticos. No começo, essa posição bateu de frente contra a resistência férrea da Assembleia, que se negava a admitir a existência de presos políticos. O debate estancou nesse ponto.

Precisamente, de que modo atuar diante do estancamento da discussão com os outros organismos foi a questão central da reunião da Comissão Diretiva das Mães. Embora todas concordassem na reivindicação quanto aos presos, durante a reunião foram perfiladas duas posições: umas se mantinham firmes na inegociabilidade do lema, mesmo arriscando o fracasso da convocação conjunta; mas outras privilegiavam a unidade do movimento de denúncia, a fim de dar uma clara demonstração de repúdio ao regime militar. Essa era a questão central do aniversário, argumentavam. Teriam outras oportunidades de fazer mobilizações para reivindicar a liberdade dos presos herdados da ditadura. Essa última proposta terminou predominando, a contragosto do setor encabeçado por Bonafini que defendia a intransigência.

Apesar dos esforços unitários e da adesão dos partidos políticos e da CGT, a mobilização não chegou a reunir mais de seis mil pessoas, segundo os cálculos da imprensa. Bonafini foi designada para ler, ao culminar o ato, o documento conjunto elaborado pelos organismos, no qual se realçava a necessidade de resolver dois problemas: o dos presos políticos e o dos detidos-desaparecidos. Essas demandas encerravam uma dupla sutileza: em relação aos presos, não se pedia diretamente a liberdade — como exigiam as

Mães —, e sim uma "solução", palavra que seria chave também em relação aos desaparecidos: o documento não criticava a CONADEP, em princípio, mas seguia pedindo pelos desaparecidos como se ignorasse que a Comissão era justamente a resposta do governo para o tratamento desse tema. Em síntese, era uma combinação de palavras que, para driblar as diferenças, falava e calava ao mesmo tempo.

O documento também pontuava que deviam triunfar a verdade e a justiça no esclarecimento da sorte corrida por milhares de homens, mulheres e meninos, e exigia que os "responsáveis por esse crime de lesa humanidade respondam a respeito de seu destino, que sejam julgados pela justiça civil todos os instigadores, autores e cúmplices do terrorismo de Estado e que seja erradicada a doutrina de segurança nacional".

"O povo votou pela democracia, a vida e a paz e isso significa um país sem presos políticos e sem aparelho repressivo", culminou a declaração.

Apesar da referência aos presos, os setores que predominavam na APDH se sentiram satisfeitos posto que, ao menos, conseguiram evitar que essa demanda fosse ressaltada entre os lemas centrais da marcha e, por outra parte, não teve críticas diretas ao governo, nem declarações que os distanciassem da CONADEP.

Mas Bonafini saiu do roteiro: certamente, leu o documento sem acrescentar uma só palavra da sua própria autoria. Porém, como protagonizava o momento culminante do ato, foi inevitável que os jornalistas a procurassem. Então, a presidenta das Mães aproveitou para desabafar, especialmente, contra a "Comissão Sabato". "Ainda não sabemos nada de novo, nada que não soubéssemos nós por nós mesmas; receber as denúncias dos familiares e das vítimas não é investigar, e nós queremos que se investigue", enfatizou.

No dia seguinte, para desgosto de muitos dos participantes da convocação — incluídas algumas mães da Comissão Diretiva da associação —, os meios reproduziram tanto a declaração unitária, como as palavras de Hebe.

Os próprios integrantes da CONADEP sentiram-se incomodados e até indignados, não apenas com a posição crítica da presidenta, mas também com o momento que havia escolhido para expressá-la, em um ato de tão alto conteúdo simbólico como o aniversário do golpe.

Não obstante, um dos membros plenos da Comissão oficial presidida por Sabato, a jornalista Magdalena Ruiz Guiñazú, decidiu tentar uma aproximação com as Mães. Pegou o telefone, falou com Hebe de Bonafini, propôs-lhe um encontro. Era uma ação-chave que podia decidir, se não o aval das mulheres de lenço branco — que já todos pareciam descartar —, ao menos uma atitude pública menos beligerante.

A presidenta das Mães aceitou o convite. O encontro fora marcado na porta da rádio onde trabalhava a jornalista. Magdalena esperava ali acompanhada pelo bispo Jaime De Nevares, um antigo amigo das Mães, que se juntou à reunião. Magdalena disse que pensava que era necessário que a associação repensasse sua posição e que estabelecesse, inclusive, um diálogo construtivo com os outros integrantes da CONADEP e que, eventualmente, contribuísse com suas próprias denúncias: afinal de contas, a reticência em apresentar seus depoimentos afetava fortemente a investigação, já que as Mães eram, nesse momento, a entidade de familiares de vítimas mais numerosa do país.

Hebe reiterou suas objeções. Assinalou basicamente a contradição e as diferenças entre a demanda original de uma bicameral e a índole da CONADEP, que ela percebia tão limitada nas suas faculdades como dependente do Executivo. Tanto Magdalena como De Nevares lhe responderam que as Mães deveriam expressar suas opiniões e diferenças diretamente aos integrantes do organismo criado por Alfonsín. Hebe, novamente, aceitou, de modo que acertaram um encontro entre a Comissão e a direção de Mães. A reunião foi cordial, e os três ficaram satisfeitos com os resultados.

De algum modo, para Magdalena e de De Nevares fora um sucesso, posto que o simples fato de Bonafini ter aceitado uma reunião entre a direção de Mães e a CONADEP, ao menos em um sentido geral, implicava uma aproximação alinhada com a atitude assumida por outros organismos.

No entanto, faltava algo fundamental: definir a posição que o movimento levaria a esse encontro. A Comissão Diretiva da associação reuniu-se no dia 27 de março de 1984, apenas três horas antes da reunião com o organismo presidido por Saba.

12. Debate em Comissão

A reunião da Comissão Diretiva de Mães do 27 de março de 1984 girou, quase exclusivamente, em torno da CONADEP.[57] Foi um debate-chave em que ficaram manifestas as diferenças políticas latentes no movimento, mesmo que, para os meios de comunicação e para o público em geral, a voz dominante de Bonafini não refletia os matizes da polêmica interna e situava as Mães de forma homogênea, em aberto confronto com a política de Alfonsín.

Em contraste com essa hegemonia externa, que não era alheia àquilo que já se revelava como uma disputa pela linha e a condução da associação, a discussão revelou duas estratégias políticas claramente diferenciadas:[58]

57. A versão dessa reunião é um fragmento da gravação que leva o número 7, efetuada por María del Rosario de Cerruti, na época Secretária da Comissão Diretiva de Mães, e que foi cedida ao autor diretamente por essa pessoa. A transcrição textual das conversas registradas manifesta as virtudes e os problemas da oralidade. Pelo nosso critério, sua reprodução literal — aparentemente mais fiel à realidade —, não seria compreensível sem as correções que reparassem aqueles problemas, tais como frases inconclusas, as descontinuidades do discurso, os erros próprios da espontaneidade, etcétera, além da falta do contexto derivado da invisibilidade dos gestos, da impossibilidade de resgatar os tons, do antes e o depois do debate que permitiria compreender os implícitos. Portanto, a reprodução das gravações é apenas um dos suportes documentais de este capítulo, que precisou ser complementado com a investigação e a análise de outros elementos. A partir daqui, todos os diálogos que o livro registra de reuniões de Comissão Diretiva têm esta mesma fonte e tratamento.

58. Utilizo o termo "estratégia política" em uma acepção que inclui tanto os fins e objetivos de longo prazo do movimento, quanto os métodos que se concebem para atingi-los. Com a palavra "tática", que emprego mais adiante, pretendo indicar as definições que se adotam ante a cada conjuntura, e que estão subordinadas à estratégia. A tática é relacionar a estratégia e a conjuntura.

uma linha era liderada pela presidenta, e apontava para a impugnação das políticas governamentais em geral, e a outra, cuja referência principal era María Adela de Antokoletz, pretendia diferenciar entre as ações positivas e as negativas dessas políticas. A primeira posição partia da ideia de que as medidas oficiais constituíam um sistema homogêneo que tendia a garantir a impunidade do genocídio, enquanto a segunda se afirmava na crença de que essas mesmas medidas revelavam contradições que, em alguns casos, podiam permitir avanços no caminho da justiça.

Subjazem, implícitas em cada uma dessas perspectivas, crenças e representações do Estado, do sistema político em geral e do papel da oposição política em si, que acabaram ficando particularmente explícitas com o passar do tempo e o desenvolvimento do confronto entre ambas as linhas.[59]

Embora não se expressem de forma esmiuçada e solidamente argumentadas, salvo exceções, as duas concepções são tributárias de uma prolongada discussão da teoria e das práticas políticas. As polêmicas entre reformistas e revolucionários, por exemplo, ou sobre a dialética entre o real e o possível, são parentes próximos desses debates entre as Mães que, ao mesmo tempo, não eram um fenômeno puramente interno, pois estavam atravessados por uma discussão política e ideológica que envolvia o conjunto das forças políticas e sociais da época.

A partir dessas diferenças profundas, a discussão sobre qual posição adotar frente à CONADEP provocaria outros confrontos no seio das Mães. No imediato, o setor encabeçado por Bonafini insistirá com a impugnação da CONADEP de um modo geral, porque a considerava um instrumento ineficaz para encarar uma verdadeira investigação e fazer justiça. Apesar do grupo dissidente também não pensar que a Comissão Sabato era a via mais adequada, ao menos entendia que sua tarefa não contradizia os objetivos das Mães, e que oferecia oportunidades para avançar na conquista desses objetivos.

Consequentemente, as táticas propostas por umas e por outras foram também divergentes: as mães mais intransigentes pretendiam que o movimento rejeitasse colaborar com a CONADEP para diminuir sua legitimidade. As menos intransigentes tentariam definir formas de contribuir

59. Ao comentar estas apreciações pessoais sobre as diferenças entre as Mães, Marta de Vázquez, assim como outras integrantes da Linha Fundadora, insistiram que se tratava somente de divergências metodológicas. Respondi que ao meu critério não era assim, que subjaziam questões mais complexas — como as apontadas neste parágrafo — e que, de qualquer forma, as diferenças metodológicas derivavam precisamente dessas outras diferenças mais profundas.

com esse organismo de modo que o trabalho da CONADEP atingisse os melhores resultados possíveis.

O fato de as Mães solicitarem um encontro com os membros da CONADEP — como consequência da reunião de Bonafini com Ruíz Guiñazú e De Nevares — e a própria circunstância da próxima realização do encontro poderiam ser considerados como atos de legitimação ou, no mínimo, de reconhecimento desse organismo por parte das Mães. Essa nova situação entusiasmava e iludia o grupo dissidente, que entrevia a possibilidade de produzir um giro na orientação do movimento.

Denúncias

A reunião da Comissão Diretiva das Mães iniciou com um tema aparentemente pragmático: nos últimos meses receberam duas cartas da CONADEP, convidando-as para contribuírem com os arquivos da associação com as denúncias dos casos de seus filhos. O que superficialmente podia se considerar um simples repasse de informação — resultado de anos de trabalho e de investigação —, na verdade implicava uma definição política de fundo frente à CONADEP, e também sobre a estratégia seguida por Alfonsín.

Até esse momento as Mães — seguindo a pauta sugerida pelo grupo que liderava Bonafini — haviam se negado sistematicamente a entregar aquela documentação, embora nem todas as integrantes da Comissão Diretiva compartilhassem dessa decisão.

Carmen Lapacó, desconforme com essa negativa, fez uma colocação. Disse que queria falar das cartas porque algumas mães pensavam que suas denúncias foram entregues à CONADEP e depois, para sua surpresa, souberam que não era assim. Carmen explicou que essas mães estavam sumamente inquietas por essa situação, perguntavam o que seria feito e advertiam que se a associação não as entregasse, elas iriam pessoalmente reiterar suas declarações ante a Comissão.

A observação de Carmen não era ingênua; levava implícita uma crítica à atitude reticente sustentada até então, trazia em sua afirmação a preocupação de outras mães e deixava entrever um forte descontentamento em um setor do movimento. Assim, afirmou que devia ser tomada uma decisão, e com certeza, ela se definia claramente por colaborar com a CONADEP.

Nora de Cortiñas, no entanto, esboçou uma objeção.

— Tenho minhas dúvidas — disse.

Relacionando a proposta de Carmen com a entrevista que em poucas horas mais realizariam com a CONADEP, Nora sustentou que o primeiro que perguntaria era que tratamento dariam às denúncias. Sugeria que, antes de definir se entregariam ou não o material, deviam definir o que iriam fazer com essa informação. Lembrou que nos casos de desaparecidos dos que contavam com poucas ou nenhuma prova, os juízes, ante essa escassez de elementos, diretamente arquivavam os expedientes. A dúvida era razoável, porque se a CONADEP não tinha sólidas faculdades investigativas e se limitava às contribuições que elas aportavam, tudo ficaria no vácuo e até poderia ser utilizado para encerrar o caso.

— Então — enfatizou—, a pergunta que eu quero fazer à Comissão é que trâmite eles vão fazer.

O questionamento de Nora sugeria que fosse feita uma discussão sobre o método de trabalho da CONADEP e, mais a fundo ainda, sobre a finalidade última do trabalho do organismo. Nesse sentido, parecia situar-se em uma posição que, a priori, não tirava a legitimidade da Comissão Sabato, mas que, dependendo do que ela iria fazer, as Mães poderiam colaborar ou, pelo contrário, se negar a fazê-lo.

Carmen, que além de integrante da Comissão de Mães colaborava com o CELS presidido por Emilio Mignone, respondeu à pergunta de Cortiñas apelando àquilo que era público e notório, posto que estava estipulado no próprio decreto de Alfonsín.

— Eles vão levar todos os casos à justiça — sustentou.

No entanto, o questionamento de Cortiñas não ficava respondido com a letra do decreto de Alfonsín: trazia ao debate um aspecto-chave que era a essência da CONADEP, suas diferenças com a bicameral que elas exigiam, e por último, o resultado final do trabalho da Comissão. Na maioria dos casos as provas sobre o destino dos desaparecidos eram mínimas, e ainda menos eram os dados sobre os responsáveis pelos sequestros, as torturas e os assassinatos. Se a CONADEP não tinha maiores faculdades investigativas, se não adotava uma conduta fortemente ativa que permitisse furar a malha de silêncios e de cumplicidades que encobria o genocídio e dependia somente do que fosse declarar o familiar denunciante, as provas dos crimes ficavam reduzidas a muito pouco. O resultado, então, poderia ficar limitado a fazer uma lista de desaparecidos, à constatação da existência dos campos de concentração e a mais algum elemento — que não iria além do que elas sabiam e denunciavam há muito tempo. Se fosse isso o que eles levariam à justiça, a justiça não avançaria muito.

Em relação a esse ponto Hebe confirmou a resposta de Lapacó sobre a transferência das denúncias à justiça, mas logo expressou uma objeção de fundo que conduzia o debate para os modos de processar o que aconteceu sob ditadura, e que, precisamente, tinha a ver com a essência, o caráter e as faculdades da CONADEP. Nesse sentido, aquela dúvida que trazia Nora — se a investigação seria feita a fundo ou não — para Bonafini era implicitamente uma certeza: a Comissão Sabato não desenvolveria a investigação que elas pretendiam e exigiam.

— Eu digo uma coisa, Carmen: como podemos mudar de parecer? Se já lutamos tanto por uma comissão bicameral, como vamos, agora, apoiar uma comissão que nós não pedimos, que não queremos? — perguntou Hebe.

Carmen não respondeu. Entretanto, Nora assinalou outra inquietação a respeito, já não quanto à investigação em si, mas quanto ao discurso em cujo marco esse organismo apresentaria os fatos pesquisados. Disse que havia ouvido Sabato dizer que a CONADEP publicaria um livro com dez casos "piloto" de desaparecidos, e que depois faria "uma avaliação do terrorismo e do terrorismo de Estado". Em termos do escritor e presidente da Comissão, o terrorismo a seco era o que a ditadura chamava de subversão e que, para as Mães, se referia a seus filhos.

— Ele disse assim — reforçou Hebe. O livro começa falando do terrorismo, apresenta a luta contra a subversão, e então apresenta os dez casos piloto e termina com a lista de desaparecidos. Ou seja, os terroristas e o terrorismo de Estado ficam em um bloco só.

Aceitariam as Mães que a investigação sobre o destino dos desaparecidos se inscrevesse no discurso de "os dois demônios"? A pergunta ficava subentendida nas palavras de Hebe.

— Na *Gaceta Porteña* há uma reportagem com o deputado Santiago López, que está na Comissão, que diz que vai chegar em uma condenação ética, vão dar o tema por encerrado, e assim mostrarão uma época da história argentina — acrescentou Nora.

— Sabato também disse aquilo do monumento, que vai ter os nomes dos terroristas, dos mortos pela subversão e dos outros mortos — agregou Hebe. Tudo isso precisa ser colocado na mesa.

— Claro — apoiou Nora. Aqui não é que digam uma coisa para umas e outra coisa para os demais.

Que eles digam aonde vamos.

Tanto Carmen quanto Marta de Vázquez insistiram com que os casos tinham que ser derivados à justiça.

— Mas, para levar à justiça precisa criar uma comissão? — questionou Nora.

— Vamos nós à justiça — reforçou Hebe.

Então, sugeriu que Mães deviam enviar a documentação dos casos individuais ao CELS.

— O CELS é especialista nisso. Para isso existe. Acompanhou cada caso. E nós as Mães continuamos insistindo no todos por todos, porque é para isso que nos juntamos, para trabalhar juntas e para lutar juntas. Quem quiser fazer um caso especial para seu filho porque tem muitos dados, ninguém vai impedir. Vai ao CELS, e o CELS vai recebê-lo.

A proposta de Hebe era coerente com suas objeções à CONADEP: os organismos faziam e estavam fazendo aquilo que a Comissão Sabato falava que iria fazer. Para isso criaram um ente oficial? Se o oficialismo quisesse avançar, o caminho não era o grupo de notáveis, e sim o impulso de outra instância com maiores faculdades.

— Há que esclarecer isso para as mães porque elas não sabem — insistiu Marta.

— Isso não está claro para elas — apoiou María Adela.

Na verdade, o que estavam insinuando Marta e María Adela era que a atitude de Hebe bateria de frente com aquilo que queriam outras mães, e por isso Hebe deveria fazer essa explicação e enfrentar a oposição.

Coisa violenta

Bonafini ignorou essa crítica e assinalou que deviam voltar no ponto mais urgente, isto é, o que diriam na reunião com os membros da CONADEP. Faltava meia hora para sair em direção ao Centro Cultural San Martín, sede da Comissão. María Adela apoiou a moção. Então Renée *Yoyi* de Epelbaun fez uma observação, mas antes pediu que ninguém ficasse brava com ela pelo que iria dizer. Sustentou que concordava que a posição das Mães se definisse diante da Comissão, mas que procurassem não ser agressivas.

— Vamos dizer as coisas que pensamos, mas sem entrar em algo violento — pediu.

— Não acho que precise entrar em nada violento — apontou Nora.

— Sim, sinceramente — disse María del Rosario —. Não sei qual o motivo disso...

Hebe, no entanto, sabia "o motivo disso". Não era a primeira vez que as mães da Comissão criticavam a forma dela se expressar. Então, se sentindo aludida, defendeu-se. Disse que se ela fosse assim, violenta ou agressiva, Magdalena não a teria chamado e não teriam almoçado juntas com De Nevares.

— Bom, muito bem, isso deixa muito claro que a posição das Mães não tem nada a ver com o respeito que devemos ao pessoal da Comissão. Nós, as Mães, não podemos aceitar a CONADEP, embora, não tenhamos nada pessoal contra as pessoas que a integram — procurou sintetizar María del Rosario, e encerrou dizendo que não precisava bajular a Comissão.

— Eu não estou bajulando a CONADEP. A CONADEP tem trazido à tona muitas coisas — sustentou firme Marta.

Essa foi uma das primeiras defesas explícitas, não sobre se a CONADEP podia realizar contribuições positivas à luta, mas ainda mais concretamente, sobre o que havia sido feito até esse momento pelo organismo. Então, María del Rosario fez a advertência:

— Cuidado como vamos falar lá, porque se umas falarem a favor e outras contra, vamos ficar muito mal.

Marta não havia terminado de falar, e pediu que a deixassem continuar. Mas María del Rosario estava empolgada.

— Eu acho que devemos falar bem claro — disse —: uma coisa é o respeito ao pessoal da CONADEP, e outra coisa a posição que devemos adotar.

Marta sentiu-se maltratada pelo tom e pelas palavras de Rosario, e lembrou que uma vez já havia saído de uma reunião por "culpa" dela. Mas Rosario não pareceu escutá-la e continuou assinalando que não era uma opinião pessoal a que iriam transmitir à CONADEP, e sim a do movimento. O tom das duas refletia tensões e irritações pessoais que o confronto interno já estava gerando.

— Eu estou expondo minha posição pessoal e posso fazê-lo. Porque aqui não se trata de termos que dizer amém a tudo o que você fala — afirmou contundentemente Marta.

Marta acrescentou que achava muito positivos alguns atos da CONADEP e que, por isso, não entendia por que as Mães se mostravam tão contrárias. Disse também que, ainda que fosse verdade que elas já sabiam aquilo que a CONADEP só agora estava investigando, o organismo presidido por

Sabato estava conseguindo uma repercussão que nunca havia alcançado a denúncia das Mães.

— Então — concluiu — nós não temos por que fechar as portas à CONADEP, dizer que tudo o que faz é inoperante, que não serve.

Hebe interrompeu-a. Negou que ela houvesse falado que a CONADEP era inoperante, e sim que sua ação era diferente da que as Mães pediam. Procurou explicar, então, a diferença, que para ela era substancial. Assinalou que seus integrantes não eram escolhidos pelo voto popular e que essa circunstância determinava que, por mais respeito que merecessem essas pessoas, elas não poderiam reclamar e cobrar resultados como seria no caso de uma comissão parlamentar.

— Essa Comissão Sabato — apontou também —, com tantos projetos que tem, somente vai conseguir fazer com que nossos filhos fiquem como terroristas, porque essa é a opinião de Sabato. E não é nova.

— Não tenho tanta certeza — respondeu Marta. Eu tenho outra versão do que pensa fazer o Sabato.

Hebe insistiu em sua posição e afirmou que com todas as diferenças entre a comissão bicameral que elas exigiam e a CONADEP, e com todas as suspeitas sobre o que poderia fazer, não deveriam apoiá-la. Caso contrário, morreria a demanda por uma bicameral.

— Uma coisa não muda a outra — ressaltou Marta. Eu pergunto a vocês: que tipo de julgamento vai fazer a comissão bicameral?

— Político — respondeu Nora.

— Quantas vezes temos falado que essa era uma luta pela ética e pela moral! — exclamou Marta.

— Mas agora — afirmou Nora — é necessária uma condenação política, porque caso contrário não vai chegar nos militares.

— Tudo serve, Nora — insistiu Marta —. Tudo serve. Podemos continuar lutando pela comissão bicameral, mas isto também serve. Não sejamos tão néscias.

— Eu também penso como ela falou — interveio Carmen —, que vamos continuar lutando pela bicameral. Mas não temos que adotar atitudes que sirvam para, depois, a CONADEP dizer que não pôde fazer tudo que poderia ter feito porque houve instituições de direitos humanos que, quando lhes foi solicitado algum dado ou alguma coisa, não o entregaram. Ou seja, se eles solicitam algum dado, por que não entregar? Porém, sejamos realistas. Neste momento a bicameral é uma utopia, porque nem sabemos se vai ser criada. A única coisa que temos no momento é a CONADEP. Eu não digo que aprovemos a CONADEP, digo que não sejamos um obstáculo, que se ela pede informação, a facilitemos.

— Mas a gente dá a informação aos juízes — objetou Hebe.

Lista de repressores

Outra mãe afirmou que já teriam facilitado informação para a CONADEP, e que o organismo não fizera nada.

— Mas só um pouquinho — instou Carmen —. Estão fazendo a lista de repressores. E com essa lista de repressores, mais a lista dos campos e a lista dos desaparecidos, estão cruzando informação para poder localizar os lugares por onde poderia ter passado cada um dos desaparecidos. Mais ainda, às pessoas que estão indo agora estão pedindo as fotos dos jovens desaparecidos. Porque quando vão os ex-detidos-desaparecidos que não sabem dar nomes, olham as fotos e identificam as pessoas. Então não nos neguemos, não sejamos tão fechadas. Vamos proporcionar o que for possível, mesmo não concordando com a CONADEP. Nós estamos em desacordo, queremos a bicameral, mas não somos um obstáculo...

— Há coisas que dá pra fazer — apoiou outra mãe.

Mas Hebe insistiu que seria mais um lugar para levar informação, e apenas isso. Outra mãe apoiou a fala de Hebe, e sustentou que, se fossem ver, o Estado já tinha à disposição todos os habeas corpus apresentados e outras denúncias já realizadas.

Yoyi, que permanecera em silêncio até esse momento, decidiu intervir com um exemplo que explicava como as investigações podiam avançar.

— A partir do que falou Carmen — começou *Yoyi* —, eu lembrei de uma coisa que a Amalia me disse. Ela tem um caso particular com a filha desaparecida, porque tem pessoas ocupando a casa da filha. Ela foi no CELS e lá estavam com muito trabalho e sugeriram que fosse na CONADEP, porque realmente naquele momento não podiam dar conta. E ela foi. Ela deu uns dados muito limitados, pessoas que podiam saber alguma coisa. Na semana seguinte, quando foi, lhe passaram nomes, todos os dados. Ou seja, de algum jeito, com os dados bem limitados que ela proporcionou, conseguiram fazer uma reconstrução. Ela me falou: "Estou surpresa". Ou seja, de alguma forma, com esse cruzamento de dados que estão fazendo, esse trabalho que nós pensávamos fazer ou que deveriam fazer outros organismos, eles estão fazendo e alguma coisa estão conseguindo.

O exemplo de *Yoyi* contradizia expressamente a anterior sugestão de Hebe acerca de derivar os casos ao CELS, e sobretudo, resgatava a tarefa da CONADEP.

— Então o trabalho é positivo — sublinhou *Yoyi* — Não é o que nós queremos, mas é positivo. Que não digam depois que, ainda que eventualmente possamos ir em algum tribunal, parece que eles estão fazendo algumas coisas que certos tribunais não podem fazer com a mesma eficiência. Isto é, reafirmando nosso ponto de vista, recusando o famoso livro, se for isso que pretendem com o livro, rejeitando que sejam enquadrados, no mesmo plano, as vítimas da subversão e os jovens desaparecidos, bom, rejeitemos tudo isso, reconheçamos o positivo, e tentemos fazer com que mudem de atitude ou de opinião sobre esse possível livro ou monumento. Esclarecendo que nós vamos continuar insistindo na bicameral.

A discussão estava estagnada. Restava pouco tempo para definir uma posição comum e levar à entrevista que em poucos minutos teriam com os membros da CONADEP. Juanita de Pargament chamou a atenção sobre esse ponto e remarcou que ela não concordava com a CONADEP. Laura Rivelli assinalou a dificuldade de conseguir uma opinião consensuada. O debate continuou com a repetição dos tópicos já abordados. Então, Hebe observou que era preciso "tomar consciência" de que ainda não podiam adotar nenhuma determinação sobre aquilo que os membros da CONADEP propusessem na entrevista.

— Escutamos e voltamos aqui a discutir — assinalou. — Não respondemos absolutamente nada. Explicamos da nossa inquietação quanto a esse livro negro do terrorismo que falam, e perguntamos como vai ser. Se eles dizem que no livro negro vão pôr aquilo dos dois terrorismos, voltamos, discutimos, e solicitamos uma nova audiência para dizer tudo o que pensamos. Só não podemos aceitar nunca que falem dos desaparecidos como terroristas.

— Nisso bem ou mal concordamos todas — apoiou Marta.

— Hoje não vamos tomar decisões de nenhuma natureza — sublinhou Hebe.

— A Comissão Diretiva precisa voltar a conversar — reafirmou Carmen.

Yoyi insistiu com que se a CONADEP fizesse perguntas deveriam ouvir bem, sem interromper, e não como costumava acontecer nas discussões entre elas. María Adela pontuou que não deviam perguntar aos integrantes da CONADEP como atuavam, porque supostamente estavam seguindo o decreto de Alfonsín. Todavia, considerava que podiam perguntar se eles estavam derivando casos para a justiça. Depois afirmou que ainda não podiam avaliar os resultados, porque os trabalhos ainda não estavam concluídos. O tempo havia acabado. Era hora de partir para o Centro Cultural San Martín.

Tijolo por tijolo

As coisas não saíram como haviam previsto e combinado. Depois de várias horas de debate interno, a Comissão Diretiva em pleno das Mães apresentou-se nos escritórios da CONADEP, onde foram recebidas por seus integrantes, encabeçados por Sabato. O encontro não duraria mais do que uns poucos minutos.

Sabato começou a falar: explicou a tarefa da Comissão e depois disse que seu trabalho seria encerrado com um relatório, uma homenagem aos desaparecidos. Mencionou também um possível monumento. Essas poucas palavras bastaram para que Bonafini o interrompesse. Sem esperar seu turno de falar, Hebe replicou que as Mães não esperavam nem queriam monumentos, que pretendiam verdade e justiça, e que elas mesmas iriam se encarregar de demolir, "tijolo por tijolo", qualquer monumento que significasse considerar mortos os desaparecidos.

O clima da reunião mudou abruptamente. A surpresa inicial que paralisou Sabato transformou-se em uma firme determinação. O presidente da CONADEP disse que não podia tolerar que falassem com ele desse modo e, sem dizer mais, abandonou o recinto. As Mães saíram logo depois.

Aquilo que alguns imaginaram, no mínimo, como uma aproximação simbólica, derivou em escândalo, imediatamente percebido pelo pessoal da CONADEP e pelos jornalistas que cobriam a reunião.

No dia seguinte, um grupo da Comissão Diretiva de Mães encabeçado por María Adela de Antokoletz, retornou à CONADEP sem pedir previamente uma entrevista. Queriam, de algum modo, reparar as feridas do confronto. Estavam realmente indignadas com Hebe, a quem atribuíram toda a responsabilidade pela saída de Sabato e a abrupta conclusão do encontro.

Na semana seguinte, esse mesmo grupo de Mães exigiu a Hebe que revisasse sua atitude. Bonafini aceitou discuti-lo, mas não estava disposta a mudar nada. "Então, senti-me como em uma poltrona com eletricidade — lembrou anos depois. Escutei, deixei que me dissessem o que pensavam e que me bateram com um ferro: reclamaram de como eu podia ter falado o que falei, disseram que as pessoas que integram a Comissão, como Magdalena e Sabato, eram excelentes, e que eu as desprezava, que a maioria das Mães não concordavam e que eu não cumprira com o acordo de evitar o enfrentamento como havíamos acertado na reunião prévia e que, antes de nos definirmos diante da CONADEP nesse encontro, devíamos discutir novamente na Comissão de Mães".

É possível deduzir que as Mães que a criticavam pensassem que Bonafini sempre se adiantava aos fatos. "Agoureira, era agoureira", lembra Marta de Vázquez. "Ela não esperava, não deixava eles agirem, e a nossa própria resistência, como Mães, de não levar nossas denúncias e tudo mais que sabíamos, no fim prejudicava a CONADEP e era um motivo para eles dizer, depois, que por isso não faziam o que nós esperávamos que fizessem. Nós mesmas a estávamos boicotando", afirmou anos depois.

Vázquez também critica seu autoritarismo. "Ela impunha sua posição e seguia adiante com seu ponto de vista, mesmo quando nós, que éramos também membros da Comissão Diretiva de Mães, não estivéssemos de acordo com ela. Isso aparecia muito claramente nos debates. Ela estava em minoria. Então, ao ver como estava procedendo, aí mesmo começamos a pensar que ela não podia continuar sendo a presidenta. Mas ainda tínhamos esperanças dela mudar. A gente não queria a ruptura. Somente procurávamos um jeito dela aceitar que existiam diferentes posições."

Muito tempo depois, quando foi solicitado a Bonafini que explicasse por que não havia cumprido com sua palavra nem com a própria proposta sua de não responder imediatamente ao que propusesse a CONADEP naquela entrevista, Hebe respondeu que reagiu indignada pelo que falara o presidente da Comissão. "Além disso, quando a vida te põe na frente de circunstâncias que exigem definições, você não pode deixar passar", concluiu.

Promessa

Finalmente, de fato, embora o setor liderado por Bonafini opôs-se a entregar à CONADEP os arquivos de denúncias que estavam com elas, muitas mães, começando por algumas que faziam parte da Comissão Diretiva, entre elas a própria María Adela, apresentaram seus casos ao organismo presidido por Sabato.

Às vezes, a própria CONADEP enviava telegramas a algumas mães informando que seus familiares desaparecidos poderiam estar em algum cemitério, inumados clandestinamente ou como NN, e solicitavam sua colaboração para continuar investigando. Esse tipo de ação produzia uma verdadeira comoção, não apenas na mãe que recebia a notícia, mas em todo o movimento, e intensificava o debate interno sobre a posição que finalmente deveriam assumir. O setor encabeçado por Hebe sentia que essas ações eram somente uma forma de fazer pressão sobre elas.

Nesses dias, a própria Bonafini questionou outra mãe, Agustina Paz Muñiz, por ter colaborado dando seu depoimento na comissão Sabato. Agustina respondeu que estava no seu direito, e que ninguém podia proibi-la de fazer isso. A presidenta da associação respondeu que ninguém a estava proibindo de nada, mas que aquilo ia contra o que havia sido decidido. A discussão subiu de tom. Alguns depoimentos dizem que Hebe disse a Agustina que ela deveria ir embora da Casa das Mães por isso que fizera, e outras versões sustentam que Agustina se retirou porque passou mal por causa da discussão. A verdade é que a disputa interna chegou em níveis muito intensos. Começava a acontecer uma divisão que já não teria volta atrás. Embora ainda nenhuma concebia a fratura do movimento, o setor dissidente da Comissão começou a pensar que Bonafini devia sair da presidência.

Pouco depois da discussão entre Agustina e Hebe, um grupo de Mães, entre elas María Adela, Marta de Vázquez e a própria afetada, se reuniram com Hebe. Falaram novamente de sua discordância quanto à posição adotada diante da CONADEP e, particularmente, que não se justificava que as mães que queriam apresentar suas denúncias fossem pressionadas. "Ninguém pode proibir isso", sentenciaram. Hebe respondeu que ela não proibiria nada a ninguém, mas que o movimento havia decidido "não fazer o jogo" da política de Alfonsín.

"Eu vou dizer uma coisa", enfatizou Bonafini. "Se a CONADEP for servir para condenar todos os militares, para saber o que aconteceu com nossos filhos, no dia que isso acontecer, eu faço uma coletiva de imprensa nesta mesma casa, com vocês presentes, e digo a todos os jornalistas: 'Eu errei, e como presidenta da instituição entrego a instituição a essas mães que estavam no certo'."

SEGUNDA PARTE

UMAS E OUTRAS

(De abril de 1984 a março de 1985)

13. O terror e a tragédia

Aquela promessa de Hebe de renunciar à presidência da Associação se o resultado da CONADEP finalmente satisfizesse suas demandas, não apenas desabrochou uma esperança no grupo dissidente das Mães — no sentido de produzir uma mudança na orientação do movimento — como também, pela primeira vez, tornou explícita a candidatura à liderança. Ou seja, por renúncia ou por mecanismos eleitorais internos, as Mães que faziam parte de uma espécie de oposição inorgânica começaram a vislumbrar a possibilidade de uma destituição de Bonafini. Nenhuma delas, porém, previu as reais consequências de tentar dar esse passo.

Pelo contrário, desde a perspectiva de Marta de Vázquez, por exemplo, estava claro que a conjuntura favorecia o grupo crítico à liderança das Mães, ao qual ela pertencia. Era evidente, pensava Vázquez, que as críticas à CONADEP, encabeçadas por Bonafini, isolavam a Associação, enquanto para ela e outras mães, sem dúvidas, essa Comissão estava dando contribuições efetivas para a luta que as mulheres de lenço branco tinham experimentado anos antes, praticamente sozinhas.

Como não ver os aspectos positivos do trabalho da CONADEP? Pensava Vázquez. Não servia como prova a irritação que a atividade da Comissão Sabato provocou nos partidários do velho regime? Mesmo que não descobrissem nada novo para as Mães, não era fato que as denúncias que transcendiam na mídia estavam provocando um impacto nunca antes alcançado na opinião pública? E essa repercussão não significou um golpe fenomenal contra os discípulos da "luta antissubversiva", para além das alusões aos "dois demônios"? Um antigo preceito orientava esses argumentos: o que fere o "inimigo" só pode ser positivo para os setores populares.

De imediato, é fato que o que mais pareceu ferir, ou ao menos incomodar, as cúpulas militares e a ultradireita foram as impactantes revelações que começavam a ser difundidas através do trabalho da CONADEP e, mais tarde, da imprensa: os detalhes das operações de sequestro, as torturas, as violações, as condições subumanas de cativeiro nos campos de detenção e o fim abominável de milhares de pessoas sacudiram a sociedade.

A CONADEP já estava trabalhando há quatro meses, faltando ainda dois meses para o prazo estabelecido pelo decreto de Alfonsín, que mais tarde seria alterado por uma prorrogação especial, totalizando 272 dias, concedida pelo presidente.

À medida que o trabalho da organização avançava e que a mídia divulgava as informações coletadas pela Comissão, foi se construindo um cenário de reformulação da memória coletiva sobre o passado recente que, ao mesmo tempo em que levantava uma forte acusação contra as ações das Forças Armadas, se constituía como fonte de legitimidade para a ação governamental no campo dos direitos humanos.

A corporação armada não ficou impassível diante dessas questões, que percebia como uma contestação direta de seu prestígio e lugar na estrutura social do país. Em abril, o general Jorge Arguindegui decidiu comparecer pela primeira vez à missa que mensalmente organizava o grupo Familiares e Amigos dos Mortos pela Subversão (FAMUS). Ao final da cerimônia, um cronista de televisão pediu a opinião dele sobre a "luta antissubversiva": "Há de se analisar os métodos de acordo com o resultado", respondeu ele de forma concisa, mas significativa.

Para o general, o "resultado" dessa luta era a "paz social" que nesse momento disfrutavam os argentinos, não um genocídio. Por outro lado, ao sugerir a relação entre resultado e método, respondia indiretamente à mensagem presidencial de dezembro, na qual Alfonsín tinha proclamado que o fim não justificava os meios.

No dia 4 de maio, o general Fernández Torres reivindicou a doutrina de segurança nacional na presença do presidente, enquanto o secretário da Fazenda da ditadura, Juan Alemann, aconselhou a cessar a perseguição aos militares porque o governo poderia precisar deles para reprimir um renascimento subversivo.

A sequência de declarações de oficiais da ativa e de alguns antigos representantes da ditadura, seguiu em paralelo à notória inatividade do Conselho Supremo das Forças Armadas em relação ao caso 13, que envolveu os ex-comandantes submetidos a inquérito por decreto de Alfonsín. Em junho, o governo já avaliava a mera demora à qual esse órgão militar tinha se dedicado, embora ainda que não se atrevesse a tomar medidas, apesar de o prazo de 180 dias determinado pelo decreto 158/83 para a conclusão do processo estivesse prestes a se cumprir.[1]

Não bastasse o atraso manifesto do órgão militar em substanciar a causa contra os ex-comandantes — o que evidenciava o fracasso do princípio de que os militares julgassem os militares —, nessa mesma época o juiz federal Julio Miguel Rodríguez Villafañe declinou sua competência em favor desse Conselho Supremo e remeteu o processo em que estavam imputados dois capitães em atividade: Gustavo Adolfo Alsina e Enrique Mones Ruiz. A decisão judicial não foi precisamente um gesto de independência desse poder, como também se inscreveu como marco da primeira crise militar do governo Alfonsín. Antes de se declarar incompetente, Rodríguez Villafañe convocou Alsina e Mones Ruiz para testemunhar e ordenou a prisão preventiva de ambos sob a acusação de homicídio traiçoeiro. Mas, no dia 25 de junho de 1984, os companheiros de armas de ambos os oficiais, que cumpriam funções no III Corpo de Exército com sede em Córdoba, se reuniram — com o respaldo de seu comandante, o general Pedro Pablo Mansilla — e exigiram a revogação das medidas. Durante o mesmo mês, o general Mansilla impediu que um grupo de integrantes da CONADEP acessasse as instalações militares onde havia funcionado o campo de concentração conhecido como "La Perla".

Diante da gravidade dos fatos, o ministro Raúl Borrás pediu a Arguindegui que sancionasse Mansilla. Arguindegui, que tinha sua própria visão dos acontecimentos em Córdoba e que poucos dias antes tinha qualificado o general aposentado Benjamín Menéndez, ex-chefe do III Corpo durante a ditadura, como "grande democrata", se recusou a responder a solicitação do ministro da Defesa. A série de insubordinações tinha alcançado um ponto de ruptura, e se não recebesse uma resposta adequada, enfraqueceria fortemente o governo de Alfonsín. Só então o presidente decidiu absolver

1. VERBITSKY, Horacio. *Civiles y militares*. Historia secreta de la transición. Buenos Aires: Contrapunto, 1987, p. 101.

os dois oficiais militares e deu por resolvida a crise através da nomeação do general Ricardo Pianta como chefe do Estado-Maior.

A política de coexistência e de mão estendida aos participantes do genocídio — com a única exceção dos nove ex-comandantes — estava vazando. E eventos ainda mais graves seriam produzidos. Contudo, esse notório fracasso não pareceu abalar a concepção do presidente, que durante discurso na Escola de Guerra Naval, no dia 30 de julho de 1984, surpreendeu os próprios militares ao pedir-lhes conselhos, após afirmar que, no mundo moderno, as Forças Armadas deveriam participar de todas as áreas do governo, especialmente "nos setores mais nevrálgicos". Em troca, ele pediu que renunciassem aos golpes de Estado.

Reunião nacional

Esse discurso conciliatório do partido no poder, em meio ao clima tenso criado pela crise militar, acentuou o medo entre as Mães de que o governo, apesar das absolvições efetuadas por Alfonsín, voltasse a tentar uma anistia parcial e acobertada para tranquilizar a frente militar. Essa preocupação, junto à análise das disposições adotadas pelo partido governista quanto às violações dos direitos humanos, foram os temas centrais do Encontro Nacional das Mães da Praça de Maio, realizado no dia 1º de julho na cidade de Mendoza.

Se reuniram no Encontro Nacional — instância surgida nos últimos anos da ditadura — diversos grupos de Mães formados em algumas províncias e o núcleo historicamente original da Associação, que se concentrava na cidade de Buenos Aires, Grande Buenos Aires e La Plata. Quase todos os círculos provinciais tinham surgido espontaneamente, sem responder a uma iniciativa da Associação, mas pouco a pouco foram se identificando e se aproximando das Mães. Na prática, todos esses grupos já se consideravam organizações plenas do movimento há muito tempo. O encontro foi, então, o lugar onde compartilhar propostas de interesse comum, de debate de ideias e planos.

Foram à reunião de Mendoza mães da capital, Concordia e Gualeguaychú, da província de Entre Ríos, Santa Fe, Quilmes, Lomas de Zamora, Zárate, La Plata, da província de Buenos Aires, San Juan, Río Cuarto, da província de Córdoba e Tucumán, além das integrantes da organização local da província de Cuyo. Lá, inevitavelmente, se expressaram as já evidentes diferenças internas. Embora compartilhassem algumas definições importantes, por exemplo, em relação aos tribunais militares e a a intenção dos oficiais de absolver amplos setores da oficialidade superior, média e inferior de militares envolvidos no genocídio, houve um intenso debate sobre a CONADEP e, em menor grau, sobre outros problemas, como a exumação de cadáveres não identificandos, assunto muito sensivel entre todos os familiares de desaparecidos.

Infelizmente, para o grupo interno que se opunha a Bonafini, as definições da presidenta da Associação conseguiram a adesão de praticamente todos os grupos. Apesar da ação da CONADEP ter produzido dúvidas dentro do movimento, tanto que pareciam pôr em questão a decisão inicial de impugnar a Comissão, era certo que predominou a desconfiança quanto às políticas e iniciativas oficiais, de modo que a posição defendida pela presidenta acabou colhendo a adesão de todos.

O triunfo da linha de Bonafini foi, porém, subestimado pelo grupo dissidente. Ajudavam a manter a confiança na força desse setor um certo encantamento com o papel protagonista que, dentro do movimento, ainda exercia a Comissão Diretiva; o peso relativo do grupo opositor na direção nacional, e a relevância de algumas de suas integrantes que, como no caso de María Adela, não só mantinha o cargo de vice-presidenta, mas também gozava de um enorme prestígio dentro do movimento de denúncia.

Do Encontro Nacional de Mendoza surgiram dois documentos de suma importância, diretamente relacionados ao debate político do momento, que endossavam amplamente o posicionamento de Bonafini. O primeiro resume as conclusões do debate, entre as quais se destacam as que dizem respeito à CONADEP e às reformas jurídicas implementadas por Alfonsín para tratar das violações dos direitos humanos.

O documento rechaçava toda a participação das Mães na CONADEP e manifestava sua posição contrária porque "a Comissão Nacional realizou sem consulta prévia a cada interessado a apresentação de depoimentos". Destacava-se que as Mães tinham "ressalvas" sobre o informe final que poderia produzir a organização, "no qual não fica clara a situação política dos detidos-desaparecidos".

Dessa forma, impugnava a reforma do Código de Justiça Militar e defendia que "as causas pendentes na justiça devem ser afrontadas apenas diante de juízes que não tenham feito parte da Justiça corrupta do Processo".

A declaração política — o segundo dos documentos assinados no Encontro — era mais extensa e proclamava em primeiro lugar uma advertência sobre a impunidade dos crimes da ditadura. Além disso, denunciava "toda tentativa de impor normas que implementem de forma sorrateira o esquecimento, a impunidade ou a reparação de caráter moral ou material que fira a dignidade da pessoa humana".

"Não queremos o esquecimento", defendia, "porque o progresso do nosso país não pode ser construído por sobre a corrupção instaurada e mantida durante a maior parte da nossa história, que se corrompeu na mentira e no silêncio cúmplice".

Destacava também que a impunidade dos crimes perpetrados desde o poder estiveram presentes ao longo de toda a história argentina, mas acrescentava que a pretensão de repetir essa constante era naquele momento obstruída "por um povo que, de pé, a rechaça".

Expunha duas questões que, pouco a pouco, se transformariam em algumas das questões mais discutidas no seio do movimento contra o terrorismo de Estado e entre as próprias Mães: os projetos, ainda não anunciados publicamente, de indenizar os familiares das vítimas do terrorismo de Estado e as eventuais homenagens oficiais aos desaparecidos, o que o setor liderado pela presidenta da Associação considerava uma tentativa de interditar o problema. A declaração enfatizava que as Mães rechaçavam "toda reparação a crimes sem precedentes com homenagens póstumas ou reparações econômicas, que significariam a legalização do horror que a raça humana deve banir definitivamente".

"Hoje, como ontem e como sempre", diziam as Mães, "são os mesmos responsáveis com idênticas condutas, que não escutam o clamor popular, os que pretendem manter o caminho sinuoso que distorce a Justiça".

"Do seio de um povo cujos valores éticos foram destruindo, por longos anos, surgiram os corruptos dirigentes políticos, sindicais, religiosos e militares que foram servos dos interesses internacionais que deformaram o ser nacional, submergindo-o em setores de uma simples massa indiferente", enfatizavam.

As Mães criticavam duramente "a imposição de tribunais militares para julgar crimes contra a humanidade que difamam e passam por cima da nossa Constituição Nacional; prova disso é que os assassinos de milhares de pessoas usufruem de total liberdade, amparados pela impunidade".

"Denunciamos os juízes do Processo como os principais cúmplices da detenção e desaparecimento de milhares de pessoas, ao desvirtuar o valor jurídico da sua sagrada missão. Não admitimos a mórbida informação da mídia canalha sobre a exumação de restos humanos com a qual golpeiam a sensibilidade do povo, pretendendo com isso saturar sua capacidade de julgamento para pôr um ponto final àquilo que não foi investigado, o que não é outra coisa se não uma trágica falácia diante do acúmulo de provas que têm início na detenção violenta de milhares de cidadãos indefesos por parte das Forças Armadas."

As Mães também afirmaram que não aceitavam nenhuma expressão que, direta ou indiretamente, acusasse seus filhos de serem terroristas pois, como nunca tinham sido julgados por ninguém, eram "absolutamente inocentes".

Reafirmando o rechaço às exumações de cadáveres não identificados, sustentaram que "negamos toda possibilidade de identificação de restos humanos que não seja precedida por uma séria e exaustiva investigação que determine a identidade dos responsáveis pelas ordens de execução das prisões e dos desaparecimentos, que o mundo civilizado qualifica como crime contra a humanidade".

Não se pronunciavam apenas em defesa da democracia e da Constituição, como também afirmavam que essa defesa se expressava em suas principais consignas: "Aparição com vida" e "Julgamento e punição aos culpados". Exigiam, dessa forma, a independência dos três poderes públicos, que devia se materializar na formação de uma comissão bicameral e na formação de julgamentos pelo júri.

Mais uma vez, as Mães proclamavam que "nenhum fato nem pessoa quebrará nossa resistência inabalável até que alcancemos nosso objetivo de reivindicar a dignidade do povo argentino e o compromisso assumido com as gerações que virão".

Ambas as declarações foram um triunfo, em todos os sentidos, do setor liderado pela presidenta da Associação. Pouco mais de um ano depois, o grupo dissidente perceberia o erro de ter subestimado a gravitação de Bonafini sobre as filiais provinciais. Enquanto isso, um novo episódio da política oficial produzia uma forte comoção nas Mães e, de maneira geral, nos demais argentinos. O fato, além disso, aprofundaria o debate interno.

Alto impacto

Poucos dias depois do Encontro Nacional em Mendoza, por solicitação da CONADEP e do Ministério do Interior, se montou um programa de televisão, transmitido no dia 6 de julho de 1984, no canal 13 portenho, que comoveu por diferentes motivos as Forças Armadas, as Mães da Praça de Maio e a opinião pública de forma geral.[2] Foi chamado *Nunca más* ("Nunca mais"). Depois de uma breve apresentação do ministro do Interior Antonio Tróccoli e do escritor Ernesto Sabato, durante uma hora e meia de transmissão foram vistas imagens de campos de concentração, de dependências militares que tinham servido como cativeiro de milhares de desaparecidos e até mesmo cachorros treinados para atormentá-los. A voz de um narrador explicava que a CONADEP tinha identificado mais de 280 centros clandestinos de detenção e constatado mais de 8 mil casos de pessoas desaparecidas, entre as quais se contavam 172 crianças sequestradas. Esse bloco foi seguido por fragmentos de imagem e som com declarações de sobreviventes e familiares de algumas das vítimas, entre outros, as de Enrique Fernández Meijide, que relatou o sequestro de seu filho Pablo; Adriana Calvo de Laborde, que contou seu parto em cativeiro; e os casos dos netos sequestrados de Isabel Chorobik de Mariani e Estela Barnes de Carlotto.

Após as imagens e os relatos impactantes voltaram à cena Tróccoli e Sabato. Depois da nova revelação do horror transmitida através dos testemunhos e das estatísticas da CONADEP, o titular do Ministério do Interior, mais sensível ao estado de ânimo militar do que ao sentimento de milhares de argentinos aterrorizados pelas aberrações do terrorismo de Estado e pela dimensão do genocídio, responsabilizou os grupos guerrilheiros de esquerda pela violência política.

As Mães escutaram tais palavras em estado de choque. Por mais que o mito dos "dois demônios" tivesse sido instalado por Alfonsín em sua mensagem ao Parlamento e fosse reforçado em cada oportunidade por diversos personagens afins ao governo, o fato de ele ser reproduzido associado

2. Como revela o depoimento de Graciela Fernández Meijide, a ideia do programa televisivo veio da CONADEP: "Pensamos em montar um depoimento vivo em um programa de televisão. Cada vez que fazíamos a apresentação de algum centro clandestino, contávamos à opinião pública o que estávamos fazendo, como qualquer ato de governo para que o povo soubesse. Mas isso também induzia as pessoas a aumentarem as denúncias. Quando chegamos quase ao fim do mandato do decreto, produzimos o programa *Nunca mais*. Isso causou um impacto que nem nós mesmos soubemos medir, desassossegou fortemente as Forças Armadas e certos setores políticos que se incomodavam com isso. Eles especulavam, acredito eu — não tenho provas a respeito — que a CONADEP se limitaria a fazer uma grande lista de desaparecidos e buscá-los por todo o país. Para depois dizer 'senhores, não encontramos nenhum desaparecido com vida, isto é, estão todos mortos'".

ao trabalho da CONADEP e em um programa de grande repercussão pública teve o impacto mais negativo. O setor das Mães que mantinha seu rechaço à Comissão Sabato viu confirmada sua posição, e inclusive aquelas integrantes do movimento que reconheciam aspectos positivos no trabalho da organização oficial, reconsideraram, ao menos parcialmente, seu aval, para pronunciar de forma unânime contra o que consideraram uma afronta e uma concessão aos militares.

Hebe de Bonafini estava doente em sua casa, mas de todo modo atendeu ao chamado de um radialista que lhe perguntou o que sentia depois de ter assistido à transmissão. "Me sinto doente, mas mais do que fisicamente, pesa em mim a doença moral causada pelas palavras do ministro Tróccoli abrindo e fechando o programa", começou dizendo a presidenta das Mães. "Foi nefasto, terrivelmente nefasto. Cada uma das suas palavras estava destinada a justificar os crimes contra a humanidade cometidos pelas Forças Armadas".

Bonafini aproveitou a ocasião para lançar um desafio à própria CONADEP: "Desejo fervorosamente que a Comissão Sabato venha a desmenti-lo, declarando publicamente que de maneira alguma concorda com as coisas que esse ministro disse e que, insisto, pareciam destinadas a negar a realidade que se chama 30 mil desaparecidos. Tróccoli tentou desesperadamente salvar os militares, mas esta é uma tarefa impossível, porque nosso povo sabe bem o que aconteceu e nosso povo tem muito boa memória".

Preveniu também quanto a um dos problemas que logo viria a ocupar o centro do debate político e que provocaria uma das batalhas mais sujas entre a própria CONADEP e o governo, em meio a um escândalo de repercussão nacional: "Eu senti durante todo o programa que estavam se calando sobre algo muito importante: os nomes dos responsáveis. Não cabem dúvidas, há responsáveis que têm rosto, que têm nome e sobrenome, e que já estão entrando para a história como exemplos de perversão humana. Muitos conhecem esses nomes, mas é necessário que sejam difundidos de maneira contínua, para que ninguém possa fechar os olhos e os ouvidos, mesmo que queiram". A dirigente reforçou que o que não fazia o governo, nem a CONADEP, nem a mídia, estava sendo feito pelas próprias Mães: todas as quintas-feiras, ao terminar a ronda, liam testemunhos de violações aos direitos humanos e pronunciavam os nomes dos responsáveis.

"Como Mãe da Praça de Maio", insistiu Bonafini, "não posso deixar de acusar o ministro Tróccoli de tentar negar aos nossos filhos a aplicação das leis da Constituição. Tróccoli falou da repressão militar como consequência da subversão. Mas, se contradisse, evidentemente. Como ele, que continuamente exalta a aplicação da lei, nega o direito que têm nossos filhos de serem julgados por leis e tribunais e não pela demência que a força bruta proporciona?".

"Quanto a Ernesto Sabato, quem eu respeito, falou muito das crianças e adolescentes, mas eu também gostaria de ter escutado uma defesa da maior parte das vítimas, que não eram nem crianças nem adolescentes, mas homens e mulheres que faziam parte da oposição política. É isso o que se cala. As vítimas são opositoras políticas da ditadura. Não se pode passar pela peneira; não há vítimas mais especiais que outras. Todos têm os mesmos direitos e as Forças Armadas têm de responder a todas as vítimas."

Paradoxalmente, o que as Mães e outros grupos políticos, particularmente de esquerda, consideraram uma concessão aos setores militares, para os militares foi um golpe que entenderam como parte de uma ofensiva que tinha por tendência tirar seu prestígio e tirá-los cada vez mais do poder.

Enquanto se transmitia o programa de televisão *Nunca mais*, mãos desconhecidas jogaram explosivos sem detonadores sobre o telhado do Canal 13: os grupos militares mais beligerantes não podiam fazer muito mais. Todavia, tanto os discursos de reivindicação do genocídio como a manifesta inatividade do Conselho Supremo, a resistência às mínimas ações do Poder Judicial e uma campanha de ameaças e intimidações de inconfundível viés ultradireitista, conformava um clima político e social de indecisão e temor destinado a restabelecer a cultura do medo, esta, que ativava um estado de permanente vigilia sobre os limites que não deveriam ser ultrapassados para não provocar a reação dos militares.

Nesse contexto, a ideia daquilo que era ou não possível de ser feito com relação ao tratamento dos crimes da ditadura debatia-se de forma permanente no seio do governo. A resistência militar à política oficial parecia confirmar o critério do governo de que cada passo decidido com relação ao que se dizia sobre a tramitação das violações dos direitos humanos deveria ser cuidadosamente calibrado. Ultrapassar certos limites, sugeriam, colocaria em risco a ordem institucional. O lema implícito "Alfonsín ou o caos" era invocado pelo radicalismo para moderar as reivindicações dos setores mais radicalizados e disciplinar o próprio quadro. Não obstante, a evidência de que se estava perdendo um tempo precioso para fazer justiça e expurgar as Forças Armadas era, para as Mães, incontestável.

Por outro lado, a profunda crise das Forças Armadas, o desprestígio generalizado dos militares, o vigor dos setores populares que impulsionavam sua "democratização", a tendência latino-americana a deixar para trás a ingerência militar e a própria política dos Estados Unidos para a região, tornavam duvidoso e até impensável um golpe militar bem-sucedido.

A postura negociadora do governo correspondia, na verdade, e antes de mais nada, a uma constante que o radicalismo e as forças políticas majoritárias tinham sustentado sob o velho regime, e não se relacionava apenas com o poder majoritário ou minoritário da corporação cívico-militar, mas com uma concepção do papel das Forças Armadas como garantidores da ordem social. Assim como o conjunto dessas forças políticas não tinha feito parte da resistência à ditadura — no melhor dos casos, tinha exercido uma oposição moderada —, no novo contexto histórico não se propunha enfrentamentos que excluíssem os uniformizados, pelo contrário, proclamavam uma política de mão estendida. Alfonsín tinha explicado na sua mensagem ao Parlamento: era preciso dar a eles a oportunidade de se incorporarem à "democracia".

No dia 7 de julho, durante o jantar de camaradagem das Forças Armadas — com um novo homem na chefia do Estado-Maior, o general Ricardo Pianta, que tinha substituído Arguindegui —, Alfonsín falou, cara a cara, com centenas de oficiais. Disse que a unidade nacional deveria ser consolidada para que outras bandeiras não levassem os argentinos a enfrentamentos ideológicos ou interesses alheios; repartiu igualmente, entre militares e civis, as culpas; defendeu que as Forças Armadas tinham cometido erros graves, mas que a sociedade civil também deveria assumir sua cota de responsabilidade; que todos tinham de unir-se ao comum respeito à Constituição, e que os militares deveriam ser a coluna de sustentação desta unidade.

Ou Alfonsín acreditava na transformação automática do conceito de democracia dos militares, ou seu conceito de democracia era tão paradoxal que incluía a instituição-chave na execução do genocídio.

Viva a Pátria

Apesar da recente crise militar e o desprestígio público que caía sobre os militares, Alfonsín decidiu respeitar a tradição segundo a qual o 9 de julho, Dia da Independência Nacional, deve ser celebrado publicamente com as Forças Armadas, que seriam centrais em uma cerimônia que teria lugar na Praça de Maio.

A iniciativa oficial de comemorar a data cívica com um desfile militar era coerente com o discurso reivindicativo do "exército samaritano" que, nessa versão, reunia os valores do patriotismo, do profissionalismo, da subordinação ao poder civil e, mais vagamente, os do espírito democrático, em contraste com aqueles que pegaram em armas para combater seus compatriotas e violar a Constituição. Para bom entendedor, meia palavra basta.

Também as Mães usaram apenas meia palavra no 9 de julho de 1984 para manchar a reaparição pública dos uniformizados, ainda que esses uniformes fossem de Granadeiros, regimento criado pelo general da Independência, e que apenas cumpria funções cerimoniais.

A coreografia oficial foi alterada por outra, improvisada pelas Mães. Desde muito cedo, de manhã, as mulheres se puseram na esquina da Rivadavia com a San Martín, em frente a Catedral Metropolitana, segurando uma faixa que media mais de quinze metros. Pouco antes de começar o ato oficial, a enorme faixa que sobrevoava as cabeças dos Granadeiros, postados em frente ao palco oficial, proclamava "Julgamento e punição aos culpados". Era mantido ali pelas mulheres dos lenços brancos que levantavam também cartazes com retratos de seus filhos e filhas. A foto do repórter que captou o acontecimento se converteu rapidamente em um novo símbolo da resistência e da inabalável postura das Mães. No dia seguinte, quase não houve mídia impressa que não a publicou.

Caía uma chuva persistente, mas as Mães não saíram do lugar. Pelo contrário, quando viram a chegada do presidente Alfonsín, algumas mulheres fecharam seus guarda-chuvas e se somaram ao coro que, através de suas consignas, exigia justiça: "Alfonsín / tu é o presidente / diga aos milicos / que devolvam nossa gente", gritavam.

O início do desfile militar foi o momento mais dramático da jornada. "Assassinos, assassinos", diziam em coro as Mães. Algumas ficaram visivelmente alteradas. "Não conseguíamos acreditar nem tolerar que um governo que ainda não tinha rompido com os criminosos das Forças Armadas, que sequer estava entre os que marchavam no Dia da Independência do País, permitissem tal exibição", declarou posteriormente uma mãe cujo nome não foi declarado na imprensa.

Antes de começar a missa, Alfonsín passou diante da coluna das Mães para entrar na Catedral. Elas voltaram a gritar. Logo, quando os alto-falantes que davam para a parte externa anunciaram que a missa seria celebrada pelo cardeal Juan Carlos Aramburu, as Mães citaram, em coro, o quinto mandamento: "Não matarás", em alusão à cumplicidade da hierarquia eclesiástica com a ditadura. E essa exclamação se repetiu enquanto durava o Te Deum.

Algumas conseguiram entrar na Catedral e se fazer ouvir. Mas as autoridades permaneceram imóveis.

"Ao final do ofício religioso, e com a partida de Alfonsín para a residência presidencial Olivos, voltaram a ser ouvidas as consignas e a viver momentos dramáticos quando alguns familiares de desaparecidos sofreram crises nervosas ao fazer ouvirem suas dolorosas súplicas em frente a Casa de Governo", relatou um jornalista do diário *La Voz*, sob o título "Indignado pedido de justiça".

Uma nova ocasião para que as Mães expressassem seu repúdio com relação aos militares aconteceu um mês depois, no dia 17 de agosto de 1984, no aniversário de falecimento do Libertador José de San Martín. Dessa vez, a cerimônia se deu na Praça San Martín, ao redor do monumento ao Libertador. No palco oficial, levantado ao pé da estátua, se colocaram Alfonsín, os ministros Tróccoli, Dante Caputo e Bernardo Grinspun, o prefeito de Buenos Aires Julio César Saguier, o chefe de Estado-Maior Conjunto, o general de divisão Julio Fernández Torres, o comandante da Marinha almirante Ramón Arosa, o do Exército, Ricardo Pianta, e representando a Aeronáutica, na ausência do comandante dessa força, Teodoro Waldner, o brigadeiro Horacio Crespo. Também se encontravam o Vigário-Geral Castrense, monsenhor José Miguel Medina, e o titular do Instituto Nacional Sanmartiniano, Horacio Timpanaro. O público se colocou diante da grade e os militares efetivos se posicionaram ao redor da calçada.

Depois da experiência do dia 9 de julho, as autoridades tinham calculado a possibilidade de um reaparecimento das Mães. Por esse motivo, dessa vez a cerimônia contou com a prevenção de um grupo de jovens da União Cívica Radical empunhando cartazes. Porém, apesar de certas atitudes intimidadoras da juventude do partido, a faixa que exigia julgamento e punição aos culpados foi, da mesma forma, erguida pelas mulheres de lenço branco.

Assim que o monsenhor Medina deu início ao ato, protestos foram ouvidos: eram os jovens radicais, que se queixavam porque a enorme faixa das Mães lhes impedia de enxergar o grande evento. "Não mexe com Raúl / o povo o banca / e por isso, senhor Presidente / dizemos presente! / por cem anos mais", em coro, cantavam os jovens.

As Mães concordaram em deslocar a faixa alguns metros para trás, onde, de qualquer forma, cumpria sua função: que as autoridades do palco soubessem do que se tratava. Então, fotos parecidas com as que aconteceram na Praça de Maio, com a faixa sobrevoando as cabeças dos militares, foram tiradas pelos repórteres que cobriam a cerimônia.

Enquanto o sanmartiniano Timpanaro, principal orador, sintetizava o legado estadista no "cumprimento do dever, da justiça, da honra e da liberdade", outro discurso, estampado embaixo dos seus narizes, se referia a um cumprimento do dever que não era o da obediência devida, a uma justiça concreta e real, a uma honra que estava fora do palco e a uma liberdade ameaçada por jovens arruaceiros.

Uma foto tirada sete anos antes nessa mesma praça, a poucos passos da estátua de cavalo, registrou as Mães da Praça de Maio — que ainda não tinham esse nome — no momento em que gritavam, desesperadas, para serem percebidas por um visitante oficial do governo norte-americano, esperando uma ajuda dos Estados Unidos na reivindicação pelo aparecimento de seus filhos. A fotografia que capturou esse momento — uma das primeiras das Mães — percorreu o mundo como uma denúncia implacável sobre as violações dos direitos humanos no país que a ditadura pretendia apagar. Agora, se somavam a essa novas imagens que já não registravam aquele grito desesperado nascido da angústia e da desolação mais profundas. Ainda que seu eco batesse na consigna "Julgamento e punição" e seu recurso máximo seguisse sendo a luta nas ruas, a demandas das Mães estava encarnado em um sujeito político inquebrantável, que acertava em cheio a impunidade.

No dia seguinte, *Clarín* intitulou "Incidente menor" a reportagem sobre os acontecimentos da Praça San Martín.

14. Polêmicas

"Alfonsín tem boa vontade, mas os assassinos ainda andam soltos. Com essa frase, acredito que estou definindo de maneira mais acertada possível o sentimento das Mães da Praça de Maio, ao sexto mês de governo democrático."

Hebe de Bonafini, *Revista Claves*, agosto de 1984.

Apesar de estarem solicitando uma audiência com o presidente há, pelo menos, seis meses, Alfonsín se recusava a recebê-las. O forte perfil opositor assumido pelas Mães fazia com que o governo tratasse de evitá-las e de diminuir sua relevância. Publicamente, a recusa era justificada com problemas de agenda, mas a desculpa não se sustentava por muito tempo. Elas demonstraram seu desgosto até que, finalmente, foi marcado um encontro para o dia 6 de agosto de 1984.

A concessão oficial, porém, não buscava apenas calar o desgosto das Mães: já pelo meio do ano o governo tinha planejado capitalizar politicamente o trabalho da CONADEP — cuja tarefa chegava ao fim — por meio de uma massiva mobilização e de um ato no qual se apresentaria ao presidente e à opinião pública o relatório final da comissão. O governo desejava que as Mães estivessem presentes.

As críticas que as Mães tinham dirigido à Comissão Sabato seguiam recaindo negativamente sobre a imagem do governo. Se isso fosse somado à ausência dos lenços brancos na concentração que deveria trazer o calor popular e coroar o trabalho da CONADEP, o contratempo seria ainda mais grave.

Nessa conjuntura, os assessores de Alfonsín imaginaram que o encontro entre o presidente e as Mães poderia ser considerado um sinal de aproximação e, em todo caso, para além das conclusões da reunião, mostraria que o governo estava disposto a dialogar, contrastando eventualmente com a combatividade mantida, sobretudo, por Bonafini.

O governo apostava nisso com firmeza. A distância entre as políticas oficiais e as reivindicações das Mães era evidente e não dava presságios de uma conversa simples, mas uma informação-chave nas mãos de Alfonsín fez com que ele decidisse conceder a entrevista: as divergências na Comissão Diretiva das Mães com relação à CONADEP tinham chegado aos seus ouvidos, de modo que especulou que uma atitude aberta e receptiva do governo poderia acentuar as contradições internas do movimento e, inclusive, inclinar a balança a seu favor.

A complexidade e transcendência do encontro foi claramente percebida pela maior parte da imprensa. No sábado anterior, dia 4 de agosto, *La Voz* anunciou: "As Mães se reunirão com Alfonsín na segunda-feira". "Alfonsín recebe as Mães", intitulou *Clarín* no mesmo dia da entrevista, e "Alfonsín receberá hoje as Mães da Praça de Maio", *Tiempo Argentino*. A importância que davam à notícia ficava evidente pelo fato de que, apesar dos artigos do *Clarín* e do *Tiempo* fazerem referência a outras atividades do presidente durante essa jornada — por exemplo, a reunião de Alfonsín com ninguém menos do que o titular da CONADEP, Ernesto Sabato —, ambos os títulos só mencionavam as Mães.

Desoladas

Às nove em ponto da manhã, Hebe de Bonafini, María Adela Gard Antokoletz, María del Rosario Carballeda de Cerruti, Juana Meller de Pargament, Nora Morales de Cortiñas, Carmen Aguiar de Lapacó e Beatriz Aicardi de Neuhaus entraram no escritório presidencial, onde eram esperadas pelo Diretor Geral de Direitos Humanos da Chancelaria, Horacio Ravenna, e o próprio Alfonsín.

As Mães ficaram em absoluto silêncio enquanto os fotógrafos tiravam fotos do encontro. Assim que os jornalistas se retiraram começou a troca de opiniões, que durou mais de uma hora. Muitos temas foram abordados. As

Mães se alongaram em suas críticas às orientações oficiais, particularmente com respeito à reforma do Código da Justiça Militar e à recusa de impulsionar uma comissão investigativa bicameral. Nada disso era uma novidade para o governo. À medida que avançavam na sua exposição foi ficando evidente que não havia margem para uma aproximação: a expectativa de que se manifestassem vozes contraditórias entre as Mães, que permitissem produzir uma rachadura no movimento, não se cumpriu, pelo menos não neste encontro.

Alfonsín começou a perder a paciência. Quando Bonafini disse que as Mães estavam surpresas e inquietas porque depois de mais de meio ano de governo quase todos os criminosos, responsáveis e executores do genocídio, seguiam em liberdade, o presidente a interrompeu. Respondeu que tinha adotado medidas que estavam em plena execução, que o tempo que passou era próprio de um Estado de Direito e que "em um Estado de Direito são necessárias provas para prender criminosos", enfatizou. Bonafini retrucou dizendo que existiam provas. Alfonsín, como se não tivesse ouvido, afirmou que era necessário dar tempo à CONADEP e à Justiça. Bonafini disse que se o que o governo esperava para prender os criminosos era o conteúdo do relatório da CONADEP, não encontraria mais provas do que as que já se conhecia: "a CONADEP está apenas reunindo o que os familiares e as vítimas denunciam desde sempre", afirmou. Segundo Hebe, a organização não estava fazendo nenhuma outra investigação importante. O presidente respondeu que não era assim, que as próprias Forças Armadas tinham contribuído com muitos elementos e insistiu que era necessário esperar o informe da Comissão presidida por Sabato. "Sobre a CONADEP já demos nossa opinião, e sobre as Forças Armadas nós já sabemos como podem contribuir", ironizou Bonafini. O presidente escolheu ficar calado.

O clima de tensão era evidente. Alfonsín e seus funcionários davam-se conta de que a operação de aproximação estava fracassando, e as Mães apenas confirmavam que o governo não modificaria as políticas impostas por volta de dezembro de 1983. Não tinha muito mais a dizer, mas a polêmica, na verdade, estava apenas começando.

Se as saudações do início tinham sido sóbrias, porém cordiais, as de despedida foram frias e sérias. Bonafini se dirigiu imediatamente à sala onde estavam os jornalistas renomados na Casa Rosada e começou a narrar sua versão do encontro com o presidente. A primeira coisa que disse seria publicada em todos os meios impressos no dia seguinte: as Mães estavam "desoladas". A indignação era percebida no rosto de Bonafini e em certo tremor de voz. Enquanto falava, o resto das Mães a cercava em silêncio. Estavam magoadas.

"Toda a informação que o governo nacional tem é a que as vítimas, as próprias famílias ou nós mesmas lhes entregamos", criticou Hebe. "O que queremos é encontrar uma maneira de saber o que aconteceu com cada um dos nossos, quem disse que tinham que desaparecer, quem os assassinou. Isso é fundamental, saber quem os assassinou".

A presidenta das Mães destacou que depois de tantos meses de suposto trabalho do governo sobre o assunto, "temos apenas o que cada uma de nós levou, deveria ser o contrário. Não queremos sair do Estado de Direito, pelo contrário, queremos conservá-lo, uma vez que o direito é igual para todos".

O presidente, segundo Bonafini, respondeu a essas questões dizendo que era necessário esperar a ação da CONADEP, e que era necessário esperar a ação da justiça, que "é lenta", e que, em primeiro lugar, era necessário esperar os resultados dos tribunais militares. "É isso o que está acontecendo", disse Hebe diante dos jornalistas, "que, infelizmente, tudo isso é tão lento que é uma perda de tempo e esse tempo desperdiçado acaba fortalecendo cada vez mais os militares. Porque Astiz está solto, porque Menéndez está solto e não é como se não houvessem acusações ou provas contra eles, porque há, e muitas".

Quando um jornalista perguntou se as Mães tinham acesso a documentação sobre os desaparecidos, Bonafini respondeu que eram elas quem tinham dito desde sempre como atuou a repressão: "Cada uma de nós investigou ou ouviu testemunhos para saber em qual campo seu filho esteve, mas isso não é uma prova, segundo o governo; então, onde vamos encontrar as provas para condenar essa gente?".

Para Bonafini, o resultado da entrevista com o presidente indicava uma mudança na situação: Alfonsín não podia mais ser visto como um governante que restringia seus próprios objetivos de justiça em uma correlação de forças que não o favoreciam, mas cujos limites surgiam de sua própria concepção e estratégia.

Se toda a delegação do movimento tinha saído do encontro com o presidente fortemente contrariada, Bonafini estava cheia de ódio. Um cronista do *La Voz* acompanhou as Mães desde a saída da Casa Rosada até a sede da Associação. No trajeto, anotou os comentários de Hebe: "Para nós hoje é o dia mais triste, diríamos até mais dramático, desde que tomou posse o governo do presidente Alfonsín. A partir de agora já não restam dúvidas: o atual governo não tem o menor interesse em punir os responsáveis pelos desaparecimentos, pelos assassinatos, pelas torturas que sofreram nossos filhos".[3]

Bonafini não estava apenas analisando as palavras do presidente; estava transmitindo a sensação — tão importante para ela — que o encontro tinha produzido nela. Mas, para além de seus sentimentos, o que reprovava no presidente era estritamente racional. Alguém podia dizer que no caso de Astiz, de Camps, no de Menéndez, ou no caso de Suárez Mason, não havia provas? Já não era o caso de o presidente pretender que os militares julgassem seus pares — quando isso nunca aconteceria — de estar zombando delas. Não era Estado de Direito o que estava em funcionamento, mas o exato oposto: regras especiais para evitar as condenações que um Estado de Direito imporia aos genocidas.

"Foi muito diferente essa entrevista daquela que tivemos com o doutor Alfonsín em novembro passado", lembrou Hebe ao *La Voz*. "Naquela oportunidade o tratamento foi cordial, nos deu ânimo, nos fez acreditar que haveria Justiça, que teriam resposta nossos apelos. Hoje o presidente falou como se fosse um militar, com o mesmo tom frio, distante, até mesmo adversário, com que falam com a gente os militares do Processo".

"Para além de atender nossos pedidos ou dar respostas às nossas perguntas bem concretas, suas afirmações em grande medida foram no sentido de justificar e até mesmo exaltar as Forças Armadas. Nós lhe dissemos que ele não podia esquecer que é presidente por vontade do povo, não dos militares, e que será o povo, do qual nós Mães somos parte, que vai defender a ele e à democracia no caso de os militares novamente, como de costume decidirem violentar as instituições. Mas o doutor Alfonsín confia neles cada vez mais, defende seus pontos de vista, defende seus interesses, em uma palavra, e é doloroso dizer isso, o doutor Alfonsín, neste momento, defende os militares, esses mesmos que destruíram nossa Pátria e estão na espreita para repetir seus crimes na primeira oportunidade. O mais perigoso é que tanto os milhares de torturadores, assassinos, ladrões e culpados por muitos outros males contra homens, mulheres e até mesmo crianças andam livres pelas ruas, gozam de total impunidade, se sentem seguros, protegidos. O doutor Alfonsín insiste que os militares devem ser julgados por militares, nos pede provas impossíveis para castigar os Menéndez, Astiz e outros, publicamente,

3. "Não lhes interessa que os culpados sejam castigados". *La Voz*, 7 set. 1984.

opressores, e não se importa que todo nosso povo e até mesmo a comunidade internacional saiba que são culpados, que merecem estar na cadeia e que o atual governo, apagando suas promessas eleitorais, deixa que passeiem com insolência e sigam provocando e ameaçando a vida de outros. Inclusive, o doutor Alfonsín agora quer chamar esses militares, que já mostraram que só servem para matar inocentes, e que todo o povo repudia, para participar do governo em cargos decisivos, tal como, literalmente, nos disse esta manhã".

A conclusão de Bonafini sobre o encontro das Mães com o presidente foi precisa: "O doutor Alfonsín nos arrancou toda a esperança de que seu governo cumpra o prometido quanto aos direitos humanos. Se mostrou um defensor entusiasta dos militares e, a partir de hoje, nós Mães já não podemos, de maneira nenhuma, confiar no governo e devemos nos preparar para tudo, inclusive para sofrer atentados, qualquer tipo de atentado. Saímos da Casa Rosada com a sensação de que nossa vida neste país vale muito pouco".

Contraofensiva

Depois da entrevista e das furiosas críticas das Mães, o governo saiu a dar sua própria versão dos fatos. Se já não era possível capitalizar o encontro e os desdobramentos jornalísticos, poderia pelo menos neutralizar os efeitos negativos.

O porta-voz presidencial José Ignacio López distribuiu um comunicado intitulado "Absoluto respeito à ordem constitucional e ao Estado de Direito", que sugeria que as Mães tinham feito requerimentos incompatíveis com a ordem constitucional. Depois de destacar que a reunião tinha sido tensa, o texto entregue aos jornalistas defendia que o presidente tinha repetido às Mães sua "inabalável convicção" de que o esclarecimento e julgamento das violações aos direitos humanos deveriam ser cumpridos "no mais absoluto respeito à ordem constitucional e ao Estado de Direito". Repetindo uma velha estratégia que se sustentava em um estereótipo, isto é, de que as Mães se excediam suas demandas na sua condição de familiares das vítimas da repressão, afirmava que o presidente "entende e compartilha da dor de todos os afetados", mas reafirmava sus política na matéria. Após reafirmar sua decisão favorável aos militares, à criação da CONADEP e à renovação da justiça federal, "o presidente — disse López, por sua vez — lembrou às visitantes que o respeito ao princípio, cuja nefasta violação no passado é repudiada por elas próprias, de que não pode haver condenação sem provas, e a observância do princípio republicano da divisão de poderes, tornam impossíveis as medidas solicitadas. Finalmente, o presidente explicou às Mães que o Governo não se manifestou desde o princípio sua intenção de que os fatos em questão sejam esclarecidos e que a justiça penalize os responsáveis sob as condições estabelecidas na legislação vigente. Da sinceridade e firmeza dessa intenção foram dadas provas inteiras".

Apesar da manobra oficial para distorcer o conteúdo da reunião, os próprios arquivos governamentais guardam uma prova irrefutável da posição que as Mães defenderam nessa ocasião. Trata-se do texto que a Associação entregou em mãos ao presidente. Esse documento, extremamente significativo porque define a posição de todas as Mães em um momento chave, aponta, se não o que disseram textualmente, pelo menos o sentido de suas reivindicações.

O texto começava, sem protocolo, manifestando a "inquietude" e a "surpresa" das Mães "pela falta de resposta" às suas "reivindicações urgentes" e "pelas medidas que não apontam para a garantia da vigência da Justiça nos termos requeridos pela gravidade dos fatos".

Elencava as críticas que, ao seu critério, eram relevantes: "Não houve informação pública sobre o destino de milhares de pessoas e desaparecidos pelas Forças Armadas. Não se conhece a documentação a respeito disso guardada por essa Instituição. Não se encontram detidos os responsáveis pelos desaparecimentos, torturas, assassinatos e enterros clandestinos devidamente comprovados por testemunhas que permaneceram em campos de concentração e cujos casos foram publicamente denunciados". Como culminação dos males, as Mães destacavam que os responsáveis pelos crimes permaneciam em seus cargos, e que inclusive participavam em atos oficiais.

Quanto ao Poder Judicial, diziam que lhes chamava poderosamente a atenção "que a aterradora maioria de juízes e secretários do Processo tenham seus cargos assegurados".

"Consideramos de suma gravidade e preocupante a convocação que o sr. Presidente fez no último dia 30 julho às Forças Armadas com apoio do Vice-presidente, no qual solicita à Instituição assessoramento em todos os âmbitos do governo, especialmente nos setores mais nevrálgicos, lhes dando inusitada relevância."

"Nós acreditamos que o sr. Presidente tem o decidido apoio do povo para alcançar a solução básica dos graves problemas nacionais. Quando se puder comprovar a garantia dada pela Justiça, não se medirão esforços para levar o país adiante, mas sem ela, tudo será inútil", enfatizavam.

"Assumimos o compromisso de defender a Constituição, e vamos mantê-lo até as últimas consequências. De acordo com esse mesmo compromisso seguiremos reivindicando as normas indispensáveis de Justiça."

Uma das críticas mais duras do documento contra Alfonsín, dizia que as Mães constatavam "uma grande diferença entre as definições que tinham sido feitas e as atuais, que evidenciavam falta de poder", ao mesmo tempo em que lhe recomendavam "não esquecer que o povo está decidido a não permitir a volta das Forças Armadas" e que enquanto presidente constitucional o povo ia "seguir brindando a ti todo o seu apoio" e que "com base nisso o Senhor Presidente deve tomar as medidas de responsabilidade histórica que todo o país espera".

"Queremos", exigiam, "a investigação imediata dos fatos. O congresso deve emitir seu parecer político, motivo pelo qual insistimos na Comissão Bicameral e além disso exigimos que o Senhor Presidente apoie a sanção de uma lei que declare crime contra a humanidade o desaparecimento forçado de pessoas. Queremos que o Poder Judicial julgue os responsáveis de forma direta e prioritária porque é inadmissível que o julgamento dos militares seja feito por seus pares. O país espera decisões firmes. Cabe ao Senhor Presidente o compromisso de que esse povo possa alcançar sua dignidade".

Se vários jornais tinham antecipado a tensão do encontro entre as Mães e o presidente, logo nenhum meio deixou de dar atenção ao resultado da entrevista. Nesse mesmo dia, o jornal vespertino *La Razón* anunciou: "As Mães da Praça de Maio botaram para fora seu descontentamento, após reunião com o presidente". O artigo abarcava mais de dois terços da página. E o outro vespertino, *Crónica*, intitulou "Polêmica com as Mães. As Mães da Praça de Maio criticam Alfonsín. Esclarecimento do governo pelos desaparecidos". No dia seguinte, *La Voz* proclamava: "Falaram na cara". "Mães desiludidas", disse o *Diario Popular*. "Queixas das Mães sobre a reunião com Alfonsín", publicou o *Clarín*. *La Nación* informou: "Alfonsín respondeu às reivindicações sobre os desaparecidos". "Esclarecimento dentro da ordem constitucional e estado de direito", consignou *La Prensa*.

O sistema de Alfonsín

Nenhum artigo foi irrelevante. Cada um ocupou um espaço significativo, tanto em extensão quanto no lugar que ocuparam nas páginas políticas. Mas o mais ácido, ou ao menos o que excedeu o simples comentário ou relato, entrou nos meandros do encontro e se propôs a uma análise menos de doze horas depois dos fatos. Foi publicado pelo *The Buenos Aires Herald*, um antigo seguidor das peripécias das Mães desde a pior época da ditadura.

"O sistema sairá na frente?", se perguntava desde o título o editorialista do jornal em língua inglesa. "As Mães da Praça de Maio saíram, ontem, depois de sua visita ao presidente Raúl Alfonsín "desoladas, desiludidas, tristes e aflitas", e é fácil compreender o porquê. O presidente rejeitou o plano de fazer algo para injetar mais energia à investigação da'guerra suja' e à acusação dos indivíduos acusados de estar implicados nela, e disse às Mães que deveriam simplesmente aceitar que a justiça é lenta e que é adequado que os oficiais superiores sejam julgados por tribunais militares. Evidentemente insistiu que ninguém pode ser condenado se as acusações apresentadas não tiverem o respaldo de provas suficientemente consistentes para serem aceitas pelos tribunais".

"A princípio", aceitava o editorialista, "é difícil discutir a atitude do governo. Desde o começo insistiu em fazer tudo de acordo com a Constituição e os Códigos. Diferentemente das milhares de vítimas da 'guerra suja', nenhum militar poderá afirmar com convicção de não ter sido submetido a um processo justo, ainda que existam aqueles que negam a qualquer um o direito de julgá-los pelas selvagens violações aos direitos humanos que aconteceram, baseadas na ideia de terem acontecido durante uma 'guerra'. Não obstante, o critério governamental está resultando menos eficaz do que cabia esperar de forma legítima. Na maior parte do mundo os tribunais militares são de impressionante rapidez em seus procedimentos; aqui extraordinariamente lentos. E, sem dúvidas, a disponibilidade de provas depende da possibilidade de consegui-las com os investigadores, e os militares não demonstraram nenhuma inclinação a oferecer seus arquivos aos forâneos, e estes têm carecido do poder necessário para obrigá-los a fornecê-los".

O documento rechaçava a manobra oficial que pretendia fazer exigências das Mães, e até mesmo as próprias mães, parecerem contrárias à Constituição. Concentrava-se, por outro lado, naquilo que o governo erroneamente chamava Estado de Direito: seu labiríntico arcabouço político que acabava exigindo que as vítimas provassem o que a justiça deveria investigar, e que a própria instituição que executou o genocídio fosse a encarregada por julgar os genocidas.

"As Mães estão plenamente justificadas", enfatizava o *Herald*, "quando suspeitam que o resultado final das investigações e processos será irrisório e pobre em comparação com os crimes cometidos. Ainda que milhares de oficiais tenham se implicado nos processos, roubos, torturas ou assassinatos, apenas um punhadinho deles parece correr algum risco de ir preso. Sem dúvida, os tribunais começarão a se ocupar do grande número de acusações que lhes foram enviadas, mas, dada a reconhecida morosidade da lei e as dificuldades de obter provas consistentes, levará algum tempo antes que a maioria dos acusados seja levada a julgamento, e, para esse momento, talvez a atmosfera política tenha mudado bastante, permitindo ao governo proclamar uma espécie de anistia, a única medida que pode impedir que a justiça afete muitos, direta ou indiretamente, pelos inúmeros crimes cometidos antes e durante o 'Processo'".

Não eram apenas as Mães que alertavam sobre a iminência da impunidade, se medidas urgentes não fossem tomadas. O editorialista aderia expressamente à denúncia das Mães sobre os perigos da ausência de justiça: "Seja como for, se as autoridades não fizerem alguma coisa para pesar a mão junto à justiça, elas e o país deverão se resignar a ver um grande número de criminosos saindo impunes. E visto que muitos desses criminosos ainda estão nas Forças Armadas os riscos que representam são mais do que evidentes. O que piora as coisas é que nada indica que existam muitos oficiais que agora acreditam que a 'guerra suja' foi um erro: a maior parte deles pensa, aparentemente, que os métodos aos quais recorreram estavam plenamente justificados e que agora são vítimas de uma perseguição política organizada pelos seus inimigos subversivos".

O editorialista se enganava em apenas uma consideração: as Mães nunca se resignaram.

A Linha do Equador

Assim como pensavam, anos antes, os representantes do velho regime cada vez que viajavam ao exterior, aconteceu com Alfonsín durante sua visita diplomática ao Equador: a imprensa estrangeira tinha particular interesse na situação dos direitos humanos, e estavam muito bem informados sobre o posicionamento das Mães. Em particular, ganhou difusão a forte polêmica que o presidente manteve com elas nos últimos dias. Mal chegou a esse país latinoamericano, os jornalistas já perguntaram sobre aquele debate, e Alfonsín voltou a sugerir que as demandas das Mães excedem o marco do Estado de Direito e a democracia.

"Não podemos nos distanciar do Estado de Direito", enfatizou Alfonsín durante a coletiva de imprensa. "O governo fez muito para colocar em vigor esse Estado de Direito", defendeu-se, e acrescentou que "quando a sociedade julga aqueles que estiveram fora da lei, deve fazê-lo com a lei".[4] Apelando à desinformação dos jornalistas estrangeiros, Alfonsín insistiu com um argumento estúpido para explicar a insatisfação das Mães: "Não acredito que possamos fazer nada para devolver o que as Mães da Praça de Maio querem; elas reivindicam que seus filhos apareçam com vida; mas o Governo se encontra, infelizmente, diante da impossibilidade de atender a essa legítima reivindicação".

De Buenos Aires, as Mães imediatamente deram sua resposta. Disseram que se Alfonsín conhecia o destino sofrido pelos detidos-desaparecidos, deveria, então, informar à opinião pública para que, como corresponde, o Estado Direito julgasse os responsáveis pelos crimes contra a humanidade. "Não se trata de devoluções", dizia o comunicado assinado por Bonafini e Cerruti, "se trata da vida de milhares de pessoas que foram levadas pelas Forças Armadas".

À essa resposta das mães se somou a das Avós, que também criticaram as afirmações de Alfonsín, particularmente as que defendiam que não havia provas suficientes para dar andamento à prisão dos criminosos. "Provamos que existem sim", disseram, e ofereciam como exemplo o caso da pequena Paula Logares, desaparecida junto de seus pais sob a ditadura: "A encontramos e ficou provado de forma inquestionável que é ela; porém, sua família legítima segue afundada em angústia e a pequena segue privada de seus direitos".

De fato, após uma exaustiva investigação, as Avós tinham encontrado a família que tinha se apropriado da pequena. Destacavam que Paula continuava sob o poder do ex-oficial de polícia que a havia registrado como filha legítima, falsificando sua identidade, e que, apesar de tudo, o magistrado responsável pelo caso estava atrasando sua decisão.

Três dias depois, em San Luis, onde tinha ido falar sobre a história das Mães, Bonafini seguiu a investida contra Alfonsín, inclusive elevando o tom da crítica. Acusou a cúpula política, eclesiástica e sindical de cumplicidade com o Processo, e afirmou que "o doutor Alfonsín não cumpriu até agora com suas promessas pré-eleitorais nem com o que nos prometeu depois de

4. Resposta às Mães. *Clarín*, 11 ago. 1984.

ser eleito". Segundo a presidenta das Mães, o presidente tinha prometido que a justiça castigaria os culpados, mas "passaram nove meses desde sua posse e não se fez nada", e "seguimos sem saber o que aconteceu com nossos filhos desaparecidos".

Bonafini encontrou um fio condutor entre o genocídio do passado e a impunidade da etapa em curso: "Temos 30 mil desaparecidos porque as cúpulas política, eclesiástica e sindical permitiram". A cumplicidade de ontem, argumentava, continuava na ausência de justiça no presente. "Independentemente de todos os inconvenientes nos quais tropeçamos, seguiremos com a mesma força exigindo o mesmo há oito anos: que nos digam o que aconteceu com nossos filhos", concluiu.[5]

Dessa vez, Alfonsín e a maioria dos implicitamente acusados preferiram ficar calados. Quem respondeu foi o capelão militar da guarnição do exército da cidade de San Luis. Se referindo a Hebe de Bonafini, o sacerdote José Padilla disse que "com suas atitudes desfigura o que é uma mãe". "Eu não imagino", disse o capelão em uma singular interpretação do relato bíblico, "a Virgem Maria gritando, protestando e semeando ódio quando seu Filho, Nosso Senhor, foi arrancado de suas mãos".

Padilha contrastou a atitude das Mães da Praça de Maio com a das mães e familiares das "vítimas da subversão" que, segundo o sacerdote, não rezavam apenas por seus filhos e parentes, mas também por seus assassinos.

"O que queremos para nossa Pátria? Onde queremos levar nossa Argentina quando estão sendo mutiladas, mais ou menos abertamente, as melhores instituições, por exemplo, a família?", questionou Padilha.

Faca na mão

Enquanto Alfonsín dizia que não havia provas suficientes para prender os envolvidos em violações aos direitos humanos e que, em todo caso, era preciso esperar o relatório da CONADEP, o ex-chefe do III Corpo de Exército, o general Luciano Benjamín Menéndez, um dos mais notórios criminosos, se exibia sem maiores constrangimentos diante dos meios de comunicação.

No início de agosto, um jornalista da rádio Splendid cruzou uma chamada telefônica entre o general com Bonafini. Menéndez, que falava desde sua casa na cidade de Córdoba, começou dizendo que "se uma infração

5. Graves acusações de Hebe de Bonafini. *Clarín*, 18 ago. 1984.

foi cometida, não se pode condenar ninguém massiva ou publicamente, porque é a justiça republicana a que deve decidir".

As declarações do militar foram publicadas no dia seguinte às da visita das Mães a Alfonsín, e seus dizeres coincidiam, objetivamente, com os termos do comunicado oficial sobre o encontro, que afirmava que o governo respeitava o Estado de Direito, e que não se podia condenar ninguém sem provas.

Se dirigindo diretamente ao militar, Bonafini disse que ele era o maior genocida da história do país, e que era apavorante que se atrevesse a negar o que aconteceu. Então o jornalista convidou Menéndez a responder, mas houve um silêncio. "General Menéndez, ainda está na linha?", perguntou, mas o militar tinha cortado a comunicação. Hebe disse, então: "Não ligue porque ele não vai te atender". Menéndez não voltou a atender porque, como diria depois, não ia se prestar à polêmicas. Bonafini, pelo contrário, continuou falando: "Tenho a sensação de que um dia vão me arrebentar na rua e nada vai acontecer porque aqui ninguém paga por aquilo que faz", concluiu.

Mas o trabalho midiático de Menéndez não tinha terminado, no momento em que os meios não pareciam ter qualquer constrangimento em difundir as declarações de personagens desse tipo. Menos de duas semanas depois, os jornalistas Bernardo Neustadt e Mariano Grondona convidaram o general ao seu programa Tiempo nuevo, transmitido pelo Canal 13, quando voltou a dar seu discurso "republicano" e de negociação do genocídio.

Nenhum dos preparados jornalistas que conduziam o programa lhe perguntou por um fato que os jornais, no dia seguinte, qualificaram como "incidente". De fato, um grupo de aproximadamente quinze jovens militantes do Partido Intransigente e da Federação Juvenil Comunista, esperou por ele na porta do canal para expressar seu repúdio e gritar "assassino".

Menéndez desceu do veículo no qual viajava — seguido por outro automóvel de escolta — e desembainhou um facão, no melhor estilo cuteleiro. Seus próprios guarda-costas o obrigaram a voltar atrás e entrar no carro, que entrou no estacionamento do canal sem que os manifestantes pudessem segui-lo. A polícia já tinha feito a sua parte se encarregando do assunto, reprimindo os jovens de forma violenta, segundo o artigo do dia seguinte do *Clarín*.

Três dias depois do cuteleiro Menéndez protagonizar aquele incidente, uma frota de Ford Falcons, sem placas de identificação, percorreu, desde o final da tarde até o início da noite, alguns dos lugares mais movimentados da cidade de Buenos Aires, incluindo no seu trajeto a sede de alguns setores midiáticos e agências de informação internacionais. Em cada lugar onde chegava a caravana, algum dos tripulantes descia e distribuía um documento assinado por um suspeito do Comando Nacionalista Argentino. O texto anunciava que tal comando tinha condenado à morte Mario Eduardo Firmenich, Oscar Alende, Vicente Saadi, Emilio Mignone, Ernesto Sabato e Hebe de Bonafini, entre outros. Ninguém deteve os participantes do desfile paramilitar.

15. Bifurcações

"Ó, deuses da noite!
Ó, deuses das trevas, do incesto e do crime,
da melancolia e do suicídio!
Ó, deuses dos ratos e das cavernas,
dos morcegos, das baratas!
Ó, violentos, inescrutáveis deuses
do sonho e da morte!"

Ernesto Sabato, *Sobre heróis e tumbas*.
Fragmento do *Relatório sobre cegos*.[6]

"Foram 272 dias de horror."

Ernesto Sabato, em referência ao tempo de trabalho
da CONADEP.

O escândalo derivado da entrevista entre Alfonsín e as Mães afetou o governo — assim percebiam os próprios homens do governo. Entre as Mães, a avaliação dos resultados oscilou entre duas interpretações. Para o setor liderado por Bonafini, as coisas não podiam ter sido melhores: a enorme repercussão pública das diferenças tinha servido para transmitir um forte

6. Tradução de Rosa Freire d'Aguiar. [N. da T.]

indicativo de oposição, a partir do qual ninguém poderia se dizer confuso sobre a insatisfação do movimento com relação às políticas oficiais. Era exatamente o que queriam. Por outro lado, para María Adela e as demais integrantes do setor crítico, a presidenta da Associação tinha outra vez dado provocado um fato que não apenas as incomodava porque não refletia a posição de todas, como posicionava as Mães num extremo, que segundo elas não reconhecia nuances políticos nem valores oficiais, e que se parecia demais com a forma como tinham enfrentado a ditadura.

De fato, a contínua polêmica com Alfonsín tinha produzido uma rachadura entre as Mães e o governo que já parecia irreversível. Essa circunstância revelava não apenas as diferenças entre as Mães e com o governo, mas marcava distâncias profundas com o restante do chamado movimento de direitos humanos que, em linhas gerais, apoiava a política do governo no assunto.

Paralelamente ao enfrentamento com o governo, a Associação, inscrita em uma dinâmica própria, foi se diferenciando do restante das entidades com as quais, pelo menos nos últimos anos da ditadura, tinha conseguido um nível significativo de unidade. O novo quadro da situação, evidentemente, começou a ser tema de análise nos meios de comunicação.

"Os caminhos se bifurcam" foi o título de uma nota que ocupou uma página inteira do *Clarín* da segunda-feira, 13 de agosto, em referência aos diversos alinhamentos políticos das "organizações de direitos humanos". O artigo começava destacando, precisamente, a unidade que esses grupos tinham alcançado e mantido sob o velho regime. "Vilipendiadas e perseguidas abertamente durante o regime militar, as organizações de direitos humanos formaram se fortaleceram pela unidade de ação, deixando de lado as diferenças'institucionais' internas", escreveu o jornalista Arnaldo Paganetti." O rótulo das oito entidades foi estampado em cada pronunciamento emitido para denunciar os desaparecimentos, torturas, detenções arbitrárias, perseguições políticas e partidárias".

Ainda que exagerasse o real nível de aproximação dessas organizações sob a ditadura — a diferença no trato inicial da Junta Militar, as atitudes diversas quanto à Copa do Mundo de 1978, à guerra das Malvinas e à consigna "Aparição com vida" foram indicativos das profundas diferenças de perspectiva que tinham atravessado o movimento de denúncia contra o terrorismo de Estado —, o jornalista estava certo sobre o momento e o motivo da máxima distância: "O advento do governo constitucional e a decisão do presidente Raúl Alfonsín de tomar a iniciativa no assunto, produziram o choque", afirmava.

A nota apontava corretamente a diferença fundamental: se no passado ditatorial todos esses grupos, com maior ou menor intensidade, tinham se colocado na oposição, desde o dia 10 de dezembro de 1983 alguns mantinham sua distância crítica enquanto outros tinham se somado, com os mais diversos graus de entusiasmo, às políticas oficiais. "Alguns se moldaram à proposta do governo", escreveu o jornalista, "como a Assembleia Permanente pelos Direitos Humanos (APDH), que pôs à disposição da Comissão Nacional sobre o Desaparecimento de Pessoas (CONADEP) seu melhor pessoal e equipe técnica, já em outras, como as Mães da Praça de Maio, adotaram uma posição crítica que gerou uma crise na reunião que tiveram na segunda-feira passada com o chefe de Estado". A escolha de citar APDH e as Mães para exemplificar a "bifurcação" a qual se referia o título da nota não era por acaso, pois o confronto manifestado por ambas entidades servia para destacar as contradições mais evidentes entre as organizações. Assim, enquanto dizia que "porta-vozes da APDH destacavam a importância do Relatório Sabato" — que ainda não era conhecido publicamente, mas já se anunciava ao rufar dos tambores — e reproduzia afirmações de seus porta-vozes que defendiam que depois do dia 10 de setembro — data indicada para a entrega de tal informe — se saberia a verdade e que, por consequência, só faltaria fazer justiça. Ao mesmo tempo registrava a intransigência e desconfiança das Mães sobre "a verdade da CONADEP", e revelava que descreviam a APDH como "governista".

Ao traçar um perfil de Bonafini, o jornalista retratava que "sintetiza o caráter combativo a todo custo de uma entidade apartidária e com consignas incisivas". Reproduzia, em seguida, uma declaração da presidenta das Mães, mais do que sugestiva: "Queremos saber quem foram os que sequestraram nossos filhos, que os torturaram, que os assassinaram. E se a justiça não chegar, ficaremos às portas das casas dos criminosos como se fazia com os nazistas, mas impunes não ficarão". Desse modo, à confiança da APDH na justiça, correspondia a desconfiança e advertência das Mães: caso não houvesse justiça, haveria escrachos.

O artigo conclui argumentando que "a disparidade de critérios não é obstáculo para que as organizações coincidam em questões fundamentais; uma delas é que devem ser os tribunais civis, e não os militares, a julgar os responsáveis pela luta contra a subversão". Por força do hábito ou talvez por outros motivos menos explícitos, o jornalista terminava sua nota chamando de "luta contra a subversão" o genocídio.

A extensa e pormenorizada cobertura, que desvelava as afiadas diferenças entre as organizações, entretanto, não registrava as diferenças que atravessavam o próprio movimento das Mães.

Divididas

Na verdade, algumas das questões expostas na nota do *Clarín*, que diferenciava as Mães das demais organizações, também produzia diferenças internas. Nenhuma se reconhecia enquanto "governista" como a APDH, mas algumas mães atribuíam a Hebe uma constitutiva falta de capacidade de reconhecer aspectos positivos da política de governo, especialmente sobre o assunto central dos últimos dias, a CONADEP, enquanto as que concordavam com Hebe começavam a chamar as primeiras de "alfonsinistas" ou "radicais".

O grupo de Mães da Comissão que estava de acordo com Bonafini era formado, entre outras, por María del Rosario de Cerruti, Juanita de Pargament e Laura de Rivelli, enquanto entre as que coincidiam com María Adela estavam Élida de Galetti, Marta de Vázquez e *Yoyi* de Epelbaun. Estas últimas conseguiram em algumas ocasiões frear certas definições por maioria, mas o setor de Bonafini contava com, pelo menos, duas vantagens. Em primeiro lugar, a presidenta da Mães era a referência pública e midiática do movimento. Bonafini aproveitava bem essa circunstância para posicionar as Mães no tabuleiro político nacional com as suas próprias definições. Em segundo lugar, a figura de Hebe era determinante na base das Mães, particularmente entre os grupos provinciais, como tinha se confirmado no Encontro Nacional do dia 1 de julho em Mendoza, e como voltou a acontecer no Encontro do dia 9 de setembro em Tucumán.

Bonafini declarou de forma rigorosa as resoluções do encontro tucumano das Mães quando disse a um jornalista do *Clarín* que a entidade que ela representava não participaria de nenhum ato ou marcha de apoio à entrega do Relatório da CONADEP sem conhecimento prévio do conteúdo completo do documento[7]. A combatividade ao governo não cessava.

Nesse mesmo dia, dando continuidade à controvérsia com o presidente, as Mães publicaram uma nota no *Clarín* desmentindo o repetido

7. Reiteram as Mães. *Clarín*, 10 set. 1984.

argumento de Alfonsín, segundo o qual, se não deteve nenhum responsável pelas violações aos direitos humanos era porque não havia provas.

> As Mães da Praça de Maio perguntam:
>
> JUSTIÇA OU OCULTAMENTO?
>
> Se acumulam testemunhos e provas dos crimes da ditadura.
>
> Os culpados tratam de se esquivar da sua punição chamando os "detidos-desaparecidos" de terroristas. Rechaçamos essa calúnia. Terroristas foram as 3 A (apêndice das Forças Armadas e da Polícia). Terrorismo de Estado foi a selvagem repressão militar que, em nome de uma escandalosa "teoria de segurança" de Estado, Sequestrou, Torturou, Violou, Roubou e Assassinou.
>
> A CONADEP entregará, no dia 20 de setembro, numerosos testemunhos e provas desses crimes, que serão somados aos já entregues anteriormente pelas organizações de Direitos Humanos.
>
> Exigimos que sejam publicamente divulgados, por todos os setores da imprensa, os nomes dos culpados e que seja determinada sua prisão imediata.

O setor dissidente, todavia, não se conformava em aceitar o caminho de oposição "sistemática" — segundo sua própria definição — que Bonafini as obrigava a atravessar. O grupo estava composto por mães com reputação e longa trajetória, de referência na Associação, e estava decidido a lutar sem descanso pela reorientação do movimento. "Começamos a nos reunir separadamente", lembra Marta de Vázquez, "para entrarmos em acordo entre nós e assim podermos debater na Comissão Diretiva, onde Hebe impunha suas posições".

Próximo ao encerramento do trabalho da CONADEP e em meio aos preparativos oficiais para envolver a entrega do Relatório da comissão em uma massiva mobilização na Praça de Maio, o setor dissidente das Mães se dispôs a desencadear uma nova provocação interna. A partir de seu ponto de vista, tanto a culminação do trabalho da CONADEP como a marcha que acompanharia o Relatório eram fatos de relevância histórica dos quais as Mães não deveriam ficar à margem, sobretudo considerando o momento político pelo qual o país passava.

De fato, se respirava uma atmosfera de polarização e enfrentamento político geral: de um lado o governo e as forças que impulsionavam a CONADEP — um amplo arco de categorias políticas e sociais que incluía o radicalismo, coletivos de juventude peronistas, a maior parte das organizações de direitos humanos e boa parte dos partidos de esquerda —, e do outro a direita tradicional e a corporação militar. O cerne do confronto estava tanto no significado da repressão que aconteceu sob a ditadura quanto nas ações de denúncia e nos processos judiciais em marcha. As Mães, todavia, hegemonizadas pela direção de Bonafini, apareciam como um terceiro, em discórdia.

Nesse contexto, no dia 11 de setembro, o setor dissidente levou a discussão ao seio da Comissão Diretiva da Associação, com a proposta de somar as Mães ao acontecimento que se aproximava. Faltavam menos de dez dias para que se concretizasse a marcha em apoio à CONADEP.

A ata de reunião registrou como poucas vezes, detalhadamente, os pormenores e a posição de cada integrante da Comissão Diretiva. Todas percebiam a importância do que estava sendo debatido e queriam deixar registrados seus respectivos argumentos.[8]

Élida de Galetti abriu o debate. Era uma das integrantes da Associação que mantinha contatos mais estreitos com o conjunto das organizações de direitos humanos — frequentava as reuniões de coordenação de todos eles — e compartilhava com firmeza a ideia de somar-se à mobilização de apoio à CONADEP. Em consequência, expôs sua séria preocupação com a recusa a comparecer que já tinha sido manifestada publicamente por Hebe, e que não era diferente daquilo que tinha decidido a maior parte da Comissão, e o último Encontro Nacional. Descartando a ideia de que a iniciativa respaldasse o governo, disse que "vai ter muita gente na rua e é por causa dos desaparecidos". Para ela, era um grave erro diminuir as forças em um acontecimento cujo eixo era o mesmo pelo qual haviam lutado desde o início. Élida defendeu também o Relatório da CONADEP que, ainda que não fosse publicamente conhecido, na sua opinião demonstraria,sem dúvidas, a culpa dos militares na repressão.

Mina de Binstock também pensava que as Mães "não deveriam ficar de fora da marcha". Estava convencida, disse, de que o documento seria

8. Conforme *Libro de Actas de la Asociación Madres de Plaza de Mayo*, Comisión Directiva del 11 de septiembre de 1984.

a primeira denúncia oficial das violações aos direitos humanos, ainda que deixasse registrada uma ponderação: caso chegassem a conhecer seu conteúdo, e constatassem alguma referência aos filhos como "terroristas", seria necessário rever a decisão.

Carmen de Lapacó afirmou que, pelo que se sabia até o momento, o informe da CONADEP era "bem forte" e que não havia, então, razões para não se somar à marcha. "Tenho medo de ficarmos sozinhas se não formos", enfatizou. Previu que seria uma marcha bem-sucedida, e que, se não fossem, as Mães ficariam "deslocadas".

Até esse momento da reunião, todas as intervenções tinham criticado essa posição de "isolamento" — segundo a definição do setor dissidente — assumida pela direção do movimento. A primeira que expôs uma preocupação séria à ideia de comparecer à mobilização foi Gloria de Nolasco: "Tenho medo que essa marcha seja para pôr um ponto final ao drama dos desaparecidos", disse, "e assim o povo pensará que com essa marcha se encerra um período triste da história". Ketty de Neuhaus aderiu a esse medo. Foi enérgica quando afirmou que "temos que deixar explícita nossa posição: não podemos nos somar a essa manifestação que tenta não mais reconhecer o problema". Hebe e María del Rosario, as duas mais firmes opositoras ao que caracterizavam como uma iniciativa governista ou, ao menos, de apoio ao governo, permaneciam em silêncio.

Foi a vez, então, de María Adela. A vice-presidenta da Associação estava a favor do comparecimento à marcha. Todavia, sua intervenção deu nuance à essa inclinação. Disse que via claramente os riscos e compromissos políticos implicados em somar-se à marcha da CONADEP e que não sabia "como reverter a situação". Não obstante, defendia comparecer, já que ficar à margem da iniciativa implicava mais prejuízos do que benefícios.

Hebe parecia incomodada. Segundo seu entendimento, já tinham discutido muitas vezes qual atitude adotar com relação à CONADEP. Não entendia então por que se levantava de novo o debate quando, na verdade, nada tinha mudado. Incisiva como quase sempre, disse que o governo ficava feliz com o que estavam fazendo. A frase não era irônica: o que o governo fazia, insinuava Bonafini sem dizer com todas as letras, era provocar discussões entre as Mães, produzir uma rachadura no seio do movimento, colocá-la na defensiva. Apesar da ambiguidade das suas palavras, todas entenderam. A maior parte das Mães do grupo dissidente se sentiu ofendida. A reunião ficou ainda mais tensa.

Juanita de Pargament não desviou do centro da questão. Disse que se dava para ver perfeitamente que a marcha seria massiva. Isso produzia, na sua opinião, um verdadeiro problema: como fazer com que a posição crítica das Mães seja percebida no meio de tanta gente? Implicitamente a pergunta estava dirigida ao que disse María Adela, que tinha sugerido que a Associação poderia participar da mobilização sem ser confundida com os governistas, levantando suas próprias consignas. Juanita defendeu que não deveriam comparecer. Essa, disse, seria a forma de chamar a atenção sobre o posicionamento do movimento: "Se não vamos, podemos dizer por que não vamos", concluiu.

Laura Rivelli também foi definitiva. Não estava de acordo com a presença. María del Rosario demonstrou concordância com o argumento de Laura. Argumentou que a CONADEP produziria apenas uma condenação moral, que não tornaria públicas as informações que tinham acumulado e que quando o Relatório finalmente chegasse nas mãos do presidente, e que Alfonsín o encaminharia para a justiça militar.

A essa altura da reunião, ficava claro que a maioria rejeitava a possibilidade de comparecer ao ato organizado pelo governo. Hebe voltou a tomar a palavra para definir a situação. Propôs confirmar que as Mães não participariam e, ao invés disso, fariam uma vigília desde a quarta-feira anterior à entrega do Relatório para exigir que o governo divulgasse o documento completo, para, desse modo, saber claramente do que se tratava.

Sua proposta consistia em permanecer na Praça de Maio desde a noite do dia 19 até o dia seguinte, quando a CONADEP realizaria sua marcha. A consigna das Mães seria "Julgamento e punição aos culpados". Exigiriam, também, ter acesso à lista de repressores, "aqui e fora do país", enfatizou. Entretanto, apenas outras cinco mães tiveram acordo com a iniciativa, que ao final não foi aprovada. De todo modo, a posição de não comparecer ganhou. A presidenta venceu, mas não convenceu a todas. A divisão se aprofundava.

Não se tratava apenas de comparecer ou não comparecer a uma mobilização, nem de uma iniciativa ou definição qualquer. Independentemente dos argumentos expostos na reunião, o debate da Comissão era simplesmente um capítulo de um conjunto mais complexo de discussões e diferenças. Na verdade, o que se debateu implícita ou explicitamente no debate era a tática e a estratégia do movimento, suas consignas — pelo menos algumas delas —, sua política de alianças, a atitude diante das iniciativas do governo, seus métodos de luta, seu discurso público e seu estilo. Se no passado as decisões, de forma geral, tinham sido tomadas por consenso, desse momento em diante — já há algumas reuniões —, votariam.

Lenços ausentes

Bonafini não apresentou sua oposição mais ampla e concreta à CONADEP nas reuniões da Comissão Diretiva, mas a expôs durante um ato no Parque Lezama. Essa atitude não foi casual: assim como as Mães foram se constituindo como movimento nas ruas e nas praças, Bonafini se constituiu enquanto líder do grupo principalmente nesses espaços. Diferentemente de outras dirigentes que, como María Adela, se desenvolviam melhor em reuniões fechadas ou na escrita de documentos, a eloquência e a oratória singular de Hebe se destacavam em espaços abertos, no encontro com as pessoas. Através de uma exposição quiçá pouco sistemática, e em alguns momentos mais agitativa do que reflexiva, a presidenta da Associação desenvolveu uma análise concreta da questão. Foi um discurso relativamente breve, que não durou mais de vinte minutos, e ainda que sua transcrição seja extensa, sua leitura é fundamental.aaaa

No contexto de uma jornada de denúncia do genocídio organizada pela Frente pelos Direitos Humanos, integrada por um grupo de jovens militantes que colaborava assiduamente nos últimos tempos com as atividades das Mães, no dia 16 de setembro, Bonafini expôs os motivos da recusa do movimento a participar da mobilização de 20 de dezembro que acompanharia a entrega do Relatório da CONADEP.

A presidenta das Mães falou em pé, com um megafone em mãos, diante do público e de várias dezenas de militantes. Depois de elogiar o trabalho da Frente, anunciou que ia se referir especificamente à marcha da CONADEP. Disse[9]:

> Vamos estar na Praça de Maio como todas as quintas-feiras no nosso horário, mas não vamos convocar nem vamos participar da marcha. Porque não temos acordo em assinar um cheque em branco por um Relatório que não lemos. Porque se por um lado é certo que as 50 mil folhas contém milhares de denúncias, são as denúncias que nós, as próprias familiares, fizemos, são as denúncias que nós, os próprios reprimidos e

9. Reproduzimos o discurso completo, até então inédito, gravado pelas Mães.

> um que outro militar cuja consciência o arrebentava e não teve outro remédio que não dizer algo. Mas não é a verdade aquilo que buscamos. A verdade que buscamos é a verdade que têm os militares. Foram eles os que determinaram sobre a vida e a morte de nossos filhos. Foram eles que fizeram as listas para fazer com que desaparecessem. Essa é a verdade que buscamos. Queremos saber quem os levou, e isso não está no Relatório. Queremos saber quem fazia as listas, e isso não está no Relatório. Queremos que todos os militares que estão no Relatório sejam permanentemente transmitidos na rádio e mostrados na televisão para que o povo conheça suas caras, porque tudo tende para que a gente se esqueça deles. Aqui se fala muito dos reprimidos e pouco dos repressores. Na arte se faz muito pelos reprimidos, mas ninguém retrata o rosto dos repressores. Não devemos esquecer desses rostos, não devemos esquecer desses nomes.

A verdade da CONADEP não era, então, a verdade das Mães. Se diferenciavam pelo conteúdo e lógica interna. Além disso, como Bonafini acrescentou em seguida, essa lógica das Mães se relacionava com o processo no qual se inscrevia a verdade de uns e a verdade de outros.

> Porque não queremos a justiça militar, não vamos à marcha. Porque não queremos os juízes do Processo, não vamos à marcha. E noventa por cento deles estão confirmados. Porque não queremos a ascensão dos corruptos e assassinos que antes era coronéis e agora foram promovidos a generais.
>
> Porque não estamos de acordo com a convocação. Respeitamos as pessoas que trabalharam na CONADEP e o trabalho que fizeram. Isso não quer dizer que iremos todos pelo mesmo caminhozinho apoiar a mesma coisa, primeiramente, porque não lemos, e, também, porque não estamos de acordo com muitas coisas. Não estamos de acordo com a convocatória porque diz "agora a verdade"; a verdade do Relatório não é a verdade que nós, mães, buscamos. Os assassinados, as exumações, os não identificados, não são a verdade que as Mães buscam. As denúncias que nós fazemos não é a verdade que buscamos. E depois dizem "agora a verdade e depois a justiça".

> A justiça sem pedir punição não é justiça, e como não há proposta de punição não existe justiça. Portanto, nós, Mães, não convocamos nem vamos participar da marcha.

Para destacar a dinâmica política na qual se inscrevia a CONADEP, Bonafini centrava sua análise na consigna principal, que encabeçaria a mobilização e que, segundo ela, revelava a essência da iniciativa, "Nunca mais":

> Porque quando falou no programa "Nunca mais"... Vamos pensar todos que estão aqui. O que significa "Nunca mais"? Nunca mais é de agora em diante, e para trás, o que? Mas tanto nos disseram que todo mundo fala em "Nunca mais". Mas "Nunca mais" é de agora em diante. Mas companheiros, como vamos deixar o que ficou para trás como está? E também se falou em Relatório "Final". E então, se vamos, vamos ao 'Nunca mais' para um Relatório Final. E então o que nós, as Mães, vamos fazer depois, na Praça?
>
> Como a nossa luta começa em cada manhã, porque a luta é pela vida, pela justiça e pela liberdade, não vamos apostar em um Relatório Final, que ninguém conhece. Não aceitaram que a marcha fosse oito dias depois da entrega porque não querem divulgar um relatório que vai contar com muito poucos nomes de repressores. Vai contar con alguns dos nomes que todos conhecemos. Nós respeitamos os que vão. Não criticamos os partidos que vão, porque os partidos buscam espaço político e nós buscamos nossos filhos. Nada tem a ver.

Retomando os conteúdos que marcavam a gestão da CONADEP, Bonafini se referiria à continuação do programa televisivo que, também sob evocação do "Nunca mais", tinha apelado para o mito dos "dois demônios":

> Quando Tróccoli falou no programa "Nunca mais", nem o governo nem a CONADEP saiu dizendo que não estava de acordo com o que disse Tróccoli. E nós não vamos apostar, não vamos convocar, nem vamos ir aplaudir um Relatório que, no melhor dos casos, diz que houve terrorismo e que pos isso houve terrorismo de Estado.
>
> E todos aqui sabemos por que houve terrorismo de Estado.

> E como não vamos permitir que ninguém julgue nossos filhos, porque ninguém os julgou, porque ninguém os defendeu, porque não sabemos onde estão, não vamos participar dessa marcha. Porque todos os partidos que hoje convocam e que querem nos convencer, no seu homem não fizeram nada para salvar a vida dos que hoje não estão entre nós.
>
> Porque estão muito preocupados porque as Mães não vão. Porque estão todos muito preocupados que baixemos nossas bandeiras. Querem pedir pouco para que venham muitos. Nós pedimos muito ainda que venham poucos". Em oposição ao caminho que — segundo ela — seguia o "Nunca mais", Bonafini reafirmou a linha e as consignas das Mães, que não apenas continha essa "verdade" diferente da verdade da CONADEP, como também seguiam um conceito de justiça que, segundo ela, o governo não buscava:
>
> "Nós vamos ir à Praça na quinta-feira, como fomos todas as quintas-feiras há quase oito anos, seguir pedindo por 'Aparição com vida' e 'Julgamento e punição aos culpados'. Iremos com nossas faixas e nossas bandeiras, mas além disso vamos levar as fotos dos repressores, algumas fotos dos assassinos, já que todos querem esquecer, já que todos querem acobertar, já que ninguém quer publicar seus nomes. Nós vamos pintar as paredes do país, cada lenço branco vai pintar um nome de um assassino, de um repressor, de um torturador.
>
> Não vamos permitir que se esqueça. Ninguém vai publicá-los, mas nós, as Mães, vamos fazer com que sejam conhecidos, dia após dia, hora após hora, estaremos na porta das suas casas, na esquina das suas casas, em seus trabalhos, apontando para eles. São assassinos, não devem ser perdoados, não devem ser esquecidos.
>
> Não queremos um paredão.
>
> Nem esquecimento, nem perdão".

Os aplausos ofuscaram a voz tensa da presidenta das Mães. Era uma tensão que demonstrava o esforço argumentativo que estava fazendo e, ao mesmo tempo, o efeito da pressão que sofria o movimento. Falou sobre isso para concluir:

Por tudo isso não vamos à marcha. Muita gente não entende, muita gente nos pergunta e nós explicamos. Nós respeitamos os que vão, mas pedimos aos que vão que respeitem a decisão das Mães de não ir.

Queremos seguir sendo rocha para que não nos esmaguem. Não queremos ser um pudim. Porque quando passam por cima de uma rocha, machuca. Mas de um pudim, destrói. Nós Mães seguiremos sendo rocha. Não vamos à marcha sem saber o que diz o relatório.

Seguiremos reivindicando e defendendo a morte de nossos filhos. Ninguém os julgou, todo mundo os acusou. Nós levantamos seus nomes, nós defendemos suas vidas.

Julgamento e punição aos culpados. Aparição com vida, até a morte, até entregarmos nossas vidas, se necessário. Por isso não vamos à marcha.

Todos que hoje se preocupam com a nossa ida à marcha, não nos consultou quando formaram a Comissão Nacional. Nós pedimos bicameral. Quem nos consultou para formar a Comissão Nacional? De todos que hoje estão preocupados, Ninguém nos perguntou. Se fez a Comissão Nacional.

Aqui faltam decisões políticas para resolver o problema. Temos que ter clareza de que se estão ali noventa por cento dos juízes corruptos do Processo, é por decisão política. Se ascenderam criminosos, é por decisão política. Temos que ter clareza de que faltam decisões políticas dos deputados, dos senadores e dos partidos que querem nos levar à marcha que as Mães não querem ir. Por isso peço a todos vocês que nos entendam, que nos compreendam e que nos respeitem. Nós respeitamos os que vão. Se o relatório for publicado e tiver os nomes dos repressores, e os vemos pela televisão e pela rádio, nós Mães seremos as primeiras a sair dizendo "parabéns pelo Relatório". Mas enquanto não soubermos o que diz o relatório, não vamos aprovar.

Lógica e verdade

Foi um discurso tenso, doído, que acusava o fato de a enorme pressão ter sido recebida pelas Mães. Mas contém um enorme esforço argumentativo: como todo grupo contra hegemônico, situado no lugar mais fraco das relações de força, o setor liderado por Bonafini carregava o peso de responder ao poder desde uma relativa inferioridade. Sua voz não alcançou o mesmo poder que a do governo, não foram apoiadas nem pelas as elites intelectuais nem pela mídia. Enquanto o governo se contentava em estabelecer sua posição, às vezes sem fazer muito esforço para fundamentá-la, as Mães tiveram que fazer um trabalho enorme para responder a essas políticas, para apontar suas inconsistências, contradições e injustiças. Nesse sentido, a situação das Mães era mais difícil e complexa do que durante os últimos anos de ditadura. Nessa época, o regime em retirada carecia de consenso e de apoios significativos; o novo governo de Alfonsín despertou as expectativas e contou com o apoio de vastos setores políticos e sociais. Essa era a "outra luta" que Hebe tinha previsto na última quinta-feira sob a ditadura: uma luta muito mais difícil, acrescentou a presidenta da Mães.

Considerando tantas armadilhas, o esforço de Bonafini para fundamentar sua perspectiva é significativo. As Mães desde o início alertaram que alcançar ou não a verdade e a justiça dependia, em grande parte, das formas escolhidas para processar os crimes da ditadura — bicameral ou CONADEP, tribunal militar ou juízes civis. Durante o último ano do regime militar tinham se empenhado em imaginar alternativas nessa direção: a proposta da bicameral, por exemplo, tinha surgido como resultado dessa busca. Paradoxalmente, ainda que o governo de Alfonsín se negou a abrir essa instância, então as Mães tiveram que carregar o peso da negatividade, ou seja, o governo as acusou de "tolas" por sua relutância em apoiar a CONADEP.

Segundo a lógica de poder, Alfonsín também não precisava justificar por que estava pedindo apoio para um documento — o Relatório da CONADEP — cujo conteúdo só seria divulgado depois da manifestação em seu apoio. Do mesmo modo, o governo não explicou por que rejeitou as sugestões para realizar essa mobilização depois de conhecido o texto do relatório.

Em todo caso, o mais notável sobre a posição das Mães foi a proposta de uma lógica alternativa que correspondia àquela "outra luta" de que falavam. Nem a verdade que perseguiam era a mesma que buscava o poder, nem o processo no qual deveria se inscrever essa verdade era compatível com o que o governo impulsionava. Essa outra lógica poderia ser compartilhada ou não, mas não se poderia dizer que as Mães eram tolas.

"As Mães não vão", titulou o Clarín.[10] "As Mães da Praça de Maio reafirmaram ontem sua decisão de não participar da marcha que acompanhará a entrega do relatório final da Comissão Nacional sobre o Desaparecimento de Pessoas (CONADEP)", começou o artigo. "A afirmação foi feita durante uma reunião realizada ontem ao meio-dia com membros da Assembleia Metropolitana pela Defesa da Democracia, que solicitaram sua participação para a referida mobilização". A tesoureira das Mães, Nora de Cortiñas, declarou: "desconhecemos o que a Comissão vai entregar, não temos nenhuma orientação". "A verdade é que nos digam onde estão nossos filhos e o que aconteceu, e que a justiça não seja a militar nem a dos juízes do processo".

A notícia, previsível àquela altura dos acontecimentos, não deixou de afetar a estratégia do governo. O governo não insistiu mais em pedir pela adesão das mulheres de lenço branco, mas uns poucos amigos e aliados das Mães, convencidos de que a mobilização não deveria ser avaliada do ponto de vista governamental, muito menos como uma iniciativa de radicalismo, mas como uma mobilização de massas que transcende as intenções de Alfonsín e da própria CONADEP: seria, segundo esses "amigos e aliados", um ato unitário de todo o movimento de denúncia, o que demonstraria o vigor do conjunto de forças comprometidas com a luta pela justiça.

Mesmo que a decisão as deixasse quase sozinhas e apesar dos esforços que insistiram até o último momento, as Mães mantiveram sua recusa. Apenas uns poucos e pequenos partidos de esquerda sustentaram a mesma rejeição à marcha, entre eles o Movimiento al Socialismo e o Partido Obrero.

Marchando para trás

A resistência das Mães, que o setor dissidente chamou de "sectário", foi claramente minoritária: a iniciativa do governo alcançou não apenas um enorme impacto e apoio maciço — dos anfitriões oficiais à maioria dos grupos de oposição, incluindo quase todas as organizações de direitos humanos — mas também o apoio espontâneo de cidadãos independentes que participaram da marcha por iniciativa própria. Na quinta-feira, 20 de setembro de 1984, o

10. *Clarín*, 18 set. 1984.

redator e presidente da CONADEP, Ernesto Sabato, entregou ao presidente da Nação mais de cinquenta mil páginas que materializavam um intenso trabalho de acúmulo e sistematização das denúncias recebidas, ainda que apenas uma síntese de 26 páginas tenha sido compartilhada com a imprensa para conhecimento público.

Simultaneamente àquele debate mantido pelas Mães e o resto dos partidos e movimentos sociais sobre o Relatório, outra discussão, que se deu nos bastidores — ainda que suspeitada por muitos e insinuada por parte da mídia —, acompanhou o processo de transformação das cinquenta mil páginas do Relatório nas muito menos que foram publicadas. Não deixava de ser curioso que aquilo apresentado como um momento supremo de revelação da verdade sofresse tamanha desvalorização.

As pressões militares ao governo, reinterpretadas e transmitidas pelo próprio ministro do Interior Antonio Tróccoli a alguns dos integrantes da CONADEP, conseguiram o que queriam. A "investigação" ficava, ao menos num primeiro momento, nos arquivos de governo. A opinião pública conheceria apenas um tipo de conclusão que, apesar da reduzida extensão, fundaria a verdade oficial sobre o destino dos milhares de desaparecidos.

Todavia, já estavam longe os anos em que se negava a própria existência dos desaparecidos e se rejeitava a responsabilidade do Estado em relação às denúncias das Mães e de outros movimentos: após acumular milhares de testemunhos de sobreviventes, ex-detidos desaparecidos, familiares e amigos das vítimas, e até de algum repressor "arrependido", a Comissão afirmou ter a certeza de que a ditadura foi responsável pela tragédia mais profunda da história argentina, caracterizável como crime contra a humanidade.

O documento descrevia as operações de sequestro, as ações noturnas ou à plena luz do dia dos grupos de trabalho que entravam ou invadiam a casa das suas vítimas, resguardados pela impunidade das "zonas liberadas", cometendo todo tipo de atrocidades, incluindo o roubo e a ameaça dos familiares. Os sequestrados nesses procedimentos não eram reconhecidos como detidos pelo Estado, destituídos de todos os direitos, inclusive do reconhecimento de sua existência, ficavam reclusos em centros clandestinos de detenção. O silêncio tinha sido a única resposta aos pedidos de habeas corpus. Nunca se havia punido aquele delito, mas desde então, esse crime, em todo o mundo, era escrito em castelhano: *desaparecido*.

Proteção dupla

O oficialismo interpretou que as 70 mil pessoas que se somaram à mobilização que acompanhou a entrega do Relatório eram um inquestionável aval à CONADEP e uma reafirmação do consenso obtido pelo governo sobre sua política com relação a esse assunto.

A declaração da Comissão produziu um profundo impacto em toda a sociedade. Os "notáveis" tinham se pronunciado, e esse pronunciamento respondia à determinação de um governo escolhido por voto popular. À valorização do que para muitos argentinos representava uma revelação do ocorrido sob a ditadura, se somava o fato de que essa denúncia se convertia na "verdade oficial", que vinha reparar o ocultamento de sete anos de ditadura.

Na contramão dessas opiniões, as Mães — pelo menos aquelas que tinham manifestado sua desconfiança na CONADEP —, viam confirmadas suas suspeitas. Quanto à ação dos terroristas, dizia a Comissão em seu documento, as Forças Armadas responderam com um terrorismo infinitamente pior do que aquele que pretendiam combater. O mito dos "dois demônios" se infiltrava no Informe e, desse modo, passava a sustentar a "verdade oficial".

Por outro lado, a lista de mais de 8 mil casos estabelecia uma nova quantificação das desaparecimentos, que contrastava com a cifra de 30 mil denunciada historicamente pelas Mães. Desde a sua perspectiva, a diferença era o resultado de um trabalho que não se propunha a fazer uma verdadeira investigação, mas a simplesmente receber denúncias, que não assumiu uma atitude suficientemente ativa, necessária para perfurar o segredo imposto pelos militares e desandar o caminho do medo que sumia no silêncio de muitos dos familiares e vítimas do terrorismo de Estado.

Finalmente, segundo as Mães, o Relatório voltava a garantir a impunidade ao ocultar os nomes dos repressores. Tinham sido identificados mais de 1.300, mas a lista não foi publicada. Seu ocultamento tinha sido negociado entre os militares, o governo e a CONADEP.

A entrega do Relatório e a marcha ocuparam as principais manchetes de todos os jornais do dia seguinte ao ato. Segundo os principais meios de comunicação esses fatos eram, sem dúvidas, os mais relevantes dos últimos tempos. Mencionavam, de passagem, a ausência das Mães. "As Mães explicam por que não foram", intitulou o *Clarín*. Depois de reproduzir declarações de Bonafini que justificavam a ausência, destacava que as Mães "foram a única entidade defensora de direitos humanos que não compareceu aos atos que coincidiam com a entrega do Relatório da CONADEP ao presidente Alfonsín". *La Voz*, com relação a isso, disse que "As Mães seguem a sua luta", e logo depois de destacar que não participaram da mobilização, relatou que "fizeram a sua ronda junto a milhares de abraços". Das mil pessoas que compareceram, segundo o jornal, uma diferença enorme com relação ao apoio massivo obtido pela convocação do governo.

Enquanto isso, o governo e a maioria das organizações de direitos humanos e os partidos que tinham comparecido à mobilização de apoio à CONADEP aproveitaram para insistir sobre a atitude "isolada, sectária, anti-unitária e extremista da posição das Mães".

Loucas

Era evidente que um ciclo estava se encerra na história das Mães: após se converterem em símbolo e referência obrigatória para aqueles que repudiavam o antigo regime e ansiavam pelo retorno a um sistema democrático, aquele consenso que as cercava no final da ditadura estava se desvanecendo a menos de dez meses de governo de Alfonsín. Se tratou de um processo complexo durante o qual, pelo menos no último período, tanto o governo quanto os setores relativamente críticos ao governo tinham tratado de aproximá-las aos seus posicionamentos, ou ao menos de conseguir que aquele forte símbolo anti-ditatorial não se voltasse contra elas.

As Mães demonstraram sentir essa pressão, mas não cederam. Se transformaram em "rocha", como expressou Bonafini em seu discurso no Parque Lezama. Mas na mesma ocasião, a presidenta das Mães havia denunciado indiretamente as críticas que sentiam pesar sobre elas: "Respeitamos os que vão, mas pedimos aos que vão que respeitem a decisão das Mães de não ir".

Uma entrevista feita alguns dias após a marcha, publicada na revista *El Porteño*, ilustra esse momento tão particular. "Estão enlouquecendo as Mães" foi o título. "Não aderiram à marcha do dia 20 de setembro. Passaram uma noite inteira, como vigias, em frente ao escritório de Klein. Não param de criticar a política oficial com de direitos humanos. Se durante as eleições seus lenços brancos se tornaram um símbolo de democracia e liberdade, hoje eles são criticados novamente pela sua intransigência. 'São histéricas, estão loucas', se escuta dizer", registrava a introdução.

A primeira pergunta lembrava Bonafini dessas críticas. "As pessoas que dizem isso", se defendeu a presidenta das Mães, "são justamente as pessoas que nunca estiveram do nosso lado". É a pessoa que hoje quer que tudo termine com um relatório final; enquanto para nós a luta pela vida começa todas as manhãs. É uma luta intransigente, sim; intransigente, mas dentro da ética e da moral total e absoluta. É o único jeito de a Argentina voltar a ser um país de respeito, dignidade e liberdade. E estão nascendo muitas crianças que nos apoiam, nos entendem. Esta luta pela vida, liberdade e justiça já produziu muitas raízes.

Bonafini destacou também que "durante a campanha eleitoral muitos partidos pediam o mesmo que as Mães e vinham todas as quintas-feiras à Praça. Depois da campanha e das eleições, não vêm mais. E agora é certo que vão voltar com as bandeiras porque no ano que vem tem eleição. É um vai e vem".

Era uma meia verdade. Entre as "pessoas" que as criticavam, como escreveu a jornalista María Eugenia Estensoro, do jornal *El Porteño*, estavam aqueles que antes se identificavam com a sua luta, mas que agora se distanciavam, convencidos das virtudes do caminho percorrido pelo partido no poder. Nem todos eram governistas, mas estavam de acordo com a CONADEP, considerando que essa organização tinha superado os limites da política alfonsinista produzindo fatos "positivos" inegáveis, como o caso da divulgação pública das violações dos direitos humanos. Esses setores — incluindo uma porcentagem de integrantes da Comissão Diretiva do movimento — reprovavam nas Mães uma atitude que definiam como de "tudo ou nada", que não só consideravam tola, como também se tornava um obstáculo para avançar, ainda que parcialmente, no processo de "democratização". De qualquer forma, as afirmações de Bonafini também eram parcialmente verdadeiras quando ela dizia que essas "pessoas que as criticavam" nunca tinham realmente concordado com as Mães. Nessa mesma entrevista disse que as diferenças entre as organizações eram históricas, e lembrou as duas linhas que tinham caracterizado o movimento de direitos humanos sob a ditadura: de um lado "Aparição com vida" e do outro mero "esclarecimento".

Finalmente, se Bonafini e suas aliadas estavam ficando "de fora do xadrez político", como a jornalista lhe disse, Hebe respondeu que elas nunca fingiram "estar no xadrez político", embora o que elas estivessem fazendo fosse "política pura".

"Tu achas que a sociedade argentina está disposta a assumir a luta que vocês propõem, indo até o fim no esclarecimento e punindo os responsáveis?", perguntou. "Quando a sociedade argentina estiver ciente, quando a sociedade argentina for educada — no bom sentido da palavra — e informada de tudo o que está acontecendo, como e o que aconteceu, tomará, por si só, consciência do que tem que fazer quando levam um único cidadão", respondeu Bonafini.

Contudo, de imediato, a maior parte dos argentinos parecia estar de acordo com a política de direitos humanos do governo, e, por consequência, se distanciava da posição das Mães.

16. Máscara

Alfonsín estava radiante logo após a enorme mobilização que acompanhou a entrega do Relatório da CONADEP. O governo parecia ter obtido um triunfo com o trabalho da comissão. Tinha cumprido uma etapa fundamental da sua estratégia com relação às violações dos direitos humanos, e tinha obtido o aval da maior parte das forças políticas e sociais, com exceção apenas das Mães e de alguns grupos minoritários da esquerda. A euforia tinha, então, suas razões. Mas não durou muito.

Apenas um dia depois da grande mobilização, no dia 21 de setembro de 1984 ocorreu um incidente que faria tremer os planos governamentais e que determinaria o fracasso definitivo da política de "autorreparação e separação militar" impulsionada pelo presidente. Após as sucessivas prorrogações que a Câmara Federal de Apelações em Matéria Criminal e Correcional da Capital Federal tinha concedido, o Conselho Supremo das Forças Armadas declarou no sumário aos ex-comandantes que "os decretos, diretrizes, ordens de operações e regulamentos que concretizaram a atuação militar contra a subversão terrorista" eram "quanto a conteúdo e forma, inquestionáveis". Dessa forma, expressava que tinha sido impossível ditar uma sentença no novo prazo concedido pela Câmara e que, inclusive, antes de julgar os envolvidos como autores intermediários, tinha que investigar os subordinados, isto é, todos os autores imediatos dos fatos pelos quais eram responsabilizados. Ao mesmo tempo, argumentavam que alguns desses fatos, como a privação de liberdade, não eram ilegítimos no caso de pessoas que tivessem infringido normas penais, e afirmava que, em muitos casos, a única prova era a declaração de pessoas envolvidas ou de seus familiares, razão pela qual sua objetividade e credibilidade resultavam relativas, tanto pelas influências ideológicas ou emocionais que se presumiam, quanto pela possibilidade de que tais declarações tivessem sido "combinadas" previamente entre eles. Por consequência, se as ordens dadas não implicavam qualquer delito, era preciso investigar se os subordinados tinham praticado algum tipo de delito pelo qual os ex-comandantes, no pior dos casos, seriam responsáveis pela falta de controle.

O pronunciamento não resultava apenas em uma validação da atuação das juntas militares em matéria de repressão como, depois da comoção provocada pela entrega do relatório da CONADEP, constituía um evidente ato de provocação.

Encruzilhada

Ainda que formalmente não se tratasse de uma sentença, a declaração do Conselho Supremo constituía, através de fatos, uma prévia mais do que eloquente quanto ao tratamento que esse órgão daria ao cerne da questão proposta pelo decreto 158, assinado por Alfonsín, após vencidos todos os prazos para cumprir essa tarefa. Estava evidente que se estava diante do fracasso da estratégia governamental de autorreparação militar, ainda que o ministro Tróccoli defendesse que o pronunciamento não era uma sentença, e que portanto não se tratava de um documento definitivo. Por sua parte, o secretário da Defesa Horacio Jaunarena lembrou que o prazo para o prazo para proferir a sentença ainda não havia expirado. Ambas declarações tinham um sentido explícito: o governo insistiria na sua política, como se nada tivesse acontecido.

Para as Mães, a definição do Conselho Supremo não apenas revelava o verdadeiro rosto de seus integrantes, como também o fracasso da política oficial de reparação interna. Nesse sentido, emitiram um comunicado de imprensa defendendo que "o Conselho Supremo das Forças Armadas tirou a máscara que, sob uma presunção de 'legalidade' concedida pelo governo constitucional, só tentava esconder os verdadeiros alcances da 'justiça militar', ou seja, o alcance da impunidade para os autores (responsáveis e executores) dos crimes mais atrozes contra a humanidade registrados na história, não apenas da Argentina, mas de todo o mundo".

"Ao respaldar publicamente os homens de armas envolvidos", acrescentou o comunicado, "não tinha feito outra coisa além de confirmar aquilo que nós, Mães, temos dito às autoridades constitucionais desde o início, que não se podia esperar que os militares julgassem seus colegas, que, pelo contrário, deveriam ser julgados como qualquer outro criminoso, fosse vestidos como civis ou militares, pelos juízes pelos juízes indicados pela Constituição, os juízes ordinários da jurisdição penal. O contrário é a negação da Democracia".

Todavia, diante da confirmação da estratégia do governo e os vacilos da Câmara Federal que deveria decidir sobre o andamento do processo os ex-comandantes, as Mães manifestaram sua esperança de que essa instância judicial se dedicasse à causa de imediato e, além disso, que os juízes civis responsáveis por casos de violações dos direitos humanos rejeitassem definitivamente a competência do Conselho Supremo. "Esperamos agora", concluía a declaração, "que os juízes civis que deverão julgar todos os casos de violações dos direitos humanos estejam à altura de sua missão verdadeiramente histórica. Se não for assim, a ruína moral da nossa Nação será completa".

Por outro lado, a indignação com o pronunciamento do Conselho Supremo tomou conta também das demais organizações de direitos humanos, que voltaram a reivindicar a intervenção da Câmara Federal. As organizações vinham criticando a atuação do Conselho há vários meses. Em meados de julho, as oito entidades, incluindo as Mães, emitiram um documento denunciando a falta de "vontade" dessa instância para esclarecer os crimes cometidos por militares, e advertiram sobre as graves consequências que adviriam dessa postura[11]. Em um pronunciamento severo, que coincidiu com a decisão da Câmara Federal de conceder um novo prazo de trinta dias para que o Conselho informasse sobre o andamento do processo, os órgãos exigiram que o caso fosse encaminhado à justiça civil.

As ações do Conselho, segundo o documento, "evidenciam claramente" a ausência de vontade para esclarecer os atrozes crimes cometidos por membros das Forças Armadas, e davam como exemplo a decisão desse organismo de libertar o general Reynaldo Bignone, imputado em outro caso, "apesar de um juiz da Constituição mantê-lo detido durante meses com provas avassaladoras contra ele". Por consequência, advertiam especialmente o Poder Judiciário sobre a "histórica responsabilidade" que lhe caberia no caso de que uma "eventual privação de justiça se convertesse em uma causa de impunidade para os responsáveis por detenções, desaparecimentos,

11. Críticas al Consejo Supremo de las Fuerzas Armadas. *Clarín*, 14 jul. 1984.

torturas e assassinatos" que, simultaneamente, "permitiria a subsistência do aparato repressivo e colocaria em perigo a prevenção de futuras violações" dos direitos humanos. Finalmente, questionavam se os ex-comandantes gozariam "de uma liberdade incompreensível".

No contexto dessas manobras lentas, e para conter as pressões, o Conselho ordenou, apenas no dia 1º de agosto, a prisão preventiva de Jorge Rafael Videla, e no dia 30 fez o mesmo em relação a Emilio Masserra — que na verdade já estava detido, mas por conta da investigação do caso do sumiço do marido da sua amante enquanto este passava um dia navegando de iate. Os prazos processuais, todavia, transcorreram sem grandes desdobramentos. A política de autorreparação, como advertiam indiretamente as organizações, já era, então, um fracasso.

Mas nem o governo nem os juízes da Câmara Federal pareciam ter percebido essa evidência. Pelo contrário, de forma coerente com a linha oficial de limitar a ação judicial, não apenas se obstruíam, desde o governo, os processos cíveis, como no dia 1º de setembro de 1984, a Câmara dos Senadores aprovou em bloco as promoções de 175 oficiais superiores do Exército e da Marinha propostas pela última junta militar. As organizações de direitos humanos tinham questionado quase metadae dos nomes incluídos nessa folha de pagamento por considerar que tais oficiais estavam envolvidos em crimes relacionados ao terrorismo de Estado.

Diante do amplo alcance público da denúncia, os congressistas hesitaram. Então Alfonsín apelou a todo tipo de pressões e ameaçou os hesitantes com sanções disciplinares de ordem partidária se não votassem a favor das promoções. "É a primeira vez na minha vida política que coloco a disciplina partidária acima da minha consciência. Isso não me faz feliz", declarou o senador Luis León após a votação. Obedientes, os dirigentes da UCR não se atreveram a desviar das diretrizes oficiais.

Vinte dias após a aprovação das promoções e vinte e quatro dias após a marcha da CONADEP, os que se opuseram ao plano do governo foram os membros do Conselho Supremo das Forças Armadas ao declarar a inexistência de qualquer crime, afirmação que implicava reivindicar tudo aquilo que foi feito pelo velho regime em matéria repressiva.

Paradoxalmente, alguns dias antes, o Boletim Oficial publicou um novo decreto de Alfonsín, o 281/84, o qual, com o propósito de "imprimir maior rapidez nos processos" em que vários militares eram acusados por violações dos direitos humanos, se autorizava a formação de juízes de instrução militar a quem o Conselho Supremo poderia delegar, em particular para prosseguir a etapa investigativa.

Para além dos esforços oficiais para que o Conselho Supremo se decidisse e emitisse uma sentença, o governo e a Câmara Federal deveriam tomar uma decisão: ou concediam ao Conselho Supremo um novo prazo, se arriscando a manter o processo nas mãos dos militares — atrasando a causa —, ou a Câmara Federal assumiria o ônus da acusação.

No dia 25 de setembro, os acontecimentos começaram a borbulhar, quando o fiscal federal Julio César Strassera exigiu que a Câmara se apropriasse do processo dos ex-comandantes. Preocupado, o governo utilizou todos os meios ao seu alcance para que o tribunal rejeitasse o pedido e tentou negociar um novo prazo para que o Conselho cumprisse com suas obrigações. Mas a situação tinha chegado ao seu limite para os integrantes da Câmara Federal: tinham de um lado a responsabilidade histórica da decisão, e ao ceder às pressões oficiais ficariam expostos à opinião pública. No dia 4 de outubro, a Câmara Federal resolveu abrir a segunda instância e assumir a continuação do processo. "A tramitação lenta — disseram os parlamentares — é a coisa mais próxima da negação da justiça".[12]

Durante os primeiros dias de seu governo, Alfonsín tinha escolhido cuidadosamente os juízes da Câmara Federal de Apelações. Não pensava, naquele momento, na eventual recusa do Conselho Supremo em condenar os ex-comandantes, mas que, em todo caso, a Câmara teria de vir a corrigir certos aspectos da sentença que recairia sobre as cúpulas militares. Tanto que, foi apenas graças à previsão do senador Sapag que a Câmara recebeu poderes para assumir o processo naquela instância.

Militares e governo

Após o isolamento que sofreu a Associação em pleno apogeu da CONADEP, a crise imputada pela atitude do Conselho Supremo das Forças Armadas e pelas vacilações do governo, renovaram as energias da linha defendida por Bonafini. O setor dissidente da Comissão Diretiva teve que se reintegrar, pelo menos momentaneamente. A presidenta encarou então uma forte

12. VERBITSKY, Horacio. *Civiles y militares*. Memoria secreta de la transición. Buenos Aires: Contrapunto, 1987.

jornada interna e externa para estabilizar sua orientação entre as Mães e, o quanto antes, à opinião pública.

Diante do novo quadro da situação, as Mães elaboraram um documento que retomava, em pormenores, os últimos episódios políticos. Foi intitulado "Os militares, o governo e os direitos humanos"[13]. Começava enumerando as decisões governamentais apresentadas no decreto 158, o decreto 187 com relação à CONADEP e a reforma do Código de Justiça Militar. O documento não continha nenhuma novidade, na opinião das Mães, fora os argumento que foram acrescentados a partir, especialmente, da crise desatada pelo pronunciamento do Conselho Supremo. Sobre este último fato, argumentaram que "observamos com impotência, indignação e estupor o Conselho Supremo das Forças Armadas não ter o menor desejo de condenar seus pares e com o eufemismo de 'insuficiência de provas' tinha optado retomar a atuação da Câmara Federal Se por um lado é saudável que a Câmara Federal Demonstra, além disso, que reina entre os militares o espírito de casta, já que garantem que os crimes cometidos na repressão praticada pelas três juntas militares seriam 'inquestionáveis'. Ou seja, conforme o seu critério, não podem ser contestados sequestro, tortura, privação ilegítima da liberdade em centros de detenção clandestinos, estupro... Em resumo, genocídio. E ainda têm a falta de vergonha de afirmar, sem inibição, que seria questionável 'a validade das denúncias contra os uniformizados', que careceriam, por consequência, de ''objetividade e credibilidade'".

Ao mesmo tempo, a atitude do Conselho Supremo demonstrava, segundo as Mães, o resultado final do trabalho realizado pela CONADEP: "Mais uma vez, devemos analisar o próprio fato da criação [da CONADEP] em função dos seus resultados e os passos dados pelo governo desde seu assentimento, com relação aos Direitos Humanos, uma vez que não se pode analisar a projeção de uma decisão de forma isolada, mas deve-se encarar o conjunto das medidas tomadas, dentro do ordenamento jurídico e suas projeções políticas".

Nesse sentido, após reiterar o caráter limitado da investigação da CONADEP, o documento defendia que "entregue o Relatório, cabe perguntar qual será o destino dele. Entendemos que, no melhor dos casos, será encaminhado para o Conselho Supremo das Forças Armadas". As Mães explicavam que "com a reforma do Código de Justiça Militar, através da

13. *Boletín Informativo de Madres de Plaza de Mayo*. Ano II, n. 20-21, out. 1984.

Lei 23.049, o governo decidiu que competia aos militares 'julgar' os militares; por causa disso, o Relatório da Comissão Sabato não pode ter outro destino". Essa conclusão foi preciosa para elas. De fato, não era um deboche terrível que as denúncias sobre o genocídio perpetrado pelas Forças Armadas terminassem nas mãos dos militares?

"Uma vez esclarecido o destino do Relatório, cabe interrogar, ele é suficiente para condenar alguém? E a resposta é não. Não serve porque é indispensável que os denunciantes ratifiquem diante do Conselho Supremo das Forças Armadas suas declarações. Isso se impõe uma vez que a Comissão Sabato carece do poder e da autoridade de que gozam os juízes, perante os quais todas as denúncias e/ou declarações, sejam de militares ou civis, devem ser ratificadas."

Esse último aspecto ultrapassou, é claro, a acusação de ex-comandantes, abrangendo uma infinidade de julgamentos por violações dos direitos humanos que ainda tramitavam nos tribunais civis. Estendendo sua preocupação a esse conjunto de processos judiciais, as Mães criticaram duramente duas definições recentes do governo nacional. A primeira se referia à reforma do instituto jurídico da obediência devida, que apesar da modificação imposta pelo senador Sapag, mantinha a presunção de que os torturadores, sequestradores, estupradores e assassinos acreditavam que esses crimes teriam sido atos de serviço legítimos.[14]

"Essa normativa jurídica", dizia o documento das Mães, "impede de fato e de direito a aplicação de penas a inúmeros militares integrantes das forças de segurança que atuaram na repressão". A segunda observação crítica tinha que ver com o Decreto 2816, que autorizava o Conselho Supremo das Forças Armadas a delegar para juízes de instrução militar a investigação dos crimes de violação dos direitos humanos denunciados. "Através da medida se pretende impedir que os juízes civis prossigam com as investigações do caso, enquanto tramita a declaração de incompetência e posterior encaminhamento do primeiro à jurisdição militar. De tal forma que os juízes militares poderão instruir a investigação desde a etapa inicial com total segregação do juiz civil".

14. A reforma introduzida por Sapag ao projeto do governo consistia precisamente em modificar uma presunção que não admitia provas contrárias por força da lei, por outra que admitia. Isto é, em princípio os crimes cometidos durante a repressão tinham a seu favor a presunção de legitimidade.

Para reforçar essas conclusões, o documento apontava que "os depoimentos recebidos constituíam verdadeiras denúncias, e como tal, a CONADEP os apresentou perante a Justiça Federal Penal. Os juízes que receberam os casos, em grande maioria se declararam incompetentes de ofício ou por requerimento do Fiscal, ou por resolução da Câmara de Apelações do Foro, ou por decisão da Corte Suprema de Justiça da Nação — nos poucos casos em que o interessado pôde intervir —, e encaminharam os autos ao Conselho Supremo das Forças Armadas".

Resumindo, até aqui o documento reiterava argumentos anteriores, embora tenha acrescentado a análise de alguns fatos novos que, na opinião das Mães, não faziam nada além de reafirmar seus questionamentos das políticas oficiais. Pela primeira vez, porém, em um pronunciamento especial da Associação, expressaram uma hipótese que mais uma vez irritou o setor dissidente do Conselho de Administração: a ideia de uma certa continuidade de objetivos entre o regime militar e o governo de Alfonsín. De fato, a nova revisão política do governo foi estruturada em uma série de eventos que remontavam à fase final da ditadura, e que buscava demonstrar o objetivo final, tanto do governo civil quanto do militar: a impunidade. Dessa forma, argumentava que cada medida do governo tinha conduzido "a um mesmo resultado que, surpreendentemente, traz sensíveis coincidências com os propósitos evidenciados pelas Forças Armadas em seu relatório do dia 28 de abril de 1983.

Para destacar ainda mais essa espécie de cumplicidade entre o antigo regime e o novo, o documento das Mães lembrava que o governo, além de estabelecer a competência do Conselho Supremo, havia garantido a aquiescência do Poder Judiciário, já que "promoveu e obteve a confirmação em seus cargos de grande número de juízes corruptos, que foram complacentes com a ditadura militar, enquanto esta violava todos os direitos e garantias previstos em nossa Lei Suprema" e, em outro plano, "elaborou e aprovou as listas de promoções de militares que participaram da repressão" e "editou o Decreto 2816 que autorizou a intervenção de juízes de Instrução Militar".

Essas últimas críticas tão diretas, que apontavam continuidades entre a ditadura e Alfonsín, indicam a predominância da linha defendida por Bonafini. O grupo dissidente, ainda que observasse certas decisões do governo com discordâncias, defendia que não se podia "pôr todos no mesmo saco". A ideia de que o governo de Alfonsín teria por objetivo a impunidade, tal qual o regime militar, era para elas, simplesmente, um exagero. A revogação da autoanistia, a retomada do julgamento dos ex-comandantes e a divulgação extraordinária das denúncias da CONADEP bastavam para estabelecer uma diferença significativa. Por acaso alguém poderia argumentar seriamente que dava na mesma este presente e aquele passado?

Na opinião de Marta de Vázquez, esse tipo de análise que tratava como uma mesma coisa as duas etapas, as distanciava das pessoas e corroía o próprio movimento, afastando muitas mães que não apenas pensavam diferente, como encontravam dificuldades para fazer valer suas ideias na Associação.

Todavia, de acordo com a sua própria perspectiva, o setor alinhado à Bonafini não estabelecia exatamente uma identificação entre as duas épocas. Apontava, por outro lado, certas continuidades políticas, e em relação às sequelas do terrorismo de Estado, tendia a pensar que, se não encontrasse respostas às suas demandas por justiça plena, deveria continuar denunciando a impunidade. Por mais que os líderes fossem processados — dizia Bonafini — milhares de criminosos permaneciam livres, muitos deles do alto escalão e, acima de tudo, permanecia intacta a estrutura responsável pelo genocídio. A justiça, sentenciou Hebe, como a verdade, se não for completa, não é justiça.

Essa última afirmação poderia ser uma bela frase, mas soava reducionista às que discordavam de Bonafini. Para elas, a justiça, ou melhor, a luta por justiça, era um processo, e, em último caso, um objetivo. Nesse sentido, o governo de Alfonsín avançava nessa direção. Se avançava muito ou pouco, era discutível. Mas avançava. Talvez fosse essa a ideia que mais irritava o grupo de Bonafini, que não concebeu as medidas do partido no governo como um avanço, mas pura e simplesmente como uma armadilha; algo como varrer a sujeira para baixo do tapete: mudar alguma coisa para que nada mude. Como apoiar ou aderir a uma política que ele propôs para salvar os fundamentos do sistema? E, sobretudo, como separar as coisas positivas das negativas enquanto o Relatório da CONADEP reconhecia o massacre, mas ao mesmo tempo afirmava que o genocídio tinha sido a resposta a um terrorismo em curso, supostamente praticado pelos seus filhos?

O documento apontava, além disso, um aspecto que ainda não tinha atingido o peso político dos demais analisados, mas que com o tempo se tornaria um dos mais conflituosos, não apenas na cena política geral como, especialmente, entre as próprias Mães. Ele se referia às exumações realizadas para identificar corpos enterrados como NN, tarefa realizada pela recém--criada Subsecretaria de Direitos Humanos, que deveria dar continuidade ao trabalho iniciado pela CONADEP. Entre outras coisas, a Subsecretaria tinha o poder de "criar comissões técnicas para investigar ou permitir a identificação de cadáveres não identificados".

"Entendemos que a concessão desse poder", disseram as Mães, "não é uma casualidade e responde a um claro objetivo político, que é o de pôr fim ao drama dos 'detidos-desaparecidos', pois a partir da exumação massiva de cadáveres, sua posterior suposta identificação e entrega aos seus presumidos familiares, eles deixarão de ser 'desaparecidos' e se tornarão simples casos de homicídios, sem determinação das circunstâncias dos fatos, razões, modo como ocorreram as mortes e sem a individualização daqueles que, de forma direta ou indireta, participou desses crimes monstruosos. E, a este respeito, queremos deixar bem claro que não pretendemos obstruir a investigação que tende a punir os criminosos; mas nos opomos ao fato de que, por meio dela, eles tentam encobrir esses crimes com um manto de esquecimento. Portanto, continuaremos exigindo aparição com vida, julgamento e punição dos culpados".

A primeira pedra

A partir da decisão da Câmara de se dedicar ao processo contra os ex-comandantes, a tarefa central coube, no prazo imediato, ao promotor Julio César Strassera, que se tornaria uma peça-chave na estruturação concreta do processo, no âmbito das rigorosas normas rituais. Mas além desse trabalho estritamente judicial, o promotor iniciou uma verdadeira campanha midiática, incomum na tradição judicial.

Como a maioria dos membros da Câmara, ele também pertencia ao corpo de magistrados que atuaram sob a ditadura e até atendeu, adequadamente, os pedidos de habeas corpus apresentados por familiares dos desaparecidos, cujos resultados são conhecidos por todos. As Mães, então, também tinham motivos para desconfiar do alcance desse processo. Mas a presidenta da Associação ia muito além da desconfiança, e desde o início expressou seu total ceticismo sobre o julgamento.

Da desconfiança de algumas ao ceticismo de Bonafini havia um trecho que nem todas as Mães queriam percorrer, muito menos antes de que fossem produzidos fatos concretos que lhes permitisse avaliar o trajeto. Afinal, era a primeira vez na história argentina que se sentavam no banco dos réus os maiores responsáveis por um golpe de Estado, nesse caso, o golpe que inaugurou um dos períodos mais sombrios da vida política do país. Um novo debate foi aberto, então, no seio da Associação.

Muito antes do julgamento chegar, esse debate seria um divisor de águas dentro do movimento das mulheres de lenço branco. Bonafini atiraria a primeira pedra contra as expectativas de amplos setores da opinião pública, a maioria das forças políticas e sociais, incluindo um número significativo de mães.

Mas Bonafini não era a única crítica. Como demonstraria poucos anos depois o jurista Marcelo A. Sancinetti, a manipulação legal que aconteceu antes e durante o processo judicial foi tão explícita que foi condenada por alguns advogados de organizações de direitos humanos e por alguns meios de comunicação especializados Sancinetti sustentaria, em particular, que "desde o início desta segunda fase [referindo-se ao momento da invocação da Câmara Federal], houve uma preocupação exagerada de chegar a uma sentença rápida. A necessidade de um julgamento rápido motivou, naquele momento, que o promotor reduzisse sua acusação a cerca de setecentos e onze casos, supostamente escolhidos entre os mais competentes de milhares de outros casos possíveis; isso representou pouco menos de 8% do total, se levarmos em conta que os casos ainda registrados como desaparecidos ultrapassam 8900, de acordo com o relatório da CONADEP. Desse modo, milhares de casos de desaparecimento e morte foram deixados de fora do debate e inúmeras famílias passaram a sentir que sua dor não era importante. 'Seu morto não vale nada, senhora, há poucas provas incontestáveis', poderia ser a ideia implícita nessa estratégia; ou, pior: 'Seu morto atrasaria muito a sentença'".

"Naturalmente, uma seleção desse tipo", declarou, "deve ter deixado pelo caminho numerosos casos que seriam comprovados nas audiências, se houvesse mais tempo para levar o caso com calma. O dolo decide, sem se equivocar, os casos fáceis de provar e os difíceis, exigindo tanto tempo quanto o necessário para tentar provar todos eles".

"Por outro lado, o desfile de milhares de famílias para dizer aos juízes que seu filho, irmão ou pai havia sido levado por forças estatais dos seus lares, teria resultado em um elemento de julgamento que corroborava com as reais dimensões de todo o plano criminoso, ainda que o caso individual talvez não fosse provado ou fosse considerado duvidoso em alguma circunstância secundária ou agravante. Imagine o que teria significado se todas as pessoas cujos amores e bens foram levados de sua casa testemunhassem, ainda que seus testemunhos não fossem considerados verdadeiros em todos os casos."[15]

Mas nem o governo, nem o promotor Strassera, nem o Tribunal Federal seguiram o caminho indicado por Sancinetti. Não era questão de uma investigação profunda do genocídio ou do ser real significado que estava em jogo para eles. Um novo episódio, que provocaria uma verdadeira comoção entre as Mães, confirmaria essa conclusão.

15. SANCINETTI, Marcelo. *Derechos humanos en la Argentina postdictatorial*. Buenos Aires: Lerner Editores Asociados, 1987, p. 16-17.

17. Best-seller

"Nunca mais"

O Grito dos Judeus do Gueto de Varsóvia, após o levante de 19 de abril de 1943.

Entre as Mães, caiu como uma provocação, mas o efeito na opinião pública foi muito diferente: em novembro de 1984 foi publicado o livro *Nunca más*, um resumo do Relatório final da CONADEP. Ainda que não estivessem contidas novidades significativas em relação àquilo que a imprensa vinha divulgando conforme o trabalho da organização avançava, e apesar de a lista de repressores continuar sendo omitida, o livro foi divulgado como um documento que selou a memória do terrorismo de Estado, especialmente dos desaparecidos, e rapidamente se tornou um *best-seller* do horror. Por atribuição desse valor histórico e pelo fato de o texto ser introduzido com um prólogo de Ernesto Sabato, que mais uma vez apoiou a ideia de dois terrorismos, sua publicação foi completamente rejeitada pelas Mães.

No entanto, não foi equivalente à reação majoritária dos argentinos: quatro meses depois da sua publicação, *Nunca más* tinha sete edições esgotadas, 175 mil exemplares vendidos, se convertendo no livro mais vendido do país durante a última década. A jornalista Dionisia Fontán disse, naquele momento, que "apesar realidade demonstrar, tragicamente, que o tema dos desaparecidos não se tornou carne na cidadania — pelo menos não o suficiente — e que ainda não se conseguiu uma autêntica tomada de consciência coletiva acerca da barbaridade sofrida por milhares de compatriotas, o efeito multiplicador dessa soma de testemunhos impressos contribui, em parte, para uma mudança de mentalidade". Luis Gregorich, na época diretor da Eudeba, editora do livro, afirmou por sua vez que "muita gente não podia ou não queria se convencer"[16]. Parecia mentira que algo tão macabro tivesse acontecido debaixo dos seus narizes. Esse tempo todo, conversei com um número considerável de pessoas que recentemente sentiram o impacto quando leram as declarações minuciosas de *Nunca más*".[17] Ao exaltar o valor dos testemunhos do livro, Gregorich reforçava a ideia de que "só agora" a maior parte dos argentinos ficava sabendo o que tinha acontecido.

Contrariando essa suposta novidade, as Mães argumentavam que a informação contida no livro não era nova de modo algum, nem sequer se poderia dizer que os argentinos estavam sabendo dela pela primeira vez. Diziam que os sucessivos marcos que ampararam o processo de desvelamento do terrorismo de Estado, começando com a resistência ao regime ditatorial, não devem ser ignorados. As Mães percebiam nessa exaltação do *Nunca más* uma subestimação do movimento de denúncia que haviam liderado, quando muitos dos membros da CONADEP e aqueles que elogiavam o trabalho de Sabato prestaram seu consentimento tácito ou expresso ao genocídio.

Como negar, apesar das justas objeções das Mães, o enorme efeito de denúncia do terrorismo de Estado que tinha provocado a CONADEP, e que agora se repetia com o fenômeno que fez do livro que levava um prólogo de Sabato um *best-seller*?

Todavia, o que as Mães não podiam nem queriam aceitar não era a repercussão pública da CONADEP, mas como, indissociável de seu valor de denúncia do terrorismo de Estado, o discurso da Comissão impunha uma interpretação dos acontecimentos do passado recente sintetizada no mito dos "dois demônios". O prólogo, escrito por um homem de atuação sinuosa sob o regime ditatorial, estabelecia uma relação direta entre o genocídio e a ação dos grupos armados mais radicalizados da esquerda dos anos 1960. "Durante a década de 70", afirmou Sabato, "a Argentina foi tumultuada por um terror que vinha tanto da extrema direita como da extrema esquerda". Tal afirmação, obviamente, não derivava de nenhuma investigação efetiva

16. FONTÁN, Dionisia. *Nunca más*. Un libro que el periodismo ha silenciado. *El Periodista*, Ano 1, n. 30, abr. 1985.

17. Idem.

da Comissão que ele presidiu, mas foi estritamente uma avaliação política pessoal do escritor, em manifesta harmonia com o discurso oficial.

Após contar sua versão de como a Itália tinha enfrentado "os grupos fascistas, as Brigadas Vermelhas e outras", que tinham sido combatidas com "absoluta eficácia", "diante de tribunais comuns, oferecendo aos acusados todas as garantias de defesa em julgamento", Sabato declarou que na Argentina "aos delitos dos terroristas, as Forças Armadas responderam com um terrorismo infinitamente pior do que o que combatiam".

O terrorismo, como categoria, se aplicava a experiências históricas diversas e servia para manipular identidades complexas, que de forma alguma eram equiparáveis, ou sequer comparáveis. Não bastava, para as Mães, que Sabato dissesse que o terrorismo de Estado tinha sido "infinitamente pior" do que o "outro". Para elas, não havia comparação possível.

Segundo as Mães, a descrição de Sabato do fenômeno da violência política não apenas estabeleceu uma comparação falsa e a-histórica, mas também excluiu da análise uma enorme diversidade de agentes e fatores que determinaram o processo de enfrentamentos políticos da época, fazendo assim uma abstração das relações sociais e históricas e, especialmente, das relações de poder.

A indignação tomou conta das mulheres de lenço branco, ainda que o grau de rejeição do texto de Sabato não fosse o mesmo em todas elas, nem se baseassem nas mesmas ideias. De fato, tinham divergências na forma como entendiam a atividade política de seus próprios filhos e o uso da violência por parte de alguns setores da esquerda revolucionária dos quais a maioria deles tinha feito parte. Em resumo, algumas defendiam o uso da violência por parte de setores de esquerda para promover a mudança das estruturas sociais de opressão, outras rejeitavam esses métodos por simples conveniência, enquanto as demais os condenava, inclusive associando, de certa forma, ao terrorismo. Porém, para além dessas diferenças, nenhuma admitia publicamente a hipótese dos dois terrorismos, porque sabiam da necessidade de estabelecer diferenças qualitativas entre a violência empregada pelo Estado e não aceitavam a equiparação dessa violência com a militância dos seus filhos.

As Mães, coletivamente, contestavam pelo menos quatro aspectos do prólogo de Sabato: primeiro, que a CONADEP não tinha investigado e, portanto, não poderia saber, muito menos afirmar, quem, entre os desaparecidos, teria participado da luta armada e quem não; segundo, que tampouco o Estado terrorista surgido do golpe de 24 de março de 1976 havia provado ou tentado demonstrar essa participação; terceiro, que a maioria dos casos documentados pela CONADEP indicava que os desaparecimentos não haviam ocorrido em condições de confronto armado, e que não se tratava de pessoas que estivessem, por exemplo, na clandestinidade; por fim, que a repressão tinha como objetivo disciplinar amplos setores políticos e sociais que iam muito além dos envolvidos em organizações armadas, a fim de impor um modelo social e econômico regressivo.

Independentemente de como cada uma concebia a legitimidade ou ilegitimidade da luta armada ou o uso da violência, essas quatro observações básicas lhes permitia estabelecer um consenso na crítica ao prólogo de *Nunca más*, ainda que, reiterando, suas críticas tivessem diferentes graus, ênfases e matizes.

Armadilhas

Naquela época, o jornal das Mães reproduziu a versão mais radicalizada da crítica ao *Nunca Más*, que não era compartilhada por todas. Segundo a nota escrita por Raquel Ángel, intitulada "As armadilhas do *Nunca más*", o livro da CONADEP tentava, sobretudo, pôr um fim à tragédia dos desaparecidos.[18] "Interpretações tendenciosas e falsas conclusões acabam transformando o relatório elaborado pela Comissão Nacional sobre o Desaparecimento de Pessoas em um atestado de óbito em massa, com o qual se pretende encerrar a maior tragédia da história argentina", disse Ángel. "Estão ali os crimes, os detalhes macabros, a tortura sem limites, a humilhação. Sua descrição abrange 500 páginas. Poucas, se comparadas às 50 mil páginas de depoimentos e denúncias que serviram para que a CONADEP produzisse esse tipo de relatório-testamento que é o livro *Nunca más*. Suficientes, no entanto, para que sua leitura faça crescer a fúria e o escândalo", afirmava.

Em primeiro lugar, o artigo descrevia a referência ao mito dos "dois terrorismos" como uma "armadilha". Considerava que o argumento segundo o qual uma forma de terrorismo tinha sido a reação contra outra forma de terrorismo não era verdadeiro, uma vez que quando o golpe se concretizou, a guerrilha já tinha sido dizimada. Por meio de uma falsa relação causa-efeito entre guerrilha e golpe de Estado — argumentou Ángel —, o

18. Jornal *Madres de Plaza de Mayo*, Ano I, n. 2, jan. 1985.

que se pretendia era esconder a verdadeira razão de ser do terrorismo de Estado: "um projeto econômico intimamente ligado às multinacionais e ao imperialismo, cujo sucesso exigia a repressão sistemática dos dissidentes políticos, o esmagamento das lutas populares e a implementação do medo como forma de viver e de se relacionar".

Em segundo lugar, para Ángel, o Relatório expressava "a filosofia da morte": "Se o que se diz, o que se omite e o que se manipula responde a uma política concreta, o que se tenta demonstrar também deriva dela. E o que tenta demonstrar o "atestado" da CONADEP, de maneira mais ou menos sutil, mais ou menos encoberta, é que os desaparecidos, em sua imensa maioria, estão mortos". A jornalista fundamentava sua afirmação em várias citações do livro que se referiam à possível morte dos cativos, à existência de fornos crematórios e aos depoimentos dos poucos sobreviventes dos campos que recordavam várias formas de extermínio.

A contestação não derivava da crença de que os desaparecidos estivessem de fato vivos, mas de como a jornalista, alinhada à consigna "Aparição com vida", encontrava um fio condutor entre as referências desse tipo e as sucessivas tentativas da ditadura de usar a morte como recurso para encerrar o assunto. "Dizer que os desaparecidos estão mortos ou levar as pessoas a acreditar nisso são variações de uma mesma política. Uma política propõe que se enterre o passado. E, se possível, esquecê-lo". Desse modo, Ángel denunciava uma visível continuidade entre aquelas manobras do regime que caiu e as intenções do governo de Alfonsín.

O artigo explicava que o escândalo provocado pelo *Nunca más* não se explicava "apenas por aquilo que, numa escolha intencional, se diz", mas, em maior medida, por aquilo que escolhe omitir: os nomes dos responsáveis pela "maior tragédia da nossa história". "Esses 1351 nomes — e estamos falando apenas dos reunidos pela CONADEP — que hoje querem silenciar, ou seja, proteger". Em sua continuação o artigo afirmava que o ocultamento da lista de repressores "expõe impiedosamente a inutilidade dessa Comissão, cujo destino final — decidido de antemão pelo governo que a criou — era apenas alimentar arquivos e permitir que o tempo corresse a favor dos genocidas".

"A armadilha do arcabouço montado pelo governo saltava aos olhos: centenas de assassinos e torturadores andam soltos, livres da culpa e da responsabilidade, apesar da enorme quantidade de provas reunidas em nove meses de investigação" — argumentava Ángel. "Evidente e dolorosa, essa contradição aparece claramente refletida no último parágrafo do livro, quando afirma: 'Existem fundamentos que permitem afirmar que as pessoas que ainda estão desaparecidas passaram por centros de detenção clandestinos e que a resposta sobre seu destino está subordinada aos avanços que ocorrerem na individualização dos responsáveis pela ação repressiva à qual nos referimos'", concluía, categoricamente, Ángel.

A crítica intransigente era expressão direta da linha sustentada pelo grupo de mães alinhado à Hebe Bonafini, mas soava absolutamente exagerada para o setor dissidente da Comissão Diretiva que, como haviam dito em várias oportunidades, pensavam que não se podia negar os aspectos positivos para a luta das Mães, como a enorme difusão do debate provocado pela CONADEP.

Operação memória

Para além da polêmica sobre a novidade verdadeira ou falsa contida no relatório da CONADEP e das críticas despejadas pelo jornal das Mães, de fato o trabalho da comissão presidida por Sabato havia sido um grande experimento social de reelaboração do passado recente, conforme ditava a doutrina oficial dos "dois demônios". Nesse sentido, foi uma profunda operação sobre a memória dos argentinos que ajudou a forjar, a partir de um imaginário comum, um consenso favorável às políticas de Alfonsín com relação ao julgamento daquele passado. Por exemplo, se tinham enfrentado — como afirmava o autor de *Sobre heróis e tumbas* — dois bandos terroristas, era lógico que fossem julgados os representantes de cada um deles; se a ação da justiça não se chegava à base militante da guerrilha, por que envolver então toda a cadeia de militares e esperar que todos os uniformizados sejam julgados?

A chave desse julgamento do passado, operado especialmente pelas ideias expostas no prólogo de *Nunca más*, era a construção de um sujeito-objeto da repressão que basicamente coincidia com o "inimigo subversivo", tal qual definia a ditadura. O regime depoisto tinha cunhado o eufemismo "luta antissubversiva" para encobrir o genocídio. Durante muitos anos, pelo menos desde o governo de María Estela Martínez de Perón, tanto a presidente, seus equipamentos estatais, assim como a cúpula dos principais partidos do sistema, haviam aceitado, sem ressalvas, o termo "luta antissubversiva", que continuou sendo usado sob a ditadura, inclusive quando já avançava ação do movimento de denúncia sobre as violações aos direitos humanos.

Não era por acaso que o radicalismo no governo e as numerosas forças políticas de oposição continuavam se referindo à luta antissubversiva. De fato, além de alguns militares que, sempre que podiam ou eram consultados, reivindicavam as ações da ditadura, Alfonsín havia incorporado esse eufemismo em seu discurso, e o utilizou, entre outros momentos decisivos, em sua mensagem à Assembleia Legislativa ao assumir como presidente, e três dias depois, ao assinar os decretos 157 e 158 para o julgamento das cúpulas guerrilheiras e militares, respectivamente.

Essa identidade no léxico dos partidos majoritários continha uma coincidência conceitual, ideológica, com o regime genocida. Certamente, também eram muitas as divergências: embora tivessem concordado sobre a necessidade de reprimir a "subversão", nem todos concordavam com os métodos.

Mas, durante um longo e aterrorizante período, essa identificação discursiva implicou cumplicidades e o ocultamento de crimes: a expressão "luta antissubversiva" escondia que o aniquilamento massivo das forças de oposição radicalizadas, perpetrado entre 1974 e 1983 — o genocídio político e ideológico —, era um instrumento de desarticulação e rearticulação da sociedade argentina como um todo e não apenas ao fenômeno da luta armada empreendida por alguns setores da esquerda, mas a um objetivo mais amplo de disciplinamento social, político e cultural, e de reconfiguração da formação social argentina que ultrapassava, em muito, o fenômeno repressivo em si.[19]

Nesse sentido, embora não tenha sido investigado especificamente pela CONADEP, as informações coletadas revelavam, ao menos indiretamente, que uma porcentagem considerável das vítimas dos desaparecimentos não eram guerrilheiros, nem combatentes de organizações armadas, nem nada parecido. Deliberadamente, a CONADEP tinha se esquecido de questionar sobre a militância dos desaparecidos e as causas dos desaparecimentos. Amparando-se em um princípio amplamente compartilhado pelo movimento contra o terrorismo de Estado — de que nem a condição política

19. Da mesma maneira, o genocídio — como acontecimento que excede o crime em sentido penal — envolveu não apenas os criminosos — quem planejou e quem executou, direta ou indiretamente os crimes —, mas uma ampla gama de dirigências partidárias, sociais e intelectuais. Para além disso, o genocídio enquanto fenômeno implicou um processo de reacomodação, com "perdedores" e "ganhadores", cuja amplitude permite entender tanto as inclinações negociadoras dos partidos majoritários com o velho regime, como o compromisso com a impunidade e a permanência dos aparatos que o executaram.

nem a eventual prática de um delito justificavam os métodos repressivos —, tinha se eximido qualquer tipo de investigação a respeito.

Na verdade, mesmo depois de passadas mais de duas décadas desde o fim da ditadura, o caráter das investigações sobre o genocídio não permite que sejam feitas afirmações definitivas sobre diversos aspectos vinculados às suas vítimas. Todavia, as informações reunidas a partir dos testemunhos do movimento de denúncia do terrorismo de Estado, o relatório da Comissão de Direitos Humanos da Organização dos Estados Americanos de 1979-80, as estatísticas da CONADEP, o julgamento dos ex-comandantes e outros processos, pesquisas acadêmicas como a produzida pela socióloga Inés Izaguirre, os números que quantificam a real envergadura das organizações armadas em alguns ensaios e trabalhos de investigação jornalística — apesar de não constituírem em si mesmos, nem como um todo, um conjunto sistemático — permitem inferir, sem margem para dúvidas, que o "sujeito-objeto da repressão" excedia amplamente os membros e combatentes das organizações armadas.

Incluía, por outro lado, uma gama muito diversa de militantes e estruturas políticas e sociais que se estendiam a apoios das organizações armadas, simpatizantes da luta armada, partidários da "insurgência popular", militantes sociais e políticos sem vínculos com a violência armada, e até pessoas solidárias e familiares das vítimas: um universo amplo e complexo de sujeitos individuais e coletivos que tanto a "Doutrina de Segurança Nacional" como a teoria dos "dois demônios" definiram como "subversivos", uma maneira de encobrir que o propósito último do genocídio era o disciplinamento de cada pessoa e força social ou política rebelde ao sistema.[20]

Apesar das limitações apontadas, as informações reunidas pela CONADEP foram mais do que suficientes para levantar uma séria contradição quanto ao autor do prólogo de *Nunca más*: como justificar a afirmação de que o terrorismo de Estado havia sido a resposta ao "outro terrorismo", quando a maioria dos integrantes da CONADEP havia chegado à íntima convicção de que uma alta porcentagem dos desaparecidos, a maioria na verdade, não estava envolvida com a luta armada? Poderia até ser que algumas das vítimas tivessem sido a base de sustentação e apoio desses grupos

20. Não foi por acaso que, já em janeiro de 1984, Alfonsín tratasse de reduzir a cifra de desaparecidos para 10 mil, e que nessas mesmas declarações ao jornal *Clarín* argumentasse que o caso argentino "não pode ser comparado ao genocídio nazista" porque as vítimas não tinham sido judeus, mas guerrilheiros.

guerrilheiros, mas outros, muitos, eram militantes que tinham inclusive repudiado a violência armada, e outros que eram simplesmente membros dos movimentos sociais estudantis, territoriais, sindicais, culturais — que agitaram as décadas de sessenta e setenta. Por que e como tinham se tornado alvos do Estado terrorista, se o golpe tinha ocorrido, segundo a argumentação do escritor, em resposta a outro terrorismo? A evidência de que boa parte das vítimas não estava envolvida nem de perto com a guerrilha armada impedia uma resposta razoável a essa pergunta. O autor de *Sobre heróis e tumbas* tramou, então, uma explicação, ou melhor, uma torção para ajustar a teoria dos "dois demônios". Segundo a versão de Sabato, o golpe havia sido efetivamente implementado como resposta aos "terroristas" de esquerda, mas se a CONADEP constatou, ainda que indiretamente, que muitas das vítimas não eram enquadráveis nessa figura, o escritor encontrava as respostas no plano do irracional: de fato, uma dimâmica demente fez com que a repressão chegasse a essas "vítimas inocentes".

"Da nossa investigação surge o fato de que essas práticas do inferno foram levadas a cabo por sádicos, mas regimentados executores", defendeu o escritor. Sadismo, perversão, loucura explicavam então essa "inusitada ampliação da repressão" às "vítimas inocentes". Não se tratava, segundo Sabato, de um plano implementado de reestruturação da sociedade, mas de uma ampliação diabólica da metodologia criminosa do regime, na qual se chegou por deformação ou excesso. A "lógica repressiva" mirou contra os "terroristas", tudo mais foi demência.

Sabato não estava explicando o genocídio, mas através da fórmula das "vítimas inocentes" buscava apenas justificar o mito dos "dois demônios", apesar dos resultados da investigação o contradizerem abertamente.[21]

21. Como defendeu muitos anos depois o sociólogo argentino e doutor em Ciências Sociais Daniel Feierstein, "a qualificação ou não como 'terrorista' das organizações de esquerda será um tema que dividirá — nunca de forma explicita — grande parte das perspectivas em análise". O autor de *El genocidio como práctica social* sustentará que o terrorismo, historicamente, está associado à violência dirigida ao conjunto da sociedade: "A indistinção das vítimas é precisamente o elemento que gera a difusão do terror em sua totalidade". Feierstein exemplifica essa ação com ataques a locais de "forte concentração de população: bares, restaurantes, estações ferroviárias, supermercados, como forma de sugerir que ninguém está livre das possíveis consequências da ação". Nesse sentido, ele indica que "a esquerda armada na Argentina dos anos sessenta e setenta, seja qual for nossa opinião sobre o caráter legítimo ou ilegítimo de suas práticas, nunca se caracterizou por uma ação 'terrorista', com a única exceção da bomba colocada no edifício de Coordenação Federal". Feierstein argumenta com precisão que a qualificação desses grupos de esquerda como "terroristas" e sua equiparação a outros grupos

Com a invenção das "vítimas inocentes", a "racionalidade" profunda da repressão voltava às causas da "luta antissubversiva". E então, se o objetivo da repressão tinha sido a "subversão", Sabato, que condena toda violência, e que obviamente considera legítima toda repressão à violência, fará a observação de que era necessário reprimir, mas "como reprimiram as Brigadas Vermelhas na Itália". No entanto, nenhum Código Penal em um sistema democrático que se preze poderia contemplar todos os indivíduos que compunham a vasta categoria dos rebeldes que de fato foram reprimidos na Argentina, ou seja, os opositores a uma mudança retrógrada da sociedade, bem como que impulsionavam de uma nova formação social que, em meados dos anos 1970, envolvia numerosas forças políticas e sociais que, como nunca antes na história argentina, alcançavam um desenvolvimento que desafiava o sistema, com ou sem armas.

Questão de futuro

Se em algum momento a CONADEP saiu do roteiro de Alfonsín, que logo depois de concebê-la como uma mera ouvidoria para as denúncias teve que se resignar à sua conversão em uma instância, perigosamente, muito mais ativa do que tinha imaginado, o presidente nunca aceitou perder completamente o controle da Comissão. Sua pressão para que o Informe não fosse divulgado na íntegra e, especialmente, para que fosse omitida a lista de repressores, reorientaram seus efeitos de acordo com os objetivos do Executivo. Nessa nova fase, isto é, depois da publicação do *Nunca más*, o prólogo de Sabato se inscrevia no mesmo processo de ressignificação do resultado das investigações.

Além de pôr em primeiro plano a teoria dos "dois demônios", o próprio título do livro demonstrava seu posicionamento sobre as denúncias contra o terrorismo de Estado, visto que com a praticamente exclusiva consigna "Nunca mais", o alfonsinismo e seus aliado tentarm afastar do centro da cena política a consigna "Julgamento e punição", levantada pelas

políticos que operam ou operavam com essa metodologia não só confunde os conceitos, mas também carrega um significado próximo ao que as doutrinas de segurança promovidas pelos Estados Unidos a partir do atentado de 11 de setembro de 2001 conferem ao termo. No entanto, o desmantelamento do mito dos dois demônios não exclui a necessidade de uma análise crítica das práticas políticas adotadas, especialmente pelas organizações que optaram pela luta armada.

Mães e pela maior parte do movimento contra o terrorismo de Estado. Tal como entendia o governo, "Nunca mais", impunha um compromisso cara a cara com o futuro: impedir que o horror voltasse a se repetir. Era uma operação esperta: quem gostaria de voltar a passar por aquilo? Ninguém, com exceção dos "violentos", era a resposta evidente. Mas as Mães não caíram na armadilha que enfatizava apenas o porvir e ,sutilmente, escanteava a necessidade de investir o mesmo esforço na reivindicação por justiça.

Bonafini já tinha advertido em seu enérgico discurso no Parque Lezama, poucos dias antes da mobilização que coroou o trabalho da CONADEP, e voltou a advertir sobre o título do livro: uma vez que se vinculasse "Julgamento e punição" a "Nunca mais", seria possível evitar que o passado abominável se repetisse. Por isso Bonafini declarou que estava de acordo com a consigna "Nunca mais", mas apenas se ela fosse interpretada a partir de uma atitude ativa que procurasse acabar com as causas do genocídio, começando pelo julgamento e punição aos culpados.

De fato, as Mães tinham usado a consigna "Nunca mais" em uma nota de março de 1984.[22] Mas a medida em que essa consigna foi se vinculando ao mero esclarecimento e se desconectando da condenação, as Mães começaram a criticá-la, não porque o seu compromisso com a democracia e contra os golpes de Estado se enfraquecia, mas porque a expressão tinha começado a identificar aqueles que abandonavam o pedido por justiça irrestrita.

Além disso, o "Nunca mais" de Sabato era para as Mães, de certa forma, uma confissão: afirmando assumir o compromisso de não permitir golpes de Estado no futuro, a consigna implicava que esse compromisso não tinha sido assumido no passado, isto é, que no passado foram permitidos os golpes de Estado, ou que, pelo menos, não foi feito o suficiente para evitar, resistir, enfrentar os golpes, assim como não se lutou contra o terrorismo de Estado, a tortura, os desaparecimentos e os assassinatos.

Mas para além dessas inferências, o que estava claro para as Mães era que, a partir da renúncia de julgar a maior parte dos criminosos, o compromisso de Alfonsín com o "Nunca mais" era extremamente frágil. De fato, como ter garantia de que o terrorismo de Estado não se repetiria

22. Nesse sentido, "Nunca mais" se estendia à luta armada de esquerda e à rebelião política e social. Foi uma operação dirigida ao desarmamento ideológico dos setores populares, a tal ponto que sua explicação mitológica da violência pretendia estabelecer um marco teórico que acabava condenando não apenas o guerrilheiro Ernesto Che Guevara, mas também o próprio general José de San Martín.

se seus executores permaneciam em seus postos e conservavam suas funções no aparato repressivo?

A expressão “Nunca mais” tinha a sua história. Foi o grito de combate dos judeus presos no gueto da Varsóvia ocupada pelos nazistas, o grito que anunciou o levante protagonizado pelos cativos no dia 19 de abril de 1943. A consigna continha a determinação de não voltar a se submeter ao horror e à humilhação acompanhada de ações decididas a assegurar esse objetivo e se inscrevia em um combate direcionado a garantir que não se repetisse. As ações, então, correspondiam aos fatos. Mais de quarenta anos depois aquelas palavras se repetiam na capa de um livro que as Mães não viam como garantia do fim do terrorismo de Estado, mas como uma forma de consagrar a história oficial sobre o genocídio que teve como vítimas seus filhos: os outros terroristas, segundo essa versão.

A operação ideológica do governo era transparente: recorria a uma consigna que trazia consigo prestígio, mas fora do seu contexto histórico, concretamente, no estado da situação que atravessava a luta política na Argentina, a consigna perdia seu valor de contestação e poderia inclusive ser lida como uma tentativa de conciliação com os responsáveis pelo genocídio. Nesse sentido, uma definição de Bonafini dias antes da mobilização em apoio à CONADEP, foi afiada: “Temos que ter muito claro que todos nós argentinos queremos que nunca mais aconteça o que aconteceu, mas também temos que ter muito claro o que devemos fazer para que não aconteça mais”.

Vazamentos

Apesar da forte ação discursiva do poder e sua energia de execução, nem tudo saiu como o governo queria. Um episódio afetaria o segredo que impuseram a parte decisiva da informação reunida no Relatório da CONADEP.

Em sua edição do dia 2 de novembro de 1984, *El Periodista*, um semanário de ampla difusão nessa época, publicou um suplemento especial com a lista completa dos 1.351 repressores denunciados para a CONADEP. Os números, por si, indicavam as limitações da atuação da CONADEP. Era impossível que apenas mil pessoas tivessem sido responsáveis e executado o genocídio. As Mães faziam cálculos com base em alguns dados fornecidos por criminologistas: se o Serviço Penitenciário precisa de cinco agentes para cada preso, quantos agentes foram designados para custodiar os cativos nos campos de concentração, quantos mais foram necessários para as operações de sequestro, para as câmaras de tortura e, por fim, para sustentar todo o aparato de inteligência e informação de onde se originavam os dados iniciais para os procedimentos? Uma simples operação matemática revelava a insignificância da cifra assinada pela CONADEP. Mas até mesmo essa mínima lista pretendiam ocultar.

O governo reagiu, como se o verdadeiro escândalo não tivesse sido negociar com os militares e ocultar a lista, mas a sua difusão. O governo ordenou que aquela edição do semanário fosse tirada de circulação imediatamente.

Todos os meios, sem exceções, relataram o fato, mas nenhum outro publicou a lista de repressores. Enquanto o governo negava a autenticidade do documento, os integrantes da CONADEP se mantinham em silêncio. A censura da lista de repressores tinha causado polêmicas internas nesse órgão, que majoritariamente, por votação de seus integrantes titulares, tinha decidido divulgá-la. Mas seguindo instruções presidenciais, o subsecretário de Direitos Humanos Eduardo Rabossi agiu para que isso não acontecesse, e conseguiu. Não estavam todos convencidos dessa determinação final: alguns pensavam que divulgar essa informação não seria de todo ruim.

Não foi o caso de Ernesto Sabato que, sem negar a autenticidade da lista, disse de maneira ambígua que os ali mencionados não seriam, necessariamente, repressores. Estava, claramente, pensando em alguém em particular. Além da sua recusa a reconhecer a autenticidade da lista, atitude respeitosa ao pacto da cúpula militar e coerente com a censura imposta, o governo argumentou que não poderiam ser divulgados os nomes dos repressores já que se tratavam apenas de meras denúncias, e que torná-los públicos implicava ferir o princípio da presunção de inocência. Apenas a justiça, acrescentava, deveria se pronunciar a respeito.

A justiça que citava o governo era o Conselho Supremo das Forças Armadas? — perguntavam as Mães de maneira explicitamente furiosa. Reduzida a discussão aos limites de um princípio jurídico como a presunção de inocência que deveria amparar os denunciados perante a CONADEP, a posição do governo poderia parecer sensata. Mas então, para que tinha servido a CONADEP? Por que tinha se instituído um órgão restrito por tais limitações? No contexto do arcabouço jurídico construído pelo governo, que previa a absolvição da maior parte dos implicados no terrorismo de Estado — com exceção de alguns dos ex-comandantes —, a afirmação das Mães sobre o destino final das denúncias evidenciava as escassas competências da comissão presidida por Sabato, em contraste com as potencialidades de uma comissão bicameral e da atuação do Poder Judiciário sem restrições.

Mais de vinte anos depois, o silêncio dos sucessivos governos em relação à lista dos repressores se manteria intacto. Os primeiros responsáveis por esse silêncio foram os próprios membros da CONADEP, que se dobraram ao pedido do governo e à pressão militar. Aqueles a quem tinha sido encomendada a tarefa de ver, representando toda a sociedade, não deixavam ver o que haviam visto. Era a segunda vez que Sabato escrevia um relatório sobre cegos.

Nunca nenhum integrante da Comissão admitiu ter entregado a lista à imprensa. Todavia, Carlos Gabetta, na época diretor do semanário, revelaria ao autor desta pesquisa que quem apresentou a informação teria sido a responsável pela Secretaria de recepção de denúncias da CONADEP, Graciela Fernández Meijide.

Entre os nomes da lista de repressores estava ninguém menos do que o núncio apostólico durante os anos da ditadura, monsenhor Pío Laghi. Sabato tinha se referido a esse personagem quando, de maneira crítica, negou que os mencionados na lista fossem necessariamente repressores.

Tarde piaste

Boa parte da polêmica que se deu com a divulgação da lista teve por central a figura do núncio apostólico, embaixador argentino do Papa durante o velho regime. Por acaso Pío Laghi estava diretamente envolvido nas violações dos direitos humanos? Como tinha chegado a aparecer entre pessoas denunciadas como assassinos, sequestradores, torturadores e violadores? O embaixador papal tinha sido mencionado em pelo menos um caso, e constava no dossiê de denúncia de um ex detido-desaparecido: Juan Martín relatou à Comissão sua experiência durante a etapa mais terrível da repressão. Quando o transferiram, cercado por guardas, a sessenta metros do lugar onde estava preso — o campo de concentração no engenho de açúcar tucumano Nueva Baviera — viu que se aproximavam dele os generais Antonio Domingo Bussi e Antonio Arrecha junto do núncio apostólico Pío Laghi e outros sacerdotes. Bussi disse a Laghi: "Pergunte a ele se é verdade isso da picana elétrica e isso dos direitos humanos que tanto te interessa".

Martín estava sequestrado há cinco meses. Durante esse período tinha sido cruelmente torturado. Cercado pelos seus sequestradores, de que valeria o que ele dissesse? Quem, nessas circunstâncias, se atreveria a dizer algo que parecesse uma denúncia? Laghi se separou do grupo de militares e sacerdotes, se aproximou de Martín e sob o olhar atento de Bussi perguntou seu nome e se seus pais sabiam que ele estava preso. Bussi e Arrecha diminuíram a distância que os separava de Laghi e esperaram a resposta. Martín disse seu nome e sobrenome, se animou a dizer a quanto tempo estava preso e acrescentou que sua família não sabia nada sobre seu destino. Laghi o abraçou, lhe presenteou com um exemplar da Bíblia e finalmente o encorajou a ter fé e esperança. Depois o núncio partiu junto à comitiva e Juan Martín voltou à sua cela no campo de concentração.

Esse relato, que constava no dossiê da CONADEP a partir da denúncia de Martín, tinha sido determinante para a inclusão de Laghi na lista de repressores. Não era o único religioso mencionado na lista: além do núuncio estavam outros quinze sacerdotes católicos com distintos graus de compromisso com os repressores, entre eles Blas Victorio Conrero, arcebispo de Tucumán.

O incidente voltava a pôr em cena a discussão sobre a cumplicidade da Igreja Católica com a ditadura. A divulgação do nome de Pío Laghi causou impacto a ponto de provocar um debate no seio da Igreja. Um setor da hierarquia eclesiástica opinou que se impunha a necessidade de responder às acusações, mas se enfrentou com a ala mais conservadora e inflexível que se negou de todos os modos a permitir o debate. Nessas circunstâncias, um núcleo de bispos decidiu emitir um documento intitulado “Conhecer a verdade para reconciliar”.

O texto refutava as acusações contra o núncio, e por sua vez tratava de explicar que função tinha cumprido a Igreja, segundo sua própria e particular interpretação, sob a ditadura. Sobre Laghi dizia que “foi um dos homens que mais se preocupou e trabalhou pelos direitos humanos” e que “se encontrou com uma situação inacreditável e inegável, e respondeu como sua consciência cristã mandou: se encarregando de acompanhar os perseguidos e salvar muitos da morte”. Assinaram essa declaração Carlos Galán, arcebispo de La Plata, Domingo Castagna, arcebispo de Corrientes, e os bispos Justo Laguna de Morón, Emilio Bianchi di Carcano de Azul, e Jorge Casaretto de San Isidro.

Apesar do documento estar cheio de justificativas, alguns meios se viram nele uma “incomum autocrítica” dos religiosos. “Sem dúvidas, durante toda nossa vida carregaremos em nossas consciências o arrependimento de não ter feito muito mais para impedir que jovens pertencentes a nossa Igreja optassem pela violência guerrilheira e para impedir que os repressores praticassem tais aberrações contra os direitos humanos", diziam. Como se vê, o mito dos "dois demônios" não era patrimônio exclusivo do governo; o relato funcionava com a cumplicidade de muitos setores da sociedade, entre eles a própria Igreja Católica.

Não tinham muito a alegar a seu favor. Como prova de suas ações de resistência ao genocídio — não são esses, claro, os termos empregados no documento —, os religiosos aportavam um livro que tinham publicado dois anos depois de iniciado o massacre. "Dizem", afirmaram, "que os membros da Igreja calaram ou consentiram ou que simplesmente acompanharam sem denunciar profeticamente o que ocorreu, mas em um livro de mais de sessenta páginas [nisto superaram as vinte e seis páginas do Relatório da CONADEP], o episcopado recolheu as declarações daquela época e foram muitos os bispos e sacerdotes que fizeram o impossível para salvar vidas, gerir, fazer averiguações, falar com uns e outros para encontrar algum caminho de paz em meio a tanto horror".

Além da Igreja, que continuou emitindo documentos de suposta autocrítica, as denúncias contra Laghi continuaram se acumulando.[23] A investigação sobre o papel da hierarquia eclesiástica local e do Vaticano ainda era incipiente, mas aquele pequeno incidente — pequeno em relação aos efeitos que deve ter provocado — acabou revelando a trama de interesses, cumplicidades, silêncios e pequenices que deram suporte ao genocídio.

23. Durante o julgamento das juntas, o vigário castrense da Marinha, monsenhor Emilio Grasselli, amplamente conhecido pelas Mães e demais familiares de detidos-desaparecidos, revelou que quando assumiu, em representação da Armada, a responsabilidade de conseguir vistos para alguns cativos prestes a serem liberados e levados para fora do país, Laghi facilitou alguns contatos diplomáticos, com plena consciência do que estava fazendo. Muitos anos depois, a esposa do jornalista Julián Delgado revelou seus frequentes contatos com o Núncio. María Cercos de Delgado afirmou que "o Núncio Apostólico Pio Laghi sabia tudo o que acontecia na Escola de Mecânica da Armada, podia averiguar os nomes de quem estava sequestrado lá e o comandante-em-chefe da Armada, Armando Lambruschini, lhe consultou se deveria deixar vivo um grupo de quarenta detidos-desaparecidos que recebeu de Massera ao assumir o cargo". Nas gestões que fez entre setembro e outubro de 1980 para saber o paradeiro de seu marido, Cercos manteve várias reuniões com Laghi. "Durante muitos anos, fui grata a Laghi — disse — pelo que fez para tentar localizar meu esposo. Mas agora me sinto um monstro por ter ouvido essas coisas sem reagir." Segundo Horacio Verbitsky, Laghi disse a Cercos que Lambruschini não se decidia a condenar aqueles detidos-desaparecidos à morte que todos que passaram pela ESMA haviam sofrido, mas também não podia deixá-los em liberdade por medo de que episódios como os ocorridos com o primeiro grupo de liberados se repetissem.

De qualquer forma, a revelação dessas manobras obscuras não foi o suficiente, naquele momento, para invalidar a política do governo. Aquilo que as Mães denunciavam como evidência dos limites da política oficial e gestação da impunidade para a maioria dos responsáveis pelo terrorismo de Estado, foi percebido por amplos setores da opinião pública como fronteira possível, sem desmerecer o fundamental. Entretanto, se o governo tinha tentado apresentar a investigação da CONADEP e o livro *Nunca más* como a revelação da verdadeira dimensão do terrorismo de Estado, para as Mães estava claro que tinham servido para encobrir parte dessa dimensão.

Quando concluiu seu trabalho à frente da CONADEP, Sabato disse que tinham sido 272 dias de horror. Estava errado: tinham sido mais de sete anos, e para as Mães não tinham terminado. Poucos dias depois de publicado *Nunca más*, as Mães iniciaram seu próprio projeto editorial, muito modesto, conforme seus escassos recursos. Mas precisavam que a sociedade as escutasse, e ainda que estivessem longe de poder competir com os meios oficiais e com a impressão em massa, decidiram fundar seu próprio jornal. Na capa do primeiro número estamparam uma pergunta cuja formulação por si só despia o que o governo tinha apresentado como "a maior revelação das violações dos direitos humanos". "Onde estão os desaparecidos?", questionavam as Mães. Mas até que ponto a sociedade argentina tinha consciência das manobras do governo? O esforço que as Mães investiam em denunciá-las chegava em quantas pessoas? Sem dúvida, ainda a muito poucos.

18. A voz da indignação

"Deixei de ser eu a muda."

Cota Feigelmüller Senar[24]

Como um logotipo, em cada um dos lados do nome do periódico Mães de Praça de Maio, a reprodução da obra de um artista plástico uruguaio representava um círculo de lenços brancos que se fechava em torno de uma boina militar colocada sobre o "banco dos réus". Eram, pois, as Mães e não a CONADEP, nem o Tribunal Federal, nem muito menos o governo que cercava os militares e os colocava onde deveriam estar.

Desde a capa, o flamejante jornal mensal das Mães era incisivo e até irritante segundo a perspectiva do governo: "Passado um ano de governo radical e impunidade militar: onde estão os desaparecidos?". O título reproduzia em letras maiúsculas a primeira consigna do movimento, cunhada no início da ditadura. Nada tinha mudado desde então? O discurso oficial de condenação à doutrina de Segurança Nacional, o Relatório da CONADEP, a decisão do Tribunal Federal de eximir-se de julgar os ex-comandantes das três primeiras juntas militares e outros processos abertos contra os militares não significavam

24. A frase foi retirada da "Introdução" que essa Mãe escreveu para uma compilação de textos — poemas, contos, cartas aos filhos — produzidos em uma oficina literária organizada pela Associação, publicados em 1997. Indica a transformação pessoal que experienciou durante a oficina, ainda que a expressão represente o processo de mudança e crescimento das Mães desde que começaram a sua luta.

por acaso um ponto de não retorno na história argentina? Por que, então, repetiam com insistência a pergunta sobre o destino dos desaparecidos como se nada tivesse mudado desde que Alfonsín assumiu o poder?

O artigo da capa, que justificava aquela interrogação — provocador para a leitura oficial e, pelo menos, maniqueísta para outras organizações de direitos humanos —, entendia que a sociedade argentina se dividia entre aqueles que afirmavam que os desaparecidos estavam todos mortos e aqueles que, como as Mães, defendiam que havia desaparecidos com vida. Pensar que, mesmo após mais de sete anos de ditadura e um ano de governo radical, alguns desaparecidos ainda estavam vivos poderia ser interpretado, na melhor das hipóteses, como a persistente e desesperada esperança que se negava a toda evidência, entre as quais as covas não identificadas e algumas exumações eram sua manifestação mais horrenda e, ao mesmo tempo, incontestável. Todavia, para as mulheres do lenço branco, a pergunta sobre os desaparecidos permanecia sem resposta, e as contundentes provas sobre suas mortes não eram uma resposta satisfatória para elas.

Embora a perseverança das Mães pudesse se justificar pelo fato de que bastaria um único caso, uma única possibilidade de que um desaparecido ainda estivesse vivo — como o confuso episódio de Cecilia Viñas poderia provar, ou como o demonstraria o caso de crianças sequestradas com seus pais e entregues a apropriadores que lhes negaram todo rastro de sua identidade passada —, amplos setores políticos e sociais interpretavam essa afirmação, não mais como um desejo impossível de ser satisfeito, mas como uma teimosia que pretendia desqualificar todos os avanços do governo constitucional nessa questão.

De qualquer forma, aquele artigo não expressava por inteiro o que pelo menos um setor das Mães, particularmente aquele que seguia a linha de Bonafini, queria dizer ao insistir na pergunta sobre o destino dos desaparecidos. Porque além da incerteza dramática que envolvia a pergunta estampada na capa do jornal, as Mães haviam explicado inúmeras vezes o porquê de sua pergunta repetida. Muitas vezes elas argumentaram que a resposta sobre o destino dos desaparecidos não podia ser simplesmente a morte, não porque não soubessem ou não acreditassem que os desaparecidos estavam de fato mortos, mas porque o destino que eles sofreram não se resumia apenas àquela terrível evidência do genocídio. Ele precisava ser desvendado através da reconstrução de uma multiplicidade de fatos, circunstâncias, decisões, atos, sujeitos e instituições que tinham tomado a iniciativa, que haviam elaborado as listas das futuras vítimas, que as haviam sequestrado, mantido em cativeiro, violentado, torturado, roubado, eventualmente assassinado e ocultado seus corpos. Responder à pergunta sobre o destino dos desaparecidos implicava, então, na investigação dessa série de eventos para revelar a trama de sujeitos e agentes do genocídio, seus nomes e sobrenomes, instituições e partidos, participantes e cúmplices, a serem julgados e receberem a sentença que mereciam.

Além disso, a morte por si só, não era nem uma meia-verdade para as Mães, mas uma tentativa de desmobilizar e acabar com a questão. Assim, a CONADEP como agente receptor de denúncias — não como instituição com todos os poderes de investigação —, o julgamento de ex-comandantes e de um pequeno grupo de militares — não a ação massiva de um sistema de justiça independente que condenaria os responsáveis diretos e indiretos pelo genocídio — foram, nessa perspectiva, totalmente insuficientes. É por isso que a pergunta "Onde estão os desaparecidos?", o primeiro grito desesperado na Praça de Maio proferido pelas Mães sob a ditadura, permaneceu valioso e visivelmente sem resposta, e reapareceu na primeira página do jornal recém-nascido da Associação em 6 de dezembro de 1984.

Dar a linha

A ideia de editar um jornal não era nova. Osvaldo Bayer sugeriu isso à Bonafini em um dos seus encontros habituais, pelo menos um ano antes. Desde que o escritor e jornalista tinha voltado do exílio, eles costumavam se encontrar para conversar ou jantar no restaurante portenho El Globo, onde compartilhavam o gosto pelo puchero espanhol. Bayer aproveitava esses encontros para ficar à par da realidade política nacional, já que ainda passava muito tempo na Alemanha, seu país de refúgio desde 1975, quando a Aliança Anticomunista o condenou à morte.

O ensaísta, que desconhecia a profundidade da disputa interna entre as Mães, tinha se aproximado do movimento através de María Adela de Antokoletz, que tinha conhecido em 1979 em uma de suas viagens pela Alemanha. E ainda que a respeitasse profundamente, no novo contexto suas opiniões pendiam para concordar com o grupo de Bonafini.

Bayer e Bonafini trocavam opiniões, mas o autor de *La Patagonia rebelde* ["A Patagônia rebelde"] preferia escutar o que essa mulher tinha a dizer. Percebia nela não apenas uma força extraordinária, mas também uma lógica implacável que despia uma a uma as armadilhas do poder.

Durante uma dessas cenas no restaurante El Globo, cruzaram com Eduardo Rabossi, naquele momento subsecretário de Direitos Humanos do governo de Alfonsín. Ao ver os dois juntos, o funcionário se aproximou da mesa, cumprimentou os dois e imediatamente disse ao escritor: "Então foste tu quem deu a linha para que as Mães continuassem nos criticando?". Bayer disse que não, ainda que Rabossi não estivesse verdadeiramente interessado na resposta. Ensaiou um comentário oportuno e voltou à sua mesa. Bayer pensou que, pelo contrário, era ele quem se encontrava com Hebe para que ela "lhe desse a linha", mas assim como antes da ditadura, esse governo seguia subestimando as Mães. "Não aprenderam a lição", comentou Osvaldo.

Mas foi Bayer quem insistiu no projeto do jornal. Era tão esmagadora a inferioridade de recursos para enfrentar a "verdade" oficial que pensava, e dizia à Hebe, que as Mães deveriam contar com um meio próprio para tratar de combatê-la.

Hebe sabia que tinha razão. Afinal, foi ela quem, por volta de 1980, em plena ditadura, promoveu o primeiro *Boletim Informativo*, um pequeno folheto mensal que começou a montar com algumas mães de La Plata, a princípio cheio de citações religiosas — "Não matarás" e muitas outras — que foram ressignificadas no contexto do terrorismo de Estado, para denunciá-lo. Esse Boletim reproduzia artigos que se referiam direta ou indiretamente à repressão e à atividade das Mães publicados em jornais de circulação massiva, e inclusive um que outro texto escrito por elas mesmas em forma de poemas: quem poderia alegar que frases bíblicas, um artigo do *Clarín* ou do *La Nación*, ou uns versos, transgrediam a rígida censura do regime? Mas fato é que transgrediam, e isso foi um progresso na sua política de comunicação. Dois anos antes não se atreviam a publicar o Boletim, chegaram apenas a escrever em notas de dinheiro perguntas como "Onde estão os desaparecidos?". Escreviam nas notas de valor mais alto para que as pessoas não rasgassem depois de ler, e mais do que isso, por causa do medo, pensavam que elas rapidamente repassariam para outra pessoa, conseguindo assim uma rápida circulação.

Em seu momento, o Boletim tinha significado um avanço em relação àquela forma original e por sua vez limitada de furar o silenciamento imposto pela Junta Militar, mas na nova situação pós-ditadura, Hebe concordava com Bayer de que precisavam de algo a mais: um jornal que, além de informação própria, permitisse o desenvolvimento de suas opiniões, das suas análises políticas, sobre economia, relações internacionais, cultura e tantos outros temas.

Contudo, um jornal com opinião demandava dois aspectos fundamentais: pessoas capacitadas e recursos econômicos. O apoio de Bayer fazia com que Hebe confiasse que conseguiriam as pessoas, a começar por ele mesmo. Faltava conseguir o dinheiro.

Além disso, havia outra dificuldade que Bonafini não compartilhou com Bayer: uma iniciativa desse tipo iria se inserir, inevitavelmente, na disputa interna das Mães. Por um lado, isso implicaria o encerramento do Boletim que estava, então, nas mãos de Élida de Galetti — do grupo dissidente —, Lola Rubino e Hilda Minervini. Por outro lado, Hebe acreditava que, se submetesse o projeto à discussão na Diretoria, provavelmente as coisas não sairiam como ela pensava ou, simplesmente, não sairiam.

Bonafini então seguiu adiante discutindo a iniciativa com pessoas próximas, em particular com María del Rosario de Cerruti, que, além disso, parecia a pessoa adequada para conduzir o projeto. Desde o início do movimento, María del Rosario tinha demonstrado sua habilidade para escrever cartas, declarações e comunicados de imprensa, em contraste com Hebe, que, embora se animasse a escrever, não se considerava a mais capacitada para isso. Editar o jornal exigia habilidades especiais, e, embora confiasse no apoio de Bayer, a direção deveria estar nas mãos da Associação.

As Mães tinham aprendido muito nos últimos anos. Quando relembravam sua trajetória desde o desaparecimento dos filhos até o presente, um dos aspectos mais recorrentes em todos os seus testemunhos era precisamente o aprendizado. Assim como Hebe havia desenvolvido uma grande capacidade criativa e organizativa, um poder de oratória que chegava a comover até alguns de seus adversários, tornando-se uma líder excepcional, Rosario havia adquirido uma sólida capacidade reflexiva e de análise que costumava transpor muito bem para o papel. Hebe admirava essa virtude em Rosario, que, por sua vez, reconhecia em "a gorda" sua habilidade de liderança, seu brilhantismo e sagacidade na hora de definir posições. Ambas formavam o núcleo "duro" da Associação e eram, além disso, muito amigas. A discussão do projeto se estendeu ao restante do grupo de Bonafini: Juanita de Pargament, Laura de Rivelli, entre outras, ajudaram a definir o jornal, sempre pelas costas do setor dissidente.

Uma das questões mais complexas seria formar a equipe de profissionais que acompanharia Rosário. Deveria ser gente capacitada, com experiência e, ao mesmo tempo, afins dos seus posicionamentos políticos. Bayer era tudo isso, claro, mas Bayer sozinho não era suficiente.

Companheiros de trajeto

Muito cedo, se juntaram ao projeto o militante e jornalista Juan Canal — que escreveria sob o pseudônimo de Roberto Martínez —, o casal de jornalistas e militantes de esquerda Raquel Ángel e Alberto Guilis, e muitos outros jornalistas, entre eles Carlos Rodríguez, María Seoane, Gabriel Grimberg, Elisa Marroco, María Cristina Caiati, Ana María Villareal, e pouco mais tarde Alipio Paoletti, Luis Bilbao, Gabriel Fernández e Herman Schiller, entre outros. Mais tarde, outros intelectuais e jornalistas também se juntariam a esse primeiro e mais restrito núcleo de colaboradores, alguns de longa e notável trajetória intelectual, como o poeta Juan Gelman, o escritor David Viñas, o cineasta Rodolfo Kuhn, o advogado e escritor Eduardo Luis Duhalde, o economista e jornalista Julio Sevares, o advogado Carlos A. González Gartland, Antonio Brailovsky, o advogado Rodolfo Mattarollo, o poeta Julio Huasi e o dramaturgo e poeta Vicente Zito Lema.

A relação que as Mães estabeleceriam com essas pessoas e com certos grupos intelectuais seria, em certa medida, singular e, em outro sentido, comparável ao tipo de relação que muitos intelectuais mantiveram historicamente com partidos políticos e movimentos sociais. Uma frase da primeira diretora do jornal, María del Rosario, revela, em boa medida, o caráter dessa relação: "Era preciso dizer coisas, e eles tinham a capacidade para expressá-las". Esse foi o papel dos "companheiros de trajeto", que se aproximavam delas por iniciativa própria ou eram chamados pelas Mães. "Há tempos vínhamos pensando em ter um jornal de verdade", lembra María del Rosario, "porque o que tínhamos era um Boletim informativo. Queríamos uma publicação com opinião. Para nós, era importante dar opinião e, também, que pessoas tão preparadas, que nos apoiavam, dessem sua opinião em nosso jornal".

O desafio foi grande, pois, embora o jornal se especializasse na problemática que havia dado origem ao movimento, ele deveria tratar ao mesmo tempo da atualidade política, econômica, cultural e social, tanto no âmbito nacional quanto no plano internacional. Portanto, deveria sustentar um discurso muito mais amplo e complexo do que o que tinham mantido nos primeiros anos, durante a ditadura, e nos últimos dois anos.

Certamente, já fazia tempo que as Mães haviam ampliado o horizonte de suas opiniões, fato que revelava o caminho que haviam percorrido no plano da reflexão política, o qual as levou a analisar e explicar o problema das violações de direitos humanos em um contexto mais amplo de complexas relações sociais, políticas, culturais e econômicas. Paralelamente, acumularam um capital discursivo e conceitual nada desprezível. Se no começo recorriam ao universo religioso para se expressar e até para se comunicar com o poder — em forma de súplica —, agora seu discurso contestador vinha cunhando conceitos próprios, como as múltiplas consignas com as quais enfrentaram sua luta e, sobretudo, consolidaram-se na ideia de que o problema dos desaparecidos não era independente da realidade política e social do país, a qual, portanto, passava a ser de seu interesse e responsabilidade. Dessa forma, a responsabilidade de editar uma publicação que abordasse de forma sistemática e periódica temas tão diversos exigia aptidões que foram se consolidando em um processo de crescimento individual e coletivo das Mães, e apontava uma nova e mais complexa etapa para a Associação.

Foi notável a quantidade de jornalistas, intelectuais e militantes que se aproximaram das Mães nesse período, vindos de diferentes vertentes políticas e ideológicas, embora, em geral, pertencentes ao campo das esquerdas. Alguns retornavam do exílio, outros haviam conseguido permanecer no país; alguns mantinham vínculos com partidos e movimentos sociais, outros os haviam perdido, fosse pela extinção de seus grupos de origem ou por afastamento próprio. Muitos possuíam longas trajetórias profissionais e intelectuais. À sua maneira, as situações pessoais desse grupo expressavam a enorme crise que afetou e continuava afetando essas vertentes políticas e ideológicas. Todos encontraram no jornal das Mães um espaço que nenhuma outra força social ou política oferecia.

"Não importava de que partido eram", diria Rosario, "desde que estivessem contra os militares e contra a direita mais recalcitrante". Mas nem tudo, nem de longe, ficava a cargo da "pena" dos colaboradores. Na realidade, as Mães, em particular María del Rosario e, em alguns casos, Hebe, redigiam os editoriais e liam praticamente todo o material publicado, faziam observações e correções, gerando um intenso intercâmbio com o núcleo principal de colaboradores e um contato mais esporádico e flexível com o restante dos jornalistas e intelectuais que participavam da redação do periódico.

A base desse tipo de vínculo era o pressuposto de que eram as Mães que geravam o espaço político, e pertencer a ele tinha como fundamento o vínculo familiar com os desaparecidos, ao qual oito anos de luta e práticas políticas haviam acrescentado uma identidade própria dentro do amplo marco do movimento de resistência à ditadura. Finalmente, eram também elas que tornavam viável o projeto comunicacional. Nesse conjunto de circunstâncias residia a legitimidade do papel diretivo da Associação. Nesse sentido, a relação desses intelectuais com o projeto das Mães não era muito diferente da que outros intelectuais tinham com forças políticas e movimentos sociais do restante do espectro político e social do país. O singular, embora não inteiramente único, era o papel dessas mulheres que constituíam o movimento das Mães, mais predestinadas por sua origem a serem conduzidas do que a conduzir. Esse destino havia mudado notoriamente. Esse destino havia mudado notoriamente.[25]

Conflito interno

Marta de Vázquez lembra que Bonafini apresentou o projeto do jornal à Comissão Diretiva da Associação como uma "ideia consumada", o que não deixava muito espaço para a participação das dissidentes. Indubitavelmente, era verdade. Menos de um mês após essa apresentação, o periódico *Mães de Praça de Maio* já estava nas ruas.

O tom desafiador da primeira edição chocava com a orientação do grupo dissidente. Dessa forma, o jornal não apenas surgiu no cenário político como uma expressão radicalizada, cumprindo um papel relevante na orientação de amplos setores da militância, especialmente da esquerda, mas também foi um fator decisivo na disputa interna, e causa frequente de discussões e conflitos entre as Mães.

O surgimento do jornal marca um momento crucial na luta interna, um acontecimento que intensificaria a disputa pela liderança do movimento e a definição de sua linha. Por ora, como a publicação consolidava a hegemonia

25. Uma reflexão interessante — embora não necessariamente compartilhada pelo autor — sobre esses vínculos entre "dirigentes" e "intelectuais", ou entre forças políticas e grupos de intelectuais, pode ser lida no artigo "Novedades anacrónicas. Las formas de la política revolucionaria. Mito, razón, pasión, utopía", de Blas de Santos, publicado pela revista *El Rodaballo*, ano VI, nº 11/12, 2000, p. 26, a propósito de uma série de notas publicadas no Página12, resultado de várias conferências na Universidade Popular Mães de Praça de Maio.

do setor liderado por Bonafini, que ganhava ainda mais relevância com o periódico, o grupo dissidente considerou necessária a remoção definitiva da presidente da Associação. A partir de então, as reuniões esporádicas de María Adela com Marta de Vázquez, Élida de Galletti e outras Mães que não pertenciam à Comissão se tornariam cada vez mais frequentes.[26]

Desde o seu primeiro número, o jornal se apresentou em aberta oposição ao governo e, ao mesmo tempo, em clara confrontação com os meios de comunicação de massa. "Cumpre-se uma nova etapa na luta das Mães, nesse trágico caminhar, em busca de dignidade que nos permita emergir dessa situação inaceitável de impunidade em que vivemos", afirmaram as Mães no comunicado de imprensa que anunciava a primeira edição do periódico.

"Os responsáveis pelo horror se manifestam arrogantes e soberbos. Hoje, como sempre, nossos reclamos devem se elevar com a voz da indignação. Todos devem conhecer a realidade do ocorrido durante a recente ditadura militar, sem distorções."

As Mães haviam sentido na pele as limitações que os meios de comunicação lhes impunham para divulgar seu discurso contestatório, e, por isso, decidiram se expressar através de uma publicação própria.[27] "Justamente por isso, as Mães que nos vemos limitadas nos meios de comunicação habituais, decidimos criar nosso próprio meio, para chegar à população em geral, com esse jornal que hoje apresentamos".

26. O falecido ensaísta Carlos Alberto Brocato, crítico da presidente da Associação e favorável ao setor que, pouco depois, seria identificado como Linha Fundadora, afirmou: "O jornal [das Mães], que é o maior emissor dessa mistura ruidosa que confundiu tudo, surge em dezembro de 1984, no auge do período chamado crítico. Ele acelera todas as contradições em curso e, ao mesmo tempo, é o veículo das novas. Nessa dinâmica, que já se torna inegável publicamente, não é surpreendente que, ao fim de pouco mais de um ano, em abril de 1986, ocorra a ruptura". Ver "Da ética à política". *El Porteño*, abr. 1989.

27. Dora Domínguez afirmou que "esta conquista da palavra, ao mesmo tempo, individual e coletiva, privada e pública, própria e compartilhada, pessoal e política, é a própria luta das Mães, que inclui, neste momento de transição para a escrita, empreendida por elas na década de 1990, a compreensão do caráter de disputa que a palavra pode assumir e conter". Conferir *De dónde vienen los niños*. Maternidad y escritura en la cultura argentina. Buenos Aires: Beatriz Viterbo, 2007, p. 317. Embora se refira às práticas de escrita realizadas pelas Mães em um ateliê literário organizado nos anos 1990 pela Asociación Madres de Plaza de Mayo, a reflexão se aplica perfeitamente ao momento em que elas decidem lançar um jornal de caráter essencialmente político.

"Saímos às ruas porque a verdade busca a luz", proclamava o primeiro editorial desde seu título, e prosseguia[28]:

> Com a normalização constitucional, ocorreram mudanças que, de certa forma, servem de estímulo para aqueles que, durante os anos de ditadura, preferiram ignorar a realidade.
>
> Entretanto, nós, as Mães, que vivemos os momentos mais dramáticos da história recente, temos muito a dizer a esse respeito. É certo que o povo elegeu governo e representantes. Também é certo que se estabeleceram os três poderes públicos. Mas, entre essa verdade e a realidade, existe uma distância que hoje queremos percorrer junto com nossos leitores.
>
> Dentro dessa aparente democracia, a voz das Mães da Praça de Maio é cuidadosamente silenciada pelos meios de comunicação que, salvo honrosas exceções, continuam com a banalidade e a superficialidade na gestão da informação ou apelam diretamente para o sensacionalismo.
>
> A imprensa diária tem, como é sabido, sérios compromissos econômico-ideológicos com determinados setores de opinião. Tudo isso, temperado com as notas oficiais de rigor, faz com que o povo não conheça a verdadeira natureza dos problemas que afligem nosso país devastado.
>
> Um povo que, nos últimos anos, viveu obrigado a consumir informação viciada, certamente demorará para reconhecer que a verdadeira democracia se nutre do dissenso e da polêmica até encontrar soluções que permitam emergir do caos. Durante os últimos anos, tivemos na Argentina uma 'uniformidade' de critérios imposta pela força, que não devemos esquecer se realmente queremos um país para viver com dignidade. Por essa razão, e como exemplo da república que desejamos, saímos às ruas com este jornal que aspira a mostrar a verdade do mais grave problema que aflige nosso povo.
>
> O direito à vida, prioritário entre todos os direitos do homem, foi violado por uma força nefasta que ainda mantém seu poder. O governo constitucional não pode ou não quer controlá-la?

28. Jornal *Madres de Plaza de Mayo*, ano 1, n. 1, dez. 1984.

A submissão dessa força nefasta só será possível mediante a aplicação da lei com a firmeza e decisão que o povo espera.

O estado de direito ao qual devemos aspirar compreende, em primeiro lugar, o direito igual para todos os habitantes; quando se mantêm privilégios para conceder esse direito, o Estado não cumpre sua função.

As promessas democráticas formuladas pelo governo se contradizem com os projetos que o Poder Executivo envia ao Congresso Nacional, projetos que o Poder Legislativo converte em leis sem ouvir o clamor popular e praticamente sem debate, deixando à vista acordos políticos que, desde sempre, obstaculizam e adiam o verdadeiro exercício da democracia. Aqui, devemos acrescentar que o Executivo, quando julga oportuno, veta a legislação aprovada pelas Câmaras, de tal forma que o Congresso parece não poder ir além do que está previsto pelo Poder Executivo ou pelo partido majoritário.

Do ponto de vista ético que sustentamos, as Mães também podem fazer uma apreciação política que se opõe à concepção aplicada por alguns dirigentes, que insistem em que 'a política é a arte do possível'. Para nós, ao contrário, não existem 'possíveis' se não há ética nas decisões políticas.

É imprescindível que cada habitante tome consciência de que, sem julgamento e punição dos culpados, sua vida corre todos os riscos, pois a aplicação da Doutrina de Segurança Nacional — sistema empregado pelos bárbaros que devastaram o país — continua vigente para semear o terror, reprimindo os que se rebelam contra a injustiça, utilizando os indiferentes e apoiando-se nos que se calam por temer perder privilégios.

A luta para consolidar um estado de direito cabe a todos nós de forma igual. Para isso, devemos somar solidariedade, manter a resistência contra os golpes e nos preparar conscientemente para defender a vida, a justiça e a liberdade, denunciando os erros e, talvez, a complacência de alguns setores que aspiram estar próximos do poder para gerir seus próprios interesses sem interferências.

As Mães não têm interesses de nenhuma ordem. Mas temos filhos, e filhos dos nossos filhos. Eles e nós fazemos parte de

> um povo que exige dignidade e respeito aos seres humanos, e garantias no cumprimento da lei. Por isso, acreditamos na necessidade deste periódico, esta tribuna inadiável de onde tentaremos fazer com que a verdade se abra caminho e encontre, finalmente, a luz.

A verdade, no entanto, não era a mesma para umas e outras Mães, embora, sem dúvida, elas tivessem inimigos em comum: um deles estava prestes a retornar à cena pública.

19. Inimigo íntimo

> "Por que Astiz não tem nenhum processo? Faz mais de um ano que um general lhe confessou à *La Semana*: 'As Forças Armadas podem tolerar que Videla, Galtieri, eu, ou qualquer um, vá preso. O que não vai permitir é que um capitão, um major ou um tenente sejam julgados'."
>
> Revista *La Semana*, 14 de dezembro de 1984.

Era um inimigo íntimo das Mães, e cada episódio de sua história, há vários anos, se misturava com a delas.

Alfredo Astiz estava a bordo do porta-aviões 25 de Mayo da Marinha Argentina, que navegava pelas águas do Golfo Nuevo, quando, na sexta-feira, 7 de dezembro de 1984, a embarcação recebeu um breve radiograma ordenando sua transferência, na condição de detido, ao edifício Libertador, na Capital Federal. Essa era a etapa anterior à sua convocação como imputado no caso da jovem sueco-argentina Dagmar Ingrid Hagelin.

A medida foi determinada pelo juiz federal Miguel J. Del Castillo, mas a ordem para que a decisão judicial fosse cumprida havia sido dada pessoalmente pelo presidente Alfonsín, no papel de comandante em chefe das Forças Armadas.

"A justiça federal ordenou ontem a detenção e o processamento do capitão Alfredo Astiz no caso que investiga o desaparecimento da jovem sueca Dagmar Hagelin e enviou um despacho telegráfico ao presidente da Nação, Raúl Alfonsín, para que, como comandante em chefe das Forças Armadas, colocasse o repressivo à disposição do magistrado Miguel del Castillo", comentava o jornal *La Voz* em sua primeira página, sob o título "Se decidiram!".[29] Era, no entanto, expressão de um otimismo exagerado.

Se para muitos a medida foi uma surpresa, Alfonsín, ao contrário, já esperava por ela e, fazendo da necessidade uma virtude, planejava aproveitar midiaticamente a notícia. O plano original, após alguns leves ajustes, não incluía exceções, ou seja, excluía de toda responsabilidade os oficiais de patente igual à de Astiz. Confiando que o aparato jurídico e político que havia construído acabaria devolvendo a liberdade ao militar, o presidente aproveitou a conjuntura para aliviar as pressões de França e Suécia —dois países que exigiam justiça em relação aos desaparecidos de suas nacionalidades na Argentina—, exibindo o fato como uma demonstração de independência do Poder Judiciário. No entanto, a especulação política do presidente não sairia barata: os militares não gostavam de ver Alfonsín ganhando mérito às suas custas. Os meios impressos, de rádio e de televisão comentaram amplamente a notícia. "Detenção de Astiz provoca repercussões na Marinha", proclamou o *Clarín* poucos dias depois, em um artigo onde o especialista em temas militares, Luis Garasino, descrevia a prisão de Astiz como uma "situação delicada".[30]

No mesmo dia da detenção do oficial, começou uma tensa negociação entre os altos comandos navais e o governo. Enquanto a cúpula da Marinha tentava de todas as maneiras evitar a apresentação do oficial perante os tribunais, o governo procurava que os militares entendessem que a decisão judicial estava além do poder do presidente, e que uma desobediência ao juiz civil desencadearia uma crise de alto custo para ambas as partes.

Inicialmente, em 8 de dezembro, Astiz foi transferido de helicóptero para a Base Almirante Zar, perto de Trelew, e depois viajou em um avião B-200 até a cidade de Buenos Aires. Mas o alto comando naval ainda não havia decidido se cumpriria a ordem do juiz. O almirantado convocou a si próprio enquanto o chefe da Marinha, Ramón Arosa, mantinha uma complexa reunião com o ministro da Defesa, Raúl Borrás.

29. Se decidiram!. *La Voz*, 7 dez. 1984.

30. *Clarín*, 11 dez. 1984.

Alheios a esses bastidores, tanto o pai da desaparecida Dagmar Hagelin quanto seus advogados, os integrantes do Centro de Estudos Legais e Sociais (CELS), Emilio F. Mignone e Luis Zamora, foram ao tribunal assim que souberam que Astiz estava em Buenos Aires. Queriam assistir à sua declaração.

"Me preparei para o momento em que terei que enfrentar Astiz há muito tempo, então não espere que eu faça uma cena", disse Hagelin a um jornalista do *La Nación*. "Meu coração me diz que minha filha ainda está viva e, este ano, recebi uma mensagem dizendo que sim, mas minha razão, por outro lado, não me permite ter esperanças. No entanto, me pergunto: se, após baleá-la, a trataram e, um ano e meio depois de seu desaparecimento — como verificamos — ela ainda estava viva, por que a matariam?".[31]

"Como pensamos todos da mesma forma", disse para si mesma Josefa "Pepa" de Noia. Embora as Mães fossem um pouco céticas sobre o que poderia ocorrer, Pepa não conseguiu evitar identificar-se com o pai da jovem desaparecida, ao imaginá-la ainda viva em seu coração. Naquele fim de semana, as Mães acompanharam minuto a minuto o andamento do processo contra Astiz.

Somente às 22 horas daquele sábado, 8 de dezembro, o alto escalão da Marinha aceitou que o oficial comparecesse perante o juiz Del Castillo. Astiz se recusou a prestar depoimento e ficou à disposição do magistrado, embora tenha sido alojado em um posto naval da Marinha, sob custódia de sua própria força. Ficou pendente uma acareação que deveria ocorrer na segunda-feira de manhã, mas a pressão militar conseguiu que o juiz alterasse essa medida para uma simples identificação dos testemunhos por meio de fotografias. Nesse ponto, o advogado Zamora declarou de forma contundente: "Há mais pressões que justiça".

Pensamento militar

"Estamos diante de uma situação limite", disse um alto oficial da Marinha na tarde daquela mesma segunda-feira à revista Somos, um meio sempre próximo do pensamento militar e que, não por acaso, intitulava o artigo "Situação Limite": "Aceitamos restrições orçamentárias, baixos salários e outras dificuldades, mas não podem ser tomadas medidas contra um oficial

31. Una larga espera. *La Nación*, 9 dez. 1984.

subalterno que cumpriu ordens durante a luta antissubversiva". A mensagem tinha muitos destinatários, mas os dois mais importantes eram o juiz Del Castillo e o presidente Alfonsín. O mesmo artigo dizia: "Se o governo passou por um estreito, não menos difícil foi a situação dos altos comandos da Marinha, sobre quem pesava a profunda preocupação nos níveis inferiores diante da possibilidade de que se vissem envolvidos em processos semelhantes ao de Astiz, sem que se levasse em conta a excludente da obediência devida." Uma força se baseia em dois conceitos: responsabilidade e disciplina. Os responsáveis pela luta antissubversiva estão detidos. Não se pode agora julgar quem cumpriu disciplinadamente as ordens que lhes foram dadas", explicou à Somos um chefe naval. Outra fonte da Marinha — às quais a Somos aparentemente tinha fácil acesso — afirmava que "O tenente Astiz é muito querido na Marinha. É um oficial disciplinado que sempre permaneceu em silêncio, captando sugestões de seus superiores, mesmo ao custo de seu preço pessoal. Não é verdade que tenha agido covardemente nas Geórgias. Ali também cumpriu ordens".[32]

O conflito estava apenas começando e desencadearia uma das crises mais agudas do primeiro ano de governo. Apesar das declarações das fontes navais da Somos, o oficial havia se tornado um dos símbolos mais nefastos da ditadura. Sua participação em um Grupo de Tarefas da ESMA, sua infiltração entre familiares de desaparecidos, seu papel nas Geórgias do Sul durante a Guerra das Malvinas e a obscena exibição de sua impunidade em diversos lugares públicos não apenas o mostravam como um dos personagens mais sinistros do antigo regime ditatorial, mas também o convertiam em uma afronta à dignidade dos argentinos. Ironicamente, devido à sua posição na oficialidade de nível hierárquico inferior, a ele cabia um grau menor de responsabilidade criminal pelo genocídio, em comparação com aqueles que, devido à sua patente, possuíam maior poder de decisão. Por essa circunstância objetiva, sua detenção contrastava com a liberdade desfrutada pela imensa maioria dos oficiais superiores e intermediários das três forças, a começar pelos membros da quarta junta militar — que Alfonsín havia decidido excluir do julgamento iniciado contra os ex-comandantes — e seguindo por quase todos os generais, o almirantado e os comandos da Aeronáutica.

Sem dúvida, a situação que tinha Astiz como centro e que isentava os comandos superiores e intermediários de sua responsabilidade era resultado

32. Situación límite. Tensión institucional por la detención de Astiz. *Somos*, 14 dez. 1984.

do perverso esquema político e jurídico urdido por Alfonsín. No entanto, isso não tornava Astiz menos responsável. A hipócrita solidariedade expressada pela oficialidade superior das três forças, especialmente da Marinha, pretendia comover a opinião pública ao alegar que, no momento dos fatos investigados pelo juiz Del Castillo, o oficial era um tenente subalterno de apenas vinte e cinco anos que obedecia ordens sem poder resistir. Nada diziam, no entanto, sobre o fanatismo criminoso de Astiz, que o levou a mirar em Dagmar Hagelin e deixá-la ferida de maneira irreversível aos dezesseis anos, por tê-la confundido com uma militante montonera.

Mas, se por meio de seus porta-vozes a cúpula naval tentava, missão impossível, comover os sentimentos dos argentinos com esses argumentos, diante do governo exibia outras armas. Por um lado, exigia que Alfonsín cumprisse sua promessa de excluir todos os participantes da repressão, com exceção das cúpulas do Processo, cujo julgamento, além disso, era aceito a contragosto. Por outro, o extorquiam: focar judicialmente em oficiais inferiores e intermediários provocaria um estado de insubordinação na força, como já havia ocorrido meses antes no Exército.

"O diálogo que mantiveram o ministro da Defesa e o chefe da Marinha sobre o 'caso Astiz' delineou, com eloquência, o perfil de uma situação delicada no seio da Marinha em razão da detenção do jovem oficial naval", apontou o analista político Ricardo Kirschbaum[33] no *Clarín*. "Ninguém, exceto os protagonistas, poderá reproduzir palavra por palavra esse diálogo em meios-tons entre Raúl Borrás e o vice-almirante Ramón Arosa, mas aqueles que acompanham de perto essa situação conflitante afirmam que o chefe da Marinha chegou a descrever com crueza — até mesmo para seu futuro à frente da Marinha — a repercussão interna causada pela detenção de Astiz", acrescentou. "É muito provável, nesse sentido, que Arosa tenha admitido que a virtual autoconvocação dos almirantes o afeta no plano político, como se um chefe militar, dentro do marco constitucional, tivesse que estar permanentemente diante de uma escolha rígida entre a instituição e o sistema democrático".

Alfonsín, por outro lado, estava em uma situação difícil. Ele precisava cumprir sua promessa às cúpulas militares de não expandir os julgamentos além das três primeiras juntas, e operar de forma a evitar uma reação negativa da opinião pública nacional e internacional, especialmente de França e

33. KIRSCHBAUM, Ricardo.¿Otro test para el Gobierno?. *Clarín*, 13 dez. 1984.

Suécia. Diante da preocupação de que a justiça fosse obstruída por pressões militares, o presidente afirmou categoricamente: 'Sobre este caso, só digo até as últimas consequências, e ponto'. Mas o que era para Alfonsín as últimas consequências? Para entender isso, não bastava analisar suas ações públicas, mas era necessário conhecer suas instruções privadas.

Uma negociação tensa e secreta se desenrolou entre o governo e os militares. Enquanto o ministro da Defesa, Raúl Borrás, trocava opiniões com o Estado-Maior Conjunto das Forças Armadas, o secretário da área, Horacio Jaunarena, discursava para oficiais da Marinha para explicar o que todos precisavam saber: não estava dentro das atribuições de Alfonsín impedir a ação judicial. Mas os militares não buscavam argumentos jurídicos; queriam decisões políticas. Jaunarena tampouco utilizava argumentos jurídicos, mas sim pedia para manter as aparências. O Conselho Supremo das Forças Armadas já havia solicitado ao juiz que enviasse o caso a eles e que declarasse sua incompetência. Agora, era necessário esperar. Esse era o mecanismo idealizado desde o princípio, e, se não foi cumprido, isso se devia em grande parte aos integrantes desse Conselho, que não aderiram à proposta de Alfonsín para que os militares julgassem os militares. "Esperávamos que fosse o Conselho Supremo a julgar rapidamente quem deu as ordens, mas tudo se complicou. Posso adiantar que nos próximos dias teremos o problema resolvido e esperamos que os trâmites se acelerem", declarou uma fonte oficial à revista *Somos*.[34]

"O caso Astiz contém em si questões de maior importância", intitulou o artigo de Manfred Schönfeld, colunista especial do La Prensa: "A situação do capitão Astiz da Marinha é daquelas que podem se tornar paradigmáticas, ou seja, estabelecer um precedente em termos gerais ou servir como demonstração quanto às diretrizes que, na delicada questão da revisão da metodologia empregada na luta contra a subversão, o governo pretende seguir ou já está seguindo". Acrescentava, sem a hipocrisia dos que buscavam argumentos supostamente jurídicos, que "o tema é delicado porque — embora não devesse ser — vai além do âmbito puramente jurídico e adentra o da política. Nesse âmbito político, podem surgir todo tipo de reações: os assuntos em discussão — ou, globalmente falando, o próprio tema em questão — dão margem a reações de todo tipo, desde as visceralmente

34. Situación límite. Tensión institucional por la detención de Astiz. *Somos*, 14 dez. 1984.

vingativas até as que, não menos visceralmente, expressam um espírito de corpo, por vezes bem, mas por vezes mal compreendido".[35]

Azucena, Esther e Mary

As Mães acompanhavam de perto a situação. Não se iludiam com a detenção do criminoso, embora, de certa forma, isso lhes causasse alguma satisfação. No entanto, sentiam-se profundamente incomodadas, pois o caso pelo desaparecimento de Azucena Villaflor, Esther de Careaga e Mary Ponce, no qual Astiz também estava implicado junto a outros oficiais, não avançava nem um milímetro. O notável era que haviam sido sequestradas no contexto da mesma operação que vitimou as freiras francesas.

As Mães não tinham dúvidas de que a paralisia desse caso, em contraste com a movimentação do caso das freiras, tinha motivos políticos: por trás de um estava o governo francês, e por trás do outro estavam elas. Era evidente que qualquer ação judicial no processo relacionado às mães desaparecidas e a mais de uma dezena de militantes de esquerda que participavam da resistência pacífica à ditadura destacaria o papel delas nos tempos mais difíceis da repressão, uma verdade que o governo preferia silenciar.

Em um comunicado de imprensa assinado por Bonafini e Cerruti, as Mães denunciaram essa inatividade:

> No dia 10 de dezembro, Dia Universal da Declaração dos Direitos Humanos, completam-se 7 anos da detenção e desaparecimento de Azucena Villaflor de Devincenti, que, junto a outras pessoas sequestradas dois dias antes, foi vítima do hoje detido Capitão Astiz.
>
> Completa-se também um ano de governo constitucional e, durante esse período, a justiça ignorou o pedido de julgamento que as Mães da Praça de Maio fizemos desde 1982, quando esse indivíduo foi detido pelo exército inglês, após ter se rendido covardemente nas Malvinas.
>
> Hoje, ele se encontra detido pela pressão de um governo que, com todo o direito, reivindica a responsabilidade pela desaparição de uma de suas cidadãs.

35. SCHÖNFELD, Manfred. *La Prensa*, 11 dez. 1984.

> Manifestamos publicamente nosso reconhecimento a esse país que defende a vida e exige julgamento e punição perante a barbárie, mostrando assim ao povo argentino que as provas concretas existem, embora os poderes constitucionais que nos regem insistam em sustentar uma justiça viciada que nada mais faz do que dar impunidade aos assassinos.
>
> Exercendo nossos direitos, exigimos que a investigação leve ao julgamento e à punição que o país exige.

"O governo já o absolveu?", foi o título de um artigo publicado no jornal das Mães.[36] E, embora começasse com essa interrogação, elas já tinham a resposta, que o pai da jovem Hagelin compartilhava. "Há uma anistia encoberta", afirmava em uma entrevista publicada como um recorte da nota principal. Apesar de a crise não estar definida, ao menos em termos públicos, Ragnar Hagelin sustentava que "na realidade, o governo já cedeu. Desde o início, como indica o fato de haver uma anistia encoberta. A política que o governo seguiu ao reconhecer a lei militar, o argumento da obediência devida, constitui uma atitude branda frente à tragédia que o país viveu, e eu não vou aceitar isso".

Na nota principal, o advogado dos Hagelin, Luis Zamora, descrevia em termos claros a crise e a disjunção: "Acredito que este caso abriu uma brecha entre o governo e as Forças Armadas no sentido de que não se respeita o acordo de julgar apenas as cúpulas". anto Hagelin quanto Zamora explicaram a situação a partir da pressão do governo sueco. Por sua parte, a jornalista das Mães, María Seoane, respaldava a mesma tese de Hagelin e Zamora: "O governo aceita que Astiz seja julgado pela justiça civil por um compromisso com o governo sueco. Não é assim por enquanto com o caso das freiras francesas e o desaparecimento das mães e familiares na igreja Santa Cruz, embora também existam numerosas provas".

Efetivamente, um mês antes da detenção de Astiz, no dia 7 de novembro, durante sua visita à Argentina, o secretário de Relações Exteriores da Suécia, Pierre Olov Schori, havia declarado que voltava ao seu país com "boas respostas" por parte do governo de Alfonsín sobre o caso Hagelin. Depois de percorrer as principais instâncias do poder político nacional,

36. SEOANE, María. Alfredo Astiz. ¿El gobierno ya lo absolvió?. Jornal *Madres de Plaza de Mayo*, ano 1, nº 2, jan. 1985.

desde o chanceler Dante Caputo e o ministro do Interior Antonio Tróccoli até o próprio presidente, o alto funcionário sueco acreditou ter recebido a promessa que em duas ocasiões anteriores lhe havia sido negada.

No entanto, nem Hagelin, nem Zamora, nem Seoane estavam convencidos de que se faria justiça. Como fundamento de seu ceticismo, descreveram as vicissitudes da causa judicial, entre elas a decisão do juiz Del Castillo de evitar um careo entre Astiz e as testemunhas do caso, e substituir esse ato por uma simples confrontação fotográfica. "Talvez o magistrado, consubstanciado com a ideia e a letra do Poder Executivo frente a todos os casos de processos abertos por familiares de desaparecidos, ainda nenhum resolvido, ainda nenhum responsável punido, não fez senão ler corretamente o pacto tantas vezes denunciado pelas Mães da Praça de Maio e outras organizações de direitos humanos: aqui só se julga os chefes, aqui ainda não se responde por um único desaparecido, aqui não se pune os responsáveis diretos pelo genocídio e pela tortura", afirmava Seoane. Refletindo o pensamento majoritário das Mães, a nota concluía: "As alternativas do caso Astiz parecem demonstrar que o governo escolheu o caminho mais curto para deixar a democracia indefesa. Agora falta ver até onde permitirá sua absolvição — em honra aos 'pactos preexistentes' — comprometendo-se, de fato, como também indicam as Mães da Praça de Maio, em fazer passar pela janela da anistia encoberta o que os próprios militares não puderam fazer passar pela porta da repressão".

Bonafini era, porém, muito mais definitiva. Durante uma visita a Neuquén, onde se reuniu com o grupo local de Mães e com o bispo Jaime de Nevares, a presidente da Associação enfatizou que o governo constitucional "foi se enfraquecendo" com o passar dos meses, enquanto, ao contrário, "os militares foram ganhando força", a ponto de que Raúl Alfonsín "hoje tem o governo e os militares o poder".

Mais uma vez, nem todas as Mães e muito menos a opinião pública concordavam com Bonafini. Um setor da Associação, incluindo algumas integrantes da Comissão Diretiva, pensavam que Hebe estava exagerando, que ela estava ultrapassando os limites com essas afirmações. Ao contrário, valorizavam a atitude do presidente, que, segundo elas, havia enfrentado as pressões militares. Não compartilhavam a ideia de que o poder real estivesse nas mãos dos militares e muito menos que, a essa altura dos acontecimentos, Alfonsín estivesse disposto a pagar o preço político de deixar em liberdade aquele símbolo do horror encarnado em Astiz. Na verdade, a detenção de

Astiz parecia contradizer Bonafini e desconcertava os mais céticos, embora esses efeitos durassem muito pouco.

Conselho amigo

No mesmo dia em que se conhecia a ordem de detenção de Astiz, o Conselho Supremo das Forças Armadas exigiu ao juiz do Castillo que se inibisse de prosseguir com a causa Hagelin e que remetesse os atos à "justiça militar". O Conselho fundou sua solicitação no Código de Justiça Militar, de acordo com a reforma introduzida por Alfonsín. Além disso, invocou como precedente uma situação anterior em que o juiz penal de Morón se declarou incompetente e encaminhou o caso para o foro militar.

Após esse pedido — explicava, enquanto isso, o governo aos militares entre bastidores — começava a operar o mecanismo previsto pelo oficialismo: era preciso esperar que se tornasse efetivo. Mas os militares continuavam inquietos. Na verdade, não acreditavam que Astiz acabaria preso, nem temiam que o esquema de impunidade projetado por Alfonsín fosse se desmoronar, mas não estavam dispostos a tolerar a humilhação de um oficial da Marinha para preservar a imagem presidencial diante do governo sueco, nem a continuar alimentando a imagem de campeão dos direitos humanos do presidente.

Enquanto isso, o governo sueco manifestou sua "satisfação" pela detenção de Astiz. Mas, em meados de dezembro, o promotor Juan Carlos Rodríguez Basavilbaso declarou que o oficial Astiz deveria ser colocado à disposição da "justiça militar". Em consonância com o que foi expressado pelo Conselho Supremo, a apresentação do promotor ao juiz Del Castillo sustentou que "não se pode questionar" a adequação do objeto processual ao que está estabelecido no artigo 10 da Lei 23.049 de reforma do Código de Justiça Militar, uma vez que "é indubitável que a conduta denunciada se insere no quadro das operações de repressão do terrorismo". Só faltava a decisão de Del Castillo, mas o caso parecia estar se encaminhando conforme as previsões do governo.

De qualquer forma, o que Alfonsín temia era que, em algum outro caso de violações dos direitos humanos, qualquer juiz rebelde que não aceitasse a competência militar, ou qualquer Câmara de Apelações que ratificasse o foro civil, lhe fizesse passar mal por um momento. Para dissipar esses temores, Horacio Jaunarena — o ministro Borrás já estava muito doente e morreria poucos meses depois — propôs um projeto de anistia simples e direta, mas Alfonsín considerou que essa solução equivalia a uma traição proclamada com grandes alardes. A exculpação deveria ser cumprida, mas com sutileza. A anistia deveria existir, mas não parecer uma.

Essa foi a nova e elevada missão jurídica que o presidente confiou a seus assessores Carlos Nino e Jaime Malamut Gotti. Como expressou o jornalista Horacio Verbitsky, a nova lei "deveria cumprir simultaneamente quatro propósitos: estabelecer prazos improrrogáveis para que os julgamentos não se prolongassem indefinidamente; esclarecer quais eram os fatos aberrantes e atrozes que o Senado havia excluído da obediência devida; definir quem tinha a capacidade decisória introduzida na lei pelo debate parlamentar; e impedir que algum juiz de primeira instância voltasse a deter um oficial em atividade antes que o Conselho Supremo o colocasse em segurança".[37]

Por meio desse reforço, o esquema de impunidade dos comandos superiores, médios e inferiores, com a única exceção das três primeiras juntas, ficaria assegurado.

Enquanto isso, naquela época, o jornal portenho Ámbito Financiero divulgou que dois dos testemunhos apresentados pela acusação no caso Hagelin seriam conhecidos militantes da organização Montoneros. Tal era o caso, segundo o jornal, de Alberto Eduardo Girondo, detido em 1977 por elementos da Marinha e liberado em 1980 após ter permanecido todo esse período na Escola de Mecânica da Armada. Afirmava também que Girondo havia intervenido em episódios notáveis, como o assassinato do dirigente sindical José Ignacio Rucci e o sequestro dos irmãos Born. O outro testemunho era Norma Burgos, esposa do dirigente montonero Carlos Caride.

Um antigo colaborador das Mães e homem decisivo na redação de seu jornal, Alipio Paoletti, escreveu na época no Clarín: "A sociedade civil está hoje submetida, por causa do Caso Astiz, a uma prova de resistência. Experiência que é particularmente ativa devido ao jogo de pressões sobre o governo radical e a cúpula das Forças Armadas. O tenente de navio Alfredo Astiz é o primeiro oficial de seu nível que foi detido por ordem judicial em relação a um episódio da repressão ditatorial. E é também o único

37. VERBITSKY, Horacio. *Civiles y Militares*. Memoria secreta de la transición. Buenos Aires: Editora Contrapunto, 1987, p. 123.

que está processado por isso. Se a justiça condenar Astiz à luz das provas e testemunhos conclusivos que existem, os mecanismos de julgamento da responsabilidade penal dos comandos militares, conforme os concebeu a UCR, se desmoronariam".[38]

Essa era a questão, pelo menos em termos públicos. Mas os magistrados não eram alheios aos planos de Alfonsín. O que excedia a juízes e ao governo era a prova de resistência da qual falava Paoletti. E a resistência estava em marcha.

38. PAOLETTI, Alipio. Por obediencia debida, de la ESMA a Georgias. *Clarín,* 18 dez. 1984.

20. Resistência em marcha

"Alfonsín,
te sobraram dois caminhos
te unir ao povo ou aos assassinos."

Consigna da Marcha da Resistência, 1984.

— Uma Marcha da Resistência?

— Claro.

— Mas vai parecer uma provocação.

— Que pareça o que tiver que parecer. Ou não existem motivos para resistir?

Parte do diálogo parecia copiado de outro, ocorrido quatro anos antes, quando as Mães convocaram sua primeira Marcha, ainda sob a ditadura. Naquela época, alguns setores do movimento contra o terrorismo de Estado sustentaram que se deveria evitar o termo Resistência, que era como um desafio ao poder. O importante, diziam, era realizar a denúncia pública, mas não rotulá-la de tal forma que favorecesse a repressão. Agora o problema era diferente. A objeção se baseava no fato de que não se deveria falar de resistência frente a um "governo democrático", e menos ainda em um clima de tensão com os militares.

A discussão das Mães ocorria internamente, e com outras organizações de direitos humanos. Se o uso do termo resistência tinha sido uma ousadia diante de uma ditadura que não aceitava oposição alguma, agora resultava agressivo para o governo, mas também uma ofensa às instituições democráticas.

A iniciativa foi aprovada no início de novembro de 1984. Imediatamente, as Mães, junto com as Avós e Familiares, emitiram um comunicado convocando para a Quarta Marcha da Resistência, desta vez com o lema "Contra a anistia, pela aparição com vida e o julgamento e punição dos culpados". Para evitar que coincidisse com a celebração do primeiro aniversário do governo de Alfonsín, foi programada para os dias 21 e 22 de dezembro. A partir da divulgação pública da convocação, a marcha se tornou o centro de um dos operativos políticos oficiais mais intensos contra as Mães.

Alfonsín ouviu a palavra resistência e se alterou. Que as Mães decidissem voltar a usar sob seu governo o mesmo termo que havia definido simbólica e praticamente o enfrentamento desse movimento com o Estado terrorista era, sem dúvida, um golpe político que o tinha como principal destinatário. "Resistir a quê e a quem, se agora havia um poder democrático?", questionavam da Casa Rosada e da UCR. Objeções semelhantes partiram da Assembleia Permanente por Direitos Humanos — à qual continuava pertencendo o próprio presidente da Nação — de outras organizações de direitos humanos e de alguns partidos da oposição.

Para as Mães, a vigência do termo estava plenamente justificada. Para elas, havia transcorrido um ano repleto de decepções, de medidas que favoreciam o caminho da impunidade, e, a curto prazo, a crítica situação gerada pela detenção de Astiz exigia uma mobilização enérgica para evitar que ele fosse liberado. Enquanto o governo pretendia alinhar as organizações de direitos humanos e boa parte da oposição para enfrentar os tentativas desestabilizadoras da ultra-direita e de militares que não aceitavam sua estratégia, as Mães propunham uma linha que se diferenciava tanto do oficialismo quanto da corporação militar.

A marcha anterior, ainda sob a ditadura, contara com a participação da APDH junto a numerosas entidades e organizações políticas, sociais e de outras organizações de direitos humanos. A potente dimensão simbólica da nova iniciativa nascida das Mães impedia setores que as haviam acompanhado durante os dois últimos anos de se esquivar agora da convocação. Em consequência, o governo tentaria atenuar seu caráter opositor e, se não conseguisse — já que a determinação estava fora de seu alcance —, montaria uma iniciativa paralela que lhe restasse representatividade e participantes.

Após pressões veladas que tentaram chegar até o interior da Associação, o governo comprovou que só lhe restava a alternativa de convocar uma mobilização própria, praticamente simultânea ao término da marcha das Mães, que de algum modo a ofuscasse e manifestasse apoio às políticas oficiais. Nesse sentido, a condução nacional da APDH, em combinação com o governo, projetou outro chamamento.

Nos primeiros dias de dezembro, os principais dirigentes da Assembleia se reuniram com o presidente para propor que a mobilização se realizasse sob a consigna "contra o golpismo". Considerando o clima de violência e atentados dos últimos dias, em coincidência com o primeiro aniversário da posse de Alfonsín, essa consigna representaria uma defesa explícita do governo e das instituições, e uma implícita réplica ao conceito de resistência. Em contraste, tentava-se colocar as Mães em uma posição, no mínimo, ambígua em relação à "estabilidade institucional".

A Alfonsín, sem dúvida, parecia atraente e útil a possibilidade de demonstrar capacidade de mobilização própria vinculada ao movimento de direitos humanos, e marcar dessa forma uma linha de ação diferenciada, que lhe permitisse "disputar a rua" com as Mães. No entanto, restar-lhes protagonismo a essas mulheres e a quem hoje não o tem", sustentou, e como alternativa propôs que a mobilização fosse uma demonstração de rua "esperançosa na democracia". Porque, disse, "aqui está sendo travada uma luta entre o regime democrático que se desenvolve e se afirma, e os resquícios da antidemocracia".[39]

A disjuntiva formulada por Alfonsín pretendia exercer pressão sobre as Mães, descolocá-las diante de uma opinião pública extremamente preocupada com a estabilidade das instituições em um contexto de tensões com os militares e de ameaças. Paralelamente, a orientação oficial tentava demonstrar que a "resistência" era própria de outros tempos, e que agora questionava perigosamente a ordem constitucional.

Dessa forma, a mobilização da APDH, com acordo, ou mais precisamente, inspirada por Alfonsín, convocou a se juntar sob a consigna "Mobilização popular em defesa, afirmação e aprofundamento da democracia". Tanto nesta oportunidade quanto em ocasiões anteriores, a APDH serviu de plataforma de lançamento de iniciativas do alfonsinismo, assim como de aríete contra as iniciativas das Mães. Este papel desempenhado pela

39. Conferir PAGANETTI, Arnaldo. Definiciones con energía. *Clarín*, 13 dez. 1984.

APDH, que agudizaria as contradições entre as Mães e as colocaria à beira da fratura, também geraria lutas e divisões internas na própria Assembleia.

Contraponto

Em 20 de dezembro, dia marcado para o início da Marcha da Resistência, o juiz Fernando Archimbal ordenou a reconstrução do sequestro das freiras francesas Domont e Duquet. O magistrado, seu secretário Mario Filosof e o advogado Horacio Méndez de las Carreras — advogado da Associação de Familiares de Franceses Desaparecidos na Argentina — compareceram às 11 horas na Igreja da Santa Cruz, onde sete anos antes uma das duas freiras havia sido sequestrada, junto com duas mães e vários militantes de esquerda. A inspeção do local, considerada um "trâmite de rotina nas investigações judiciais", segundo a crônica do *Clarín*, era o passo prévio, dizia-se, à citação para a declaração indagatória de Astiz.

Quatro horas depois começou a Marcha. Um enorme cartaz com a inscrição "Procurados por assassinos", dividido em três blocos, com fotos de 33 militares acusados de participar do genocídio, liderava a mobilização das Mães. Assim, contrariavam a política oficial que persistia em ocultar a lista de repressoras denunciadas em milhares de testemunhos. Acompanhada pelas consignas "Julgar e punir os culpados", "Não à anistia", "Aparição com vida", "Liberdade para os presos políticos" e "Restauração das crianças às suas legítimas famílias", a marcha foi uma demonstração de criatividade e enorme esforço militante, bem como uma expressão de afeto e solidariedade dos simpatizantes das Mães: Alicia Moreau de Justo enviou rosas vermelhas que foram entregues a cada mãe à medida que chegavam à Praça; foi destinado um espaço com mesas para imprimir serigrafias, iniciativa coordenada por jovens artistas, integrantes do Grupo de Artistas Socialistas para a Transformação da Arte em Revolução. Os artistas descreveriam sua atividade: "Apresentamos a consigna 'Não à anistia' com a qual lideramos os cartazes, invertendo o S, com letras grandes, aquelas de embalagem. Um segundo texto violento, afiado e em sentido vertical, contido entre arames farpados, alegava Genocidas. Ao lado, dois objetos metálicos parecidos a um emblema. Algo heráldico cujo interior abrigava uma foto irreconhecível de Videla com o rosto arrancado e uma mancha cuja imagem (um repressão de perfil) sugeria que poderia ser alguém da gendarmaria, do exército, de um grupo de tarefas de grau subalterno, em suma, aqueles representantes da 'obediência devida'. A boca aberta, à maneira de víboras, era intercedida desde o fundo por um cão raivoso. Para mostrar entre os que deram as ordens e os que as cumpriram, foram recortadas as figuras, deixando uma aura ao seu redor, como uma *yilé* [sic] de fio intacto. O cartaz terminava deixando em sua parte inferior 15 centímetros de papel em branco. O objetivo era estimular a participação dos manifestantes a partir de consignas, figuras de fácil identificação e espaços em branco. O cão raivoso, o perfil de militar e os arames farpados eram herança da iconografia de tradição antifascista A inclusão do cão se devia a uma frase de Hebe de Bonafini referindo-se aos genocidas como 'cães assassinos'".

"Como se fosse uma grande empresa que pagasse a criatividade e o esforço", os jovens do Frente pelos Direitos Humanos "fizeram maravilhas: cartazes, microfones, bombos sem descanso", afirmaria dias depois a reportagem do jornal da Associação. Algumas iniciativas, no entanto, falharam: "Havíamos planejado soltar um grande lenço com a inscrição 'Julgar e punir os culpados' e 'Não à anistia'. Trouxemos balões, os prendemos ao grande lenço e o abrimos, mas os balões foram passear com o cartaz pela esplanada da Casa de governo", contava a cobertura jornalística das Mães.

A contrapelo do entusiasmo dos participantes, a mobilização sofreu o impacto da polêmica e das divisões que atravessavam o movimento de denúncia, os partidos políticos, os movimentos sociais e a opinião pública. A redução no número de assistentes em relação a 1983 foi notável: os quinze mil participantes de então se reduziram agora, no momento de maior participação, a não mais de 8 mil.

A reportagem do jornal das Mães assumiu com transparência a conjuntura. "Com as mesmas consigas de 'Aparição com vida e julgamento e punição dos culpados' que levantaram em 1981 e com a mesma firmeza inquebrantável em sua luta para encontrar seus filhos, a extenuante marcha de 24 horas serviu, entre outras importantes conclusões, para comprovar que já não todos estão dispostos a 'caminhar' por esses objetivos. Quando nenhum fato, porque nem apareceu nenhum desaparecido nem se puniu nenhum culpado, invalida a necessidade dessa Marcha, uma simples análise da mesma demonstra o quão longe ficaram — apesar de que apenas tenha transcorrido um ano — as 'coincidências partidárias e a solidariedade' com as bandeiras de luta mais claras e concretas pela defesa dos direitos humanos".[40]

40. ¿Por qué quieren confundir?. Jornal *Madres de Plaza de May*, ano I, n. 2, jan. 1985.

Incompatíveis

Apesar da notável diminuição de seu poder de convocação, a Marcha teve uma enorme repercussão nos jornais do dia seguinte. Durante essa segunda jornada, as Mães acordariam na Praça de Maio cercadas por uma multidão de jovens que as havia acompanhado durante toda a noite em um clima festivo e de fervor militante. No entanto, um fato mudou radicalmente esse estado de ânimo: foi uma nova escalada política do governo contra a Associação, caracterizada por uma violência verbal incomum e até surpreendente, protagonizada nada menos que pelo presidente da República.

Durante uma coletiva de imprensa, pouco antes de encerrar a Marcha da Resistência, Alfonsín afirmou enfaticamente que as Mães buscavam objetivos políticos incompatíveis com o interesse nacional. Ele declarou que não havia desaparecidos vivos no país e negou que os quatorze presos herdados da ditadura pudessem ser considerados presos políticos — os mesmos quatorze pelos quais o deputado de seu próprio partido, Antonio Nápoli, havia apresentado um projeto de lei que facilitava sua libertação. As declarações pareciam totalmente inoportunas, mas o governo estava decidido a encurralar as Mães. Avaliava que reeditar o conceito de "resistência" as colocava em confronto com a opinião majoritária e, por isso, deveria acentuar os contrastes e demonstrar firmeza no enfrentamento.

Não era a única medida que o presidente havia tomado. Na edição daquele mesmo dia do Clarín, o jornalista Joaquín Morales Solá revelou que, ao ser questionado sobre os projetos do governo para o ano que se iniciava, Alfonsín respondeu que procuraria avançar, tanto quanto havia avançado naquele mesmo ano, no campo da reconciliação dos argentinos. "Devemos conseguir que não se confunda a justiça com a vingança, procurando, além disso, trabalhar pelo prestígio das Forças Armadas", havia esclarecido o primeiro mandatário.[41] Ou seja, enquanto hostilizava as Mães, ele estendia novamente a mão aos militares.

A indignação se espalhou entre os participantes da Marcha da Resistência. A poucos momentos de seu término, Bonafini se dirigiu aos manifestantes como havia feito nas mobilizações anteriores. "As Mães da Praça de Maio não vamos calar, não vamos claudicar, não vamos ceder", começou a dizer. isso foi suficiente para que a multidão explodisse em gritos e aplausos. Respondendo diretamente às propostas de reconciliação,

41. MORALES SOLÁ, Joaquín. *Clarín*, 16 dez. 1984.

as milhares de pessoas que ouviam Hebe começaram a entoar: "*Alfonsín, te quedan dos caminos / unirte con el pueblo o con los asesinos*". Mas a presidente da Associação pediu silêncio para continuar com seu discurso.

Ela repetiu, então, que as Mães não iriam ceder. "Porque esses filhos que nos faltam são os que tornaram possível essa democracia que temos hoje e a que teremos amanhã. Nós acreditamos que pedir julgamento e punição e dizer não à anistia é a única maneira de alcançar a democracia e viver em paz. Sem julgamento e punição e com a anistia encoberta, com o aparato repressivo intacto, não haverá paz, não haverá democracia e não haverá liberdade nesta Argentina".

Bonafini lamentou que as Mães tivessem sido obrigadas a realizar essa marcha "com este governo constitucional". Mas, acrescentou, "as recentes declarações do presidente nos acusando de antinacionais não fazem mais do que ratificar nossa luta. Com essas marchas, mostramos ao presidente que somos muito mais argentinas do que ele pensa. Todos sabemos que as Mães recebem pacotes com restos humanos para que parem em nossa luta. A próxima mãe que receber um pacote em qualquer lugar do país viajará à Capital e entraremos na Casa de Governo para que o doutor Alfonsín o abra e saiba do horror que estamos vivendo".[42]

Bonafini havia concluído, e os manifestantes explodiram em aplausos e voltaram a entoar, mais uma vez, "Aparição com vida" e "Julgamento e punição aos culpados". Hebe não foi a única a falar. Antes, Mirta de Baravalle falou pelas Avós, lembrando a recente recuperação de Paula Logares. "Ela foi localizada graças à ajuda e socorro do nosso querido povo", afirmou, e também, em resposta ao que sentiam como pressão oficial para abandonar a luta, acrescentou que continuariam "lutando por esse caminho até localizar a última das crianças que estão em mãos estranhas". Cata Guagnini também falou, representando os Familiares. Ela disse que "jamais pudemos imaginar que neste governo teríamos que voltar a reclamar o mesmo que durante anos reclamamos à ditadura." Guagnini enfatizou que o governo estava "encadeado às forças militares que lhe haviam concedido a permissão para ir às urnas". Ela afirmou que o presidente, "como Comandante em Chefe, deve punir os militares que utilizaram as dependências do Estado como campos de concentração", que o relatório da CONADEP "não pode ser

42. Alguns familiares, de fato, haviam recebido restos humanos em suas residências, com notas que indicavam que esses restos pertenciam a seus filhos.

secreto em um governo democrático", exigindo que fosse divulgada "a lista dos militares culpados", e concluiu: "Neste país não se encontrou um único culpado pelo que aconteceu e, embora digam que chegou o momento da desesperança, não vamos nos desesperançar". As Mães não estavam sozinhas.

A outra marcha

Apesar do forte conteúdo opositor da Marcha da Resistência — ou talvez por essa mesma razão —, os meios de comunicação deram mais espaço e cobertura à mobilização oficial organizada pela APDH. A manifestação começou logo após a Marcha da Resistência, embora nada tivesse de continuidade, mas sim de caminho cruzado. Tão cruzado quanto as palavras do presidente Alfonsín acusando as Mães de antinacionais.

O jornal das Mães se referiu a essa manifestação. Considerou-a uma estratégia evidente para contrabalançar a Marcha da Resistência e como um apoio à política oficial. "Um frio dado estatístico e uma falsa e provocadora 'alternativa' sustentam nossa conclusão" — afirmou a nota. "Milhares de pessoas se aproximaram da Praça de Maio durante as 24 horas para levar sua solidariedade àqueles que souberam não claudicar nem antes com os genocidas nem agora com os 'democratas', mas é evidente que os aproximadamente 8.000 manifestantes que marcharam em direção ao Congresso somam um número sensivelmente inferior em relação aos que participaram em 1983, poucos dias antes das eleições e quando a ditadura já havia decidido entregar o governo".

Apesar de que as Mães ignoravam os pormenores da organização da iniciativa da APDH, o artigo revelava que haviam percebido o objetivo oficial de neutralizar sua presença nas ruas. "Por outro lado, mas muito ligado à consequência anterior, convoca-se para o mesmo dia e no mesmo local onde deveria finalizar a Marcha da Resistência outra marcha, a Marcha pela Democracia. Tendo provas de que a primeira foi proposta e convocada com muita antecedência em relação à segunda, e considerando que a Marcha pela Democracia foi organizada por entidades de direitos humanos e partidos políticos que se supunham coincidentes com as consignas levantadas na Praça de Maio, temos que aceitar que se tentou confundir o povo com uma falsa alternativa: Resistencia ou Democracia?", raciocinou "Roberto Martínez".[43]

43. ¿Por qué quieren confundir?. Jornal *Madres de Plaza de Mayo*, Ano I, n. 2, jan. 1985.

A acusação presidencial soou feroz aos ouvidos das Mães. Também representava um sinal de clara delimitação do terreno para a opinião pública. A partir daí, cada um deveria decidir em consciência a que iniciativa se somava, embora Alfonsín advertisse que essa disjuntiva se apresentava em meio a ações desestabilizadoras da democracia.

Além da resposta espontânea de Bonafini, passadas duas horas das declarações de Alfonsín, durante a Marcha, as Mães dedicaram a capa de seu informativo a ele. "Quem está contra a Nação?", perguntaram em um grande título. "Enquanto Alfonsín protege os genocidas, acusa as Mães de antinacionais", afirmavam na chamada.[44] O artigo marca o ponto mais intenso do enfrentamento com Alfonsín: "A um ano do governo e depois dos infames anos da ditadura, um presidente que se reclama democrático acusou as Mães da Praça de Maio. O ouvimos com espanto, quase com estupefação. Que temos 'um objetivo político que não coincide com os interesses nacionais'. Isso foi o que disse o Dr. Alfonsín. Isso mesmo era o que diziam os militares genocidas quando lhes perguntavam sobre as violações aos direitos humanos na Argentina".

Aprofundando a polêmica, as Mães expuseram seu próprio conceito de Nação. "A este presidente que se reclama democrático, haverá que explicar, uma vez mais, por se ele esqueceu, o que é o nacional para nós. O autenticamente nacional é um povo que elabora a riqueza do país, é receber um pagamento suficiente, é ter alimentação, é ter um teto, é poder educar os filhos, é ter proteção de saúde, é melhorar sua capacidade intelectual e técnica, é ter uma cultura própria e intercambiá-la livremente, é ter Forças Armadas para conduzir barcos, aviões e caminhões que transportam tropas e elementos aos lugares de desastres naturais, para colaborar com o povo de forma eficiente e rápida; é ter uma polícia que proteja a liberdade, respeitando todos os cidadãos, é ter juízes imparciais que garantam o equilíbrio da lei, é ter deveres e direitos com a sociedade e exercê-los livremente; é, simplesmente, ter direito à vida, mas com dignidade".

A resposta a Alfonsín não apenas rejeita suas acusações, mas contra-ataca defendendo as Mães como os reais guardiões do interesse da Nação: "Como nos surge a dúvida se também o governo cuida dos interesses nacionais como nós, nos propomos de agora em diante tomar devida conta de cada passo que der o Estado para comprovar isso." Do exaustivo exame da

44. Jornal *Madres de Plaza de Mayo*, ano II, n. 12, jan. 1985.

realidade nacional, a resposta das Mães atinge uma conclusão que aprofunda ainda mais o enfrentamento: "Que saibamos nós, nada do que é defender o nacional se observa no governo; o que não conseguimos explicar é com que lentes o Dr. Alfonsín mira o porvir deste país, que nós defendemos com nossa própria vida desde o momento em que nos arrancaram os filhos. Porque não foi outra coisa mais que defender o país sair à rua quando todos os homens encastelados politicamente calaram, tratando de se posicionar no vagão de cauda para não ficar a pé, enquanto que todo o nacional, homens e solo — isso é a essência de uma Nação — eram arrasados sem piedade pelos cães de guarda do famoso ocidentalismo cristão. Assim batizado pela piedosa escola militar e nascido das imponentes entranhas dos Fundos Monetários. Querer e defender o nacional é querer o bem de todos, é o direito à vida, à liberdade e à justiça; nós o demonstramos agora e desde há muito tempo, por isso exigimos juízo e castigo aos culpados do horror e nos opomos rotundamente a qualquer anistia."

"Se o que pedimos não é defender o interesse nacional", concluem, "onde estão os que os defendem? Na aliança com os genocidas, na perseguição de dissidentes, nos sequestros, nas ameaças, nos serviços de inteligência bem armados, na impunidade dos assassinos, na justiça cúmplice, na prepotência na informação direcionada?" Com uma mistura de ironia e dramatismo, deslizam uma esperança na qual não acreditam: "Talvez um dia o Executivo atravesse a Praça e tenha a visão exata do que significa amar a vida e estar disposto a defendê-la".

A polêmica teve uma dupla importância. Por um lado, refletiu a intensidade que o confronto entre Alfonsín e as Mães havia alcançado — sem dúvida, acusá-las de "responder a interesses extranacionais" e de serem elas mesmas antinacionais equivalia a considerá-las traidoras. Por outro, serviu para que as Mães pudessem definir o que significava para elas "o nacional", de algum modo o projeto de país ao qual aspiravam, por meio de uma espécie de programa político, jurídico, social, econômico e ético.

As palavras de Alfonsín geraram muitas outras críticas além da resposta das Mães. Luis Sicilia, por exemplo, colunista do semanário *El Periodista*, refletiu sobre o assunto:[45]

45. Telón de fondo. *El periodista*, 1 a 7 jan. 1985.

> É preocupante que o governo decida brigar com as Mães da Praça de Maio, acusando-as de "responder a políticas extranacionais" e quase não levante a voz em relação à aliança anglo-americana nas Malvinas. Afinal, o que significa o nacional? Acusar as "mães" de serem instrumentos "do antinacional" se assemelha muito à linguagem de Videla, como aponta Hebe de Bonafini em sua resposta ao governo. Se a Argentina, com justa ambição, pretende que seu presidente se torne líder do Movimento dos Não Alinhados, seu Ministério da Defesa presta um desserviço a esse propósito ao enviar dois coronéis manchados pela 'guerra suja' como embaixadores militares a uma parte do mundo onde a Doutrina de Segurança Nacional, que deu base ideológica para Ribeiro e Seineldín, respalda a política norte-americana do porrete. Essa política fortalece a direita. Se a isso somarmos o aumento da pobreza e do desemprego — resultado do acordo com o FMI — entende-se por que o projeto movimentista do presidente perde força e o país se encaminha para o desespero. Não faz muito, Jacobo Timerman escreveu em *El Periodista* que, se Alfonsín se propuser, se quiser convocar a mobilização da sociedade argentina para apoiá-lo, um milhão de pessoas sairia às ruas. Ainda, felizmente para o país, os argentinos continuam mostrando que apostam no presidente, que o apoiam. Em 1954, quando as poderosas greves dos trabalhadores metalúrgicos e ferroviários abalaram a cidade de Buenos Aires, alguém disse a Perón: "General, não se preocupe, o povo o apoia". E o general respondeu: "Eles me apoiam ou me perseguem?". Não falta muito, nesse ritmo, para que Alfonsín experimente a mesma dúvida.

Também Pérez Esquivel se uniria aos críticos de Alfonsín em consequência de seu ataque às Mães. O Prêmio Nobel da Paz disse que o presidente estava equivocado, que "é antinacional não se preocupar com o que aconteceu com os desaparecidos, antinacional, que não há justiça e que não há verdade. Primeiro devemos analisar qual é o antinacional, porque acredito que o que é antinacional não é buscar a verdade no sistema de justiça, não é resolver os problemas do país, e o problema dos direitos humanos é o mais importante porque é o eixo do presente e do futuro da Argentina".

Osvaldo Bayer afirmou que "o presidente Alfonsín está fazendo o ponto, entre suspeitar e insinuar, que as Mães da Praça de Maio têm 'um objetivo político que não coincide com os interesses nacionais'. Isso, dito na véspera do Natal passado, teve um significado especial. Expressa pelo presidente da Argentina, ela deve servir como lápide. Definitiva. A morte civil. Pior do que aquele epíteto do General Harguindeguy: 'as loucas da Praça de Maio'. Pior, mil vezes pior, porque nas palavras de Alfonsín havia uma sugestão que — sem provar nada — deixava muitas dúvidas. Uma espécie de piscadela insinuante para gerar nas massas um 'ahá!' definitivo que poderia se reduzir a 'subversivas', ou a 'quem as financia', ou à 'internacional de Paris'".[46]

Por sua vez, um editorial do Buenos Aires Herald considerou "assustadoras" as afirmações presidenciais:

> A declaração do presidente Raúl Alfonsín, durante a coletiva de imprensa da última sexta-feira, de que as Mães da Praça de Maio estavam agindo em nome de interesses que não coincidem com os da Nação, reviveu tristes lembranças, pois os porta-vozes do regime militar que governou o país, quando os "desaparecidos" que as Mães lamentam eram arrancados de suas casas ou empregos antes de serem torturados e assassinados, costumavam dizer o mesmo quando se levantava a questão dos direitos humanos. A inclinação do presidente para apontar o "objetivo político" das manifestações organizadas pelas Mães também foi um tanto inquisitiva: os porta-vozes do regime militar sempre insistiram nisso em sua tentativa de desacreditar as Mães aos olhos do povo e do resto do mundo. Não seria necessário enfatizar que o presidente Alfonsín deve ter cuidado ao lidar com a questão explosiva dos direitos humanos, e como os riscos implícitos em uma tentativa verdadeiramente séria de fazer com que todos os acusados de sequestro, tortura e assassinato sejam processados são tão grandes que é mais do que compreensível que seu governo opte por agir com a máxima cautela. Apesar disso, embora seja irrealista esperar que ele propicie o processo de grande parte do corpo de oficiais, não pode ser irreal que ele abstenha de fazer ataques verbais, por mais corteses que sejam, contra uma das poucas organizações

46. Baje a la Praça de Maio, señor presidente. *El Periodista*, mar. 1985.

que defenderam os padrões éticos que supostamente constituem a estrutura de nossa civilização, enquanto esses padrões foram sistematicamente pisoteados. O advento da democracia pode ter significado o fim das violações dos direitos humanos em grande escala e, desde então, a redução gradual dos abusos que seguem sendo cometidos, mas não apagou o passado, e a Argentina terá que viver com esse passado durante muitas décadas. A "guerra suja" não poderá ser eliminada da história do país, nem jamais poderá ser esquecida, e as sugestões de que ela já teria sido severamente encarada não refletem outra coisa que não uma mera expressão dos desejos. As tentativas de reprimir as memórias desagradáveis são tão perigosas para a saúde das sociedades como são para os indivíduos, e antes que a Argentina cure as feridas causadas pela "guerra suja", terá que chegar a um acordo sobre ela. Nesse sentido, muito progresso foi feito, mas ainda há pela frente um longo caminho a percorrer e o governo deve resistir à tentação de supor que a questão está resolvida e que aqueles que argumentarem o contrário estão tentando minar a democracia. Não surpreende que as manifestações de apoio às Mães da Praça de Maio estejam dominadas por esquerdistas que exploram a questão em benefício de seus próprios objetivos, o que, como apontou o presidente Alfonsín, pouco tem a ver com as aspirações da vasta maioria da população. Mas se as Mães estão rodeadas por esquerdistas, muitos dos quais, ainda que não todos, defendem ideias totalitárias, é porque mais uma vez os representantes da maioria estão de costas para eles. Essa resistência a se vincular a elas é compreensível — ninguém quer se lembrar da terrível verdade que elas denunciam — mas é perigosa. A "guerra suja" foi possível porque muita gente respeitável tomou por óbvio que em certas ocasiões os direitos humanos não valiam tanto, e se o governo, mesmo que de forma sutil, corroborar com a ideia de que se necessita em certa medida de uma indiferença "realista" às demandas da Mães, poderia se infiltrar novamente na atmosfera moral que tanto ajudou a inspirar a "guerra suja".[47]

47. Escalofriante. *The Buenos Aires Herald*, 26 dez. 1984.

Torpedeira

Mas o ataque presidencial não seria a pior notícia do final de ano das Mães. Através de uma resolução que assustou, por causa de sua rapidez, os jornalistas e analistas especializados, o juiz Del Castillo se pronunciou a favor da concorrência militar no caso de Astiz, que sequer permaneceu na prisão, mas sob custódia da Marinha. O alto comando naval já tinha decidido seu próximo destino: ele seria nomeado segundo comandante em uma torpedeira. "Vale ressaltar que a essas funções são enviados os melhores do grupo ao qual Astiz pertence", relatou o *Diario Popular*.[48]

Fermín Mignone denunciou imediatamente que a decisão do juiz Del Castillo "corresponde à política de Governo, que propunha que os casos relacionados a militares sejam relegados ao Conselho Supremo das Forças Armadas, conforme previsto na lei 23.049". Anteriormente, Mignone e Zamorra se opunham, com bases sólidas, ao foro militar e a favor do foro civil. "É incontestável a competência de Del Castillo para continuarmos entendendo os fatos que estão sendo investigados, visto que não existe nenhum elemento que permita afirmar que os mesmos tenham sido cometidos em atos de serviço militar ou em locais sujeitos exclusivamente à autoridade militar". No final de sua declaração, assinada pelo pai da desaparecida Dagmar Hagelin, os advogados afirmavam que o encaminhamento ao Conselho Supremo significava "abrir conscientemente os caminhos para a impunidade e a privação de justiça".

48. "Le dieron una torpedera". *Diario Popular*, 27 dez 1984.

Sandro Pertini reunido com as Mães em março de 1985, durante sua visita oficial à Argentina. Acompanham-no Nora de Cortiñas e Gloria de Nolasco.

O presidente da Itália acabara de desenhar o contorno de sua mão esquerda para a campanha "Dê uma mão aos desaparecidos". Foto: Daniel Yaco.

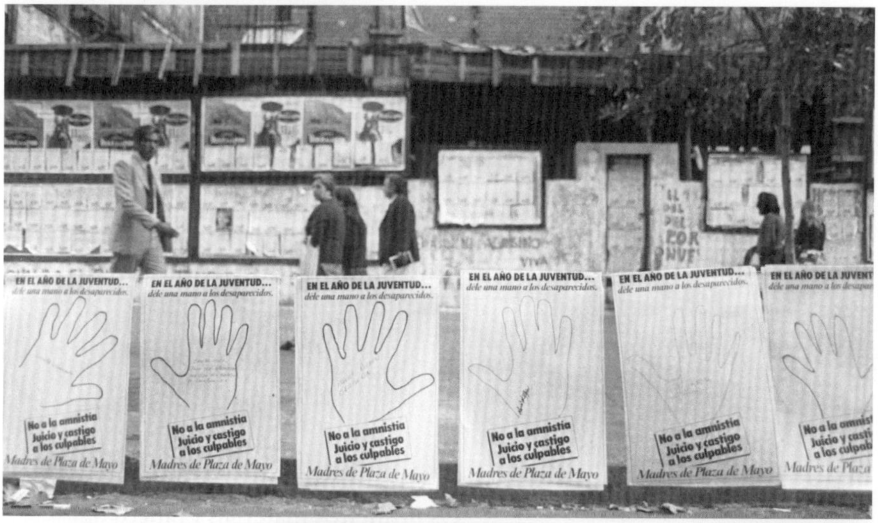

Campanha "Dê uma mão aos desapareci-dos", março de 1985, que culminou com uma marcha de repú-dio ao golpe de Estado de 24 de março de 1976. Foto: Guillermo Loiacono.

Uma mãe durante a noite da Quarta Marcha da Resistência, 20 e 21 de dezembro de 1984. Foto: Sverre Skavhaug.

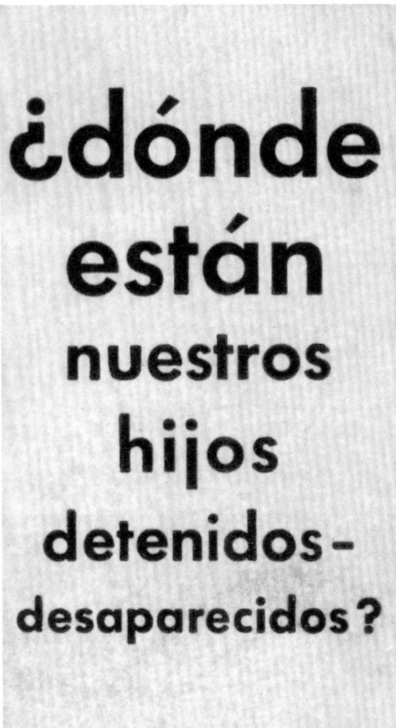

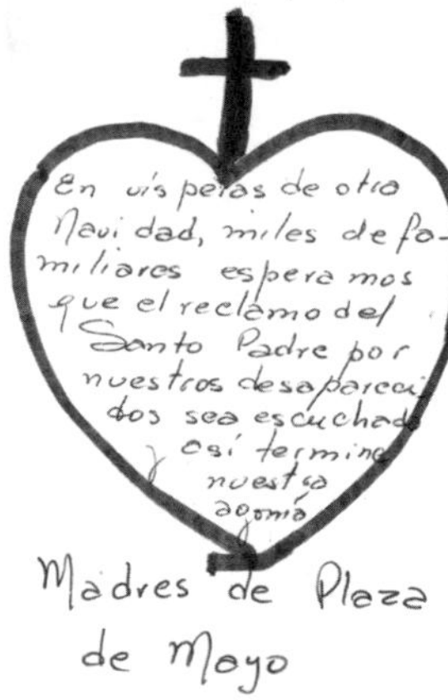

Os primeiros materiais gráficos das Mães eram manuscritos. Imprimir denúncias envolvia um risco real, mas também implicaria o uso dos mesmos recursos que seus filhos — uma espécie de prática política que as Mães não queriam assumir. Era aceitável, em contrapartida, um coração encimado por uma cruz desenhado por mãos de mãe sobre um cartão branco: "Às vésperas de mais um Natal, milhares de familiares esperamos que o apelo do Santo Padre

MADRES DE PLAZA DE MAYO

AÑO 1 Nº 1 Diciembre 1984 Aparece el primer jueves de cada mes 130 $a.

A un año de gobierno radical y de impunidad militar

¿DONDE ESTAN LOS DESAPARECIDOS?

La sociedad argentina parece haberse dividido entre quienes afirman que los desaparecidos están muertos y quienes, como las Madres de Plaza de Mayo, sostienen que hay desaparecidos con vida. Entre los primeros, están los que creen –o han decidido creer– que los hombres, mujeres y niños arrancados de sus casas, de sus trabajos,o secuestrados en plena calle,fueron asesinados impunemente por los militares genocidas. Pero se cuentan, también, otros sectores que, conscientemente, han orquestado una campaña tendiente a hacer pensar a la población que ya no hay desaparecidos vivos. En este caso, el objetivo es claro: ''cerrar'' el capitulo del horror y postergar indefinidamente el juicio y castigo a los culpables.

Para los que aseguran que hay desaparecidos con vida, esta convicción no surge de una simple actitud voluntarista. Se apoya en hechos y datos concretos de la realidad.

En primer lugar, el propio presidente Raúl Alfonsín dijo, durante la campaña electoral, que había desaparecidos con vida. El tema mereció grandes titulares en los diarios de la época y alentó justificadas esperanzas de que esa afirmación por parte de un candidato presidencial implicaba un compromiso explícito en el sentido de que serían devuel-

Sigue en página 11

EL EJERCITO DE LAS SOMBRAS

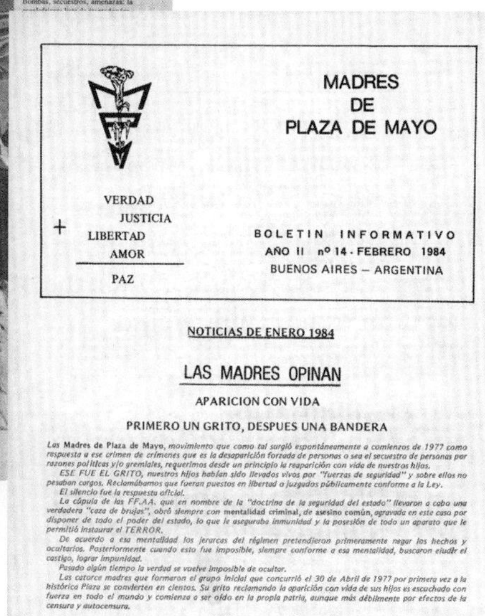

MADRES DE PLAZA DE MAYO

VERDAD
JUSTICIA
+ LIBERTAD
AMOR
PAZ

BOLETIN INFORMATIVO
AÑO II nº 14 - FEBRERO 1984
BUENOS AIRES – ARGENTINA

NOTICIAS DE ENERO 1984

LAS MADRES OPINAN

APARICION CON VIDA

PRIMERO UN GRITO, DESPUES UNA BANDERA

Las **Madres de Plaza de Mayo,** *movimiento que como tal surgió espontáneamente a comienzos de 1977 como respuesta a ese crimen de crímenes que es la desaparición forzada de personas o sea el secuestro de personas por razones políticas y/o gremiales, requerimos desde un principio la reaparición con vida de nuestros hijos.*

ESE FUE EL GRITO, nuestros hijos habían sido llevados vivos por "fuerzas de seguridad" y sobre ellos no pesaban cargos. Reclamábamos que fueran puestos en libertad o juzgados públicamente conforme a la Ley.

El silencio fue la respuesta oficial.

La cúpula de las FF.AA. que en nombre de la "doctrina de la seguridad del estado" llevaron a cabo una verdadera "caza de brujas", obró siempre con **mentalidad criminal, de asesino común,** *agravada en este caso por disponer de todo el poder del estado, lo que le aseguraba inmunidad y la posesión de todo un aparato que le permitió instaurar el TERROR.*

De acuerdo a esa mentalidad los jerarcas del régimen pretendieron primeramente negar los hechos y ocultarlos. Posteriormente cuando esto fue imposible, siempre conforme a esa mentalidad, buscaron eludir el castigo, lograr impunidad.

Pasado algún tiempo la verdad se vuelve imposible de ocultar.

Las catorce madres que formaron el grupo inicial que concurrió el 30 de Abril de 1977 por primera vez a la histórica Plaza se convierten en cientos. Su grito reclamando la aparición con vida de sus hijos es escuchado con fuerza en todo el mundo y comienza a ser oído en la propia patria, aunque más débilmente por efectos de la censura y autocensura.

por nossos desaparecidos seja ouvido e que assim termine nossa agonia. Mães da Praça de Maio", dizia. Segundo o texto, as Mães não reivindicam, apenas esperam. Quem reivindica é o Papa, que naqueles dias havia se referido de maneira muito vaga aos desaparecidos. Mais tarde — um passo importante na evolução política do movimento — elas ousariam publicar panfletos: "Onde estão nossos filhos detidos-desaparecidos?", perguntam, parafraseando seu primeiro lema: "Os desaparecidos, que digam onde estão".

Em meados de 1980, ainda sob a ditadura, publicaram a primeira edição do *Boletim Informativo*, repleto de expressões religiosas ressignificadas no contexto do terrorismo de Estado, que buscavam legitimar suas reivindicações, junto a notícias de jornais e revistas de circulação legal que tratassem direta ou indiretamente de sua problemática específica. Em 6 de dezembro de 1984, quando se completava o primeiro ano da presidência de Alfonsín, publicaram o primeiro número do jornal *Madres de Plaza de Mayo*.

Em março de 1985, as Mães editaram seu primeiro livro de poemas, com textos próprios escritos durante a ditadura, embora incluísse também escritos de presos políticos, militantes pelos direitos humanos e filhos de desaparecidos.

María del Rosario Carballeda de Cerruti, primeira secretária da Associação e diretora do jornal *Madres de Plaza de Mayo* desde o primeiro número até o início de 1993. Foto: David Thompson.

Grupo de Mães da filial Rosario durante um ato nessa cidade, em 1985. O movimento, impulsionado por mulheres da Capital Federal, Grande Buenos Aires e La Plata, logo se estenderia ao restante do país.

Enquanto ocorre a cerimônia da troca da guarda dos Granadeiros, as Mães realizam a ronda de toda quinta-feira. Diante deles, um grupo de militantes anarquistas se interpõe, carregando um cartaz com o lema "Aparição com vida". Foto: Sverre Skavhaug.

Placa com lemas das Mães na praça principal de Viedma. Foi colocada quando Alfonsín anunciou seu projeto de transferir a Capital Federal para essa cidade patagônica.

Em comemoração a mais um aniversário da criação do movimento, as Mães marcham em direção ao Palácio da Justiça em 24 de abril de 1985. Dois dias antes, haviam começado as audiências do julgamento dos ex-comandantes. Foto: Enrique Shore.

Jovens da Frente de Apoio usam máscaras que representam os desaparecidos. Foto: Enrique Shore.

O uso de máscaras gerou polêmica dentro e fora da Associação, e teve grande repercussão na mídia e na opinião pública. Foto: Enrique Shore.

Durante as sessões do julgamento das juntas militares, as Mães marcharam ao redor do Palácio da Justiça, denunciando ao megafone os nomes dos repressores. Foto: Marcelo Setton.

Tinham passado a noite na Casa Rosada exigindo que Alfonsín as recebesse. No dia seguinte, 25 de junho, quem as recebeu foi, em seu lugar, Antonio Tróccoli, ministro do Interior. María Adela de Antokoletz o observa, Inés de Ragni está prestes a cumprimentá-lo. Atrás, Dolores Noemí de Rigoni.
Foto: Marcelo Ranea.

9 de julho de 1985. Como no ano anterior, as Mães comparecem à celebração do Dia da Independência para repudiar o desfile militar. A cena repressiva, que relembra os piores tempos da ditadura, começou quando as Mães irromperam em gritos à passagem dos "altivos e valentes soldados da Escola de Mecânica da Armada", segundo o locutor oficial.
Foto: Eduardo Longoni.

Mães diante de um painel de cientistas durante uma homenagem aos quinze detidos-desaparecidos da Comissão Nacional de Energia Atômica, em 10 de dezembro de 1985.
Foto: I. Hardoy.

Bonafini segura um cartaz com a histórica consigna "Não passarão", em resposta às ameaças, atentados e intimidações de grupos militares e policiais no final de 1985, pouco antes da conclusão do julgamento dos ex-comandantes. Acompanha Bonafini Marta de Badillo, uma mãe não identificada e Elena Pose. Foto: E. Rosito.

21. Mão e contramão

"Senhores, pedimos a vocês uma mão para estendê-la aos desaparecidos. Pedimos a vocês que nos deixem desenhar sua mão para juntar muitas mãos e colar cada uma desde a Praça do Congresso até a Casa de Governo e denunciar o golpe de 24 de março de 1976."

A voz de Juanita de Pargament se amplificava em um megafone segurado por um dos jovens da Frente de Direitos Humanos, exatamente às cinco da tarde da quinta-feira 31 de janeiro de 1985, na portenha esquina da Florida com a Diagonal Norte. Sobre uma mesa, improvisada com dois cavaletes e uma tábua, se sobrepunham centenas de folhas em branco e outras tantas nas quais se viam estampadas as mãos de alguns dos milhares de transeuntes que, àquela hora da tarde, fluíam em diferentes direções e com as mais diversas ocupações, entre os quais estavam também alguns turistas.

"Força", "Sigam lutando", "Que apareçam com vida", "Que devolvam os bebês", eram algumas das frases que junto àqueles contornos de mãos, as pessoas estampavam sobre as folhas com o símbolo das Mães da Praça de Maio.

"Eu comecei a ter ciência do problema dos desaparecidos quando a Comissão de Direitos Humanos da OEA veio. Antes era um dos tantos indiferentes e até incomodado que viessem nos investigar. Por isso, porque não quero mais ser indiferente, apoio às Mães", disse Ricardo de la Torre — um jovem comerciante de 29 anos que acaba de estampar a sua mão em uma dessas folhas — ao jornalista Héctor Alí, que reproduz o depoimento em sua reportagem do dia seguinte no La Razón.[49] Alí também reúne a voz

49. Apoyos, discusiones e indiferencia en el reclamo por los desaparecidos. La campaña de las Mães ya juntó 60 mil adhesiones. *La Razón*, 1 fev. 1985.

de uma professora de inglês de 45 anos. María Teresa Bul de Maturi: "Assino porque quero que a justiça seja feita, que esses torturadores selvagens não fiquem impunes, que paguem pelo que fizeram. Me adoece saber que Astiz está livre, porque não se pode dizer que o lugar onde ele está é uma cadeia".

"Florida, esse ambulante parlamento de discussões políticas e infalível palco para artistas anônimos está em seu momento de maior afluência. A voz de Juana segue pedindo por mãos no megafone e as folhas seguem sendo preenchidas. Também há os indiferentes que olham para o papel e seguem seu caminho sem qualquer gesto, ou incomodados pela interrupção. Também estão ali os que não apoiam a reivindicação e dizem o porquê: 'Eu não ponho a mão, porque há muitos desaparecidos mortos pela guerrilha porque queriam sair dela e os que desertavam eram mortos pelos seus companheiros'".

As Mães não acham que essa se trate de uma simples opinião divergente. Acreditam que essa mulher que disse ser jornalista é uma provocadora e avisam Alí, ainda que o repórter duvide, "talvez nesse caso não se trate de um deles". É uma mulher que diz se chamar Raquel Serrudo, e que, ao ser confrontada por uma mãe, diz que sabe o que diz porque leu em um livro "que foi publicado há dois anos".

— E quem publicou? — pergunta uma mãe.

— O governo das Forças Armadas, que tomou o governo em 1976 por razões muito especiais. As pessoas saíam na rua e não sabiam se voltariam — afirmou Serrudo.

— E o que tu acha que aconteceu nos anos da ditadura? — pergunta um jovem que apoia as Mães.

Nesse momento, um jornalista tira algumas fotos de Serrudo, e ela o confronta:

— Não gosto que faça isso — diz ela, em tom de ameaça.

— Se tu és jornalista, sabe que eu estou cumprindo com o meu trabalho — responde o fotógrafo.

— Se tivesse me avisado — ela insiste.

— Eu tenho muitos dados para dar.

— Dê os dados às Mães, à justiça — insiste um jovem.

— Olha, eu queria saber de onde conseguem o dinheiro para viajar e para fazer essas coisas — provoca a mulher.

A afirmação desperta a indignação das Mães. "A mulher", escreve Alí, "toca a partícula mais íntima de várias mães que se aglomeram ao seu lado e, com o punho cerrado, lembram à jornalista os 'sequestros e torturas de nossos meninos'. E aconselham que 'é melhor que tu te preocupes em perguntar o que os militares fizeram com os que levaram de nossos lares'".

Campanha internacional

Após a decisão do juiz Del Castillo de se declarar incompetente no caso Astiz a favor do Conselho Supremo das Forças Armadas, as poucas esperanças que sua detenção havia gerado no início de dezembro se desvaneceram ou se transformaram em indignação. "Tememos que surja uma lei que perdoe os culpados pelo horror", disse Hebe de Bonafini a um jornalista do jornal *El Heraldo del Oeste*, durante um encontro das Mães de desaparecidos em Luján.[50] Por isso, as Mães decidiram lançar uma campanha nacional e internacional: aproveitando o Ano Internacional da Juventude, convocado pelas Nações Unidas, as Mães convocaram a lutar contra a impunidade dos que reprimiram e desrespeitaram milhares de jovens na Argentina.

De fato, no início de janeiro de 1985, as Mães disseram em um comunicado:

> É possível ajudar os detidos-desaparecidos na Argentina de qualquer lugar do mundo.
>
> Desenha o contorno da tua mão na folha folha que acompanha esta carta, escreve teu nome e envia ela para a nossa casa.
>
> No dia 24 de março de 1985, quando a instauração da brutal ditadura que sofreu nosso país completar seu 9° aniversário, queremos cobrir a cidade de Buenos Aires com as mãos de milhares de pessoas que reprovam qualquer tentativa de anistia e exigem julgamento e punição aos culpados pelos crimes contra a humanidade cometidos pelas Forças Armadas. Faça cópias da filha e nos envie também as mãos dos seus amigos.
>
> Não te agradecemos porque acreditamos que é um dever lutar pela dignidade da pessoa humana.

O comunicado das Mães, assinado por Hebe de Bonafini e María del Rosario de Cerruti, foi acompanhado por uma folha de ofício. Entre as consignas

50. Hebe de Bonafini: Tememos que salga una ley que perdone a todos los culpables del horror. *Heraldo del Oeste*, 31 jan. 1985.

"No ano da juventude... dê uma mão aos desaparecidos", na parte superior, e "Não à anistia, julgamento e punição aos culpados" abaixo, ficava um amplo espaço em branco para desenhar o contorno de uma mão, e se o destinatário quisesse, escrever alguma frase e seu nome. Em pouco mais de dois meses, a campanha internacional recolheria milhares de adesões, indo na direção oposta dos planos do governo de limitar ao máximo a investigação e a condenação dos responsáveis, envolvidos e cúmplices do genocídio.

Se algo particularmente incomodava o governo de Alfonsín era a repercussão e a vigência da luta das Mães em alguns países europeus. Dali vinha, entre outras coisas, parte da ajuda econômica que permitia a essas mulheres desenvolver suas atividades, e também chegavam do velho continente notícias de suas visitas, reproduzidas pela imprensa local, contribuindo em grande medida para destacar a importância que era dada a elas no exterior, em contraste com o lugar de pretensa irrelevância onde o governo queria colocá-las. Por exemplo, no dia 25 de fevereiro de 1985, Hebe de Bonafini e o advogado Horacio Méndez Carreras — que impulsionava a causa sobre 15 cidadão franceses desaparecidos na Argentina — tinham sido recebidos em Paris pelo chanceler francês, Roland Dumas, quem lhes solicitou que "fossem intensificadas as pressões diplomáticas para conseguir o esclarecimento completo" dos crimes cometidos durante o regime militar. O caso Astiz, "submetido a uma farsa de julgamento e retido em uma prisão de luxo", segundo Hebe, sem dúvidas, tinha estado no centro das conversas, e isso irritava o governo duplamente: porque prejudicava sua imagem externa e porque suas declarações repercutiam na cena pública argentina, legitimadas pelo prestígio que lhes dava a instância nas quais se realizavam.

"Em especial, falamos da falta de efetividade das investigações e da inação do governo do Dr. Alfonsín para julgar e castigar os culpados pelas detenções arbitrárias, torturas e 30.000 desaparecimentos", afirmou a presidente das Mães diante do correspondente do *Clarín* O prestigioso jornal francês *Le Monde* publicou por sua vez declarações de Hebe, que apelava para "a solidariedade internacional para demandar a condenação dos militares envolvidos nos desaparecimentos na Argentina". "O único caminho para a democracia — dizia Bonafini — consiste em desmascarar os culpados e condená-los para evitar um retorno da vida sob a bota dos militares. O presidente Alfonsín é nosso presidente, e nós o respeitamos, mas não permitiremos que minta pra gente".[51] A visita de Bonafini à França fazia parte das visitas internacionais que logo a levariam para a Alemanha e para a Holanda, em plena campanha "Dê uma mão aos desaparecidos" que Juanita declamava na esquina da Florida com a Diagonal Norte, e que centenas de mães impulsionavam em todo o país.

Paradoxalmente, no início de 1985 o prestígio nacional e internacional de Alfonsín estava alcançando seu ponto mais alto. Sua política de produção de consenso favorável às medidas de governo para o tratamento das sequelas do terrorismo de Estado — particularmente às medidas da CONADEP e aos preparativos para o julgamento dos ex-comandantes —, lhe davam uma imagem de paladim dos direitos humanos, compartilhada por milhões de argentinos.

A popularidade do presidente andava junto da sua estima no exterior, evidente em cada uma das suas visitas, tal como se havia comprovado nas reuniões internacionais do Movimento dos Países Não Alinhados (MPNA), em Nova Delhi, e durante o encontro de Chefes de Estado pela Paz Mundial em Atenas, nos quais ele se mostrou um comprometido defensor do desarmamento e da paz mundial. Do mesmo modo, o Departamento de Estado norte-americano proclamava em seu informe anual de 1984 que a Argentina tinha recuperado plenamente a vigência dos direitos humanos, e até mesmo a longínqua comuna de Perúgia, na Itália, lhe concedia o Prêmio Asís para as Crianças do Mundo, "pela coragem e sensibilidade de denunciar para todo o mundo o estado de indigência de mais de três milhões de jovens argentinos e por ter iniciado, com a ajuda da UNICEF, uma obra de recuperação e salvaguarda de tantos seres humanos".

Entusiasta, o jornalista Pablo Giussani — um dos principais defensores midiáticos de Alfonsín — relatava esses acontecimentos em um artigo intitulado "A nova dimensão da Argentina"[52] — publicado no *La Razón* do dia 17 de fevereiro —, e se perguntava exaltado: "quantos anos viveram os argentinos sem o incentivo de serem apreciados no mundo?". Recomendava aos leitores lembrar a triste fama internacional do país, ganhada durante os anos de autoritarismo, e insistia que deveriam avaliar esse período "como ponto de referência crucial em qualquer avaliação que se faça do caminho

51. El canciller francés recibió a Mães de Praça de Maio. *Clarín*, 26 fev. 1985.

52. GIUSSANI, Pablo. "La nueva dimensión internacional de la Argentina". *In: Los días de Alfonsín*. Buenos Aires: Legasa, 1986, p. 11-12.

percorrido desde o dia 10 de dezembro de 1983". De maneira competente, Giussani ressaltava a imagem internacional de Alfonsín para equilibrar os efeitos erosivos dos problemas internos no eleitorado alfonsinista, em um ano de comícios nacionais. Mas os problemas aflorariam de todos os modos.

Crise militar

Nesse mesmo 31 de janeiro de 1985, o dia em que Juanita de Pargament convocava, com sua voz amplificada por um megafone, ao estender de uma mão aos desaparecidos, Alfonsín nomeava novos integrantes do Conselho Supremo das Forças Armadas, aconselhado pelo seu ministro de Defesa Raúl Borrás e seu secretário Horacio Jaunarena.[53] Ainda que o tribunal militar tivesse ficado de fora do jogo no caso dos ex-comandantes, ainda tinha sob sua responsabilidade numerosos processos pelas violações dos direitos humanos. Particularmente, a decisão estava diretamente relacionada à complexa situação de Astiz e à crise militar que, de forma mais interna do que pública, vinha se desenvolvendo desde a detenção do oficial da Marinha em dezembro do ano anterior.

O que para as Mães e para a maior parte do movimento de denúncia era uma notícia nefasta, o fato de que o Conselho Supremo assumiria a responsabilidade pelo caso de Astiz, significava para o governo recolocar as ações na estratégia original. As novas nomeações buscavam afastar o perigo de que o órgão militar repetisse a atitude tomada no caso dos ex-comandantes, ou seja, que se recusasse a julgar o oficial da marinha e, desse modo, frustrasse a estratégia oficial de que os militares resolvessem, ao menos em parte, alguns dos casos mais emblemáticos da repressão, que, de outra forma, voltariam a pesar nas mãos das instituições civis. Não se tratava de fazer justiça, mas de que o Conselho desse um tratamento adequado ao caso Astiz, isto é, que, com base na obediência, responsabilizasse a hierarquia superior, criticando ao mesmo tempo os métodos empregados. Para alcançar esse objetivo, Alfonsín nomeou como integrantes do Conselho oficiais superiores das três forças que haviam se aposentado antes de 1976, argumentando que, como não haviam participado diretamente da "luta contra a subversão", poderiam julgar imparcialmente a conduta dos membros das Forças Armadas

53. VERBITSKY, Horacio. *Civiles y Militares*. Memoria secreta de la transición. Buenos Aires: Contrapunto, 1987, p. 117.

envolvidos na "metodologia ilegal". No entanto, a mudança na composição do organismo militar não atenderia às expectativas do presidente.

Apenas um mês após a sua posse, surgiu a notícia de que os novos membros do Conselho já haviam tomado uma decisão sobre o caso Astiz. O governo se espantou e, através do ministro Borrás, solicitou ao Chefe do Estado-Maior Conjunto, Julio Fernández Torres, que o anúncio fosse adiado por pelo menos 120 dias. Mas o general, cumpridor das normas que lhe eram convenientes, respondeu que ele não tinha autoridade sobre aquele organismo para ordenar tal coisa. Era verdade, tanto quanto o fato de que a decisão determinava a liberdade imediata de Astiz, sob o argumento de que ele já havia sido julgado e absolvido pela mesma causa em 1981. A atitude de Fernández Torres era uma insubordinação aberta.

A decisão do Conselho Supremo destruía a estratégia oficial. Para que essa política funcionasse, era necessário que o Conselho assumisse algum grau mínimo de crítica sobre o passado ditatorial e demonstrasse um gesto de reflexão, mantendo ao menos as aparências, como o tempo mínimo necessário para analisar o caso. Não se conseguiu nada disso.

A rapidez com que o Conselho decidiu liberar Astiz, além da aplicação do instituto da coisa julgada com base em um processo anterior, evidentemente manipulado e espúrio, era intolerável para a imagem que Alfonsín pretendia projetar aos argentinos e ao mundo. Especialmente, evidenciava o erro, ou pior ainda, a falsidade das promessas feitas pelo presidente, pelo ministro do Interior e pelo chanceler, poucos meses antes, ao representante do governo sueco.

Durante várias horas daquele 1º de março de 1985, quando foi divulgada a decisão do organismo militar — enquanto tensas negociações ocorriam entre o governo e a cúpula militar —, os advogados de Astiz afirmavam que o oficial já estava em liberdade, enquanto o governo declarava que essa decisão ainda não era definitiva.[54]

A insubordinação de Fernández Torres refletia uma rebeldia equivalente na Marinha — que mantinha firme sua posição de defesa de Astiz desde sua detenção em dezembro — e também um sólido respaldo do generalato, com a quase única exceção do próprio chefe do Exército, general Ricardo Pianta. O governo decidiu, então, destituir Fernández Torres e designar o

54. VERBITSKY, Horacio. *Civiles y Militares*. Memoria secreta de la transición. Buenos Aires: Contrapunto, 1987, p. 117.

próprio Pianta à frente do Estado-Maior Conjunto, mas as lideranças militares deixaram claro que não aceitariam a substituição. Alfonsín ameaçou, então, convocar uma mobilização popular em repúdio à atitude militar e em apoio às instituições democráticas. Ao mesmo tempo, constatando a frágil situação de Pianta, revogou sua decisão para nomear o brigadeiro Teodoro Waldner à frente das Forças Armadas e o general Héctor Luis Ríos Ereñú, chefe do III Corpo, como comandante do Exército.

Fernández Torres, satisfeito com a mensagem implícita em sua conduta, afastou-se em silêncio. Pianta despediu-se de sua arma relembrando os dias de glória da "luta contra a subversão", que já pertenciam ao acervo histórico da Pátria.

Por sua vez, Ríos Ereñú trouxe um pouco de tranquilidade ao governo às vésperas do julgamento das juntas: durante um discurso militar em Rosario, no dia 12 de março, reafirmou a submissão do Exército ao poder civil e endossou o esquema jurídico oficial — em particular a obediência devida — para resolver as consequências do que ele chamou de guerra suja. Aparentemente, se retornava ao pacto implícito entre governo e lideranças militares. No entanto, sob a superfície militar, estava incubado um processo que voltaria a ameaçar esse pacto.

Uma ampla faixa da oficialidade superior, média e inferior, que aceitava a contragosto o julgamento dos ex-comandantes, agitava a bandeira da instabilidade militar. O mês anterior ao início do processo das juntas foi um dos mais tumultuados e violentos dos últimos tempos, marcado por atentados com explosivos, ameaças e rumores de instabilidade institucional. De forma mais ou menos latente, desenvolvia-se um confronto interno nas Forças Armadas entre os poucos oficiais superiores que viam a necessidade de um acordo com o governo e a maioria, que rejeitava qualquer revisão dos atos passados, reivindicando plenamente o genocídio e opondo-se a julgamentos para além das cúpulas da ditadura. Menos de um ano e meio depois, esse conflito eclodiria nos chamados levantes dos caras pintadas.

Um homem sensível à dinâmica interna militar compreendeu a direção desses acontecimentos melhor do que o próprio Alfonsín e o restante da liderança política e social: o capitão e engenheiro Álvaro Alsogaray. Apenas sua aguda percepção do novo contexto explica que, após ter apoiado a anulação da autoanistia militar em dezembro de 1983 — um apoio explícito à estratégia de Alfonsín —, ele agora defendesse a necessidade de encobrir o passado.

Mas, apesar de idas e vindas, a decisão do Conselho Supremo permanecia a mesma. O comunicado das Mães a respeito, datado de 8 de março, foi concisa e concreta:

> A irresponsabilidade aberrante do Conselho Supremo no caso Astiz demonstra mais uma vez que a justiça militar não é justiça.
>
> O presidente e Comandante-em-Chefe das Forças Armadas conta com todo o apoio do povo que o elegeu para enfrentar com firmeza essa grave anomalia.
>
> O Poder Executivo não pode permitir novamente que se conceda impunidade àqueles que merecem ser rigorosamente punidos.
>
> O povo não quer ser enganado e exige das autoridades dos três poderes, das forças políticas e sindicais, uma definição e um compromisso que evitem uma condenação histórica de seus homens e de suas ideias.

Razão de ser

O jornal *La Nación*, tradicional porta-voz da direita, outrora sustentáculo da ditadura e agora defensor dos genocidas, não publicou o comunicado das Mães. Em tom mais filosófico, pouco antes vinha manifestando sua preocupação com a "razão de ser" dessas mulheres. Em um artigo assinado pelo jornalista e crítico de cinema José Antonio Mendía, buscava-se defender a tese de que o papel das Mães tinha se esgotado, partindo do pressuposto de que a justiça já teria assumido sua função. Em um panfleto intitulado "Os lenços brancos da despedida"[55], Mendía construía a si mesmo como um sujeito racional e justo, que, no passado, teria apoiado a causa das Mães. Mas agora, essa mesma racionalidade e sentido de justiça o obrigavam a rejeitar a posição delas. Ele começava dizendo que se sentia incomodado ao ver como elas insistiam numa postura que, para ele, a essa altura, era anacrônica, e citando Paul Valéry, afirmava que não há nada mais triste do que sobreviver à própria razão de ser. "Para além de suas ilusórias exigências de recuperar seus filhos vivos", continuava ele repetindo o clichê, "a atitude reivindicativa que mantêm adquiriu um tom de vingança, um profissionalismo do descontentamento e

55. *La Nación*, 4 jan. 1985.

uma insatisfação inalterável diante da ação da justiça que, lenta e cautelosa, assumiu seu papel. É difícil negar a elas o direito de reivindicar, mas já não é nada fácil incentivar suas atividades", registrou.

Mendía, que passava longas temporadas em Paris, lembrou que poucos anos antes, sob a ditadura, ofereceu refúgio a uma mãe que fugia da repressão policial desatada após uma ronda na Praça de Maio. A mãe, no entanto, recusou a oferta para "se perder nas ruas do microcentro". O jornalista relatou ter ouvido falar dessas mulheres, embora, segundo ele, "não se possa dizer que fossem populares, e todos viam seus filhos como terroristas". Ele argumentava que, apesar dos rumores de que as financiava o Partido Comunista — "o costumeiro oportunismo do comunismo" —, para Mendía, "as Mães representavam uma causa justa". Mas agora as coisas tinham mudado: "Passaram-se alguns anos, poucos, mas importantes; decisivos. Não tenho certeza de que hoje eu ofereceria asilo a uma Mãe da Praça de Maio, como fiz naquela época. Não seria necessário, em primeiro lugar; elas podem desfilar com proteção policial e misturadas a bandeiras que se juntam a elas. Mas temo que aquelas boas mulheres, cuja causa original continuo respeitando porque era um grito de justiça na escuridão, tenham transformado sua dor e sua reivindicação em um fermento político que ultrapassou sua valiosa intenção inicial. Com sua impaciência, o que agora exigem é quase um ato repressivo por sua vez, mais um elo na cadeia de violência que a Justiça rompe. E nos impõem outra forma de terrorismo: o sentimental. Por isso, não acredito que correspondam ao 'objetivo político' que o presidente argentino atribui a elas, embora talvez sejam usadas por sua própria integridade moral invulnerável. Eu as vejo simplesmente como congeladas em seu antigo papel de Nêmesis trovejante, prolongando a duração de uma tragédia da qual já não são protagonistas absolutas e da qual o país, por meio do governo representativo, se ocupa".

Como consequência, Mendía opinava que as Mães deveriam dobrar seus lenços brancos ou, melhor ainda, agitá-los em sinal de adeus e "abandonar uma insistência inútil e perigosa que atrapalha os mecanismos normais da lei pela qual pediram. Sua missão está cumprida. Almafuerte, em uma frase complexa, mas de uma enorme generosidade, poderia lhes dizer novamente: 'Peçam apenas justiça, mas, se puderem, nem isso'". De Valéry a Almafuerte, da casa à Praça e agora de volta à casa — assim Mendía, e também *La Nación*, preferia vê-las. As Mães recortaram o artigo e o guardaram em seu arquivo histórico.

Pelas ruas, começou a se multiplicar uma pichação: "Cuidado, Astiz está solto".

22. Exumações I

"Foi jogado em uma fossa comum em cima
dos últimos corpos enterrados.
E pensar nisso é tão terrível, tão atroz,
que não se pode suportar, e antes de se ter
experimentado, não se pode saber até
que ponto. Não se trata da mistura de corpos,
de maneira nenhuma; é o desaparecimento desse corpo
na massa de outros corpos. É o corpo, seu corpo,
o seu, jogado na cova dos mortos,
sem seu nome, sem uma palavra.
Exceto pela oração de todos os mortos."

Marguerite Duras, *Escribir*.

Bonafini tinha que escolher e escolheu. Entre comparecer à entrevista concedida às Mães pelo Presidente da Itália, Sandro Pertini, em visita oficial à Argentina, e viajar a Mar del Plata para impedir a exumação judicial de cadáveres não identificados, naquele 10 de março de 1985 escolheu faltar ao encontro com o representante estrangeiro.

María Adela criticaria a decisão poucos dias depois em uma reunião da Comissão Diretiva. Como tinha se atrevido a deixar plantado e esnobar assim um amigo das Mães?, disse a ela. Pertini tinha sido o primeiro Chefe de Estado a recebê-las, em 1978, quando ainda eram praticamente umas desconhecidas, dando a elas, desse modo, um respaldo decisivo na sua luta contra a ditadura. Hebe se defendeu das críticas de María Adela dizendo que não tinha deixado ele plantado mas que, ao invés disso, foram outras companheiras.

— Mas tu és a presidenta — insistiu María Adela.

— Mas eu tinha que ir a Mar del Plata, outra mãe me pediu.

— E por que não podia ir outra companheira a Mar del Plata?

— Porque ela pediu para mim — respondeu Hebe.

Na verdade, o encontro com Perini não envolvia apenas um reconhecimento histórico e humano, mas, além disso, adquiria um significado intensamente atual e político para as Mães. Em pleno confronto com o governo, a entrevista com o presidente as ajudaria a evitar o isolamento a que alguns setores as submetiam.

Hebe sabia disso. Em outras ocasiões, não tinha desperdiçado a oportunidade de ser fotografada com personalidades de todo o mundo para exibir a solidariedade que cercava sua luta. Mas desta vez ela achou mais importante viajar para a cidade atlântica porque era necessário produzir um fato que ressoasse, uma definição que deixasse clara a posição das Mães sobre as exumações de não identificados que, mais uma vez, já no final da ditadura, ameaçavam, segundo ela, repetir o "show de horrores" e a frustração da verdadeira justiça pela qual lutavam.

Bonafini, como muitas outras mães, estava convencida de que essas exumações não buscavam esclarecer ou fazer justiça, mas, ao contrário: visavam envolver as Mães em procedimentos individuais de busca que as retirassem da luta política e, no plano jurídico, serviriam para começar a executar o plano de prescrição de crimes. Se, de acordo com o esquema de responsabilidade acordado por Alfonsín, os executores diretos ou os comandantes intermediários que haviam dado as ordens para o massacre não fossem perseguidos, a mera passagem do tempo serviria para libertar os criminosos. É por isso que Bonafini argumentou que o momento para a identificação dos restos mortais dos desaparecidos viria quando houvesse certeza de que os responsáveis pelos crimes seriam processados.

Para fazer o que tinha que ser feito naquele cemitério de Mar del Plata, Hebe se sentiu insubstituível.

E outras mães pensaram o mesmo. Quem, senão ela, seria capaz de se colocar diante dos magistrados e policiais para evitar uma exumação que, por sua vez, poderia levar a confrontos com outros familiares e órgãos de direitos humanos?

María Adela, por sua vez, sabia do que estava falando quando criticou Bonafini naquela reunião da Comissão Diretiva. Ela sabia que, se Hebe tinha viajado para Mar del Plata, era para produzir essa definição, esse fato quase irreversível em suas consequências, sobre o qual ela e muitas outras mães não estavam convencidas. Talvez não tanto sobre a exumação em si — que suscitou nuances e até fortes objeções de quase todas elas —, mas com a forma de se opor a uma ordem judicial, e de confrontar os familiares que solicitaram a exumação.

As exumações de não identificados, sem dúvida, apresentavam situações complexas que envolviam sentimentos profundos e tradições culturais, bem como estratégias legais e definições políticas fundamentais. Esse conjunto de fatores se tornaria, em decorrência do que estava prestes a acontecer, uma mistura explosiva que aprofundaria a linha divisória entre as Mães até se tornar um abismo impossível de ser transposto.

Pistas

O gatilho para o novo conflito foi justamente o escândalo desencadeado pela ida de Bonafini a Mar del Plata para resistir a uma ordem judicial de exumação.

A ordem veio do juiz Pedro Federico Hooft, magistrado que pertencera aos funcionários judiciais da ditadura, posteriormente ratificado pelas novas autoridades constitucionais. Todavia, não se tratava de uma medida arbitrária, mas de algo que havia sido solicitado no processo que investigava o paradeiro de Adriana Frigerio, Liliana Pereyra e Alberto Fonseca por um grupo de advogados de longa trajetória na defesa dos direitos humanos: Juan Carlos Wlasic, Marcelo Insaurralde e Armando Fertitta, este último ex-presidente da CONADEP de Mar del Plata.

A primeira pista sobre a sepultura coletiva foi obtida por Walfrida de Torti, cuja filha Ana María Torti, provavelmente, estaria enterrada ali. Integrante das Mães, Walfrida não concordava com a exumação. No entanto, passou a informação à sua amiga Jorgelina de Pereyra, que iniciou os trâmites judiciais junto com outros familiares. O corpo de sua filha Liliana poderia estar sepultado naquela sepultura.

Jorgelina nunca soube como Torti obteve essa informação. Apenas fez conjecturas. Naquela época, nos primeiros anos do governo constitucional, os familiares de desaparecidos puderam, em alguns casos, acessar os registros de cemitérios e necrotérios. Embora se soubesse que em muitos cemitérios eram enterrados cadáveres de desaparecidos e que muitos outros passaram por necrotérios legais, somente quando a ditadura terminou as autoridades administrativas desses órgãos permitiram o acesso — ainda que não a todos — aos registros. Alguns prefeitos encaminharam as denúncias correspondentes, que os familiares impulsionaram. Um antropólogo norte-americano foi o pioneiro nesse trabalho. Clyde Snow revisou todos os atestados de óbito de não identificados na província de Buenos Aires entre 1970 e 1984. Essa investigação trouxe surpresas: enquanto normalmente tais cadáveres correspondiam a pessoas com mais de 65 anos, geralmente homens, indigentes, falecidos por causas não violentas, constatou-se entre 1976 e 1977 não apenas um número incomum de indigentes, mas também uma mudança radical em suas características: a proporção de cadáveres de mulheres era maior que a histórica, as idades oscilavam entre 21 e 35 anos, e a causa da morte era sempre violenta. Assim se comprovou o que as Mães e outros movimentos de familiares suspeitavam havia muito tempo: que os cemitérios estavam repletos de cadáveres de desaparecidos.[56]

Jorgelina havia visto Liliana pela última vez com vida seis anos antes. Desde então, iniciou uma busca desesperada, embora se suspeitasse do pior. Liliana estava grávida quando foi sequestrada junto com seu companheiro, Eduardo Cagnola, em 5 de outubro de 1977. De acordo com as investigações de Jorgelina, Liliana e Eduardo foram levados ao centro clandestino de detenção localizado na Escola de Mergulhadores Táticos de Mar del Plata. Jorgelina também sabia que tinha se tornado avó, pois sua filha, antes de ser transferida para a ESMA, deu à luz um menino em fevereiro de 1978. Após o parto, Liliana teria retornado ao centro clandestino dos Mergulhadores Táticos, onde se suspeita que foi executada com um tiro de escopeta a trinta centímetros de sua cabeça, na beira da Barranca de los Lobos. Desde então, a jovem, Eduardo e o filho de ambos permaneceram perdidos na noite e na neblina da impunidade.

De certa perspectiva jurídica, a determinação do assassinato a partir da identificação dos restos permitiria não apenas verificar a forma da morte, mas também reconstruir a cadeia de eventos como o enterro clandestino, a chegada do corpo ao cemitério, o eventual certificado de óbito e, assim, até

56. No dia 19 de julho de 1988, o *Clarín* publicou uma nota sobre esse tema, "El borroso mapa del pasado", escrita por Olga Viglieca e Rodolfo Rapetti.

o momento do crime, para então estabelecer a cadeia de responsabilidades em cada uma dessas situações.

Para Jorgelina, portanto, tratava-se de um possível caminho para a justiça. Mas havia algo mais, a necessidade profunda de uma justiça íntima: encontrar-se com os restos de sua filha significava a constatação material de sua morte, um passo decisivo em seu luto pessoal, e, depois, uma tumba definitiva, um lugar para a memória individual. O que poderia ser mais elementar e humano do que esse anseio?

Jorgelina, no entanto, sabia que Walfrida de Torti, quem deu a ela a informação inicial para a investigação, se opunha à medida. Ao contrário daqueles que acreditavam que a exumação poderia servir como recurso para a identificação dos assassinos, Walfrida pensava que poderia se transformar em um caminho para a impunidade. Tal como estavam as coisas, se Alfonsín não perseguia os que "haviam cumprido ordens" e apenas processava os ex-comandantes, a determinação da identidade dos criminosos — caso realmente fosse possível através desse meio — se tornaria um dado para a história, mas não para a justiça. Pior ainda, segundo a jurisprudência vigente na época, a Corte Suprema, que não reconhecia o desaparecimento forçado de pessoas como crime, decidira tipificar os casos de exumação de cadáveres de desaparecidos como homicídios simples, e, portanto, o prazo de prescrição de vinte anos começaria a contar a partir da data presumida de morte. Consequentemente, o fato poderia se transformar em um obstáculo para a luta das Mães e útil para eximir os assassinos da condenação. Nesse contexto, Walfrida pensava que era muito melhor que seu filho e cada desaparecido permanecessem em suas covas anônimas e, como dizia Bonafini, "junto a seus companheiros".

Ao tomar conhecimento da ordem de exumação e da oposição de Walfrida, Jorgelina hesitou e tentou adiar a medida. Os demais familiares e advogados, no entanto, insistiram que ela deveria ser realizada. Diante da contradição e apesar das circunstâncias complexas, o juiz Hooft decidiu seguir em frente, provavelmente com a mesma determinação que havia demonstrado no cumprimento de suas obrigações sob a ditadura: nomeado em 1976 por um decreto do governador da província de Buenos Aires, Ibérico Saint-Jean, Hooft seria posteriormente denunciado por sua participação em 210 delitos e 100 falhas funcionais cometidas durante o exercício da magistratura no velho regime. Entre as acusações estavam visitar centros clandestinos de detenção e presenciar torturas seguidas de morte, rejeitar inúmeros recursos de *habeas corpus* — alguns dos quais referiam-se a advogados desaparecidos na "noite das gravatas" — ocultar provas, fazer desaparecer processos, coagir testemunhas e intimidar advogados no exercício de suas funções, assim como, posteriormente, abusar de seu cargo para interferir no "Julgamento da Verdade" conduzido pela Câmara Federal de Apelações em matéria Criminal e Correcional de La Plata.[57]

Desesperada diante da firme determinação do juiz, Walfrida recorreu à presidenta das Mães para que fosse ao seu auxílio e impedisse, de qualquer forma, o procedimento judicial.

Cemitérios

Pouco antes das oito da manhã do dia 10 de março de 1985, Bonafini, Walfrida de Torti e várias Mães de Mar del Plata, entre elas a presidente do núcleo local Beatriz de Rubinstein, haviam se posicionado nas proximidades da tumba 672 do Cemitério Parque daquela cidade. Os trabalhos de exumação haviam começado no dia anterior e esperava-se que fossem concluídos durante essa jornada, mas o grupo de mulheres estava disposto a impedi-los. Quase ao mesmo tempo, chegaram ao local policiais e funcionários judiciais. Aguardavam a chegada de Hooft e dos familiares e advogados patrocinadores. À medida que os minutos passavam, a tensão aumentava.

Além dos presentes, o grupo de envolvidos nessa situação se estendia a muitos outros que, devido à perversa trama jurídica e judicial, apareciam em lados opostos quando — com exceção de Hooft — não deveriam estar. Um grupo incluía os familiares das vítimas da repressão, seus advogados que haviam solicitado a exumação e o juiz que havia deferido o pedido, promovendo uma linha investigativa que deveria determinar a identidade, a forma como haviam sido assassinados e talvez, por meio desses dados, chegar até os responsáveis pelo crime. O outro grupo de familiares, liderado por Bonafini, rejeitava esse caminho de investigações. Defendiam que de maneira alguma era imprescindível determinar a identidade dos mortos para chegar aos assassinos. A princípio, então, opunham-se duas lógicas jurídicas em um contexto político que não era menos influente do que as próprias leis, e sobre o qual também havia apreciações contraditórias ou, pelo menos, divergentes.

57. Un juez en la picota. *Acción*, segunda quinzena out. 2006.

O juiz Hooft não se atreveu a aparecer no cemitério, "presumivelmente para evitar graves altercações", sugeriu um repórter do jornal *El Atlántico*.[58] No seu lugar, um cordão de policiais impediu as Mães de se aproximarem das tumbas, com a ordem de deixar livre o acesso apenas aos encarregados das tarefas de exumação. "A partir desse momento, começou uma tensa espera por parte da delegação das Mães da Praça de Maio e Familiares de Detidos Desaparecidos, justamente em frente a uma tumba aberta onde aparecia um cadáver não identificado, apenas coberto por algumas folhas de papel ou lona, pronto para ser exumado", apontou a reportagem. "A tumba estava — claro — sem nome e podia-se ler o número 670. Comentários dos presentes apontaram ao *El Atlántico* que se pode ter quase certeza de que seria do sexo feminino e presumivelmente de sobrenome Torti ou Pereyra".

"De qualquer maneira, havia dois tablados cruzando a tumba e via-se que a tarefa de escavação havia sido feita com muita antecedência à hora em que se apresentaram as representantes das Mães da Praça de Maio; antes das oito da manhã já estavam à espera do juiz Hooft para opor-se ao ato e entregar ao funcionário da justiça penal uma carta assinada por Hebe de Bonafini e por Rubinstein."

Tudo estava preparado para que ocorresse um forte enfrentamento entre as Mães e os funcionários encarregados pela exumação. Segundo as Mães, nada justificava uma diligência judicial que não contava, pelo menos, com o consentimento de todos os supostos familiares dos desaparecidos. E até a própria Jorgelina compreendia a posição de Torti.

"Quando a impaciência se tornava muito evidente e as vozes subiam de tom, pôde-se perceber o sinal feito entre o efetivo de policiais, e apareceram nesse momento os trabalhadores do cemitério com suas ferramentas clássicas", disse *El Atlántico*.

A indignação que as envolvia começou então a se descarregar sobre os poucos funcionários e técnicos judiciais presentes. "Se vocês cumprirem com o que Hooft determinou serão tão responsáveis quanto ele pelas consequências disso e isso será julgado um dia", advertiu Hebe. Segundo outra reportagem jornalística, também disseram que jogariam naquela mesma cova o que se atrevesse a retirar dali algum corpo. Entre gritos e empurrões, foi tanto o escândalo que a diligência foi frustrada.

---

58. Impiden la exhumación de cadáveres NN. *El Atlántico*, 11 mar. 1985.

"Por orientação do efetivo de policiais, se procedeu o fechamento da cova aberta e após as primeiras pás de terra que caíram sobre a lona que cobria o cadáver, finalizaram sua tarefa de tapar-la por completo", continuou *El Atlántico*. "Enquanto isso acontecia, tanto a senhora Bonafini como os demais integrantes da comissão comentaram de forma despretensiosa e em voz alta sua desaprovação em relação às exumações alegando que 'logo será a vez daqueles que jogaram nossos filhos nessas tumbas, virem em pessoa exumá-los com a pá na mão', e expressando com determinação que 'não queremos que nos digam se nesta ou naquela tumba estão nossos filhos, mas que, de uma vez por todas, se condene seus assassinos'. Depois de ser posta novamente a terra removida sobre a tumba 670, os operários se retiraram e o mesmo fizeram os patrulheiros envolvidos na operação policial. Do grupo das Mães da Praça de Maio, ficou um grupo à espera de qualquer circunstância, que, segundo afirmaram, 'realizaria uma guarda permanente para evitar que as exumações fossem consumadas'. No entanto, em uma ronda posterior de *El Atlántico*, após a metade da manhã, pôde-se notar que toda a comissão havia se retirado do local."

O episódio se encerrou, em parte, por decisão do próprio Hooft. O juiz consignou no expediente que estava tratando a exumação que: "Diante da intemperança dos ataques verbais dirigidos à polícia, à justiça, ao governo, aos advogados e peritos por igual, foi suspensa, considerando o respeito que merecia a circunstância, o ambiente em que se cumpria a medida e a necessidade de não gerar causas que dificultassem o direito dos peticionantes de indagar sobre seus entes queridos".[59]

No dia seguinte, os jornais deram ampla difusão ao fato. "Impedem exumação de não identificados", titulava o *Diario Popular*. "Inumação de NN suspensa" dizia erroneamente, em vez de exumação, o *La Prensa*. "Rejeitam uma ordem de exumação", sustentava o *La Razón;* "Impedem que se exumam mais cadáveres não identificados", declarava o *La Voz*. "Frustrada exumação de não identificados", lia-se por sua parte no *La Nación*.

A gravidade e complexidade da situação eram evidentes, e haviam alcançado a dimensão de um escândalo. Mas, após os acontecimentos e sob a multiplicidade de argumentos de uns e outros, subjazia um problema ainda mais complexo. De fato, o caso das exumações refletia, embora de modo não totalmente explícito nem consciente, as profundas contradições

59. Defienden un derecho las Abuelas de Plaza de Mayo. *La Razón*, 13 mar. 1985.

e as intensas disputas que, em geral, em relação aos desaparecidos, vinham se desenvolvendo desde o início da etapa pós-ditatorial. Os fatos eram complexos não apenas pelos sentimentos em jogo, por causa da ação judicial ou pelo antecedente que isso poderia implicar, mas porque, além disso, e talvez sobretudo, estavam em disputa representações inconciliáveis dessa etapa político-institucional, do papel desempenhado pelos poderes do Estado, diversas avaliações sobre a juridicidade vigente, e também sentimentos, ideias e tradições relativas à identidade, à memória e aos mortos. Esse acúmulo de fatores em tensão estava, portanto, determinando táticas e estratégias diferenciadas entre aqueles que, pouco antes, marchavam juntos contra o terrorismo de Estado.

Um saco de ossos

No mesmo dia desses acontecimentos, Bonafini justificou sua atitude perante a imprensa de maneira contundente e, ao mesmo tempo, concisa: "Não queremos mortos por decretos, não aceitaremos nem antropólogos nem cientistas de qualquer lugar que venham nos dizer que um saco de ossos são nossos filhos". E, em 11 de março, o *El Atlántico* publicou uma extensa entrevista com a presidenta das Mães, na qual ela respondeu a um exaustivo interrogatório sobre suas razões para ser contra as exumações. Ela afirmou que as Mães queriam uma justiça "a fundo", porque já havia "provas suficientes" para prender todos os assassinos, "não apenas as cúpulas", mas que essa não era a intenção de procedimentos como o conduzido pelo juiz Hooft, "um juiz da ditadura".

Ela também afirmou que, embora as Mães, como Associação, se opusessem às exumações, respeitavam as mães que aceitavam exumar os restos de seus filhos e enterrá-los em outro lugar. Mas insistiu que o que estava sendo feito era "imoral". "Por que uma descrição tão dura?", perguntou o jornalista. "Porque o que está sendo feito hoje, confiando a investigação e o cuidado aos mesmos que assassinaram, aos mesmos que torturaram, aos mesmos que os levaram, é uma afronta e um tapa na cara do povo. Enquanto isso, colocam em liberdade alguém como Astiz. Então, por favor, vamos deixar claro o que é que estamos jogando e o que querem que a gente acredite que é", enfatizou Bonafini. "Mas não houve uma decisão presidencial para esclarecer essa situação?", tentou rebater o repórter. "Se houvesse uma decisão política real, se realmente existisse a decisão de investigar, julgar e condenar os culpados, a CONADEP não teria sido necessária. Porque teriam dado a ordem nos tribunais de levar os milhares e milhares de processos e habeas corpus até as últimas consequências", respondeu Hebe.[60]

Para Hebe e para um importante setor de familiares de desaparecidos, as exumações estavam diretamente relacionadas a outros acontecimentos destinados a desencorajá-los e a enfraquecer sua luta: qual a diferença, perguntava Bonafini, entre a exumação impulsionada por um juiz da ditadura e o que ocorreu alguns meses antes, em meados de novembro, quando a presidente das Mães de Mar del Plata, Beatriz de Rubinstein, recebeu pelo correio aquela encomenda macabra: um crânio, uma mandíbula e um fêmur humanos dentro de uma caixa. "Patricia foi executada como responsável por traição à Pátria por fazer parte do grupo Montoneros", dizia uma nota assinada por um grupo desconhecido autodenominado "Cóndor 33", em referência à filha da presidente da filial marplatense das Mães, Patricia Rubinstein, que desapareceu junto com seu esposo em 1977.

Essa ação, como o atentado explosivo que o advogado dessa mesma cidade e ex-presidente da CONADEP local, Armando Fertitta, tinha sofrido há poucas semanas, assim como as dezenas de ameaças recebidas pelas dirigentes das Mães e outros atentados com bombas, eram responsabilidade direta de integrantes das Forças Armadas e outros grupos repressivos que, operativamente e em sua essência, permaneciam impunes.

Apontem para Bonafini

Uma tempestade política se abateu sobre Bonafini e as Mães que haviam gerado o que grande parte do movimento de denúncia considerou um escândalo, um atropelo, desrespeito aos direitos e sentimentos de outras pessoas, autoritarismo, ignorância jurídica, extremismo ideológico e uma lista ainda mais extensa de epítetos, especialmente dirigidos à presidente da Associação.

As críticas mais severas vieram do Poder Executivo. A Subsecretaria de Direitos Humanos da Nação, liderada por Eduardo Rabossi, estava totalmente ciente da medida do juiz Hooft, a ponto de ter facilitado a assistência de uma figura que, com o passar dos meses, ganharia notoriedade: o especialista em identificação de restos humanos Clyde Snow, membro

60. A quien se atreva a tocar algún cuerpo lo tiraremos en una tumba. *El Atlántico*, 11 mar. 1985.

da Associação Americana para o Avanço da Ciência, com sede nos Estados Unidos. Por esse motivo, não surpreendeu que a Subsecretaria emitisse um comunicado apoiando a medida do magistrado e criticando explicitamente a postura das Mães que se opuseram à exumação, especialmente Bonafini. Após afirmar que um grupo das Mães havia interrompido as medidas ordenadas pelo juiz penal de Mar del Plata, a declaração oficial destacava que compartilhava da preocupação das Mães quanto à necessidade de identificar prontamente os responsáveis pelos atos repressivos. Porém, a declaração advertia que "não existe incompatibilidade entre a identificação de uma suposta vítima e a busca pelo autor do fato".[61]

O ministro do governo da Província de Buenos Aires, o radical Julio Portessi, também criticou as Mães por sua oposição à exumação indiscriminada de cadáveres. Afirmou que o procedimento efetuado no cemitério Parque, que visava determinar a identidade dos não identificados enterrados ali, facilitaria muito a identificação dos assassinos. Acrescentou que "no âmbito do funcionamento das instituições, quem dispõe as medidas é o juiz do caso" e ressaltou que "diante disso, deve-se dar apoio para que as exumações sejam realizadas nas melhores condições possíveis, pois não é concebível que se pretenda que a identidade dos cadáveres permaneça no anonimato".[62]

Outra consequência do episódio protagonizado por Hebe foi a denúncia apresentada pelo Colégio de Advogados de Mar del Plata, presidido por Oscar Antonio Huerta, à promotora Graciela Arrola de Galandrini. Em um documento assinado por Huerta, em conjunto com o secretário da entidade, Juan Carlos París, os advogados solicitavam "iniciar as ações correspondentes para determinar se a atitude assumida pelas senhoras, lideradas por Hebe de Bonafini, violou a lei penal". Na justificativa do pedido, Huerta afirmou que "a defesa da democracia deve, inexoravelmente, começar pela defesa das instituições que integram o governo republicano, uma das quais é a justiça".[63]

Por sua vez, o advogado Fertitta expressou sua "estranheza" diante da atitude do grupo das Mães e criticou o juiz Hooft por suspender o procedimento. "A decisão do juiz Pedro Hooft de atender ao pedido de suspensão

61. *La Nación*, 13 mar. 1985.

62. Polémica por los "NN". *La Voz*, 15 mar. 1985.

63. El Colegio de Abogados de Mar del Plata pidió el procesamiento de Hebe de Bonafini. Tiempo Argentino, 15 mar. 1985; Polémica por los "NN". *La Voz*, 15 mar. 1985.

da exumação de cadáveres — disse o profissional — pode ser considerada irregular e irresponsável, pois não pode paralisar uma atividade processual cujo único objetivo é esclarecer os fatos e promover a justiça". Acrescentou ainda que o que os familiares e os advogados que os representavam queriam saber era "se dois dos cadáveres presumidos não identificados foram colocados na mesma sepultura" e "também se um deles apresenta marcas de impacto de Itaka disparadas a uma distância não superior a 30 centímetros".[64]

De certa forma, o grupo das Mães que se opôs à exumação esperava as reações oficiais, incluindo a do Colégio de Advogados. No entanto, enfrentariam uma situação ainda mais desafiadora dentro do próprio movimento de denúncia. Nesse sentido, a opinião do CELS era fundamental, especialmente pela influência particular que seu presidente, Emilio F. Mignone, exercia sobre as Mães — devido à sua conexão histórica com o movimento e a sua forte relação com algumas das líderes das Mães, entre elas Carmen Lapacó — e também pela importância de Familiares de Detidos e Desaparecidos por Razões Políticas, que representava os diretamente envolvidos no assunto.

Em um comunicado conjunto a favor das exumações, enfatizaram "o direito dos familiares das vítimas de solicitar as medidas necessárias para sua identificação e, se for o caso, para a disposição de seus restos". Declararam que "a identificação de um cadáver constitui um elemento de prova para o prosseguimento da investigação". No entanto, separadamente, Familiares ressaltou que os fundamentos de sua luta "sempre foram e continuarão sendo o aparecimento com vida dos detidos-desaparecidos" e acrescentou que "de forma alguma nossa tarefa consiste em buscar cadáveres". Mas, ainda assim, afirmaram: "queremos saber o que aconteceu com nossos desaparecidos e não podemos descartar nenhuma possibilidade que nos leve a obter a resposta que, repetidamente, exigimos das autoridades constitucionais".[65]

A dirigente do grupo Familiares, Lilia de Orfanó, afirmou que "embora de forma alguma nossa tarefa consista na busca de cadáveres, queremos saber o que aconteceu com nossos desaparecidos e não podemos descartar nenhuma possibilidade que nos leve a obter a resposta que, repetidamente, exigimos das autoridades". Além disso, reivindicou "o direito inalienável de cada familiar de proceder ao reconhecimento de cadáveres eventualmente identificados

64. Controversia por la actitud de Bonafini. *La Razón*, 13 mar. 1985.

65. El Colegio de Abogados de Mar del Plata pidió el procesamiento de Hebe de Bonafini. *Tiempo Argentino*, 15 mar. 1985.

como de seus entes queridos detidos-desaparecidos". E concluiu: "Caso se corrobore, por meio de uma identificação científica, séria e responsável, o assassinato da vítima, exercer o direito de investigar e determinar quem a matou, por quê, quando, como e onde; e, uma vez esclarecido o caso, exigir de forma irrenunciável a punição dos culpados".[66]

As Avós, com a assinatura de Chicha María I. de Mariani e Mirta de Baravelle, presidenta e secretária da entidade, apoiaram o pedido de exumação. "Entendemos que, humanamente, essa solicitação dos familiares em relação aos seus entes queridos é compreensível e até necessária, para que seja investigado o ocorrido, identificados os culpados e, em última análise, venerados os restos mortais, tão queridos não apenas para os familiares, mas também para o povo argentino, que viu impotente como a fúria genocida das forças repressivas martirizava o melhor de duas gerações. Nós, Avós da Praça de Maio, apoiamos, compartilhamos e nos identificamos com o legítimo direito dos familiares de dispor dos restos mortais dos filhos, pois esse direito é exclusivo deles e faz parte dos direitos fundamentais do ser humano".

Sobre o caso de Liliana Pereyra, Avós defendeu que "a investigação científica da identidade dos restos de Liliana é particular de seus familiares e além disso permitirá comprovar o parto e, por consequência, a existência de uma criança que se encontraria em mãos dos torturadores e assassinos de Liliana".[67]

Como resultado do escândalo e do debate que seguiu, a posição defendida por Hebe ficou criticamente isolada. Além disso, Bonafini enfrentaria uma possível condenação judicial por ter impedido a exumação.

Hooft fez isso

A pedido de um dos familiares — Roberto Frigerio, pai da desaparecida Ana Rosa Frigerio —, e em omissão à pressão exercida pelo grupo das Mães, o juiz Hooft decidiu avançar com a exumação de um dos três cadáveres não identificados. Sem anúncios prévios sobre a data de cumprimento da medida para evitar novas ações contra ele, ela foi realizada alguns dias depois. Quase ao mesmo tempo, o juiz García Collins iniciou um processo contra a presidenta das Mães por desacato e resistência à autoridade. O que

66. Crítica a las Mães por impedir las exhumaciones". *Clarín*, 13 mar. 1985.

67. Defiende un derecho las Abuelas de Praça de Maio. *La Razón*, 13 mar. 1985.

a ditadura nunca se atreveu a fazer, foi cumprido pela primeira vez sob o governo democrático de Alfonsín.

La Nación, que nunca faltou nessas ocasiões, dedicou a ela um editorial. "A atitude de um grupo das Mães da Praça de Maio, que no último domingo impediu o cumprimento de uma disposição judicial para exumar cadáveres enterrados como não identificados no cemitério Parque da cidade de Mar del Plata, parece pouco clara, já que essa medida visava justamente esclarecer fatos repetidamente denunciados pela entidade nomeada. Na véspera, foi realizado no mesmo local um procedimento que, segundo as autoridades judiciais, permitiria 'avanços significativos para a identificação dos cadáveres inumados sem identificação, presumivelmente pertencentes a pessoas mortas na luta contra a subversão'".

Após descrever a atitude das Mães, o editorial afirmava que se tratava de um "ato de interferência na atuação judicial, já que a exumação foi ordenada pelo magistrado responsável por razões que devem ser consideradas fundamentadas e restritas às normas aplicáveis nesses casos. As argumentações contrárias ao procedimento em questão deveriam ter sido canalizadas igualmente pela via judicial, não mediante um ato de manifestação física que impediu, em última análise, a exumação ordenada".

"As demandas de esclarecimento sobre a ação repressiva contra a subversão e seus possíveis excessos", concluía *La Nación*, "não serão facilitadas com atitudes que impliquem um afastamento das normas previstas para estabelecer a verdade dos fatos e seu posterior julgamento. Os magistrados estão encarregados de investigar e julgar, e é responsabilidade pública apoiá-los em sua missão.[68]

Os benefícios e as inconveniências das exumações vinham sendo intensamente debatidos, desde muito antes, na Associação, mas após os acontecimentos de Mar del Plata e suas enormes repercussões, voltou à mesa de discussão. Não obstante, por um momento, todas as energias das Mães se voltaram a um novo desafio: ganhar a rua diante do clima contínuo de ameaças e rumores de uma anistia geral.

Às vésperas da mobilização por um novo aniversário do golpe de Estado de 1976 que as Mães comemorariam como o ápice da campanha "Dê uma mão aos desaparecidos" — à qual a maioria das organizações de direitos humanos, partidos de esquerda e numerosas organizações sociais

68. Exhumación suspendida. *La Nación*, 22 mar. 1985.

haviam aderido —, as circunstâncias não eram ideais para a presidenta das Mães da Praça de Maio. Bonafini, porém, seria a única oradora, a mulher que todos teriam que escutar.

23. Peço castigo

O poema do chileno Pablo Neruda parecia ter sido escrito para a ocasião: "Para os que salpicaram a pátria de sangue, / peço castigo. / Para o verdugo que ordenou esta morte, / peço castigo. / Para o traidor que ascendeu sobre o crime, peço castigo. / Para o que deu a ordem de agonia, / peço castigo. / Para os que defenderam este crime / peço castigo. / Não quero que me dêem a mão / empapada de nosso sangue. / Peço castigo. / Não vos quero como Embaixadores, / tampouco em casa tranqüilos, / quero ver-vos aqui julgados, / nesta praça, neste lugar. / Quero castigo".[69]

Bonafini recitou esses versos ao final do discurso que encerrou o ato de comemoração de um novo aniversário do golpe de Estado de 1976, culminando a campanha "Dê uma mão aos desaparecidos". Milhares de pessoas, que a ouviram em um silêncio quase cerimonial, explodiram em gritos e aplausos de aprovação María Adela de Antokoletz lembrou, anos depois, os olhos marejados de algumas mães e a emoção que as envolveu ao ouvir Bonafini, especialmente no momento em que ela recitou o poema de Neruda. "Hebe tinha isso, falava com as entranhas. Tinha momentos de inspiração em que, de repente, surgia com alguns versos ou uma frase que havia lido em algum lugar ou algo que acabara de lhe ocorrer, e a gente dizia 'era exatamente isso que precisava ser dito'. E ela dizia. E dizia coisas que ninguém se atrevia a dizer", relembra também María del Rosario.

Foi na quinta-feira, 21 de março de 1985, apenas vinte dias depois dos incidentes em Mar del Plata, que tinham colocado Bonafini em confronto com boa parte daqueles que agora a aplaudiam com entusiasmo. A

69. NERUDA, Pablo. *Los enemigos*. Tradução de Paulo Mendes Campos.

convocação das Mães havia obtido uma resposta multitudinária — estimada em 10 mil pela Polícia Federal, em 20 mil pelo *Clarín* e em cerca de 50 mil pessoas pelas Mães.[70] A mobilização partiu da Praça do Congresso para percorrer vários quarteirões ao longo da Avenida de Maio até a Praça de Maio, entre guirlandas de pequenos cartazes de papel, cada um dos quais exibia uma mão estampada, de oitenta e seis países e cinco continentes.

O Partido Intransigente, a Juventude Peronista Unificada e o Movimento ao Socialismo formaram as colunas mais numerosas, juntamente com outras menores, como as do Partido Comunista, Humanismo e Libertação, Partido dos Trabalhadores e Partido Comunista Revolucionário, partidos que aderiram amplamente à linha das Mães. Entre as personalidades que participaram da mobilização, havia aquelas mais próximas das políticas oficiais do que das defendidas pelos lenços brancos, como os deputados radicais Santiago López e Hugo Piuccil, e o escritor Ernesto Sabato. Mas também estavam presentes o pianista Miguel Ángel Estrella, o ator Víctor Laplace, os intransigentes Raúl Rabanaque Caballero e Miguel Monserrat, o então democrata cristão Néstor Vicente e o deputado desse mesmo setor Augusto Conte — o mais entusiasmado durante o discurso de Hebe, segundo o *Clarín* —, o dirigente socialista Alfredo Bravo, o peronista e ex-preso político Juan Carlos Dante Gullo, os escritores Osvaldo Bayer, Osvaldo Soriano e David Viñas, e os dirigentes da APDH Raúl Aragón e Graciela Fernández Meijide. Todos marchavam atrás das Mães, que puxavam a mobilização com seus clásiscos panos brancos, dessa vez com cravos vermelhos no peito, enviados pela histórica dirigente socialista Alicia Moreau de Justo.

Os jovens da Frente de Direitos Humanos trabalharam muito nos dias anteriores enfileirando os incontáveis cordões de folhas com mãos solidárias estampadas. Esse enorme esforço criou um cenário imponente que enchia a mobilização de força política e emotiva. Os manifestantes perceberam e os jornais retrataram isso em suas reportagens. "Milhares de mãos. Uma vigília", foi o título do artigo do *Clarín*. "Desde pouco antes da meia-noite de quarta-feira até as primeiras horas de ontem, um grupo de cem ativistas vinculados às oranizações de direitos humanos dedicou-se à tarefa de espalhar, ao longo da Avenida de Mayo, milhares de declarações de apoio à reivindicação pelos desaparecidos e ao pedido de punição aos responsáveis pelos crimes cometidos durante a 'luta antisubversiva'", registrou o jornal,

70. *Clarín*, 22 mar. 1985.

que continuava a empregar a linguagem do terrorismo de Estado ao se referir ao genocídio como "luta antisubversiva".

"Ao final do árduo trabalho", destacou o jornal, "que exigiu o uso de diversas escadas, centenas de quilos de cola e milhares de metros de linha, a Praça do Congresso e a Praça de Maio foram unidas pela Avenida de Mayo com uma sucessão ininterrupta de mãos estampadas em pequenos cartazes de papel, contendo diferentes mensagens alusivas ao objetivo que motivava os organizadores da marcha pelos desaparecidos, realizada algumas horas depois".[71]

A reportagem também apontava que, antes de fazer seu discurso de encerramento do ato, Bonafini enfatizou que os milhares de cartazes com mãos desenhadas traziam o nome e o número do documento dos apoiadores da campanha "Dê uma mão aos desaparecidos", "como um desafio ao anonimato que os repressores pretendem impor como sinônimo de medo".

A campanha de coleta de "mãos" solidárias foi uma verdadeira demonstração de força das Mães, tanto pela capacidade organizativa quanto pelo reconhecimento nacional e internacional, evidenciado pela enorme quantidade de apoios recebidos, e que agora culminava em uma das manifestações mais multitudinárias dos últimos tempos. Pelo menos nessa oportunidade as Mães pareciam encurtar a distância que parecia tê-las separado de certos setores da opinião pública e de grupos políticos afins nos últimos meses. No dia seguinte, um repórter do La Razón destacaria, indiretamente, essa reaproximação: "Se repetiu um milagre não necessariamente argentino: que uma situação que afetava muitos uniu quase todos os afetados. Ainda que pensassem diferente. Ainda que se dissessem peronistas, ou radicais (havia radicais) ou intransigentes".[72]

O povo unido

Bonafini começou seu discurso exatamente às 20:40, sobre um palco montado na Praça de Maio, de costas para a Casa do Governo. Antes de subir, visivelmente emocionada, a única oradora disse a um jornalista que ia ser difícil falar, "é muita responsabilidade". Envolta por um poncho vermelho, sua imagem pareceu imponente sobre o cenário, contornada, na semi

71. Miles de manos. Una vigilia. *Clarín*, 22 mar. 1985.

72. Letanía apócrifa para una jornada de manos pintadas. *La Razón*, 22 mar.1985.

penumbra da noite que nascia, por focos de luz que a iluminavam, enquanto as pessoas cantavam "o povo unido jamais será vencido".

As primeiras palavras do seu discurso repudiaram o golpe de 1976. Enquanto os assobios de condenação à ditadura aumentavam, Bonafini afirmou que as Mães queriam "um governo constitucional para sempre, mas um governo que cumpra suas promessas". Foi uma alusão às críticas feitas a elas pelo governo, que as acusavam de desestabilizar as instituições democráticas com as suas demandas. Lembrou que em 1976, "quando começaram a levar nossos filhos, recorremos aos juízes e lhes dissemos que estavam sendo torturados nas delegacias. Esses juízes servis e corruptos se calaram, não cumpriram com seu dever e se curvaram aos pés da ditadura".

"Por isso os rejeitamos hoje", insistiu Hebe, "porque são em maioria os mesmos juízes de 76. Não somos contra a justiça, somos contra a justiça lenta e corrupta, que de tão lenta e tão corrupta se transforma em injustiça". Criticou, então, os deputados e senadores que tinham entrado em acordo para que continuassem em atividade, como parte do sistema judicial constitucional, "noventa por cento desses juízes".

Mas essas "duras" críticas ao modelo político vigente não significavam, segundo Hebe, uma rejeição da democracia. "Nós, Mães, não queremos desestabilizar e menos ainda queremos o golpe", mas alertou que "a única garantia para que aconteça um golpe é a mobilização".

Sobre as exumações, que apenas duas semanas antes tinham provocado um escândalo, disse com firmeza que as Mães não iam permitir que fossem desenterrados cadáveres de pessoas "que dizem terem sido mortas em enfrentamentos". Muitos aplausos foram ouvidos. María Adela pensou que, por sorte, Hebe tinha se limitado a dizer que se opunha aos enterros em casos de mortos em supostas operações militares, que envolviam os desaparecidos em questões falsas, e não tinha se referido às exumações no geral. Com isso María Adela estava de acordo, e ficou ainda mais tranquila quando a presidenta do movimento começou a falar sobre outro assunto.

Para finalizar, Bonafini disse que estavam planejando uma anistia e que o primeiro passo dela tinha sido a prisão de mais de duzentas pessoas, entre elas o dirigente campesino Osvaldo Lovey. Alertou para que não se deixassem enganar e pediu a liberdade dos presos políticos, assunto no qual a Argentina deveria seguir o exemplo uruguaio que conseguiu a liberdade de todos os detidos por razões políticas. Contra essa manobra que pretendia consagrar a impunidade, Hebe se limitou a declamar os versos do poeta chileno. Esse final causou a reação eufórica do público, e a multidão começou a cantar "Astiz, Astiz / traídos nas Malvinas / e assassino no país" quando a presidenta das Mães disse que "nenhum militar corrupto deve se safar, nem os do escalão médio da repressão".

Os intermináveis aplausos e gritos de apoio consagravam Bonafini enquanto uma oradora brilhante. O que dizia e como dizia, somado à imagem poderosa dessa mulher de poncho vermelho que não hesitava em se mostrar feroz e sentimental ao mesmo tempo, a tornava uma dirigente de nítida e singular personalidade, que dizia o que os outros não se atreviam a dizer. Não era, porém, apenas uma questão de audácia, menos ainda de irreverência: a forma como falava, além da sua personalidade, expressava a singularidade da construção do movimento que representava e que combinava ética e política.

O ato se transformou em um claro apoio às posições políticas do movimento, enquanto o enfrentamento contra o governo não ficava outra coisa que não mais intenso. *Tiempo Argentino* pôs uma manchete na capa: "Bonafini convocou o governo a julgar os chefes militares" e acrescentava que "milhares de pessoas marcharam até a Praça de Maio para 'dar uma mão aos desaparecidos' em meio a consignas firmes". "Foi massiva a reivindicação pelos desaparecidos", afirmou a capa do *Clarín*.

"Discurso de claro corte político", definiu o *La Razón* no dia seguinte. "A presidenta das Mães da Praça de Maio, Hebe de Bonafini, discursou ontem à noite e, em dez ocasiões, foi praticamente interrompida pelos aplausos do público. A fala de Bonafini foi diferente das suas intervenções habituais, dessa vez ela adotou um tom puramente político, durante o qual exigiu que o presidente Raúl Alfonsín 'dissesse quem foi que disse a ele que os desaparecidos estão mortos, após ter afirmado,ontem, nos Estados Unidos, que teria de ser dotado de poderes celestiais para dar vida a eles'".

A dureza, claro, não era uma característica material das palavras cantadas. Dependia da perspectiva política desde a qual foram pensadas. Soavam duras aos ouvidos dos criminosos, acostumados a escutar os sussurros tranquilizadores da impunidade e também entre os praticantes do possibilismo.

A minha mão esquerda

Apesar dos temores manifestados por María Adela de Antokoletz sobre os possíveis efeitos da ausência de Bonafini no encontro com o presidente italiano, Sandro Pertini foi um dos que desenhou sua mão para apoiar a campanha internacional lançada pelas Mães, acompanhada da legenda: "*Questa è la mia mano sinistra, la mano del cuore, colma di angoscia, pensando alla crudele sorte dei 'desaparecidos'.*"[73] O não comparecimento de Hebe, enfatizada por alguns canais midiáticos[74], não tinha afetado em nada a relação com o velho amigo da resistência argentina à ditadura.

O gesto de solidariedade de Pertini com as Mães não caiu bem ao governo argentino: se tratava do aval de um líder estrangeiro a um dos grupos de oposição mais beligerantes, ainda que em realidade pudessem entrar em acordos, já que o governo temia que o visitante pusesse Alfonsín em situações ainda mais delicadas. Não foi assim. "Apesar dos paranóicos temores que sua viagem causou em alguns setores do governo, Pertini se ajustou ao protocolo (à maneira, claro, de um homem nada protocolar) e se deu em tom diplomático. Em cada um de seus gestos e intervenções expressou seu apoio e adesão ao presidente Alfonsín e ao governo, à democracia argentina. Mas Pertini sabe, e como, que a luta pela democracia é permanente e que a vitória depende da possibilidade de ampliá-la e aprofundá-la, de produzir a memória histórica pelo futuro. Como o inesquecível uruguaio Carlos Quijano, sabe que 'os povos que esquecem sua história estão condenados à repeti-la'. Por isso Pertini recordou do fascismo no Congresso, por isso lembrou dos seus "encontros clandestinos" com as Mães da Praça de Maio, especialmente, as recebeu na embaixada do seu país, desenhou sua mão e estampou sua assinatura de presidente e de cidadão para a campanha 'Dê uma mão aos desaparecidos'. Por isso fez duras, ainda que discretas solicitações diante do governo pela liberdade dos quatorze presos políticos ainda não liberados (um deles, Hernán Invernizzi, tem dupla cidadania ítalo-argentina)", escreveu naquele momento o jornalista Carlos Gabetta.[75]

Durante o encontro com o presidente italiano, a delegação das Mães composta por María del Rosario de Cerrutti, Nora de Cortiñas e Elida de Galetti — e sem Bonafini — entregou a Pertini uma carta cujo texto denunciava, principalmente, a impunidade que reinava em contraste

73. "Essa é minha mão esquerda, a mão do coração, cheia de angústia pelo cruel destino dos desaparecidos". Significativamente, a única palavra escrita em castelhano pelo presidente da Itália foi "desaparecidos".

74. La ausencia de Hebe de Bonafini. *Clarín*, 11 mar. 1985.

75. GABETTA, Carlos. "Ciao, Pertini". *El periodista*, n. 27, 15 mar. 1985.

com a imagem de "campeão dos direitos humanos" que pretendia impor o presidente Alfonsín. Entre outros conceitos, a carta expressava que "a Argentina completou um ano de vida democrática, com os altos e baixos que condicionam este trânsito tão difícil e profundo. Mais do que exercício da vida democrática, estamos transitando por uma etapa constitucional. Há muitos interesses arraigados; muitas lutas viscerais nos partidos políticos e nos sindicatos, muito descontentamento no povo".

As Mães sublinhavam a falta de respostas do governo em relação aos desaparecidos. Por outro lado, contavam a ele que "as Forças Armadas seguem, ainda — descaradamente —, fazendo manifestações públicas sobre como estavam certos em suas ações antissubversivas, dizendo inclusive que voltariam a repeti-la se as circunstâncias os convocassem a atuar novamente". Como exemplo, citavam declarações recentes de Videla.

A crítica de fundo das Mães se referia ao esquema de responsabilidade desenhado pelo governo. "Hoje, há um ano da instauração do governo democrático, estamos — conforme a implementação estabelecida pelo governo — à beira de um julgamento, esperando a voz da justiça que, diante de tantas evidências e provas, não pode ser outra senão a condenação. Mas nós não queremos julgamento apenas para os comandantes, mas para todos os que foram executores de tamanha barbárie. Porque o crime não pode ficar impune".

"Nossa associação", acrescentavam, "pensa, concretamente, que os caminhos percorridos para chegar à justiça, não foram os melhores. Mas devemos nos mover dentro da realidade criada. Nossa exigência de repúdio à doutrina da segurança nacional e de condenação aos seus executores — os que deram as ordens e os que as executaram — não se move". Finalmente, a carta reiterava que seu pedido de justiça não se baseava apenas em sua condição de familiares, mas que estavam convencidas de que era essencial para consolidar a democracia. Ao final desse encontro, Pertini somou sua "mão" às milhares de outras que chegavam de toda a Argentina e dos mais diversos e remotos pontos do planeta.

Enquanto o presidente italiano recebia as Mães como sinal de apoio a suas reivindicações, o ministro do Interior, Antonio Tróccoli, emitia um sinal de caráter oposto. Os ecos da última crise militar ainda não haviam se acalmado quando outro general, ao sair do gabinete do ministro, fez um chamado à anistia. O general Tomás Sánchez de Bustamante, após se reunir com o ministro Tróccoli, pediu o esquecimento dos crimes para aqueles que ele descrevia como "homens decididos a defender os valores morais e patrióticos dentro de uma arraigada vocação democrática", ou seja, para os genocidas.

Choveram críticas sobre o ministro por ter recebido um militar que exigia anistia, mas receber esse ou outro general não contradizia as intenções oficiais; afinal, o governo estava disposto a perdoar, se o esquecimento e o perdão facilitassem o caminho para a nova institucionalidade. Propunha o mesmo, com outras palavras, o jornalista do *La Razón*, Pablo Giussani, que costumava expressar com eloquência o pensamento governamental. Comentando as declarações de Sánchez de Bustamante, Giussani afirmou que uma anistia, em determinadas condições, poderia ser aceitável. Contudo, segundo o jornalista, essas condições ainda não estavam dadas. "Injustiças como essas", escreveu em referência ao genocídio, "foram aceitas em outras circunstâncias como um passo necessário para a realização de valores superiores. Milhares de assassinos e torturadores fascistas ficaram impunes na Itália ao fim da Segunda Guerra Mundial, quando os líderes da resistência, reunidos no Comitê de Libertação Nacional, resolveram baixar a cortina sobre o passado após algumas execuções iniciais para dedicar todas as suas energias à reconstrução do país. A consistência da atual democracia italiana tem muito a ver com aquela decisão crucial".

É possível comparar o caso italiano com o argentino? Se perguntava o jornalista. Seria razoável esperar que uma anistia fosse, não uma reafirmação da repressão e da cultura repressiva das Forças Armadas, mas sim a base de uma democracia sólida e duradoura? "Esse é o problema", dizia ele em tom shakespeariano.[76]

Para Giussani, o problema não era ético ou jurídico — no sentido de fazer justiça —, mas sim garantir uma perspectiva democrática. Se os responsáveis pelo genocídio se comprometessem a respeitar o novo regime institucional, seus crimes poderiam ser perdoados. Nessa visão, a democracia poderia ser fundada sobre a abdicação ética e a omissão judicial, construindo-se com assassinos, torturadores e violadores, apesar de Alfonsín ter prometido o oposto em seu discurso inaugural como presidente. No entanto, a divergência discursiva resolvia-se nas coincidências práticas, com

76. GIUSSANI, Pablo. La amnistía y el fantasma de Ludwig. La Razón, 30 mar. 1985, publicado em *Los días de Alfonsín*. Buenos Aires: Legasa, 1986, p. 43-44.

as medidas do presidente voltadas para absolver a maioria dos envolvidos no genocídio.

Esquecimento patriótico

Alguns dias depois, Giussani foi ainda mais direto. "Esse tema oferece um ângulo esclarecedor sobre a questão da anistia, um conceito cuja menção é tabu, mas que já aparece quase ostensivamente pela linguagem oficial. O ministro da Defesa, Raúl Borrás, abordou o tema com cautela, dizendo que 'o país não pode viver eternamente com uma ferida aberta'."

O jornalista revelou que Borrás e o ministro do Interior, Antonio Tróccoli, haviam sofrido "consideráveis" pressões militares recentemente, exigindo uma anistia. "Com variações, o pedido se resume a que o julgamento dos ex-comandantes não seja estendido a toda a instituição militar", dizia. "Como satisfazer esse pedido?", se perguntava. Giussani tinha uma resposta: "As anistias geralmente estão condicionadas a sinais confiáveis de que os beneficiários da medida se dissociaram da conduta que levou ao seu julgamento. Foi essa, por exemplo, a base das anistias concedidas na Colômbia e na Venezuela a favor da guerrilha".

"Mas como impedir que o julgamento dos ex-comandantes se estenda a toda a instituição militar se esta continua reivindicando, em bloco, sem discordâncias, a conduta militar que está sendo julgada neles?". Giussani lembrava que os militares argentinos haviam considerado insana, nos tempos de Héctor J. Cámpora, a decisão de anistiar grupos que cultivavam a violência clandestina e que insistiam em manter sua estrutura como tal. Poderiam então pedir legitimamente que agora fosse aplicado o mesmo critério à violência praticada pelo Estado? E, sobretudo, isso fecharia a ferida mencionada pelo ministro Borrás?

Giussani esperava que as preocupações militares expostas a Borrás e Tróccoli não se limitassem ao alcance do julgamento conduzido pela Câmara Federal, mas que incluíssem também o julgamento da opinião popular sobre os militares, pois a ferida estava precisamente ali, naquela vasta parcela humana que sentia medo. Raciocinava que a ferida permaneceria aberta enquanto não se verificasse, também no julgamento civil, a retração esperada do julgamento em andamento na justiça. "Uma anistia oficial só pode ter efeito cicatrizante se for acompanhada de uma 'anistia' nesse outro nível, o do povo argentino", declarava. "Um pedido militar de anistia, se pretende realmente curar as feridas que dilaceraram a comunidade argentina, torna-se material e humanamente impossível de ser atendido se vier associado à exaltação da guerra suja e à insistência na irrefutabilidade da conduta militar durante o Processo. Anistias são respostas à humildade, à disposição para reconhecer erros, à vontade de mudança", e encerrava com uma pergunta: "os militares argentinos estariam dispostos a produzir esses 'sinais'?".[77]

Enquanto o jornalista do *La Razón* refletia nesse tom, um tradicional porta-voz das Forças Armadas, Álvaro Alsogaray, expunha, por meio de uma reviravolta política, o clima dentro do meio militar. Após ter apoiado a revogação da autoanistia militar em dezembro de 1983, o capitão e engenheiro voltava a defender a ditadura ao afirmar que todos os desaparecidos haviam caído em combate e que o relatório da CONADEP era falso "de cabo a rabo". Esse movimento para a ultradireita explicava-se por uma percepção mais aprofundada sobre a situação militar. Alsogaray percebia que a situação política do país, após um ano de revelações mais profundas sobre os crimes da ditadura e a perspectiva de múltiplas ações judiciais — decorrentes do fracasso da tentativa alfonsinista de que o Conselho Supremo julgasse os militares — inevitavelmente levaria a uma rebelião da oficialidade intermediária, fato que romperia o pacto implícito com a cúpula militar de julgar apenas os comandantes e deixar os demais livres.

A opinião pública, que acompanhava de perto esses debates e as alternativas da crise militar que os impulsionava, voltou sua atenção novamente para as Mães. Se a Marcha da Resistência havia sido ofuscada pela impactante atuação da CONADEP e pelo consenso obtido pela política oficial na área, o clima de violência atual — promovido indubitavelmente por forças militares e de ultradireita —, a percepção de que as instituições não estavam plenamente firmes, a libertação de Astiz e as hesitações governamentais tornavam plausível a denúncia firme e persistente das Mães sobre a possibilidade concreta de uma anistia.

No entanto, nem o sucesso da mobilização, nem o brilhante discurso de Bonafini haviam apagado as contradições internas da Associação, nem a disputa entre duas concepções de relacionamento com o governo, nem a definição das práticas políticas que as Mães deveriam adotar. Essas

77. GIUSSANI, Pablo. Cómo superar el miedo de los argentinos. *La Razón*, 4 abr. 1985, publicado em *Los días de Alfonsín*. Buenos Aires: Legasa, 1986, p. 46-48.

contradições atingiram um pico de beligerância após os episódios no Cemitério Parque de Mar del Plata, questão que voltou a ser debatida na reunião da Comissão Diretiva logo após a Marcha das Mãos. Seria uma discussão decisiva, na qual se definiria, em grande medida, o futuro do movimento.

24. Exumações II

"Não estaremos muito longe da verdade se dissermos que na Roma antiga cada indivíduo, às vezes mesmo um escravo, tinha um local de sepultura (*loculus*) e que este local era frequentemente marcado por uma inscrição. As inscrições funerárias são geralmente numerosas no começo da época cristã. Significam o desejo de conservar a identidade do túmulo e a memória do desaparecido."

Philippe Ariés, *História da Morte no Ocidente.*

"Todos os movimentos de contestação da ordem simbólica são importantes, pois questionam o que parece evidente, inquestionável, indiscutível.
Subvertem as evidências."

Pierre Bourdieu, *Questões de Sociologia.*

"Hebe, preciso dizer que recebi muitos elogios pelo teu discurso do outro dia" — disse María Adela de Antokoletz, referindo-se ao encerramento da Marcha das Mãos realizada na semana anterior. E essa opinião coincide com a minha. Acho que foi brilhante.

As demais integrantes da Comissão Diretiva, reunidas naquele 26 de março de 1985 no local da rua Hipólito Yrigoyen, compartilharam o reconhecimento da vice-presidenta da Associação. O fato era muito significativo: aquele elogio, vindo de uma das críticas mais duras de Bonafini, só poderia ser sincero. Muitas outras mães se juntaram às palavras de María Adela. Élida de Galetti, por exemplo, comentou entusiasmada que no último encontro das organizações de direitos humanos havia recebido felicitações pelo sucesso da marcha e pelas palavras de Hebe.

— É que tu teve coragem de dizer o que ninguém diz. Tu disse o que ninguém se atreve a dizer, e isso é muito valioso — reafirmou María Adela.

Hebe se sentiu satisfeita. Por um momento, ela e outras mães pensaram que nem tudo estava perdido, que talvez aquele reconhecimento indicasse o início de uma possível reaproximação de ideias. Mas María Adela não era do tipo que abaixava as bandeiras apenas pela possibilidade de um acordo. Ela acreditava firmemente na discussão, na fertilidade das divergências, e estava convencida de suas razões, não deixando de expressá-las, especialmente se considerasse que eram necessárias para o bem da luta das Mães. Naquela reunião, voltariam a debater os incidentes de Mar del Plata e suas repercussões. Ficou claro que as diferenças continuavam e que até poderiam ser expressas de forma intensa, como de fato aconteceria naquele mesmo dia.

— Agora, Hebe, me escuta bem — retomou María Adela, com seu característico tom enérgico. — Assim como eu falo dos teus acertos, falo dos erros. E a viagem a Mar del Plata foi um erro enorme.

A situação voltava a ficar tensa. María Adela estava decidida a expressar sua posição sobre as exumações, um assunto que considerava extremamente importante, não só por suas implicações políticas e jurídicas, mas sobretudo — talvez fosse essa a chave para a importância interna do debate que estava prestes a acontecer — pela sua intensa conotação afetiva e psicológica.

Quando Hebe viajou a Mar del Plata, sabia que estabeleceria um precedente e o fez ao seu estilo, sem meias palavras, sem pensar demais nas implicações jurídicas nem em "políticas corretas," e isso provocou um escândalo que motivou reações não só do governo e sua base, mas também de boa parte do movimento de denúncia, incluindo duas organizações muito próximas às Mães: Avós e Familiares.

As integrantes da Comissão Diretiva também sabiam que, nesse caso, María Adela não falava apenas por si, mas expressava a opinião de várias integrantes da direção do movimento. Primeiramente, Antokoletz ressaltou que a posição das Mães sobre as exumações deveria ser discutida no seio da Comissão. Não era possível que, como em muitos outros casos, Hebe e algumas outras mães que a apoiavam impusessem suas convicções sem discussão prévia e por meio de ações diretas.

O clima descontraído e pacífico que aqueles primeiros elogios haviam gerado, assim como a satisfação pelo sucesso da Marcha das Mãos — que estava muito além, evidentemente, do discurso de Hebe —, se dissipou instantaneamente.

Polêmica interna

María Adela não disse, mas assim como havia recebido elogios pela mobilização da quinta-feira passada, também teve de suportar diversas críticas pela ação do grupo de Mães liderado por Bonafini em Mar del Plata. Além disso, bastava revisar as declarações de todas as outras organizações para constatar a rejeição generalizada àquela ação. O mais importante era que a vice-presidenta das Mães concordava com essas opiniões.

Mesmo assim, María Adela sabia que a discussão que estava propondo era difícil, e ainda mais complicado seria Bonafini mudar de posição. O tema já havia sido debatido em duas reuniões anteriores e não haviam chegado a nenhuma conclusão, exceto que a presidenta das Mães continuava fazendo o que queria, pensou María Adela. Mas ela não podia desistir. Tratava-se de uma questão sensível demais para cada mãe, para cada familiar, e que agora as colocava em confronto não só com o governo, mas também com o Poder Judiciário e o restante das organizações de direitos humanos.

Além da importância do caso, María Adela não quis se limitar apenas à análise das exumações e dos acontecimentos de Mar del Plata. Ela levantou um "problema metodológico", como definiu, ou seja, questões de métodos e procedimentos que acabavam influenciando a direção estratégica do movimento. Afinal, não era uma questão estratégica transformar familiares e advogados de direitos humanos em inimigos ou, pelo menos, em adversários, como ocorreu após o episódio de Mar del Plata? O autoritarismo de Bonafini ao tentar impor seu ponto de vista a outros familiares, impedindo a exumação, era um exemplo entre várias outras imposições. A maneira de abordar o magistrado, em uma democracia, era uma evidência de vários outros erros na forma de se relacionar com as instituições de um Estado constitucional que, na opinião de María Adela, não poderia ser a mesma da época em que resistiam à ditadura.

Outras mães da Comissão Diretiva concordavam com María Adela: Marta de Vázquez, *Yoyi* de Epelbaun, Élida de Galetti e algumas outras. No entanto, María Adela não tinha certeza de obter a maioria caso se decidisse pela votação, em vez de alcançar consenso, como normalmente ocorria. As mães que concordavam com Hebe eram pelo menos seis, e Nora de Cortiñas, apesar de algumas nuances, parecia inclinar-se ao ponto de vista de Hebe.

Em uma das reuniões anteriores, quando algumas mães defenderam a necessidade de identificar os cadáveres como prova dos assassinatos — estratégia jurídica amplamente difundida —, Nora respondeu energicamente:

— 30 mil desaparecidos para que nos entreguem mil corpos?

Foi um dos momentos mais tensos do debate. Juanita de Pargament, explicitamente emocionada e com a voz trêmula, disse que a forma como estavam sendo feitas as exumações era "absurda".

— Não têm escrúpulos em sair abrindo túmulos — enfatizou.

Então, Élida argumentou que, embora houvesse razão no que diziam, a objeção era pertinente na época da ditadura, quando tudo era feito para destruir provas. Ela sugeriu que agora a situação era diferente, devido à mudança de regime político e à participação de especialistas em exumações.

— Naquele momento — disse Élida — tínhamos toda a razão do mundo, porque era uma coisa massiva, como criticaram os antropólogos, e nada podia ser identificado. Fizeram uma mistura terrível e eles denunciaram a má formação dos técnicos forenses do país.

Hebe a interrompeu.

— Ouvir falar em técnicos é de arrancar os cabelos — disse praticamente gritando.

— Ora, querida, técnicos existem em qualquer país — ironizou Élida.

— De arrancar os cabelos — repetiu Hebe. E gritando mais ainda, disse: — Nos assassinaram 30 mil pessoas e vamos falar de técnicos!

Para Hebe, a questão não era sobre a competência ou o conhecimento dos profissionais envolvidos, mas sobre a estratégia política e jurídica na qual se inscreviam as investigações. Como manobra jurídica, as exumações diminuíam a dimensão do genocídio. Era isso que Norra queria dizer quando disse que, com as exumações, iriam entregar apenas mil cadáveres em troca dos trinta mil desaparecidos.

Apoiada nas palavras de Juanita, Cortiñas lembrou o destino de centenas de restos mortais, resultado de exumações mal realizadas, que acabaram sendo empilhados em caixas nas delegacias ou na Faculdade de Medicina de Buenos Aires.

— O que eles buscam com essa medida não é justiça, mas fazer com que cada mãe abandone a luta coletiva e se concentre, individualmente, em causas por cada filho — acrescentou.

— É isso que eles querem — confirmou Hebe.

— E onde estão os corpos que jogaram no rio ou no mar, e os que queimaram? — questionou Juanita, com uma voz que ainda tremia de indignação. — Quem defende esses jovens? Quem defende esses?

Direito e política

— Eu acho, Hebe — voltou a dizer Maria Adela — que antes de viajar a Mar del Plata tu deverias ter buscado orientação, deveria ter consultado advogados.

Dessa vez, a vice-presidenta da Associação atacava pelo que considerava o ponto mais fraco da posição de Hebe: o jurídico.

— Qual era o objetivo da tua ida a Mar del Plata?

Era mais uma crítica pessoal do que uma pergunta, que Hebe respondeu de forma breve e enfática:

— A luta. Porque uma mãe não queria exumar sua filha e eu a acompanhei. Ela me pediu.

A própria resposta de Hebe explicava claramente, na visão de Maria Adela, seus erros e a improvisação na maneira de agir. A ideia de "luta" revelava que a lógica de Bonafini não era propriamente jurídica e que, não apenas não tinha consultado nenhum advogado, como jamais o faria para tomar esse tipo de decisão.

Para a luta política que desejava travar, Bonafini acreditava sinceramente que não era de aconselhamento jurídico que ela necessitava. A perspectiva de Maria Adela, nesse ponto, era completamente oposta. Filha, mãe e ex-esposa de advogados, e ela mesma funcionária do judiciário por anos, Antokoletz havia desenvolvido uma lógica jurídica rigorosa. Estava convencida de que, encontrado o cadáver e determinada sua identidade, se teria a prova do crime em mãos. A partir desse momento, seria possível provar o crime e perseguir o criminoso. Essa era a mesma lógica defendida pelos familiares e advogados de Mar del Plata que impulsionaram a exumação.

Mas *Yoyi* de Epelbaun, que também questionava algumas atitudes de Bonafini, especialmente seu "autoritarismo", contestou os argumentos da vice-presidenta. Recorrendo com certo humor à sua leitura de romances policiais, *Yoyi* argumentou que não era indispensável encontrar ou identificar um cadáver para se falar em "corpo de delito". Bastava que os indícios de um assassinato fossem consistentes para que o crime fosse provado. Essa observação de *Yoyi* era relevante, pois, como outras mães insistiam, seria impossível recuperar tantos cadáveres quanto o foram os assassinados, já que muitos corpos haviam sido incinerados ou jogados no mar.

Precisamente, a ideia de que não era necessário encontrar os restos dos desaparecidos para avançar na investigação era o cerne dos raciocínios de Bonafini. Não apenas porque, por esse caminho, não seria possível identificar todos os desaparecidos nem acusar todos os responsáveis, mas também devido a um princípio jurídico crucial: ao se encontrar o cadáver, a jurisprudência vigente caracterizava o fato como homicídio e, a partir da data presumida da morte, começava a correr, em favor dos homicidas, o prazo de prescrição do delito. Partindo do pressuposto de que Alfonsín não estava disposto a julgar mais do que nove integrantes das cúpulas militares, o tempo trabalhava a favor dos assassinos. Para que, então, identificar os cadáveres? Para Hebe, isso representava uma nova armadilha do poder.

O advogado Antonio Rojas Salinas, primeiro jurista a integrar o trabalho especificamente jurídico da Associação[78], endossava, sob a perspectiva legal, a hipótese de Bonafini. Contrariando aqueles que afirmavam que essa posição se afastava do direito, Salinas destacava que se tratava de "um sentido jurídico distinto do dominante".

"Elas", comentou anos depois, referindo-se ao grupo que se opunha às exumações, "insistiam na necessidade de encontrar um direito alternativo. Defendiam que era preciso modificar essa legislação perversa, desumana, que muitas vezes dificultava a busca da verdade e a identificação dos responsáveis. Esse era o objetivo do seu repúdio às exumações de cadáveres. Naturalmente,

78. Além de Rojas Salinas, ao longo da sua história as Mães contaram com a presença de diversos advogados, entre eles Raúl Schnabel, Héctor Noli, Vicente Zito Lema e Eduardo Barcesat. Outros juristas, como Emilio F. Mignone ou Augusto Conte Mac Donell, se vincularam às Mães muito antes dos mencionados, mas não exatamente enquanto profissionais, mas enquanto familiares das vítimas e parte do movimento de denúncia do terrorismo de Estado.

dentro das normas do direito dominante, a posição do restante dos colegas era perfeitamente compreensível, já que, de acordo com o direito vigente, a investigação deveria começar com o que se tinha. E, se o que se tinha era um cadáver, então era a partir dele que a investigação deveria avançar".[79]

Entretanto, Rojas Salinas explicou que "a oposição das Mães aos desenterros massivos de cadáveres não era um capricho, mas estava diretamente relacionada com o que elas acreditavam que poderia acontecer, tanto do ponto de vista político quanto jurídico. Politicamente, isso as forçaria a abandonar o eterno clamor por 'Aparição com vida', uma exigência e um grito por justiça e pela identificação dos responsáveis pelos sequestros e desaparecimentos de seus entes queridos. Já do ponto de vista jurídico, significava acabar com a figura do desaparecido, que carregava várias conotações. Entre elas, destacava-se o fato de que, ao se decretar a morte, começava a contar o prazo de prescrição do delito de homicídio".

Rojas Salinas lembra que, em determinados casos, as Mães concordaram com o procedimento de exumação, "quando previamente já se havia determinado o sequestro e quem participou da operação, dados que permitiam avançar na investigação para estabelecer a responsabilidade dos autores do crime. Foi o que ocorreu", afirma o advogado, "em um caso tramitado em um tribunal penal de San Isidro, Casagrande e outros, no qual foi possível identificar, para cada uma das vítimas, os responsáveis pelos crimes".

"Nesses casos excepcionais", explica Salinas, "as Mães propuseram uma investigação inversa: tradicionalmente, começa-se identificando a vítima, para a partir daí fazer todo o estudo para encontrar os responsáveis. Elas tentaram introduzir um sistema inverso, que consistia primeiro em determinar quem havia cometido o crime e, só depois, identificar os restos mortais, verificando se pertenciam à vítima mencionada ou àquela que estava sendo investigada no caso em questão".

Para o advogado, as circunstâncias legais e políticas daquela época forçaram as Mães a inverter a lógica jurídica tradicional. "Para elas, as exumações eram um espetáculo encenado e atroz. Também representavam uma maneira de encerrar o clamor por 'Aparição com Vida', pois, ao decretar a morte da vítima, iniciava-se o prazo de prescrição do crime. Além disso, ao reconhecer a morte, abandonava-se a figura jurídica aplicada aos

79. Entrevista com o autor, setembro de 2007.

desaparecidos, 'privação ilegítima de liberdade', que é um crime continuado e, portanto, imprescritível. Para as Mães, a determinação da morte significava que começava a contagem do prazo de prescrição da ação penal e era, ainda, uma forma de silenciá-las em seu pedido por 'Aparição com Vida'".

Naquele 26 de março, sob a perspectiva de María Adela, o debate parecia ter chegado a um impasse. Embora a posição de Bonafini prevalecesse, o fato era que tal postura as colocava em confronto com quase todo o resto do mundo, isolando-as e deixando-as sozinhas. Diante da possibilidade iminente de um juiz condenar a presidenta das Mães por desacato e atentado à autoridade, como responderiam? Que argumentos poderiam sustentar algo que, para María Adela, era indefensável, caso o juiz de Mar del Plata decidisse condenar Hebe? A vice-presidenta das Mães não tinha dúvidas de que era necessário proteger Bonafini de qualquer acusação judicial, mas, ao mesmo tempo, encontrava-se em uma posição política e jurídica extremamente difícil e contraditória, fruto, segundo ela, de um grave erro político e jurídico.

Memória

Por outro lado, as questões jurídicas e políticas não eram as únicas a serem consideradas; havia também aspectos muito mais complexos relacionados à identidade, à verdade, aos afetos e à memória. Durante milênios, a cultura denominada "ocidental" associou a tumba à preservação da memória do morto.[80] Como se opor, então, às exumações que, eventualmente, permitiriam identificar o desaparecido enterrado como indigente e oferecer-lhe uma "sepultura cristã", ou simplesmente preservar sua memória, esse mínimo consolo para seus entes queridos?

Quando a ditadura sequestrou e manteve em cativeiro clandestino milhares de argentinos, pretendia, entre outras coisas, apagar o significado das vidas de cada uma dessas pessoas. Recuperar esse significado, portanto, fazia parte do caminho que precisavam trilhar para reparar, ainda que minimamente, o terrível dano causado pelo genocídio. Mas como fazer isso? Ao debater sobre as exumações, de certa forma, as Mães também estavam tentando responder a essa pergunta crucial, relacionada aos afetos e à memória, não apenas à justiça e à política.

80. O termo grego *mnemeion* significa tumba ou lugar de memória e recordação dos mortos.

Um número significativo, senão majoritário, de familiares inscrevia-se em uma tradição milenar segundo a qual o corpo morto, a carne sem vida, a materialidade do cadáver permite estabelecer um limite preciso entre a vida e a morte. Para a maioria das correntes psicológicas que abordaram o conflito, a incerteza decorrente da situação dos desaparecidos gerava uma angústia interminável, devido à impossibilidade de dar início ao luto.

O Estado terrorista era plenamente consciente do valor que a maioria dos familiares atribuía ao fato de conhecer o destino do desaparecido e recuperar seu corpo. Para desmotivá-los em sua busca e luta, o regime lhes enviava telegramas anunciando a morte de seus entes queridos, caixas com ossos, cadáveres em caixões fechados e uma infinidade de mensagens perversas que não pretendiam consolar nem reparar absolutamente nada.

Ao serem obrigadas a enfrentar repetidamente essas manobras sinistras, as Mães desenvolveram, consciente e inconscientemente, uma mudança em sua concepção da morte e do morto — do desaparecido. Elas passaram a buscar a reparação da perda por meio da recuperação da identidade dos filhos, encarnada sobretudo em suas lutas, em uma dimensão mais espiritual do que material, desvinculando-se, inclusive, do corpo.

Para esse setor de familiares de desaparecidos, a eventual recuperação dos corpos não tinha o mesmo valor que para aqueles que mantinham suas crenças tradicionais. Para aqueles que, de alguma forma, superaram a marca do desaparecimento como perda de significado — ou seja, como um não sentido imposto pelo Estado terrorista — e que conseguiram isso a partir de uma ressignificação da ideia do desaparecido, não como um mero processo intelectual, mas como resultado de uma prática política que atribuiu significado ao conceito de desaparecido, era mais fácil se desvincular das manobras de um poder que buscava extorqui-los. Ao analisar a complexidade cultural envolvida no debate sobre a exumação de cadáveres, é fundamental compreender a novidade histórica representada pela rejeição de alguns familiares em relação aos desenterros.

O grupo de profissionais da Equipe de Assistência Psicológica das Mães da Praça de Maio explicou essa resistência a partir de seu universo científico. No entanto, além do esforço dessa equipe, chama atenção o fato de que, enquanto se falou e escreveu tanto sobre a necessidade de recuperação e identificação dos corpos dos desaparecidos, não tenham sido dedicadas energias equivalentes para refletir sobre a novidade que expressava a oposição de muitos outros familiares às exumações. Porque, se a exumação se insere em uma longa tradição cultural, a oposição constitui uma intervenção cultural inovadora que a contradiz, ou pelo menos reinterpreta o conjunto de significados atribuído desde tempos imemoriais ao rito funerário, para reinscrevê-los em uma instância diferente, que surge em cada ato de memória, verdade e justiça, em cada momento da luta, como, por exemplo, em cada marcha das quintas-feiras, durante as quais as Mães se reencontram com seus filhos.

O confronto entre a tradição funerária e a nova forma de conceber os restos mortais exerceu, de maneira dramática, uma influência no debate das Mães em torno das exumações. Por isso, para evitar conclusões superficiais ou precipitadas, é necessário compreender as razões que cada grupo apresentava diante desses fatos. Razões que não podem ser atribuídas a traços autoritários ou à ignorância, mas que devem ser buscadas na cultura e na ideologia.

Em tempos de pós-ditadura, surgia ainda uma questão chave: as exumações não seriam mais uma repetição daquelas manobras dos genocidas, ou de fato tentavam reparar e fazer justiça? Essa polêmica, entre as Mães, não teria fim. Ainda em uma reunião de abril de 1985, às vésperas do início do julgamento das juntas militares, a Comissão Diretiva voltaria a discutir a questão, agora relacionada com a atuação do promotor Strassera. O principal encarregado de conduzir a acusação contra os ex-comandantes disse que precisava comprovar a identidade de vários não identificados para formalizar as acusações de homicídio. Na última discussão, Hebe afirmou que, com as exumações, Strassera pretendia colocar um ponto final na luta das Mães. O livro de atas da Associação registra que "devido ao fato de Marta de Vázquez defender Strassera, surge uma dura discrepância".

Além disso, consta na ata: "Esclarece-se que, com relação às exumações, as Mães marcam uma linha: não à exumação, sem antes ter julgado e condenado os assassinos. Mas fica em liberdade a mãe que quiser exumar".[81]

81. Livro de Atas da Asociación Madres de Plaza de Mayo, 02 de abril de 1985, p. 274-275.

25. Bayer contra Sabato

Como se não bastassem os motivos para o debate, um artigo de opinião de Osvaldo Bayer, publicado na segunda edição do jornal da Associação, em janeiro de 1985, desencadeou um novo conflito entre as Mães. O objeto das reflexões de Bayer era ninguém menos que Ernesto Sabato.

A escolha da foto que ilustrava o texto — resgatada dos arquivos dos tempos mais sombrios — já demonstrava o posicionamento. Na imagem aparecem três figuras de corpo inteiro: à esquerda, Jorge Rafael Videla, com as mãos cruzadas e inclinado para frente com aparente humildade, trocando olhares com um sorridente Ernesto Sabato, posicionado à direita. No centro, de frente, estavam os ligeiramente desorbitados olhos cegos de Jorge Luis Borges, apoiado em seu tradicional bastão. Todos posavam, descontraídos, para os fotógrafos. A cena tranquila foi registrada em 19 de maio de 1976, na Casa Rosada, antes de uma conversa que o ditador teve com um grupo de personalidades das ciências e da cultura.

A segunda demonstração de posicionamento vinha no subtítulo da imagem: "Três notáveis... naquele encontro hoje esquecido".

A combinação de todos esses elementos — a foto, o subtítulo, o jornal das Mães, a autoria de Bayer e o tom mordaz e lapidário do texto — direcionados a um dos principais ícones culturais vinculados à política governamental, estavam predestinados a provocar uma das mais significativas polêmicas da época.

Foi Bayer quem se meteu com Sabato, certamente, mas não como um mero provocador. Ele sentia que tinha o dever de responder a uma atitude que considerava uma falta de vergonha do ex-presidente da CONADEP.

Dissoe que havia sido impudico. "Impudico, dizemos" — escreveu o autor de *A Patagônia rebelde82* —, "porque Sabato deve ao povo argentino um verdadeiro ato de contrição. Seu grande talento para se reacomodar às circunstâncias, nos últimos anos da decadência ditatorial, não poderá apagar estas palavras, ditas por ele em 19 de maio de 1976: 'Tive uma excelente impressão do general Videla. Trata-se de um homem culto, modesto e inteligente. Me impressionou a amplitude de critérios e a cultura do presidente'".

Bayer recordou que, no mesmo dia em que os jornais publicaram essas declarações de Sabato após seu encontro com Videla, também informaram sobre o assassinato de cinco jovens e uma moça que, segundo o general Menéndez, teriam morrido em um tiroteio, enquanto, na realidade, eles tinham sido retirados de uma prisão em Córdoba para serem fuzilados.

"Sabato sabia muito bem que efeito poderiam causar essas palavras suas nos leitores, justamente em um dos meses de repressão mais bárbara comandada por esse general de 'amplitude de critérios'", escreveu Bayer.

Porém, ao invés de demonstrar pudor ou arrependimento, Sabato incorreu na impudência, segundo Bayer, ao sair em defesa pública de monsenhor Pio Laghi, embaixador do Vaticano durante a ditadura, que figurava nas listas de repressores elaboradas pela CONADEP, que haviam sido transformadas em segredo de Estado por Alfonsín, com o consentimento do próprio presidente da comissão investigadora, mas divulgadas pela imprensa, apesar da censura oficial. "Por tudo isso, não acreditamos em Sabato quando ele se apressa em defender Pio Laghi", apontou Bayer. "Nem todos os prêmios do mundo, nem todas as presidências de comissões poderão apagar essa posição de Sabato nos tempos de triunfo do verdugo Videla".

Figura central na revelação do terror e do "Nunca Mais", Sabato é, para Bayer, impudico. Contudo, Bayer sabe que sua opinião enfrentará críticas: "Muitos nos dizem que não é hora de recordar as fraquezas de Sabato, nem de outros notáveis, porque isso serviria aos argumentos dos militares acusados". Mas ele discorda: "Recusamos os oportunismos. A verdade precisa vir à tona em todos os aspectos". E sentencia: "É preferível um culpado que reconhece publicamente suas faltas do que um soberbo que se atribui condutas impecáveis que nunca existiram".[83]

---

82. O livro *A Patagônia rebelde* de Osvaldo Bayer foi publicado no Brasil pela Coragem em 2025 com tradução ao português de Fabio B. Pinto. [N. do E.]

83. La verdad a medias, no. Jornal *Madres de Plaza de Mayo*, ano I, n. 2, jan. 1985.

Assine embaixo

A nota acertou em cheio. Sabato demonstrou ter sido atingido. O ex-presidente da CONADEP enviou às Mães uma carta sem assinatura que respondia às acusações de Bayer. As Mães decidiram publicá-la em seu jornal, mas antes pediram que ele a assinasse de próprio punho.

Sabato explicava que, poucas semanas depois de instaurada a ditadura militar, ele e "diversas figuras representativas do país" foram convidadas para conversar com Videla. Lembrou que, naquela ocasião, um jornal havia apontado que a presença de um escritor liberal como Borges, um homem como o Padre Leonardo Castellani, do nacionalismo de direita, o presidente da Sociedade Argentina de Escritores, Horacio Ratti, e um escritor da esquerda democrática — ou seja, ele mesmo — assegurava a representatividade dos homens da cultura não comprometidos com o terrorismo.

Assegurada essa representatividade, Sabato escreveu: "Era ideia generalizada, naqueles primeiros tempos, que Videla encarnava a parte moderada do golpe militar; precisamente por isso, diante da minha hesitação em comparecer, fui instado por políticos e sindicalistas a me fazer presente, para denunciar os graves crimes que estavam sendo cometidos; durante aqueles dois dias, desfilaram pela minha casa uma quantidade de argentinos angustiados, incluindo pais e mães de desaparecidos, que me rogavam, às vezes no meio do choro, que falasse com o presidente por todos os que não podiam fazê-lo, e na vaga esperança de que Videla influenciasse sobre os militares mais implacáveis".

Por esse clamor, havia decidido comparecer à entrevista. "Se não tivesse feito isso, as mesmas pessoas que agora me incriminam por ter ido, me teriam acusado de covardia, ou de não considerar a condição humana", acrescentou. Como prova de sua valente atitude, o autor de *Sobre héroes y tumbas* deixava constância de que no dia seguinte ao encontro, *La Razón* recolheu declarações de cada um dos presentes, e que *La Opinión* publicou as acusações que ele havia expressado diante do ditador, "denunciando o terror, a caça às bruxas e o sequestro ou encarceramento de uma quantidade de seres humanos", entre outros, o escritor Antonio di Benedetto e o arquiteto Jorge Hardoy. "Se não tivesse correspondido escrupulosamente aos fatos, as palavras que entreguei a *La Razón* e *La Opinión* — sustentava Sabato — a Secretaria da Presidência me teria desmentido, dada a gravidade do documento. De modo que aquelas duas publicações devem ser consideradas como o único documento jornalístico fidedigno sobre o encontro".

A carta do ex-presidente da CONADEP acrescentava que "durante esse trágico período da história nacional" ele havia feito "incontáveis declarações em defesa dos direitos humanos, botando em risco minha vida e da vida dos meus familiares, como todo mundo sabe".

Além disso, acrescentou: "Publiquei no final de 1976, em meio ao terror, o ensaio 'Nuestro tiempo de del desprecio', e em 1978, no *La Nación*, uma reportagem que ocupava duas páginas, também em defesa da liberdade, contra a censura e a caça às bruxas, ambas obras reunidas no livro *Apologías y rechazos*, que qualquer um pode ler. É, portanto, muito triste para mim que ele mais uma vez se manifeste diante de questionamentos maliciosos".[84]

Bayer respondeu em artigo publicado na mesma edição do jornal das Mães que reproduziu a carta do ex-presidente da CONADEP. "Sabato descreve meu artigo como um 'questionamento malicioso'. Ele sabe que essa afirmação é profundamente injusta, que o faz apenas para desqualificar — com mera retórica — um fato histórico documentado".

Durante seu exílio forçado, Bayer documentou o que descreveu como "colaboracionismo de intelectuais com a ditadura". O caso de Sabato foi um daqueles que lhe causaram mais registros e desgostos. Nessa segunda nota, o escritor anarquista explicou que, se até então se abstivera de criticar Sabato, era porque acreditava no "arrependimento dos eternos aproveitadores das conjunturas", e que era mais importante centrar o debate na necessidade de uma comissão bicameral e não no passado de alguns dos membros da CONADEP. Mas ele se viu obrigado a modificar esse critério quando Sabato, "no auge de sua soberba, em seu papel de notável, assinou um certificado de branqueamento para o responsável por toda uma política de apoio à ditadura [Pio Laghi]" e "porque achei necessário interromper todo um operativo de branqueamentos".

Segundo Bayer, a carta de Sabato evitava as acusações que ele havia dirigido e buscava se reivindicar como um "valente", conduta que, para Bayer, de forma alguma ficava demonstrada: "Para começar, ele não desmente diretamente que, em 19 de maio de 1976, tenha dito o que transcrevi no meu artigo, que, além de ter sido publicado nos jornais mencionados, foi transmitido por todas as agências. Sabato disse: 'O general Videla me

84. Carta de Ernesto Sabato. Jornal *Madres de Plaza de Mayo*, ano I, n. 4, mar. 1985.

causou uma excelente impressão. Trata-se de um homem culto, modesto e inteligente. Fiquei impressionado com a amplitude de critérios e a cultura do presidente'".

E acrescenta que "se a intenção de Sabato fosse apenas pedir pelos perseguidos, ele teria agido de outra forma: teria solicitado outro encontro, em particular. O inexplicável é como, se foi pedir pelos perseguidos, não insistiu nisso diante de Videla. Porque os reféns ainda estavam todos desaparecidos, e Haroldo Conti continuava a ser torturado. Sabato não se sentiu usado quando o implacável homem uniformizado continuou, implacável, com sua monstruosa política repressiva?".

Depois de analisar uma a uma as declarações de Sabato quando deixou a Casa Rosada após seu encontro com Videla, Bayer constata que "não há neles nenhuma censura ao ditador e, pior ainda, tudo o que ele diz parecia revelar um clima de troca descontraída e amigável". E conclui: "Ele se prestou, e não há dúvida disso, para legalizar com sua presença o golpista e general repressivo, a chamá-lo também de 'presidente da Nação'".

O autor de *La Patagonia rebelde* não aceitou o subterfúgio em que Sabato se refugiou para aceitar a entrevista com Videla. Ele havia dito em sua carta às Mães que "era uma ideia geral naqueles primeiros dias que Videla encarnasse a parte moderada do golpe". Bayer respondeu: "Esse foi precisamente o argumento de Neustadt. Foi a versão que os Serviços de Informação divulgaram para realizar, sem problemas, a repressão. Um escritor da 'esquerda democrática', como Sabato se autodenomina, deveria saber disso".

Mas, para provar que essa não havia sido uma atitude isolada ou circunstancial do autor de *Sobre héroes y tumbas*, Bayer lembrou que "Sabato silenciou em suas viagens à Espanha e à França, ocasiões em que o intelectual deveria ter gritado os crimes contra seu povo, mostrado a cabeça da pátria ferida e sangrando. Se calou. Falou, ao contrário, sobre a pureza do idioma e a admiração pela França".

Sua segunda nota incluía um currículo detalhado da trajetória política de Sabato. Entre outras informações, destacava que o escritor havia sido funcionário da ditadura de Aramburu e do governo de Frondizi, "que foi possível graças à proibição de um partido" — o Partido Peronista estava proscrito na eleição que levou Frondizi à presidência. Bayer também lembra que, quando a ditadura de Lanusse desmoronava e o peronismo surgia como sucessor provável no poder, Sabato afirmava que a Argentina precisava de um De Gaulle, em evidente alusão ou elogio velado à figura de Perón. No entanto, Perón negou-lhe a tão desejada oportunidade de dirigir a Biblioteca Nacional. Sabato manteve-se em silêncio até 1978, quatro anos após a morte do líder justicialista, quando o acusou de ser um "sinistro demagogo".

Em 1978, Bayer destaca que o futebol ocupou grande parte da atenção dos argentinos e foi uma extraordinária manobra de manipulação da opinião pública para encobrir o genocídio. Daquele período, Bayer resgata, com especial indignação, um artigo publicado por Sabato que, segundo ele, "destruiu grande parte do esclarecimento que os argentinos exilados haviam conseguido na opinião pública alemã". Ele transcreve alguns trechos desse texto, divulgado pela revista alemã *GEO*. No primeiro, conforme Bayer, Sabato justifica o golpe de Estado que derrubou María Estela Martínez de Perón, ao afirmar que "a imensa maioria dos argentinos rogávamos quase por favor que as forças armadas tomassem o poder. Todos nós desejávamos que se acabasse com aquele governo vergonhoso de mafiosos". Ele define então a repressão da ditadura como uma desgraça necessária, pois "a desordem geral, o crime e o desastre econômico eram tão grandes que os novos governantes já não conseguiam superá-los com os meios de um estado de direito. Porque, nesse meio tempo, os crimes da extrema esquerda eram respondidos com selvagens atentados de represália da extrema direita. Os extremistas de esquerda tinham realizado os mais infames sequestros e os crimes monstruosos mais repugnantes".

Lição de história

No segundo parágrafo, sustentava Bayer, Sabato instrui os democratas: "A democracia precisa aprender sua lição da história e deve saber que, com os velhos métodos liberais herdados de tempos menos problemáticos, não se pode dominar os delírios do presente. [...] Sem dúvida alguma, nos últimos meses em nosso país, as coisas melhoraram: os bandos terroristas armados foram, em grande parte, colocados sob controle".

Sabato também não conseguiu permanecer em silêncio durante outro episódio-chave do país sob a ditadura: a Guerra das Malvinas. Em 14 de junho de 1982, enquanto os combates se intensificavam naquela região do Atlântico Sul, declarou à revista espanhola *Cambio 16*: "Muita gente morreu atrás de dois metros quadrados de tecido. Mas é um erro acreditar que dois metros quadrados de tecido são apenas isso. Transformados em bandeiras, tornam-se um símbolo de uma ideologia, de uma nação, de uma causa sagrada. Por isso, estou convencido de que, neste caso, sim, vale a pena. Teria sido um ato indigno da Argentina, que é uma pequena potência diante das ameaças, da soberba, do desprezo da Inglaterra, abaixar a cabeça mais uma vez". "Isso não fizemos, e se os jovens de 19 e 20 anos estão morrendo, estão morrendo por esse motivo".

A polêmica servia a Bayer para expor as hipocrisias da etapa pós-ditatorial. Enquanto Sabato exaltava a justiça alfonsinista, Bayer denunciava a liberdade de que gozavam os genocidas, enquanto muitos que haviam resistido e sido presos durante a ditadura continuavam na prisão. Enquanto o primeiro assegurava que o responsável pelo holocausto argentino era o demônio, Bayer exigia que ele dissesse os nomes e sobrenomes desse demônio. E o acusava abertamente, tanto por sua trajetória pessoal quanto como representante de um setor social: "Porque o demônio se apresenta com disfarces e rostos diferentes. Há um deles, o Mefisto, o mais suave de todos, mas talvez não o mais inofensivo, que encarna o dom da ubiquidade. Em si, seu pecado não é mortal, mas vai somando pecados banais que todos perdoam ou não querem ver, porque também são pecadores. E por isso, esses mefistos costumam se tornar ídolos de uma classe social que, em 1976, rogava quase por favor que as forças armadas tomassem o poder, que se alegrou, em 1978, porque muitas coisas haviam melhorado, já que os bandos terroristas haviam sido postos sob controle; que saiu às ruas, não pelos desaparecidos, mas pelos gols de Kempes; que se realizava enviando ao matadouro jovens soldados de Formosa e que, finalmente, em outubro de 1983, celebrou com buzinas e lágrimas, até o paroxismo, o reencontro com as instituições democráticas".

Um dos julgamentos mais polêmicos do texto de Bayer não é dirigido nem contra Sabato nem contra o Núncio Apostólico, mas busca avaliar as características do grupo que ele define como "classe média". O escritor se pergunta: "Mas por que exigir outra coisa de Sabato?". E responde sem hesitar: "Sabato é o representante intelectual legítimo de nossa classe média. Hoje, precisamente, é o herói, porque nossa classe média, se vê plenamente refletida nele: seus fantasmas, seus medos, seu triunfalismo, suas necessidades de se ver premiada, sua falta de contrição, sua incapacidade de remorso. Passa alegremente, sem nenhum problema, da mais trágica das ditaduras a um país com liberdades, sem ter derramado sequer uma lágrima. Sabato é o intelectual que melhor reflete o sentido de nossa classe média, que sempre teme perder a oportunidade, não estar em dia com os acontecimentos, ficar para trás".

Talvez possam ser questionadas tanto a generalização sobre a classe média — uma categoria difusa — quanto a exclusão de outros setores sociais aos quais também poderiam ser atribuídas, pelo menos em certas camadas, essas mesmas atitudes. Mas, ainda assim, Bayer estava acertando em cheio ao apontar um fenômeno profundo que estava servindo de base e sustentação para a política de Alfonsín e que, obviamente, estava ligado à centralidade de Sabato. Milhares de argentinos que durante a ditadura haviam agido e opinado de maneira mais ou menos semelhante à do presidente da CONADEP agora encontravam na figura de Sabato, sem dúvida, sua própria justificativa política e moral.

A propósito, as dificuldades periódicas das Mães para gerar consensos poderiam ser explicadas justamente por sua radical intransigência com o hábito de varrer a sujeira para baixo do tapete e com as hipocrisias denunciadas por Bayer.

Contrastes

O caso Sabato não escapou do debate interno das Mães. Se o primeiro artigo de Bayer havia provocado a reação enfurecida de Sabato, a polêmica que se seguiu causou um alvoroço ainda maior. María del Rosario de Cerruti, diretora do jornal das Mães, estava mais do que satisfeita. Não era uma questão de sensacionalismo, dizia ela, mas sim que haviam conseguido estabelecer um debate que ela considerava fundamental. O retrato do ex-presidente da CONADEP servia para refletir vastos setores políticos, o hábito de varrer a sujeira para baixo do tapete de uns não era mais do que uma parte do oportunismo de muitos e, o que era ainda mais importante, por ali passava em grande medida a explicação das limitações das medidas adotadas por Alfonsín em matéria de violações dos direitos humanos. Mas a satisfação da diretora do jornal, e de todas as mães que se alinhavam sob a liderança de Bonafini, não era compartilhada por outras integrantes da Comissão Diretiva da Associação.

— Eu queria falar sobre o jornal — disse Marta de Vázquez na reunião da Comissão Diretiva de terça-feira, 26 de março de 1985.

— Está aí para quem quiser ler — disse Bonafini, embora se referisse às provas de impressão da edição que estava prestes a ser publicada.

Marta respondeu que, precisamente, porque nem sempre era possível ler com antecedência as notas que o jornal publicava, queria fazer uma análise da edição anterior, a da polêmica entre Bayer e Sabato. Já havia falado sobre isso com María Adela de Antokoletz e outras mães, e haviam decidido levantar o assunto nesta reunião. Marta estimava e valorizava Sabato — especialmente seu papel na CONADEP — e achava que o ataque de Bayer estava totalmente fora de lugar. Além disso, sabia como isso havia repercutido em outros círculos ligados aos direitos humanos, e acreditava que o jornal das Mães não deveria continuar gerando esses escândalos.

— E este aqui vocês leram? — perguntou Hebe. — Eu de manhã cheguei 10 pras 8 e li tudo.

Bonafini pressentia que uma discussão estava se aproximando e queria deixar claro que os artigos que publicariam estavam sempre, previamente, à disposição de quem quisesse lê-los. Indiretamente, sugeria ainda que outras mães não se davam ao trabalho de fazê-lo, que não se dedicavam com o esforço e a dedicação que ela investia em todas as tarefas

— Eu do que está aqui não li nada, e do anterior, quase nada — esclareceu María Adela. — Só li a carta de Sabato e a resposta de Bayer. Eu respeito os dois. Sabato é um escritor. Não discutamos sua excelência como tal, isso está fora de questão. Bayer é um sério pesquisador e, quando diz as coisas, nos filmes, no que se pode constatar, ele tem razão de sobra. Mas no jornal [das Mães], essa polêmica me parece de imprensa sensacionalista. E eu detesto isso. E não acho que o jornal das Mães deva se prestar a algo assim. Eu sinto esse precedente, peço que cada um pense bem e que o jornal não sirva para isso.

As palavras de María Adela foram conclusivas. María del Rosario se sentiu atacada, mas decidiu não abrir a boca. Por outro lado, pensou, não havia argumentos por trás da acusação da vice-presidenta, apenas a classificação de sensacionalismo. Estava indignada, mas se calou.

— O jornal das Mães — continuou María Adela — deve andar com a mesma dignidade com que as Mães sempre andaram. E isso rebaixa a categoria do jornal. Muitos vão gostar, claro, muitos gostam. Há jornais que não passam de sensacionalistas. Há jornais que são isso e alimentam a paixão das pessoas.

— Eu não concordo que seja sensacionalismo, acho que de forma nenhuma — disse Hebe, interrompendo.

— Eu, a esse respeito, dei minha opinião, falei bem claro com Rosario e pedi que constasse em ata que eu estava totalmente em desacordo com a publicação desse artigo — interveio Marta.

— Eu acho que fui a primeira a me opor — apoiou Carmen de Lapacó. — E realmente manifestei um critério muito parecido. Não gostei nem um pouco desse tipo de polêmica. Principalmente tão agressiva. Não achava que o jornal deveria dar espaço para isso.

— Isso é o que eu digo — reafirmou Marta.

— Há duas coisas aí — retomou a palavra María Adela. — Uma coisa é que, assim que chegou a carta de Sabato, ela deveria ter sido publicada no jornal anterior, no mês passado. E depois, só então, dar espaço para o outro responder. Mas publicar as duas juntas, isso é pior.

— Eu achei isso muito ruim — apoiou Marta.

— Isso é o pior. Porque, o que significa isso? — perguntou María Adela. — Significa que nós retivemos a carta de Sabato para que o outro tivesse tempo de responder.

Hebe rejeitou essa acusação. Explicou que a carta não havia sido publicada inicialmente porque Sabato a enviara sem assinatura, e se não tivesse assinatura, não poderia ser publicada. Em consequência, ela se comunicou com o ex-presidente da CONADEP, e só quando Sabato a assinou, foi decidido que o jornal a publicaria.

— De qualquer forma, teria sido melhor esperar pela resposta de Bayer — voltou a falar María Adela. Primeiro publicava-se a carta de Sabato, e depois Bayer responderia. Eu não concordo com essa polêmica, mas teria sido melhor assim.

— Não, não tem objetivo — disse Marta, ainda se opondo completamente à publicação.

Nem Hebe nem Rosario responderam o cerne da questão. A presidenta disse, como para encerrar o tema, que todos os artigos do próximo número estavam ali, em uma caixa, para ser lidos por quem quisesse, como ela mesma havia feito naquela manhã bem cedo. María Adela demonstrou ter entendido e disse:

— Eu vou ficar para ler.

Linha política

Desde o primeiro número, o jornal havia se tornado um objeto de debates dentro da Comissão Diretiva das Mães. A orientação política que Maria del Rosario imprimia, em concordância com Hebe e outras mães, potencializava as diferenças com o setor dissidente, gerando novas discrepâncias.

Apenas um mês antes, em fevereiro de 1985, um protesto de Renée *Yoyi* de Epelbaum contra a linha do jornal havia provocado a renúncia em massa dos redatores. *Yoyi* havia confrontado diretamente os jornalistas, acusando-os de não responder à posição das Mães, mas à posição deles mesmos. Pegando um jornal nas mãos, ela mostrou a capa da primeira edição de janeiro e disse: "Isso não é o que nós, Mães, dizemos". O título principal respondia à acusação de antinacionalismo que o presidente da Nação havia lançado contra as Mães, mas a manchete dizia: "Enquanto Alfonsín protege os genocidas, acusa as Mães de antinacionais". Exaltada, *Yoyi* disse aos redatores que não se podia afirmar tão facilmente que Alfonsín estava protegendo os militares, quando, na realidade, estava prestes a começar o julgamento dos ex-comandantes. "O que é esse julgamento?", disparou *Yoyi*. "Isso é proteger eles?".

Yoyi sabia bem que afirmações desse tipo poderiam ter saído da boca de Bonafini, mas uma coisa era a presidenta das Mães dizer essas coisas, e outra muito diferente era que elas fossem publicadas no jornal que deveria representar a opinião de todas.

Os jornalistas e colaboradores se calaram. Não se sentiram com autoridade para responder a uma integrante da Comissão Diretiva que, além disso, era uma das dirigentes mais reconhecidas. Se ela os desautorizasse, apenas a diretora do jornal, Maria del Rosario, e a Comissão Diretiva como um todo poderiam decidir como o jornal seguiria. Então, renunciaram em massa.

A Comissão das Mães se reuniu no final de fevereiro e discutiu especialmente a questão. Bonafini afirmou que era uma barbaridade *Yoyi* ter se dirigido diretamente aos jornalistas quando, na verdade, ela deveria ter enfrentado Maria del Rosario. Agora, a presidenta disse, estava-se diante da situação de que o jornal corria o risco de não ser publicado.

Esse risco, na verdade, não preocupava muito algumas mães da Comissão: elas achavam que o pior e mais arriscado era que o jornal continuasse com uma linha que não as representava.

A mais firme nesse sentido foi Marta de Vázquez. Ela afirmou que o jornal não seguia a linha das Mães, a que "temos mantido a vida toda nos Boletins". "Este jornal é puramente político e de um setor determinado", enfatizou.

Hebe criticou a acusação. Ela disse que não se podia comparar com o Boletim, que era meramente informativo, enquanto o jornal era de opinião.

— Como tu sabes que é de um setor determinado? — perguntou Hebe a Marta.

— Porque se nota nos artigos, salta aos olhos — respondeu Marta.

— Depende de qual setor político se é — respondeu Hebe, com ironia.

— Eu não sou de nenhum — respondeu Marta — Me desculpe, mas sou uma pessoa que não tem nada a ver com nenhum partido, nem estou embandeirada a ninguém. Algumas estão, algumas. Tu tens uma linha política definida.

— Eu também não tenho uma linha política definida — retrucou Hebe.

Marta então lembrou que ela havia apontado, desde a primeira proposta do projeto do jornal, que o projeto havia sido imposto ao resto da Comissão, que não havia sido discutido e que agora também não se podia discutir sua orientação.

— Então, um dia nos deparamos com o jornal que já estava em andamento, mas a Comissão não interveio nessa construção, nesse arranjo do jornal — concluiu.

Rosario e Hebe sabiam que, em parte, Marta tinha razão. Elas haviam imposto o jornal e lhe dado uma orientação determinada, sem grandes consultas ao setor dissidente. Estavam convencidas de que, se tivessem feito essas consultas, o jornal não teria saído ou seria tão insípido quanto o Boletim dos últimos tempos, quando o que precisavam, de sua perspectiva, era justamente um instrumento que interpelasse o governo.

Marta continuou dizendo que não se podiam fazer críticas ao jornal porque elas não eram aceitas, e que isso era um grande erro.

— A pessoa que traz uma crítica, que a traz com o interesse de que as coisas aqui sejam revistas, não pode expressá-la — disse — Então, ultimamente, optei por ficar em silêncio, mas já não, e não importa se tudo cairá por terra. Acho melhor assim. Ela falava com sinceridade. Não se importava que o jornal não voltasse a sair por causa da renúncia dos jornalistas: a questão era a linha.

— O que me dói — interrompeu Hebe — é que ela diga que há uma linha partidária. Isso é o que me aterroriza, que ela diga que é uma linha partidária.

— Sim, é assim. É uma linha que *Yoyi* contestou — reafirmou Marta.

— María Adela disse isso em Mar del Plata, na frente de todas as Mães, que era o jornal do Partido Obrero. Isso dizem María Adela, *Yoyi* e outras — apontou María del Rosario.

— Sim, e eu digo isso aqui. Não posso dizer isso aqui? — desafiou Marta — Eu disse isso desde o primeiro momento. Disse que as pessoas que colaboram no jornal têm uma linha definida. Há coisas que estão assinadas por pessoas extremamente comprometidas politicamente, e continuo com a mesma preocupação.

A discussão continuou, mas não houve acordo. Cada número do jornal aprofundaria as diferenças entre uns e outros. Às vésperas do julgamento dos ex-comandantes, as Mães já estavam divididas em duas linhas claramente definidas. A impossibilidade de acordo na Comissão gerou uma dinâmica deliberativa paralela a essa instância orgânica, de modo que cada grupo decidia sua conduta separadamente. Tudo conduzia para o aprofundamento dos confrontos.

26. A lista

"Está dizendo que devo escolher?"

William Styron, *La decisión de Sophie*.

Umas e outras sabiam que haviam chegado a uma situação limite na história do movimento. As contradições e tensões internas haviam alcançado um ponto em que o grupo hegemônico, liderado por Bonafini, considerava praticamente um estorvo a fração dissidente; e a fração dissidente já não tolerava a liderança da presidenta da Associação. Mas nenhum dos dois setores suspeitava qual seria a forma como o conflito seria resolvido.

Uma única vez, muitos anos antes — talvez muitíssimos anos, se o tempo fosse medido não pelo calendário, mas pelas mudanças produzidas nas Mães — elas estiveram à beira da divisão, após uma crise que, segundo algumas delas, poderia ter significado o fim precoce do grupo. Foi no começo de 1980, ainda sob a ditadura, quando ainda não se avistava o fim do terror.

Aquele momento ficaria gravado na memória de muitas mães como a crise mais profunda vivida pelo movimento, e algumas voltariam a lembrá-la nesta fase, como antecedente das novas vicissitudes e conflitos. O fato, no entanto, foi zelosamente silenciado por quase todas as protagonistas, e até hoje há quem prefira que não seja lembrado.

Aquela crise colocou em risco tudo o que haviam conseguido construir durante os anos mais terríveis da repressão, quando já eram um referencial interno e externo fundamental da resistência, prestes a serem indicadas para o Prêmio Nobel da Paz, que, naquele mesmo ano, porém, seria concedido a Adolfo Pérez Esquivel.

Nunca se soube com certeza quem se aproximou de María Adela de Antokoletz, a vice-presidenta da Associação, para fazer a oferta. Algumas mães dizem que foi um advogado vinculado a organizações de direitos humanos, que transmitia, por sua vez, uma mensagem dos militares. Outras afirmam que foi diretamente um alto oficial do exército.

O certo é que alguém propôs a María Adela que entregasse uma lista com vinte nomes de desaparecidos para que fossem liberados. O mensageiro não havia dito nem como nem por quê. Simples assim. Mas, o que significava essa proposta? Para a vice-presidenta das Mães, naquele momento em que os militares ainda eram os senhores da vida e da morte, significava — além de outras conotações e sentimentos — a oportunidade ou talvez apenas a ilusão de salvar alguns filhos.

Não era a primeira vez que uma mãe recebia uma oferta semelhante. No começo, sobretudo na etapa de busca individual de cada familiar, ofertas parecidas eram frequentes, embora quase sempre terminassem em estelionato ou mera extorsão. Em troca de dinheiro, geralmente, algum militar ou policial prometia, às vezes, informações; outras vezes, transmitia uma mensagem, ou até mesmo esperanças de libertação. Marta de Vázquez foi vítima desse tipo sinistro de extorsão, entre centenas de casos análogos. Ela se lembra quando Azucena Villaflor a alertava para não entrar nesse tipo de negociação. Eram os primeiros anos, e ainda não tinham a experiência que adquiriram à força de trágicas frustrações. Então, desesperadas ou agarradas à menor possibilidade, aceitavam negociar com o diabo.

Já havia passado muito tempo desde aquele primeiro período. Já conheciam histórias demais que terminavam simplesmente em estelionato. No entanto, a simples possibilidade, de novo, a menor possibilidade...

Essa nova proposta de negociação apresentava algumas diferenças substanciais em relação às do passado. Em primeiro lugar, María Adela era uma das duas dirigentes mais importantes da Associação, e em segundo lugar, uma circunstância se mostrava mais do que sugestiva: pediam-lhe uma lista de vinte nomes, e a Comissão Fundadora das Mães era composta por vinte mulheres.

María Adela ficou chocada com a oferta. Quase imediatamente após recebê-la, convocou algumas integrantes da Comissão Diretiva, as mais próximas, para uma reunião em seu apartamento na rua Oro, em Palermo.

Lá, ela compartilhou com o pequeno grupo a oferta pela primeira vez, embora não tenha revelado quem a havia entregado. Não havia dúvida, no entanto, de que se tratava de uma pessoa com vínculos diretos com o poder, e que à vice-presidenta das Mães merecia certa credibilidade, ao menos para considerar seriamente a proposta.

Já naquela primeira reunião surgiu a polêmica. Apesar de se tratar das mais próximas de María Adela — entre elas, Chela de Mignone e Élida de Galletti —, nem todas, nem de longe, concordavam em aceitar o acordo. Talvez por isso, uma das primeiras conclusões que a vice-presidenta das Mães tirou daquele encontro foi que deveria comunicar o caso à Comissão Diretiva como um todo. Foi então que se desencadeou a crise mais profunda que o movimento havia enfrentado até aquele momento.

A questão era extremamente delicada para antecipar detalhes ou comentários incompletos, então María Adela aguardou, como fazia todas as terças-feiras desde há mais de dois anos, a próxima reunião da Comissão Diretiva. Lá, na segunda terça-feira de março de 1980, María Adela relatou às suas companheiras de direção do movimento o que havia ocorrido, desde a formulação da oferta até o intercâmbio prévio com algumas mães. Acrescentou mais uma coisa. Disse que já havia tomado uma decisão pessoal irrevogável: incluiria o nome de seu filho Daniel na lista. Disse que entendia que deveria compartilhar sua decisão com todas as integrantes da Comissão, e até se perguntava se tal decisão impediria sua permanência no movimento.

Se tratava, sem dúvidas, de uma dicotomia dramática. A questão central que as Mães levantaram não girou em torno da veracidade da oferta, porque, tal como acontecera em outras ocasiões, a maioria sabia que, se María Adela havia levantado a questão, era porque a considerava crível. Além disso, por mais que especulassem, a possibilidade de alcançar alguma certeza a esse respeito as excedia. Como em outras vezes no passado, se tratava de fazer coisas, embora duvidassem profundamente de que aquilo servisse para algo. Por acaso, poderiam estar pior do que estavam?

A questão de fundo era outra. As Mães deveriam aceitar a proposta? Deveriam negociar com os militares uma lista de vinte liberados? Essa negociação não contradizia sua luta pelos milhares de desaparecidos? As Mães que aceitassem a proposta não estariam aproveitando para seu benefício próprio o privilégio de pertencer à Comissão Diretiva? Deveria prevalecer em cada mulher sua condição de mãe, ou seu caráter de dirigente e representante do conjunto de mães e desaparecidos?

Uma tempestade de perguntas, dúvidas e questionamentos mútuos abalou as Mães. Nenhuma se poupou em apresentar argumentos, a favor ou contra. A discussão foi intensa, por vezes veemente, já que essa oferta inevitavelmente as confrontava com opções não apenas antagônicas, mas inconciliáveis. No entanto, nunca perderam o respeito mútuo, nem as que queriam aceitar a proposta, nem as que a rejeitavam. Todos os argumentos eram válidos, e, em última instância, todas compreendiam que eram vítimas, igualmente, da mais terrível das extorsões.

Finalmente, apenas algumas poucas concordaram com a decisão da vice-presidenta. A maioria se manifestou contra. Apesar desse resultado, María Adela reiterou que apresentaria a lista com as que compartilhassem sua decisão. Era o que ela havia dito no começo da reunião e mantinha sua posição.

Foi o que fez. Um ou dois dias depois, María Adela e outras mães entregaram aquela lista de nomes. Então, as mães que haviam contradito a posição da vice-presidenta sentiram que, entre elas, havia se aberto um abismo.

Segredo e confissão

Bonafini rejeitou a proposta desde o primeiro momento. Não apenas não estava de acordo em incluir o nome de seus filhos naquela lista, como também insistiu para que nenhuma mãe aceitasse a extorsão. Se o fizessem, a condição moral de cada dirigente ficaria gravemente afetada, e o movimento, que tantos esforços haviam custado para ser forjado, enfrentaria a mais séria das crises, talvez até terminal. Para a presidenta das Mães a situação criada após a apresentação da lista por parte de María Adela era de gravidade tamanha que pensou em renunciar. Assim expressou em uma carta datada em 31 de março de 1980, dirigida ao "reverendo Padre Frank", a quem Hebe Bonafini escreve que, "com muito segredo e sem que isso se tornasse público", queria te contar, "como se fosse meu confessor", um problema. "Há alguns dias, dois homens se apresentaram na casa de nossa vice-presidenta e pediram que nos comunicássemos para dar uma lista com vinte nomes de desaparecidos para tirá-los de lá, desde que não estivessem mortos ou fossem pessoas muito comprometidas, ficando as pessoas que aceitassem como reféns morais do governo, para que eles dissessem o que quisessem sobre nossos filhos e sobre nós".

Que aquelas mães ficariam em condição de reféns morais, é claro, era uma conclusão de Hebe. Bonafini narra em sua carta que, "desgraçadamente", seis mães da Comissão Diretiva da Associação "aceitaram e colocaram os nomes de seus filhos".

"Eu me opus firmemente, pois sempre lutei por todos", esclarece. No entanto, uma pergunta final, em tom de posfácio, revela certa vacilação, que se torna intensamente dramática Hebe escreve para seu interlocutor, mencionando que as últimas notícias sobre seu filho Jorge datavam do final de 1978 e as de seu filho Raúl, de 1979. Ela então pergunta: "Tu achas que eu errei? Será que foi a única oportunidade?". "Por favor, me responda", roga.

Pela primeira vez, a carta de Bonafini considera a possibilidade de renunciar à presidência do movimento. "Se as coisas não caminham, penso em renunciar, pois as mães vão descobrir e vão achar que fizemos uso de um privilégio que não nos corresponde, estou muito aflita".

No dia seguinte à data da carta ao "Padre Frank", a Comissão de Mães deveria se reunir novamente para discutir, em particular, a posição das mães que haviam apresentado a lista. Embora se tratasse de um fato consumado, a maioria das integrantes da direção do movimento achava que a gravidade daquela apresentação exigia que o debate continuasse.

A carta de Bonafini antecipa o conteúdo dessa reunião e também sua preocupação com o segredo que haviam se imposto: "Amanhã teremos uma reunião para pedir às seis mães que se retirem por três meses, para ver quais consequências isso trará, mas de qualquer forma, a maioria acha que não devemos contar ao grupo de mães, e eu acho desonesto, pois de algum jeito elas vão descobrir, não existe segredo entre 20 pessoas".[85]

Em 1º de abril de 1980, a Comissão Diretiva da Associação se reuniu no local da rua Uruguay, esquina com a Viamonte.

María Eugenia Cassinelli era uma das que mais firmemente havia insistido na necessidade de retomar o debate.[86] Formada em Psicologia,

85. Não se sabe com certeza quais mães decidiram incluir o nome de seus filhos na lista. Sem dúvida, a primeira foi María Adela. Segundo Bonafini, teriam aderido à iniciativa Carmen de Lapacó, Élida de Galletti, Hilda de Ninicucci e Marta de Vázquez. Contudo, esta última nega a participação. Rejeitaram a proposta Hebe de Bonafini, María del Rosario de Cerruti, Nora de Cortiñas, María Eugenia Cassinelli, Beatriz Ketty de Neuhaus, Juana Meller de Pargamente e Laura Rivelli.

86. María Eugenia faleceu em 1995. Era mãe da desaparecida María Claudia García Iruretagoyena, esposa do jornalista Marcelo Gelman, filho do poeta Juan Gelman. Ambos desapareceram no início de 1976. Marcelo teria sido assassinado na Argentina, enquanto María Claudia foi transferida para o Uruguai, onde, após dar à luz sua filha Macarena no início de novembro de 1976, também teria sido assassinada. Os repressores uruguaios mantiveram María Claudia

uma das mães mais ativas, e embora demonstrase muita confiança em suas opiniões, sempre intervinha com moderação e equilíbrio. Embora ela se opusesse fortemente à decisão de Maria Adela, e apesar de seus fortes argumentos contra as mães que assinaram a lista, manteve tal postura. Respeitava muito María Adela e entendia profundamente o trágico dilema que ela atravessava, então ele voltou ao assunto com cuidado e consideração.

— É uma escolha tremenda, trágica, né?! — começou María Eugenia. Contudo, logo passou ao questionamento direto, dirigindo-se a María Adela: — Tu expressas tua opinião com muita ênfase, o que, acredito, é até uma forma de influenciar. Porque, logicamente, tu és uma figura muito respeitada e, além disso, pelo cargo que ocupa.

María Adela ouvia em silêncio. Tinha acabado de defender sua decisão de incluir o nome de Daniel na lista e de compartilhá-la com a Comissão Diretiva, alegando que considerava isso uma obrigação. Mas María Eugenia acreditava que ela não o fizera por "dever", mas para tentar influenciar a decisão das demais integrantes da direção.

— Acho que teria sido melhor se tivesse mantido tua decisão pelo sim ou pelo não em particular — afirmou María Eugenia. — Mesmo no caso de trazer essa questão, que, na minha opinião, nem deveria ter sido levantada aqui, já a sua opinião, de certa forma, estava influenciando, porque é a opinião da pessoa que apresenta a proposta de maneira muito expressiva.

A observação não era meramente formal. María Eugenia apontava como María Adela não era apenas uma mãe, mas uma dirigente, e que essa condição exigia que ela estabelecesse sua posição não apenas como mãe de Daniel, mas também a partir de sua responsabilidade na condução do movimento. Essa responsabilidade era dobrada devido à enorme influência que sua palavra exercia sobre as outras mães. María Eugenia também ressaltou que a pergunta de María Adela sobre se deveria ou não continuar no movimento, após comunicar a decisão de incluir o nome de seu filho na lista, era outra forma de pressionar a decisão da Comissão.

presa no Serviço de Informações de Defesa (SID) até levá-la ao Hospital Militar para o parto. María Claudia chamou a filha de Macarena. A bebê foi inicialmente entregue a uma família ligada a um funcionário policial e, mais tarde, levada ao centro clandestino de detenção e tortura conhecido como Base Valparaíso. A investigação realizada pelo poeta Juan Gelman, com o apoio de familiares, amigos e meios de comunicação, permitiu localizar sua neta em Montevidéu. Somente então ela recuperou sua identidade e seu verdadeiro nome: María Macarena Gelman García Iruretagoyena.

O silêncio era absoluto. María Eugenia, percebendo que havia focado sua análise em María Adela, tentou explicar que não se tratava de algo pessoal.

— Sem julgar, nem bem nem mal — acrescentou — Porque não é esse o objetivo. Além disso, isso não é algo pessoal, porque se fosse algo pessoal seríamos muito imaturas e infantis. Isso é algo coletivo, para analisar como movimento, como processo. E eu realmente acredito que, a partir do momento em que tu expressaste tua opinião, de certa forma também estava influenciando, não?

A vice-presidenta não respondeu, e Cassinelli continuou sua exposição:

— E há outro aspecto. A proposta em si gera dois pontos importantes. Por um lado, há o fato de que essa lista de supostas vinte pessoas — ou seja, uma lista seletiva — coincidentemente tem o mesmo número que nós, que somos vinte. Nessa lista escreveríamos os nomes, estariam os nomes dessas pessoas, mas não saberíamos se estavam mortas ou vivas ou, em todo caso, o governo decidiria, por sua própria conta, se eram culpadas ou não para liberá-las. E, imediatamente, ficaríamos na condição de reféns morais, na medida em que eles poderiam dizer qualquer coisa. Ou seja, que esta mãe é uma sem-vergonha, uma mentirosa. E isso, de alguma forma, evidentemente afetaria todo o grupo, porque se...

María Adela a interrompeu. Discordava completamente do que María Eugenia dizia. Opinou que quem acreditasse que, ao entregar essa lista, as Mães ficariam na condição de reféns morais, estava enganado. Também não via sua atitude como uma traição às outras integrantes do movimento.

— Mas vão se sentir muito desiludidas moralmente — respondeu María Eugenia.

María Adela argumentou, então, que já haviam ocorrido casos de liberação de detidos-desaparecidos:

— Já estão saindo, María Eugenia. Não seria a primeira vez. Está saindo gente... Está saindo gente, estão aparecendo...

Pela primeira vez, María Eugenia pareceu alterada:

— Quem está saindo?! Me diz, se está saindo gente, quem está saindo?

E acrescentou, indo diretamente ao ponto com sua crítica, dizendo que se havia liberados, não era porque elas os escolheram.

— Eles saem espontaneamente, mas nós não nos comprometemos. Essa é a diferença

María Adela sentiu o impacto e então retomou sua decisão sobre levar a proposta à Comissão:

— Qualquer proposta que me façam, pertencendo a uma Comissão como esta, sinto, e é minha íntima convicção, que meu dever moral é comunicá-la à Comissão.

— Mas veja bem, essa proposta atenta contra a própria essência desta Comissão — respondeu firmemente María Eugenia.

— Eu não vejo dessa forma, eu não vejo dessa forma...

— É perceptível a tal ponto que provocou um colapso total, diretamente. Por alguma razão isso aconteceu.

— Eu sei — reconheceu María Adela — Por esse colapso total é que estamos todas reunidas…

— Não é algo pessoal — tentou suavizar María Eugenia.

María Adela tentou justificar sua atitude. Disse que, em cada oportunidade que lhes haviam dado, as Mães, "convencidas de que mais da metade dos sequestrados estão mortos, dissemos: vamos salvar quem for possível".

— Mas, depende da forma — interveio María Eugenia.

A prova

Até aquele momento, apenas María Eugenia e María Adela haviam falado. No entanto, todas as mães presentes tinham suas opiniões, e cada uma já havia tomado uma decisão prévia. Foi então que Hilda de Miccusi interveio em apoio a María Adela:

— Acho que não há muitas alternativas para escolher o formato — disse Hilda, retomando o questionamento implícito na última frase de María Eugenia.

— Sim. Não estamos em posição de sermos nós as exigentes, entende... — apoiou Marta de Vázquez. Mina de Binstock lembrou que, em uma discussão anterior, alguém havia sugerido que, em vez de uma lista de vinte, fosse apresentada a lista completa de desaparecidos. Outra mãe propôs que se fizesse um sorteio com base nessa mesma lista. No entanto, alguém recordou que María Adela se opôs a ambas as alternativas, sobre as quais, de qualquer forma, também não havia consenso majoritário.

María Adela interrompeu para dizer que apresentar uma lista completa não era uma opção:

— A proposta foi por uma lista limitada. Lamentavelmente, não deveria exceder vinte pessoas. Enviaram mais. Enviaram uma lista maior. Mas soubemos, desde o início, que a lista não poderia ser feita assim, escolhida aleatoriamente por outros, apresentando o grosso da lista que temos.

María del Rosario de Cerruti, que até então havia permanecido em silêncio, juntou-se à crítica a María Adela:

— Por que não fazer um sorteio? Qual é o privilégio das Mães? Por que nós temos que escolher?

— Mas foi o que nos pediram. Não pediram a lista de todos os filhos... — explicou María Adela.

— Por que a pessoa ou as pessoas [que fizeram a proposta a María Adela] não escolheram elas mesmas? — questionou María Eugenia.

A pergunta tinha como objetivo evidente demonstrar que a "oferta" buscava comprometer as Mães, obrigando-as a negociar para, posteriormente, chantageá-las moral e politicamente

— Senhor, nós lutamos em nosso movimento por seis mil desaparecidos. Aqui está a lista. Pega. Quer salvar vinte? Pega. Salva vinte, por favor. Por que o limite? Por quê? — representou María del Rosario.

— Eles terão que escolher entre 6 mil — disse, irônica, Laura de Rivelli.

—Não, não, não. Limitada porque eram vinte — afirmou María Adela.

— Dessa lista, vinte — acrescentou Hilda.

— Mas nos comprometendo — replicou Laura.

— Não, olha, a chance foi dada a mim. Foi dada a mim. Escolhe tu vinte, vinte e cinco, ponha tu. Eu disse não!! Não disse nada, mas... — explicou María Adela.

María del Rosario a interrompeu para afirmar que o que queriam era chantagear, comprometer as Mães. Depois perguntou:

— María Adela, tu assinaste algo?

— De forma alguma, María del Rosario, de forma alguma. A proposta era uma porta que, talvez, se abrisse. Algo que talvez funcionasse, algo que poderia dar frutos ou não.

Nesse ponto, Bonafini interveio pela primeira vez. Sua voz soou categórica:

— Não podemos desfrutar de privilégios — disse.

Miccusi respondeu que não era um privilégio. Hebe insistiu, e outras vozes a apoiaram utilizando os mesmos termos.

A voz de María Adela soou ofendida:

— Mas me escuta — dirigiu-se a Hebe — E se escolherem esses vinte para matá-los? Nesse caso, onde está o privilégio?

Quita de Chidichimo pensava que poderia ser tanto um privilégio quanto "uma cobaia".

— Já teriam matado — disse alguém.

— É para outra coisa, é para dar-lhes a possibilidade de sair — acrescentou outra pessoa.

— É o que se espera, é o que se espera — interveio María Adela.

María del Rosario não concordava. Disse que era preciso "ser mais criteriosa". Mas a vice-presidenta já estava cansada de discutir:

— Eu não sei por que se insiste nisso, quando já parece que choramos pelo leite derramado.

Várias mães responderam que não era assim, que era preciso continuar falando sobre o tema, e muito.

— Ocasionou um desastre total, María Adela. Todo mundo ficou mal — afirmou María Eugenia.

— Ficamos muito mal, sim — concordou María del Rosario.

— Eu também fiquei muito mal, eu também fiquei muito mal — disse María Adela.

— Então, como não se vai voltar a isso? — perguntou María Eugenia.

A discussão estava empacada. Ou não. Cada uma tinha dito o que pensava, talvez com menos reservas que em outras ocasiões. Mas, como seguir agora? *Yoyi* de Epelbaum, que não havia participado das discussões anteriores e tentava deduzir o que tinha acontecido, perguntou se a lista já tinha sido entregue.

— Já foi apresentada — confirmou María Adela.

— O que se pretende agora, que se retire? — insistiu *Yoyi*.

— O que queremos é avaliar o que vai acontecer agora — explicou Hebe —. Quais consequências isso pode trazer para todo o grupo. E por que foi feito. E fazer uma avaliação, porque não dá para deixar assim. Todas ficamos muito mal. Não dormimos.

— Tu vais tentar fazer uma avaliação e não vais conseguir nada. Absolutamente nada — disse María Adela com energia.

— Eu entendo que, até que não haja algum tipo de resposta, não há nenhuma avaliação a ser feita — afirmou *Yoyi*.

— Nenhuma avaliação, nenhuma avaliação a ser feita — enfatizou María Adela. — A avaliação não é sobre o fato, mas sobre o nosso processo. Um momentinho, isso não são questões pessoais — disse María Eugenia.

— O nosso processo é seguir em frente, não há outra alternativa — disse *Yoyi*.

Algumas mães interpretaram a afirmação de *Yoyi* como uma tentativa de encerrar o debate e não concordaram. Ainda assim, *Yoyi* insistiu que era preciso esperar, até especulando que talvez fosse possível apresentar outra lista.

— E quem te disse que existe essa possibilidade? — perguntou Laura.

— Não, não — negou María del Rosario — Essa lista, esse pedido, veio, evidentemente, de pessoas ligadas aos militares. Supostamente, a pessoa que trouxe a proposta vai entregá-la aos militares. Muito bem. Os militares podem analisar a lista e dizer: "Bom, fulaninha é individualista, esta aqui desestrutura o grupo; sicrana, individualista. Esse grupo tem essas duronas; vamos apaziguá-las de outra forma." Podem fazer algo assim. Porque, como levaram...

— Pensa comigo, María del Rosario, mesmo que fosse assim, O que ganhamos agora discutindo isso?

— Sim, temos que discutir — afirmou Laura — Como que não? Só um pouquinho.

— Existem valores morais — disse María del Rosario, firme.

A observação de Rosario incomodou Carmen Lapacó, que argumentou que, se fosse possível fazer algo, mesmo que para salvar apenas alguns, era necessário fazê-lo. *Yoyi* reiterou que não valia a pena continuar discutindo e que deveriam pensar no futuro:

— Falar daqui para frente. Isso já foi, não podemos retirar. A única coisa que dizemos é: não vamos nos dividir por isso, de jeito nenhum.

— A divisão já está feita — replicaram várias ao mesmo tempo.

Apesar das críticas, María Adela não pareceu abalada. Pelo contrário, continuou defendendo sua decisão. Repetiu que, ao compartilhar a proposta com elas, avisou que cada uma era "dona" da decisão que considerasse adequada, e que, independentemente da resposta das demais, incluiria o nome de seu filho na lista. María del Rosario tentou interrompê-la, mas ela continuou falando e explicando que havia agido dessa forma porque achava que era honesto e que, nesse processo, havia sofrido muito:

— Eu passei mais nervosismo, mais desespero, mais angústia, mais tudo, do que qualquer uma que está aqui Mas eu queria dizer que estavam em absoluta liberdade de dar sua opinião. E, mesmo que as opiniões fossem negativas, negativas, mesmo que ninguém aceitasse, eu assumiria a responsabilidade, inclusive diante do meu filho. Diante do meu filho, sim, mesmo se, no dia de amanhã, ele me dissesse: "Tu erraste". Então, María Eugenia, eu não estava querendo influenciar as outras. Porque eu admitia a possibilidade de que meu filho me repreendesse completamente pelo que eu tinha feito. Que forma de querer influenciar é essa?

— Bom, essa é uma forma — respondeu, sem nenhuma ironia, María Eugenia.

Renúncia e reconsideração

O debate não foi resolvido, na verdade, nunca estaria. Bonafini sentiu que não estava em condições de continuar à frente das Mães e apresentou sua renúncia irremovível e por escrito no dia 28 de abril de 1980. Embora não mencione explicitamente o episódio da lista, o texto expressa uma a uma as causas de seu desassossego. Ela diz que renuncia "por não ter conseguido que essa Comissão alcançasse a amplitude suficiente para permitir a participação das mães que pudessem somar com sua colaboração, porque nesses últimos meses se perdeu muito tempo precioso em discussões estéreis que afetam o movimento; porque deseja se dedicar plenamente, neste momento tão difícil, a reunir todas as mães e familiares de desaparecidos que a solicitem em apoio ao movimento, e que pertencendo a essa Comissão não pode realizar".

Finalmente, ela acrescenta que um fator de ordem econômica "a impede de viajar à Capital Federal com a frequência necessária".

Embora Bonafini tenha antecipado sua decisão a algumas Mães — a María del Rosario e algumas mães de La Plata muito próximas a Hebe —, a maioria soube pela carta. O impacto da novidade foi enorme. A Comissão Diretiva se reuniu na ausência da sua presidente e, por unanimidade, resolveu, apesar do caráter irremovível da renúncia, pedir que reconsiderasse sua decisão. Designaram, ainda, uma delegação que viajaria até a casa de Bonafini em City Bell para lhe entregar uma carta assinada por todas as integrantes.

A carta, datada do mesmo 28 de abril, dizia que "com muita tristeza lemos a nota pela qual tu apresentas tua renúncia como Presidente e membro da Instituição que ajudou a criar, Mães da Praça de Maio".

"Razões muito profundas de caráter afetivo, como também a estima que sentimos por sua capacidade, por sua vontade de trabalho e desapego, nos movem agora a pedir que retire sua renúncia.

Entendemos que uma discussão saudável e sem preconceitos sobre os temas que te preocupam e que teriam motivado a apresentação de sua renúncia, poderia talvez levar a uma melhor avaliação dos mesmos e, por que não, a uma convergência de critérios que permitiriam superar qualquer brecha de opiniões e continuar todas juntas e unidas trabalhando na dura e dolorosa tarefa que nos impomos".

A carta concluía solicitando que refletisse e que aceitasse manter uma reunião para "analisar cordialmente as questões por ti levantadas em busca dessa solução adequada que desejamos".

Hebe retirou sua renúncia.

A propósito: nenhum desaparecido foi liberado como consequência da entrega da lista.

Cinco anos depois daquela trágica história, sobre a qual as Mães silenciaram para a maioria das integrantes do movimento e mantiveram em absoluto segredo para a opinião pública, as feridas ainda estavam abertas. Algumas Mães que haviam rejeitado se envolver com a lista pensavam que aquele episódio tinha exposto profundas contradições que as distanciavam, e que as novas tensões, de alguma forma, tinham a mesma origem: individualismo, diferentes níveis de consciência sobre a importância da luta coletiva por todos os desaparecidos, e diferenças culturais e sociais. Não eram esses mesmos fatores que agora estavam em jogo, quando algumas iam atrás da recuperação dos cadáveres de seus próprios filhos, sem avaliar o prejuízo que isso poderia causar à luta coletiva? Não seria isso uma saída "individual" ao invés da luta política? Em todo caso, Maria del Rosario, Hebe e outras mães da Comissão Diretiva estavam convencidas de que aquele episódio tinha traçado uma linha, para muitas invisível, que as dividiria para sempre.

Nem todas as mães chegaram à mesma conclusão, incluindo algumas como Nora de Cortiñas, que também havia rejeitado a lista. Para ela, as coisas não eram tão simples: que mãe estava em condições certas de determinar o limite do que se podia ou devia fazer para recuperar os filhos perdidos? Quem poderia julgar as decisões alheias, a partir de que paradigma, com que sistema de valores? A perversidade da chantagem — mesmo que não estivesse claro que o fosse — estava justamente em se aproveitar daquela situação trágica.

De uma perspectiva diferente, muitos anos depois, Maria Adela faria uma reinterpretação daqueles fatos. Recordando a carta de renúncia de Bonafini, a vice-presidenta das Mães confiaria a Marta de Vázquez que se arrependera de não ter aceitado a demissão. Mas, em 1985, as circunstâncias já haviam mudado, e muito: Hebe não apenas não pensava em renunciar, como estava disposta a pelear pela plena hegemonia de suas posições.

TERCEIRA PARTE

A RUPTURA

(De março de 1985 a junho de 1986)

27. Lenços proibidos

"Se cumprir tudo o que promete, vai se tornar Deus", declarou Bonafini com sarcasmo à imprensa no final de março de 1985. Ela se referia a Julio César Strassera, procurador principal no caso aberto contra os ex-comandantes perante a Câmara Federal de Apelações da Capital Federal. A contrapelo da tradição que prega a parcimônia, se não o silêncio, dos funcionários judiciais em respeito à máxima de que "os magistrados só falam através de suas sentenças", Strassera concedia longas entrevistas nas quais se expandia amplamente sobre as acusações e sua estratégia para demonstrar a culpa dos dirigentes do "Processo de Reorganização Nacional".

Com seu tom grave e um cigarro sempre aceso, o procurador havia se tornado uma verdadeira estrela midiática, que se manifestava abertamente contra os acusados, revelando os bastidores da repressão, e, por vezes, deixava transparecer sua indignação com a perversidade dos métodos empregados na "luta antissubversiva".

A imagem do procurador e suas intensas aparições na mídia impactaram favoravelmente a opinião pública e colocaram Strassera no centro da cena política. Isso incomodava Bonafini, que considerava exagerada a relevância dada pelos meios de comunicação ao procurador, enxergando, sobretudo, uma operação de imprensa em benefício da política de governo. O essencial da construção jurídica do governo permanecia intacto e, por isso, também as críticas das Mães a essa construção. A pitada de ironia destilada pela presidenta revelava descrença e, acima de tudo, refletia as duríssimas críticas à justiça expressas pelo movimento em seu último Encontro Nacional.[1]

No entanto, essa orientação entrava novamente em conflito com a de outras mães da Comissão Diretiva. Talvez a mais sensível a essas críticas implícitas a Strassera fosse Marta de Vázquez. Marta estava convencida de que o procurador desempenhava um papel extraordinário e de que o próprio julgamento que estava prestes a começar seria transcendental.

No dia 2 de abril, durante uma reunião da Comissão na Casa das Mães, Marta criticou as declarações de Hebe. Ela expressava, é claro, a opinião do grupo dissidente, que mais uma vez via a presidenta da Associação imprimir ao movimento, perante a sociedade, um tom opositor que não distinguia entre os aspectos negativos e positivos da política oficial. Sem dúvidas, para esse grupo, o julgamento estava entre os aspectos positivos; mais ainda, consideravam-no uma iniciativa de grande relevância, destinada a deixar uma marca duradoura na consciência dos argentinos.

Marta, sem rodeios, defendeu Strassera. Disse que ele estava fazendo um esforço enorme, que muitos o comparavam a um Quixote, enfrentando quase sozinho mais de vinte advogados dos ex-comandantes. Carmen de Lapacó e Élida de Galetti compartilhavam as expectativas de Marta e enfatizaram o papel positivo do procurador. Hebe se limitou a justificar-se repetindo suas declarações públicas.

— Apenas disse que, se ele cumprisse o que estava prometendo, seria como Deus. Não disse que ele não é capaz, só que me parecia que estava prometendo demais. Marta argumentou que, naquele momento tão especial, as Mães não podiam aparecer publicamente minimizando os fatos e desmerecendo o trabalho do procurador:

— Isso é como ir contra o que nós mesmas viemos pedindo há anos.

1. Conforme Declaração do Encontro Nacional de Mães da Praça de Maio, 31 de março de 1985. Assinam Azucena Caribano de Prieto (Junín, Provincia de Buenos Aires); Darwina Gallucchio (Provincia de Santa Fe); María Rosa de White (Provincia de Santa Fe); Nidiea de Andreani (La Plata); Walfrida de Torti (La Plata); Gladis Ponti (La Plata); Aurora Fraccarolli (Provincia de Entre Ríos); Juana de Pargament (Capital); Hebe de Bonafini (presidenta); Olga Márques de Aredes (Provincia de Jujuy); María Adela Gard de Antokoletz (vicepresidenta); Marta de Vázquez (Comisión Madres); Dolores Rigoni (Neuquén); Inés Ragni (Neuquén); Marcela Brizuela de Ledo (La Rioja); Juana de Minué (La Rioja); Celina de Kofman (Entre Ríos); Susana Dillon (Córdoba); Nelly Andrew (Bahía Blanca); Elsa Issa de Becerra (Mendoza); Adelina Carloni de Campoiano (Tucumán).

— Desde quando esse julgamento é o que nós pedimos? — rebateu Hebe — Strassera diz que vai basear sua acusação em 711 casos, e nós falamos de 30 mil desaparecidos. Isso é o que pedíamos? Me parece que você está muito confusa, Marta.

Marta explicou sua interpretação da estratégia do procurador. Argumentou que Strassera usava esses casos como exemplos e que isso não significava negar a existência dos milhares de desaparecidos.

— Ele não pode, em tão pouco tempo, tratar de todos os casos — argumentou — É simplesmente uma questão jurídica.

— Que ele fale do que quiser, mas não diga que isso é o que nós pedíamos. De jeito nenhum! — retrucou Hebe.

A discussão repetia outras que já tinham acontecido no âmbito da Comissão. Mas, como dessa vez a divergência e as críticas atingiram um grau maior de beligerância, todas concordaram com o pedido de Marta para que a polêmica fosse registrada em ata. Queriam deixar registradas, para o futuro, suas respectivas posições. Entendiam que o resultado do julgamento daria razão a uma ou outra parte e que, por isso, era importante registrar as declarações de cada mãe para quando chegasse o momento de julgar as condutas de umas e outras.

A tensão entre as Mães tinha, além de raízes profundas nas estratégias delineadas pelo setor liderado por Bonafini e pelo grupo dissidente, vínculos diretos com o clima de nervosismo e crispação que se sentia naquele mês de abril, nos dias que antecediam ao início do julgamento.

Testemunhas em perigo

No dia 12 de abril, Strassera denunciou à juíza Amalia Berrás de Vidal um "jogo de pressões" que estaria sendo exercido por setores próximos aos réus. O procurador revelou que um ex-policial disposto a testemunhar no julgamento havia recebido ameaças: ou ficava em silêncio ou prestava depoimento falso.

Independentemente dessa denúncia específica, soube-se que as ações intimidatórias se estendiam a vários testemunhos, e que a situação era mantida em sigilo para não intensificar o medo e afastar outras pessoas que também deveriam depor perante a Câmara Federal. Manobras de intimidação semelhantes já haviam ocorrido durante o funcionamento da CONADEP.

Além dessas intimidações configuradas no código penal, outro tipo de ações disfarçavam sua ilegalidade sob a aparência de autoridade judicial. No dia anterior às declarações de Strassera, o advogado do CELS, Luis Zamora, que representava a família da desaparecida Dagmar Hagelin na causa contra o tenente Alfredo Astiz, denunciou que "a batalha contra as testemunhas não consistia apenas em ameaças contra suas vidas, mas também em pretextos legais para sua inabilitação".

"Zamora afirmou que o doutor Miguel Pons, responsável pelo tribunal federal nº 6 e indicado para o cargo por Octavio Gauna, procurador-geral da Nação e encarregado de emitir as ordens de captura contra os principais líderes guerrilheiros, segundo o decreto correspondente do Executivo, havia ordenado a detenção, 'por falso testemunho', de Ángel Fragelli e Alejandro Yanonne, vizinhos de bairro onde, conforme consta em seus depoimentos, Astiz atirou contra a adolescente sueca", relatou uma reportagem. A nota também indicava que Ricardo Curuchet, advogado do militar, alegava que as testemunhas mentiam porque havia contradições em suas declarações no processo. Miguel Pons era o mesmo magistrado que havia ordenado a prisão do dirigente das Ligas Agrárias, Osvaldo Lovey. "Considero que essa situação mostra claramente a imagem atual da justiça argentina: Astiz em liberdade e duas de suas testemunhas perseguidas", declarou Zamora.[2]

À medida que se aproximava a data da primeira audiência pública no julgamento dos ex-comandantes, a tensão aumentava, enquanto rumores de instabilidade política e militar repercutia na imprensa.

Foi o próprio presidente da Nação quem contribuiu para a inquietação geral quando, no dia anterior ao início do julgamento, fez um alerta dramático sobre a gravidade da situação. Em uma mensagem dirigida a todo o país, Alfonsín denunciou uma ameaça golpista e, para enfrentar a conspiração, convocou uma mobilização popular na Praça de Maio.

A imprensa destacou que nunca antes na vida constitucional dos argentinos havia sido revelado com tanta energia pela primeira magistratura, um complô, a ponto de convocar a sociedade para defender as instituições nas ruas. "É a primeira vez na longa e turva história das conspirações argentinas que um presidente toma a decisão dramática de denunciar um golpe diante do povo", afirmou Pablo Giussani em sua coluna no dia seguinte,

2. SEOANE, María. Ahuyentar testigos. *El Periodista*, n. 32, 18 a 22 abr. 1985.

intitulada com a pergunta "Existe consciência do ocorrido?"[3]. Giussani acrescentava: "A tradição nessas emergências sempre foi esconder o problema, restringir sua discussão ao âmbito reservado dos palácios, enfrentá-lo em negociações secretas com os 'fatores de poder'".

O jornalista Giussani não hesitava — e com razão — em vincular a ameaça institucional ao julgamento. "Nunca houve na América Latina uma reafirmação da democracia que chegasse ao ponto de processar penalmente um golpe de Estado e julgar por violações de direitos humanos integrantes de três sucessivos governos militares", escreveu. O semanário *El Periodista* não se equivocava ao relacionar o clima intimidatório com a questão militar, mas não estava sendo preciso quanto ao significado jurídico real do processo que estava prestes a começar: em virtude do próprio decreto presidencial, que Strassera tomava como ponto de partida para sua acusação, ficava de fora qualquer ação contra a ação golpista de 1976 e as violações dos direitos humanos em sentido estrito. Pelo contrário, enquanto um julgamento por rebelião e outro por genocídio, iniciado por um organismo de direitos humanos, dormia nos gabinetes do judiciário, o promotor Strassera descartava esses crimes e imputava os ex-comandantes apenas por assassinatos, torturas e sequestros, como se se tratasse de crimes comuns.

Ou seja, desde o início, o governo buscava limitar os alcances do processo. Esses limites não se verificavam apenas na exclusão de tipos penais, mas também nos fatos que seriam investigados. Como havia adiantado à imprensa o promotor Strassera, a acusação se basearia em 711 casos "paradigmáticos" que, segundo ele, resumiam toda a tragédia e o genocídio. O argumento dos prazos exíguos para a execução do processo parecia justificar o recorte extraordinário, mas a seleção deliberada do promotor recebeu fortes críticas das Mães e de outros setores do movimento de denúncia, tornando-se motivo de zombaria por parte da extrema direita.

Foi o caso do defensor do genocida Ramón Camps, o general Osiris Villegas, que enviou uma carta a Raúl Alfonsín exigindo, entre outras coisas, que o presidente fornecesse "imediatamente" à justiça as "provas e documentos que se refiram aos 10 mil desaparecidos" que ele havia denunciado em sua recente viagem aos Estados Unidos. "Caso não se tome a medida correspondente — advertia o teórico da Segurança Nacional — Vossa Excelência estará

3. *La Razón*, 22 abr. 1985.

incorrendo em violação clara das normas constitucionais, em prejuízo do poder judiciário e das pessoas envolvidas nos fatos que o senhor denuncia".

Em um alarde de cinismo, mas que, no entanto, explorava as contradições da estratégia do governo, Villegas apontava na carta que "os número inicial de 30 mil desaparecidos foi reduzido para 10 mil após 10 de dezembro de 1983; esse número foi então diminuído pelo Informe Sabato para 'algo mais de 8 mil'; quando a acusação contra as juntas militares processadas pela Câmara Federal foi formulada, o fiscal mencionou apenas 711 casos; durante a ampliação da declaração de indiciamento dos ex-membros da Junta Militar, a acusação especificou apenas 47 casos; e agora, finalmente, segundo diferentes meios de comunicação, tanto nacionais quanto estrangeiros, haveria provas substanciais para apenas 11 casos". De acordo com Villegas, uma redução tão espetacular nos casos fundamentados resultava em uma "indefinição do objeto processual" no julgamento de Camps.

Talvez Giussani não estivesse errado ao caracterizar o julgamento que estava prestes a começar como um processo "contra os golpistas", se, em vez de se referir ao aspecto estritamente jurídico, ele tivesse incluído em sua análise a dimensão simbólica do acontecimento. Nesse último aspecto, essencialmente político, não havia dúvida de que, no final das contas, o julgamento estava colocando no banco dos réus os principais responsáveis pelo golpe, como ficaria registrado na memória popular.

Além das ameaças e declarações dos antigos pregadores da Segurança Nacional, nas vésperas do primeiro dia público do julgamento, os membros do tribunal encarregados de julgar as juntas estavam preocupados por outros motivos. "A Câmara Federal de Apelações expressou certa preocupação em relação às mobilizações programadas. Não se descarta que as audiências possam ser suspensas caso a ordem não seja mantida", afirmou o jornal *La Razón* em sua edição de 11 de abril.

De fato, as oito organizações de direitos humanos haviam convocado uma mobilização que ocorreria durante a primeira audiência do julgamento e se dirigiria até as portas do Palácio de Tribunais. A declaração que chamava para a concentração pública, e que assustava os juízes, dizia que todos os argentinos deveriam estar, "hoje como ontem, lutando por justiça". "Dada a grande importância institucional do processo contra os membros da Junta Militar, as organizações que assinam a declaração expressam sua decisão de contribuir para fortalecer a justiça — como deseja o Preâmbulo da nossa

Constituição — com sua presença ativa nas ruas das cidades e vilarejos do país no dia do início da fase de audiências públicas".

"Julgamento e punição para as juntas militares e todos os culpados", "Não às anistias, abertas ou encobertas", e "Investigação parlamentar do terrorismo de Estado e do aparato repressivo" foram as principais consignas do chamado.

Finalmente, em 22 de abril de 1985, a convocação das organizações recebeu uma resposta multitudinária. Embora as Mães não estivessem totalmente convencidas, ao menos em conjunto, de que essa mobilização deveria ocorrer — muitas achavam que participar significaria legitimar um processo judicial que lhes causava muitas desconfianças — elas marcharam junto ao restante do movimento, ao qual se juntou um grande público independente.

Os partidos eleitoralmente majoritários brilharam pela ausência. Tanto o radicalismo quanto o peronismo, com exceção de pequenos grupos das correntes mais identificadas com o problema, se abstiveram de participar da marcha. Predominava na liderança desses partidos a hipótese de que uma mobilização desse tipo poderia ser usada como desculpa pela ultradireita para acusar o governo de pressionar a Câmara e condicionar, de algum modo, o resultado do processo. Era uma ideia, no mínimo, paradoxal, em meio ao clima de instabilidade gerado precisamente pela pressão da ultradireita. O próprio Giussani, frequentemente alinhado ao governo, se perguntou se tal atitude era racional: "Não seria o caso de perguntar se dessas prudências não pode derivar um perigo superior ao que se pretende evitar com elas?".[4]

"Essa reticência das duas grandes forças políticas argentinas", enfatizou, "deixa transparecer pelo menos uma parte daquela ampla gama de apreensões. Ambas temem que a concentração cause tensões demasiadamente agudas e querem se dissociar das consignas extremas que possam surgir da multidão."

Em todo caso, era claramente perceptível que nada conseguiria diminuir o significado daquela jornada. O fato que mais expectativa provocava era a possibilidade de ver os comandantes sentados no banco dos réus. Embora se presumisse que os nove integrantes das ex-juntas militares que governaram o país entre 1976 e 1982 estivessem presentes no início das sessões, nenhuma fonte próxima aos acusados havia confirmado isso. No mesmo artigo, Giussani sabiamente ressaltava: "A Argentina leva mais de

4. Reflexiones en torno de una concentración. *La Razón*, 17 abr. 1985.

cinquenta anos se acostumando à ideia de que as Forças Armadas acabam sempre por ter a última palavra. Três gerações de argentinos foram criadas sentindo medo dos militares, um temor que naturalmente atingiu seu ponto máximo com o chamado Processo".

Precisamente, um fato que iria contra essas práticas argentinas estava prestes a ser produzido.

Primeira audiência

O Palácio de Tribunais, edifício monumental sustentado por uma fileira de colunas com reminiscências egípcias, gregas e romanas, desenhado pelo arquiteto francês Norbert Maillard, se tornou, naquele 22 de abril, o centro da atenção política do país. A tensão da jornada aumentava pelas severas medidas de segurança implementadas para garantir o início das audiências orais e públicas do julgamento aos ex-comandantes, em meio ao clima de apreensão gerado pelos últimos atentados e pela proliferação de ameaças, que não haviam cessado apesar das denúncias.

Apesar da incerteza que precedeu o fato, naquele dia registrou-se uma imagem que não se poderia apagar da consciência nacional: de um lado, os seis juízes encarregados do processo, León Carlos Arslanian — presidente do tribunal —, Jorge Torlasco, Ricardo Gil Lavedra, Guillermo Ledesma, Andrés D'Alessio e Jorge Valerga Aráoz; ao lado, os promotores Strassera e Luis Gabriel Moreno Ocampo. Quase de costas, embora com seus perfis perfeitamente discerníveis, os acusados — aqueles que, até pouco mais de um ano antes, detinham o poder absoluto e haviam sido donos e senhores da vida e da morte: Jorge Rafael Videla, Emilio Massera, Orlando Ramón Agosti, Roberto Eduardo Viola, Armando Lambruschini, Domingo Rubens Graffigna, Leopoldo Fortunato Galtieri, Jorge Anaya e Basilio Lami Dozo.

Essa imagem dos ditadores comparecendo diante dos juízes como réus simbolizava uma mudança de época. "Se instituía um símbolo que condensava o significado da nova etapa. No acervo das cenas fundadoras ou reforçadoras de mitos políticos na Argentina contemporânea, às quais já me referi, não havia nenhuma sequer parecida: a potência da lei no momento, altamente cerimonial, de ser acatada pela hierarquia do até então poder absoluto. Creio que ali se consumava a derrubada simbólica da última ditadura. Admitamos, então, que nessa cena de transição, inédita, se entrelaçavam significados que não apenas reconstituíam a memória completa da ditadura, mas incorporavam, propriamente implantavam, as bases de uma nova memória da democracia", diria muitos anos depois o ensaísta Hugo Vezzetti.[5]

Houve outra cena, que não alcançou a mesma dimensão, mas que contribuiu para completar o significado do fato principal: no centro da imagem estava o lenço branco das Mães da Praça de Maio. Como tantas outras personalidades que assistiam a essa primeira audiência como público e que contribuíam para a representatividade e legitimidade do que estava prestes a se iniciar, Hebe de Bonafini atravessou o arco detector de metais instalado na antesala da Sala de Sessões da Câmara Federal de Apelações. Mas quando se preparava para entrar no recinto, foi detida por um policial. Ela deveria tirar o lenço que tinha na cabeça. A presidenta das Madres pensou em discutir, mas logo percebeu que sua resistência seria inútil. Provisoriamente, então, decidiu tirar o lenço, mas o colocou novamente assim que entrou na sala.

Informados os membros do tribunal sobre a atitude de Bonafini, decidiram não iniciar o julgamento até que ela retirasse o lenço da cabeça ou se retirasse da sala. Eram terminantes: o regulamento das audiências proibia símbolos ou expressões políticas dentro do recinto, e, na interpretação do tribunal, o lenço das Mães se enquadrava nessa categoria. Nenhum dos integrantes da Câmara queria — nem imaginava — que a situação se transformasse em um incidente maior, mas Bonafini, como se sabia, não era uma pessoa fácil de convencer. A tarefa foi assumida por Adolfo Pérez Esquivel, Augusto Conte e Emilio Mignone, mas falharam.

Seria ordenada a expulsão de Hebe de Bonafini à força? Uma coisa era demonstrar a autoridade da Câmara, e outra, muito diferente, provocar um fato que, de alguma forma, turvasse a repercussão pública do acontecimento. O fiscal Strassera e seu adjunto, Moreno Ocampo, iniciaram uma segunda tentativa. Desse momento é a imagem capturada por um fotógrafo: ambos os funcionários judiciais se inclinam em direção a Hebe, que permanece sentada em uma cadeira na primeira fila, a dos convidados especiais. Embora ela esteja de costas para a câmera que capturou o instante, intui-se que Hebe mal olha para eles.

Então, enquanto todos na sala aguardavam, em tensa expectativa, o resultado das tentativas de Strassera e Moreno Ocampo de convencê-la, Bonafini tirou o lenço, o dobrou e o guardou na sua bolsa.

---

5. VEZZETTI, Hugo. *Pasado y presente*. Guerra, dictadura y sociedad en la Argentina. Buenos Aires: Siglo Veintiuno, 2002, p. 109.

O resultado tranquilizou muitos. Afinal, o fato de Hebe estar na sala e aceitar submeter-se à autoridade conferia uma dupla legitimidade ao julgamento. Por um lado, sua presença conferia representatividade ao processo; por outro, o episódio do lenço indicava a imparcialidade com que a Câmara exercia seu poder. No dia seguinte, *La Nación* afirmou que Bonafini havia provocado "dois incidentes": o primeiro ao entrar na sala e o segundo dentro da própria sala.

Questão de autoridade

Quinze anos depois, três juízes compartilharam em uma entrevista sua interpretação daquele episódio que havia alarmado o *La Nación*. "Entendíamos que haveria uma espécie de política de sabotagem ao julgamento", afirmou León Carlos Arslanian. "Fomos muito duros para evitar que a situação saísse do nosso controle". Para ilustrar essa dureza, Jorge Torlasco lembrou: "A primeira oportunidade em que conseguimos impor o regulamento foi antes da primeira audiência. Estava proibida qualquer insígnia política e as Mães da Praça de Maio chegaram com seus lenços brancos". "Não iniciamos o julgamento até que as Mães retirassem os lenços", confirmou Ricardo Gil Lavedra. E Torlasco conclui: "Foi um sinal de autoridade que serviu para outras situações", embora acrescente: "A verdade é que não teria sido tão grave, mas era um sinal para manter o curso normal do julgamento".[6]

Retomando, então, o curso normal do julgamento, durante aquela primeira audiência, depôs como testemunha o ex-presidente provisório Ítalo Argentino Luder, que havia assumido a presidência enquanto Estela Martínez de Perón, "Isabelita", tirava uma licença de alguns meses durante 1975. Nesse breve período, o dirigente peronista assinou os famosos decretos de 'aniquilamento' — numerados 2770, 2771 e 2772 — usados pelas forças repressivas como respaldo legal de seus atos durante essa última fase antes do golpe de Estado, e depois pelas próprias juntas militares. Era de conhecimento público que a defesa dos ex-comandantes argumentaria com base neles a legalidade de suas ações, e que os usariam especialmente para demonstrar o consenso que os partidos políticos teriam dado à decisão de eliminar "os elementos subversivos".

6. Há 15 anos condenavam as juntas militares, hoje contam os segredos do julgamento que mudou a história. *Revista Gente*, 18 abr. 2000.

Uma das primeiras perguntas feitas por Arslanian a Luder se referiu precisamente aos fundamentos desses decretos. Luder respondeu que "em fevereiro de 1975, a então Presidenta da República publicou o decreto 261/75, pelo qual se implementava a intervenção do Exército Argentino na luta contra a ação da subversão, focada no território da província de Tucumán. Quando eu exercia a Presidência da República, por esses decretos que o senhor mencionou, Sr. Presidente, 2770, 2771 e 2772, estendi a todo o território da Nação a intervenção das Forças Armadas para colaborar na luta contra a ação da subversão. Nos fundamentos do decreto estão apontados os motivos que o originaram. Era necessário garantir a segurança e a tranquilidade do país, comprometidos pela ação da subversão, e as polícias provinciais haviam sido superadas em suas capacidades pela falta de armamentos, de pessoal adequado e às vezes de treinamento operacional. Portanto, em salvaguarda do Estado, dos interesses do país e da própria integridade da Nação, eu, no exercício do Poder Executivo, implementei a atuação das Forças Armadas em todo o território do país para lutar contra a ação da subversão".

Do ponto de vista da estratégia do tribunal, essa resposta preparava o terreno para o que seria a chave do testemunho de Luder. "Doutor Luder — começou Arslanián — a propósito do decreto 2772, especialmente seu artigo 1°, poderia precisar os limites que o Poder Executivo Nacional deu à expressão 'aniquilar a ação dos elementos subversivos'?".

O ex-presidente provisório não vacilou. Disse imediatamente: "Sim, é o mesmo termo que se utiliza no decreto 261/75 de fevereiro de 1975, e quer dizer inutilizar a capacidade de combate dos grupos subversivos, mas de forma alguma significava aniquilamento físico nem violação à estrutura legal sob a qual estava o país, para derivar tudo o que fosse repressão dentro de um marco legal. Os decretos de maneira alguma pressupõem repressão fora da lei, é simplesmente adicionar à ação das polícias provinciais a contribuição que as Forças Armadas poderiam dar, pois era necessário salvaguardar não apenas a ordem institucional, mas a própria vida da Nação".

Talvez fosse legítima a afirmação de Luder sob a perspectiva penal específica, e acertado seu enquadramento na teoria militar, mas não sob o ponto de vista político: esses decretos e essa linguagem abriram o caminho para a instalação plena do terrorismo de Estado que, por outro lado, já começava a operar através das Triple A[7] sob o governo de Isabel Perón.

Luder sabia onde apontar porque a estratégia — tanto judicial quanto midiática — da defesa dos ex-comandantes, como de toda a ultradireita que reivindicava as ações da ditadura, baseava-se em demonstrar que havia ocorrido uma guerra, e que a palavra "aniquilamento" significava isso, eliminar fisicamente os subversivos. Assim, a declaração do ex-mandatário não favoreceu esses interesses, apesar de que em algum momento de seu testemunho — uma gafe ou falha — em vez de dizer "luta contra a subversão", começou a dizer guerra. Ele se deteve antes de pronunciar a letra "a", mas já havia sido o suficiente para provocar sorrisos irônicos dos advogados dos ex-comandantes.

"A ostensiva satisfação com que os advogados receberam esse tropeço", diz Pablo Giussani, "deixou claro uma das linhas centrais de sua estratégia neste processo e confirmou de fato os rumores prévios que lhes atribuíram o propósito de focar na ideia de que a luta contra a subversão havia sido uma 'guerra'".[8]

Crime e guerra

Já em suas declarações de indagação perante o Conselho Supremo das Forças Armadas, Videla havia afirmado: "Foi uma guerra em seu momento aceita, eu diria aplaudida, em seu resultado, por grandes setores da sociedade civil, sem os quais, talvez, a vitória militar alcançada naquele momento não teria sido possível".

Ao reafirmar a ideia de guerra como justificativa para os métodos repressivos — hipótese que, no entanto, não encontrou fundamento em qualquer ordenamento legal — o ex-ditador introduzia, como fator a ser considerado, a cumplicidade de setores políticos e sociais com o regime genocida. Até mesmo o fato de buscar fundamento nos decretos do governo de Isabelita e Luder apontava para a mesma direção.

O rechaço da acusação em enquadrar aqueles episódios no contexto de uma guerra não contradizia de maneira alguma o fundamento utilizado

7. Aliança Anticomunista Argentina [N. do E.]

8. GIUSSANI, Pablo. "¿Qué quieren demostrar los defensores?". *In*: *Los días de Alfonsín*. Buenos Aires: Legasa, 1986, p. 77.

pelos militares para reprimir, mas, em todo caso, apenas condenava os métodos utilizados. Nem o governo, nem o partido peronista, nem muito menos os juízes e promotores do processo teriam pensado em impugnar a pertinência da repressão. Como observava de maneira muito apropriada Giussani: "não se pretende ignorar ou subestimar o processo subversivo que contribuiu gravemente para deteriorar o quadro político do país na etapa constitucional anterior ao golpe militar de 1976, nem se questiona a necessidade de uma ação repressiva. O que se questiona é a natureza da repressão empreendida, que ultrapassou escandalosamente seu alvo para instaurar um regime de terror generalizado, cujo objetivo, como tal, era menos acabar com a guerrilha do que abrir caminho para o esvaziamento do sistema".[9]

Durante o julgamento, tanto no cenário judicial quanto em sua difusão midiática, o discurso de guerra defendido pela defesa seria praticamente derrotado. "Uma derrota política e simbólica no cenário da Justiça" — afirmaria Hugo Vezzetti. Nesse terreno, de fato, o discurso da "guerra contra a subversão", que, como se viu, não carecia de consenso, foi cancelado, desativado pela temática da violação dos direitos humanos. [...] A ditadura [...] ficava marcada irreversivelmente como uma empresa de extermínio alinhada com as piores massacres do século XX".[10]

Luder manteve sua argumentação no quadro definido pelo governo. Não apenas rejeitou a sugestão de que "aniquilamento" implicava eliminação física dos "subversivos", mas também fixou o início da repressão ilegal a partir de 24 de março de 1976.

Ao sair da audiência, Bonafini disse que Luder se esqueceu da Aliança Anticomunista Argentina, esse núcleo terrorista de ultradireita gerado nos bastidores do último governo peronista, e que havia iniciado o genocídio antes do golpe de Estado de 1976. Mas não era só Luder que evitava mencionar os crimes da AAA, como o próprio tribunal, em virtude do decreto de Alfonsín, se limitava a julgar os fatos ocorridos a partir do golpe de Estado. A focalização das responsabilidades sobre as cúpulas militares era especialmente tranquilizadora para a maior parte dos dirigentes dos partidos tradicionais e angariava aliados à estratégia do governo.

9. La parábola del asalto y el tiroteo. *La Razón*, 18 abr. 1985.

10. VEZZETTI, Hugo. *Pasado y presente*. Guerra, dictadura y sociedad en la Argentina. Buenos Aires: Siglo Veintiuno, 2002, p. 110.

Por outro lado, não só o governo rejeitava o argumento da guerra, como também as Mães, que enquadraram aqueles fatos no plano da repressão pura e simples. Nesse marco, houve repressores (militares) e vítimas (seus filhos). "Aqui não houve guerra, houve uma repressão total contra cidadãos indefesos", afirmaram no meio desse debate. Esta posição tinha uma origem complexa. Sua raiz histórica estava sob os dias mais intensos do terrorismo de Estado, durante os quais teria sido autoincriminatória qualquer aceitação do mais mínimo vínculo de seus filhos com fatos armados. É indiscutível, além disso, que, por preservação do grupo, naquela primeira época, o núcleo que deu origem às Mães tomou certa distância dos familiares de desaparecidos notoriamente vinculados aos grupos armados — embora na maioria dos casos, esses mesmos familiares também se mantivessem afastados da demanda pública das Mães, ao compreenderem as dificuldades para estabelecer uma demanda que recebesse apoio da opinião pública.

De fato, entre as Mães que lideravam o movimento predominam os casos de filhos sequestrados indefesos, sem participação direta em atos de violência política. Essa circunstância lhes permitiu construir um espaço de demanda legítima, em meio ao discurso dominante da "luta antissubversiva" e ao exercício paralelo do terror disciplinar. Elas podiam intervir no debate sobre a violência, pois, em um contexto de condenação da violência, no caso das Mães, os violentos eram apenas os repressores. No entanto, ainda durante a ditadura, especialmente após a derrota nas Malvinas, começou um processo de revisão dessas definições, que se intensificou no período pós-ditadura e que, como se verá, fará parte do debate e da disputa interna das Mães.

Paradoxalmente, o conceito de "guerra" que a direita pretendia impor para definir os acontecimentos em julgamento foi reivindicado por setores da esquerda revolucionária. De certo modo, eram coerentes com seu passado, quando defendiam a ideia de uma "guerra revolucionária". Agora voltavam a utilizá-lo para expressar o direito à resistência armada contra a ditadura e, mais ainda, a prática efetiva de resistência dos Montoneros e do Partido Revolucionário dos Trabalhadores (PRT), entre outros.

Também alguns setores acadêmicos progressistas analisaram a validade desse conceito, em um debate que se prolongaria por vários anos e ainda não foi definitivamente resolvido. Um grupo de intelectuais, então pertencente ao Centro de Investigações em Ciências Sociais, entre os quais se destacam Juan Carlos Marín, Beba Balvé e Inés Izaguirre, defendia que, de fato, havia ocorrido uma guerra, e que negá-la fazia parte do processo de desmantelamento moral, consequência da derrota das forças populares.

Segundo Marín, a Argentina havia atravessado um longo processo de guerra civil: diante do ataque do campo popular — encarnado socialmente pelas forças revolucionárias, particularmente as organizações políticas paramilitares — que buscava romper certas relações sociais — de exploração, de classe, de dependência nacional, entre outras — a burguesia financeira iniciou a defesa de seus interesses por meio do Estado. Essa guerra civil, consumada em meio a reacomodações na estrutura econômico-social do país, não havia oposto apenas dois aparatos militares, mas duas forças sociais.

Tanto a posição de certos grupos residuais da esquerda armada dos anos 1970 quanto as teses de algumas correntes intelectuais provocaram uma forte polêmica com as organizações de direitos humanos. Mas a discussão entre os grupos de direitos humanos e os sociólogos baseava-se, ao menos em parte, em um mal-entendido ou, melhor dizendo, em um enquadramento equivocado do que realmente estava sendo debatido. Antes de se tratar de categorias históricas, jurídicas ou sociológicas, as organizações, e particularmente as Mães, polemizavam no plano das representações sociais — ou do imaginário social, como dirão outros autores.

A ideia de guerra, entre outras questões, sugeria certa equivalência entre dois lados em confronto. Mas esse equilíbrio de forças não havia se verificado, nem de longe, no caso argentino. Ao contrário, abundavam os testemunhos de sequestros noturnos, em residências particulares, enquanto as vítimas dos Grupos de Tarefas muitas vezes dormiam — circunstâncias que não correspondiam à ideia tradicional de uma guerra.

Mesmo a estratégia militar tradicional distingue uma batalha que opõe dois exércitos em posição de combate da perseguição de um grupo ao outro que foge disperso, ou da caça ao inimigo em fuga.

De uma perspectiva própria, os sociólogos tinham suas razões ao apontar o caráter bélico do enfrentamento, embora sem dúvida, para as organizações de direitos humanos, fosse uma polêmica completamente inoportuna e demasiado sutil para se travar naquele momento, em que estava em curso uma disputa relacionada, acima de tudo, à imagem dos fatos na opinião pública.

Além dos debates, e como era esperado, aquela primeira audiência interpelou toda a sociedade, como uma prévia do que estava por vir. Até mesmo Hebe de Bonafini, que havia se mostrado cética em suas declarações anteriores — e que protagonizara o incidente do lenço —, saiu da sala do Palácio de Tribunais mais otimista. Aos jornalistas que a esperavam, declarou que havia sido uma jornada excepcional, que o comportamento do presidente do tribunal, León Arslanian, tinha sido impecável e que esperava que se fizesse justiça. Depois, a presidenta dirigiu-se à Casa das Mães e repetiu entre suas companheiras aquelas mesmas palavras.

Marta de Vázquez, que tanto havia discutido com ela sobre o tema, ficou positivamente surpresa. Talvez aquilo pudesse significar o início de uma aproximação, ela não perdia as esperanças de aproximar as posições entre os dois setores. Mas o processo seria longo, e ainda teriam que acontecer tantas coisas...

Por ora, Alfonsín estava prestes a anunciar outra guerra.

28. A outra guerra

Aquela última semana de abril de 1985, em que começaram as audiências orais e públicas do julgamento dos ex-comandantes, seria marcada por muitas mobilizações. Havia começado com a marcha de todos os organismos para os Tribunais — na mesma segunda-feira da primeira sessão do julgamento — e culminaria com outra marcha planejada por Alfonsín para a sexta-feira, em apoio à institucionalidade democrática. As Mães decidiram comemorar mais um aniversário do seu movimento com um desfile incomum.

Naquele 25 de abril, a ronda de quinta-feira adquiriu um caráter especial para lembrar o dia em que, oito anos antes, em resposta à convocação de Azucena Villaflor de Devincenti, um pequeno grupo de catorze mães foi pela primeira vez à Praça de Maio para pedir pelos seus filhos desaparecidos. Naquele dia, começaram a dar forma a um drama que o governo negava e ao qual a maior parte da sociedade virava as costas. Desde então, tornar-se visíveis e tornar visível o drama dos desaparecidos tornou-se uma obsessão. Desta vez, fariam isso valendo-se de um recurso impactante: várias dezenas de manifestantes com os rostos ocultos por máscaras plásticas idênticas, de um branco levemente apagado e expressão lívida, em uma formação estreita que sugeria os milhares de desaparecidos, marcharam junto às Mães e outras mil e quinhentas pessoas — segundo cálculos da imprensa escrita — da Praça de Maio até o Palácio da Justiça, onde acontecia uma nova audiência do julgamento dos ex-comandantes.

Alguns canais de televisão e quase todos os jornais reproduziram aquelas imagens, multiplicando o impacto que já haviam causado entre as testemunhas presentes: as máscaras à frente da mobilização, sob uma faixa que dizia "Pelos 30 mil desaparecidos exigimos julgamento e punição aos culpados"; as máscaras misturadas aos rostos das mães com seus lenços brancos; as máscaras cercando Hebe de Bonafini, que falava aos manifestantes com um megafone em mãos; as máscaras enfileiradas diante de outra fileira de policiais uniformizados que as observavam. Enfim, dezenas de imagens que voltavam a trazer ao cenário público o genocídio, através da representação de uma ausência que, dessa forma, se sobrepunha à dupla negação que a ditadura havia tentado impor sobre seus opositores: a negação da vida e a do próprio crime.

Era um novo símbolo que remetia à ausência-presença dos detidos--desaparecidos. "As máscaras representavam esses filhos que não temos", havia declarado a presidenta das Mães aos jornalistas que a cercavam, minutos antes do início da mobilização, enquanto ela e outras mães as distribuíam entre os militantes. Os jovens da Frente de Direitos Humanos que as colocavam também significavam para elas o renascimento ou a personificação dos filhos desaparecidos, porque, a essa altura, as Mães tinham, de certa forma, "novos filhos": "Desde o nascimento da organização, nasceram em nós milhares de filhos que nos acompanham em nossa reivindicação, enquanto ninguém se atreve a assumir o compromisso de nos dizer o que aconteceu. Por isso continuamos na Praça cada vez mais fortes, porque alguém tem que nos dar uma resposta", havia explicado Bonafini.

"Nos parece mentira" — disse a presidenta da Associação durante seu discurso — "lembrar aquele pequeno grupo de catorze mulheres que viemos pela primeira vez a esta Praça, quase inocentemente, diante das metralhadoras. Quantas vezes nos espancaram, deixamos que nos levassem presas, sempre demandando por nossos filhos, para saber o que fizeram com eles".

Sujeitos simbólicos

Na verdade, a ideia das máscaras não havia sido das Mães. As máscaras haviam sido utilizadas pela primeira vez por um grupo de artistas holandeses que, poucos meses antes do aniversário das Mães, haviam se unido em seu país a uma demonstração solidária com os desaparecidos na Argentina. Elas perceberam o impacto que causavam e decidiram utilizá-las nesta comemoração.

Além da indubitável comoção que aqueles rostos figurados dos desaparecidos provocaram, e acima do significado que as Mães lhes atribuíram, seu caráter simbólico encerrava uma multiplicidade de significados, cuja interpretação nem sempre coincidiu, e em alguns casos chegou a ser contraditória.

Bonafini explicou naquela ocasião — e em outras posteriores — que o uso das máscaras buscava produzir um efeito. Para ela e outras mães, as mobilizações não deviam se transformar em uma rotina, "como sair para passear com o cachorro", mas deveriam ser entendidas como uma encenação que deveria se esforçar para encontrar alguma novidade impactante. Todavia, a iniciativa despertou polêmicas que, apesar de sua limitada repercussão pública, merecem ser mencionadas porque revelam uma disputa política que evidentemente transcendeu o recurso das máscaras, para expor abordagens contraditórias sobre o sentido que cada mãe dava às práticas de sua luta, inscrita na disputa interna por definir a orientação do movimento. Nesse sentido, entraram em jogo diversas concepções sobre a figura do desaparecido e a própria identidade das Mães, entrelaçando representações políticas, culturais e psicológicas.

Algumas mães não concordaram com o uso das máscaras porque "apagavam" a identidade individual de cada desaparecido. Comparavam esse recurso aos cartazes que costumavam carregar, com a foto, o nome e a data de desaparecimento de cada filha ou filho. Esses cartazes, assim como as fotos com inscrições semelhantes penduradas no pescoço ou os lenços brancos com o nome do filho e a data de desaparecimento, haviam surgido ainda durante a ditadura e, além de representar uma denúncia clara e precisa sobre a identidade das vítimas da repressão, guardavam para cada mãe uma relação profundamente afetiva. Contudo, em uma etapa posterior, prevaleceu a iniciativa de que qualquer familiar carregasse a foto de qualquer desaparecido. Essa atitude acentuava os traços solidários e coletivos do movimento e estava alinhada ao processo que elas denominavam "socialização da maternidade": todas e cada uma das Mães eram mães de todos e cada um dos desaparecidos.

Porém, enquanto algumas de fato assumiam plenamente aquele conceito, outras — ainda que compartilhassem a ideia de "socializar a maternidade" — continuavam carregando o cartaz ou a fotografia próprios, expressando um sentimento que a razão não podia contrariar.

Por outro lado, certos grupos de esquerda, especialmente próximos aos montoneros, associaram as máscaras às silhuetas recortadas em papel de jornal que, em ocasiões anteriores, haviam sido usadas pelas mulheres de lenço branco. Eles afirmavam que, mais uma vez, as Mães se recusavam a identificar os desaparecidos para ocultar a identidade política de seus filhos. Para esses grupos, as máscaras negavam uma individualidade que representava múltiplos significados: filho, amigo, trabalhador, estudante, militante, revolucionário.

Se, literalmente, uma máscara impede que se reconheça quem a usa, esses grupos de esquerda defendiam que, pelo contrário, era necessário "desmascarar" os desaparecidos para que se soubesse quem eram, divulgando seus objetivos e suas lutas. Identificar claramente as vítimas da repressão implicava revelar os propósitos e objetivos da chacina: a eliminação daqueles que se opuseram aos planos regressivos do bloco cívico-militar que governava o país desde 1976.

Esse complexo entrelaçamento de ideias remetia à própria história das Mães e se confundia com a identidade do movimento. Já em quase todo o mundo, entende-se a luta das Mães como o processo de construção da figura do detido-desaparecido.[11] Esse processo — que passou por tantas e diversas instâncias, abordadas detalhadamente no primeiro volume desta obra e que continuou na etapa pós-ditatorial — começou por evidenciar o que não era visível, negado até mesmo na linguagem, na medida em que nenhuma palavra o designava. Quando começaram a se difundir no exterior os crimes da ditadura — tanto pela ação do movimento de denúncia no exílio quanto pela própria ação das Mães —, em alguns países da Europa começou a se falar em "a morte argentina". As Mães, então, responderam que não se deveria falar em morte, mas em desaparecimento e desaparecidos. "Aparição com vida" demandava sua principal consigna.

Já não se tratava, então, de demonstrar que o negado e inexistente para alguns era um crime real — isso já era mais do que evidente —, mas de começar a definir os traços específicos da figura do desaparecido, que uma soma de delitos — torturas, privação ilegítima da liberdade, prisão política, sequestro ou assassinato, entre outros — não conseguia abarcar. Além disso, esse processo de resgate da identidade não aceitaria qualquer perspectiva, mas responderia à concepção das Mães.

Um desaparecido pode ter muitos vínculos além do de filho, como militante, guerrilheiro, amigo, estudante, trabalhador. No entanto, as Mães buscaram construir uma identidade particular — que mudaria conforme

11. Mesmo que a "arma" do desaparecimento já tivesse sido utilizada em outras latitudes, inclusive muitos anos antes da tragédia argentina, a figura do desaparecido se consolidou a partir da luta das Mães.

as circunstâncias históricas e políticas. Inicialmente, essa identidade estava ligada à condição de vítimas e de filhos, mas depois tornou-se mais complexa, com o reconhecimento dos ideais, da militância e, mais tarde, do caráter revolucionário e frequentemente "violento dessa militância". Porém, nesse percurso, as Mães jamais enfatizaram a filiação partidária de seus filhos. Elas preferiam resgatar os aspectos do ideário político dos filhos que coincidissem com o próprio pensamento delas. Quando necessário, aceitavam a condição militante e revolucionária dos filhos, mas deixavam de lado se haviam seguido Firmenich, Santucho, outros líderes, o ERP ou os Montoneros — dos quais as Mães se distanciaram claramente.

Nas máscaras idênticas que desfilaram na quinta-feira, 25 de abril de 1985, reconhecia-se um novo estágio: o desaparecido já não era apenas o filho próprio, ou, em todo caso, todos os desaparecidos eram um mesmo filho, um mesmo rosto. A maternidade socializada transcendia a maternidade singular, expressada na fotografia individual dos cartazes.

De qualquer forma, o impacto estético e político das máscaras foi rapidamente superado pela repercussão de outro acontecimento, sinal mais visível de uma mudança profunda na situação do país.

Chorar pela ferida

Entre os cânticos e gritos da multidão, estimada entre 180 e 250 mil pessoas, destacava-se uma voz, amplificada pelos 15 mil watts dos alto-falantes, que dizia: "não chores pelas feridas que não param de sangrar". Era "Não chores por mim, Argentina" cantada por Charly García, quem os organizadores da concentração convocada pelo governo haviam escolhido, entre outros artistas populares, como entretenimento antes do discurso de encerramento de Alfonsín, uma apresentação que, à sua maneira, também remetia a feridas e prantos.

A concentração havia sido convocada pelo próprio presidente naquela última e crítica quinzena de abril, em resposta ao clima de angústia e inquietação provocado por ameaças a testemunhas, tentativas de atentados com bombas sem detonadores, avisos sugestivos e anônimos para desocupar escolas diante de perigos iminentes, e alguma que outra retórica estridente de defesa da ditadura em meio a rumores de "inquietude militar".

Praticamente nenhum partido ou agrupação política — com exceção da ultradireita e dos conservadores — recusou o convite. A insubordinação militar, primeiro velada e depois descarada, contra a estratégia oficial, além da atitude ameaçadora contra alguns setores sociais e políticos, resultou em um estado de preocupação que se estendeu muito além do governo, alcançando todo o espectro opositor, desde os partidos majoritários, como o peronismo, até a centro-esquerda e a esquerda.

O semanário *El Periodista*, que costumava expressar a opinião do progressismo, estampou em sua capa um título otimista: "A democracia contra-ataca". O subtítulo da matéria era ainda mais explícito: "Diante da multiplicação dos ataques da direita golpista, às vésperas do julgamento dos ex-comandantes, o governo e as forças democráticas decidiram partir para a ofensiva: a mobilização volta a ser o instrumento da participação popular, única garantia contra a desestabilização".[12]

As organizações de direitos humanos, incluindo as Mães, também não subestimavam as ameaças. Todas aderiram à mobilização, e, além disso, as Mães emitiram um comunicado de apoio à iniciativa do governo. O documento destacava que elas haviam assumido permanentemente o compromisso de defesa do sistema democrático e de total repúdio aos golpes militares. Coerentes a essa linha de ação e em resposta ao pedido de apoio formulado pelo presidente da Nação, comprometiam sua presença na concentração da sexta-feira, 26, na Praça de Maio. Acrescentavam que compareceriam apesar de seus desacordos com a política do governo em relação aos de direitos humanos, "como parte do povo convocado" e "não como adesão a um partido político".

Naquela sexta-feira, 26, no entanto, Alfonsín iria surpreendê-las; a elas e a boa parte do "povo convocado". Às 20 horas e 13 minutos, o presidente apareceu em uma das sacadas da Casa Rosada para se dirigir à multidão. No início de seu discurso, falou sobre a paz, a integração latino-americana e o peso esmagador da dívida externa, palavras recebidas pelo povo com aplausos e cânticos proclamando "Democracia sim, golpes não". Mas, de repente, o mandatário pronunciou uma frase que deixou a multidão em silêncio: "Não se pode esperar neste ano um nível de vida melhor".

Era, sem dúvidas, uma mudança de tema: o que aquilo sobre nível de vida tinha a ver com um discurso contra a ameaça golpista? O povo convocado para apoiar o processo institucional, de repente ouvia aquele espinhoso tema chamado política econômica. "Isso se chama, compatriotas,

12. N. 32, 19 a 25 abr. 1985.

economia de guerra", disse Alfonsín, para maior surpresa dos presentes. Se a palavra "guerra" vinha sendo muito ouvida ultimamente, era da boca dos militares que negavam as violações dos direitos humanos. Mas a ninguém havia ocorrido, até aquele momento, relacioná-la à situação econômica.

Com exceção dos apoiadores do governo, ou melhor dizendo, com a exceção dos mais fiéis, a multidão sentiu o impacto das palavras presidenciais que, como por mágica, transformavam os participantes em audiência de um discurso que nada tinha a ver com aquilo que tinham ido ouvir. Não tinham sido convocados para isso. Era evidente que Alfonsín estava aproveitando a ocasião para admitir um giro antipopular de seu governo. Como eco de outras retiradas da Praça, jovens peronistas ouviram os gritos de Dante Gullo: "Vamos embora, vamos". "Convocamos em defesa da democracia", explicou o dirigente aos jornalistas que se aproximaram dele. "Fomos à Praça junto com a juventude argentina e diversos setores políticos para participar da resposta que deveríamos dar àqueles que tentam violar a democracia e a soberania popular. Fizemos isso acima dos sectarismos ou parcialidades. Comparecemos a uma manifestação multipartidária e o eixo era a defesa da democracia. A primeira parte do discurso é totalmente aproveitável, mas, em seguida, o presidente assumiu um tom partidário. Nós somos oposição e exercemos nosso direito de estar ou não estar. Não esperávamos definições econômicas desse tipo. Não era o lugar adequado, e além disso, não as compartilhamos".

Dirigentes comunistas, intransigentes e até alguns jovens radicais expressaram críticas e ressalvas similares, acompanhando a retirada de vinte por cento dos participantes — segundo os jornais —, uma porcentagem relativamente menor, que possivelmente se explica, em parte, pela surpresa e desconcerto provocados pelo rumo inesperado da iniciativa.

As Mães, que desde o começo da concentração haviam disputado seu espaço na Praça com uma coluna radical — "Há oito anos nós viemos à Praça", disse Bonafini ao dirigente da UCR Adolfo Stubrin, que lhes impedia de se aproximar da fachada da Casa Rosada —, também se somaram aos manifestantes em retirada.

A demonstração unitária em defesa da estabilidade institucional e contra as pressões militares havia se interrompido. Entre as Mães predominava a indignação. Bonafini opinou que Alfonsín havia usado o povo para respaldar um ajuste econômico, e María Adela se indignou porque a necessária defesa da democracia havia sido deslocada e, pior ainda, manipulada para convertê-la em apoio a um governo que preparava um ajuste antipopular.

Na coluna que sugestivamente intitulada "Bandeiras caídas", o jornalista Carlos Gabetta sustentou que "o primeiro efeito daquela virada de Alfonsín foi semear a confusão e uma progressiva divisão em suas próprias fileiras. O segundo, agora, é que uma frente de oposição heterogênea se consolida. Enquanto isso, a crise se acentua e ninguém acerta em apontar claramente uma saída possível. Governo e oposição embaralhados, o panorama político se assemelha cada vez mais ao que tantas vezes se repetiu nas últimas décadas: sobre um fundo de crise — enormemente ampliada desta vez — partidos, corporações e governo cruzam espadas, enquanto cresce o desalento popular e se reorganizam de forma acelerada os fatores permanentes de poder, os mesmos que provocaram a crise e lucraram com ela".[13]

Foi, sem dúvidas, um momento crucial que lesionou a confiança de amplos setores da opinião pública na honestidade de um governo que não apenas invocava falsamente a defesa da democracia, mas que, ao anunciar a guerra, dava uma guinada que a esvaziava de seu conteúdo social.

13. N. 37, 24 a 30 maio 1985.

29. Metamorfose

As Mães discutiram a pirueta de Alfonsín. Para o setor liderado por Bonafini, ficava claro que o presidente havia agitado o "fantasma militar" para obter um apoio que, logo em seguida, tentou usar como respaldo para uma virada econômica fortemente antipopular. A invocação da defesa da democracia se transformava, assim, em um esvaziamento do conteúdo social da etapa pós-ditatorial. Para esse grupo, o discurso presidencial apenas confirmava sua leitura anterior das medidas do governo, que de maneira progressiva e ostensiva se afastavam das promessas eleitorais, e continuariam se afastando. O núcleo dissidente tinha outra percepção dos acontecimentos. Embora predominasse uma atitude crítica em relação às referências à "economia de guerra" e às consequências das eventuais medidas de ajuste, resgatavam a primeira parte do discurso presidencial, a emocionante defesa das instituições constitucionais. Em outras palavras, viam o governo como uma administração contraditória — em decidida marcha reacionária, segundo a presidenta do movimento. Em certa medida, o setor de Bonafini assumia uma atitude antecipatória, enquanto o grupo dissidente mantinha uma atitude mais cautelosa.

Uma metamorfose não perceptível à primeira vista explica a mudança que se deu no governo entre a convocação "antigolpista" de 22 de abril de 1985 e a declaração da "economia de guerra", apenas quatro dias depois, embora o processo de transformação já tivesse começado alguns meses antes. Alfonsín havia designado como ministro da Economia Bernardo Grinspun — um homem ligado ao aparato radical e alinhado ao pensamento tradicional do partido no assunto —, que, após quase uma década de políticas ortodoxas, tentou implementar medidas de expansão do mercado interno, desenvolvimento industrial e melhoria na distribuição de renda. Contudo, as significativas modificações estruturais introduzidas durante a ditadura, que haviam consolidado um modelo baseado na primazia do capital financeiro e fortalecido significativamente as classes dominantes, enquanto enfraqueciam a burguesia subordinada, comprometiam a viabilidade de um plano econômico com viés reformista e progressista. O processo de reconversão econômica consolidado sob o velho regime e a incipiente, porém firme hegemonia das forças globalizantes impediam um retorno às antigas fórmulas sem uma transformação prévia e profunda das relações e dos agentes econômicos e sociais.

A falta de decisão política para enfrentar esses setores, definida por alguns como possibilismo alfonsinista, tornou esses obstáculos intransponíveis. Como descrevem os economistas Ricardo Ortiz e Martín Schoor, "as dificuldades políticas que envolveram a gestão de Grinspun e as próprias inconsistências desse programa — associadas a certo erro de diagnóstico das mudanças introduzidas pela ditadura militar na fisionomia e no funcionamento do capitalismo argentino, e, estreitamente associado a isso, às características e formas de relacionamento entre as diferentes classes e frações de classe — levaram a um aumento da inflação, o que, somado à falta de apoio interno e externo, provocou a renúncia do ministro da Economia".[14]

De fato, a inflação superou em muito as previsões dos planos oficiais e o salário perdeu significativamente seu poder aquisitivo. As tentativas de reajuste salarial encontraram resistência dos empresários que, quando finalmente cederam, repassaram o aumento dos custos trabalhistas para os preços, impulsionando assim uma espiral inflacionária. Paralelamente, o problema da dívida externa tornou-se crítico: por um lado, fracassou a tentativa de formar um bloco de países devedores com capacidade de negociar em melhores condições com os credores; por outro, os bancos credores e o chamado Clube de Paris se recusaram a negociar sem a auditoria do Fundo Monetário Internacional (FMI), condição que o governo teve de aceitar.

A partir do quarto trimestre de 1984, por sugestão do FMI, o governo adotou uma política monetária mais restritiva, desvalorizou a moeda e aumentou as tarifas dos serviços públicos. Como consequência dessas

14. ORTIZ, Ricardo; MARTÍN SCHORR. "La economía política del gobierno de Alfonsín". *In*: PUCCIARELLI, Alfredo (coord.). *Los años de Alfonsín.* ¿El poder de la democracia o la democracia del poder?. Buenos Aires: Siglo Veintiuno, 2006, p. 115-116.

medidas, a atividade econômica caiu, a inflação disparou —atingindo 688% ao final do ano —, sem que houvesse redução do déficit fiscal. Em janeiro de 1985, o Fundo considerou o acordo com a Argentina rompido e solicitou a renúncia de Grinspun, que deixou o cargo em fevereiro.

Alfonsín nomeou então para a pasta da economia o jovem tecnocrata extrapartidário Juan Vital Sourouille, que apresentou um "Plano de Reforma Econômica". Tanto pelo conteúdo quanto pelos executores do plano, a decisão presidencial representava um afastamento das bases orgânicas e doutrinárias da União Cívica Radical. As primeiras medidas — um ajuste ortodoxo voltado para frear a espiral inflacionária e reduzir drasticamente o déficit fiscal — resultaram em uma nova queda do salário real. A Confederação Geral do Trabalho (CGT) estimou em 22% a perda do poder aquisitivo durante o ano anterior, enquanto a inflação registrada no primeiro trimestre do novo ano já alcançava 16%.

As medidas implementadas por Sourrouille não apresentaram resultados claros, ao menos imediatamente, conforme os objetivos acordados com o FMI. O custo de vida continuou em rápido ascenso e, paradoxalmente, o governo decidiu, nesse contexto, aplicar uma política de choque fortemente antipopular. Até ali, era o prefácio da anunciada "economia de guerra".

Na mesma segunda-feira, 22 de abril, em que Alfonsín convocava a mobilização para a sexta-feira seguinte e tinham início as audiências do julgamento dos ex-comandantes militares, o presidente se reuniu na Quinta Presidencial de Olivos com os chamados "capitães da indústria", representantes dos principais grupos econômicos, muitos dos quais haviam se formado e consolidado durante a ditadura militar. Nessa ocasião, segundo o jornalista Horacio Verbitsky, esses "capitães" negociaram com Alfonsín o apoio à continuidade institucional e ao julgamento dos militares, com a condição de que a política econômica fosse modificada. Assim o presidente decidiu aplicar o ajuste exigido pelos "capitães": com palavras ambíguas, ainda que carregadas de beligerância, na mobilização popular que ele mesmo convocara para defender a democracia.

Segundo Ortiz e Schorr, "o governo 'resolveu' a crise estabelecendo acordos com as classes sociais que haviam sido mais bem-sucedidas durante a ditadura militar — os grupos econômicos nacionais e alguns conglomerados estrangeiros com atividade no país, os então denominados Capitães da Indústria ou 'generais da economia' — o que implicou o reconhecimento, por parte do governo, de uma nova aliança entre a 'democracia e a produção', como a chamou oportunamente Alfonsín. Isso também resultou em um processo de inversão das prioridades da política econômica".

Desvio realista

Um dos sinais mais claros dessa mudança foi evidenciado no tratamento da dívida externa. Naquilo que o governo chamou de um "desvio realista" em suas políticas de Estado, passou-se de uma "politização" do problema para uma aceitação gradual das condições impostas pelos Estados Unidos, pelos organismos financeiros internacionais e pelos bancos credores. Se durante a campanha eleitoral e ainda em sua primeira conferência de imprensa em janeiro de 1984, Alfonsín proclamava a necessidade de uma solução política para o problema do endividamento — propondo, por exemplo, diferenciar a dívida legítima da ilegítima, convocar uma negociação coletiva entre os países devedores e criticar as receitas ortodoxas de ajuste impostas pelo FMI —, já em setembro daquele mesmo ano, durante uma série de viagens pelos Estados Unidos, o presidente anunciou que a Argentina estava decidida a "trabalhar, produzir, exportar e pagar o que devemos". Dessa forma, descartava categoricamente a promessa eleitoral de repudiar a "dívida ilegítima" herdada da ditadura e acalmava os receios da administração norte-americana em relação ao grupo de países devedores que havia promovido.

Em sua segunda viagem aos Estados Unidos, em março de 1985, Alfonsín reiterou sua posição crítica sobre o endividamento externo, mas sugestivamente deu mais ênfase à necessidade de adotar medidas de reforma estrutural do Estado, mencionando também sua decisão de empreender privatizações, alinhando-se à orientação ortodoxa defendida por financistas e empresários norte-americanos. Nesse sentido, um de seus anúncios mais surpreendentes foi o chamado ao investimento estrangeiro através de um concurso para a exploração de 164 áreas petrolíferas, conhecido posteriormente como Plano Houston, cidade onde fez o convite.

A notícia da viagem que tomou maior destaque foi a confrontação pública entre Alfonsín e o presidente Ronald Reagan devido a uma insinuação do norte-americano sobre intervir nos assuntos internos da Nicarágua, governada pelos sandinistas e em guerra constante com os "contras". Alfonsín respondeu que qualquer interferência estrangeira era inadmissível, defendendo o princípio de autodeterminação. Contudo, esse seria o último gesto enfático do presidente argentino perante a administração conservadora dos Estados Unidos. Gradualmente, a Chancelaria argentina atenuaria sua posição sobre a crise na América Central, paralelamente à mudança político-econômica em curso, até esvaziar o conteúdo também da proclamação contrária à intervenção externa na região. O chanceler Dante Caputo chamou essa nova postura de "relação madura" com o governo norte-americano.

Ambos os chefes de Estado, desde suas respectivas posses, haviam passado por um processo de reflexão. Já fazia alguns anos que Reagan havia desistido de apoiar e promover, de forma indiscriminada, regimes ditatoriais que, em última análise, não garantiam a manutenção do *status quo* nem a governabilidade na América Latina. Em consequência, ele agora tinha de lidar com governos civis que, se por um lado, eram mais previsíveis, por outro, defendiam as liberdades democráticas e os princípios internacionais. O bate-boca com Alfonsín sobre a Nicarágua inscrevia-se nesse contexto. Por sua vez, Alfonsín havia percebido, em seu primeiro ano de governo, a dificuldade de resolver a crise da dívida sem o apoio da maior potência imperialista do ocidente.

O último discurso público do presidente indicava o início de uma nova etapa. O apelo à democracia para justificar, em seu nome, o esvaziamento das políticas de Estado foi mais uma demonstração de possibilismo: o plano econômico do governo seria, a partir de então, o que os setores dominantes permitissem que fosse.

A consequência imediata das novas medidas econômicas foi o agravamento das condições de vida e de trabalho dos setores populares e o aumento da conflitividade social, especialmente no âmbito das relações de trabalho. O sindicalismo burocrático, de influência peronista, era, paradoxalmente, o setor mais bem posicionado para capitalizar essas tensões. O governo tinha, nesse terreno, uma fraqueza crônica, e os partidos de esquerda, que buscavam uma representação de classe, eram absoluta minoria. Nos primeiros meses de governo, o ministro do Trabalho, Antonio Mucci, havia apresentado um projeto de lei que buscava reduzir o poder da burocracia sindical, mas após o fracasso da lei de "Reordenamento e Democratização Sindical", as cúpulas sindicais ganharam novo fôlego e começaram a preparar uma ofensiva, que encontrou sua primeira grande oportunidade com o lançamento do plano de ajuste.[15]

A CGT, liderada por Saúl Ubaldini, lançou um "plano de luta" que pretendia ser o catalisador das demandas operárias e, de forma mais ambiciosa, da oposição ao governo. Para capitalizar o mal-estar popular em proveito próprio, Ubaldini trabalhou, por um lado, na mobilização dos trabalhadores e na implementação de medidas de força, e, por outro, na constituição de um bloco — que ficou conhecido como "Grupo dos 11" — com setores empresariais agrupados na Associação de Bancos da Argentina (ADEBA), na Câmara de Comércio, na Câmara da Construção, nas Confederações Rurais Argentinas, na Sociedade Rural e na União Industrial Argentina, ou seja, com parte dos responsáveis diretos pelo deterioramento das condições de vida dos setores populares.

O "plano de luta" culminaria na quinta-feira, 23 de maio, dia em que a CGT convocou uma greve geral e uma concentração na Praça de Maio. Para ilustrar a mistura de Discépolo na qual estavam enredados tanto o governo quanto os diversos setores da oposição, o analista político Norberto Colominas escreveu no *El Periodista*: "A greve e a mobilização de quinta-feira, 23, foram como um jato de alta pressão nas tubulações da sociedade argentina. Há democratas que defendem o ajuste ortodoxo, e democratas que propõem a nacionalização da economia. Todos os liberais defendem o ajuste, mas alguns apoiam a democracia e outros conspiram discretamente contra ela. O establishment se ampara no FMI e — por enquanto — deixa a democracia atuar. A direita peronista faz exatamente o contrário. Quem é quem nesta sociedade argentina sacudida pela crise?".[16]

Na realidade, a confusão não residia nos complexos alinhamentos dos setores políticos e sociais, mas sim nas categorias com as quais se tentava analisar os enquadramentos de uns e outros: certamente não era o apoio à democracia o eixo de algumas alianças, assim como os autodenominados defensores dos "interesses populares" tampouco eram seus representantes legítimos.

15. A reforma sindical de Mucci retirava dos sindicatos o controle das obras sociais e permitia a representação das linhas minoritárias na direção dos sindicatos. A proposta foi derrotada na votação no Senado, onde o peronismo tinha maioria.

16. Las aguas bajan turbias. *El Periodista*, ano 1, n. 37, 24 a 30 maio 1985.

Exigências e intenções

"Uma das poucas coincidências comuns em todo o tabuleiro político tem sido, nos últimos dias, o reconhecimento da legitimidade das reivindicações expressas na convocação da central operária, embora essa coincidência não se estenda ao campo das intenções". O projeto de reforma sindical de Mucci retirava dos sindicatos o controle das obras sociais e permitia a representação das linhas minoritárias na condução das entidades sindicais. A proposta foi rejeitada no Senado, onde o peronismo tinha maioria, analisava Norberto Colominas nas páginas do *El Periodista*, apenas dois dias antes da mobilização.

Independentemente das opiniões favoráveis ou contrárias ao governo, as integrantes da direção das Mães desconfiavam ou repudiavam diretamente a liderança da CGT. Com nuances que tocavam em elementos do antiperonismo clássico, além de certezas quanto a cumplicidade de muitos dirigentes sindicais para com a ditadura e definições mais alinhadas às críticas da esquerda tradicional à cúpula operária, a Comissão Diretiva concordava em manter uma visível distância da convocação da CGT, reconhecendo, no entanto, a legitimidade das reivindicações.

Esse amplo consenso iria colidir com a proposta de um grupo de Mães que, com menor peso no movimento, reivindicou uma adesão explícita às demandas sindicais e, ainda mais, a participação efetiva dos lenços brancos na mobilização da quinta-feira, 23 de maio. O grupo era formado por núcleos de mulheres identificadas com o peronismo, particularmente com seus setores de esquerda, e que as integrantes da Comissão costumavam chamar de "mães operárias". O argumento que apresentaram para respaldar as medidas de força da CGT — bastante comum em setores de esquerda e em grupos remanescentes do montonerismo — dizia que, independentemente das intenções dos sindicalistas, a medida de força era correta em função dos interesses populares e, em todo caso, o que importava era que as Mães "acompanhassem" as bases operárias.

Ainda que por razões diversas, a Comissão Diretiva manteve a decisão de se distanciar da CGT e de Ubaldini. Marta de Vázquez, por exemplo, moderada em suas críticas à política de direitos humanos de Alfonsín e que valorizava o trabalho e o Informe da CONADEP, por nada no mundo se uniria aos setores sindicais opositores, segundo ela empenhados em desestabilizar o governo. O mesmo pensavam, talvez de forma menos enfática, María Adela, Renée de Epelbaun e Élida de Galetti. Hebe de Bonafini,

María del Rosario de Cerruti, Laura Rivelli e Juanita Pargament, ou seja, as mais duramente críticas ao governo, rejeitavam a oposição de Ubaldini porque estavam convencidas de que o "burocrata sindical" se colocava à frente das reivindicações operárias apenas para acumular poder, e que trairia os trabalhadores em qualquer curva do caminho. Não podiam, portanto, ser cúmplices de manobras oportunistas e enganosas.

Como consequência, as Mães emitiram uma declaração que reconhecia como próprias as demandas dos setores populares, mas divulgava também sua decisão de não comparecer à mobilização convocada pela CGT "porque essa direção sindical" era a mesma que "com seu silêncio ou cumplicidade permitiu os crimes da ditadura militar".

"Não podemos aceitar a passividade daquele momento e a atual amnésia de alguns desses dirigentes que ainda hoje se mantêm nos mesmos cargos sem nunca terem feito nada por seus companheiros detidos-desaparecidos, que haviam lutado, exatamente pelas mesmas reivindicações que hoje estão sendo feitas", concluía a declaração.

O critério das Mães não foi compartilhado pela maior parte das forças de esquerda. O Partido Obrero, o Movimiento al Socialismo, o Partido Comunista, a esquerda peronista e os intransigentes continuavam defendendo que, apesar da cúpula burocrática da CGT, participariam da mobilização porque não apenas concordavam com as demandas do "plano de luta", mas também porque precisavam estar ao lado dos trabalhadores.

Na perspectiva da CGT e de seus aderentes, a mobilização de 23 de maio foi um sucesso. Com menos de um ano e meio de governo, Alfonsín precisava enfrentar um amplo espectro opositor que havia conseguido levar milhares de pessoas às ruas, superando pela primeira vez a sua capacidade de mobilização.

O enérgico discurso de Ubaldini criticou duramente o plano de ajuste e exigiu aumentos salariais e melhores condições de trabalho. Em um trecho particularmente exaltado, o secretário-geral da central sindical declarou que a Praça de Maio era a praça de Perón. No dia seguinte, durante uma entrevista, Bonafini retomou essa declaração: "Nós Mães afirmamos que a Praça é de muitos mais. Sobretudo, é a Praça dos desaparecidos, de todos os que derramaram seu sangue para fecundar esta terra. Eles preferiram se referir aos mortos na luta pela libertação, porque sempre é mais fácil falar desses companheiros. Mas omitiram qualquer referência concreta sobre os desaparecidos e, nesse campo, a dívida que Ubaldini e a CGT unificada têm é tão grande quanto a dívida externa, porque cresce a cada dia e acredito que eles nunca vão conseguir pagá-la".

Nesse sentido, tanto o debate interno — que impôs distância para com a liderança da CGT — quanto a reflexão final sobre a situação dos trabalhadores e a adesão às suas reivindicações, voltava a colocar as Mães em uma cena política mais ampla, que ia além da mera demanda por seus filhos desaparecidos.

No dia 14 de junho de 1985, Sourrouille apresentou publicamente o Plano Austral, ou seja, o programa de consolidação do ajuste estrutural. Em um prazo muito curto, o governo havia modificado substancialmente os eixos de sua política econômica. A discussão sobre a redistribuição de renda — relativamente presente durante a gestão de Grinspun — era deixada de lado enquanto se favorecia conceitos como "ajuste", "estabilização", "luta anti-inflacionária". O apoio dos organismos multilaterais de crédito e dos principais grupos econômicos parecia garantido.

O jornal das Mães seria categórico a respeito. "Foram necessárias poucas semanas para que os setores populares quebrassem suas expectativas — se é que em algum momento as tiveram — sobre a neutralidade do choque econômico lançado pelo governo na sexta-feira, 14 de junho passado", afirmou Alberto Guilis. "Naquela noite, em uma mensagem lacrimosa ao país, o presidente Raúl Alfonsín tentou reeditar a frase 'a Argentina nas portas do paraíso', com que a imprensa canalha havia saudado a Argentina do Mundial de 1978. Segundo Alfonsín, o plano econômico posto em marcha permitirá que o trabalhador não perca, que o industrial não perca, que o comerciante não perca, que o produtor agropecuário não perca e, como se isso fosse pouco, a inflação será eliminada. Em síntese, na versão presidencial e de seu ministro da Economia, nenhum setor social pagará o preço do ajuste".[17]

A matéria, intitulada "O choque contra o povo", denunciava de forma direta "a grande mentira da neutralidade do novo plano econômico" e afirmava que esse discurso tendia a ocultar "o indigno acordo alcançado apenas 72 horas antes com o tirano das finanças internacionais: o FMI". A análise do jornal revelava uma perspectiva classista que, ao mesmo tempo, denunciava o governo por favorecer abertamente os setores "privilegiados" e criticava a política "conciliadora" da central sindical liderada por Ubaldini.

17. *Jornal Madres de Plaza de Mayo*, jul. 1985.

30. Militares em apuros

Zulema Leira leu a citação e imediatamente se sentiu mal: "Comparecerá à sede do Tribunal de Instrução Militar Número 36, de Ciudadela, no dia 10 de maio de 1985, às nove horas, munida de seus correspondentes documentos de identidade, com o objetivo de prestar depoimento testemunhal no processo Número 4846, iniciado pelo Tribunal Federal de Primeira Instância Número 2 da cidade de La Plata. Processo que por mim instruído através de delegação do Conselho Supremo das Forças Armadas. Artigo 260° do Código de Justiça Militar. Quando uma testemunha não comparecer à citação, será conduzida pela força pública, e se comparecer e se recusar a declarar, será coagida por meio de prisão, sem prejuízo de ser processada por desacato ou desobediência", dizia a notificação.

Que mente perversa — pensou Zulema — havia escrito uma lei que obrigava as testemunhas a comparecer aos mesmos lugares onde os crimes haviam sido cometidos? Quem podia acreditar que uma denúncia por violações aos direitos humanos sob a ditadura militar seria esclarecida por uma comissão militar? Era coincidência que a primeira citação desse tipo estivesse relacionada a uma testemunha — ela mesma — do sequestro e desaparecimento de um dos filhos de Hebe de Bonafini, presidenta das Mães

Muito antes que a Câmara Nacional de Apelações Criminais e Correcionais da Capital Federal convocasse alguma mãe para depor como testemunha no julgamento dos ex-comandantes, um juiz de instrução militar, o coronel Dante Franklin Fernández, por ordem do Conselho Supremo das Forças Armadas, citou Zulema para prestar depoimento em um dos tantos processos que haviam sido transferidos da justiça civil para o tribunal administrativo militar, após a recente reforma do Código de Justiça Militar.

Quando o juiz federal de La Plata, Leopoldo Russo, se declarou incompetente e remeteu o caso — que envolvia Raúl Bonafini e outros 27 desaparecidos — ao Conselho Supremo das Forças Armadas, o processo terminou em um dos tantos "tribunais" de instrução militar. Em uma ação nada casual e fortemente significativa, a convocação foi emitida no mesmo dia em que começavam as audiências do julgamento das juntas.

Zulema pegou o telefone e discou o número de Bonafini. Disse a ela que, claro, declararia tudo o que sabia: no dia 6 de dezembro de 1977, um grupo de sequestradores vinculados à polícia de Buenos Aires invadiu sua casa, aos gritos e golpes, para depois encapuzá-los e amarrá-los, a ela e a Raúl. Jogaram-os no chão de um carro "civil" sem placa. Primeiro os levaram para uma delegacia em Quilmes e, três dias depois, para outra em Arana. Ficaram juntos por 35 dias, até que um grupo do exército levou Raúl. Então, que sentido teria dizer tudo isso diante da instituição responsável pela detenção de Raúl?

Zulema pensou que não queria nem pisar em um quartel, mas a perversidade do aparato legal a obrigava a ir diretamente até lá. O cinismo de uma "investigação" nas mãos dos executores da repressão garantia a impunidade dos assassinos e ainda humilhava testemunhas e familiares. As Mães deveriam se submeter a esse deboche? O que fazer?

A ideia surgiu de um dos advogados da Associação, Antonio Rojas Salinas. Ele analisou o Código de Processo Militar, onde encontrou um artigo que lhe sugeriu uma alternativa para transformar aquela provocação em um ato de afirmação da dignidade das Mães. O texto legal militar considerava as mulheres, literalmente, "incapazes relativas", e dizia que, se a pessoa em questão fosse de "vida publicamente honesta", ela poderia declarar em sua residência. Nisso estava a solução, pensou Rojas Salinas, para evitar que Zulema tivesse que cruzar as portas do quartel.

As Mães acrescentaram uma astúcia: a casa de cada mãe era, também, a Casa das Mães, a sede da Associação. Consequentemente, acordaram com o advogado que responderiam ao coronel, por carta documento, que Zulema, acatando o estipulado pelo texto legal, faria sua declaração na Hipólito Yrigoyen 1442. Não esclareceram que era a sede do movimento. E o coronel aceitou.

Jurisdição das Mães

Para Nora de Cortiñas, aquela não parecia uma boa atitude. Disse que apoiar-se em um artigo do Código de Procedimento, mesmo que fosse para evitar que uma mãe fosse obrigada a prestar declaração em um quartel, era uma forma de validar juridicamente esse texto legal, quando elas o contestavam por ser inconstitucional. Além disso, o fato de que a audiência fosse realizada na Casa das Mães significava admitir uma espécie de jurisdição militar em seu próprio local, o que era humilhante.

— Humilhante vai ser para eles. Ter que vir aqui, entrar na Casa das Mães e suportar nossos olhares — respondeu Maria del Rosario.

— Humilhante vai ser que peçamos a eles que se identifiquem quando quiserem entrar aqui — reforçou Bonafini.

— Eu sou cem por cento legalista — acrescentou María Adela —, e me parece que se encontrarmos uma forma legal de evitar que as Mães tenham que ir declarar em um quartel, temos que usá-la.

— Claro — voltou a intervir María del Rosario —, o problema começou quando uma mãe recebeu a notificação de que deveria se apresentar em um quartel e ficou desesperada. Tu te dá conta? Há um ano ou menos, talvez ainda tivessem jovens sequestrados lá, e agora nós teríamos que ir declarar como testemunhas nesse mesmo lugar. Isso é terrível. E então Antonio teve a ideia da carta-documento para que não tivéssemos que ir lá.

Nora insistiu que apoiar-se no mesmo Código que elas haviam contestado era contraditório, e que admitir, mesmo que por conveniência, que como eram mulheres poderiam declarar em casa por serem "incapazes", era ainda mais humilhante.

— Mas Nora — disse María del Rosario —, tu não percebe que só estamos aproveitando uma bobagem legal deles para que sejam forçados a fazer o que nós queremos que eles façam e evitando que uma mãe passe pela terrível situação de ter que ir a um lugar onde pode ser que tenham matado nossos filhos?

— E, pelo contrário, eles vão ter que vir aqui, no lugar onde eles são os denunciados. Que raiva vai dar neles! — alegrou-se Hebe.

— As que são obrigadas os obrigam a vir aqui — sentenciou María Adela — E aqui não tem jurisdição militar nem nada. Se tem alguma coisa aqui, é jurisdição das Mães.

Tanto as Mães como Rojas Salinas haviam consultado advogados de outras organizações, especialmente do CELS e da APDH, e ninguém achou ruim. Em todo caso, disseram que elas eram ingênuas. "Eles não vão até a sede de vocês. Quando se derem conta de que não é a casa de uma mãe, mas sim a sede de vocês, os caras não vão aparecer", lembra María del Rosario o que um advogado da APDH disse. "Eles não vão se dar conta", respondeu María del Rosario.

A audiência foi marcada para o dia 20 de maio. Naquele dia, a Casa das Mães estava um alvoroço. As Mães haviam preparado uma boa recepção para o militar, e também uma despedida. Mas tudo com muito disfarce, trataram inclusive de fazer com que a pequena placa de identificação que ficava na porta de entrada passasse despercebida.

O coronel Fernández chegou ao local com seu secretário, o suboficial principal Victorio Cavalaro, e nenhum dos dois pareceu perceber que se tratava da Casa das Mães. Entraram despreocupados depois de se identificaram pelo interfone. Ambos vestiam roupas civis, apesar de o procedimento exigir o uso de uniforme.

Foram recebidos por um numeroso grupo de Mães. As mulheres haviam se alinhado em duas filas, entre as quais os dois homens precisaram passar para chegar à pequena sala escolhida por elas para realizar a audiência. Fernández e Cavalaro — suboficial cujo nome só foi conhecido ao final da audiência, porque antes disso ele se negou a se identificar — atravessaram o salão de entrada como se desfilassem diante de um singular tribunal em forma de túnel: as Mães, em silêncio, com seus lenços brancos, os olhavam fixamente, com olhos acusadores.

O interrogatório começou. Zulema relatou os fatos, repetiu os nomes dos sequestradores e de alguns outros que havia visto durante seu cativeiro: Mario Jaime, Daniel Lencinas, Mario Mijin, Julio Fernández, Roberto Grillo. De outros sabia apenas o sobrenome: Arreyes e Venches ou Vencheas.

Cavalaro — ainda sem mencionar seu nome — mostrou-se surpreso com a precisão da declaração de Zulema e, com tom intimidatório, com o qual pretendia sugerir que suspeitava dela, interessou-se em saber como ela podia ter tanta certeza sobre os nomes dessas pessoas. Zulema explicou, mas o coronel continuou insistindo, ardiloso. — Veja — disse então Zulema — tu ainda não me disse teu nome, mas nós já vamos averiguar.

A audiência terminou. O coronel e o suboficial se levantaram para sair sigilosa e apressadamente daquele lugar, mas as Mães não queriam que as coisas terminassem tão rápido nem tão facilmente. Enquanto os militares interrogavam Zulema, começaram a chegar jornalistas, especialmente convocados por elas para que presenciassem a visita dos militares. Na porta e na escada de entrada havia se aglomerado uma pequena multidão de repórteres, fotógrafos e cinegrafistas, alguns deles correspondentes de meios estrangeiros.

A saída de Fernández e Cavalaro foi agitada, Eles tiveram que atravessar pela segunda vez um corredor ladeado por Mães que já não respeitaram o silêncio da recepção, mas começaram a entoar, com toda a força de suas vozes, "Aparição com vida e punição aos culpados". Ao mesmo tempo, os jornalistas começaram seu próprio interrogatório. Um deles quis saber por que o Código de Justiça Militar equiparava as mulheres à incapacidade.

"E, se trata de uma mulher, se trata de uma mulher e temos que vir, logicamente, não nos custa absolutamente nada vir até aqui, ao contrário", respondeu o coronel.

"O artigo 412º do Código de Justiça Militar estabelece a obrigatoriedade do uniforme em casos desse tipo de interrogatório", apontou outro jornalista. "Não, de maneira alguma, por razões de comodidade, eu não tenho carro, venho de ônibus", respondeu.

"Uma pergunta mais pessoal para o senhor: Que sensação te causa entrar nesta casa, que é uma espécie de símbolo da liberdade e da luta pelos desaparecidos?". "De forma alguma, nenhuma", respondeu Fernández. "Venho normalmente, nenhuma sensação, venho normalmente para uma declaração, sem problema, não houve nenhum inconveniente".

"Não digo que o senhor tenha um problema, porque imagino que as Mães não vão te causar problemas, mas o senhor sabe que as Mães acusaram publicamente os militares de serem os responsáveis pelo sequestro, tortura, violação de milhares de pessoas. O senhor entra nesta casa que é um símbolo para essas mulheres e para grande parte da sociedade argentina. Como o senhor se sente representando o exército nesta casa que, poderíamos dizer, é o símbolo de tudo o que o exército fez contra o que essas mulheres representam? O que significa para o senhor?".

"Uma pergunta bastante...", começou dizendo o militar, mas logo se interrompeu. "Enfim, para mim, imagine, como integrante do Exército, me sinto orgulhoso de pertencer ao Exército, não me sinto envergonhado, nem um pouco, e venho aqui para cumprir uma função, que é a de investigar realmente o que é manifestado, no que dizem que o Exército está implicado. Venho em delegação do Conselho Supremo das Forças Armadas, então penso que estou cumprindo essa tarefa".

"Não passou nada em especial pela tua mente? O senhor não sentiu remorso, nem pena?". "Remorso por quê?", exclamou o coronel Fernández. "Não, de maneira nenhuma. Pena, por quê? Estou investigando, estou vendo".

"Pena pelos desaparecidos. As Mães acusam as Forças Armadas de serem responsáveis. O senhor veio, ainda mais simbólico, por uma processo no qual está envolvido o desaparecimento do filho da presidenta das Mães da Praça de Maio. E o senhor assume sobre os ombros, consciente ou inconscientemente, a função de investigar o desaparecimento do filho da presidenta das Mães da Praça de Maio. Alguma coisa deve ter passado pela tua mente."

"Conscientemente assumo a tarefa", respondeu o coronel, sem maiores explicações.

"O que nós, jornalistas, gostaríamos de saber é o que passou pela tua mente". "Conscientemente assumo", insistiu Fernández. "Penso que vou agir como corresponde a um juiz, em delegação do Conselho Supremo. Nesse sentido, penso que estou agindo bem".

"E foram embora os dois", lembrou Bonafini anos depois. "Não foi apenas uma vingança por tudo o que tinham nos feito, foi assim que devolvemos à força o golpe que queriam nos dar. Primeiramente, essa terrível farsa de que os militares lavariam suas próprias mãos, e depois a perversão de nos submeterem a prestar declaração de algo que eles já sabiam. Como podiam chegar nisso? Dessa forma o governo revelava toda a sua hipocrisia. Estávamos apenas expondo essa hipocrisia, essa mentira. Eles preferiam que as coisas passassem despercebidas. Ao invés disso, nós, com aquele ato, fizemos um barulho enorme que fez com que essas intimações diminuíssem um pouco.

Sanmartinianos

Para o governo, os militares não apenas não deveriam ser estigmatizados nem ser alvo de ofensas, como deveria encontrar-se uma forma de reivindicá-los. Como única condição — concordavam os governistas e a oposição majoritária — as Forças Armadas deveriam separar os bons dos maus, os autoritários dos democráticos, os criminosos dos inocentes. Afinal, diziam, as Forças Armadas tinham uma missão a cumprir, e portanto, era necessário encontrar um caminho que devolvesse a elas legitimidade e aceitabilidade social e institucional.

Nesse contexto, foi reavivado o termo "pensamento sanmartiniano", que envolvia uma construção relativamente nova que tentava reunir certos aspectos do legado do general José de San Martín — certamente selecionados de maneira arbitrária — e algumas concepções democrático-liberais sobre a essência do Estado e das instituições militares. A partir dessas coordenadas políticas e ideológicas, um capitão de Cavalaria, Federico Mittelbach, escreveu um artigo intitulado "San Martín e o julgamento dos ex-comandantes. Honoráveis e perversos", que teve a virtude de expressar detalhadamente os postulados e as representações a partir dos quais operava o pensamento oficial e de oposição no contexto militar.[18]

Após citar San Martín, que teria afirmado que um oficial de honra deveria evitar ser confundido com os "maus e perversos", o autor afirmava que era possível diferenciar dentro das Forças Armadas os "honoráveis" — aqueles que não haviam participado da repressão ditatorial — dos "perversos", ou seja, aqueles que haviam se envolvido na repressão ilegal. Para Mittelbach, estabelecer essa linha divisória era fundamental, e por isso ele se inquietava com o "espírito de corpo" dos militares, que se opunham massivamente ao julgamento dos ex-comandantes, segundo o capitão, por um princípio de lealdade mal interpretado. "A primeira coisa que se percebe é essa deturpação do sentido de lealdade, que se transforma em, no mínimo, cumplicidade intelectual, a não ser que aqueles que sustentam essas falácias também estejam envolvidos, também, em delitos análogos aos imputados às cúpulas do chamado 'Processo'. O que, embora estranho a toda ética, daria racionalidade às suas falas. Mas o fato de aqueles que foram alheios às ações perversas executadas durante a feroz repressão se identificarem com aqueles que cometeram crimes é, não só pueril pessoalmente, mas injusto com toda a sociedade argentina que, simplesmente, exige justiça. Essa identificação é profundamente antiética".

Mas o que Mittelbach chamava de deturpação da ideia de lealdade era, na verdade, uma sólida amálgama ideológica e política que moldava não apenas consciências unificadas, mas a própria estrutura das Forças Armadas. O capitão "democrático" era ingênuo demais ou falsamente

18. San Martín y el juicio a los ex comandantes. De honorables y perversos. *El Periodista*, ano 1, n. 32, 19 abr. 1985.

simplista. "Separemos, pois, o joio do trigo. Quem destruiu o prestígio das Forças Armadas foram alguns de seus integrantes, maus e perversos. Os oficiais de honra devem ser os grandes reivindicadores de que estes sejam sancionados com todo o peso da lei e para que se recupere, novamente, sempre que necessário, o belo costume de degradar aquele que cometer delinquências, por mais ilustre que tenha sido, diante da humilhante presença dos jovens cadetes de todos os tempos. Isso sim é ética militar sanmartiniana do melhor tipo".

Esta posição era derivada de uma concepção liberal do poder do Estado, e pior ainda, desconhecia não apenas a complexa história criminal do Exército Argentino, mas a formação e estruturação da força para essa função criminosa, operada particularmente desde meados da década de 1960 até aquele momento.

Pablo Giussani repetiu a mesma fórmula de Mittelbach, mas no jornal *La Razón*.[19] O jornalista incentivou a diferenciação entre os bons e os maus da instituição militar, como um método infalível para sua reintegração à democracia. Em um artigo intitulado "A fábula do cão feroz e do menino cruel" , Giussani explica o genocídio — cometido pelo cão feroz — a partir do intimidação da subversão — o menino cruel. Não só simplificava todo o debate sobre o modelo político e econômico do antigo regime, como também fazia desaparecer por completo a dimensão do Estado genocida, reduzindo a questão à exclusão dos malvados por meio de um mecanismo judicial.

Renée *Yoyi* de Epelbaun não conseguiu conter o impulso de responder. Se Giussani proclamava "a necessidade de resgatar as Forças Armadas para a vida democrática do país", Epelbaun lhe lembrava com ironia que esse "objetivo muito plausível, aparentemente não é compartilhado pelas próprias Forças Armadas, que se recusaram a julgar seus integrantes acusados de crimes horrendos, descartando assim a oportunidade que o atual Governo Constitucional lhes oferecia para expurgarem a si mesmas". "O senhor relata — explicava *Yoyi* — uma anedota de sua infância na qual um cachorro bravo é levado a uma ferocidade enlouquecida pela intimidação a que o senhor o submete. Comparando essa situação com a atuação dos militares do 'processo', ela seria explicada pela ação da guerrilha e do terrorismo prévio. No entanto, ambas as situações são incomparáveis, não é possível traçar um

19. GIUSSANI, Pablo. "La fábula del perro feroz y el niño cruel". *In*: *Los días de Alfonsín*. Buenos Aires: Legasa, 1986, p. 83.

paralelo. O cachorro, animal irracional, reage irracionalmente às agressões sofridas, enquanto o militar, como homem, está dotado — como o senhor diz no teu artigo — de raciocínio e livre arbítrio, e não pode responder da mesma forma. Portanto, a implementação de uma repressão clandestina e criminosa é um ato punível e deve ser castigado".

"Para o terrorismo de Estado", julgava *Yoyi*, "não cabe explicação alguma. Uma explicação implica compreensão. Quem, depois de ouvir ou ler os testemunhos de Adriana Calvo de Laborde, de Pablo Díaz, uma das vítimas da chamada 'Noite dos Lápis' e de outras vítimas da violência genocida dos responsáveis por instrumentalizar o terrorismo de Estado, pode sequer arriscar uma explicação para a atuação dos algozes?".

Com uma lógica que cavava entre as linhas, Epelbaun apontava a Giussani — quase o acusando — que "compreender" os motivos que levaram os militares e seus cúmplices civis a cometerem condutas brutais implicava uma justificativa, a mesma que tentavam desesperadamente conseguir os próprios criminosos e seus advogados defensores. Da justificativa à impunidade basta um único passo. Permitir justificativa seria o equivalente a — usando suas próprias palavras — pavimentar o caminho para a repetição dessas condutas. "Acredito que deve ser levado em conta também que, na Argentina, os governos constitucionais foram destituídos exclusivamente por golpes militares e nunca por qualquer tipo de subversão. Isso, assim como a repetição de atos abomináveis cometidos com o patrocínio e meios do Estado, não pode ser consentido nunca mais".[20]

Ao contrário do setor de Bonafini, que chegou a exigir a dissolução das Forças Armadas, *Yoyi* apenas apontava que a composição das três armas, por seu total compromisso com o genocídio, resultava, de fato, em algo que não pode ser puficidado, menos ainda, por si mesmo. Neste ponto, o setor dissidente e o liderado pela presidenta das Mães concordavam: com essas Forças Armadas não se podia conciliar.

Para além das doutrinas de Mittelbach e Giussani, o governo não demonstrava maior empenho no que esses escribas chamavam de 'depuração das Forças Armadas': em julho de 1985, enviou ao Senado vários documentos que promoviam oficiais, entre os quais incluiu notórios envolvidos na repressão, como o próprio Alfredo Astiz.

20. EPELBAUM, Renée de. Carta a Giussani, não publicada. Arquivo AMPM.

Desfile e repressão

Reivindicar as Forças Armadas — em um sentido distinto do da ultradireita — era um objetivo prioritário do governo. Isso permitiria uma espécie de compensação pelos "agravos" que estavam recebendo e, ao mesmo tempo, o governo poderia avançar na aplicação de sua concepção política e ideológica, que contemplava um lugar e uma função para a instituição militar. Uma oportunidade para essa reivindicação foi a celebração de um novo aniversário da Independência Nacional, no dia 9 de julho de 1985.

Nesse dia, as Forças Armadas desfilariam pela Praça de Maio. Apesar do impressionante operativo policial montado no local, com agentes a pé, carros de assalto e a Cavalaria, as Mães não se intimidaram. Pelo contrário, com um enorme cartaz em que se lia "Pelos 30 mil desaparecidos exigimos julgamento e punição para todos os culpados", centenas de Mães e simpatizantes avançaram em direção à Praça, enquanto gritavam "assassinos" para os militares. Assim, o que o governo e os militares imaginaram como um espetáculo para a reconciliação da família argentina se transformou no cenário das tensões que tentavam disfarçar.

A tensão aumentou minutos antes do meio-dia, quando militantes radicais se posicionaram atrás da barreira policial e em frente às Mães, numa atitude manifestamente hostil em relação a elas. Em uma ação evidentemente coordenada, naquele momento passou o veículo oficial que transportava Alfonsín. Então, um militante radical gritou: "Tapamos os extremistas". As Mães permaneceram impassíveis diante dessa provocação. Até o final do desfile, continuaram no seu lugar, segurando o extenso cartaz que estampava sua reivindicação, como ficou registrado para sempre na foto do fotógrafo Enrique Shore: nela, vê-se o enorme cartaz das Mães exigindo julgamento e punição pelos 30 mil desaparecidos, levantado sobre as cabeças de militares vestidos com o uniforme do Regimento de Patrícios.

Nada parecia alterar a calma dessas mulheres de lenço branco, até que pelos alto-falantes que amplificavam o relato do desfile, as Mães ouviram: "Aí vêm altivos e valentes soldados da Escola de Mecânica da Armada". Quando elas e os jovens que as acompanhavam começaram a gritar em repúdio, a repressão se desatou: "Um incidente ocorreu na Avenida Diagonal Sul, entre Bolívar e Perú, quando manifestantes que acompanhavam as Mães da Praça de Maio foram agredidos por um grupo de civis, alguns dos quais se identificaram como membros da guarda do Conselho Deliberante desta capital, conforme registrado pela agência DyN", começava a reportagem do *Clarín*, intitulada "Incidentes com as Mães na Praça de Maio".[21] "A briga — continuava — se originou quando os manifestantes — entre eles uma meia centena de mães com seus clássicos lenços brancos — estavam saindo das proximidades da Praça de Maio, depois de permanecer quase três horas ali, após a Polícia ter impedido que entrassem na praça para expor suas reivindicações, enquanto acontecia o desfile militar do dia 9 de julho".

"Nos incidentes, que haviam sido precedidos por um enfrentamento de menores proporções, ficaram feridos vários manifestantes, dois fotógrafos do jornal *Madres de Plaza de Mayo*, um fotógrafo do *El Cronista Comercial* e um redator desse meio", detalhou. "Além disso, foi possível ver que um homem ficou caído na calçada e teve que ser assistido por outras duas pessoas que o transportaram até uma ambulância que estava estacionada na referida avenida. Integrantes do grupo, que chegou a ser formado por aproximadamente cinquenta homens, já haviam se enfrentado a socos com manifestantes que acompanhavam as Mães da Praça de Maio, ao recrudescer a tensão quando as mulheres tentavam entrar na avenida. Nessa oportunidade, Herman Schiller, diretor do jornal *Nueva Presencia*, presidente do Movimento Judaico pelos Direitos Humanos e recém-novo membro da direção da Assembleia Permanente pelos Direitos Humanos (APDH), sofreu uma ferida cortante abaixo do olho esquerdo e teve que ser assistido no local".

"A maioria dos participantes dos enfrentamentos usava, sobre os casacos ou jaquetas, pequenos distintivos brancos de formato retangular, cruzados por três faixas vermelhas: eram os 'jovens radicais'. Os civis, alguns dos quais gritaram para os manifestantes 'troskos' e 'vão embora', atravessavam sem dificuldade o cordão policial que impedia a passagem das Mães".

Herman Schiller, um dos militantes mais destacados e consequentes da esquerda e dos direitos humanos desde os primeiros dias da ditadura, foi quem sofreu lesões mais graves. Desde a direção do jornal *Nueva Presencia*, vinculado aos setores mais progressistas da comunidade judaica no país, desempenhou um papel importante na denúncia dos crimes do terrorismo de Estado, muito próximo da luta das Mães. A gravidade das lesões de Schiller foi tal que o jornal *Crónica*, num primeiro momento, anunciou a sua morte.

21. *Clarín*, 10 jul. 1985.

No mesmo dia dos incidentes, as Mães convocaram uma conferência de imprensa na qual denunciaram os fatos e identificaram politicamente o grupo agressor: havia membros da Junta Coordenadora da UCR, funcionários da Prefeitura de Buenos Aires, elementos dos serviços de inteligência, membros do grupo fascista Guarda Restauradora Nacionalista. Chegaram até a reconhecer alguns dos violentos, por exemplo, Adolfo de Francisco, a quem apontaram como segurança do prefeito de San Isidro, o radical Melchor Posse.

Além de denunciar os fatos, em um comunicado de imprensa posterior, as Mães interpelavam diretamente o ministro do Interior Antonio Tróccoli. Dizia que o ataque que haviam sofrido, elas, outros militantes pelos direitos humanos e alguns jornalistas, guardava lamentáveis semelhanças com os procedimentos da ditadura militar. "Não só nós Mães, mas todos os habitantes do solo argentino temos a firme vontade de que sejam definitivamente erradicados e que somente a convivência civilizada seja norma em nosso país, convivência que permite o dissenso e a expressão pacífica desse dissenso", sustentava o documento.

"A gravidade do episódio foi amplamente denunciada por diferentes setores e pessoas que exigem sua investigação e o julgamento dos autores das agressões. Para contribuir com a identificação dos mesmos e, dessa maneira, contribuir também para a erradicação dessas práticas violentas, é que agora fazemos chegar ao Sr. Ministro as fotos de alguns dos agressores para que tome providências para uma real investigação."

"O Sr. Ministro é responsável pela segurança dos habitantes de nosso país, é de se esperar que, com os elementos que agora facilitamos, mais os que possam ter sido fornecidos por outros meios, determine identidades e deslinde também a responsabilidade dos elementos policiais que claramente permitiram que esse atropelo criminoso fosse cometido. Desta vez, Sr. Ministro, não pode haver silêncio. Esse Ministério deve informar publicamente o resultado da investigação. É sua obrigação com o povo da Nação".

O ministro nem se ocupou do assunto, nem fez qualquer declaração.

Um dia depois dos incidentes, o jornal *Buenos Aires Herald*, firme divulgador da luta das Mães nos primeiros anos da ditadura, publicou em seu editorial:[22]

22. Síntoma desfavorable. *Buenos Aires Herald*, 10 jul. 1985.

O Governo evidentemente considerou o desfile militar de ontem pelo Dia da Independência como um símbolo de "reconciliação" entre as Forças Armadas e o resto do país e, visto sob essa ótica, sua resistência para que a ocasião não fosse estragada por manifestações hostis foi compreensível. Mas essa preocupação com a "imagem" não justifica de modo algum que se golpeiem manifestantes nem a maneira brutal com que as Mães da Praça de Maio foram mantidas afastadas do desfile das tropas não só pela polícia, mas por indivíduos que manifestaram pertencer, e talvez realmente pertenciam, à 'segurança municipal' No entanto, isso foi o que aconteceu ontem: as festividades do Dia da Independência ficaram eclipsadas para muitas pessoas pelos episódios ocorridos durante sua realização. O que não teria ocorrido se as autoridades tivessem decidido ignorar as atividades das Mães e de quem as acompanhava.

Quem foi exatamente responsável pela violência é, e provavelmente continuará sendo, um mistério. É de fato difícil acreditar que o Ministério do Interior tenha ordenado que os policiais à paisana se comportassem como fizeram. No entanto, parece muito provável que os envolvidos, a quem suas vítimas identificaram como membros do movimento radical, dos serviços de inteligência e da "Guarda Restauradora Nacionalista" de extrema direita, tenham recebido, ou acreditado ter recebido, sinais informando-os de que os dias de tolerância haviam terminado e que poderiam aplicar impunemente métodos de força contra qualquer um que tentasse causar distúrbios públicos. Para que isso acontecesse, não seria necessário que ninguém desse ordens especiais: uma mudança de clima — e nas últimas semanas o clima mudou muito, positivamente em alguns aspectos e negativamente em outros — seria mais do que suficiente. Os manifestantes, especialmente quando lembram aos que estão no poder algo que prefeririam deixar de lado, são sempre incômodos e frequentemente recebem muito mais publicidade do que merecem. Mas são um fato aceito nos países democráticos. Na Europa Ocidental e na América do Norte é incomum que um evento público, com participação de autoridades governamentais, transcorra sem que alguns manifestantes aproveitem a oportunidade para divulgar ainda mais suas opiniões. E, embora os funcionários e os tradicionalistas deplorem tais intromissões, nas democracias sabem muito bem que tentar eliminá-las é contraproducente, não só porque os manifestantes ganham mais publicidade quando são vítimas da repressão do que quando são deixados em paz, mas porque silenciá-los revela um desdém autoritário pelos valores democráticos fundamentais. De qualquer forma, as Mães da Praça de Maio não vão desaparecer e, se o governo pensa em conceder anistia a muitos dos envolvidos na "guerra suja", terá que enfrentar sua tenaz oposição. Tanto se o governo gostar ou não, as Mães continuarão lembrando ao mundo que, quando as Forças Armadas tinham o país à sua mercê, o submeteram a um reinado sistemático de terror no qual torturaram e assassinaram milhares, e que muitos dos torturadores e assassinos não foram levados à justiça e provavelmente nunca serão. Esta é a simples verdade e não pode ser apagada olhando para o outro lado ou agredindo aqueles que insistem em expô-la à opinião pública.

Velhas loucas

"Velhas loucas". Não era a primeira vez que as chamavam assim. Aquele epíteto, cunhado pela ditadura, se repetia agora, durante o governo de Alfonsín, na boca de um dos políticos mais notórios do radicalismo, Melchor Posse, cujo segurança as Mães apontaram como um dos agressores.

Talvez para esclarecer esse ponto, Rolando Hanglin, na época jornalista da Rádio Continental, entrevistou ao vivo Hebe de Bonafini e Melchor Posse em uma chamada telefônica simultânea.

Hanglin perguntou ao prefeito se ele conhecia Adolfo de Francisco. Posse não respondeu à pergunta, mas disse que se divertia com "as senhoras", "não com a dor delas, mas em relação ao que me diz respeito. O prefeito de San Isidro não teve, não terá, nem precisa de segurança. É um cidadão comum, um médico de uma localidade com uma trajetória política e nunca precisou de nenhum tipo de segurança".

Bonafini perguntou-lhe se, além de ser prefeito naquele momento, ele também tinha sido durante a ditadura. "Não, senhora", respondeu Posse ofendido e fora de si. "É tamanha a dor de vocês que as faz ver as coisas ao contrário". Mas logo esclareceu que uma coisa eram as Forças Armadas "do meu país", e outra bem diferente "os criminosos que mataram, pela subversão, porque muitos dos desaparecidos foram criminosos, como são criminosos muitos militares". "A justiça tem que decidir", enfatizou, "e não um conjunto de velhas loucas que estão fazendo as coisas dessa maneira. E não tenho mais nada para conversar, porque o prefeito da cidade de San Isidro não tem, não terá, nem nunca precisou de segurança".

Ao ouvir a ofensa, Bonafini se indignou. Disse a Hanglin que ele era responsável por tratar ela e as Mães dessa maneira. Hanglin imediatamente pediu desculpas, mas Hebe não se deu por satisfeita: "Essas são as coisas que vocês, jornalistas, fazem para gerar sensacionalismo. São muito graves. O senhor prefeito acusou as Mães de velhas loucas".

Hanglin, no entanto, mantinha Posse no ar, e Posse continuou falando: "Sim, se disseram o que disseram, senhora, sobre esse tema, e principalmente sobre aquelas que insultam as Forças Armadas da Nação".

"As Forças Armadas que violaram, torturaram, roubaram e assassinaram", replicou Bonafini. "Esses são criminosos. As Forças Armadas de San Martín e de Belgrano, as Forças Armadas da minha pátria não são criminosos", insistiu Posse. "Tu as defende porque deve ter servido a elas", disparou Hebe. "Jamais, jamais", se defendeu o prefeito. "Deve ter servido às Forças Armadas, por isso as defende", insistiu a presidenta das Mães.

Hanglin tentou intervir no debate, mas Hebe lhe disse que não queria mais ter nada a ver com o seu programa. "Perdão, senhor, mas realmente acho um absurdo me chamar a esta hora [7h17 da manhã] para me colocar nas mãos desse senhor que defende aqueles que torturaram, violaram e assassinaram, porque deve ter servido a essa gente, porque certamente também foi prefeito naquela época...".

Hanglin pediu a ambos que tentassem se acalmar. "Senhor, quero te dizer uma coisa: quem falou de 'velhas loucas' provavelmente porque não tem mãe é o doutor Posse. Então, bom dia e muito obrigada".

Hebe desligou o telefone, mas Posse continuou falando com Hanglin. O prefeito afirmou que não poderia tolerar como argentino "que se rotulasse as Forças Armadas de assassinas" e enfatizou que enfrentou "como político, ao lado de Alfonsín, todas as atitudes equivocadas da guerra da repressão" e que atacou "com dureza tudo o que significou uma subversão assassina e uma repressão nas mãos de criminosos". Acrescentou que "sob nenhum conceito ocupei uma posição que não fosse democrática e designada pelo povo". E, finalmente, criticou "o conjunto de senhoras" que "tentou agredir o presidente da República e agredir os soldados do meu país. Não vou tolerar isso, e as que fizeram isso são velhas loucas".

As Mães, concluiu, "não têm direito, não podem continuar usando sua dor" e que "a subversão existiu e foi apátrida. Matou e foi apátrida a repressão que matou homens e mulheres neste país. Vamos começar de novo e não vamos construir nada sobre a dor como essa gente faz".

31. Inimigas

"— Ainda não... ainda não!
— o espasmo furioso estava por fim
dominado em seu peito que
ressoava em segredo como um monte."

Augusto Roa Bastos, *El trueno entre las hojas*.

Se León Carlos Arslanian, presidente da Câmara Federal, soubesse o significado das palavras que empregou, certamente não as teria usado. Conversando reservadamente com seus colegas do tribunal, sustentou que deveriam proceder como "o trovão entre as folhas". Quis dizer que a rapidez tinha que ser uma das chaves do julgamento, porque o tempo jogava contra o tribunal e a favor dos conspiradores militares. Mas a expressão popularizada pelo escritor paraguaio Augusto Roa Bastos continha outro sentido: referia-se, segundo uma lenda guarani, à origem da fúria.

Nada mais distante da fúria do que a imagem que os juízes da Câmara Federal queriam transmitir à opinião pública. A fúria não está bem conciliada com a ideia de objetividade e equanimidade, valores que, ao menos no discurso e na forma, inspirariam a magistratura argentina, formada nas concepções jusnaturalistas, positivistas e liberais da justiça. E não eram apenas os juízes que deviam evitar a fúria, como também as testemunhas.

Por essa razão, Arslanian ficou alguns segundos desconcertado quando, na sexta-feira, 19 de julho de 1985, María del Rosario Carballeda de Cerruti, secretária das Mães, começou a depor como testemunha no julgamento dos ex-comandantes. Rosario havia sido convocada para relatar os acontecimentos da Igreja de Santa Cruz, quando sequestraram as mães Esther Ballestrino de Careaga e María Ponce de Bianco, junto a vários militantes do movimento de denúncia, em 8 de dezembro de 1977. Essa operação terminaria dois dias depois com o desaparecimento de Azucena Villaflor de Devincenti.

Arslanian acabava de perguntar a Rosario, como é de praxe nas audiências judiciais, sobre a "qualificação da testemunha", ou seja, aquelas questões que todos os testemunhos devem responder para determinar se o declarante tem ou não impedimentos para se expressar com imparcialidade.

"Tu és parente, amiga ou inimiga dos ex-comandantes processados?", perguntou o juiz da Câmara. "Inimiga", respondeu María del Rosario.

Arslanian vacilou. Ser "inimigo" ou "inimiga", segundo certa doutrina, impede a objetividade. O juiz tinha, portanto, um problema: uma testemunha-chave sobre um dos episódios mais marcantes da repressão, que apontava diretamente para Massera, poderia ficar fora do jogo se o magistrado não pensasse em algo rapidamente.

"Apesar dessa sua declaração, senhora", voltou a questionar Arslanian, "a senhora considera que pode depor com imparcialidade neste julgamento?". "Sim", respondeu Rosario naturalmente.

Uma sensação de alívio tomou conta dos procuradores e dos juízes da Câmara.

Rosario começou então a relatar o que já havia contado mil e uma vezes: as reuniões na paróquia para juntar dinheiro para o anúncio dos desaparecidos, um dos mais importantes da época, publicado no La Nación em 10 de dezembro de 1977. A reunião de 8 de dezembro, as pessoas que participaram, a rápida passagem de Astiz perguntando por Azucena, a saída da igreja acompanhada por Beatriz Ketty Aicardi de Neuhaus e Quita Chidíchimo; o terrível momento em que capturaram Mari Ponce e depois Esther; o grito dela pedindo explicação sobre o que estava acontecendo, a resposta hipócrita de que se tratava de um "procedimento antidrogas", o desespero e o terror das pessoas que saíam da igreja. Depois os trâmites, as denúncias inúteis. E dois dias depois, o sequestro de Azucena.

Em seguida, Beatriz de Neuhaus prestou depoimento. Dessa vez, a resposta de Ketty, uma das Mães que em 30 de abril de 1977 esteve ao lado de Azucena naquele primeiro dia na Praça de Maio, não surpreendeu tanto Arslanian. Ela também se declarou inimiga dos ex-comandantes. E o presidente do tribunal, como havia feito com Rosario, voltou a perguntar se isso afetava sua imparcialidade.

Arte e parte

Um momento crucial na história das Mães e da ditadura que se pretendia julgar acabava de passar brevemente pelo julgamento. Não era, a princípio, um daqueles depoimentos preferidos pelos meios de comunicação e que impactavam a opinião pública pela descrição das violações e torturas sofridas por ex-detidos e desaparecidos, homens e mulheres, algumas grávidas; tampouco era o testemunho de políticos ou dirigentes sindicais de renome. Era apenas um fragmento da luta daquelas mulheres que haviam protagonizado a resistência mais singular e tenaz contra o terrorismo de Estado. A pouca relevância que lhes foi dada no julgamento se justificava de muitas maneiras: segundo a promotoria, elas não eram precisamente vítimas dos crimes mais escabrosos. Esse menosprezo das Mães — que, no entanto, estavam entre as primeiras e as que mais profundamente compreenderam e denunciaram a essência do Estado terrorista e sua metodologia repressiva — era, em parte, uma decisão política, e também um sinal do que estava acontecendo. Ou acaso não era significativo que as primeiras e mais heroicas denunciantes do genocídio passassem quase despercebidas, enquanto os principais protagonistas do julgamento eram juízes e promotores que, em sua maioria, haviam pertencido ao corpo de funcionários judiciais da ditadura? O relato de suas lutas e peripécias teria constituído um testemunho decisivo, não apenas sobre a responsabilidade dos comandantes, mas também de muitos dirigentes políticos e sociais que os acobertaram. O depoimento de Luder negando que ele tivesse aberto o caminho para a repressão ilegal era funcional à versão oficial da história, ao contrário do depoimento das Mães. Essa minimização das mulheres do lenço branco tinha sua contrapartida na sugestiva redução judicial em torno do caso da Igreja da Santa Cruz, centrada no desaparecimento das freiras francesas em detrimento das mães e dos demais militantes sequestrados no mesmo episódio.

É no mínimo contraditório perceber que, na versão judicial dos depoimentos das Mães — as mais enérgicas denunciantes do terrorismo de Estado —, sua identidade se dilui. Ao contrário do que realmente havia ocorrido enquanto a ditadura gozava de todo o seu poder e as Mães denunciavam os genocidas sem nenhum respaldo, a versão judicial dos fatos tentava colocá-las como testemunhas indiferenciadas e neutras. As vicissitudes daquelas mulheres enfrentando a recusa do regime em reconhecer os desaparecidos, os habeas corpus que os magistrados da ditadura rejeitavam sem investigar, as declarações de centenas de dirigentes políticos e sociais corroborando com a "luta antissubversiva", a repressão recaída sobre elas, o que elas mesmas haviam descoberto sobre os campos de concentração, os métodos repressivos e tantas outras questões teriam construído um quadro completo e verdadeiro dos crimes. Mas poucos estavam interessados em restaurar essa trama.

As Mães percebiam claramente esse deslocamento para um canto da cena política, que lhes negava no julgamento o protagonismo que tiveram na luta. No entanto, nem todas atribuíam isso a uma deliberada intenção negativa do governo ou dos juízes; ao contrário, algumas responsabilizavam as próprias atitudes derivadas do "enfrentamento sistemático" assumido pelas Mães — contra o próprio julgamento, por exemplo —, até o limite da provocação.

Por exemplo, o que era aquilo de se declarar "inimigas" dos ex-comandantes, como Rosario e *Ketty* haviam dito aos juízes da Câmara Federal? Não estavam facilitando o trabalho daqueles que queriam pôr obstáculos e tumultuar o julgamento? O que teria acontecido se os juízes fossem obrigados a descartar os depoimentos de Rosario e *Ketty* por uma impugnação da defesa dos ex-comandantes? María Adela de Antokoletz e Marta de Vázquez, entre outras, pensavam que aquilo de se declarar "inimigas" era uma forma de boicotar o julgamento e que poderia ter resultado na exclusão das Mães daquele processo histórico. Portanto, aquela marginalização do movimento na cena política e judicial explicava-se por essa absurda hostilidade — tão típica da linha de Bonafini — e não pelas tramas do governo.

Nesse tipo de situação e debates, que para muitos passavam despercebidos, estavam resumidas as profundas diferenças entre as Mães. Duas visões se delineavam claramente. Uma que rejeitava entrar nos labirintos tortuosos do sistema e percorrer os caminhos que o sistema propunha, sem distinguir entre eventuais prejuízos e benefícios; e outra que aceitava as regras do jogo, que separava o positivo do negativo para então aceitar ou descartar o que era conveniente e o que as prejudicava.

No caso concreto das respostas de Rosario e *Ketty*, a atitude contestatória de ambas desnaturalizava a ideia de que a imparcialidade — a não inimizade — era fundamento ou prova da verdade. Por essa razão, María Adela e Marta advertiam que, ao menos, deviam "manter as aparências" próprias do espaço público para não prejudicar o objetivo do julgamento.[23]

Mas se as Mães testemunhas haviam se definido como inimigas dos ex-comandantes, não o haviam feito por desejo de obstrução, mas sim porque levavam à cena do processo uma relação que ultrapassava os limites dos tribunais. Não haviam sido, e não continuavam sendo, inimigas dos genocidas? Para Rosario e *Ketty*, reconhecer essa condição pessoal e coletiva das Mães não era mais do que uma expressão sincera, que por outro lado manifestava uma verdade inegável. Mas essa franqueza chocava com certo senso comum jurídico e com certa doutrina jurídica dominante, que concebe a norma legal e o campo jurídico como um espaço neutro, em contraposição a outra concepção que percebe o direito — inclusive o espaço judicial — como uma expressão das relações de força da sociedade e, em consequência, absolutamente oposto à ideia de neutralidade.

No entanto, Rosario e *Ketty* não estavam fazendo teoria jurídica. Em todo caso, coincidiam de fato com essa concepção "não neutra" das relações jurídicas. Do ponto de vista delas, a manifesta inimizade com os ex-comandantes não invalidava seus testemunhos, mas os tornava histórica, política, ética e juridicamente válidos, se o processo realmente pretendia alcançar as raízes mais profundas do genocídio.[24]

---

23. Não parece um acaso nem irrelevante que estas últimas, mais familiarizadas ou imersas em certas formas próprias das práticas jurídicas, tenham aceitado com naturalidade a "qualificação da testemunha", enquanto, ao contrário, aquelas mais distantes desse ambiente tenham respondido segundo o uso e a lógica das suas próprias práticas, isto é, a resistência e a oposição política.

24. Hugo Vezzetti lembra que "à medida que nos deslocamos para os debates e os conflitos da memória e deixamos de lado o molde da prova e da investigação jurídicas, algo muda na natureza e no alcance do depoimento e no próprio estatuto dos depoimentos. Giorgio Agamben, que escreveu algumas das páginas mais notáveis e belas sobre esta questão, lembra que, em latim, existem dois termos para se referir ao testemunho. O primeiro, terstis, se refere ao que se coloca na posição de terceiro em um litígio ou processo; o segundo, supertes, nomeia quem viveu um acontecimento até o fim e está em condições de falar sobre ele. Nesse último sentido, que é o do sobrevivente, o depoimento não ocupa a posição de um terceiro nem seu depoimento se propõe a provar os fatos em um processo. Mas o também é um autor, um ator, em um sentido preciso: 'indica o testemunho na medida em que seu relato pressupõe sempre algo — fato, coisa ou palavra — que lhe preexiste e cuja força e realidade devem ser confirmadas e certificadas'". VEZZETTI, Hugo. *Passado e Presente*, *op. cit.*, p. 155-156. O texto de Agamben é *Lo que queda de Auschwitz*. Valência: Pre-Textos, 2000.

Por isso, apesar das perguntas que lhes faziam, tanto Rosario quanto Ketty relataram sua luta na Praça de Maio, a perseguição e o assédio da ditadura. "Sempre fomos perseguidas, nos seguiam por toda parte, houve momentos em que as mães eram levadas de bares, até a cinco quadras da Praça de Maio, as pessoas à paisana não nos deixavam viver em paz, éramos perfeitamente controladas, estávamos todos muito bem identificados, e tentavam nos ameaçar de todas as formas e em todos os momentos", disse Rosario depois de relatar o ataque mais sinistro às Mães, o sequestro de três de suas integrantes.

Mas a preocupação de Marta e Maria Adela sobre como as Mães que depuseram se definiram também não era superficial. Marta e Maria Adela sabiam que, um mês antes desses depoimentos, a neutralidade das testemunhas havia sido colocada em questão — de uma perspectiva distinta da das Mães —, baseando-se precisamente no caráter de inimigos dos declarantes em relação aos ex-comandantes.

De fato, prestes a concluir seu testemunho diante da Câmara Federal em 12 de junho de 1985, a testemunha María Haydée García de Candeloro foi interrogada por José María Orgueira, defensor do genocida Roberto Eduardo Viola. Munida de relatórios dos serviços de inteligência, a advogada lhe perguntou sobre sua militância na faculdade de Psicologia e sobre sua atividade anterior no centro acadêmico do colégio secundário, quando tinha 14 anos. A defesa dos ex-comandantes repetia o discurso da ditadura e continuava utilizando os arquivos do Estado terrorista para mostrar que os velhos mecanismos intimidatórios da repressão ainda funcionavam. Buscava demonstrar que aqueles que declaravam contra os militares não eram nem neutros nem inocentes, mas seus inimigos, os terroristas e subversivos de sempre. Os mesmos que os ex-comandantes haviam combatido e que agora, segundo a defesa, apareciam como vítimas inocentes.

Vítimas inocentes

Não só a militância das testemunhas e das vítimas da repressão foi questionada no julgamento, como também se insinuou a eventual violência política que poderia envolvê-las. A questão foi levantada por outro advogado de defesa, gerando um debate dentro e fora da sala de audiências.

Em outro alarde de engenhosidade jurídica, o defensor de Massera, Jaime Prats Cardona, disparou contra Magdalena Ruiz Guiñazú — que comparecia na qualidade de ex-integrante da CONADEP —, se por alguma circunstância ela sabia se "algum inocente" havia sido perseguido na "luta antissubversiva". Que indicasse, nesse caso, nome e sobrenome.

"Permito-me novamente fazer menção às crianças desaparecidas, para não falar de tantas pessoas a quem também mandaram para casa com desculpas depois de torturá-las. Aquelas 172 crianças que desapareceram, eram terroristas?", respondeu a jornalista.

A resposta categórica de Magdalena não deu margem a nenhuma nova pergunta. Mas a questão continuou sendo debatida fora do julgamento, somando as vozes de Strassera, Moreno Ocampo e das próprias Mães. Esse tipo de perguntas ou, melhor dizendo, de interrogatórios, afirmou Strassera, "transformam pessoas que foram vítimas de torturas e cativeiro, e que prestam depoimento como testemunhas, em uma espécie de acusados".

No contexto político da época e sob a perspectiva dominante na sociedade, a "inocência" das vítimas era a base da legitimidade do julgamento dos ex-comandantes. O apelo da jornalista e ex-integrante da CONADEP às crianças sequestradas e aos ex-detidos e desaparecidos devolvidos à vida "com desculpas" dos próprios militares ia nessa direção. Depois de tantos anos em que a ditadura havia martelado sobre a "subversão"; agora, com o retorno à cena pública de tantos políticos que justificaram o golpe de Estado pelo "caos reinante" e pela ação dos grupos "terroristas" de esquerda; depois que a opinião pública explicava os sequestros com a aterrorizante ideia de que "algo devem ter feito para merecer", não era fácil dar marcha à ré e culpar sem mais os membros das juntas. Para avançar nessa direção, recorreu-se às duas faces da mesma moeda: os "excessos" e as "vítimas inocentes". Já não importava se as vítimas "subversivas" haviam sido 30 mil e as "inocentes" muito menos: um único inocente justificava a acusação ao regime deposto.

Ao mesmo tempo, já durante a etapa de funcionamento da CONADEP, mas sobretudo durante o julgamento dos ex-comandantes, começou a se disseminar com força um argumento que, em certa medida, as Mães já haviam defendido sob a ditadura: era irrelevante se as vítimas do terrorismo de Estado estavam ou não envolvidas com a "subversão", uma vez que essa condição não justificava a repressão da ditadura. Mesmo esses casos deveriam ser submetidos à lei, e não resolvidos por métodos ilegais.

Assim, a figura de "vítimas inocentes" se constituiu como um conjunto variado e complexo: incluía as crianças e os libertados com desculpas mencionadas por Magdalena, aqueles que haviam sido alvo dos "excessos" de uma repressão "indiscriminada", e também os "subversivos".

Tratava-se de uma abordagem essencialmente jurídica para os efeitos do processo, e que não contrariava o mito dos "dois demônios", já que a promotoria não negava a "subversão", mas considerava necessária e legítima uma resposta repressiva, embora sob o peso da lei.

Algumas diferentes nuances desse raciocínio podem ser identificadas na intervenção de Strassera sobre o caso Candeloro. Em sua resposta às provocações da defesa dos ex-comandantes à testemunha, o promotor disse: "Entre outras muitas considerações que o assunto merece, há um comentário que é fundamental: a falta de provas e condenações judiciais impede distinguir entre as vítimas, quem foram guerrilheiros e quem não foram, desvalorizando e distorcendo o esforço dos oficiais e tropas que arriscaram suas vidas, e até a perderam, lutando contra a subversão. A clandestinidade determinada pelos acusados leva agora a que esses homens que arriscaram suas vidas não possam receber o agradecimento da sociedade e tenham que observar como alguns criminosos subversivos aparecem como vítimas inocentes".

O promotor introduzia uma virada, percebida pelas Mães. Segundo sua argumentação, já não era tão irrelevante o caráter das vítimas, o problema estava no fato de que, na falta de provas e condenações judiciais, não se poderia "distinguir" entre quem havia sido guerrilheiro e quem não havia sido. Mais ainda, insinuava que, se a repressão tivesse sido legal, agora a sociedade poderia agradecer e premiar os repressores.

A variante Strassera colidiu contra a das Mães, pelo menos por duas razões: por um lado, porque abandonava o princípio da irrelevância jurídica da condição das vítimas — nada mais justificava a repressão ilegal — e, por outro, porque sugeria que algumas vítimas eram efetivamente "vítimas subversivas".

As Mães responderam imediatamente: "Queremos supor que foi um lamentável deslize do senhor promotor, já que, inclusive, ele se contradiz com afirmações anteriores quando se opôs a perguntas dos defensores dos genocidas que se orientavam no mesmo sentido; ou seja, tentar 'distinguir' entre as vítimas, aqueles que foram guerrilheiros dos que não foram. Daí que agora não se compreendam essas novas declarações do senhor promotor, e que, repentinamente, também tente 'distinguir entre as vítimas'".

A questão da irrelevância jurídica do caráter da vítima não apresentava muitas controvérsias. Praticamente apenas o bloco político que defendia o terrorismo de Estado sustentava o contrário, razão pela qual Strassera se retificou rapidamente, esclarecendo que em nenhum momento quis sugerir que, se provada a condição de "terrorista" de algum assassinado ou torturado, isso mudaria seu conceito sobre a culpabilidade dos ex-comandantes.

Porém, o aspecto político da condição de "militantes armados ou partidários da violência" mantinha aberta uma discussão até mesmo entre as próprias Mães, ou melhor, *principalmente* entre elas. Algumas mulheres do movimento continuavam repetindo o argumento com o qual, durante a ditadura, haviam tentado defender seus filhos, ou seja, a negação absoluta e terminante de que seus filhos tivessem algum vínculo com a violência política. Essa posição, justificável sob o terror, parecia inadequada nos novos tempos. A negação sugeria que essas mães não justificavam as práticas políticas de muitos de seus filhos, algumas das quais, realmente, haviam sido violentas.

Outras mães, por sua vez, desaparecido o terror, permitiram-se iniciar um processo de reflexão sobre o uso da violência, justificável como uma instância de resistência ou como recurso para a transformação de uma sociedade injusta, quando os anseios de transformação se deparassem com a força conservadora do poder dominante. Mas, além das diferenças, ambas as partes coincidiam em que o debate era político e não uma questão de análise judicial.

Elas disseram ao promotor que "menos compreensível é ainda a afirmação do senhor promotor quando diz que essa impossibilidade de distinguir o caráter das vítimas tende a 'menosprezar' e 'desvirtuar' 'o esforço dos oficiais e da tropa que arriscaram sua vida, e até a perderam, lutando contra a subversão'. O próprio promotor demonstrou reiteradamente, ao longo de dez semanas de julgamento, que a imensa maioria das vítimas da repressão foi detida em suas casas, locais de trabalho ou na rua, desarmadas, sem oferecer qualquer tipo de resistência, e depois submetidas aos mais terríveis vexames. Que entre as vítimas se contam centenas de idosos, mulheres grávidas, crianças e bebês, diante dos quais dificilmente 'os oficiais e a tropa' tenham 'arriscado suas vidas lutando contra a subversão'".

A polêmica se intensificou quando, em uma tentativa pouco feliz de parafrasear a teoria dos dois demônios, o promotor adjunto Moreno Ocampo afirmou que os militares quiseram "eliminar um grupo de canibais com outro grupo de canibais, o que originou uma nova classe de antropófagos".

"Essas expressões", afirmaram as Mães, "são, além de falsas, irreverentes e vexatórias para nossos filhos, que não puderam nem podem exercer seu direito à defesa". Novamente, as Mães levavam a questão para o terreno jurídico — "o direito à defesa" —, evitando assim a discussão política sobre os usos da violência.[25]

Refutando a relação de causalidade entre os "canibais" estabelecida por Moreno Ocampo, as Mães voltaram à história dos golpes de Estado. "Desde 1930 as Forças Armadas vêm irrompendo continuamente de forma violenta e repressora na vida nacional, derrubando governos constitucionais, suprimindo liberdades, e até protagonizando confrontos internos, com grave perigo para a tranquilidade e segurança da população. Isso demonstra que são seus membros os que se tornaram merecedores do qualificativo de 'terroristas'. Sua ação sempre foi direcionada a oprimir o país, silenciando-o pelo terror para poder dominá-lo pela fome. Servem assim aos seus eternos mandantes, as minorias privilegiadas internas e os interesses estrangeiros".

As Mães retornaram ao argumento da inocência com a melhor das provas que poderiam apresentar: o próprio regime ditatorial não havia levado nenhum de seus filhos ao âmbito judicial: "Cada vez que apresentávamos um recurso de *habeas corpus* pela desaparecimento de nossos filhos, nos responderam que não havia sobre nenhum deles acusação alguma; portanto, repudiamos a qualificação que se permite usar no recinto judicial, de terroristas e delinquentes subversivos, termos que permanentemente os juristas aplicam durante os julgamentos, ao se referirem aos nossos filhos desaparecidos. E diante dessa situação, as atrocidades cometidas pelos militares são qualificadas pelos mesmos juristas com o eufemístico e delicado nome de 'excessos'".

Dessa forma, frente ao discurso compartilhado pela acusação aos comandantes, pela ultradireita e pelo governo, que mencionava os subversivos, as Mães — ou, pelo menos, um importante setor do movimento — se amparavam novamente, como haviam feito durante toda a ditadura, na figura das "vítimas inocentes". Era o velho recurso utilizado nas condições mais adversas em que tiveram de enfrentar o terror enquanto pediam por

25. As citações foram retiradas do documento principal emitido pelo Encontro Nacional de Mães em 23 de junho de 1985, cuja leitura integral ratifica o já exposto sobre o pensamento das Mães nesta instância. O documento foi assinado, entre outras, por Hebe de Bonafini (presidenta), María del Rosario C. de Cerruti (secretária), Haydee P. de Ramírez Abella (La Plata), Inés Rigo de Ragni (Neuquén), Laura Rivelli (La Plata), Aurora de Fracarolli (Entre Ríos), Luisa Torres de Toledo (La Rioja) e María Luisa Castro (La Plata), além de Olga Márquez de Aredes (Jujuy).

seus filhos, e que agora voltavam a utilizar no contexto da derrota sofrida — e ainda em curso — das ideias e práticas dos setores revolucionários e insurgentes, a ponto de se tornarem inadmissíveis até mesmo para as próprias Mães.

Reconheciam o compromisso militante de seus filhos, mas não se pronunciavam sobre o uso da violência. No documento de resposta a Strassera e Moreno Ocampo, afirmaram que seus filhos "foram dissidentes políticos, que lutaram por uma ordem social mais justa; essa foi a razão pela qual, para implementar um projeto de país dependente e submisso, as forças armadas e de segurança precisaram silenciá-los, como meio mais eficaz para aniquilar toda oposição".

As mesmas razões que, sob o terror, impulsionaram as Mães a negar qualquer tipo de militância e a se relacionar exclusivamente com aquelas mães cujos filhos não estavam pública ou notoriamente implicados nos grupos "subversivos" — deixando de fora, por exemplo, os parentes de Santucho, Quieto ou Rodolfo Walsh —, continuavam vigentes, talvez de forma atenuada, mas igualmente firmes frente ao mito dos "dois demônios".

As Mães não acreditavam que a acusação de "subversivos, terroristas e violentos" fosse irrelevante do ponto de vista jurídico no contexto do julgamento da repressão ilegal. Por isso, insistiam que a enorme maioria das vítimas havia sido arrancada de suas casas, de seus locais de trabalho ou detida na rua, desarmada e sem oferecer resistência. Havia algo inexplicável e arbitrário nessas capturas, que não podiam ser assimiladas a ações típicas de um cenário bélico. O desconcerto inicial que abateu milhares de argentinos — diante de um terror que teve como alvo não apenas as organizações armadas e seus combatentes, mas também qualquer opositor radicalizado que representasse um desafio ao sistema, com armas ou sem elas, ou aqueles que não aceitavam a imposição de um modelo social dominado pelos setores mais concentrados da economia — persistia como um argumento de inocência. Embora tivesse fundamentos legais, esse argumento não enfrentava a realidade da existência dos revolucionários subversivos, uma categoria à qual a maioria de seus filhos pertencia, com ou sem armas.

Além disso, aceitar a violência de um lado e de outro traria dilemas difíceis de resolver: como evitar a equivalência entre seus filhos e os militares? Como refutar a relação de causalidade entre violência subversiva e violência do Estado? Como impedir que seus filhos fossem rotulados como "demônios"?

A perda de legitimidade do discurso revolucionário, alimentada até mesmo por muitos dos ex-dirigentes das organizações que, até poucos anos e durante mais de década, defendiam a luta armada, somada aos debates internos entre as próprias Mães sobre o caráter revolucionário da militância de seus filhos, era o outro lado da falta de pronunciamento sobre a violência.

A situação se tornava ainda mais complexa porque aqueles que defendiam o discurso dos "dois demônios" se apresentavam como neutros e imparciais, qualidades que, segundo eles, eram indispensáveis para emitir o "juízo da História" e conduzir o julgamento dos ex-comandantes.

Nesse sentido, uma declaração de Strassera, em resposta à provocação de Orgueira, indignou as Mães mais do que outras. Para se colocar nesse mítico ponto de equilíbrio tão caro à justiça liberal, o promotor disse que ele representava toda a sociedade igualmente. "Sou o representante de toda a comunidade nesta causa, e tanto represento as Mães da Praça de Maio como os oficiais das Forças Armadas". Não era assim; as Mães não se sentiam representadas pelo promotor. Elas responderam: "É impossível representar de forma simultânea, simétrica e igualitária as vítimas e os algozes; os repressores e os reprimidos". Se cediam à pressão da teoria dos "dois demônios", refugiando-se na figura das "vítimas inocentes" — ou ao menos evitando a discussão sobre a violência —, não admitiam, no entanto, o mito da equanimidade.

A história oficial

Outro episódio daqueles dias, desta vez fora da órbita judicial, voltou a obrigar as Mães a tomar uma posição pública. Havia sido lançado *A História Oficial*, de Luis Puenzo, com roteiro de Aída Bortnik. O filme ganharia, em 1986, o Oscar de Melhor Filme Estrangeiro da Academia de Hollywood: uma professora de História — interpretada por Norma Aleandro —, casada com um militar — Héctor Alterio —, começa a se questionar, no ocaso da ditadura, sobre os pais biológicos de sua filha, adotada de maneira pouco clara, suspeita, a partir de gestões feitas pelo marido. Sutilmente, introduzindo agora na esfera da arte a teoria dos "dois demônios", o roteiro insinuava, por meio de um de seus personagens — o interpretado por Chunchuna Villafañe, casada com um desaparecido —, que seu marido era igual ao militar interpretado por Alterio.

As Mães publicaram uma comentário sobre o filme, não tanto por seus valores estéticos — "Não podemos pretender fazer crítica cinematográfica, não temos autoridade para isso", diziam — mas por suas definições ideológicas:

> A opinião de nossa Associação pode ser considerada parcial em relação a uma obra artística; no entanto, não podemos deixar de expressar de que forma e como ela é analisada. Não pretendemos fazer crítica cinematográfica, não temos autoridade para isso, mas, como público, podemos dizer que a ficção consegue impactar emocionalmente, o espectador sente os personagens, porque as interpretações são muito boas, é comovido pelo problema apresentado, acompanhado o espetáculo por técnicas precisas, evidentemente foi alcançado um bom filme.
>
> Mas nós Mães ou nós que vivemos uma realidade monstruosa sentimos que não basta fazer a qualificação simples do espectador, temos pontos de vista que superam esse denominador comum. Foi fato de ter padecido algo que não tem explicação humana razoável o que nos impulsionou à luta.
>
> A violência física e moral ao ser humano deve ser combatida com todas as forças da sociedade e, para isso, assim como para curar feridas, a cicatrização só é possível com um bom tratamento e não com resignação ou reparação superficial. O mundo cresce em problemas e se não buscamos o caminho da justiça, ensinando como nossos direitos devem ser respeitados, denunciando e condenando os crimes cometidos, esses voltarão a se repetir com o agravante de sua maior quantidade e o conhecido aumento de aberrações. Por essa interpretação do tema desenvolvido, não compartilhamos o saldo ideológico que transmite o filme, onde se pode imaginar que um repressivo é igual a um lutador popular, uma mulher fria e calculista pode ter a feliz ideia de se tornar um ser de verdadeiros sentimentos.
>
> Admitimos como obra cinematográfica dentro das possibilidades de todo ser humano, mas não como testemunho que sirva para reparar a dor vivida e muito menos para evitar a dor por vir.

Assinavam o comunicado Hebe e María del Rosario em nome da Associação, embora sem o aval de outras integrantes da Comissão Diretiva. Os debates internos continuariam abertos, por muito tempo, como a discussão sobre a legitimidade da violência, que seria fundamental na disputa pela redefinição do movimento e sua atitude diante das novas circunstâncias.

Pablo Giussani, o fiel porta-voz das diretrizes oficiais sobre o assunto, talvez sem querer, deu novo impulso a essa discussão, quando em um escrito recriminou os familiares de desaparecidos por não reconhecerem o passado de seus filhos:[26] "O debate sobre os desaparecidos, ou mais genericamente sobre as responsabilidades inerentes ao exercício clandestino da violência política — tanto a do terrorismo quanto a de seus repressivos — tem se desenvolvido com características que merecem reflexão", afirmou o jornalista. "Milhares de homens e mulheres desapareceram durante o passado regime militar, incluindo um número elevado de pessoas que não tinham vínculo algum com o terrorismo, o que destaca ainda mais o quanto houve de condenável na metodologia repressiva empregada", mas ao mesmo tempo pensava que "também é certo que muitos dos desaparecidos pertenciam efetivamente a organizações que cultuavam e praticavam a violência armada, com um longo histórico de operações sangrentas que levaram luto a lares argentinos".

Como já havia sido comprovado no caso das declarações de Strassera e Moreno Ocampo, sabia que tais afirmações afetariam as Mães e familiares, mas o jornalista colocava precisamente o dedo nessa ferida quando acrescentava que essa negação era um primeiro dado que convidava a refletir "sobre culpas e responsabilidades", e que havia quase total coincidência entre os familiares dos desaparecidos dessa segunda classe, em não reconhecer "a militância que os tornou objeto da repressão".

"Com tudo o que tem de compreensível e infinitamente respeitável a dor desses familiares", dizia Giussani, "uma análise da atitude que adotaram nesse sentido não pode deixar de descobrir nela elementos que enfraquecem sua posição e que até oferecem argumentos auto-justificativos à parte adversária".

Segundo o jornalista, a mudança de cenário político obrigava a uma revisão do discurso do movimento de familiares em relação ao tema da violência: "Sob o regime militar, quando havia maior esperança de encontrá-los algum dia com vida, o foco da campanha recaía sobre a demanda

26. Debate sobre los métodos de lucha antisubversiva. *La Razón*, 2 jan. 1985.

de informações sobre o destino deles". Substituída a ditadura pelo atual ordenamento democrático, aquele centro aparece deslocado agora para a exigência de condenação e castigo para os culpados pelos desaparecimentos.

Consequentemente, Giussani recriminava os familiares por não reavaliarem sua rígida recusa em reconhecer as práticas violentas de muitas das vítimas da repressão, visto que já não existiam as razões que, sob o terror, os havia forçado a ocultar certas circunstâncias. "Essa mudança não fez variar nos familiares dos desaparecidos a insistência em não admitir que estes pudessem ter praticado formas de violência política. E em meio a aquele mais que justo pedido de punição para aqueles que exerceram a repressão clandestina, esse tenaz e generalizado empenho em demonstrar que os desaparecidos eram em todos os casos inocentes deixa entrever a presunção de que, se não o fossem, a ação de seus algozes seria, no fundo, menos reprovável".

Com astúcia, o jornalista sugeria que a negativa em reconhecer as práticas violentas de muitas das vítimas do terrorismo de Estado demonstrava que a lógica da repressão clandestina se infiltrava na posição daqueles que buscavam sua condenação, fortalecida até com títulos de aparente legitimidade: "No caso de se vir a saber que eram guerrilheiros, seu desaparecimento em um ato de repressão clandestina talvez não seja condenável, ou talvez não seja tanto", explicava.

Repetindo um clichê ideológico da época — o de que os extremos se tocam —, Giussani argumentou que "os dois extremos do debate aparecem dessa forma coincidindo inadvertidamente em uma mesma ordem de pressupostos, que adulteram a natureza do problema e dificultam qualquer tentativa de enfrentá-lo com um espírito justiceiro".

A admissão da violência não acarretaria consequências jurídicas, segundo o jornalista, por isso a recusa dos familiares lhe parecia ainda mais injustificada: "O que importa ter em mente para julgar uma metodologia repressiva não é a culpabilidade ou inocência de quem foi objeto dela, mas sim a medida em que foi respeitado o direito, que é inalienável a todo ser humano, de ter um julgamento justo, com defesa garantida. Só a demanda por desse direito pode enquadrar em termos de justiça estrita a demanda por julgamento para quem o violou".

A admissão, por outro lado, teria consequências políticas e éticas valiosas, porque, dizia ele, "a Argentina passou nos últimos anos por um processo de barbárie que chegou a transformá-la por momentos no centro do espanto da atenção mundial. E não é possível combater essa degradação dos usos políticos se forem feitas concessões aos pressupostos sobre os quais ela se desenvolveu".

O enquadramento histórico de Giussani correspondia como uma luva à teoria dos "dois demônios" que havia ficado plasmada, entre outros documentos, no Prefácio de *Nunca más* escrito por Ernesto Sabato.

Entre as Mães e até mesmo em outros grupos — como por exemplo, Familiares — começa a se aprofundar a partir de então a discussão sobre a militância dos filhos. Ela tinha começado no final de 1983, quando as Mães colaram um cartaz nas ruas reivindicando seus filhos como militantes populares, e agora se aprofundava a propósito do julgamento das juntas militares.

Mas a discussão não se refletiu no próprio processo contra os ex-comandantes, mas de maneira distorcida. Na realidade, como analisou Hugo Vezzetti, no processo judicial se verificou apenas "um choque frontal entre duas formações discursivas e dois relatos sobre o passado recente": o da guerra e o de uma sociedade vítima de duas violências de lados opostos, mas igualmente condenáveis.[27] Em contrapartida, esteve praticamente ausente o relato da resistência: daí a quase irrelevância das Mães nos depoimentos e, também, o apagamento dos atos de oposição política durante a ditadura e o consequente ocultamento das complicidades.

Por um lado, a ultradireita — dentro e fora do julgamento — alegava a condição violenta dos desaparecidos como justificativa para a ação das Forças Armadas sob a ditadura e até antes, no período do governo de Estela Martínez de Perón. Por sua vez, a versão oficial confrontava esse argumento com outros dois: a culpabilidade ou inocência das vítimas não estava em discussão, já que isso não justificava a repressão ilegal; e o das vítimas inocentes, como provava a declaração de Magdalena Ruiz Guiñazú.

Juízo final

Só um distraído ou alguém que abertamente faltasse com a verdade poderia deixar de reconhecer que o governo buscava, com o julgamento das juntas, impor limites à atuação do Poder Judiciário em matéria de terrorismo de Estado. A intenção do governo havia sido expressamente anunciada na diferenciação entre aqueles que haviam dado ordens e aqueles que as

27. VEZZETTI, Hugo. *Pasado y presente, op. cit.*, p. 136.

haviam obedecido, de modo que, além de alguns casos singulares, como o de Camps ou o de Suárez Mason — que se encontrava foragido —, a sentença condenatória dos ex-comandantes encerraria os processos que envolvessem militares ou outros membros das forças repressivas. Deveria ser o juízo final.

Contra o que chamavam de uma anistia encoberta, as Mães começaram a pressionar o Poder Executivo e a própria Câmara Federal. Do Poder Executivo, previam projetos de lei destinados a declarar a prescrição das ações judiciais ou que consagrariam uma interpretação forçada da obediência devida — esta última frustrada pela modificação parlamentar que o senador Sapag introduziu na iniciativa oficial de reforma do Código de Justiça Militar. Da Câmara Federal, suspeitavam de uma sentença branda que incluísse alguma interpretação sobre a condução da repressão e a cadeia de comando, que enquadrasse todos os militares abaixo dos ex-comandantes na obediência devida. Eram especulações compartilhadas com outros setores do movimento de denúncia e por parte da imprensa.

No dia 5 de agosto de 1985, as mulheres do lenço branco se mobilizaram junto com outros grupos do movimento contra o terrorismo de Estado. Foi um ato massivo que, além de repudiar a possibilidade de uma anistia, acrescentava o pedido de liberdade para os presos políticos da ditadura. Solitárias, no entanto, se encontraram quando, em uma das mais originais demonstrações públicas da época, cercaram o Palácio de Tribunais, onde acontecia o processo contra os ex-comandantes. Amplificados por um megafone, gritaram um a um os nomes dos militares envolvidos na repressão que ainda não estavam sendo processados. O som chegou até a Sala de Audiências, fazendo com que o presidente da Câmara ameaçasse suspender o julgamento até que as Mães se calassem.

Aquela manifestação sonora voltou a promover o debate entre as Mães sobre o valor do julgamento. Se, a princípio, todas eram céticas quanto ao resultado do processo, depois de vários meses de sessões, boa parte das integrantes do movimento começou a reconhecer méritos na instância judicial.

32. O que as Mães querem

No final de agosto de 1985, terminou a etapa das audiências orais e públicas do julgamento dos ex-comandantes. Durante seu transcurso, oitocentos e sessenta e seis depoimentos, a maioria de sobreviventes de campos de concentração, comoveram os argentinos. Os meios de comunicação haviam reproduzido, a seu modo, um por um, os relatos dos ex-detidos, que davam conta das mais atrozes humilhações e torturas, assim como dos terríveis métodos de extermínio dos prisioneiros. A opinião pública acompanhou com minucioso interesse essas declarações, bem como os comentários e análises que buscavam contextualizá-las. Esse conjunto de relatos transformou-se em objeto de conversa, reflexão e debate nos mais diversos âmbitos sociais, políticos, culturais, educativos e familiares, uma elaboração coletiva do passado que gerou uma verdadeira comoção social e que, como logo se veria, iria incidir profundamente na vida política do país.

Primeiro a CONADEP, e depois o julgamento dos ex-comandantes, se tornaram eventos muito mais complexos do que uma simples investigação, no primeiro caso, e do que um processo judicial rotineiro, no segundo. Foram verdadeiras instâncias de elaboração e ressignificação do passado, que não apenas vieram abalar os sentidos impostos a sangue e fogo pela ditadura e pela doutrina de "Segurança Nacional", mas também consolidaram um novo consenso social que, pelo menos em parte, sustentaria as bases do novo processo político e institucional.

Talvez a imagem que mais condensasse significados, ao menos na direção tomada pelo partido governante, era a que mostrava os integrantes das juntas militares sentados como simples réus no banco dos acusados, submetidos a seis juízes que nem sequer representavam a instância máxima do poder, mas apenas um simples tribunal de segunda instância.

Muitos anos depois, o ensaísta Hugo Vezzetti diria que aquela imagem marcou a consciência de uma mudança de época e constituiu uma das cenas fundadoras da "democracia" argentina: "Se há que indicar uma cena contemporânea que se mostrou capaz de alterar o senso comum que conectava todas as outras, um ponto de transformação da memória que instala uma narrativa diferente, acredito que essa cena é o Julgamento das Comandos Militares, já não um simples acontecimento, mas uma condensação que resume um ciclo histórico no exato momento em que o deixa para trás". [28]

Apesar, inclusive, dos limites políticos e jurídicos que o alfonsinismo havia imposto ao julgamento dos crimes da ditadura — reduzindo o número de processados e excluindo da acusação crimes como rebelião, associação ilícita, usurpação do poder público e genocídio — o julgamento adquiriu uma dinâmica própria que os transcendeu e contribuiu decisivamente para moldar uma nova consciência social, fundamental para a sustentabilidade do sistema vigente desde dezembro de 1983.

O relato judicial do horror havia instalado na sociedade a consciência de que o passado não deveria se repetir — "Nunca mais" —, consagrando o Estado de Direito como garantia de uma nova ordem baseada na lei e na justiça. Além disso, afirmou a subordinação dos militares ao comando civil, assegurando o fim do nefasto ciclo de governos civis sucedidos por ditaduras militares. Contudo, as restrições impostas pelo governo de Alfonsín influenciaram no sistema de ideias do novo "consenso democrático": tratava-se, portanto, não de uma democracia plena, mas de uma "democracia possível".

De qualquer forma, o julgamento havia adquirido, antes mesmo de chegar à sentença, um significado transcendente, hiperbólico, que em certa medida colocou as Mães em apuros ao justificarem sua insatisfação e suas persistentes reivindicações. Como suprimir de si a pressão daqueles que, muito antes de o processo ser concluído, falavam de um "julgamento histórico", o primeiro na turbulenta vida do país e da América Latina que julgava os golpistas? Como poderia ser que o julgamento dos mais altos e sangrentos ditadores da história recente dos argentinos, por meio de um processo que havia impulsionado essa "nova consciência democrática" e

28. VEZZETTI, Hugo. *Pasado y presente*. Guerra, dictadura y sociedad en la Argentina. Buenos Aires: Siglo Veintiuno, 2002, p. 18 e 109-110.

que se apresentava como um obstáculo a qualquer pretensão de "retorno ao passado", fosse considerado "insuficiente" pelas mulheres de lenço branco? Não estariam levando sua dor longe demais? Não estariam colocando sua dor pessoal acima de uma realidade incontestável fundamentada na política do governo contra os resquícios do terrorismo de Estado? Não se tornavam, assim, um obstáculo que, ao menosprezar as conquistas alcançadas, arriscava o terreno conquistado?

Perguntas de Sabato

Durante uma viagem pela França e pela Alemanha, em setembro de 1985, Ernesto Sabato, acompanhando o presidente Alfonsín, fez uma pergunta retórica: "O que nós as Mães da Praça de Maio, queremos? Elas não confiam na Justiça? Ou querem vingança e a justiça do paredão?". O ex-presidente da CONADEP, que havia se tornado um ícone do governo nessa questão, sentiu-se obrigado a confrontar, no exterior, a imagem e o discurso das Mães. E o fez, é claro, plenamente satisfeito com sua função e com o trabalho do governo. A opinião de Sabato também refletia o sentimento da maior parte da opinião pública, que via com criticismo a insatisfação das Mães. E elas sabiam.

Por essa razão, as Mães, em um documento da época, responderam a essas críticas que chegavam de diversas formas: pelos meios de comunicação, pelos líderes políticos do governo, por outros organismos, e até mesmo por amigos, vizinhos e suas próprias famílias.

Na resposta, lembravam que aqueles que perguntavam "o que as Mães querem agora" eram os mesmos que acreditavam que já não havia mais desaparecidos políticos vivos, que os únicos responsáveis estavam sendo julgados e que, portanto, já era hora de encerrar o passado e olhar para o futuro: "É evidente que quem pensa assim tem motivos de sobra para querer que este problema caia no esquecimento, seja por razões de acordos políticos, negociações vulgares ou pela clássica indiferença daqueles que, influenciados por constantes lavagens cerebrais, só se preocupam em consumir, convencidos de que os problemas nacionais se resolvem ou se complicam lá no alto, sem sua participação". As Mães, no fundo, pensavam nos "grupos de poder", que estavam "fortemente interessados em que nada seja investigado, pois correm sérios riscos de perder seus privilégios e teriam que sair novamente para defendê-los com métodos cada vez mais atrozes".

Após alertar que a sociedade as havia deixado praticamente sozinhas em seu questionamento radical à política do governo — "Pelo visto, parecemos uma espécie em vias de extinção" —, as Mães mais uma vez buscam justificar sua intransigência com base em sua condição de mães: "Ter um filho é, sem dúvida, a coisa mais bonita que acontece a uma mulher; criá-lo e vê-lo adulto é o trabalho mais árduo dessa linda tarefa de ser mãe. Portanto, vê-lo realizado e feliz é o único prêmio a que se aspira. Chegado o momento específico dessa evolução, acontece algo monstruoso: um sistema de extermínio entra em ação e arranca brutalmente tudo o que uma mãe tem como seu nesta vida".[29]

A conclusão decorrente desse golpe terrível é evidente: "Razões óbvias de dor levam as mães a enfrentar esses assassinos" e, nesse sentido, sentem-se compreendidas por boa parte da sociedade: "Até aqui, parece claro", dizem. Entretanto, elas enfatizam que sua dor, por si só, não basta para que suas demandas sejam plenamente entendidas. Por isso, captam a pergunta que sentem flutuar no ambiente: "Mas, agora, o que vocês querem?".

"Queremos que nos digam quem ordenou e quem executou tantas atrocidades, para que os culpados, como qualquer criminoso, paguem na prisão sua dívida com a sociedade. Caso contrário, voltarão a cometer os crimes perpetrados pelo sistema repressivo que foi utilizado em muitos países do mundo". Uma vez assumido o Governo Constitucional, não foram tomadas medidas de segurança adequadas contra os responsáveis, apesar de um julgamento que, embora importante, não oferece garantia alguma para impedir outro golpe de terror, como demonstram as declarações dos próprios acusados e das centenas de assassinos em plena liberdade. Esses últimos, segundo já se antecipa, serão julgados apenas pelos excessos cometidos, nada mais, sob um código de justiça militar que é inadequado para crimes comuns gravíssimos e que deveriam ser julgados pela Justiça Civil, sem o absurdo privilégio de ser juiz e parte das próprias Forças Armadas.

As Mães acrescentam, como prova de seus argumentos, que "toda essa luta contra a injustiça nos mostrou claramente que a maioria dos juízes que favoreceram a ditadura foi ratificada em seus cargos; que indivíduos acusados de crimes atrozes foram promovidos; que foi impedida a criação de uma comissão parlamentar para investigar e condenar politicamente uma instituição corrupta; e, finalmente, que se pretende humanizar a entrega dos

29. "Qué quieren las Madres", Arquivo AMPM.

restos mortais das vítimas e erigir um monumento à vida e à Justiça para lembrar o ocorrido e colocar um ponto final".

Formulada sua versão dos fatos, voltam a falar como mães: "Como seria fácil compreender que se queira concluir assim o que não só foi o melhor de nossa vida, mas que foram milhares de vidas, é algo que não tem explicação racional, porque se o que está previsto for feito, o genocídio seria legalizado e amanhã, quando se achar conveniente implantar o terror para sustentar outra tirania que defenderá os interesses de sabe-se lá qual senhor, voltará a ser feito um novo martírio, que finalmente será pago por cinco ou seis bodes expiatórios, de modo que o sistema possa continuar funcionando".

"Por tudo isso", concluem, "nós, Mães, lutaremos incansavelmente até erradicar o mal que nos acomete, sem tréguas, sem ceder um palmo em nossas reivindicações, denunciando todos aqueles que, consciente ou inconscientemente, tentam manter essa estrutura vexatória de poder. As razões vitais que nos motivam são simplesmente que cada jovem que pensa, trabalha ou estuda é a continuidade dos nossos próprios filhos e, como aos nossos filhos, queremos vê-los realizados e em liberdade. No entanto, e apesar de tantas e dolorosas dificuldades, somos sustentadoras do Estado de Direito, mas queremos direitos iguais para todos, não com privilégios e esquecimentos. Queremos Justiça e Liberdade, e por isso criticamos duramente, sem compromissos setoriais e sem ambição de poder, somos povo e exigimos direito à vida para poder defender todos os outros direitos. Nossa única mensagem à querida juventude que hoje guarda o amor que sentimos por nossos filhos é este: aprendamos a reivindicar o que nos corresponde, defendamos o que é nosso, para ter o país que merecemos".

A resposta das Mães àqueles que criticam a sua "insatisfação" — nesse momento de forte isolamento e intenso contraste com a conformidade da opinião pública — procurava fundamentar-se em valores amplamente compartilhados: o lugar de mães. E como mulheres que agora se sentiam mães de todos os jovens, argumentam que o pedido de justiça não só é legítimo, visto que a elas foi arrancado o melhor de sua vida, mas também é a garantia para que os "outros filhos" possam viver em liberdade. Muitos podiam compreendê-las e compartilhar suas ideias, o problema residia mais uma vez nos "limites do possível", a lógica argumentativa sustentada pelo oficialismo que exibiu o julgamento dos comandos militares como a culminação do ato de justiça da história argentina, e que, para a lógica das Mães, era apenas migalhas.

Essa distância estava prestes a aumentar: os argentinos estavam prestes a ouvir um dos discursos mais vibrantes em repúdio aos crimes da ditadura e exigindo condenações exemplares para os principais responsáveis.

Alegação e história

Não foi por acaso que o promotor Strassera escolheu o 16 de setembro, aniversário de "*La noche de los lápices*" — em 1976 a polícia havia sequestrado um grupo de estudantes secundaristas de La Plata cujo crime havia sido lutar pelo passe estudantil — para pronunciar sua vibrante e emotiva alegação. Escolheu um momento chave para a instância mais alta de sua acusação aos ex-comandantes, que se associava àqueles adolescentes transformados em símbolo por excelência das "vítimas inocentes". Embora o promotor condenasse o uso de métodos ilegais de repressão em todos os casos, quem poderia sequer pensar em argumentar a favor do uso desses métodos, não mais contra os "violentos", os "subversivos", "terroristas de esquerda", mas contra um pequeno grupo indefeso de adolescentes organizados em um centro de estudantes?

Em uma operação de associações fáticas e implícitas — a coincidência entre o aniversário da noite lembrada como "*La noche de los lápices*" e a alegação do promotor — reforçava o significado jurídico, político e ético da ação judicial: a incontestabilidade de um processo contra o atroz e aberrante, contra o arbitrário e indiscriminado de uma repressão que se excedeu em seus métodos e objetivos.

Como corresponde a essa instância da acusação, o promotor revisou uma a uma as provas do julgamento e reproduziu, reinterpretando-os, os centenas de testemunhos que haviam revelado ao longo de vários meses de audiências o rosto do horror do Estado terrorista. Era uma nova volta de parafuso sobre os abismos nos quais haviam sido mergulhados milhares de argentinos, concluída, em tom solene e fundacional, com o pedido de uma condenação exemplar e uma afirmação definitiva que reproduzia, como um eco talvez mais potente do que o som original, a promessa de "Nunca mais".

"Senhores juízes", disse o promotor após pedir condenação para cada um dos acusados e ao concluir sua alegação, "quero renunciar expressamente a toda pretensão de originalidade para encerrar esta requisição. Quero utilizar uma frase que não me pertence, porque já pertence a todo o povo argentino. Senhores juízes: 'Nunca mais'".

Após ouvir a alegação, María Adela Gard de Antokoletz se retirou da sala de audiência da Câmara Federal de Apelações muito comovida: "É muito impressionante ouvi-lo relatar os supostos confrontos, sem luxo de detalhes, mas descaradamente, e apontar os culpados por tais confrontos, ou seja, os chefes militares". Antokoletz se referia a um trecho da acusação que demonstrava a farsa de certas encenações bélicas dos militares para encobrir verdadeiros massacres. María Adela acrescentou que seu coração apertava ao ouvir Strassera e que o promotor havia sido justo ao avaliar as provas que haviam sido apresentadas nas audiências. "Deixa à responsabilidade de todos os que escutamos e dos juízes, a decisão sobre o caminho a seguir para que tenha julgamento e punição para quem procedeu de forma tão desumana".[30]

A vice-presidenta das Mães expressava o que muitos argentinos tinham sentido e pensado ao ouvir e ler, naquele mesmo dia e no dia seguinte, a alegação do promotor.

Mas nem todas as mães pensavam da mesma forma. O alegato de Strassera não era apenas a interpretação jurídica do que havia sido efetivamente provado no julgamento, mas uma construção discursiva mais ampla que entrelaçava aspectos jurídicos, filosóficos, éticos, históricos, culturais e políticos sobre o passado recente, que remontava ao tempo até muito antes da data do decreto de Alfonsín que ordenava o julgamento dos ex-comandantes. O promotor, por exemplo, havia se referido à origem e trajetória da "subversão armada", principalmente durante o período constitucional de 1973 a 1975, para então afirmar a legitimidade da repressão contra esses grupos. Defendeu que se a repressão exercida pelos ex-comandantes estava sendo julgada agora, não se devia ao fato de não ser justo e correto enfrentar a "subversão", mas que o que se questionava era a modalidade "ilegal" que a repressão assumiu nas mãos dos militares.

Assim, segundo o promotor, nem a guerrilha estava justificada no período anterior a 1976, durante um período democrático e de vigência da Constituição, nem o golpe de Estado de 24 de março de 1976 poderia se amparar na "guerrilha". O promotor desenhava uma relação causal entre ambas as formas de violência, de sentidos ideológicos opostos, mas que compartilhavam características diabólicas que as deixavam igualmente à margem da lei. Era o mito dos "dois demônios" do "Nunca mais", na versão judicial.

30. Así ve el juicio la vicepresidenta de las Madres de la Plaza. *La Razón*, 17 set. 1985.

Resumidamente, os principais tópicos dessa nova versão da doutrina oficial que Strassera consagrava judicialmente descreviam o seguinte processo histórico: em primeiro lugar, o terrorismo de esquerda provocou a reação dos militares; depois, os militares reprimiram — objetivo legítimo — o terrorismo de esquerda, mas com métodos ilegítimos que não contaram com o apoio dos partidos majoritários, já que antes do golpe as ordens de aniquilamento emanadas do governo de Isabel Perón e de Luder não se referiam ao extermínio de pessoas, e após o golpe não prestaram apoio algum que legitimasse sua ação; o mal de todos os males se encontrava na violência dos guerrilheiros e dos militares, que não comprometia mais ninguém. Por fim, a democracia remediava a situação.

O julgamento dos ex-comandantes se constituiu assim em uma instância que transcendia o plano estritamente judicial. Era um verdadeiro marco fundador de uma nova legitimidade, e a imagem que representava essa nova legitimidade era precisamente a dos ex-comandantes, máxima expressão da violência, agora submetidos à espera da decisão dos juízes.

Porco

— O Papa é um porco — disse Hebe.

Naquele 25 de setembro de 1985, Bonafini não pensou que havia passado dos limites, mas logo se daria conta. Ela tinha acabado de sair de uma reunião com um grupo de jovens no salão de atos da Federação de Operários e Empregados Telefônicos da República Argentina (FOETRA) na cidade de Rosário. Bonafini acabara de expor suas opiniões sobre a situação política, em particular sobre os direitos humanos, quando ao terminar a palestra, um grupo se aproximou para cumprimentá-la, e uma das jovens perguntou sobre o papa João Paulo II. A presidenta das Mães havia lembrado, entre outras questões, a atuação da Igreja Católica durante a ditadura, e então surgiu essa pergunta à qual Hebe respondeu com um jeito tipicamente seu. Para além das polêmicas que frequentemente provocava, e que, de fato, surgiriam a partir dessa declaração, os recursos da presidenta das Mães atraíam a mídia e lhe concediam uma presença singular na cena política.

Em sua resposta à jovem, Hebe acrescentou que as Mães tinham tentado marcar um encontro com o Papa em várias ocasiões e que só conseguiram falar pessoalmente com ele uma vez, por apenas alguns minutos. Em uma oportunidade, contou ela, ela e María Adela de Antokoletz tentaram entregar-lhe uma foto de Azucena, mas o Papa a recusou. Depois, disse ela, o Sumo Pontífice viajou à Argentina durante a Guerra das Malvinas, mas se recusou a interceder pelos desaparecidos, apesar de elas terem pedido, e de o terrorismo de Estado ter causado mais vítimas que o conflito com os ingleses. Foi o início de um escândalo.

A Agência Informativa Católica Argentina (AICA), com acesso à estrutura eclesiástica e aos meios de comunicação de massa, distribuiu um telegrama que reproduzia as palavras de Hebe, dando especial ênfase ao epíteto "porco". A notícia chegou a todas as paróquias do país e foi divulgada por um telegrama da agência oficial de notícias, TELAM, e por vários jornais, entre eles o *La Gaceta de Tucumán*.[31] A comunidade católica — a maior do país — reagiu indignada. O bispo de La Rioja, Guillermo White, enviou à Hebe um telegrama recriminando sua expressão, e até uma mãe tucumana, profundamente religiosa, se sentiu muito ofendida, conforme informou a María Adela Antokoletz.

O jornal *Informaciones del Obispado de San Martín* publicou uma carta aberta, dirigida pessoalmente a Hebe, que reprovava energicamente suas declarações. Após informar que "segundo meios de comunicação social, a senhora, no FOETRA de Rosário e na emissora LTS Rádio Rosário, insultou ofensivamente o Papa João Paulo II, nosso Santo Padre e Vigário de Cristo na terra", o pronunciamento expressava que deplorava e repudiava a declaração da presidenta das Mães. "A senhora não apenas ofendeu o Papa, mas também a Deus e a toda a sua Igreja", enfatizava.

O texto da Igreja não se limitava a desqualificar Bonafini, mas, após criticar duramente o epíteto dirigido a João Paulo II, tornava-se um manifesto político que chamava a abandonar os sentimentos de vingança e a perdoar os inimigos: "A vingança pessoal não é permitida em nenhuma circunstância. Cristo a proibiu, pois, se fosse permitida, não seria possível viver no mundo. Todos sentimos-nos no direito de nos vingar de alguém. Não, é preciso perdoar os inimigos e deixar que Deus os castigue na outra vida. Dizemos isso porque o Papa João Paulo II, além de seu investimento sacerdotal, é Chefe de Estado, de um Estado amigo do Governo Argentino. É verdade que há pessoas que são indignas de nosso perdão, mas não perdoamos porque elas o mereçam, e sim porque Jesus Cristo o merece. É possível que a serenidade do espírito, após uma ofensa, exija um tempo para

31. Las Madres fueron repudiadas. *La Gaceta*, 25 set. 1985.

superar a dor, mas uma prova sincera de boa vontade será orar pelo ofensor e pedir a Deus a graça de saber perdoar. Como reparação a tão impensadas expressões, todas as instituições que compõem a Comissão Coordenadora do Apostolado Leigo se reunirão em um ato de adesão ao Papa".

Os serviços de inteligência, que operavam sem maiores limitações e eram sensíveis a este tipo de episódio, acompanharam o conflito. Um informante policial dirigiu um memorando ao diretor-geral de Inteligência da Polícia Provincial, intitulado "Adesões ao Papa em relação às expressões ofensivas proferidas pela presidente Hebe Bonafini", que relatava a carta da Diocese de San Martín e incluía sua própria avaliação: "De acordo com o exposto anteriormente pela mencionada Comissão e conforme o sentimento profundo da religião e o sentir nacional de nossa população, as declarações manifestadas pela senhora Hebe Bonafini tiveram uma expressão de repúdio geral por parte das instituições em todos os níveis de nossa sociedade. Prova disso é o encontro a ser realizado no próximo dia 8 de novembro, às 20h, em frente à Catedral da Cidade de San Martín, do qual também participarão notáveis colégios religiosos da região".

Em um grande número de paróquias, repetiriam-se eventos similares, a partir dos quais os meios impressos voltaram a publicar as palavras de Hebe. Alguns evitaram o adjetivo, mas censuravam Bonafini por seu questionamento à conduta do Papa durante a ditadura. O episódio, como era previsível, repercutiu na já conturbada dinâmica interna das Mães.

A escolha das palavras

— Bem, senhoras — disse María Adela —, há uma questão que precisamos enfrentar de uma vez por todas. Trata-se dos infelizes desacordos com o Papa.

Menos de duas semanas após as palavras de Hebe na FOETRA, María Adela decidiu abordar o tema e suas repercussões na reunião da Comissão Diretiva na terça-feira, 8 de outubro. O debate é de enorme interesse porque, além de parecer mais um confronto no contexto das disputas internas, coloca em questão um aspecto central: o modo de intervenção pública das Mães. Esse modo, fortemente marcado pelo estilo de Hebe, reflete a personalidade da presidenta, mas sua discussão reaviva um problema frequente para grupos contestatórios: como falar, o que dizer, como agir na cena política, como permanecer fiéis às suas ideias sem serem deslegitimadas pelas exigências dos usos consagrados pelos setores dominantes.

A resposta a essas questões está diretamente ligada à estratégia e às táticas do movimento, mas é atravessada por diferentes concepções de linguagem e diversas representações das práticas políticas. A discussão que as Mães enfrentaram naquele dia não foi um debate acadêmico ou teórico, embora suas implicações ideológicas e políticas profundas não estivessem alheias às contradições e enfrentamentos de fundo entre elas.[32]

O posicionamento de María Adela alertou as integrantes da Comissão Diretiva que haviam comparecido naquele dia à reunião na Casa das Mães. Em meio à complexa situação interna, questionar novamente Hebe implicava tensionar ainda mais as relações entre as integrantes da direção do movimento. Mas María Adela estava decidida a abrir o debate; a relevância das palavras de Hebe e o escândalo provocado a preocupavam tanto quanto as feridas abertas em algumas mães religiosas — como aquela tucumana que havia falado com ela pessoalmente. Pensou, então, que a discussão era inevitável. Hebe, por sua vez, sabia que não era o melhor tema para se defender.

— Em Tucumán saiu um artigo — continuou María Adela — intitulado "As Mães foram repudiadas". Esse artigo se refere ao que disse a rádio LTV da cidade de Rosario e menciona, também, um comunicado da diocese dessa cidade, assinado pelo presidente e pela secretária da comissão. Quero falar sobre a agência AICA, que é quem divulga. Também saiu aqui no Tiempo Argentino e na agência Telam.

— Não, no Tiempo Argentino não saiu. O que foi publicado — eu tenho o recorte — é o de um senhor que escreve em "Cartas de Leitores", dizendo que não vai aceitar que as Mães digam que o Papa não fez nada — explicou Hebe.

---

32. "Religioso", Direção Geral de Inteligência da Polícia de Buenos Aires (DIGPBA), N° 1676, fólio 384, 25 de outubro de 1985. Retomando a discussão sobre o qualificativo dirigido ao Papa, a linguista Mariana di Stefano escreveu um ensaio interessante em que argumenta que o debate "revela as diferenças profundas entre os dois grupos [o liderado por Bonafini e o dissidente] em torno de uma questão central para um grupo político, que é a definição de seu estilo de intervenção na esfera pública. Se ao longo dos séculos os grupos dominantes moldaram o modo, as formas de agir e de falar nesse espaço, para os setores contestatórios, compostos por pessoas de origens sociais, culturais e econômicas heterogêneas, sempre foi objeto de tensões a legitimação das formas próprias" Nesse sentido, "a história das Mães da Praça de Maio é também a história da construção de um estilo, que não pôde ser único, mas que são dois, correspondentes às diferentes ênfases, temas e posicionamentos político-ideológicos que os dois subgrupos adotaram". Conforme DI STEFANO, Mariana. "Estilo, persuasión y praxis política: el caso de las Madres de Plaza de Mayo". *In*: ARNOUX, Elvira (coord.). *Políticas del lenguaje*. Buenos Aires: Eudeba, no prelo.

— Bem, sobre o Papa há muito a ser dito, mas muito. A questão é o quê e como. Porque depois, o problema é que a Agência Católica, AICA, divulga a notícia, e isso significa que chega a todas as paróquias do país. Sabendo como é a hierarquia eclesiástica e como é Roma, que não hesitou em matar um Papa, acredito que é necessário enfrentar essas situações — sublinhou María Adela.

— Já dei uma resposta — explicou Hebe. — O bispo White me mandou um telegrama, justo quando eu estava indo para La Rioja, e pedi uma entrevista para explicar o que realmente tinha dito. Em La Rioja, falei com as Mães de lá e contei: "Olhem, está acontecendo isso; foi assim: alguém me perguntou sobre o Papa, e eu disse, bem, o Papa fez isso e isso, nós dissemos isso e isso a ele, e ele fez isso e isso. Cada um pode dar o nome que quiser". As Mães de La Rioja, então, me disseram: "Bem, vamos falar com White, que te mandou esse telegrama pedindo explicações".

— Mas tu disseste "porco"? — perguntou María del Rosario.

— Eu assumo a responsabilidade — aceitou Hebe. Mas para María Adela, o fato de Hebe assumir a responsabilidade não resolvia a questão. Para ela, o problema era outro e não poderia ser resolvido tão facilmente: era possível criticar duramente o Papa, dizer tudo o que ele havia feito e deixado de fazer, mas havia formas a serem respeitadas e coisas que não podiam ser ditas:

— Porco, não — enfatizou María Adela. — Isso é irritante, inclusive para suas companheiras católicas. Extremamente irritante. Não se chama de porco alguém que é líder de uma igreja. De jeito nenhum.

Para Hebe, não era uma discussão simples. No íntimo, ela pensava que tinha oferecido um ponto fraco para ataques, e por isso, no início da reunião, agiu de forma defensiva. Continuou contando o que havia ocorrido em La Rioja, quando, junto com as Mães daquela província, tentou conversar com o bispo White para esclarecer o assunto.

— As Mães disseram: "Vamos todas falar com ele. Amanhã solicitamos um encontro com ele e vamos". Fomos todas, mas o bispo não quis nos receber. Disse que não estava. À noite, quando eu estava no aeroporto para voltar a Buenos Aires, o bispo, sem saber que íamos pegar o mesmo avião, apareceu para se despedir de um padre que estava indo embora. Então, uma mãe disse: "Um momentinho, bispo, o senhor disse que não estava esta manhã. Como está aqui? A senhora Bonafini está aqui; gostaríamos de falar com o senhor". "Não, não, já a ouvi pela televisão, já está esclarecido", respondeu ele e se enfiou em um cantinho.

— Isso não nos ajuda, nem ajuda a instituição — cortou María Adela. — Porque quando tu falas, não é tu, é a instituição: todas nós. Especialmente a presidenta. E tu colocaste todas as mães em grande risco.

Bonafini não soube o que responder e voltou ao tema do bispo de La Rioja, narrando o episódio de forma bem-humorada:

— Vocês não imaginam o susto do bispo ao ver todas nós no aeroporto. Como rimos disso.

Mas quase ninguém acompanhou o fluxo dela. Outra mãe perguntou, então, o que ela havia dito na televisão de La Rioja:

— Eu disse que nós recorremos ao Papa quatro vezes. Que Adolfo Pérez Esquivel foi ver o Papa para contar o que acontecia na Argentina; que depois foi o monsenhor de Nevares, depois o monsenhor Hesayne, e também o Hartz. Que todos explicamos ao Papa que torturavam, que violentavam, que contávamos tudo o que faziam com nossos filhos, que destruíam nossas casas, que nos perseguiam constantemente por denunciar essas coisas. E eu disse que, com tudo o que dissemos a ele, o Papa, depois de refletir, como muitos cristãos fazem, achou que devia vir à Argentina para denunciar algo, mas veio e apoiou a Junta Militar, os acompanhou, deu comunhão e bênção a todos os que massacraram o povo. Além disso, no momento mais terrível, que foi durante as Malvinas, ele não se lembrou do povo. Então, pedi que cada um pensasse o que quisesse sobre o Papa.

— Não, foi dito porco — interrompeu María Adela.

— Não, estou dizendo o que falei na televisão de La Rioja — esclareceu Hebe.

— Mas, em algum lugar, foi dito porco — insistiu María Adela.

— Estou contando o que disse na televisão de La Rioja.

— Mas tu admitiste ter dito porco? — perguntou Rosario.

— Não — respondeu Hebe. — Na televisão, disse isso que estou dizendo agora.

— Ah, e ela não te perguntou nada sobre o porco? — quis saber Rosario.

— Não, ficou por isso mesmo.

Mas a questão não estava encerrada para María Adela.

— Sobre o Papa, há milhões de coisas que podem ser ditas. Um monte de coisas terríveis, tremendas, sobre o que ele fez e deixou de fazer. Mas não se pode chamá-lo de porco. De jeito nenhum.

Várias mães apoiaram a afirmação de María Adela. Hebe tentou se justificar:

— O que acontece é que estávamos conversando com muitos jovens. E uma guria me perguntou o que eu achava do Papa, e parece que depois essa guria era jornalista e transmitiu tudo pela rádio. Eu não fui dizer isso na rádio — justificou-se Hebe.

Público e privado

Outro grupo de mães deu razão a Hebe. Se ela não tivesse feito as declarações de propósito, disseram, a questão era totalmente diferente. Hebe aproveitou o apoio para continuar nessa linha explicativa.

— Eu estava falando para um monte de jovens, um grupo de gente radical, que tinham sido expulsos do partido, e estávamos conversando em Rosário, e os guris me perguntavam de tudo. E, de repente, aparece essa guria que me diz: "E o que tu pensa do Papa?". Não na conversa geral, mas depois, quando terminei de falar e eles vinham em grupinhos para continuar me perguntando. A guria me solta essa de "O que tu pensa do Papa?". "Olhem, é um porco", eu disse. Então eu disse tudo o que o Papa fez, como agiu quando fomos vê-lo, quando lhe demos a foto da Azucena Villaflor, que ele não quis pegar, tudo isso. Ali tinha uma guria da rádio, e ela foi e disse o que tinha sido falado ali. E, bom, eu assumo a responsabilidade, eu disse, é verdade.

Rosario, então, tentou amenizar o debate com o atenuante apontado por Hebe, destacando que ela não havia dito isso publicamente. Mas isso não satisfez Maria Adela nem as outras mães presentes:

— Não, não — disse a vice-presidenta. — Mas é tua responsabilidade, é a responsabilidade da Associação.

— Bom, María Adela — interrompeu Rosario. — Mas se tu acabas de dizer isso aqui e alguém ouvir, também soa como se fosse da Associação. Alguém falando em particular, não é a mesma coisa.

Várias vozes, no entanto, contradisseram Rosario. Maria Adela respondeu:

— Tu estás mentindo completamente, totalmente — disse com energia María Adela. E se dirigindo a Hebe, exigiu:

— Eu acho que tu tens que escrever, tu e a Associação, as Mães da Praça de Maio e tu, um comunicado esclarecendo isso, antes que venha algo maior contra nós. Porque o fato é — eu, senhoras, sou católica e conheço os católicos — o fato de que, neste momento, só caia isso sobre as Mães não quer dizer que dentro de um tempo não caia algo muito maior.

María Adela começou a lembrar o confronto de Juan Domingo Perón com a Igreja, durante seu governo, mas Hebe não a deixou continuar e rejeitou terminantemente a ideia de uma declaração pública. Várias outras mães se uniram à rejeição do que Maria Adela havia pedido. Algumas, entre elas a própria Hebe, sentiram que estavam tentando encurralar a presidenta. Ouviram gritos que interromperam o debate. A situação chegou a um momento crítico. Rosario pediu que continuassem com o tema em outro dia, pois os "ânimos" não estavam "bem dispostos". Maria Adela, no entanto, não cedeu:

— Eu acho — disse — que aqui corre-se um grande risco. Risco de que caiam sobre nós de qualquer forma e de qualquer maneira. A Igreja é bastante astuta e imprevisível.

Hebe tentou se acalmar e, como viu que não havia como evitar a discussão, abordou o tema de outra maneira.

— Tu achas pouco o que dissemos? — perguntou Bonafini diretamente a Maria Adela. — Dizemos muitas coisas sobre a Igreja para que não tivessem caído sobre nós antes.

— Não, não. Nunca dissemos "porco" ao Papa. Não se pode, não se deve — respondeu Maria Adela.

Alguém comentou que o que Hebe fez foi uma imprudência. Mas logo sugeriu que não era necessário ampliar "a coisa" com uma declaração pública. Na verdade, era difícil se pronunciar sem deixar a própria presidenta em uma posição difícil: o que iam dizer, iam pedir desculpas?

— O que eu te digo é isso — interveio Laura de Rivelli —: O que vai ser dito? Negar que disse? Talvez agravemos a situação e fique pior. O melhor, acho, é deixar isso passar. Se não, eles saem no dia seguinte e, bom, vai acabar virando algo muito maior do que realmente é.

— Não vai sair mais porque as pessoas não podem ecoar algo que se quer ampliar — acrescentou Rosario.

— E neste jornal de Buenos Aires não diz que eu disse "porco". Diz o que eu disse na televisão, o que contei sobre a atuação do Papa durante a ditadura — reiterou Hebe.

— As declarações de La Rioja? — perguntou outra mãe.

— Claro — reafirmou Hebe — No Tiempo Argentino saíram minhas declarações na televisão de La Rioja. Não saiu que eu disse "porco". Eu tenho o recorte. Diz o que eu disse, que quando fomos vê-lo, que demos a foto de Azucena, que ele não quis pegar, que dissemos o que estava acontecendo, que estavam torturando, e podemos dizer que o Papa não fez nada a respeito. Que não é uma crítica que nos cabia fazer enquanto Mães, que o Papa não fez nada. É uma crítica dura porque eu disse tudo o que o Papa permitiu e aceitou ao vir aqui dar a comunhão aos militares.

María Adela não cedeu em sua pressão. Perguntou se assim estava encerrada a polêmica e esclareceu que, se fosse assim, ela não concordava. Outras se manifestaram em apoio a Maria Adela. Rosario voltou a retrucar a favor de Hebe. Contou que na Holanda o Papa era chamado de "*La Chancha*", e que ninguém se horrorizava por isso.

— Que digam na Holanda, que digam. Em nome da Associação sempre se agiu de uma forma determinada. Não pode ser que dê na telha de alguém e essa pessoa insulte, na rádio tal ou no círculo tal. Porque essa não é a conduta das Mães, pelo menos não foi até agora. A luta foi travada em alto nível e com dignidade. E isso nos rebaixa. E eu reclamo por isso — argumentou Maria Adela.

Com certa dose de ironia, Rosario disse que aceitava a crítica, mas que o assunto estava encerrado. Hebe acrescentou que não se sentia rebaixada pelo que havia dito.

— É que tu rebaixaste a instituição das Mães, Hebe, não é uma questão pessoal tua. É a instituição que foi rebaixada — repetiu Maria Adela.

— Eu não penso assim — interrompeu María del Rosario.

— Como não? — Sim senhora — insistiu María Adela, dirigindo-se a Hebe, e cutucou: — Quando tu sobes no monumento de Belgrano e fala com um ministro, e diz que ele é um estúpido, não precisa chamá-lo de estúpido. Por que tem que rotulá-lo de uma maneira ou outra? Que o rotule o povo, que escuta as ações praticadas pelo ministro. Não faz parte da luta que as Mães têm construído falar assim, e acho que tu não tens o direito de nos rebaixar de forma alguma.

Insatisfeita com a crítica sobre as declarações de Hebe em relação ao Papa, Maria Adela a estendeu a outras falas de Bonafini: de fato, não era a primeira vez que a presidenta das Mães desqualificava figuras públicas.

— Quero dizer uma coisa. Me preocupa, realmente — disse Hebe —, me preocupa às vezes como não pensamos em tudo o que estamos suportando, tudo o que nos fizeram, todas as torturas que nossos filhos sofreram. E ainda temos que tratar com cuidado, quem?

— Não, não é isso. Escuta bem — pediu María Adela.

— Eu não disse em público que o Papa é um filho da puta — se justificou Hebe.

— Não precisamos agradar ninguém — explicou novamente María Adela. — Temos que fazer a crítica mais dura, a denúncia de sempre, sem palavras que nos diminuam, que não sejam adequados. — Acho que já fomos rebaixadas quando levaram nossos filhos — disse Hebe. — Não, não — insistiu María Adela — Nós não devemos aceitar nem usar uma linguagem que não seja apropriada.

— Qual é a apropriada? — interrompeu Hebe.

— Não dizer porco. Não chamar o Papa de porco. Não chamar um ministro de estúpido, por mais estúpido que ele seja — insistiu mais uma vez María Adela, levantando a voz.

— De estúpidos, eu não chamei os ministros — se defendeu Hebe em tom ainda mais alto. — Sim, tu chamaste um ministro de estúpido uma vez, na Praça — afirmou María Adela, já quase fora de si e gritando. — Agora eu vou me levantar e ir embora, porque minha pressão está subindo. Decidi não escutar mais o que for dito. E não acho que devamos mudar aquele que tem sido o tom das Mães. Esse tom que fez com que as Mães fossem respeitadas em todos os lugares. Tu não sabes todas as críticas que recebemos por causa das tuas palavras. Não sabes de todas as críticas.

María Adela tentou se acalmar e, apesar de tudo, continuou sentada em sua cadeira. A reunião seguiu para outros temas, mas quase no final a discussão sobre as declarações de Bonafini ressurgiu. Ainda assim, não houve consenso sobre a necessidade de uma declaração pública retificadora ou esclarecedora. De qualquer forma, algumas mães recomendaram a Hebe que fosse mais prudente.

— Não te sintas incomodada por isso — disse uma mãe. Hebe respondeu que não se sentia incomodada, mas explicou:

— Quando vi que saiu, pensei: "filha de uma... olha só o que essa guria fez", aquela guria que tinha me perguntado. Porque senti, assim que saiu, que era uma armadilha.

— Leva isso em conta e toma cuidado — pediu uma mãe.

— Além disso — continuou Hebe — eu sei que estou colocando a cabeça na guilhotina com essas palavras, porque a Igreja é a primeira que pode mandar me matar.

— Mas não vai fazer isso só contigo — disse com firmeza María Adela. — Vai atingir a instituição. Se para ti não importa, se tu queres correr todos os riscos...

— Falemos em termos de tomar isso como uma experiência e que não se fale dessa forma na frente de uma pessoa estranha — interveio, conciliadora, Rosario. — Mas nada além disso. Não essa ideia de emitir uma declaração. Sim, como uma experiência. Então eu aceito, mas a declaração, não.

— Eu acho que não se tem o direito de insultar, não se tem o direito de ofender — reafirmou María Adela.

— Ainda mais por uma bobagem — disse Hebe, paradoxalmente — Veja que podemos dizer coisas muito piores do que "porco".

— Claro que sim — respondeu María Adela. — Poderia ter dito muitas outras coisas.

Então Nora de Cortiñas lembrou de um documento sobre o Papa, que não foi identificado na conversa, no qual, segundo ela, diziam "de tudo, mas de forma muito bem colocada". Explicitamente, apoiava a postura de María Adela.

— De tudo, de tudo — concordou María Adela, que também havia lido aquele documento. — Dizem que ele está instaurando a inquisição, é isso que dizem, e muito bem dito, e com a maior dureza, no *La Razón* de sábado, em um artigo de um tal Heinse. É assim que se deve falar, assim, desse jeito.

— Eu não estava em uma palestra pública — voltou a se defender Hebe.

— Mas eu me refiro a qualquer momento, a todo momento — insistiu María Adela. — Era público porque não era gente amiga — refletiu Hebe em tom conciliador.

A discussão foi perdendo força. María Adela disse a *Yoyi* de Epelbaun que a questão tinha se tornado séria porque a agência católica estava espalhando a informação por todas as paróquias.

— Espalha, e então cria um clima — explicou María Adela.

— Mas a gente não tem como evitar isso — afirmou *Yoyi*, que até então quase não tinha participado. — Não podemos evitar porque essa agência não vai dar ouvidos a nenhuma retratação, pode ter certeza.

— Não importa, não importa — insistiu María Adela, já quase resignada ao fracasso de sua proposta de uma retratação pública. — O dia em que algo acontecer — que é o que eu temo, pode ser um excesso de precaução ou zelo da minha parte, ou porque eu conheço o funcionamento da Igreja, muito mais do que vocês conhecem —, nesse dia vão usar isso de novo.

E concluiu com uma observação que não respeitava suas próprias regras no uso da linguagem:

— Quando digo "a Igreja", na verdade retiro a palavra, porque eu sou a igreja, não esses merdas, mas eu tremo, tremo diante deles, quero dizer a instituição.

Linguagem e luta de classes

O extenso debate não foi superficial. O que foi discutido a respeito do caso singular das declarações sobre o Papa tinha precedentes, como lembrou María Adela ao citar outras expressões públicas de Bonafini ao pé do monumento a Belgrano, na Praça de Maio, em frente à Casa Rosada. E ela pôde citar outros exemplos, talvez menos relevantes, mas que denunciavam um estilo sempre em discussão entre as Mães.

Muitos anos depois, quando já estava consolidada a divisão e a formação da Linha Fundadora, em 1991, Hebe atacou Menem, chamando-o de "lixo". O então presidente deu início a um processo contra ela por desacato. Mais tarde, criticou o jornalista Horacio Verbitsky por suas opiniões sobre um grupo palestino, explicando que sua crítica se devia ao fato de Verbitsky ser judeu, o que provocou uma dura resposta do jornalista, de várias Mães da Linha Fundadora e de alguns meios de comunicação.

Um setor das Mães, mais habituado às convenções do discurso político, tentou invariavelmente excluí-la das gestões diante de instituições internacionais — por exemplo, quando, em 1979, se reuniram com a Comissão de Direitos Humanos da OEA em sua visita à Argentina. O mesmo acontecia toda vez que precisavam redigir algum documento ou carta pública, tarefa que costumava ser confiada a alguma Mãe que entendesse melhor os usos legitimados da linguagem pública. Hebe não era a mais adequada para essa tarefa.

Nos primeiros anos do movimento, Bonafini precisou ceder diante de quem manifestava essas qualidades, nas quais ela nunca fora treinada. Ela não foi a única Mãe afastada com os mesmos argumentos. Talvez a diferença estivesse no fato de que Hebe lutou contra essa limitação de duas formas:

tentando assimilar cada recurso que sua intensa prática política mostrava; e tentando legitimar sua própria linguagem.[33]

Hebe caracterizou essa disputa sobre o estilo como um aspecto da "luta de classes entre as Mães". Não fazia muito tempo, durante outra discussão no seio da Comissão Diretiva, Marta Vázquez mencionou que alguém havia comentado que algumas Mães sustentavam que as disputas internas faziam parte da luta de classes, e que essa era uma definição de Hebe.

Naquela ocasião, Bonafini negou categoricamente ter utilizado essas palavras, mas pouco depois, já consolidada a ruptura, retomou abertamente esse argumento: em sua opinião, entre as Mães havia luta de classes. Ela afirmou, por exemplo, que nos usos e costumes das Mães — na forma de vestir, de falar, de expor seus pensamentos sobre as igrejas ou os partidos políticos — ela notava essa diferença.

Anos depois, o historiador Osvaldo Bayer fez um corte similar. Ele disse que o grupo que formava a Linha Fundadora era composto pelas mulheres mais cultas do movimento, algumas com formação universitária, enquanto Hebe e aquelas que a reconheciam como líder eram "mulheres de bairro".

Além disso, na época em que se deu aquele debate, Hebe era a principal referência pública nacional e internacional das Mães. Embora María Adela, Renée de Epelbaum, Nora de Cortiñas, entre outras, ocupassem um espaço destacado na cena política e midiática, Bonafini superava todas elas nesse sentido. Não era por acaso, então, que a discussão na Comissão Diretiva girasse, não apenas naquela ocasião, em torno do que Hebe deveria ou não deveria dizer.

33. Adelina de Alave, por exemplo, afirmou anos depois que Hebe era como uma "esponja" que absorvia e se apropriava de tudo o que estava ao seu alcance.

Uma mãe descansa apoiada em seu esposo no decorrer da Quinta Marcha da Resistência, Plaça de Maio, 12 de dezembro de 1985.
Foto: P. Grinberg.

Foto de 1985 para Hebe de Bonafini. Historia de vida, livro de Matilde Sánchez. Após o desaparecimento de seus filhos, Bonafini empreendeu enormes esforços intelectuais para se formar, para "superar-se" e também para "exibir" esse empenho.

Grupo de Mães e uma netinha com lenço branco na Plaça de Maio. Foto: Enrique Shore.

MADRES
DE PLAZA DE MAYO
AÑO II Nº 14 Enero de 1986 Aparece el primer jueves de cada mes ₳ 0,45
Genocidas absueltos de culpa y cargo. La Marcha de la Resistencia fue la respuesta
LA SENTENCIA ABRIO PASO A LA AMNISTIA

A imagem da capa do jornal *Madres de Plaza de Mayo* de janeiro de 1986 é eloquente: se o julgamento das juntas não havia feito justiça, seriam as Mães que cercariam e colocariam os militares no banco dos réus.

Nova Comissão Diretiva da Associação após as eleições de janeiro de 1986. Da esquerda para a direita, em pé: Ada María de Senar, Hebe María de Mascia, Juana de Pargament, María del Rosario de Cerruti, Aída María de Suárez, María Luisa de Castro, Aline de Hold e Elsa de Manzotti. Sentadas: Noemí Álvarez Rojas, Hebe de Bonafini e María Elisa de Landín. Estão ausentes, embora fizessem parte da Comissão, Elvira de Triana, Laura de Rivelli, María de las Mercedes Meroño, Haidée de Ramírez Abella e Clotilde de Castillo. Foto: A. Cherep.

Capa de Hebe de Bonafini. História de vida, texto autobiográfico da presidenta das Mães, baseado em entrevistas de Matilde Sánchez.

Mães de Neuquén e Alto Valle marcham pelas ruas da capital neuquina acompanhadas pelo bispo Jaime de Nevares.

"Uma mãe, todas as mães; um filho, todos os filhos."
Consigna da filial Bahía Blanca das Mães da Praça de Maio.

Apesar da divisão, o lenço seguirá sendo um símbolo compartilhado, ainda que com variantes. O setor liderado por Bonafini modificou a tradição de identificar o filho próprio pela consigna "aparição com vida". Alegam que não lutam por cada filho individualmente, mas por todos os filhos. A maior parte das integrantes da Línea Fundadora, por outro lado, mantém no lenço o nome de cada desaparecido.
Foto: Ricardo Ceppi.

Elena Gerbilsky segura um panfleto com a consigna "Quem disse que tudo está perdido?", tirada da letra da canção "*Yo vengo a ofrecer mi corazón*", de Fito Páez.

Evel de Petrini e Gloria de Nolasco.

34. Política e violência

"Eu acredito que o propósito de toda
essa tarefa que estamos começando
é que, de uma vez por todas
a sociedade argentina está expressando
por meio desses julgamentos, sua rejeição
à violência."

Luis Moreno Ocampo, procurador adjunto no julgamento
dos ex-comandantes.

Nora de Cortiñas não quis provocá-las, mas a discussão surgiu de forma espontânea e inevitável. Naquele 15 de outubro de 1985, uma terça-feira como qualquer outra, a Comissão Diretiva da Associação das Mães reuniu-se na Casa das Mães. Nora disse que se sentia mal, incomodada. Relatou que fora convidada ao Centro Cultural San Martín para a apresentação de *Desde el silencio* — um livro que compilava cartas, poemas e outros textos de desaparecidos. Ela explicou que tinha a intenção de ir, até ler a contracapa, que trazia um comentário de Ernesto Sabato escrito especialmente para aquela edição e que, para sua surpresa, voltava ao mito dos "dois demônios". Nora ficou magoada porque, no fim das contas, os desaparecidos eram acusados de terroristas em um livro que reunia os próprios textos deles. Se sentiu ainda pior ao conversar com familiares que haviam contribuído com os escritos, na tentativa de contestar as palavras de Sabato: alguns desses familiares defendiam as ideias do ex-presidente da CONADEP.

Todas conheciam o livro. A maioria tinha o livro, e as demais estavam, ao menos, sabiam dele. No entanto, nem todas concordavam com os comentários de Nora. De fato, aquele episódio narrado por ela no início da reunião desdobrou-se em uma das polêmicas internas mais intensas sobre a militância dos filhos, os "dois demônios", a violência e a posição que as Mães deveriam assumir em relação a temas que estavam no centro do debate político desde que o governo instaurara a versão dos "dois demônios" com a CONADEP e o *Nunca Más*, reeditados agora com a divulgação pública das audiências do julgamento dos ex-comandantes e as análises da imprensa. A intensa polêmica ressoava entre as Mães, fazendo parte de suas reflexões e conversas cotidianas. Porém, a discussão daquela terça-feira, em meados de outubro, adquiriu uma importância crucial.

Terroristas

— Ah, de novo! — exclamou *Ketty* de Neuhaus, visivelmente incomodada, como todas, ao ouvir o comentário de Nora sobre Sabato.

— Ah, tu não sabes — continuou Nora — Eu não queria enfrentar os familiares, nem nada. Porque eu me sentia tão mal. "Ah, digo, de novo esse Sabato". Por que ele não diz a verdade de uma vez?

— A verdade, para ele, é essa — interveio Juanita de Pargament.

— Se o terrorismo de Estado veio justamente para intensificar todo esse sistema de opressão e fome! — fundamentou Nora, rebatendo as declarações de Sabato. — Ele os acusa de terroristas — afirmou Hebe. — Sim. Sabato diz que primeiro houve o terrorismo e, depois, o terrorismo de Estado — prosseguiu Nora. Ela contou que tinha questionado os familiares que contribuíram com o livro, perguntando como permitiram que as palavras do ex-presidente da CONADEP acompanhassem os textos dos desaparecidos. Então, uma mulher que militava na Assembleia respondeu que os desaparecidos praticavam a luta armada, que eram "terroristas de esquerda". Nora, indignada, perguntou se o filho dela era terrorista, ao que a mulher respondeu que seu próprio filho não tinha participado da luta armada.

— Olha que desgraçada! — exclamou Juanita.

— Ela te disse isso? — perguntou Hebe, também indignada.

Diante da pressão externa que exigia reconhecer a violência dos grupos políticos nos quais a maioria dos desaparecidos havia militado, era comum que familiares admitissem tal afirmação, embora frequentemente excluíssem seus próprios parentes, considerando-os uma exceção. Durante a ditadura, esse tipo de resposta era compreendido como uma estratégia de autodefesa, mas agora provocava indignação em muitas Mães, que viam nessa aceitação-exclusão sinais de individualismo e preconceitos contra seus próprios filhos.

— Então — continuou Nora — eu disse: "Mas escutem, isso está envolvendo os desaparecidos. Tu estás dizendo que os desaparecidos eram terroristas de esquerda?". "Sim, muitos eram, e se não reconhecermos isso, então...", alguém me respondeu. "Mas escuta, os desaparecidos não foram julgados, como tu estás aceitando isso?". "Meu filho não estava na luta armada, mas muitos estavam". "Mas muitos quem? Tu sabes quem são, com nome e sobrenome? Olha, eu estou me sentindo muito mal". E então outra pessoa disse: "Bom, olha, Nora: tu não concordas com isso, nós sim. Então, se tu não concordas, há opiniões de todo tipo, e cada um vai opinar como quiser".

Nessa polêmica com os familiares que falavam sobre terrorismo de esquerda, Nora usava um argumento contrário — frequente durante a ditadura e que ainda persistia nas novas condições políticas — baseado na racionalidade jurídica liberal-democrática: ninguém é culpado até que se prove o contrário diante da justiça. No contexto das audiências do julgamento dos comandos militares, esse princípio não poderia ser discutido, mas fora dos tribunais, quando o debate acontecia na esfera jornalística, política ou até mesmo entre especialistas e entusiastas da história recente, o argumento de Nora, tão comum entre os familiares dos desaparecidos, era, no mínimo, insuficiente: não abrangia toda a complexidade do problema.

— É a teoria de Sabato, por mais que os contradiga sempre dá no mesmo — disse Hebe.

Mas, mesmo sem aderir a esse mito que condenava igualmente a todos, algumas Mães rejeitavam a luta armada praticada por grupos revolucionários e de esquerda durante os anos 1970. E uma delas era, nada menos que, a vice-presidenta da Associação:

— Senhoras — interveio María Adela, que até aquele momento permanecera calada —, lamentavelmente, o primeiro morto é um policial e ele é morto por um rapaz montonero, [José Luis] Nell [Tacchi], casado com a sobrinha do padre Cullen, Nora Cullen, em uma ação absolutamente idiota. O policial faz um gesto e o rapaz saca o revólver e o mata. Isso é bem anterior a 1976. No Tribunal, tenho uma companheira, filha de um juiz — o juiz se chama Pisani, foi juiz de trabalho em Zárate por muito tempo, depois veio para Buenos Aires — que estava casada com um sírio-libanês, um rapaz chamado Demetrio que, sempre, antes de 76, se exercitava em um acampamento dos Montoneros; aprendiam a atirar, aprendiam toda a questão da guerra que pretendiam fazer os Montoneros. E havia mulheres...

— Os Montoneros e muitos outros: ERP, PRT — interveio Hebe tentando demonstrar que se tratava de um fenômeno mais amplo.

— Para não nomeá-los todos, digo de forma geral — continuou María Adela.

— Todos os que queriam fazer a revolução tinham que usar armas. Ninguém vai fazer a revolução com bexigas d'água.

Ao reconhecer o uso da violência, Hebe introduzia mais uma reviravolta no debate iniciado por Nora: independentemente de que nada justificasse o terrorismo de Estado, e além do fato de que a ditadura não havia submetido seus filhos a nenhum processo judicial nem havia repreendido individualmente sua condição de "subversivos", como afirmou Cortiñas, a presidenta das Mães estava aceitando o vínculo dos desaparecidos com a violência, e ao mesmo tempo, politizando esse vínculo ao relacioná-lo com a revolução.

— Sim, sim. A revolução se faz com armas — afirmou Hebe.

Revolução, no debate das Mães, não era apenas uma palavra, mas um conceito que conectava dois fenômenos fundamentais, frequentemente desvinculados. Elas viam a violência do Estado terrorista como pura perversidade, à margem da disputa e do confronto político; caracterizavam a violência dos revolucionários como messianismo sem sentido, desligado do projeto social e dos valores que representavam. Esses pontos de vista, que concluíam com uma condenação abstrata e geral a "todo tipo de violência", não só desconheciam a dinâmica histórica da Argentina, como também se recusavam a reconhecer a violência inscrita nas relações sociais e políticas de toda sociedade.

María Adela parecia não ouvir o que Hebe dizia sobre a revolução, e continuou se referindo aos diversos grupos de esquerda e às siglas que os identificavam.

— Não conheço todos, nem vou aprender, assim como não vou aprender os nomes dos partidos políticos de hoje. Me recuso completamente. E digo mais, as mulheres também participavam desses treinamentos.

— Mas o que tu queres dizer? Tu concordas com Sabato? — interpelou Hebe.

— Não. Eu quero dizer que houve violência — explicou María Adela.

— E por que houve violência? Porque o povo estava faminto. Mas não houve terrorismo, houve guerrilha — defendeu Hebe.

— É uma coisa absolutamente comprovada, absolutamente comprovada, que houve terrorismo — afirmou María Adela — A guerrilha não é terrorismo?

Embora María Adela tenha negado compartilhar os pressupostos do mito dos "dois demônios", na prática, ela estava aceitando uma de suas premissas: a violência dos grupos de esquerda era uma prática terrorista. Mas, seria toda violência terrorismo? Foi Nora quem saiu em defesa de María Adela.

— Nós nunca podemos permitir que se compare a insurgência popular com o terrorismo de Estado — disse Nora.

— Não, eu me recuso a discutir isso — disse Hebe, irritada — O que tu queres que eu te diga? Porque a guerrilha não tem nada a ver com isso. A revolução não se faz com bexigas d'água.

— Olha — disse Nora para María Adela, apoiando a afirmação de Hebe —, é como dizer que Daniel Ortega, o presidente da Nicarágua, é um terrorista. É a mesma coisa. E Fidel Castro também.

— Não, não — respondeu María Adela — Aquilo é diferente, lá, na Nicarágua, é um exército popular.

— Aqui foi a insurgência popular — argumentou Nora.

Talvez de maneira confusa, María Adela estava apontando, porém, uma diferença importante. Sem dizer exatamente, ela questionava implicitamente que a mera origem "popular" da violência fosse suficiente para descartar seu eventual caráter terrorista. Ela sugeria, então, um debate que não estava resolvido nem mesmo nos grupos de esquerda. Mas a vice-presidenta voltou em defesa de Sabato, o que tornou ambígua sua colocação anterior.

— O que está escrito na contracapa do livro é uma coisa, mas tu tens que ler o prefácio completo — contestou María Adela.

— Mas o que está dito na contracapa do livro, María Adela, não é verdade.

Não vamos comparar nunca a violência desses grupos com o terrorismo de Estado — pediu Nora. — Mas ele também não compara — disse María Adela.

— Mas não se pode dizer que os desaparecidos eram terroristas e compará-los com o terrorismo de Estado — apoiou *Ketty* — Não podemos generalizar só porque alguns foram violentos.

— Por isso — afirmou María Adela — Se ela tivesse lido todo o prefácio, veria que não é bem assim. Não é a mesma coisa que aquela partezinha.

— Não se pode generalizar — disse Juanita também.

De fato, outro trecho daquele texto de Sabato dizia que nem todos os desaparecidos estavam envolvidos na violência. Isso estabelecia uma diferença importante para algumas mães.

— E bom, eu li a contracapa — se justificou Nora.

— Mas não é todo o prefácio — insistiu María Adela.

— Mas, María Adela! — exclamou Hebe, cansada.

— Não, não. Eu também li — disse María Adela.

— Mas a afirmação da contracapa não é alheia ao prefácio, né? — perguntou Juanita.

— Não é alheia ao prefácio — respondeu María Adela — É uma parte do prefácio. Mas é preciso ler o prefácio inteiro.

Radicais de antes

— Isso me dói muito, María Adela — insiste Nora Olha, tem uma carta de um preso a ser publicada no jornal [das Mães], onde ele conta todas as expressões dos radicais, desde que o partido radical foi formado, nas quais falam sobre a violência. Tem uma em que dizem que, quando o povo está submetido à dependência, a única coisa que resta é a luta armada para sair da dependência. Eles disseram isso o tempo todo.

— Quando não estavam no governo, diziam isso — ironiza *Ketty* — O partido radical de antes, não o de agora.

— Eles proclamaram isso, não é verdade? — pergunta Nora — E agora estão condenando. Então, isso me apavora. E sabe por que me espanta? Porque nós vamos nos equiparar ao governo, e isso me dói muito.

— Não senhora, de forma nenhuma, eu não digo a mesma coisa que o governo — contrariou María Adela.

Várias mães apoiaram o que María Adela dizia. Nora então repetiu que nunca aceitaria que o terrorismo de Estado fosse a mesma coisa que a violência exercida por muitos dos desaparecidos.

— Não, é a mesma coisa, mas houve violência e houve terrorismo por parte de muitos desses grupos — insistiu María Adela.

Várias mães intervieram ao mesmo tempo, a discussão as exaltou, as vozes se elevaram, umas apoiaram os argumentos de María Adela e outras se alinharam com Nora e Hebe. — Houve guerrilha, mas não terrorismo — insistiu Hebe, de forma incisiva.

— Essas mortes assim, como em San Nicolás... — insistiu María Adela, que lembrou um episódio de sua cidade natal — Se eu te contasse os episódios de San Nicolás... De novo, várias mães falaram ao mesmo tempo, não se entendiam. Alguém pediu que falassem uma de cada vez e que não gritassem.

— Isso vai dando base para o governo dizer o que diz. E não é verdade — retomou Nora.

— Não, não é verdade — apoiou Juanita — O governo quer condená-los política e historicamente e não tem razão.

— Eu não te digo, María Adela, em nenhum momento, que aqui não havia focos de terrorismo, focos de guerrilha — concedeu Nora — Eu não vou negar isso porque não nasci ontem. Mas o que eu digo é que um país que é dependente há 400 anos e que, sempre que tenta sair dessa dependência, se levanta em armas e é abatido, nós não podemos dizer que está certo que tenham sido abatidos porque estavam armados.

— Houve guerrilha. Como fazemos então? — perguntou Élida de Galleti.

Os grupos de opiniões eram nítidos. Por um lado, algumas Mães justificavam a violência dos grupos revolucionários dos anos 1970 e a diferenciavam do terrorismo — aparentemente apenas pelo fato de estarem vinculados a fins políticos de transformação social; outras rejeitavam completamente o uso da violência — ou pelo menos pareciam insinuar que, ao contrário de Nicaragua ou Cuba, ela não se justificava no caso argentino. Portanto, o discurso das Mães de reivindicação ou de exigência de justiça pelos seus filhos desaparecidos partia de fundamentos opostos. María Adela expressou isso de forma clara no meio da discussão:

— A nossa luta deve se reduzir aos nossos filhos. A partir de 1976 — propôs.

— Eu o que digo é uma coisa — interveio Hebe tentando introduzir outra ideia.

— Não foram julgados — enfatizou Nora retomando seu primeiro argumento.

— Eu tenho que dizer uma coisa para vocês — insistiu Hebe.

Apesar de suas tentativas de intervir, a discussão desordenada, quase aos gritos, com as vozes de várias mães se sobrepondo, a impediu. No entanto, Hebe voltou a atacar:

— Escutem uma coisa — pediu Hebe. — Eu digo uma coisa. Ninguém, nenhum de nossos filhos, inclusive o teu, María Adela, o teu também, Juanita, o teu também, Élida, e o teu e o teu, todos, o teu e os meus, todos os que pensaram na revolução sabiam que, em algum momento, teriam que usar as armas. Ninguém acreditou que faria a revolução com bexiguinhas d'água, nem com a máquina de escrever. É isso, para que cada uma tenha isso bem claro.

— Nisso não concordo contigo — rejeitou energicamente María Adela.

— Sim, María Adela! — afirmou Hebe.

— No que diz respeito a Daniel, não — respondeu com firmeza María Adela, invocando o nome do seu filho — Porque não se pode dizer o que Daniel pensava, nem por cima. Porque eu ouvi Daniel, um monte de vezes, a maneira de pensar dele. As coisas das quais ele ria, as coisas absolutamente insensatas que certos grupos de esquerda faziam que ele contava...

— Eu diria para me deixar terminar de falar — disse Hebe, firme.

— Não fala assim. Passe por cima de mim — disse María Adela, com despeito. — Eu te digo que os filhos de todas nós, que estiveram... — insistiu Hebe.

— Não, eu não. Daniel não — resistiu María Adela.

— Todos os nossos filhos, que estavam naquele momento na militância e na luta — continuou Hebe —, todos sabiam que, para chegar algum dia à revolução, teriam que usar as armas. Ninguém ia fazer a revolução com uma bexiguinha d'água. Nós não podemos, de maneira alguma, permitir que se diga que houve terrorismo aqui, e que, por isso, depois veio o terrorismo de Estado. Porque não foi assim. Porque o Estado oprimia, reprimia, massacrou e torturou um grupo de homens e mulheres capazes, brilhantes, totalmente despojados do egoísmo que hoje temos nós aqui, entre nós mesmas, e que se nota quando estamos falando. Eles, em troca, foram capazes de dar o exemplo que deram. Isso é o que deveríamos dizer e não permitir que o canalha do Sabato faça esse prólogo. Estou totalmente de acordo com Nora.

— Muito bem. Totalmente de acordo — afirmou Juanita.

Mas María Adela recusou-se a continuar discutindo com Hebe. A presidenta da Associação havia tentado demonstrar que, além da distinção entre combatentes e militantes, todos os desaparecidos sustentavam ideias revolucionárias e, por isso, não descartavam o eventual recurso à violência política. A vice-presidenta não concordava com essa ideia, ou ao menos não achava relevante.

— Eu não — afirmou María Adela, retomando o texto de Sabato — O prólogo não é só a parte que tu leste. Tu tens que ler tudo.

De forma paradoxal, ao defender o texto como María Adela, outra mãe afirmou que o central era que o livro homenageava os filhos: de alguma forma, ali estavam os desaparecidos. Para algumas poucas mães, o debate sobre a violência parecia irrelevante, o importante era que, de algum modo, fosse feito algo pelos desaparecidos, mesmo que dentro do discurso dos "dois demônios".

— Eu penso no livro como uma homenagem aos guris que não estão — disse Quita de Chidíchimo — E não devemos vê-lo pelo outro lado.

Mas muitas mães não estavam de acordo, e argumentaram que as vozes dos desaparecidos se contaminavam com outras que elas rejeitavam. Nora comparou a versão de Sabato com o filme *A História Oficial*.

— É a mesma coisa — afirmou, contundente.

María Adela disse — demonstrando que conhecia bem o processo de produção do livro — que Jorge Luis Borges não havia aceitado escrever o prólogo, e por isso haviam oferecido a Sabato.

— Borges está traçando padrões — observou então Nora — E lamento que os poemas escritos pelos desaparecidos apareçam junto às palavras de Sabato. Lamento.

— Eu não estou pensando em Sabato. Estou pensando nos nossos filhos — disse Quita, para fundamentar por que iria ao evento do livro.

— *A História Oficial* não agradou não te agradou — Quita se dirigia a Nora — Para mim, é algo relevante, o que tu queres que eu diga? Não se pode ser tão vertical: "porque não me agrada a mim, não pode agradar a ninguém".

A discussão ficou confusa novamente, muitas levantaram a voz. Mas Nora continuou o diálogo com Quita:

— Não, não, Quita, eu te digo o que sinto.

— *A História Oficial*, como tu viste. — Nora havia afirmado em uma reunião anterior, como muitas mães, que aquele filme reivindicava a teoria dos "dois demônios".

— Mostrou muitas coisas que as pessoas não queriam ver — apoiou María Adela a Quita.

— Em *A História Oficial* — adicionou Nora — a Chunchuna Villafañe diz claramente que seu marido desaparecido é igual ao repressor. Que são duas faces da mesma moeda. E isso fica para a história, Quita. Ou tu não te dás conta?

— Não — respondeu com ironia Quita.

— Como não? Claro que ela diz isso — confirmou Rosario.

Ofensas

— Sou idiota — respondeu Quita — Não, não me dou conta, estou esperando que tu venhas me dizer como eu devo ver *A História Oficial*, como devo ler o livro, tudo.

Hebe tentou retomar o debate principal:

— Te digo uma coisa. Isso eu aprendi com a *Ketty*. Porque eu me lembro que no começo, quando não tínhamos casa nem nada, uma vez fui à Praça de Maio, vocês ainda não me conheciam muito, e a *Ketty* me convidou para uma reunião. E quando estávamos entrando, a Ketty me disse: "Se falarem que houve guerrilha, tu não digas que sim". "Mas com certeza houve," eu disse. "Bom, mas não podemos dizer isso", Ketty me disse.

— Ah, bom, mas então era outra coisa — a interrompeu María Adela.

— Espera, María Adela — pediu Hebe — *A Ketty* continuou me dizendo: "Por isso, por isso e por isso. Porque a guerrilha...". E ela me deu a explicação, que eu entendi imediatamente, porque eu naquele momento era bem besta e não me dava conta.

— No entanto, houve guerrilha — insistiu María Adela — Como negar isso agora que as coisas mudaram?

— Bom — interrompeu dessa vez Hebe —, houve guerrilha, mas a explicação que ela me deu é a que eu dou hoje. Houve guerrilha porque o governo reprimiu, os militares reprimiram, e houve um grupo de jovens corajosos que foram dar a vida para mudar a sociedade.

— E na época de Onganía? — intercedeu Nora em apoio a Hebe. — Claro, claro — avaliou Juanita.

— Escuta — reclamou Nora para María Adela — Então, como a população se defendia diante de uma ditadura como a de Onganía?

— Foi a reação diante de algo que estava errado — pareceu admitir María Adela.

— Então — sustentou Hebe —, se aceitamos que houve terrorismo e que houve terrorismo de Estado, somos reacionárias. Estamos indo contra os filhos.

Hebe apontou as diferenças e avançou com os qualificativos. A discussão se tornou, por momentos, agressiva. María del Rosario, inclusive, se atreveu a dizer que as mães que aceitavam a teoria dos "dois demônios" deveriam ir para outra organização:

— Deveriam estar na FAMUS — o grupo de familiares de militares mortos pelos grupos guerrilheiros dos anos 1970.

— Dizer que não houve violência da esquerda é ocultar — criticou Quita.

— Não, não é ocultar — respondeu Rosario.

— Não venha com essas ofensas estúpidas — Quita ficou braba com Rosario — Porque tu és arrogante, Negra. Se alguém discordar de ti, tem que estar na FAMUS?

— Não, é uma opinião — respondeu Rosario.

— É uma opinião idiota, me desculpe por dizer isso — respondeu Quita. — Tchê, chega dessa palavra — tentou interromper Laura de Rivelli. Mas Quita não estava satisfeita e continuou:

— Estar na FAMUS... Agora tem que ser verticalista, de cima para baixo. Não se pode discordar? Não, deixa de me encher o saco.

Várias mães saíram em defesa de Quita. Disseram que ela tinha todo o direito de opinar como quisesse. Laura retomou o debate de forma mais calma:

— Estamos falando dos nossos filhos — disse, sugerindo que deveriam manter o respeito mútuo — Estamos definindo a forma como falar sobre isso.

— Cada uma dá sua opinião — admitiu Nora — O pensamento que temos.

— Eu vou defender meu filho até a morte — disse Quita — E se eu for à apresentação do livro neste momento, é porque vou prestar homenagem àquele rapaz desaparecido que fez aquele poema. Eu vou por causa disso. Não me importa merda nenhuma o Sabato e o que ele disser.

Mas várias mães discordaram dessa linha de pensamento. O problema não era a pessoa de Sabato, mas o que ele afirmava e o que, segundo elas, ficaria para a história.

— Eu penso isso e pronto, o que tu queres? Que eu pense como tu? — disse Quita a Rosario.

— Não! — respondeu Rosario — Não quero que tu penses como eu. Quero que tu penses por que colocam isso na contracapa. Por que colocam?

— Se pensarem dessa maneira, eu não vou a esse evento — afirmou Juanita.

— Eu vou te dizer uma coisa — insistiu Hebe — Nós, nesse aspecto, já te digo, naquela vez em 1977, recém-chegada, muito ingênua, perguntei para *Ketty*: "Mas como?". E *Ketty* me deu a explicação que eu dou agora. Ela me disse: "Hebe, houve guerrilha, e isso é certo, mas surgiu porque o povo se cansou de estar oprimido".

Com a lembrança daquele episódio, Hebe introduziu uma periodização da história recente que discordava da versão do mito dos "dois demônios". Na verdade, tanto as referências de Nora à ditadura de Onganía quanto a impugnação de Ketty à causalidade defendida pela versão do governo estavam polemizando com o que parecia ser a opinião dominante compartilhada por várias mães.

— Mas a guerrilha é outra coisa — respondeu Élida— Eu digo guerrilha, por exemplo, a de Tucumán foi...

— Mas a eliminaram antes de 1976, Élida — argumentou Nora.

— Tá bem — admitiu Élida —, mas eu me refiro ao que aconteceu aqui quando explodiram as torres do Departamento de Polícia em La Plata, ou quando explodiu aquela delegacia cujo nome eu não lembro. Isso não são atos de terrorismo, não são atos bem violentos?

— Bom... Mas eu não concordo que seja terrorismo — disse Nora.

— Mas Élida — respondeu Hebe —, isso não foi primeiro. Primeiro meteram opressão no povo, e o povo reagiu dessa maneira.

— Claro, claro — apoiou Nora — Élida, sabe o que eu não concordo? É que digam que o terrorismo de Estado veio por isso que tu dizes.

Mas Élida não a deixou continuar e seguiu com a enumeração dos atos de violência da esquerda:

— A explosão da Margaride. Ou isso te deixava feliz? — perguntou Élida. — Claro que fiquei feliz quando explodiram — disse Rosario.

— Mas antes veio a outra coisa — insistiu Hebe — É disso que eu estou falando. Eles sempre dizem que houve terrorismo, e depois veio o terrorismo de Estado para combater o terrorismo.

— E isso é o que eu não admito — apoiou Nora. Muitas falavam ao mesmo tempo e aos gritos. Mas ainda assim, ouviu-se a voz de Élida, que falou com certa desconfiança:

— Não sei se alguma de vocês sabe, mas explodiram as torres da polícia em La Plata antes de 76.

— Eu já sei. Bem, sim — admitiu Nora.

— Havia ou não havia esses atos? — perguntou Élida.

— Mas nossos filhos... — começou a objetar Hebe.

— Mas não foi por isso que começou o terrorismo de Estado — argumentou novamente Nora — O golpe não foi dado por causa disso.

— Ai, Nora, por favor — respondeu Élida —, não nos dê lições. O que queremos é chegar a uma posição.

— Por que colocaram uma bomba no departamento de polícia? — perguntou Hebe. — Porque estavam massacrando, torturando e prendendo todos os dias. E o povo não encontrou outra maneira de se defender. Fazer com que eles também explodissem, como sapos. Mas não é que começou... Não começou o terrorismo de Estado para combater o terrorismo. Antes, o Estado reprimiu.

— Para que deram um golpe em Onganía? Para que vocês acham que deram? — insistiu Nora — Para combater o quê? Foi um mecanismo para implementar um sistema econômico vindo de fora, da dependência. Então, se não temos claro que a dependência…

— Eu quero dizer uma coisa — interrompeu Élida — Se os guris tinham planejado isso e estavam fazendo, não podemos deixar de reconhecer que houve atos muito violentos...

— Sim, sim, mas eu reconheço — admitiu Nora — Mas não vou dar razão ao governo dizendo que o terrorismo de Estado veio combater o terrorismo de esquerda, porque isso não é verdade. Veio para impor uma nova ordem econômica.

— Mas num primeiro momento, sim, teve que combater a esquerda, embora não seja a mesma coisa o terrorismo de esquerda e o terrorismo de direita — disse Élida.

— Então — perguntou Hebe —, como tu aceitas que Sabato diga que houve terrorismo e depois terrorismo de Estado? Para ele, tu tens que falar isso. — E ele repete isso de novo — disse Juanita.

— Sabato só diz que houve atos de violência — respondeu Élida.
— Mas ele poderia ter dito de outra forma — ponderou Nora. — Bom,

querida — interrompeu enfaticamente María Adela —, até parece que agora vamos corrigir a forma como o Sabato fala. Não somos ninguém para dizer nada a ele. — Se ele diz que houve terrorismo — contradisse Hebe —, como não? Somos as Mães dos desaparecidos. — Ele não tem desaparecidos, nós sim — apoiou Juanita. — Ele tem sensibilidade para entender o problema, mais do que muitos outros, talvez até muito mais do que alguns que têm desaparecidos — insistiu Élida —. Te asseguro disso. Ele tem sensibilidade de sobra. Mas Hebe não admitiu esse elogio. Disse:

— É terrível o que Sabato diz — e começou a ler o prólogo do livro que havia originado a discussão: "Nos anos que antecederam o golpe de Estado de 76, houve atos de terrorismo que nenhuma comunidade civilizada pode justificar...". — Isso não é tudo — respondeu María Adela. Leia tudo. Então Hebe continuou lendo: — "Invocando esses fatos, a ditadura militar desencadeou um terrorismo infinitamente pior porque foi exercido com o gigantesco poder e a total impunidade que o Estado absoluto permite, iniciando uma infernal caça às bruxas na qual não apenas os terroristas pagaram, mas também milhares e milhares de inocentes." Interrompeu a leitura para avaliar as palavras do escritor:

— É terrível, não sei como podem dizer que é bom.

— Tem que ler todo o prólogo — insistiu María Adela.

— Eu não digo que está bem — negou Quita. Eu gosto de outra coisa. Mas se ele diz isso, o que tu queres que eu faça?

— Não aceitar que ele escreva para este livro, não aceitar que ele escreva para o livro dos jovens desaparecidos — respondeu Hebe.

— Mas nós não tivemos nada a ver com o livro — justificou María Adela.

— Mas tu podes te posicionar, como a Nora. Ela disse às Mães que não vai à apresentação porque não acha certo. Foi isso que a Nora disse — argumentou Hebe.

— Eu nem falei isso de forma rude, nem nada — explicou Nora. Fiquei muito mal quando li, me desceu muito mal. É o livro *Nunca Mais*, está aí, é o livro *Nunca Mais*. Esse livro me machuca muito, porque os versos que estão lá são de jovens que realmente lutaram pelo melhor.

Tabu

Durante muitos anos, a relação entre militância política — dos filhos — e violência foi, entre as Mães, se não um tabu, pelo menos uma questão que não devia ser abordada publicamente. Depois da queda da ditadura, essa postura continuava representando uma fragilidade em muitos dos argumentos dos familiares de desaparecidos, conforme era apontado desde a ultradireita até setores que se autodenominavam progressistas, como no caso do jornalista Pablo Giussani.

Tanto pela diversidade ideológica e política que o movimento comportava, como pelas coordenadas complexas nas quais o debate se situava, as respostas das Mães eram profundamente contraditórias. Com frequência, oscilavam entre versões épicas ou idealizadas da militância dos filhos e versões que pouco ou nada se diferenciavam do discurso dos "dois demônios".

O debate, inicialmente restrito ao interior do movimento, implicou um momento de inflexão no desenvolvimento das Mães, especialmente em relação ao seu discurso. Simplificando muitas vezes essa questão, alguns ensaístas argumentaram que certa "justificativa da violência" por parte de algumas mães respondia a um fenômeno de identificação psicológica com seus filhos. Embora a "identificação psicológica" possa ter ocorrido em alguns casos, essa hipótese é reducionista. Além de partir de um pressuposto falso — já que nem todos os filhos pensavam da mesma forma sobre a violência, muito pelo contrário —, ela ignora o desenvolvimento complexo do movimento das Mães. A ideia de "identificação" não deixa de ser uma forma de subestimar a experiência de um grupo de mulheres que precisou questionar a história recente, processar os acontecimentos políticos protagonizados por seus filhos, reelaborar profundamente as práticas políticas, resgatar elementos de experiências passadas e, fundamentalmente, incluir novos elementos a partir de sua própria luta e enfrentamento com o poder.

O indiscutível é que a discussão foi um divisor de águas ente as Mães. Desde aquele primeiro momento em que, sob o terror e a pressão política e ideológica da ditadura, as Mães se recusaram a reconhecer a militância de seus filhos e suas respectivas identidades políticas, até a reflexão compartilhada na reunião da Comissão Diretiva mencionada, ocorreram mudanças intensas em sua forma de pensar e agir. Agora começava uma nova etapa no movimento que, em parte, levaria à sua inevitável divisão: se enfrentavam diferenças ideológicas que, como tantas outras, embora já se manifestassem anteriormente, neste período tornaram-se decisivas para definir o discurso e a posição política das Mães.

Entre aqueles que analisaram esse processo, prevaleceu a ideia de que aquela atitude inicial das Mães — quando se recusavam a discutir as práticas de seus filhos, pois nenhuma filiação política nem sua relação com a violência justificaria os métodos empregados pela ditadura nem as violações aos direitos humanos — era basicamente uma postura ética, sem precedentes na história argentina. Posteriormente, quando as Mães, ou algumas mães, ou um setor do movimento, começaram a reconsiderar, sob novas condições políticas — superada a etapa do terror e da ilegalidade imposta pela ditadura —, a identidade política dos desaparecidos e sua relação com a violência, essas análises concluíram que as Mães estavam abandonando os princípios éticos originais.

Nessa linha de pensamento, o ensaísta Carlos Alberto Brocato (1989) afirmou em *De la ética a la política*: "As Mães, durante todo o longo período anterior (1977-1983) e o que denominei crítico (1983-1985), não se perguntaram o que seus filhos faziam quando desapareceram. Nisso residia grande parte da universalidade ética dos direitos humanos que as Mães encarnavam. (Nesse sentido, essa posição as aproximava da Anistia Internacional, da qual depois se afastaram). Qualquer que fosse a ação do detido e a atividade que pudesse ser provada contra ele, o sequestro e o desaparecimento são violações aos direitos humanos. Não há barganha possível entre a transgressão ética atual dos repressores e a potencial que se pretenda atribuir ao reprimido. É curioso observar como naquela época as Mães estiveram longe de qualquer negociação ética. Era a ditadura de Videla que estava submersa da cabeça aos pés na barganha, como ainda estão hoje os Alsogaray, que pretendem desmoralizar os genocidas imoralizando os 'subversivos'. As Mães não exibiram, naquela época, nenhuma tentativa de ceder à tal troca. E é novamente curioso, e certamente paradoxal, que, ao cabo de dez anos, tenham construído esse lugar ético universal primordial, que se mostrou imune à tentação da barganha, e agora o tenham reconstruído com um material agregado: a reivindicação político-moral da atividade de seus filhos. Agora a ética universal se mistura com a moral de castas dos anos 70, confunde-a e nos confunde. As primeiras vítimas dessa confusão foram as próprias Mães que aceitaram essa adição".

Parece não haver dúvidas sobre o sentido ético da posição inicial das Mães frente ao Estado terrorista. No entanto, por trás dessa afirmação, que exclui o significado político das suas demandas diante da ditadura, se esconde não apenas uma operação de desideologização, mas também um mecanismo de deshistoricização do surgimento das Mães.[34] Aquela demanda de "Aparição com vida" foi ética, mas também política, e confrontou não apenas a ditadura, mas também forças políticas e sociais que, sem pertencer ao bloco de poder, fizeram coro ao regime e até justificaram a "luta antissubversiva".[35] Contudo, é evidentemente correto afirmar a virtude das Mães ao se recusarem a colocar em debate a militância dos filhos durante a ditadura, atitude que lhes permitiu, com fundamentos éticos e políticos, e não meramente táticos, alcançar um amplo arco de alianças e apoios a sua luta.

Quando as Mães começaram a pensar, debater e, em alguns casos, reconhecer a identidade política dos filhos e até mesmo sua relação com a violência, isso não significava que estavam abandonando seus princípios iniciais. Tratava-se, na verdade, de uma ampliação do debate sob novas condições políticas e institucionais exigidas e tornadas possíveis, como pôde ser observado durante a polêmica com os defensores da teoria dos "dois demônios" ou as críticas representadas, entre outros, por jornalistas como Giussani.

Nenhum setor das Mães jamais abandonou — a partir de fundamentos éticos, políticos e jurídicos — o princípio da irrelevância da condição política dos desaparecidos, inclusive de seus vínculos com a violência. O reconhecimento da condição ideológica e das práticas políticas violentas não implica um abandono desse princípio; pelo contrário, trata-se de sua profundização: a indiferença quanto à "causa" das violações dos direitos

34. Além disso, a "universalidade ética" mencionada por Brocato é uma falácia, pois, se todo universal é, por definição, uma totalidade, toda totalidade é apenas uma abstração. Durante a ditadura, assim como no período pós-ditatorial, o regime, inicialmente, e depois o Conselho Supremo das Forças Armadas, como reconhece Brocato, justificaram o desaparecimento de pessoas: a militância do desaparecido excluía a possibilidade de que o desaparecimento fosse considerado um crime. A determinação da conduta "violenta" de uma pessoa transformava o que alguns consideravam "detenções ilegais" em atos justificados e até legais. Dessa forma, alguns meses antes, os juízes militares ainda sustentavam que não havia delito algum nas ordens emitidas pelos ex-comandantes. O "algo devem ter feito para merecer", a teoria dos "dois demônios" e tantas variantes parecidas também eram formas de justificativa, atenuadas, se quiser, da repressão. Ou seja, aceitar a universalidade de que fala Brocato significa aceitar uma universalidade daqueles que discordam dos genocidas, ou seja, uma universalidade dos éticos. Éticos da perspectiva de Brocato? Da ética dos "bons"? Afinal, Brocato repete os princípios jurídicos cunhados há mais de duzentos anos por alguns regimes, desde a Revolução Francesa em diante. No entanto, cabe perguntar por que Brocato considera que é contrário à ética questionar a militância dos filhos. BROCATO, Carlos Alberto. "De la ética a la política".

35. A essência política do movimento das Mães foi extensivamente abordada como problema no primeiro volume.

humanos se aprofunda quando, mesmo reconhecida a condição política ou combatente dos filhos, a desaparição de pessoas continua sendo um crime.

No entanto, sob outra perspectiva, a condição política dos desaparecidos pode deixar de ser irrelevante: justamente, um genocídio se define não apenas pela tentativa de eliminação de uma raça, de uma prática religiosa ou de uma nação, mas também pelo propósito de eliminar uma ideologia ou uma parcela política. Esse enquadramento permitiu ao juiz do Estado espanhol Baltasar Garzón iniciar processos contra militares argentinos por genocídio. Por outro lado, Alfonsín afirmou durante uma viagem pela Europa, justamente na Alemanha, que não havia ocorrido um genocídio na Argentina e que não era possível comparar ambas as situações — o Holocausto e a repressão na Argentina — porque em seu país não haviam sido perseguido judeus, mas guerrilheiros.

Outra situação surge, é claro, quando, após o reconhecimento da militância dos filhos, essas práticas são legitimadas ou criticadas. No primeiro caso, baseando-se na reivindicação ideológica dos filhos que algumas mães começam a tornar pública, especialmente o setor liderado por Bonafini, alguns analistas apontam para um processo de identificação. Para alguns, a simples aceitação do uso da violência, mesmo em determinados contextos e circunstâncias especiais — Bonafini nunca aceitará, por exemplo, a pena de morte, nem a pedirá para os genocidas; com o tempo, aperfeiçoará suas ideias a esse respeito —, implica um abandono da ética. Mas, então, outro debate se inicia.

Ética versus política

A defesa das origens puramente éticas das Mães — que, em sua pretendida "pureza", implica, como já foi mencionado, a negação do significado político inicial do movimento — pressupunha uma pretensão de universalidade que agora se transformava em política, a partir da reivindicação da militância dos filhos. O processo que algumas Mães experimentaram como um crescimento da organização, na medida em que já não apenas pediam por seus filhos nem se limitavam a denunciar os aspectos mais visíveis do terrorismo de Estado, mas começavam a pensar em todos os filhos e em uma nova sociedade; na medida em que perceberam a trama mais complexa do poder genocida, seus vínculos com o poder econômico e seus laços internacionais, e passaram a debater sobre teoria política, métodos e programas, é definido por esses ensaístas como uma desnaturalização.

É perceptível nesses nostálgicos da pureza ética e das origens do movimento das Mães, a pretensão de que essas mulheres ficassem ancoradas a um grito desesperado na Praça, e certa decepção por aquilo que elas se tornaram logo após aquele grito: um novo sujeito político.

No momento em que as Mães discutem as diversas facetas das práticas violentas no âmago da Comissão Diretiva, dominava em seu discurso público uma condenação a priori de "todo tipo de violência", que, no entanto, excluía dessa "totalidade" uma multidão de fatos, situações e relações de violência, a partir de uma abordagem restrita do conceito.

Esse cenário da questão não é atribuível apenas aos efeitos do terrorismo de Estado[36] e à forte penetração ideológica do mito dos "dois demônios" — outro lado da crise e derrota dos setores revolucionários de esquerda —, mas também às graves aberrações teóricas e práticas dos setores que, apelando para sua pertença ao campo popular, e em especial à esquerda, encarnaram valores que, em geral, atribuíam aos seus inimigos. Em relação a esses últimos, se não forem analisadas e avaliadas suas concepções teórico-políticas e suas práticas correlatas, que conduziram a formas de violência aberrantes e contrárias aos valores tanto do humanismo liberal quanto do comunismo, do socialismo e do ideal libertário, torna-se muito difícil, senão impossível, qualquer tentativa de reivindicação da violência "revolucionária".

Ainda hoje é difícil refletir sobre certas práticas, como o sequestro como método de propaganda política ou de arrecadação de fundos, os atentados políticos ou a "execução de pessoas", constituida discursivamente no famoso relato de Firmenich sobre a morte do general Pedro Eugenio Aramburu. A questão não é nova e nunca esteve completamente resolvida nos setores revolucionários. Desde as polêmicas entre socialistas, anarquistas e comunistas, passando pelos debates dos anos 1960 e 1970 entre a velha e a nova esquerda até o presente, não se percebe uma reflexão profunda que, ao desmitificar a relação entre violência e política, coloque em questão as concepções e as práticas políticas do exercício da luta armada. O certo é que, mesmo os setores que aceitam a violência como alternativa, não concordam em seus alcances, limites, condições ou regras.

A polêmica entre as Mães se inscrevia e se inscreve nesse complexo panorama político, social, ideológico e cultural. E sua correta elucidação não dependia e nem podia depender apenas delas.

36. "Ao medo gigante que no presente não se atreve sequer a reconsiderar a difícil e decisiva relação entre política e violência". CALVEIRO, Pilar. *Política y/o violencia*. Una aproximación a la guerrilla de los años 70. Buenos Aires: Grupo Editorial Norma, 2005, p. 190.

Elas precisavam responder simultaneamente às acusações da "Doutrina de Segurança Nacional" e refutar a teoria dos "dois demônios", sem abrir mão da análise crítica das práticas políticas revolucionárias, especialmente aquelas assumidas pelas organizações que se voltaram à luta armada. Em suas polêmicas com outros setores e em seus debates internos, foi se delineando uma discussão que aperfeiçoaria as identidades político-ideológicas em gestação e desenvolvimento, e que desembocaria na separação do movimento em Associação e Linha Fundadora.

Embora os alinhamentos não fossem mecânicos nem definitivos, indiscutivelmente na Associação predominaria o resgate e a reivindicação da militância revolucionária, incluindo a luta armada, enquanto a Linha Fundadora sustentaria — com alguma exceção individual — princípios fortemente críticos das experiências revolucionárias dos anos 1960 e 1970, especialmente sobre a violência armada.

A partir desse debate, foi desenvolvida a tentativa mais firme de resposta ao livro *Nunca Más*. Demonizar a violência significa reduzir seu sentido político e histórico. Frente a essa demonização, as Mães se esforçaram para recuperar as circunstâncias históricas e, portanto, políticas, que derivaram em práticas violentas. A discussão as levou por rumos divergentes, mas de alguma forma cada mãe estava atravessando um limite: aquele que impedia qualquer discussão sobre o tema.

Ainda havia um longo caminho a percorrer. Como parte do disciplinamento geral imposto pelo terrorismo de Estado — embora não apenas pelo terrorismo de Estado — foi feito o possível para eliminar qualquer tentativa que desafiasse o monopólio do uso da força pelos setores dominantes. Esse objetivo teve um aspecto militar — desarticular as organizações armadas e revolucionárias — e outro ideológico — deslegitimar não apenas o uso da violência pelos setores sociais subalternos, mas também aqueles que, de uma forma ou outra, os apoiassem ou argumentassem a seu favor. É claro que a conquista desse duplo objetivo não dependia apenas da eficácia dos setores dominantes, mas também dos erros e da profunda crise dos projetos sociais e políticos alternativos. É parte da derrota ideológica e cultural que não apenas descartou ou desconheceu concepções da teoria política com antecedentes antiquíssimos, como também a história latino-americana mais recente, incluindo as lutas pela independência durante o século XIX. Assim, o desarmamento dos setores subalternos chegou à sua máxima expressão.

35. Ameaças

— Vamos te arrebentar, filha da puta.

Hebe estava prestes a subir em um ônibus quando ouviu a ameaça proferida em voz baixa por um homem que se aproximou dela sorrateiramente por trás e que, imediatamente, se escondeu dentro de um Ford Falcon sem placa. Foi na Avenida General Belgrano, no dia 6 de setembro de 1985, a poucas quadras da sua casa na rua Papini, na cidade de Gonnet, na província de Buenos Aires.

Pouco depois, no sábado, 19 de outubro, por volta das 22 horas, Hebe quis fazer uma ligação de sua casa, ouviu interferências e depois ficou sem linha, totalmente incomunicável. Um pouco depois, alguém bateu à sua porta. Era um homem de meia-idade que perguntou, de maneira explicitamente absurda para aquela hora da noite, onde ficava o local de recreação infantil chamado República de los Niños. Ele foi embora antes que ela pudesse responder. O telefone continuou sem funcionar até o meio-dia do dia seguinte, no Dia das Mães. Hebe soube que o serviço havia sido restabelecido quando ouviu o telefone tocar. Correu para atender. Então, uma voz masculina disse: "Vamos te sequestrar." Quarenta e oito horas depois, outra voz avisou: "Nós, os mesmos que torturaram teus filhos, vamos te sequestrar. E dessa vez é sério".

Hebe, como muitas Mães, estava acostumada a esse tipo de situação. Não era a primeira nem seria a última vez que receberia ameaças. Mas sempre causavam impacto, especialmente quando iam até sua casa, onde morava sozinha com sua filha Alejandra, então menor de idade.

Mas Bonafini não era o única alvo das intimidações. Uma onda de ameaças e atentados percorria o país e tinha como objetivo agitar a opinião pública no contexto do julgamento e da campanha eleitoral para as eleições de 3 de novembro, nas quais se renovaria parcialmente a composição do Congresso Nacional. De qualquer forma, atentar contra a presidenta das Mães não era um fato qualquer, especialmente pelo valor simbólico dos lenços brancos.

Embora não acreditassem que o Poder Judiciário conseguisse avanços nessa questão, as Mães decidiram apresentar uma denúncia, pelo menos para deixar registrada a intimidação. "Essas ações", expressaram as Mães na ocorrência, "não são alheias aos fatos que, desde algum tempo, vêm comovendo a população, como a colocação de explosivos em estabelecimentos educacionais, intimidações e ameaças a estudantes, militantes populares, etc., e seus autores respondem a uma identidade ideológica que ainda sustenta — apesar de quase dois anos de governo constitucional — a doutrina de segurança nacional e têm o claro objetivo de perturbar a ordem institucional".

As Mães acusavam "o aparato repressivo ainda enraizado nas altas esferas oficiais e os serviços de inteligência das Forças Armadas e de segurança, que continuam operando impunemente, coletando informações sobre militantes populares, enquanto deixam de tomar as medidas necessárias para resguardar as instituições e a segurança de quem integra esta sociedade".

"É necessário processar e condenar todos os que participaram da repressão ao povo, violando todos os direitos e garantias que hoje o governo constitucional oferece; porque os mesmos que ontem cometeram tantos crimes aberrantes são os que hoje continuam cometendo uma cadeia de ilegalidades que mantém a população ameaçada. Nós mães não somos desestabilizadoras com nossas exigências, pelo contrário, lutamos e continuaremos lutando o quanto for necessário para defender um governo constitucional, qualquer que seja seu símbolo, desde que tenha sido eleito democraticamente pelo povo. Também não é coincidência que as ameaças e intimidações aumentem quando se aproxima o momento de proferir sentenças contra alguns dos responsáveis por tantos crimes de lesa humanidade."

"As Mães da Praça de Maio denunciaram novas ameaças", foi a manchete do *Tiempo Argentino.* A matéria dizia que "o assédio anônimo se concentra em Bonafini". Por sua vez, o *Diario Popular* reproduziu no título as palavras intimidantes dirigidas à presidenta das Mães: "Desta vez vai sério".

Complô

Com um golpe de efeito propagandístico mais do que de eficácia real, na segunda-feira, 21 — o dia seguinte às ameaças contra Hebe —, o presidente Alfonsín decretou, pela primeira vez durante um governo radical, o Estado de sítio. Além disso, ele determinou a detenção de seis militares: o ex-general Carlos Guillermo Suárez Mason, os coronéis Pascual Oscar Guerrieri e Alejandro Arias Duval, o major Jorge Horacio Granada, e os capitães Osvaldo Antinori e Leopoldo Cao, e cinco civis: Ernesto Raúl Rivanera Carlés, Enrique Gilardi Novaro, Daniel Horacio Rodríguez, Alberto Hernán Camps, Jorge H. Vago e Rosendo María Fraga Filho, diretamente relacionados à onda de atentados e ameaças dos dias anteriores.

As resoluções eram polêmicas, pois muitos advertiam os riscos de uma ação mais voltada para o efeito do que para a eficácia, ao mesmo tempo que geravam adesão em uma opinião pública à espera de alguma medida concreta do governo. Em meio à onda desestabilizadora, a ação aparentemente decidida e firme do governo transmitia um pouco de segurança à população e contava com o apoio majoritário. Ao mesmo tempo, a polêmica se estendia à declaração do Estado de Sítio — típico de governos de direita e ditaduras, pois suspende as garantias individuais — e à certa ambiguidade nos fundamentos das detenções.

O Poder Executivo havia ordenado as prisões por decreto — um instrumento que não exigia a argumentação necessária que teria sido exigida pelo Poder Judiciário — recurso que permitia deduzir a falta de provas concretas. Nesse caso, o golpe de efeito poderia se voltar contra o governo. Mas para o governo, era uma questão de dias: no dia 3 de novembro, seriam realizadas as eleições nacionais para a renovação parcial da Câmara dos Deputados, e esperavam conseguir manter a situação, sem novidades, até essa data.

Na terça-feira, 22 de outubro, o vice-presidente da nação, Víctor Martínez, afirmou que o governo continuava investigando os episódios de intimidação, que iria "decretar mais prisões, se necessário" e previu que chegariam às eleições "como quer a democracia". A oposição de centro e de esquerda saiu em firme apoio ao governo.

Por sua vez, na quinta-feira, 24, as Mães prolongaram sua marcha habitual ao redor da Pirâmide de Maio. Começaram carregando cartazes que denunciavam "Genocidas de ontem, provocadores de hoje, não passarão" e outros que questionavam "Tu podes conviver com os assassinos? A democracia, não". Ao final da marcha, Bonafini fez um discurso em resposta a Alfonsín, que, após o anúncio das detenções, garantiu que na Argentina a impunidade havia acabado. Hebe afirmou que isso era "uma frase eleitoralista". "Se acabou a impunidade, não deixem os genocidas saírem", exigiu. "Nós denunciamos esses personagens, Suárez Mason e seus cúmplices, há muito tempo e não nos ouviram. Agora eles têm que ser presos por decreto. Eu aprovo a medida, mas é preciso ouvir o povo também".

Na sexta-feira, 25, as Mães emitiram um comunicado com a assinatura de Hebe e María del Rosario, que dizia:

"O governo foi vítima de sua própria política. O decreto do Estado de Sítio surge como resposta à onda de bombas e ameaças, cujos autores são os mesmos que até 48 horas atrás o governo encobria.

São os mesmos militares e civis golpistas comprometidos com a ditadura, com o sequestro, assassinato e tortura.

Também é a resposta à decisão de manter juízes da ditadura que deveriam ter passado por uma comissão e, na sua imensa maioria, ter sido afastados da magistratura.

Esperamos que agora o governo, com energia, abra uma investigação a fundo e submeta todos os responsáveis à ação da justiça, devolvendo ao povo sua tranquilidade e o pleno império da liberdade e da democracia.

Nós, Mães, perguntamos: durante a vigência do Estado de Sítio, quem coloca os limites e até onde?".

A um amplo setor da opinião pública — sem mencionar o governo e o partido radical — incomodou a atitude confrontativa liderada por Bonafini, que, em vez de estreitar laços com o governo, em meio a uma situação muito complexa e de alta instabilidade institucional, continuava criticando o presidente.

O setor dissidente da Comissão Diretiva também marcou suas diferenças com a presidenta das Mães: "Não concebíamos — diz Marta Vázquez — que, em meio à extraordinária tensão e à ameaça dos grupos de ultradireita, que colocavam em risco a democracia, as Mães aparecessem impondo distância com o governo: o problema não era apenas Alfonsín, o problema era defender essas instituições pelas quais nós lutamos. Ao invés de estreitar laços com os setores democráticos, Hebe colocava ressalvas e poréns ao que o governo estava fazendo. Era brincar com fogo, embora agora não se vejam claramente, depois de tantos anos, os perigos daquela época em que nada estava assegurado".

Além das diferenças internas sobre a CONADEP, o julgamento dos ex-comandantes, o governo e outros temas, as últimas declarações de Hebe diante dos tentativas de desestabilização acabaram por ultrapassar a cota de paciência do setor representado por Vázquez: finalmente, estava em jogo o futuro democrático.

Por outro lado, à véspera das eleições parlamentares de 3 de novembro, o governo reunia um amplo consenso favorável, como ficaria demonstrado nos resultados das eleições. Seria possível que as pessoas estivessem tão erradas em relação ao governo? Não seriam as Mães as equivocadas, que, a partir de uma atitude sectária e intransigente, perdiam de vista o essencial e se distanciavam da opinião pública? Alfonsín soube capitalizar as medidas adotadas em relação às violações dos direitos humanos — especialmente a CONADEP e o julgamento dos ex-comandantes, que se apresentavam como dois fatos sem precedentes na história nacional e latino-americana —, suas propostas inovadoras para o tratamento da dívida externa — um conjunto de nações devedoras que negociassem como um bloco com os credores —,[37] sua política externa de relativa independência em relação aos Estados Unidos e os primeiros efeitos do Plano Austral, lançado no meio do ano. No terreno econômico, a desaceleração da inflação e a queda na cotação do dólar "paralelo" — que foi desvalorizado em 20%, aproximando-se da cotação do dólar oficial — produziram uma sensação de alívio. Parecia que, finalmente, o país estava se reencaminhando. Segundo a opinião majoritária, as diferenças em relação ao passado ditatorial eram substanciais.

No dia 3 de novembro, ocorreram eleições para a renovação parcial da Câmara dos Deputados e alguns governos. Embora com uma porcentagem menor de votos em relação às eleições que levaram Alfonsín à presidência, o governo venceu com 43,30% dos votos. O peronismo obteve 34,51%. O Partido Intransigente, liderado por Oscar Alende, ingressou no Congresso

37. No entanto, já desde setembro de 1984, teve início o progressivo abandono dessas propostas, e de fato o Plano Austral implicava uma mudança de orientação a esse respeito, além da aceitação da supervisão econômica das instituições financeiras internacionais. Mas nem todos percebiam claramente o retrocesso de Alfonsín em relação às suas próprias promessas eleitorais, e algumas parcelas da opinião pública que entendiam esse retrocesso explicavam-no pelas pressões internacionais, especialmente norte-americanas, e valorizavam, apesar de tudo, a "valente" tentativa inicial de resistência de Alfonsín.

com esse resultado, alcançando 6%. A União do Centro Democrático, de Álvaro Alsogaray, avançou na Capital Federal e na província de Buenos Aires. Além disso, o radicalismo consolidou sua vitória ao conquistar vários governos em províncias que eram historicamente bastiões peronistas: Catamarca, La Pampa, Santa Fé, Salta, Santa Cruz, San Luis, Santiago del Estero e Tucumán.

Após dois anos de governo, o governo consolidava seu poder institucional. Esse dado foi fundamental para a avaliação das políticas oficiais e, para os setores mais críticos, representava um alerta sobre o consenso alcançado pelo presidente em meio a ações desestabilizadoras e com a sentença prestes a ser proferida no julgamento das juntas, cujas audiências haviam terminado pouco tempo antes.

O contraste entre o consenso alcançado pelo governo, particularmente entre as camadas médias e os setores populares, e a oposição radicalizada e intransigente, representada pelo grupo hegemônico na liderança das Mães, tornava ainda mais tenso o confronto com o grupo dissidente, que percebia um distanciamento indesejado do "sentimento da maioria".

O grande problema enfrentado pelo setor dissidente era que Bonafini e aqueles que pensavam como ela definiam a linha pública da Associação. A hegemonia da linha sustentada pela presidenta do movimento — como já foi mencionado — se explicava por vários fatores: seu cargo de presidenta, sua liderança interna, sua enorme capacidade de trabalho, sua constituição como principal referência externa do movimento, e uma pequena, mas consistente, maioria na Comissão Diretiva.

Para o setor crítico, a situação interna se tornava intolerável, principalmente porque sentiam que suas opiniões estavam sendo marginalizadas, uma vez que não conseguiam equilibrar o peso da figura de Bonafini no terreno público. Alegavam ainda que a intransigência do grupo de Hebe estava prejudicando seriamente a capacidade de mobilização da Associação e a própria luta em que estavam empenhados. A tensão chegava a um ponto crítico entre aqueles que acreditavam que o que estava em jogo, tanto para a luta das Mães quanto para o país, era fundamental.

Tensões

Na reunião da Comissão Diretiva, realizada no dia 6 de agosto de 1985, foram manifestadas diferenças profundas, não mais sobre aspectos pontuais das políticas de governo, mas sobre o método decisório da orientação do movimento. Nora de Cortiñas mencionou a falta de participação nas decisões, e Marta Vázquez afirmou que estavam sendo encaminhados objetivos que não eram os originais do movimento, além de dizer que a orientação que Bonafini imprimia à Associação estava sendo influenciada por grupos políticos de esquerda.

— Eu percebo — disse Marta — que aqui há uma atuação que não corresponde. Como Nora disse, não é mais a Comissão que toma as decisões, como sempre foi. Tu chegas aqui e descobre as coisas. Mesmo que algumas coisas não me importam mais, cada dia mais mães se afastam, a cada dia há mais reclamações, em todos os lugares, fora daqui, na Praça, a cada dia se fala mais contra o movimento, a cada dia se fala mais sobre a forma como estamos sendo dirigidas politicamente. E, sei lá, vejo coisas aqui que não me agradam.

Hebe sentiu o golpe da crítica e exigiu que dissessem quais eram essas questões.

Élida de Galletti respondeu, concordando com as palavras de Marta:

— Me parece que essas coisas surgem porque, realmente, nunca se discute o que será feito, qual linha vamos seguir. E quando não concordamos, porque há algumas coisas nas quais não concordamos, não tentamos ver se é possível. E, se não for possível, porque não é uma só que não concorda, mas são várias, é preciso tentar enxergar bem a realidade. Para dar um exemplo, minha opinião sobre a CONADEP e o julgamento não coincide totalmente, mas eu não posso me calar sobre ela. Então, como Comissão, é necessário chegar a uma espécie de acordo, analisar o que está acontecendo. Isso é uma prática que deixamos completamente de lado. A gente descobre por uma entrevista que fazem contigo coisas que fazem com que a gente se pergunte: "Como assim?". Isso nunca foi discutido na Comissão.

Era verdade. Se não havia acordo na Comissão, a presidenta se apoiava naquelas que a apoiavam e saía defendendo publicamente as posições, sem o consentimento nem a aprovação do grupo opositor. Ela aproveitava sua visibilidade pública e o fato de que os meios de comunicação a consultavam constantemente. Parte da discussão se concentrou mais especificamente em alguns comentários que Hebe publicados em uma entrevista no jornal *Nueva Presencia*:

— Trouxe a entrevista do *Nueva Presencia* no primeiro dia que saiu — disse Marta —, para que comentássemos, mas já são tão antigos que não vale a pena. Além de outras coisas que eu teria comentado já não me lembro, realmente me doeu muito que tu tenhas dito novamente que as diferenças que havia nesta Comissão eram por questão de classe ou de grupos dentro da organização.

Hebe negou a afirmação de Marta.

— Disse sim, está dito — insistiu Marta —, tenho isso destacado, neste momento não estou com o jornal aqui.

Hebe continuou negando. Mas Nora apoiou a afirmação de Marta:

— Diz "quando há diferenças, é por questão de classes".

Marta então disse que ia procurar o jornal, mas suavizou sua posição:

— Não se diz exatamente a palavra classes, não coloco minha mão no fogo, mas você dá a entender a mesma ideia. Um dia passamos por um momento difícil aqui e foi quando, pela primeira vez, tu atribuíste a isso às divisões do grupo. Mas, na verdade, podemos perceber diferenças de critérios e nada mais, porque não acredito que tenhamos grandes diferenças de classe entre nós que estamos aqui. Não temos diferenças exceto nesse problema.

— Vou trazer o *Nueva Presencia* porque de jeito nenhum eu disse isso, tenho absoluta certeza, disso estou bem segura — enfatizou Hebe.

Uma mãe tentou acalmar a discussão, destacando que, às vezes, os jornalistas interpretam mal ou escrevem qualquer coisa. No entanto, era evidente para todas que as diferenças haviam atingido um nível de deterioração difícil de conter.

— É preciso pensar por que chegamos a esse ponto, algo de que todas estamos cientes — acrescentou outra mãe.

Mas Marta estava profundamente magoada e não estava disposta a abandonar o debate.

— Estávamos falando sobre por que chegamos a essa situação, depois de tantos anos lutando juntas, cada uma tão valiosa quanto a outra, sendo que antes tudo era feito em comum acordo, discutido.

Na verdade, o jornalista havia usado a expressão "luta de classes" em uma pergunta sobre as diferenças e os confrontos entre as Mães, e Bonafini tinha se limitado a responder que, de fato, essas diferenças e confrontos existiam, reconhecendo implicitamente a expressão do entrevistador. Qualquer questão parecia capaz de acender a centelha para um confronto mais intenso, e foi exatamente o que aconteceu.

36. Divisão

O que desencadeou imediatamente a nova disputa foi uma proposta de um grupo de Mães, a maioria de La Plata, que, diante das últimas ameaças recebidas por Bonafini, sugeriram que a Associação comprasse uma nova casa para ela, já que a presidenta não tinha recursos financeiros para resolver a questão de outra maneira. A casa de Hebe, em Gonnet, estava localizada em um lugar então solitário e inseguro, e a ideia era que ela se mudasse para Buenos Aires. A proposta sugeria comprar uma casa para ela ou adiantar-lhe dinheiro até que vendesse sua atual residência e pudesse reembolsar o valor.

Na ausência de Hebe, que não compareceu à reunião com o argumento expresso de permitir maior liberdade de expressão às demais integrantes, a Comissão Diretiva debateu a proposta de forma intensa e acalorada. María Adela e Marta se opuseram completamente. A vice-presidenta da Associação chegou a afirmar que para ela parecia impossível que Hebe estivesse ciente de tal ideia e, muito menos, que a aceitasse. *Yoyi* de Epelbaum também foi contra a possibilidade de compra, embora, junto com María del Rosario, tenha sugerido a alternativa de um aluguel por seis meses.

Algumas alegaram que as ameaças não eram novidade, que muitas Mães já haviam sido ameaçadas, e que mudar de residência não resolveria o problema. Por outro lado, havia quem argumentasse que Hebe estava mais exposta por ser a presidenta, que o local onde morava aumentava o risco, e que, embora a mudança não garantisse segurança absoluta, poderia trazer certa tranquilidade à presidenta, especialmente por causa de sua filha Alejandra.

A discussão não chegou a nenhuma resolução definitiva, mas, em vez disso, revelou o profundo desgaste nas relações entre as integrantes da

Comissão. Acumulavam tantas diferenças que qualquer discussão podia, de fato, levar à ruptura definitiva.

Um setor de mães avaliou, após a reunião, que a indecisão em relação à solidariedade a Hebe representava uma afronta intolerável à principal dirigente. Por sua vez, o grupo dissidente argumentou que a proposta evidenciava, mais uma vez, os extremos de um personalismo que já não podiam ser tolerados.

As Mães entraram em um intenso estado deliberativo, com encontros acontecendo dentro e fora da Casa. O setor que apoiava Hebe promoveu uma grande reunião, à qual tentou dar um caráter de assembleia. Em resposta, o grupo liderado por María Adela escreveu uma carta profundamente crítica dirigida a todas as integrantes do movimento.

A Carta

O documento representou um marco decisivo no confronto interno. Foi assinado por María Adela Gard de Antokoletz, Nora Morales de Cortiñas, Nélida Fiordeliza de Chidíchimo, Renée S. de Epelbaum, Élida Busi de Galletti, Carmen Aguiar de Lapacó, Angélica Sosa de Mignone, Beatriz Aicardi de Neuhaus, Edna de Ricetti e Marta Ocampo de Vázquez.[38]

De certa forma, sintetizava a perspectiva desse setor sobre a situação do movimento. Pela primeira vez, reconheciam publicamente as diferenças internas, além de apontar que essas diferenças remontavam ao período da ditadura. "A situação não é nova", começava a carta, "embora tenha se intensificado nos últimos dois anos, fomentada justamente pelos cargos mais executivos: presidência e secretaria".

As críticas à presidenta, Hebe de Bonafini, e à secretária, María del Rosario, centravam-se nos métodos de direção, considerados autoritários e pouco democráticos. A carta apontava que, devido a essas práticas, muitas mães haviam se juntado ao grupo dissidente, formando uma nova maioria na Comissão Diretiva. Contudo, "essa maioria muitas vezes não foi considerada, e em outras ocasiões, decisões foram tomadas sem consulta".

De fato, enquanto as posições do setor liderado por Bonafini haviam conquistado, por muito tempo, a adesão da maior parte da Comissão,

38. O documento se encontra no Arquivo Histórico das Mães da Praça de Maio — Linha Fundadora, identificado com a chave B6, 34.

inclusive em episódios relativamente recentes como a CONADEP e o julgamento dos ex-comandantes, Nora de Cortiñas e *Ketty* de Neuhaus, que frequentemente concordavam com a presidenta em questões de fundo, haviam se distanciado nos últimos tempos. Ambas atribuíam esse afastamento a divergências metodológicas, como a falta de "democracia interna" e o "personalismo" de Hebe, entre outros aspectos. Este deslocamento recente provocou uma mudança na relação de forças entre a direção da Associação.

O caso de Nora de Cortiñas foi, nesse sentido, crucial. Como apontaram suas próprias companheiras do setor dissidente, Cortiñas se uniu a esse grupo no último momento. Em temas fundamentais — como a CONADEP, o julgamento dos ex-comandantes, a violência política e outros — ela havia entrado em confrontos com María Adela e Marta de Vázquez; nunca havia participado das reuniões reservadas do grupo dissidente, nem sequer sabia dessas reuniões. No entanto, quando as suas próprias diferenças com o estilo de liderança encarnado por Hebe se aprofundaram, além da competição pessoal que ela mantinha com Bonafini, Nora decidiu se juntar ao setor crítico. Essa decisão teve duas consequências imediatas: alterou a correlação numérica da Comissão Diretiva e levou o setor dissidente a enfrentar a liderança de Bonafini.

A carta explica essa determinação: "Este desacordo, durante todo esse tempo, só foi manifestado em debates internos, preferimos manter silêncio sobre essas diferenças para preservar a coesão do Movimento que acreditamos ser fundamental. Mas esse desacordo chegou a um extremo não desejado, mas impulsionado, quando surge uma situação de ordem econômica pessoal". Ou seja, a discussão em torno da ajuda a Bonafini. "Quando ocorrem no país uma série de ameaças a dirigentes de direitos humanos, instituições, escolas, etc., a nossa Presidenta, que vive em um local suburbano de Gonnet, é ameaçada. Ninguém ignora que Hebe sofreu ameaças como muitas outras Mães durante a ditadura. Um grupo de Mães, movidas pelo carinho e com uma atitude louvável, pensou que deveria ser dada a ela proteção. Hebe estava em processo de venda de sua casa. As Mães pediram à Comissão Diretiva se seria possível comprar essa casa, adiantar a Hebe um empréstimo ou um aluguel".

Feita a solicitação do grupo de mães de La Plata, o documento passou a explicar a posição do setor que se opôs ao pedido: "A Comissão — responsável pelo patrimônio da Associação, obtido através de doações internas e projetos de solidariedade externa, de ordem material e ética, e considerando que os relatórios de Tesouraria revelam uma delicada situação econômica — optou pela terceira proposta (o aluguel temporário). Levou em consideração que mudar-se para poucos quilômetros de distância não oferece maior segurança e que não seria correto criar o precedente para qualquer uma das outras duas propostas. Além disso, nos preocupava um empréstimo de tal magnitude, tendo em vista a insuficiente contribuição mensal dada para os filhos dos desaparecidos. Também não se havia proporcionado uma ajuda adequada para as Mães de Mendoza afetadas pelo terremoto ou às vítimas da inundação. Priorizamos o coletivo sobre o individual, e, no individual, consideramos a urgência de cada caso".

"Daí em diante, tudo se embolou como um novelo e cresceu como uma avalanche", metaforizava a carta. "O Estatuto — que nos ampara como Associação — não foi levado em conta; a secretaria, em vez de propiciar uma explicação e favorecer a compreensão entre as Mães, tomou partido por uma das outras propostas de forma sectária, e a Presidenta, em uma atitude participativa, não impediu o avanço da situação delicada e comprometida, até para ela mesma".

Em alusão ao desagrado que causou no setor dissidente a Assembleia aberta com mães do interior, acrescentava que "essa situação, em vez de ser debatida internamente, foi discutida em reuniões agressivas nas quais eram redigidas atas notariais, o que é improcedente conforme ao nosso Estatuto. Essas atitudes foram impulsionadas pelo setor minoritário da Comissão, chegando a ser formulado e entregue para nós um pedido de renúncia. De que somos acusadas? De não defender o patrimônio? De não ter aceitado a compra da casa ou facilitado o empréstimo?".

O grupo dissidente explicava ainda que havia assumido a decisão de promover uma renovação das autoridades da Associação, com o claro objetivo de impor limites ao setor liderado por Bonafini. "Diante do clima em que se desenvolviam as reuniões, que chegou até a interrupção violenta das sessões da Comissão Fundadora, resolveu-se ajustar rigorosamente a condução da Associação ao Estatuto vigente. Como está especificado neste órgão, o nível máximo de liderança é a Comissão Fundadora, composta por vinte integrantes cujas assinaturas estão registradas em escritura pública".

"A primeira determinação que se tomou foi a de preparar a convocação para uma assembleia ordinária ou extraordinária para proceder à renovação integral da Comissão Diretiva, cujo mandato havia expirado. Foi fixada a data de 15 de janeiro. Tendo em conta que é necessário realizar um importante trabalho prévio a todo ato eleitoral, e que janeiro e fevereiro não são meses propícios, provavelmente deverá ser postergada. Os trabalhos prévios são a apresentação da Memória e do Balanço". Neste caso, um balanço de cinco anos. Deve-se observar que a apresentação de um balanço é uma exigência aplicável a qualquer tipo de organização. É uma obrigação para o Tesoureiro, até uma necessidade ética, mas imprescindível para a comissão que se encerra, como comprovação de sua atuação."

Após essa exposição detalhada dos últimos acontecimentos que haviam levado à convocação de eleições internas, a carta expunha as novas divergências surgidas na Comissão em torno do "Regulamento de Eleições", um aspecto-chave no resultado final do enfrentamento. "Ao ser elaborado, entrou em discussão o critério a ser adotado com o interior. Em primeiro lugar, queremos deixar plenamente estabelecido todo o respeito e admiração que sentimos pelas Mães do interior, as quais, enfrentando os perigos de trabalhar em zonas de pouca população nas quais o controle era mais rigoroso do que na Capital, souberam, com sua decisão e coragem, consolidar a luta por nossos queridos desaparecidos".

A partir desse reconhecimento, o grupo dissidente afirmava que "o interior conquistou seu próprio espaço, conquistou o direito de participar em pé de igualdade com a Comissão da Capital". No entanto, o interior não participaria do processo eleitoral de renovação da Comissão Fundadora e da Comissão Diretiva, com jurisdição na Capital Federal, Grande Buenos Aires e La Plata. Ou seja, os grupos provinciais não teriam nem voz nem voto na disputa mais imediata. "Por isso — dizia — propomos, como ocorre com outras instituições que têm grupos em diferentes lugares do país, que se constitua uma Federação ou Associação ou Comissão Nacional integrada por representantes das Comissões de Mães." Esse agrupamento ditaria seu próprio Estatuto, nele trabalhariam em pé de igualdade todas as associações e promoveria planos de ação regionais e nacionais".

Além de considerações jurídicas, todas debatíveis, o certo era que a proposta de separar as províncias prejudicava o setor liderado por Bonafini, que, como ficou evidente em quase todos os Encontros Nacionais das Mães, recebia o apoio da maioria dos grupos provinciais.

A carta pedia que a criação dessa espécie de Federação fosse discutida em uma assembleia ordinária. "Este projeto é uma proposta que levamos à assembleia ordinária para sua discussão. Convidamos as associações do interior a contribuírem com suas ideias. Se o projeto for aceito, serão consideradas formas de implementar sua criação". Contudo, deixava claro que a participação das filiais seria limitada a "uma contribuição de ideias", pois, pelo regulamento da Associação, "o interior não pode votar na eleição da Capital por não estar incluído neste registro".

"Cada agrupamento do interior tem seu próprio Estatuto, sua Comissão, sua lista de sócias. Nós não poderíamos votar em uma eleição do interior. Mas propomos sim uma atitude participativa do interior, que seria alcançada com a proposta de criação de um organismo de nível nacional", insistia o documento, com uma interpretação do regulamento que a linha Bonafini não concordava.

"Temos falado sobre divergências que talvez tenham semeado algumas dúvidas. Mas a dúvida e o desânimo são, no fundo, o fermento para alcançar novas metas de luta. Estivemos unidas ao longo desses anos, nós, que excedemos temporalmente o mandato acordado, mandato, porém, nascido de um trabalho contínuo e sem pausa na luta empreendida e realizada entre todas". A propósito das divergências, enquanto para o grupo de Bonafini se tratava de reivindicações e definições políticas de fundo diante do governo, as dissidentes afirmavam que o debate se centrava em questões metodológicas. Nesse sentido, a carta dizia que "o que nunca aceitaremos é que se use como desculpa para esse desencontro no âmago da Comissão a existência de duas linhas: a dura e a branda. São diferenças de estilo, de enfoques, mas nunca de objetivos".

"Nós, Mães, que estamos em dissidência com atitudes de personalismo e soberba por parte de um grupo minoritário, reafirmamos, hoje e sempre, não desistir de nossa meta de alcançar os objetivos pelos quais nos reunimos naquele doloroso 30 de abril de 1977. Nós sempre tivemos imaginação criadora para a luta. Por isso, convidamos a unir novamente nossas mãos pelas propostas de aparecimento com vida; julgamento e punição a todos os culpados; liberdade a todos os presos políticos; restituição dos filhos à sua família legítima; desmantelamento do aparato repressivo."

Um segundo documento do mesmo setor insistia na necessidade de proceder à reestruturação da liderança. No entanto, esclarecia que "essa reestruturação não implica, de forma alguma, uma tentativa de afastar aquelas que lideraram a Associação até o presente, especialmente quem presidiu a Instituição, Hebe de Bonafini, cuja força e dedicação têm sido notáveis e reconhecemos, mas sim, reivindicar uma real participação de toda a Comissão Fundadora e das Mães na tomada de decisões e também reivindicar uma maior reflexão para evitar declarações ou atitudes que possam levar a uma eventual diminuição do prestígio que as Mães da Praça de Maio conquistaram mundialmente".

Assembleia aberta

A resposta do setor liderado por Hebe se materializou em uma convocação para uma Assembleia aberta das Mães. Nesse ponto, o confronto parecia irreversível.

A Assembleia foi realizada no dia 6 de novembro de 1985 na Casa das Mães na rua Hipólito Yrigoyen, sem o consentimento das integrantes da Comissão Diretiva. Justificada ou não, a indignação da maioria das participantes estava no fato de que a proposta de ajuda a Hebe foi rejeitada, algo que só podia ser explicado por divergências internas em momentos e em face de eventos que deveriam ter adiado tais discordâncias para proteger a segurança da presidenta.

A Assembleia começou com a reprodução da gravação da reunião da Comissão Diretiva que tratou da questão da ajuda a Bonafini. As integrantes do setor dissidente se indignaram e definiram esse recurso como "autoritário e fascista", uma decisão tomada por María del Rosario a pedido das Mães de La Plata.

Imediatamente após a reprodução da fita, foi lida a carta assinada pelas Mães opostas à liderança de Bonafini. O documento gerou muitos comentários que concluíram pela necessidade de convocar eleições internas. A decisão coincidiu com a proposta do setor crítico, e por sua vez foi proposto que todas as Mães, incluindo as dos grupos das províncias, votassem. Também foram dados os primeiros passos para a formação de uma lista.

O grupo dissidente havia deixado vazar a informação de que estava montando uma chapa própria que poderia colocar Bonafini na liderança. Por isso, a Assembleia discutiu a possibilidade de incluir em sua própria chapa Mães do setor dissidente, mas María del Rosario se opôs firmemente. A secretária da Associação disse que a integração da Comissão deveria mudar por razões políticas e, portanto, as Mães que acompanhassem Bonafini na chapa deveriam ser coerentes em suas posições.

Nesse momento, Hebe interveio: "Companheiras, todas nós estamos vivendo dias bastante amargos, mas acredito que, depois de tudo isso, sairão coisas muito boas. Esta Casa sempre foi das Mães. Há alguns dias foi demonstrado que é de todas as Mães e eu, sem ter participado de nenhuma das reuniões, porque sou presidenta de uma instituição, estive plenamente de acordo com o que vocês decidissem. Total e absolutamente de acordo com vocês, com suas decisões, porque vocês são eu, e eu, muitas vezes, sinto que eu sou vocês. Para mim foram momentos muito difíceis e dolorosos, mas acredito que é bom que isso aconteça. Sempre é necessário retomar, reformar e mudar. As mudanças são boas. Onde eu estiver, continuarei trabalhando, porque não preciso de um cargo para trabalhar".

As Mães aplaudiram. Hebe considerava necessária e positiva uma mudança na liderança da Associação, por isso, ela própria poderia abrir mão de seu cargo de presidenta. Mas Hebe anunciou que não estava disposta a ceder um centímetro em sua linha, nem a estabelecer acordos ou alianças internas que a desviassem dos objetivos centrais das Mães. "Por isso estou aqui, por isso consultei os advogados desta Casa, que são meus advogados e os de todas vocês, mas quero dizer uma coisa: há bandeiras que não vou permitir que sejam abaixadas. 'Aparição com vida' para defender a vida, antes e acima de tudo, porque não sabemos o que aconteceu com nossos filhos".

Em contrapartida à sua disposição de eventualmente abandonar a presidência, Hebe continuou enunciando as consignas das Mães. De fato, ela estava respondendo à carta das dissidentes, que afirmavam que as diferenças eram metodológicas, não políticas.

Para Bonafini, no entanto, estavam em jogo duas concepções do movimento. "Porque companheiras, a consigna 'Aparição com vida' não é um capricho. Muitos querem calá-la, querem transformar a organização em uma organização de gabinete. Nós Mães nunca fomos nem de gabinete nem dadas à justiça imutável. Nós fomos e somos, e continuaremos sendo, um movimento de resposta, contestador e mobilizado. Nenhuma de nós é uma mãe de gabinete nem de ficar correndo atrás desses juízes, que primeiro permitiram que levassem nossos filhos, depois permitiram que os fuzilassem, depois permitiram que os enterrassem, e hoje querem nos dar justiça?".

"Não negociaremos, não nos calaremos, e juntas venceremos", disse, em meio a novos aplausos.

Em seguida, Hebe minimizou a importância do recente debate sobre a ajuda econômica para ela. Nesse ponto, ela estava de acordo com o grupo dissidente, que mencionava as diferenças de um passado relativamente distante: "Há diferenças nesta Casa. Por isso, às vezes surgem duas linhas, uma mais forte e outra mais simples. Isso que aconteceu com as ameaças é como quando alguém come leitão e suco de laranja, e no final diz: 'foi o suco de laranja que me fez mal', mas o que fez mal foi o leitão".

Ela também descartou que as diferenças fossem metodológicas, ou seja, que se explicassem pelo seu estilo de condução: "Aqui, já faz muito tempo que estamos enfrentando alguns problemas. Hoje falei com algumas companheiras e disse: 'Se vocês votaram em mim e me escolheram como presidenta, por que falam de personalismo?'. Eu vou explicar pra vocês. Outro dia, fui a um ato em El Salvador. Entrei e fiquei atrás de todos, e outra companheira estava na segunda fila, e as pessoas me chamaram, me aplaudiram e me fizeram falar. E não foi a companheira que estava me acompanhando e que fazia parte da representação das Mães. Eu tinha ido para o fundo, esperar. Então, não é personalismo, nem elitismo. Por um lado, a carta que as companheiras escreveram diz que é personalismo, e por outro, dizem que gostam de mim e que não querem que eu deixe a presidência".

"Eu acho que há uma contradição muito feia — apontou ela depois — eu sempre fui igual, com a ditadura e com essa ditabranda, sempre fui igual e sempre vou continuar sendo igual. Eu não posso mudar, companheiras. Se vocês não concordam, ponham minha cabeça sobre esta mesa, não para as Mães, mas para os filhos. Mas se as Mães me disserem: 'Bom, chega Hebe, faz outra coisa', eu vou continuar trabalhando, mas deixo a presidência. Porque eu não estou aqui por um cargo, estou aqui pelos filhos, e pelos filhos de todas".

Em consequência, Bonafini insistiu que a questão de fundo era a orientação do movimento: "Então, acredito que todas devem ter claro que não devemos baixar nenhuma dessas bandeiras. Não queiram nos convencer de fazer tudo pelo computador. Não queiram nos convencer a pedir a esses juízes corruptos, que não vão administrar a justiça. Nosso movimento tem que ser um movimento de apoio, de alerta para essa juventude que confia em nós. Assumimos um compromisso diante do mundo, se tivéssemos agido tão mal, o mundo não nos reconheceria como nos reconhece, não nos respeitariam como nos respeitam. E apesar de tudo o que dizem por aí, da dureza com que trato os radicais, o governo ou a Igreja, quando estou em qualquer lugar e entram radicais, eles vêm me cumprimentar com respeito. Então, isso quer dizer que não devemos baixar nem abandonar essa linha, porque essa democracia entre aspas não nos deu nada do que pedimos".

Validando a intervenção direta das Mães das filiais nas definições sobre a linha e a condução da Associação, Bonafini disse que estava absolutamente disposta a aceitar o que a Assembleia decidisse, na qual, de fato, participavam Mães de todo o país: "Por isso essas portas estão abertas, por isso decidimos que nem Fundadoras, nem Comissão Diretiva estivessem presentes aqui hoje. Porque essa decisão é de vocês, jamais vou desconsiderar o trabalho das Mães, a tarefa das bases, sem as quais não teríamos ido a lugar algum. E muito menos desconsiderar as Mães do interior, que fazem tanto sacrifício para funcionar. Se argumenta que não conhecemos as Mães do interior, eu conheço todas, e mesmo se não as conhecesse pelo nome, sei o que cada uma está fazendo. Por isso, companheiras, não vamos baixar nenhuma bandeira, não vamos abandonar essa posição de luta, cada vez com mais forte. Se for necessário gritar mais alto, gritaremos, mas não vamos permitir que ninguém chame nossos filhos de terroristas, como este governo está fazendo, e como discutimos com algumas companheiras. Não podemos nem devemos permitir que se insinue que houve dois terrorismo aqui, houve apenas um, e foi o do Estado".

"Como Mães", disse, "temos que deixar até a última gota de sangue para defender nossos filhos. Porque agora, neste momento, somos as únicas defendendo eles. Por isso, companheiras, eu gostaria que cada Mãe do interior também desse sua opinião, porque eu acho que neste momento é muito importante que sejam estabelecidas opiniões, que fixemos linhas a seguir, porque aqui não se fala de nomes nem de cabeças, aqui temos que falar de uma linha que não deve se mover. Com Hebe ou sem Hebe, com Maria Adela ou sem Maria Adela, mas aquilo que nossos filhos precisam. Com Rosario ou sem Rosario, mas onde devemos apontar, qual linha estamos dispostas a seguir e quanto tempo estamos dispostas a dedicar a essa causa. Não podemos estar em um lugar e no outro. Nós que somos da instituição, da Comissão, nossa vida deve estar entregue aqui, neste movimento. Que é o movimento que deu vida e voz aos nossos filhos. Somos a voz deles, somos o grito deles, um grito que muitos querem afogar, gritos que muitos querem apagar. Por isso fazem marchas e dizem: 'sem consignas'. Preparam marchas e dizem 'um único cartaz'".

"Não nos curvamos diante disso, não nos resignamos a isso. Por isso, companheiras, volto a repetir, não vamos fraquejar, não vamos negociar, não vamos nos calar, juntas venceremos."

Questão interior

Imediatamente, começou a rodada de intervenções das Mães das províncias, que apoiaram a liderança de Bonafini por unanimidade. Aurora Fracarolli, de Entre Ríos, trouxe o mandato das companheiras de Concordia, "onde as companheiras choraram quando souberam da situação, todas exigiram perante o cartório público, e fizeram constar no papel, que enviavam um abraço de apoio unânime, porque sem Hebe não há movimento da Praça de Maio, da forma como defendemos nossos filhos. Tu nos fizeste lutar, tu nos indicaste o caminho, nos deste força quando vacilávamos, quando acreditávamos que não iríamos conseguir, aqui se pode, e em todos os lugares do país os movimentos aconteceram. E em todos os lugares esteve tua força, e sem tua força, tua linha, tua convicção sobre quem foram teus filhos, nossos filhos, os das companheiras, talvez as Mães da Praça de Maio não tivessem o destino que têm hoje. Eu não consigo conceber as Mães da Praça de Maio sem ti".

Adelina Carloni de Campoiano também respaldou a presidenta e a linha que ela representava. Sobre as difíceis condições de atuação em Tucumã, disse que "nossa experiência é a mais antiga e a mais dolorosa. É a mais dolorosa porque ainda existe o medo, porque vivemos ao lado do opressor, porque nada foi feito como em nenhum outro lugar, mas é ainda pior porque lá não existe o anonimato das grandes cidades. É a mais antiga porque lá começou em 1975. No entanto, ela é silenciada. Como eu havia dito nos Encontros Nacionais de Mães, querem fazer o país acreditar que, em Tucumã, todos e cada um de nós andava com uma arma no meio do mato. Querem que acreditem que houve uma guerra. Então, os desaparecidos tucumanos estão bem desaparecidos, e se algum inocente caiu no fogo cruzado, isso é o custo de toda guerra. Por isso, nesse julgamento dos ex-comandantes, dedicaram a Tucumã, que é o berço do horror, três horas em uma audiência de uma manhã, e não com os testemunhos mais relevantes".

O discurso de Adelina fundamentava tanto a legitimidade da pertença do grupo tucumano das Mães quanto às diferenças de perspectiva entre aquelas que consideravam positivo o julgamento dos ex-comandantes.

Em seguida, Adelina descreveu o processo de aproximação das Mães tucumanas ao núcleo original da Associação: "Nossa experiência foi de imenso sofrimento até que soubemos que existiam as Mães da Praça de Maio. Porque nós não buscávamos desaparecidos, nós buscávamos mortos, porque lá começou em 74. Sequestravam uma pessoa e ela aparecia, poucos dias depois, morta. E andávamos, como muitos querem andar agora, pedindo os ossinhos. E quando viemos para nossos trâmites e conhecemos essas mulheres que faziam a ronda, soubemos que havia gente que estava há anos em cativeiro, coisa que para nós era inacreditável. Quando me disseram: 'Eu sei que meu filho está há dois anos em cativeiro', aí aceitamos o 'Aparição com vida' e aí decidimos fazer um movimento seguindo a linha das Mães. Por outro lado, não conhecíamos todas, como muitas companheiras ainda não as conhecem. Mas já sabemos as posições das Mães, e desde que temos esse vínculo, oficialmente desde o congresso de Mendoza, crescemos em espírito de luta, em prestígio, em tudo. Porque paramos de andar divagando, há uma vontade unânime. Como digo, os desaparecidos eram da capital, da província de Buenos Aires, eram provincianos e estrangeiros, mas quando eu vim aqui para a marcha do ano passado e as pessoas viam o cartaz de Tucumã, centenas de pessoas se aproximaram de mim, porque onde quer que eu vá, há alguém que tem um desaparecido em Tucumã. Então nós, a filial tucumana, nos sentimos mais nacionais e mais universais por isso. E por isso não podemos deixar de estar aqui, porque Hebe tem suas qualidades pessoais, que são muitas, mas, acima de tudo, ela vem para representar a todas nós".

Adelina lembrou como conheceu Hebe e o que a presidente, a seu critério, lhe explicou: "Ela veio até mim, que tive minhas épocas de estudante e militância política, e que entendia as coisas, e me explicou o 'Aparição com vida'. Eu não tinha entendido até então, porque antes eu estava em comissões que ajudavam os presos e tal — e o que aconteceu na minha casa foi por isso, pelo nosso apoio a advogados de direitos humanos. Mas eu entendia a partir dessa experiência anterior, não me dava conta do que havia de novo. Tive que conhecer as Mães de Praça de Maio e, fundamentalmente, Hebe, que, com a força do seu amor e vontade, chegou ao que me custou muito tempo elaborar e refletir, e que nos fez deixar de andar cada uma pedindo por seu filho, porque agora nós somos menos mães. Infelizmente, muitas seguiram o destino que espera a todos nós mortais. Outras estão muito velhinhas, muito cansadas, mas há uma multidão de jovens e falamos com eles, e já não carregamos cada uma o cartaz com o nome do filho, damos a eles. Porque dizemos: 'Tomem, meninos, vocês são a garantia de que o movimento não morre conosco.' E aprendemos tudo isso. Por isso, trago a solidariedade total de Tucumã para Hebe e a promessa de que, daqui em diante, quando solucionarmos todas essas questões que vejo como positivas, para resolver uma série de coisas, o interior vai participar mais do que participou".

Depois foi a vez da representante da filial de La Rioja, María de Domínguez: "Como todas sabem, somos poucas. Mas podemos dizer e comprovar até onde chegou essa força das Mães da Praça de Maio. Por esta instituição, nós, Mães de La Rioja, nos tornamos mães de todos e todas as desaparecidas. Isso aprendemos com as Mães. Por isso estou aqui agora, representando as companheiras, e para expressar a Hebe todo o apoio, toda a confiança e tudo o que precisarem delas. É verdade, como disse Graciela, ainda nos restam coisas a esclarecer." Nos restam dúvidas. Mas eu acredito que é fundamental entender que a linha das Mães é intransigente. A linha das Mães às vezes é dura, e se não for assim, não é linha das Mães, porque estamos lutando por algo muito sagrado. O que mais querem é que vacilemos, o que mais querem é que retiremos as bandeiras, porque é mais fácil colocar o manto do esquecimento que se propuseram. Cada uma de nós compreende isso. Que tanta explicação precisamos dar? É intransigente lutar pelos nossos filhos, mesmo que sejamos poucas, mas somos muitas, unidas às outras. Temos trinta e dois desaparecidos em uma cidade pequena. Então não posso dizer mais nada. Sigamos em frente, Mães, unidas com mais força do que antes. Tenhamos bem claro qual é a nossa linha para triunfar, porque se relaxarmos neste momento, que acredito ser muito especial, vamos dar vantagem ao inimigo".

Elsa Becerra, de Mendoza, iniciou sua intervenção defendendo a presidenta: "Trouxe por escrito a resolução das Mães de Mendoza. Quando nos fizemos eco de todos esses problemas, de fato, sabíamos que Hebe era o eixo da disputa. Ela estava passando por uma situação muito grave, que não é dela, mas que acontece com ela porque ela é a cabeça e a voz das Mães, porque o que acontece com Hebe acontece com todas nós. Então pensamos que a solidariedade deve partir daí. Se levantamos as bandeiras de defesa da vida e estava em perigo a vida de sua filha e sua tranquilidade, que sabemos ser muito necessária a todas, tínhamos que protegê-la".

Elsa respaldou enfaticamente a orientação política de Bonafini: "Temos que estar unidas, resolver nossos problemas internos, mas jamais baixar nossas bandeiras de maneira nenhuma, nem permitir que nos calem em nenhum momento. O ministro Carranza está falando sobre anistia, Moreau está falando sobre ponto final e nós não podemos nos distrair com isso. Então, vamos resolver isso, mas sem deixar de resolver a outra questão, que é fundamental".

Em referência explícita a algumas críticas do grupo dissidente, Elsa afirmou que era necessário desmenti-las: "Temos que desmentir o que dizem aí. Onde há falta de liderança na Comissão Diretiva? Ou eu entendi mal, ou aqui está nossa presidenta, até que a nova Assembleia diga o que vai acontecer. Se as integrantes ou quem quer que seja tenha abandonado seu trabalho, é outra coisa, não há falta nas Mães e nossa vontade é sair às ruas para gritar. Porque a anistia está novamente em cima, e estão atingindo o ponto chave. Porque continuamos sendo as mesmas. Podemos discordar, te dizer muitas vezes: 'Hebe, me parece que isso não pode ser assim', com Mendoza tu tiveste várias disputas, mas nunca estivemos de lados opostos".

As intervenções seguintes apoiaram a posição de Bonafini. A Assembleia também considerou a possibilidade de convocar eleições para a renovação da Comissão Diretiva em dezembro e promoveu a participação de todas as Mães, de Capital, do conurbano, de La Plata e das demais províncias que haviam se constituído em filiais no Encontro Nacional de Mães de Mendoza. Essa última decisão preocupou seriamente o setor crítico. A influência da presidenta entre as mães do interior poderia desequilibrar a relação de forças, que o grupo crítico confiava manter a seu favor.

A questão da segurança pessoal da presidenta ficou estagnada. Foi resolvida parcialmente quando uma mãe ofereceu uma casa pequena para Alejandra, filha de Hebe. Enquanto isso, Bonafini continuou na casa de Gonnet, sob a vigilância da polícia, situação que ela recusava, embora o juiz tivesse ordenado essa medida para protegê-la. Hebe solicitou várias vezes que retirassem a custódia, pois não se sentia, de forma alguma, protegida pela polícia de Buenos Aires. O juiz não atendeu ao pedido. Hebe então se dirigiu aos agentes posicionados na frente de sua casa. Disse para irem embora, mas eles tinham ordens de permanecer ali e não iriam se mover. A recusa a deixou indignada. Um dia, para pegar os policiais de surpresa, jogou um balde de água sobre eles.

37. Sentenças

O dia 9 de dezembro de 1985 foi um dia muito quente. A área ao redor do Palácio de Tribunais foi afetada a partir de três da tarde por um grande esquema de controle policial e restrição de trânsito, o que causou um imenso engarrafamento. O objetivo era garantir a segurança da região, que em poucas horas se tornaria o epicentro político do país, quando a Câmara Nacional de Apelações em matéria Criminal e Correicional da Capital Federal fosse ler a sentença no julgamento dos ex-comandantes.

A expectativa era enorme e geral. Apesar das diversas opiniões sobre o julgamento, quase ninguém duvidava de que ali culminava um processo destinado a se converter em um ato histórico.

Hebe de Bonafini chegou ao Palácio de Tribunais dez minutos antes das 17h. Um grupo de pessoas que conversava na escadaria da entrada principal do edifício a aplaudiu quando ela passou por eles. Seguiu até o hall central e colocou o lenço branco antes de atravessar o controle policial que regulava o acesso à Sala de Audiências. Então um oficial alertou Hebe de que ela não poderia entrar assim. Hebe não deu atenção e atravessou o detector de metais.

"Os militares entram aqui de uniforme", disse, "então ninguém pode me dizer nada sobre o lenço".

Um segundo oficial repetiu que, com o lenço, ela não poderia entrar na sala. "Eu vou tirar antes de entrar", respondeu dessa vez a presidenta das Mães.

Foi o que fez. Entregou o lenço e entrou na sala. Mas, lá dentro, tirou outro lenço e o colocou. O lugar estava lotado de convidados especiais, alguns pertencentes ao movimento de denúncia, como Adolfo Pérez

Esquivel, María de Mariani, Emilio Mignone e Herman Schiller; outros que haviam sido testemunhas, como Ragmar Hagelin, Adriana Calvo de Laborde e Claudio Tamburrini; e funcionários do governo como Horacio Ravena, Eduardo Rabossi, o promotor Ricardo Molinas e legisladores da base governista como Adolfo Gass e Horacio Huarte. Também havia militares, como o ex-golpista e brigadeiro Jesús Capellini ou o vice-almirante Eduardo Fracassi. Todos a observavam. Uma funcionária da Câmara se aproximou e pediu que ela tirasse o lenço, mas não teve sucesso. Hebe se sentou e permaneceu imutável.

Uma famosa foto retrata o momento em que os promotores Strassera e Moreno Ocampo se inclinam sobre Bonafini, com expressões simultâneas de preocupação e consideração, tentando dissuadi-la. A sala inteira estava atenta a esse diálogo. A sentença deveria ser lida às 18 horas, e o incidente já havia causado um atraso de mais de quarenta minutos. Advertiram Hebe de que os juízes não sairiam para o tribunal até que ela desistisse da sua atitude. Parecia que tinham conseguido convencê-la, já que Hebe tirou o lenço e o colocou sobre sua saia.

Luz e som

Havia se passado apenas alguns minutos desde o incidente quando se ouviu a voz do secretário da Câmara, Juan Carlos López: "Senhores, em pé, por favor". Então, os juízes entraram. O único acusado presente era o brigadeiro Omar Graffigna. Faltavam até mesmo alguns advogados de defesa.

Após enxugar o suor com um lenço, Arslanian pegou alguns papéis das pastas que se empilhavam em sua mesa e iniciou a leitura da sentença. Pela primeira vez desde o início das audiências, foi permitido que os jornalistas usassem gravadores e que a televisão — além de transmitir imagens, como havia feito em outras oportunidades — gravasse o áudio da sessão final. Contudo, naquele dia, não seria divulgado o julgamento completo, mas apenas uma pequena parte: a introdução e as resoluções. O texto judicial detalhado ficaria para os especialistas e outros interessados, já que ele se alinhava em todos os seus termos com a doutrina oficial dos "dois demônios".

Embora a sentença tenha rejeitado a hipótese de que na Argentina houve uma guerra, defendida pela defesa dos ex-comandantes, ela continha um extenso relato sobre a atividade "subversiva" anterior ao golpe de Estado de 1976. Regressava ao final da década de 1960, retornando uma periodização que relacionava causalmente a atividade dos grupos revolucionários de esquerda e o terrorismo de Estado. Nesse sentido, legitimava a repressão, que deveria ser aplicada no entanto dentro dos limites da lei. Em última instância, o condenável eram os métodos ilegais aplicados pelas Forças Armadas.

O mais surpreendente era que, após uma análise tão extensa da "atividade subversiva", o julgamento omitia qualquer consideração sobre a ilegitimidade do governo militar que teria permitido julgar as juntas por crimes como associação ilícita, rebelião e assunção do poder absoluto. Além disso, a sentença não reconhecia a figura do desaparecido nem caracterizava os crimes como crimes de lesa humanidade, mas sim como homicídios, sequestros, torturas, roubos e outros. Porém, nada disso se saberia através do que o magistrado leu naquela jornada.

A leitura da introdução durou apenas doze minutos. Em seguida, Arslanian começou a expor os parágrafos resolutivos da sentença, ou seja, aqueles que continham as condenações aos ex-comandantes. A tensão dominava a sala. O presidente da Câmara então anunciou que Videla e Massera foram condenados à prisão perpétua, Agosti a quatro anos e meio, Viola a dezessete anos de prisão, e Lambruschini a oito anos, enquanto Graffigna foi absolvido.

Nesse momento, ao ouvir que um dos ex-comandantes era absolvido de qualquer culpa, Hebe levou as mãos ao rosto em um gesto de horror. Seu espanto aumentou ao escutar as absolvições, primeiro de Galtieri, depois de Anaya e, por fim, de Lami Dozo. Foi então que recolocou o lenço branco.

Um subcomissário, que estava parado ao lado dela, sussurrou algo em seu ouvido, mas ela o ignorou. Arslanian percebeu a situação e interrompeu seu discurso:

— Senhor subcomissário — começou, mas corrigiu-se imediatamente.

— Senhora, faça o favor de retirar o lenço ou, caso contrário, abandonar a sala.

Houve um instante de apreensão. Todos conheciam o temperamento de Bonafini, e o anúncio das absolvições, somado a algumas penas leves, fazia prever uma reação indignada da presidente das Mães, possivelmente resultando em um incidente maior. Porém, Hebe levantou-se e, sem tirar o lenço, declarou que preferia se retirar. E assim, deixou a sala.

A leitura da sentença estava quase concluída. Não restava mais nada de relevante a ser feito. A sessão havia terminado, com duração de apenas quarenta minutos. O veredicto, em muitos aspectos, surpreendeu a maioria dos presentes e deixaria quase todos os argentinos reflexivos. Já era história. Muitos demonstravam decepção, incluindo o radical Ravena e o Nobel da Paz, Adolfo Pérez Esquivel. Questionado por um jornalista, Ravena afirmou que estava proibido de fazer declarações, enquanto Pérez Esquivel prometeu realizar uma coletiva de imprensa mais tarde. Strassera declarou não estar satisfeito, mas foi cauteloso e disse respeitar a decisão do tribunal. Até mesmo Sabato admitiu: "Não foi o que esperávamos".

Era evidente que, até nas fileiras do governo, avaliava-se que as condenações não haviam correspondido às expectativas, nem, muito menos, à gravidade dos crimes. Era difícil compreender como, se o veredicto reconhecia a existência de um "plano criminoso" executado pelas juntas militares, os juízes não penalizaram igualmente todos os membros das cúpulas da ditadura, e pior ainda, absolveram alguns deles.

Quanto à opinião das Mães, a atitude de Bonafini ao se retirar da sala deixava poucas dúvidas. O jornal das Mães relatou: "No meio da sentença, quando já estava claro que nenhuma ferida seria curada, que as humilhações continuariam a doer, que a indignidade do presente prolongava as indignidades do passado, Hebe de Bonafini, presidenta das Mães da Praça de Maio, recolocou o lenço branco, que antes haviam feito ela tirar, e deixou a sala. O gesto foi descrito como "um símbolo, um ato único e luminoso que resgatou o sangue jovem derramado e sacudiu a consciência de um país degradado e destruído".

O título contundente da matéria publicada pelo jornal das Mães resumia a sensação geral: "O fim das ilusões", afirmando, entre outras coisas: "A sentença da Câmara Federal abre o caminho para futuros genocídios".[39]

O setor dissidente da Comissão Diretiva também não ficou satisfeito com a sentença; a decepção foi compartilhada. Se Hebe tivesse se limitado a expressar esse descontentamento ao se retirar da sala com o lenço posto, todas estariam de acordo com ela. No entanto, a interpretação que o jornal da Associação atribuiu ao gesto, assim como a leitura geral do julgamento, parecia um exagero. Mais uma vez, segundo Marta de Vázquez, o jornal expressava a intransigência e a falta de nuances, parecendo empenhado em reforçar as posições mais extremas da presidenta.

39. Jornal *Madres de Plaza de Mayo*, jan. 1986.

Marta e o grupo de Mães que pensavam como ela valorizavam o fato de que os principais responsáveis pelo genocídio haviam sido julgados. Argumentavam que, para compreender o verdadeiro valor histórico desse acontecimento, era necessário considerar que se tratava do primeiro julgamento na história argentina e latino-americana que colocava golpistas e executores da repressão no banco dos réus. Como não dimensionar esse processo diante de uma correlação de forças instável? Como ignorar a "questão militar" e as pressões e ameaças permanentes que o governo enfrentava antes de tomar qualquer decisão nesse assunto?

Para as mães dissidentes, a dimensão histórica do julgamento não era apenas uma frase vazia do governo, mas se evidenciava, por exemplo, na repercussão internacional do caso. Quase todos os grandes jornais do mundo deram destaque, em suas primeiras páginas, à sentença proferida contra os ex-comandantes.

Naqueles dias, também foi anunciado que a Argentina era a principal candidata a presidir a Comissão de Direitos Humanos das Nações Unidas. Todo um gesto: após anos em que o caso argentino era discutido nessa instância devido às denúncias sobre desaparecimentos apresentadas por familiares, incluindo as Mães, agora um grupo de países apoiava essa iniciativa.

Nesse contexto nacional e internacional, não era fácil para o setor liderado por Bonafini justificar suas críticas ao governo, sua insatisfação com o resultado do julgamento e, ainda mais, fazer ouvir a advertência de que uma anistia estava sendo preparada para libertar a maior parte dos responsáveis e executores do terrorismo de Estado. Sobretudo porque, independentemente da vontade do governo, a Câmara Federal havia aberto a possibilidade de julgar outros envolvidos no genocídio.

Ponto 30

Entre os diversos aspectos abordados pela sentença da Câmara, inicialmente não chamou muita atenção de analistas e observadores um parágrafo que logo ganharia relevância, pois envolvia a maioria dos implicados no terrorismo de Estado. Especificamente, o ponto 30 do julgamento ordenava ao Conselho Supremo das Forças Armadas que encaminhasse o processo de oficiais superiores responsáveis por zonas e subzonas — delimitações usadas para implementar o plano repressivo da ditadura —, bem como o processo de todos que tivessem responsabilidade operacional nas ações, com base no princípio do "domínio do fato".

De fato, a Câmara Federal havia comprovado a existência de um "plano criminoso", cuja responsabilidade última recaía sobre os ex-comandantes. Porém, o julgamento também evidenciou a autonomia decisória dos chefes de zonas, subzonas e do pessoal no comando de operações, conceituada sob o princípio do "domínio do fato". Essa autonomia operacional determinava que o destino de milhares de pessoas estava submetido à vontade desses quadros intermediários. Essa definição fundamentava a imputação de responsabilidade a eles atribuída e justificava a ordem para os respectivos processos.

A decisão da Câmara — que implicava a abertura de dezenas de novos julgamentos — ia muito além das pretensões do governo, que desejava que, com o processo dos ex-comandantes, fosse encerrada a etapa de revisão do terrorismo de Estado. As cúpulas militares, de acordo com o que haviam pactuado com o governo, esperavam o mesmo. A Igreja Católica, por sua vez, havia solicitado reconciliação e perdão no final de outubro. O próprio Alfonsín, ecoando as palavras da hierarquia eclesiástica, havia encorajado, no dia 6 de dezembro, a "trabalhar pela reconciliação".

Entretanto, o inesperado ponto 30 da sentença fissurava o esquema acordado por Alfonsín com a cúpula das Forças Armadas. Ficava evidente que o frágil equilíbrio que o governo mantinha com os comandos militares estava comprometido por uma resolução que abria a possibilidade de condenar dezenas, senão centenas, de oficiais superiores, intermediários e subalternos das três forças. Portanto, o governo precisava encontrar uma maneira de reconduzir o plano inicial.

Uma eventual crise não era iminente, já que, de forma alguma, o Conselho Supremo das Forças Armadas acataria a ordem da Câmara de maneira imediata ou mediata. Contudo, mais cedo ou mais tarde, o governo precisaria decretar algum tipo de anistia que absolvesse a imensa maioria dos envolvidos no terrorismo de Estado. Nesse sentido, independentemente das opiniões divergentes sobre o julgamento, ambos os setores das Mães percebiam a intenção governamental de dar um "ponto final" aos processos e denunciaram essa postura.

No entanto, a atenção das mulheres de lenço branco teve que se desviar dos acontecimentos políticos nacionais: no dia seguinte à leitura da sentença dos ex-comandantes, enfrentariam uma assembleia decisiva para o futuro da Associação.

38. Convocatória

No dia seguinte à divulgação da sentença no julgamento dos ex-comandantes, apesar das graves diferenças que as separavam e da tensão gerada pelos confrontos internos — ou talvez justamente por essas razões —, as integrantes da direção das Mães conseguiram concordar em um ponto: a convocação de eleições para renovar a instância máxima de condução executiva da Associação.

De acordo com o Estatuto aprovado em 1979, em plena ditadura, e ratificado em 1984, quando decidiram retomar os trâmites para obter a personalidade jurídica, a Comissão Fundadora era o órgão habilitado para fazer essa convocação.

No dia 10 de dezembro de 1985, a Comissão Fundadora, composta por Hebe de Bonafini, María del Rosario Carballeda de Cerruti, María Adela Gard de Antokoletz, Nélida C. Fiordeliza De Chidicimo, Nora Irma Morales de Cortiñas, Carmen Aguiar de Lapacó, Laura Armendáriz de Rivelli, Élida Busi de Galletti, Angélica P. Sosa, Beatriz Haydée Catalina de Aicardi de Neuhaus, María Eugenia Casinelli, Elena Angélica Mateos de Poce, Juana Meller, Mina F. Feuer de Binstock, Sofía Renée Slotopolsky de Epelbaum, Hebe Pavero de Mascia, María Marta Ocampo de Vázquez, Cecilia Molina de Fraccarolli, Gloria Fernández de Nolasco e Edna Coparon de Ricetti — com as ausências de Casinelli, que residia na Espanha, e de Binstock, falecida no início do ano —, decidiu que o ato eleitoral para renovar as integrantes da Comissão Diretiva ocorreria em 16 de janeiro de 1986. Restavam apenas 35 dias.

Desde agosto de 1979 até aquele momento, a Comissão Diretiva era composta por Bonafini como presidenta, María Adela como vice-presidenta, María del Rosario como secretária, Casinelli como pró-secretária, Juanita como tesoureira, Nora como pró-tesoureira e no corpo deliberativo Carmen, *Yoyi* de Epelbaum, Angélica Sosa, Kety de Neuhaus e Élida de Galletti.

Dois temas permaneciam pendentes de resolução: o regulamento eleitoral e a composição do cadastro de Mães habilitadas para votar. Quanto ao regulamento, o essencial era resolvido conforme os usos e costumes, o que não deixava muito espaço para discussão. O mesmo não podia ser dito sobre o cadastro eleitoral.

O alto grau de informalidade do movimento implicava, entre outras coisas, uma enorme incerteza sobre as pessoas que efetivamente integravam a Associação: um livro de sócias nunca foi atualizado de forma séria, uma série de fichas que não incluíam militantes notórias eram deficiências que não pareciam de fácil solução. Por isso, nenhum dos dois setores podia ser excessivamente rigoroso, excluindo da votação as mães com as quais compartilhavam cotidianamente a luta, há anos.

Mas a questão mais polêmica a ser resolvida era quem estava habilitada para votar, mesmo no caso de o cadastro ser regularizado rapidamente. A pergunta central era: a Comissão Diretiva correspondia apenas à Capital, Grande Buenos Aires e La Plata, ou tinha caráter nacional? Consequentemente, votariam apenas aquelas que pertenciam a essas jurisdições ou todas as Mães do país associadas ao movimento?

Do ponto de vista formal, qualquer solução era discutível. As alternativas propostas, mesmo com fundamentos pretendidamente jurídicos, respondiam a interesses políticos. O setor dissidente, liderado por María Adela, argumentou que seria eleita uma Comissão que representava uma área historicamente definida nos primeiros anos da Associação, e, portanto, excluía o restante do país. Sua posição não significava a exclusão do movimento das Mães das províncias, mas sim que as instigava a formar grupos integrados por meio de uma federação. Na prática, no entanto, essas mães ficariam inabilitadas para votar na próxima eleição.

Proposta federativa

A ideia não era nova. Tinha sido apresentada por esse mesmo grupo durante o último Encontro Nacional das Mães e, de fato, não havia sido abordada, portanto, também não havia sido aprovada. As dissidentes, no entanto, elaboraram e começaram a circular um detalhado regulamento para constituir a federação.

O setor liderado por Hebe se opôs veementemente à ideia e sustentou que todas as mães do país habilitadas como sócias, com pelo menos um ano de associação, tinham o direito de votar.

Evidentemente, no caso de o cadastro ser composto por Mães de todo o país, o setor liderado pela histórica presidenta da Associação obteria, se não uma vitória esmagadora, pelo menos a maioria. O setor dissidente, por sua vez, não só temia perder a maioria, mas até mesmo o registro da posição de minoria que lhe seria reconhecida se obtivesse pelo menos vinte por cento dos votos. A data da eleição se aproximava, e ainda não estava claro como a disputa seria resolvida.

O setor dissidente então emitiu uma declaração imputando a Bonafini e Cerruti o que consideravam deficiências na realização da Assembleia, particularmente a falta de divulgação do cadastro, da memória e do balanço da entidade. Simultaneamente, difundiu, desta vez de forma mais detalhada, sua proposta de organização nacional federativa. A "Proposta para a possível organização de uma federação ou associação nacional de Mães da Praça de Maio" começava, de forma competente, expondo sua própria versão — abreviada, é claro — da história da organização: os núcleos formados nas províncias apareciam como "agrupações" que surgiram após a Associação e, em diferentes momentos, se aproximaram para consertar ações. Ou seja, as reconhecia como Mães, mas independentes da dinâmica e da estrutura da Associação. Assim, as deixava de fora da disputa pela liderança que ocorreria em 16 de janeiro.[40]

40. O documento afirmava: "A seguir, propomos algumas ideias para que sejam discutidas nas associações regionais e se considere a possibilidade, ou não, de realizar este projeto: — Constituir uma FEDERAÇÃO ou ASSOCIAÇÃO, em nível nacional, das Mães da Praça de Maio com o objetivo de estreitar os vínculos de trabalho e solidariedade com o interior do país. Essa Federação reuniria todas as associações de Mães, e cada uma teria o mesmo nível de representatividade. — A organização teria como objetivo fundamental levar, em nível nacional, a luta pela questão dos desaparecidos, promovendo medidas de diversas ordens — jurídicas, administrativas, políticas — que favoreçam a solução desse drama e o repúdio e a erradicação definitiva do mesmo. — Os grupos regionais atuariam com total autonomia para definir as ações exigidas pelo seu próprio âmbito e participação na Federação, com o mesmo nível de decisão para determinar ações de ordem nacional. Ou seja, seria uma obra realizada por todas. A Associação da Capital seria apenas mais uma dentro da Federação. — Para organizar a Federação, deveria ser enviada a todas as associações do interior — ou viabilizada uma

Segundo o setor de Bonafini, a proposta do grupo dissidente contradizia aspectos fundamentais da história, constituição e desenvolvimento da Associação. Em primeiro lugar, a Comissão Diretiva, que, segundo o setor dissidente, representava a Capital Federal e, no máximo, a Grande Buenos Aires e La Plata, havia sido constituída por escritura pública na cidade de La Plata. Esse ato evidenciava sua vocação e projeção iniciais para além do âmbito da cidade de Buenos Aires. Em segundo lugar, essa vontade era reforçada pelo fato de que, entre as vinte fundadoras, estava — além de Mães da Capital, Grande Buenos Aires e La Plata — Aurora de Fracarolli, de Entre Ríos. Em terceiro lugar, ao narrar a história da Associação, sua declaração de princípios afirmava: "Esta determinação de fundá-la é consequência dos encontros realizados, durante mais de dois anos, na Praça de Maio da Capital Federal e em outros lugares dessa cidade e do interior do país". Em quarto lugar, o documento constitutivo considerava o problema dos desaparecidos como uma questão nacional. Por fim, em nenhum momento a declaração de princípios limitava a área de atuação da Associação.

A esses argumentos, o setor liderado por Hebe acrescentava que, há vários anos, vinham sendo realizados Encontros Nacionais de Mães que reconheciam a Comissão Diretiva como referência nacional e Bonafini como presidenta das Mães de todas as filiais do país. Além disso, como antecedente, lembrava que o último Encontro havia rejeitado a ideia da federação.

---

viagem para trocar a informação — uma proposta de reunião de delegadas locais para que estudassem a viabilidade, funcionamento, objetivos etc., dessa Federação. Caso a proposta fosse aceita, deveria ser formulado um estatuto ou regulamento interno que regulamentasse suas atividades. — Na referida reunião, seriam escolhidas as pessoas encarregadas de redigir o estatuto. Caso a proposta não fosse aceita, ainda assim deveria ser formulado um regulamento interno que possibilitasse uma ação coordenada entre as associações. — Sendo um grupo da Comissão Fundadora o que promove esta ideia, a reunião poderia ser realizada em nossa sede; mas, naturalmente, seria indiferente em qualquer uma das associações do interior. — A criação de uma Federação implica que cada uma das associações membros tenha seu próprio plano de trabalho em consonância com os problemas regionais e tenha sua própria Comissão Diretiva. Gostaríamos que as delegações do interior do país refletissem que o sentido da criação de uma organização de nível nacional é o de hierarquizar as ações de todas e cada uma das entidades de Mães, respeitando sua independência. — Uma organização nacional poderia, por exemplo, promover encontros em que fossem estudados os problemas das diferentes regiões; fossem discutidos e analisados temas relacionados aos nossos objetivos; fossem trocadas ideias e valorizadas situações que permitissem um melhor conhecimento mútuo, tão necessário em um país dado ao centralismo. Queremos acrescentar que a formação de organizações de nível nacional é uma aspiração já concretizada por diferentes setores de trabalho: colégios profissionais, centros estudantis, trabalhistas, organizações de direitos humanos e outros".

O voto interior

Além das considerações de caráter normativo, a iniciativa de criar uma federação que as excluía da eleição de 16 de janeiro despertou fortes antipatias e rejeição entre as Mães do interior. De certo modo, a proposta do setor dissidente acabou consolidando o apoio a Hebe por parte de praticamente todos os grupos das províncias. O setor liderado por Bonafini sustentava, ainda, que esse respaldo se devia ao fato de que elas haviam se dedicado a articular relações com as províncias, que a presidenta havia percorrido todo o país, enquanto as Mães dissidentes "davam as costas ao interior".

Em resposta às declarações e propostas do setor dissidente, no dia 7 de janeiro, um grupo de Mães dos grupos do interior publicou uma "resposta" indicando qual posição adotariam na Assembleia, caso participassem da eleição do dia 16: "Em momentos cruciais para o país, em que estamos imersas em problemas de grande magnitude no âmbito dos Direitos Humanos devido ao veredicto emitido pela Câmara Federal, no qual se absolvem virtualmente os genocidas de nossos filhos, um grupo de mães pertencente à Comissão Fundadora nos encaminha uma longa nota sobre as circunstâncias deploráveis em que se encontra nossa instituição, atribuindo ações e qualificativos à Comissão Diretiva (Presidenta e Secretária) que não condizem com a realidade que conhecemos".

"No entanto", acrescentava, "o que nos surpreende é o fato de que, apesar de nos comunicarem uma a uma essa série de acusações, não nos permitem depois opinar por meio do voto, única e fundamental premissa para exercer a democracia, sem apenas declamá-la, como fazem as autoras da nota. O objetivo, além disso, parece ser enfraquecer o movimento, tentando nos dividir por meio de um projeto de criação de uma federação de consequências imprevisíveis. Nestes momentos precisos, lamentamos e condenamos essa atitude, que colabora com o inimigo, entregando-nos indefesas à maledicência e ao desprestígio. Deixamos bem clara nossa solidariedade com a Presidenta Hebe de Bonafini e com a Secretária Sra. María del Rosario de Cerruti, que, junto a outras mães, têm dado à instituição uma atuação que garante a admiração mundial e que é um verdadeiro paradigma de liderança na defesa de nossos queridos filhos desaparecidos. Todo o restante nos parece de nível tão lamentável que não merece resposta. Convidando-as a preservar a unidade, que foi desvirtuada pelo comportamento expressado na nota de esclarecimento, e esperando que este incidente desagradável seja superado, saudamos vocês'. O documento foi assinado por vinte e oito Mães, entre elas Aurora Fracarolli, Elsa Becerra e Olga Aredes.[41]

No dia 9 de janeiro, apenas dez dias antes da data marcada para a Assembleia, a Comissão Fundadora voltou a se reunir para continuar tratando os temas pendentes de resolução. No entanto, o encontro foi frustrado. O setor dissidente insistiu na questão federativa e nas demandas direcionadas a María del Rosario pela situação do cadastro de sócias; o setor liderado por Hebe decidiu se retirar.

Uma ata redigida pelas Mães dissidentes registrava a situação: haviam solicitado a Hebe, Juanita, Hebe Mascia, Laura, Juanita e María del Rosario que retornassem à reunião, mas elas não aceitaram. Além disso, dizia a ata, "os arquivos de sócias não foram apresentados à Comissão Fundadora para que esta pudesse aceitar os pedidos de inscrição, conforme exigido pelo Estatuto. O cadastro aprovado pela Comissão deve ser exibido 15 dias antes da data das eleições. Portanto, isso não pode ser cumprido. O livro de atas da Comissão Fundadora foi retirado da sala por María del Rosario, que atuava como secretária. Quando foi solicitado o livro para anexar estas notas, ela rejeitou o pedido, alegando que as resoluções tomadas até aquele momento não haviam sido transcritas e considerou — por conta própria — que numericamente não estávamos em condições de realizar a sessão. O grupo que permaneceu reunido considera que representa mais de 2/3 dos membros presentes no início da sessão".

Além disso, "fica registrado que, com essa suspensão, as eleições poderiam ser adiadas devido à impossibilidade de cumprir alguns dos requisitos exigidos". Nove Mães do grupo dissidente assinaram o documento. No entanto, e apesar das denúncias, o mesmo grupo apresentou, em uma nova reunião da Comissão Fundadora, dois dias antes da data das eleições, a chapa encabeçada por María Adela. Evidentemente, elas participariam da Assembleia. As cartas estavam lançadas.

Cadeia aos genocidas

> "Dizem os radicais que já é o bastante
> mas julgaram apenas os comandantes.
> Todos são assassinos, os do Processo,

41. Arquivo AMPM.

por isso não houve erros, não houve excessos.
Cadeia a todos os genocidas."

Consigna cantada por todos os participantes da quinta
Marcha da Resistência.

A quinta Marcha da Resistência — a segunda desde a posse de Alfonsín — havia sido convocada no início de novembro. Como supunham que a Câmara Federal terminaria condenando os ex-comandantes, mas que, ao mesmo tempo, estabeleceria algum precedente para isentar o restante dos envolvidos no terrorismo de Estado — ou, em última instância, que o próprio Poder Executivo promoveria uma anistia encoberta sob alguma fórmula que impedisse novos julgamentos —, as Mães chamaram a marchar sob a consigna "Não ao Ponto Final". Porém, a sentença foi muito pior do que imaginavam. As absolvições e a brandura das penas significavam que nem mesmo os principais responsáveis pela ditadura receberiam a punição que mereciam. Simplesmente, não havia sido feita justiça. No entanto, não estavam dispostas a aceitar que essa fosse a última palavra sobre o assunto. A luta deveria continuar, agora sob um novo grito: "Cadeia para os genocidas".

A nova consigna substituía o "Julgamento e punição aos culpados", cunhada durante a ditadura e ainda sustentada pelas demais organizações de direitos humanos. Segundo as Mães — embora o setor dissidente da Comissão Diretiva pensasse diferente —, a mudança representava uma resposta adequada à situação gerada por um Poder Judiciário que, com suas decisões, havia se mostrado submisso às diretrizes do governo.

"As Mães da Praça de Maio e outros organismos humanitários denunciaram publicamente que a decisão da Câmara demonstrava a falta de independência desta justiça, com j minúsculo", escreveu Alberto Guilis no jornal da Associação.[42] Esse comportamento fechava o círculo começou a ser traçado quando o Poder Legislativo aprovou a reforma do Código de Justiça Militar, demonstrando complacência com os planos oficiais. O raciocínio as reafirmava na ideia de que não estavam enfrentando apenas um governo,

42. Amnistía: punto inicial. *Jornal Madres de Plaza de Mayo*, jan. 1986.

mas sim um sistema pseudo-democrático, "pós-ditatorial", como já haviam caracterizado em um documento um ano antes, em novembro de 1984.

"Estava muito claro", explicou anos mais tarde Bonafini, "que o sistema funcionava perfeitamente, tal como o doutor Alfonsín havia planejado, com a cumplicidade de todos os juízes e da maioria dos deputados e senadores, porque a oposição peronista daquela época apenas insinuava resistência, mas não enfrentava realmente os planos do governo. E já vimos o que fizeram depois com Menem. O problema era todo o sistema, que tinha como princípio e fim a impunidade. O que estava por vir — Menem e os indultos, precedidos pelas leis de 'Obediência Devida' e 'Ponto Final' — estava sendo preparado naquele momento. Que os radicais não venham dizer que a impunidade foi apenas coisa do Menem, e que os peronistas não venham dizer que realmente se opunham à impunidade de Alfonsín quando, depois, fizeram o que fizeram. 'Cadeia para os genocidas' foi a resposta a tudo isso, que sabíamos que estava vindo, não porque éramos videntes, mas porque víamos como tudo estava sendo articulado. Somente o povo colocaria os assassinos de nossos filhos em seus devidos lugares. Era isso o que significava o novo lema. 'Julgamento e punição' era insustentável. Que julgamento, o da Câmara Federal e do Conselho Supremo? Que castigo, o dos comandantes? Que barato saiu para eles! Como se Videla e Massera fossem os únicos responsáveis pelos 30 mil desaparecidos! Nossa nova consigna, com a qual iniciamos uma campanha, gerou um verdadeiro escândalo. Diziam que queríamos vingança, tribunais populares... Sempre dissemos que não queríamos paredão, mas cem anos de prisão, e essa condenação só seria feita pelo povo".

Sob a liderança de Bonafini, as Mães aprofundaram, assim, seu caminho de oposição. De algum modo, a aceleração da ruptura com o setor dissidente as tornava mais livres para avançar nessa direção. Por sua vez, o grupo da Comissão Diretiva liderado por María Adela de Antokoletz encontrou mais um motivo para seu distanciamento, reafirmando a necessidade de acabar com a hegemonia da presidenta.

Marta de Vázquez, alinhada com María Adela, recorda essa conjuntura. O lema "Cadeia para os genocidas", explica, "era simplesmente uma irresponsabilidade da Hebe. Deixar de lado o pedido de 'Julgamento e castigo' não fazia sentido, mas falar de 'cadeia' sem julgamento era pior, era se colocar fora da democracia. Podíamos não concordar com a sentença do julgamento das juntas e com muitas outras questões de Alfonsín, mas, de qualquer forma, não concordávamos porque queríamos que ele fizesse mais, não porque rejeitávamos os julgamentos ou as instituições da Constituição".

Em um dos documentos dessa época que explicava suas diferenças com Bonafini e sua decisão de impulsionar a renovação da liderança do movimento, as integrantes do grupo dissidente também alertavam sobre os "perigos" do momento, especialmente a possibilidade de que fosse consagrada uma anistia ou um "Ponto Final". Compartilhavam com o setor liderado pela presidenta a ideia de que o governo, após o julgamento dos ex-comandantes, tentaria "encerrar" o tema, conforme acordado reservadamente com as cúpulas militares. Naturalmente, elas discordavam completamente. Mas outra questão bem diferente era sua avaliação do julgamento: como já foi dito, ele não as satisfez, embora reconhecessem seu significado político. Ao mesmo tempo, apesar de criticarem o Poder Judiciário — questionando, por exemplo, a continuidade da maior parte da magistratura do "Processo" —, de maneira alguma pensavam em "abandonar a luta por outros julgamentos".

Produto da injustiça

No dia 11 de dezembro, como faziam há cinco anos, as Mães deram início na Praça de Maio a uma nova Marcha da Resistência, que duraria até o dia seguinte. Um pequeno cartaz, preso a um cabo que podia ser segurado por uma única pessoa, exibia, sobre fundo branco, o perfil de um militar com gorro em tinta preta, cercado por um círculo vermelho atravessado por uma barra da mesma cor, a típica sinalização de proibição. Acima da imagem lia-se "Não ao Ponto Final", e abaixo, "Cadeia para os genocidas". O Grupo de Artistas Plásticos contra o Ponto Final havia pintado 30 mil reticências nas calçadas da Praça de Maio.

Entre os manifestantes, havia cartazes de partidos como o Intransigente, Comunista, Operário, do Trabalho e do Povo, e do Movimento ao Socialismo. Também estavam presentes a Associação de Jornalistas de Buenos Aires, a Associação de Trabalhadores do Estado, a Associação de Trabalhadores da Saúde — seção Capital — e a seção Quilmes da União Operária Metalúrgica. Outros cartazes identificavam a Federação de Estudantes Secundaristas, a Comunidade Homossexual Argentina e os alunos da Escola de Psicologia Social "Pichon Rivière". Participavam ainda dirigentes políticos como Néstor Vicente, Catalina Guagnini, Graciela Fernández

Meijide, Walter Vezza, Irene Rodríguez, Marcelo Parrilli e Jorge Cepernic. No encerramento da marcha, quando a presidenta das Mães fez seu discurso, o jornal *Clarín* estimou a presença de cerca de 30 mil pessoas.

Bonafini criticou duramente o governo e o Poder Judiciário, destacando as diferenças com o setor dissidente do movimento. Ela começou recordando uma frase de seu discurso da última quinta-feira sob a ditadura, quando anunciou que, a partir daquele momento, começava a "outra luta", uma definição que havia gerado críticas de algumas Mães que agora se opunham à sua liderança. Naquele momento, tinham lhe censurado por declarar "guerra" à nova institucionalidade "democrática".

"Há dois anos, em 8 de dezembro de 1983, na última quinta-feira sob a ditadura, eu disse a vocês: 'Na próxima quinta-feira começa outra luta'. Esta luta começou porque somos fruto da injustiça, da injustiça dos juízes que não deram andamento aos habeas corpus, da injustiça dos juízes que se curvaram e se submeteram ao poder militar, ignorando nossos pedidos", recordou Bonafini. "Naquele dia, companheiros, começou outra luta. O inimigo não estava mais na Casa do Governo, mas estava escondido e ainda está em todos os lugares".

Ao criticar a política de governo, Hebe de Bonafini também estabelecia as distâncias necessárias em relação ao grupo dissidente. Nesse sentido, renovou seus ataques à CONADEP: para ela, a investigação da Comissão havia desviado a luta pelos direitos humanos para uma abordagem individualista, substituindo uma ação decidida e imediata dos juízes civis, como as circunstâncias exigiam. "Nós, as Mães da Praça de Maio, fomos abrindo caminho. Quando começamos, buscávamos nossos filhos e, pouco depois, percebemos que tínhamos que buscar todos os nossos irmãos. E quando o povo estava bem mobilizado, uma Comissão Nacional, por decreto, tentou nos fazer voltar a buscar cada filho, de onde o levaram, de qual esquina, com qual camisa. E era apenas uma decisão política o que faltava para saber o que havia acontecido com eles".

Bonafini então se referiu ao julgamento recém-encerrado, denunciando como uma manobra eleitoralista o fato de que, antes das eleições, o procurador Strassera havia pedido penas severas para os acusados, mas que, após as eleições, as penas aplicadas foram, em sua visão, mínimas: "Também antes das eleições pediram as condenações, que eram muito severas. Mas isso foi antes de 3 de novembro; depois, hoje, deram um veredito que foi uma vergonha para todos. Nós, quando pedimos julgamento e punição para todos os genocidas, queremos que seja para todas as Forças Armadas que atuaram no momento da repressão. Temos consciência de que essa instituição está podre, e o doutor Alfonsín deveria ter sido um bom cirurgião, como quando alguém tem câncer: o cirurgião precisa operar para salvar o paciente e, nesse caso, o paciente é o país, e deveria ter sido salvo extirpando esse câncer que são as Forças Armadas. Todos sabemos que neste país, quando alguém rouba uma bicicleta, é punido com quatro a dezesseis anos de prisão; no entanto, para aqueles que roubaram, para aqueles que estupraram, torturaram, para aqueles que fizeram desaparecer nossos queridos filhos, não há punição, não há condenação. Somente duas condenações: a de Videla e a de Massera, porque seria vergonhoso demais não tê-las, mas ainda temos que esperar para ver o que fará a Suprema Corte: reduzirá as penas ou apenas se limitará a ratificar essas condenações da Câmara?".

Em seguida, a presidenta repudiou a absolvição de Graffigna: "Por isso estamos mobilizadas, por isso estamos aqui, por isso sentimos vergonha que a Aeronáutica tenha sido perdoada, e foi perdoada porque jogou umas bombinhas dos aviões na guerra das Malvinas. Mas todas sabemos que a Aeronáutica tinha campos de concentração, que dos aviões da Aeronáutica nossos filhos eram jogados vivos ao mar, e esses homens hoje foram perdoados por uma justiça que antes era subordinada ao poder militar e hoje é subordinada ao poder político".

Denunciando a minimização política, jurídica e simbólica do julgamento em relação à real dimensão do terrorismo de Estado, Hebe afirmou: "Aqui não se puniu o golpe contra um governo constitucional. Aqui não se puniu a tortura. Quem cometeu os crimes, se Massera foi condenado por uns poucos, quatro ou cinco apenas? Quem roubou, quem violentou? E agora, depois de termos apresentado milhares e milhares de ações e denúncias, vêm nos dizer que cada comandante é culpado de três ou quatro crimes. Ainda que tivesse sido apenas um, deveria ter recebido prisão perpétua".

Bonafini comparou as penas impostas aos ex-comandantes, consideradas incongruentes, com as condenações "injustas" que sofriam os presos "herdados do Processo". Sugerindo proximidade, chamou esses detidos de "companheiros": "Porque os nossos companheiros, os companheiros que estão em Devoto e em Ezeiza, estão cumprindo penas por crimes que não cometeram".

A presidenta da Associação interpretou a leniência das sentenças como uma espécie de "permissão" para a repressão, alinhando-se ao que já havia sido apontado no jornal das Mães: "Tudo isso que está acontecendo é um passe livre para voltar a reprimir; por isso é importante esta mobilização. Não vamos permitir que nos reprimam, tampouco vão nos dizer que os militares vão voltar, porque os militares não foram embora, estão aqui, enraizados".

Antecipando os escrachos — essas manifestações públicas que se generalizariam nos anos 1990 para denunciar nas ruas os genocidas que continuavam em liberdade —, diante da falta de ação da justiça, as Mães queriam "que o povo condene as Forças Armadas, que as repudie, que não as queira ocupando nenhum lugar. E, se não conseguirmos justiça, pintaremos suas casas, os perseguiremos, ficaremos na esquina de suas casas e vigiaremos seus filhos".

Hebe encerrou sua intervenção com o mesmo recurso que havia utilizado no início daquele ano, durante o ato de aniversário do golpe de Estado de 1976. Naquela ocasião, escolheu versos de Pablo Neruda; agora, recitaria um poema de Mario Benedetti. O último verso do poema "As palavras", do poeta uruguaio, incluía uma palavra que Hebe nunca havia pronunciado em público antes: "revolução". O fato de citar versos de outro autor, que não pudessem ser diretamente atribuídos a ela, servia como uma espécie de estratégia.

"Não gaste minhas palavras / não mude o significado / veja que o que eu quero / eu tenho bastante claro. / Se o senhor fala em progresso / nada mais há por falar / veja que todos sabemos / que adiante não é atrás. / Se está contra a violência / mas nos aponta bem / se a violência vai e vem / não se queixe para mim depois. / Não gaste minhas palavras / não mude o significado / veja que o que eu quero / eu tenho bastante claro. / Não suje as minhas palavras / nao tire seu sabor / e limpe bem a boca / se fala em revolução". Após recitar, Hebe comentou que o poema se encaixava "muito bem para aqueles dias". A manipulação do discurso aludia ao suposto progressismo de Alfonsín, enquanto o uso do termo "revolução" marcava a guinada política que as Mães estavam protagonizando.

Impunidade?

A capa do jornal das Mães de janeiro de 1986 foi eloquente. O título principal dizia: "Genocidas absolvidos de culpa e cargo". Como contraponto, a imagem que ocupava o restante da página mostrava vários lenços brancos formando um círculo ao redor de um banco de réus, sobre o qual estava apoiado um quepe militar: a luta não terminava ali; se a Justiça não cumprisse seu papel, as Mães cercariam os criminosos.

A impunidade denunciada pelas Mães — e outros setores da esquerda mais radicalizada — contradizia não apenas a exaltação do "ato histórico de justiça" — como o governo descrevia o julgamento das juntas —, mas também o parecer da maioria dos partidos políticos, dos meios de comunicação, de boa parte do movimento que resistiu à ditadura e da sensação predominante na opinião pública.

O grupo dissidente da Associação também não aceitava discutir em termos de impunidade absoluta. Como alegar pura e simplesmente a impunidade depois da investigação da CONADEP, após a condenação de Videla e Massera, símbolos máximos da ditadura e do genocídio? Por acaso o ponto 30 da sentença contra os ex-comandantes não abria a possibilidade de multiplicação de julgamentos? Provavelmente, se tratava de conquistas limitadas, mas na direção correta.

Na concepção do grupo de Bonafini, a impunidade excedia a simples falta de julgamento dos militares envolvidos no genocídio. Como explicaria anos depois León Rozitchner, "o julgamento dos militares, ao se reduzir apenas à imagem sinistra dos autores diretos dos atos homicidas — mesmo com a inegável importância desses julgamentos — é, no entanto, do ponto de vista estrito, uma mera e grosseira naturalização e socialização da impunidade do Poder perante o crime. E essa justiça tem apenas aparência de justiça, pois deixou que não cumprissem com a justiça todos os outros responsáveis diretos pelo genocídio. E eles, impunes, uma vez aberto o caminho, continuam agora seu objetivo destrutivo 'por outros meios'. A Argentina atual, em sua 'paz democrática', ainda é comandada, na maior parte de sua estrutura de poder, pelos responsáveis diretos pelo genocídio que se prolonga no neoliberalismo. Genocídio impune é também a miséria de milhões de argentinos sem acesso a esses 'bens desejáveis' reprimidos pelo terror: sem saúde, sem educação, sem trabalho, sem comida, expropriados de sua própria pátria".[43]

Na mesma direção, poucos dias depois da Marcha da Resistência, Osvaldo Bayer escreveu no jornal das Mães: "A República requer justiça e não ponto final. Queremos justiça para punir todos os monstros grandes

43. Prólogo de León Rozitchner em *Genocidio en Argentina*, de Mirta Mántaras. Buenos Aires: Cooperativa Chilavert Gráficas Ltda., 2005, p. 13.

e pequenos, mas não nos limitamos a isso. Queremos a grande prova, o grande debate sobre a culpabilidade de uma sociedade injusta desde suas próprias raízes e fundamentos. Para mudá-la e colocar os alicerces de uma sociedade solidária. A única sociedade onde pode prosperar a verdadeira democracia". Com essas palavras, o autor de *La Patagonia rebelde* encerrava seu balanço de "Dois anos de realismo político", em janeiro de 1986. Rozitchner apontava para os fundamentos do sistema; Bayer se referia a uma mudança revolucionária. Eram ideias não escritas pelas Mães, redigidas por esses "companheiros" que, como dizia María del Rosario, diretora do jornal da Associação, sabiam "dizer algumas coisas melhor que nós". Ou seja, eram as Mães que estavam falando de revolução.

Justiça ou vingança?

"Sede de justiça ou sede de vingança?" foi o título de uma matéria publicada pelo *La Nación*, assinada nada menos que pela inenarrável escritora Silvina Bullrich.[44] A contrapelo da resistência às Invasões Inglesas, a participação popular na luta pela independência americana, as guerras civis que assolaram grande parte do extenso século XIX, a insubordinação dos mapuches frente aos conquistadores do deserto, os levantes armados dos partidários da União Cívica e da Revolução de 1990, as lutas operárias protagonizadas por anarquistas e comunistas no início do século XX, as lutas dos peões patagônicos na década de 1920, a mobilização de 17 de outubro de 1945, a resistência peronista após a queda do segundo governo de Perón, o Cordobazo e as dezenas de "azos" contra a ditadura instaurada por Juan Carlos Onganía, a célebre escritora afirmava: "A fama de nosso povo sempre foi a mansidão, a cordialidade e o calor humano. Hoje não se pode mais dizer isso dos argentinos, sobretudo daqueles que pediam mais circo do que pão, e se divertiam com a humilhação sofrida por membros das Forças Armadas que, há poucos anos, aclamavam fervorosamente. Lembrar a estupidez coletiva que encheu a Praça de Maio convencida de que havíamos nos apoderado das Malvinas ainda nos envergonha, nós que temos senso da realidade e, além disso, conhecemos a história das guerras coloniais de cada país".

"No final triste deste ano, em que ainda falta para o pão, mas não para o panetone, em que nos deslocamos às cegas, sem saber para onde vai

44. *La Nación*, 12 jan. 1986.

a nave no meio da densa neblina criada por uma moeda nova que engana o estrangeiro e o faz acreditar que somos riquíssimos porque temos a moeda mais bem cotada do mundo, devemos, para aumentar ainda mais os males, descobrir que as mães da Praça de Maio renovam seu percurso, descontentes com as sentenças dadas sobre os culpados pelo desaparecimento de pessoas, algumas das quais estão surgindo, no terremoto do México, em um acidente de avião ou em uma reunião de intelectuais em Barcelona. Pedem justiça ou pedem vingança? Porque a justiça, ou a injustiça em alguns casos, já foi ditada pelos juízes supremos da Nação, mas a sede de vingança é tão poderosa que gostaríamos de saber o que essas pessoas, imbuídas de um revanchismo sem limites, pretendem. Gostariam de ver aqueles que odeiam queimados na fogueira como nos tempos da Santa Inquisição?".

Algo fizeram, ou, de forma equivalente, algo deixaram de fazer, sugere Bullrich, acrescentando nuances discriminatórios a um argumento desgastado. "Seria interessante saber o que essas senhoras faziam antes; refiro-me àquilo em que trabalhavam, o que construíam para o país quando ainda não passavam suas horas desfilando diante da Casa Rosada. Não me lembro do nome de nenhuma delas figurando nas letras, nas artes, na política, nas instituições de bem público. Podemos supor que esperavam, à espreita, essa ocasião ditada por circunstâncias dolorosas".

Bullrich, cujo nome, por sua vez, figurava, também pensava: "Sempre pensei que em uma mesma pessoa não podem florescer o ódio e o amor. Aqueles que têm uma grande capacidade de amar, em geral, não conseguem odiar, e aqueles que abrigam em seus corações uma grande capacidade de ódio, geralmente, também não sabem amar. Muito menos perdoar, claro. As virtudes humanas que na era do cristianismo chamamos de virtudes cristãs não são atributo dessas mulheres que, pelo fato de serem mães, devem ter conhecido o amor e deveriam fazer um esforço para superar o ódio ou, ao menos, mitigá-lo".

Era chegada a hora de lembrar as Mães dos princípios cristãos, embora, pelo que parece, a escritora estivesse distraída demais enquanto a ditadura ocidental e cristã erguia fogueiras, como nos tempos da Santa Inquisição. Bullrich sabia que estava julgando as Mães, mas tinha dificuldade em fazê-lo: "Me é difícil escrever estas linhas porque me é difícil julgar meus semelhantes. Cada vida é um enigma, mas, na verdade, também compadeço os juízes que se viram obrigados a julgar aqueles que salvaram o país da anarquia, do comunismo, da subversão, coisas, atualmente, só uma criança de menos de dez anos é capaz de lembrar. Por um lado, deve ter sido muito difícil para eles não pedir a extradição e o julgamento de Isabel Perón, que assinou o ato que obrigava as Forças Armadas a exterminar a guerrilha. Essa senhora teve o tato e a prudência de se eclipsar do cenário político e fez um grande favor ao seu partido e ao país. Um favor ainda maior fez a si mesma. Mas por que não erguem os punhos contra ela as insaciáveis senhoras de lenços brancos, que deveriam ser vermelhos, porque branca é a bandeira da paz?".

Além de conhecer o significado das cores, Bullrich sabia o que era a verdadeira democracia e o que era necessário fazer para alcançar esse estado: "Com todos os defeitos que o capitalismo tem, para nós que não possuímos nem fábricas nem campos, é o único sistema no qual podemos vir a possuí-los, e é a única base para que se consolide uma democracia digna de ser chamada assim. Seria conveniente ensinar aos jovens argentinos que a democracia é o melhor sistema de governo, mas não se trata de empunhá-la como um estandarte vazio de conceitos, é necessário aprender a manejá-la, a administrá-la, a sustentá-la. Tudo isso se consegue com trabalho e deixando de lado todos os revanchismos que tantas feridas abriram ao longo e ao largo de nossa pátria".

Por essa razão, estava disposta a esquecer, pelo menos, o que acabara de sugerir sobre Isabel Perón: "Basta já de escavar presuntas irregularidades em dez anos de diversos governos e uma guerra ridícula no meio que custou vinte milhões de dólares, e que agora nos dói pagar, inventando um bode expiatório". O custo dos mortos, feridos e suicidados por essa guerra parece irrelevante, talvez porque pensasse que já estavam pagos.

A questão, afinal, era que não estávamos bem: "Nos países, como nos negócios, quando a situação é florescente, todo mundo se reúne para comer, se abraça, se felicita; quando vai mal, começam os repúdios, as demandas, as suspeitas. E a flor que cresce mais viçosa nesses casos é a sede de vingança, muitas vezes disfarçada de sede de justiça".

40. Eleições

Poucos minutos antes das dez da manhã do dia 16 de janeiro de 1986, Renée *Yoyi* de Epelbaum disse a Hebe que queria conversar a sós. A Casa das Mães estava um alvoroço e nenhum dos dois setores em confronto tinha certeza do que aconteceria na Assembleia Extraordinária que deveria eleger a nova Comissão Diretiva da Associação, que estava prestes a começar. Hebe aceitou. *Yoyi* então disse que as Mães que ela representava não estavam de acordo com a realização da Assembleia, que não estavam dadas as condições, e que pediam sua suspensão. Hebe escutava calmamente e em silêncio. Caso não fosse acordada a suspensão, continuou *Yoyi*, ela trazia um documento que impugnava o ato. Hebe respondeu que a Assembleia aconteceria de qualquer forma e, caso *Yoyi* quisesse, poderia deixar o documento. *Yoyi* insistiu, mas como Hebe se manteve firme, pediu que deixasse ela ler o documento diante das Mães, e nada mais. Para Hebe, não havia inconveniente.

A Assembleia começou por volta das 11h. Hebe abriu o ato e logo, como estava combinado, *Yoyi* pediu a palavra. Apesar de *Yoyi* ter começado a falar, muitas Mães continuavam discutindo, pareciam não prestar atenção, até que anunciou que leria um documento.

— Peço a palavra para dar leitura a um breve documento no qual queremos expressar algumas reservas em relação a esta Assembleia. Não há nenhuma intenção divisionista nisso, mas queremos que as coisas tenham a maior transparência possível. Não há outra intenção nisso.

O setor liderado por Hebe havia se proposto a manter a ordem para que nenhuma recriminação pudesse ser feita depois, tão certas estavam de que sairiam vitoriosas naquele dia.

— Nós, Mães signatárias — começou *Yoyi* —, fundadoras da Associação Mães da Praça de Maio, viemos impugnar esta primeira Assembleia Extraordinária convocada para o dia de hoje, por entender que apresenta graves irregularidades. Com relação ao primeiro ponto da ordem do dia, consideramos que não podemos validar, como sócias fundadoras, um balanço que nos foi apresentado somente nas últimas horas da tarde da terça-feira, 14, sem que nos fossem entregues, como seria adequado, cópias do mesmo para análise. O contador designado para sua revisão prévia, e ao qual foi entregue um exemplar para análise, pouco menos de uma hora antes, destacou objeções precisas, além de comunicar que não tinha o tempo mínimo e necessário para uma análise detalhada. Ele recomendou a realização de correções.

O silêncio era total, a expectativa sobre o que *Yoyi* dizia era intensa; salvo Hebe e as signatárias da nota, praticamente ninguém mais conhecia seu conteúdo. *Yoyi* continuou a ler:

— Em relação à memória, cuja entrega deve ser feita juntamente com o balanço, no mesmo dia 14, quando solicitamos, nos informaram que ainda não havia sido redigida. Reiteramos que é norma que esses documentos, memória e balanço, devem ser submetidos para aprovação pelas comissões que regem o andamento de uma Associação, com uma antecedência não inferior a quinze dias úteis. Também é norma que se coloque à disposição das sócias cópias dos mesmos, com a mesma antecedência. Devido à greve dos correios, não há certeza de que a convocação tenha chegado a todas as associadas, por essas e outras anomalias, que invalidam esta Assembleia, propomos a impugnação.

As últimas palavras de *Yoyi* geraram murmúrios que impediam a continuação da leitura da nota. *Yoyi* levantou os olhos do papel que tinha em mãos, e Hebe pediu silêncio.

— É nossa obrigação e nosso empenho que a documentação apresentada a esta Assembleia reflita com fidelidade a situação patrimonial e o trabalho realizado. Propomos que se proceda à correção dessas irregularidades dentro de um prazo prudente que permita sua retificação efetiva, a fim de possibilitar uma nova convocação. Caso contrário, encaminharemos esta impugnação à Inspeção Federal de Justiça.

A leitura foi concluída. *Yoyi* entregou a nota a Hebe, e Hebe retomou a palavra.

— Está sem assinatura — disse depois de olhar a carta. Que se manifestem as pessoas que pedem a impugnação. A outra parte da Comissão que não concorda com isso, porque acredita que até agora nos movemos nessas condições, e aqui está tudo para que seja lido e revisado, vai continuar com a Assembleia. As que estiverem de acordo, ficam, e as que não estiverem de acordo, é claro, se retiram.

— Perdão, Hebe — interrompeu *Yoyi*. Além de ler os nomes de quem assinou isto, quero esclarecer que, como correspondia lealmente, mostrei esta carta a Hebe antes deste momento.

Hebe assentiu, mas antes de permitir a leitura dos nomes, apontou que as Mães que apoiavam a carta tinham trazido um tabelião, e que o setor que queria continuar com a Assembleia estava aguardando a chegada de outro tabelião que viria para "fiscalizar".

— Vai chegar em poucos minutos — disse Hebe —, porque nós que estamos seguras de ter feito as coisas como sempre fizemos, vamos continuar com esta Assembleia.

— E se a maioria não concorda? — perguntou outra mãe. Tem que haver um mínimo para que a Assembleia possa ser realizada.

— Quem não concordar, se retira — afirmou Hebe.

Eram duas lógicas, cada uma com suas doses de razoabilidade, mas, de qualquer forma, ninguém poderia impedir que as Mães a favor da continuidade da Assembleia cumprissem com sua tarefa. Se a impugnação resultasse na nulidade do ato, depois veriam. Caso contrário, o ato seria válido. As Mães que impugnavam a Assembleia sabiam disso, por isso não podiam validar o ato com sua presença. Mas, caso se retirassem, não faziam mais do que facilitar o caminho para o setor liderado por Bonafini. A Assembleia seguiria seu curso sem os inconvenientes de uma oposição à espreita e sem o risco de que, na eleição da diretoria, aquele grupo pudesse obter, no mínimo, a representação da minoria.

Depois se resolveria a validade ou nulidade dessa eleição, mas, a princípio, Hebe contaria a seu favor com a força dos fatos consumados. Não tinha sido essa a força, a de se impor pela via dos fatos ao invés dos caminhos da legalidade ou ilegalidade, a que havia dado às Mães aquela potência extraordinária sob a ditadura? O setor dissidente claramente não percebeu essa possível vantagem a favor de Bonafini e, se percebeu, pareceu pensar que, como a Assembleia já estava dada, não havia outra alternativa.

Até o momento, o resultado imediato da retirada seria a participação nas eleições de todas as representantes dos grupos do interior.

— Seis pessoas precisam assinar isso — disse Hebe, referindo-se ao balanço. Com seis assinaturas, o balanço está aprovado.

Então *Yoyi* retomou a palavra:

— O contador ressaltou precisamente a importância de que esse balanço fosse assinado por uma quantidade apreciável de pessoas. Sobretudo, porque esse balanço não leva assinatura do contador. Naturalmente, ser assinado por poucas pessoas, digamos, o torna mais frágil, de alguma forma. Bom, essa é uma observação rápida. Agora vou ler os nomes.

Como se ouviam fortes murmúrios de mães que conversavam e discutiam, Hebe pediu que não debatesssem, que deixassem ler os nomes das que assinaram a carta para depois continuar a Assembleia com as que estivessem de acordo.

— Tenho que acrescentar um único ponto — disse *Yoyi* —, que é que o contador mencionou que, por estar em trâmite a personalidade jurídica para a instituição — que neste momento é uma sociedade de fato — a responsabilidade, infelizmente, não é somente das comissões Fundadora e Diretiva, mas de todas as associadas. E é de interesse de todas as associadas que as coisas sejam feitas da maneira mais perfeita possível.

A afirmação de *Yoyi* visava, sem dúvida, gerar receios sobre as eventuais responsabilidades pessoais de cada uma das que aprovassem o balanço. Novos atravessamentos impediam a leitura dos nomes das signatárias da impugnação. Hebe chamou à ordem para que *Yoyi* pudesse continuar.

— As Mães que assinaram a nota — teve que elevar mais a voz porque as discussões não cessavam —, as Mães que impugnaram a reunião são: María Adela Gard de Antokoletz, quem fala, Renée de Epelbaum, Élida de Galletti, Nora de Cortiñas, Marta de Vázquez, *Ketty* de Neuhaus, Quita de Chidiccimo.

— Carmen de Lapacó? — perguntou Hebe, surpresa por Carmen não ter sido mencionada, apesar de integrar o grupo opositor.

— Não, não estava no momento em que a redigimos — esclareceu *Yoyi.*

— Bom — observou Hebe —, as companheiras vão entregar o documento assinado antes de se retirarem do local para que conste em ata.

— Vamos entregar isso para María del Rosario — disse *Yoyi* —, para que conste em ata. Insisto, não é nossa intenção dividir, nem nada disso, pelo contrário. O que queremos é, precisamente, que as Mães sigam tendo o bom nome que sempre tiveram. Nada mais. Depois dessa leitura, vamos nos retirar para que vocês possam proceder, as que quiserem ficar, com esse ato. Bom, isso é tudo.

— Sim, sim — disse Hebe prontamente. Agora vão assinar e entregar. Podem assinar ali, fazer uma cópia e ficar com a cópia de vocês. Deixem o original aqui.

Chapa única

Yoyi havia concluído, mas nem ela nem as Mães que apoiavam sua posição se retiravam da Casa das Mães. A discussão se generalizou, as vozes das mães levantavam cada vez mais. Assim, a Assembleia não podia continuar, como o setor liderado por Hebe pretendia a todo custo. Esperavam a saída do grupo opositor. Hebe voltou a intervir para apressar as coisas.

— Retirem a chapa, então, companheiras — afirmou Hebe, fazendo uma interpretação pessoal da nota de impugnação. Não se apresentam à votação.

Parecia lógico: se não estavam de acordo com a Assembleia, não seria coerente que mantivessem a chapa. Não houve réplica. A lista Celeste, composta por María Adela, presidente; María Marta Ocampo de Vázquez, vice-presidente; Élida Bussi de Galletti, secretária; Nora Morales de Cortiñas, pro-secretária; Margarita Peralta de Gropper, tesoureira; Aída B. de Sarti, pró-tesoureira; Renée S. de Epelbaum, Alicia de Cardenas, Celia Curi de Machado, Lidia Poo de Minervini, Josefa Solaes de Arias, conselho deliberativo; Edna De Ricetti, Nélida Fiordeliza de Chidichimo, Celia I. de Sapaccaveeto, Angélica Sosa de Mignone, Nilda I. de Micucci, suplentes, se retirava das eleições por decisão de suas integrantes.

Uma mãe pediu em voz alta para que fosse feita uma chapa única. Mas Hebe disse que o setor que representava não podia retirar sua lista e que deviam continuar com a Ordem do Dia. Perguntou então se queriam que a reunião seguisse. Ouviu-se um sim quase geral, respaldado por aplausos.

As mães opositoras, lideradas por *Yoyi*, se retiraram. Hebe e as suas observaram atentamente quantas estavam saindo. Era um dado crucial. Na versão das dissidentes, quase trinta Mães haviam saído; na versão das outras, não mais de dez.

— Companheiras — disse então Hebe —, vocês podem ficar para ouvir, porque até agora ouviram uma carta que trouxeram as companheiras, um só ponto de vista. Nós temos interesse que escutem o tanto com que começamos. Companheiras, por favor, sem discutir. Eu peço uma coisa. Vamos entregar a Memória e o Balanço de tudo o que foi feito. Todas vocês podem falar com o contador que fez o balanço, porque o nosso contador trabalhou com todo o tempo necessário. As companheiras da outra chapa trouxeram um contador que não era tal, e no último momento trouxeram outro. Eu não estou aqui para discutir com as companheiras. Trabalhamos e demonstramos com nosso trabalho o que fizemos. Não temos absolutamente mais nada a dizer, além de ler esta Memória e dizer o que temos, quanto temos, com o que começamos e que isso é o que temos todas. Porque todas somos responsáveis. Esta Casa é de todas e esta reunião é de todas nós que estamos aqui.

Hebe mantinha a calma e tentava continuar, mas a desordem se impunha. As mães que impugnaram a Assembleia ainda não haviam terminado de sair, enquanto outras continuavam fazendo comentários, discutindo.

— Aqui tem uma companheira com uma pergunta — continuou Hebe. Companheiras, vou pedir que esperemos que as companheiras que impugnaram se retirem para continuar esta reunião. E, companheiras, precisamos seguir, não vamos começar debates sobre por que fizeram isso ou aquilo. Aqui tem uma companheira perguntando por que ontem foi apresentada a chapa que hoje elas mesmas impugnam. Nós não sabemos por que apresentaram ontem, colocaram lá e trouxeram as assinaturas, e hoje fazem uma impugnação. Isso nós não sabemos. Mas acreditamos que não podemos entrar nesse debate porque elas já tomaram uma decisão. Vamos esperar que as companheiras se retirem da reunião, e quando deixarem a carta assinada, vou ler a Memória. Assim que as companheiras deixarem a carta assinada. Por favor, falemos uma de cada vez.

Somente quando as impugnantes terminaram de sair, Hebe retomou a palavra.

— Companheiras, eu digo uma coisa: esta reunião precisa continuar com a maior ordem possível. Sempre fomos caracterizadas por uma forma de trabalhar muito forte, muito rígida ao pedir e muito honrada ao agir. O que aconteceu hoje aqui vai contra toda a nossa vontade. Mas é a decisão de um grupo de companheiras. Respeitemos a decisão das companheiras. As que estão de acordo com elas, que assinaram sua lista, se quiserem se retirar, podem fazer isso; se quiserem ficar, também podem. Mas peço, por favor, que me permitam falar e ler esta Memória, porque se falarmos e gritarmos todas, não vamos nos entender. Hoje há pontos a tratar, determinados previamente, acho que devemos respeitar isso. Dei a palavra à companheira Epelbaum, porque antes de começar esta reunião, como ela relatou, ela me procurou. E então, dei a palavra porque, por honestidade, me correspondia. Não porque estivesse dentro dos planos.

Bonafini passou diretamente para a Ordem do Dia. Disse que iria ler a Memória e o Balanço, que o contador estava à disposição para quaisquer dúvidas de qualquer mãe, que toda a documentação estava respaldada pelos arquivos:

— Acima de tudo, quero dizer que o que há aqui, durante todos esses anos, desde o primeiro dia, é um trabalho gigantesco de Juanita e Maria del Rosario, que guardaram até o último papelzinho e a última nota — ela se referia à tesoureira e à secretária da Associação. — Os formalismos das democracias indicam que devemos ler a Memória e o Balanço. Eu não sabia, me disseram. Eu achava que Memória e Balanço eram apenas contas. Sou tão ignorante, que não sabia que a memória era tudo o que fazemos: um resumo das atividades que se destacaram ao longo desses sete anos de vida da nossa singular Associação.

Bonafini começou a ler:

— Desde nosso primeiro encontro na Praça de Maio, em 30 de abril de 1977, junto à inesquecível Azucena, até hoje, percorremos um longo e doloroso caminho, que no entanto nos trouxe o reconhecimento de boa parte do nosso povo e de outros povos do mundo. Nossa reivindicação foi levada aos mais altos níveis de governo. Nossa voz teve eco no âmbito internacional em organizações sociais preocupadas com a dignidade humana, que estimularam nossa luta, com distinções honoríficas, como os prêmios da Universidade de Essen na Alemanha, do povo norueguês, Cambio16 da Espanha, Roscow Chapel dos Estados Unidos e da prefeitura de Rottendam, Países Baixos. Em agosto de 1979, legalizamos esta Associação que iniciou, na Praça de Maio, em 30 de abril, nossa inquebrantável luta pela vida. Essa Comissão Diretiva que hoje encerra suas funções foi designada inicialmente, conforme consta na ata constitutiva, por voto direto da Comissão Fundadora, composta por vinte de nossas Mães. Desde então, e até hoje, seu trabalho foi desenvolvido com o apoio de instituições do exterior, que compreenderam a justiça de nossa reivindicação e a enorme tarefa em que as Mães integrantes desta Associação tiveram participação decisiva desde a histórica Praça, onde começamos a mostrar ao povo que era possível resistir a uma brutal ditadura com nenhuma outra força que não a da verdade.

O documento fazia uma retrospectiva daqueles anos sombrios de luta sob a ditadura: os protestos, os enfrentamentos, as palavras de ordem, a criação dos símbolos, como o lenço branco. Continuava relatando as ações realizadas no período pós-ditatorial: a posse de Alfonsín, as esperanças e as frustrações, e a continuidade da resistência. Não mencionava, evidentemente, os primeiros debates e enfrentamentos internos.

Após a leitura da Memória, foram distribuídas cópias do Balanço. Por volta do meio-dia, Hebe anunciou que a Assembleia entraria em recesso, durante o qual seria realizada a votação para eleger a nova Comissão Diretiva, com prazo até as 18 horas. Sendo quinta-feira, muitas Mães aproveitaram para participar da tradicional marcha na Praça de Maio.

Pouco depois do encerramento da eleição, realizado o cômputo dos votos, foi declarada vencedora, com mais de duzentos e trinta votos, a única chapa apresentada. A Chapa Branca ficou composta da seguinte forma: Hebe de Bonafini, presidenta; Noemí de Álvarez Rojas, vice-presidenta; María del Rosario de Cerruti, secretária; Elvira de Triana, pró-secretária; Juana de Pargament, tesoureira; Laura de Rivelli, pró-tesoureira; Elisa de Landín, Ada de Senar, Aída de Suárez, Elsa de Manzotti, María de las Mercedes Meroño, conselho deliberativo; Haidée de Ramírez Abella, Hebe de Masia, Clotilde de Castillo, María Luisa de Castro e Aline de Hold, suplentes.

Iniciava-se, assim, a última etapa de uma ruptura já inevitável.

Impugnação

O setor dissidente da Associação não se deu por vencido. Inicialmente, decidiu partir para a ofensiva, abrindo uma disputa jurídica e impugnando a Assembleia perante a Inspeção Geral de Justiça, órgão administrativo subordinado ao Ministério da Justiça da Nação.

Em uma carta pública datada de 30 de janeiro de 1986, o grupo dissidente justificou essa decisão:

> Cumprimos com nossa obrigação de informar que impugnamos a Assembleia Geral realizada no último dia 16 de janeiro, em nossa sede na rua Hipólito Yrigoyen, 1442, na Capital Federal. Essa obrigação nos cabe como integrantes majoritárias da Comissão Fundadora. Como manifestamos no início de tal Assembleia, ao realizar a impugnação, não

> houve nem há qualquer intenção divisionista por trás de nossa decisão. Tampouco nos movem ambições pessoais, atitudes que consideramos desqualificáveis. Entendemos que, ao não serem cumpridos determinados requisitos indispensáveis prévios à realização da Assembleia, esta deveria ter sido adiada para permitir a correção dessas falhas. O Estatuto que rege a vida de nossa Associação afirma textualmente, em seu artigo 13, inciso c), que a Comissão Diretiva deve confeccionar a Memória, o Balanço Geral e o Inventário correspondentes a cada exercício e apresentá-los à Comissão Fundadora para posterior submissão à Assembleia Geral. Por ser nossa Associação uma sociedade de fato, não apenas as integrantes de suas Comissões Fundadoras e Diretivas são responsáveis pela administração da Associação, mas essa responsabilidade é compartilhada por todas as associadas. Como Sócias Fundadoras, essa responsabilidade, que atinge todas as mães, nos obriga a redobrar o cuidado com as ações da instituição e com seu patrimônio, para garantir total transparência. Transcrevemos, a seguir, o documento de impugnação lido na ocasião da Assembleia. Também anexamos, em folha separada, os pontos e as bases para um projeto de federação de associações de mães da capital federal e do interior, em pé de igualdade, que não pôde ser apresentado naquela oportunidade para posterior estudo e decisão por todas as agrupações regionais.

Ao final, o texto incluía a impugnação apresentada e reiterava a confiança de que, em breve, todas as Mães, superadas as falhas observadas pelo grupo dissidente, se reuniriam em uma nova Assembleia para "continuar, todas juntas, a luta a que nossos filhos e a ética nos convocam.

Quase todas as filiais que receberam a carta enviada pelo setor dissidente responderam contrapondo seus argumentos e repudiando a atitude tomada, especialmente a decisão de recorrer a uma disputa jurídica que colocaria o movimento sob a decisão de agentes externos.

No início de fevereiro, o setor dissidente oficializou, junto à Inspeção Geral de Justiça, a denúncia e a impugnação contra a Assembleia Extraordinária realizada em 16 de janeiro. Com o apoio do advogado Horacio A. Méndez Carreras, as integrantes María Adela, Nora de Cortiñas, Renée de Epelbaum, Marta Ocampo de Vázquez, Élida de Galletti, Chela Mignone e Carmen de Lapacó apresentaram o pedido de nulidade da Assembleia, baseando-se em quatro irregularidades principais: a convocação de 16 de janeiro não havia sido formalmente aprovada pela Comissão Fundadora; a convocação foi feita por carta simples, em meio a um conflito sindical dos trabalhadores dos correios; nem a Memória nem o Balanço haviam sido previamente aprovados pela Comissão Fundadora; participaram e votaram na Assembleia pessoas que não eram integrantes da Associação.

O anúncio público da disputa jurídica provocou uma nova controvérsia. Os meios de comunicação, especialmente os impressos, deram ampla cobertura ao caso. O jornal *Clarín* foi o primeiro a tratar do assunto, dedicando uma página inteira em sua edição de 6 de fevereiro, com dois artigos: o primeiro intitulado "Houve uma fratura nas Mães da Praça de Maio", e o segundo, "Símbolo de épocas difíceis", sob o subtítulo "Divergências".

Após expor os fundamentos da impugnação e dar destaque ao nome das Mães que haviam assinado a apresentação perante a Inspeção Geral de Justiça, o primeiro artigo reproduzia os argumentos que, na perspectiva do setor dissidente, conferindo legitimidade e autoridade ao grupo opositor. Nesse sentido, o texto ressaltava: "As signatárias da impugnação destacaram o fato de constituírem a maioria na Comissão Fundadora da Associação Mães da Praça de Maio, que é o órgão máximo de condução e", reforçaram, "está acima da Comissão Diretiva, que possui funções executivas".

O jornalista havia se preocupado em reunir a opinião da nova diretoria da Associação que, naturalmente, rejeitava os argumentos das dissidentes: "Hebe de Bonafini", relatou o jornalista, "lamentou o episódio, mas afirmou que o ocorrido não afeta o funcionamento normal da entidade. Ela ressaltou que participaram do ato eleitoral na Assembleia Geral Extraordinária, perante tabelião público, 65% das mães em condições de fazê-lo. Informou ainda que, inicialmente, havia duas chapas, mas uma delas, liderada pela senhora Antokoletz, decidiu retirar-se e impugnar a eleição". Bonafini enfatizou que a chapa que encabeçava obteve apoio "unânime, com apenas quatro votos em branco".

O jornal *Clarín* destacou que o setor das Mães que considerava "ilegítimas" as novas autoridades da Associação advertiu que a diretoria de Hebe de Bonafini não deveria tomar decisões enquanto a impugnação não fosse resolvida. O artigo também relatou que as "dificuldades" internas tornaram-se "notórias" desde novembro, quando foram detectadas "diversas anomalias nos registros de associadas e a ausência de um relatório sobre a memória e o balanço da entidade". Além disso, o texto acrescentava que o setor dissidente havia solicitado o adiamento da Assembleia para garantir a apresentação das chapas, pois "os cargos são distribuídos pelo sistema de maioria e minoria". Por fim, o jornal afirmava que o grupo dissidente aguardava uma decisão da justiça e confiava "que haverá novas eleições", acrescentando que "a ideia não é retirar Hebe, mas praticar a democracia interna".

O segundo artigo foi assinado pelo jornalista Arnaldo Paganetti, que acompanhava as Mães de perto há muito anos. De certo modo Paganetti acertava em cheio quando afirmava que "as medidas originais adotadas pelo presidente Raúl Alfonsín a partir de 10 de dezembro de 1983 — como a criação da CONADEP e o julgamento, com um procedimento singular, dos responsáveis pelo terrorismo de Estado — surpreenderam as Mães, assim como outras organizações de direitos humanos". Apesar delas, ou talvez por causa delas, as Mães continuavam sendo "as críticas mais implacáveis da política realizada pelo Governo nesse assunto". Ele sugeria que, além das críticas que o setor dissidente formulava contra à presidenta e às formalidades da Assembleia, era essencial considerar o pano de fundo político. Isso incluía o contexto da transição pós-ditatorial e as ações específicas relacionadas aos direitos humanos.

Outro ponto analisado no artigo foi o estilo de liderança de Bonafini e seus efeitos: "Internamente, sem que isso viesse a público até alguns meses atrás, surgiram critérios opostos sobre a forma de condução adotada por Hebe de Bonafini. Isso se traduziu, originalmente, na criação de duas chapas para as eleições convocadas — pela primeira vez desde 1979 — para o dia 16 de janeiro de 1986". Sobre isso, Paganetti relembrou alguns episódios polêmicos: "Durante 1985, chamou a atenção a ausência da senhora Bonafini em uma entrevista com o presidente italiano, Sandro Pertini, pois ela optou por participar, em Mar del Plata, de uma ação para impedir a exumação de cadáveres ordenada pela justiça". A questão, como foi dito na ocasião, não era tanto a ausência de Hebe na reunião com o chefe de estado estrangeiro, mas sim sua presença em Mar del Plata, o que gerou um dos incidentes políticos mais debatidos internamente no processo de disputa com o grupo de Mães dissidentes. Paganetti recordou que a mãe Matilde Palmieri de Cerviño acusou Hebe de "autoritarismo" devido à oposição da presidenta à identificação de um cadáver não identificado.

Um dos parágrafos mais controversos do artigo menciona "grupelhos" que estariam influenciando a linha política das Mães. Segundo Paganetti, o setor dissidente alertou para "a atividade de 'grupelhos de pressão' dentro da instituição, que provocam divisões" e para sua exigência de "menos personalismo e maior democracia interna, que ponha fim a expressões e atos centralizados". Além disso, argumentou que a entidade deveria se restringir aos objetivos para os quais foi criada, não concordava totalmente com a linha editorial do jornal das Mães e solicitava uma relação mais fraterna e solidária com outras organizações defensoras de direitos humanos. Paganetti concluía afirmando que, "no setor que atualmente apoia Hebe de Bonafini na Comissão Diretiva, prevalece a ideia de que ela representa a vertente menos conciliadora com o governo, em contraste com a liderada pela senhora de Antokoletz".

O artigo do *Clarín*, particularmente a referência aos "grupelhos de pressão", gerou indignação no setor liderado por Bonafini. Essa acusação era similar — na verdade, idêntica — às críticas feitas pelo governo, insinuando que as Mães eram "manipuladas". As Mães do setor dissidente negaram ter usado essas expressões e afirmaram que se tratava de uma definição própria do jornalista.

Senhoras e companheiras

Uma palavra, ou melhor, duas, costumavam diferenciar María Adela de Hebe: nas reuniões da Comissão Diretiva, María Adela usava o termo "senhoras" para se dirigir às demais integrantes da diretoria. Hebe, por sua vez, dizia "mães" ou "companheiras". Isso não era um detalhe menor. A escolha remetia a diferenças culturais e políticas que, como apontado em outros capítulos, faziam parte de uma série mais ampla de distinções. Porém, no dia 6 de fevereiro de 1986, Hebe deixou de usar a palavra "companheiras" para se referir às Mães do grupo dissidente.

Naquela data — a mesma em que foram publicados os artigos mencionados no *Clarín* —, a nova Comissão Diretiva da Associação se reuniu pela segunda vez desde o ato eleitoral. Todas as integrantes estavam abaladas pela repercussão que o confronto interno havia alcançado na mídia, especialmente pelas palavras que o artigo atribuía a algumas representantes da Linha Fundadora. Bonafini começou o encontro com uma análise inevitável sobre a notícia.

— Bom, companheiras, vamos dar início à reunião. Acho que primeiro vou ter que fazer referência aos fatos de ontem, como agora já não posso mais dizer "minhas companheiras", mas sim "as senhoras" às que levantaram a dissidência, que publicizaram o rompimento. Um rompimento que, claro, foi provocado por elas. Acho que foi muito triste e muito trágica a exposição dos problemas internos no jornalismo. Acho que isso beneficia o inimigo, enquanto nós, infelizmente, mantivemos o silêncio. Muitos jornalistas me ligaram e me disseram:

> Olha, vieram aqui duas ou três pessoas e disseram isso, isso e aquilo sobre ti, sobre isso, sobre aquilo. Tu tens algo a dizer? — Não, não tenho nada a dizer, não tenho nada a esclarecer. Trabalho há nove anos e examino minha consciência todas as manhãs quando me levanto. E assim conseguimos evitar que se publicasse o que elas, sim, queriam publicitar. Infelizmente, ontem à noite o *Clarín* me ligou para dizer que isso sairia. Elas levaram uma carta, que também enviaram a todos os organismos e ao exterior. Recebi informações de vários lugares fora do país onde elas divulgaram isso. E acredito que os únicos beneficiados com isso são os militares, porque claramente elas não pensaram nos filhos. Se tivessem pensado um pouco nos filhos, não teriam feito isso. Por outro lado, acho que o artigo deixa claro que elas seguem uma linha totalmente alfonsinista, conciliadora, e que querem levar a instituição ao caminho da burocracia. Nós sempre fizemos as coisas da melhor forma que sabíamos e podíamos. Hoje, quando me ligaram das rádios, também mantive a calma. Algumas companheiras me ouviram. Tento dizer o mínimo possível, não falar absolutamente mal de ninguém e falar pouco para que publiquem pouco. Recebi ligações de várias agências internacionais, e o que comentei foi que a maioria das Mães está de acordo com esta linha, a linha que foi votada. O interior votou, com suas cartas, com sua presença, e vamos continuar avançando. A impugnação delas é uma expressão de desejo, e é isso que deve ser dito. Por enquanto, nada mais aconteceu. Elas impugnaram a Assembleia que elas mesmas haviam convocado. Porque são parte das Fundadoras que convocaram a Assembleia. Ou seja, elas impugnam o que elas mesmas convocaram. Essas foram as únicas explicações que dei à imprensa. Dissemos que havia duas chapas. Também foi comentado com algumas pessoas que, num primeiro momento, María Adela estava na nossa

> chapa, mas depois ela quis sair para liderar a outra chapa. É triste que as pessoas não percebam isso, ou percebam e o façam mesmo assim; são as duas possibilidades. Acredito que há uma intenção de romper o movimento e, principalmente, de me tirar da liderança, para que tudo caia no silêncio e na incerteza. Estamos funcionando como uma Comissão, uma Comissão eleita em um ato legal. Vamos continuar funcionando assim.

Bonafini comentou, posteriormente, sobre o último Encontro Nacional das Mães, realizado em Neuquén após as eleições internas. A participação de representantes de 23 filiais de todo o país representava um apoio explícito e uma vitória completa para a nova liderança da Associação.

De fato, o encontro resultou em um documento que expõe as principais conclusões da reunião. O primeiro ponto destacado foi que "o Encontro marca o início de uma etapa histórica de unidade e fortalecimento nesta luta, comprometendo-nos a sermos cada vez mais firmes e fortes em nossas decisões". O segundo, enfatiza o "apoio total à renovação da Comissão de Capital, bem como o compromisso de manter em alta as consignas e a linha sustentada pela liderança nacional". O terceiro destaca a necessidade de "participação ativa e permanente de todas as Delegações do Interior". O quarto exige que "o Judiciário se torne um poder independente, sem subordinação ao poder político". O quinto proclamou como princípio da Associação a denúncia permanente de "todas as violações dos direitos humanos, exigindo dos Legisladores o fiel cumprimento do mandato conferido pelo povo". Por fim, reafirmou-se "o compromisso assumido com os jovens, nossos novos filhos, convocados a continuar esta luta".

Depois, discutiu-se como agir em relação à presença das mães da Linha Fundadora na Casa das Mães. Algumas defenderam proibir sua entrada, mas a maioria — incluindo Bonafini — discordou. A Casa era de todas, e elas não seriam expulsas nem teriam sua presença limitada, embora se tenha decidido que sempre haveria integrantes da nova liderança presentes no local.

Apesar da indignação geral causada pelos artigos jornalísticos que reproduziam opiniões das mães dissidentes, Hebe esclareceu que não os contestaria publicamente, para evitar um escândalo que preferia não alimentar. Ela mencionou que o jornalista Jorge Lanata havia solicitado uma entrevista para a Rádio Belgrano, mas que ela se recusou a falar sobre a ruptura.

No entanto, as diferenças e sua repercussão pública já eram inevitáveis. Uma enxurrada de artigos jornalísticos noticiou a situação nos jornais do dia 7 de fevereiro. La Nación estampou: "Divergências entre as Mães da Praça de Maio"; Ámbito Financiero trouxe "Divisão sugestiva"; enquanto La Prensa publicou: "Um grupo de Mães da Praça de Maio impugnou as autoridades da entidade".

41. Unidas?

Tanto as novas autoridades da Associação quanto as Mães do setor dissidente negaram a existência de uma ruptura no movimento. No mesmo dia 7 de fevereiro, quando outros jornais anunciavam as disputas internas, o *Tiempo Argentino* destacou: "Não existe nenhuma ruptura entre as Mães da Praça de Maio", com a manchete complementar: "Tanto Bonafini quanto o grupo que impugnou sua reeleição à frente da entidade indicaram que a associação continua unida". O *Crónica* publicou: "Mães negam divisão". Já o *Diario Popular* trouxe as manchetes: "Conflito entre as Mães" e "Negam a ruptura, mas se acusam de tudo" em duas longas matérias. Por fim, o *La Razón* afirmou: "As Mães da Praça de Maio desmentiram uma ruptura", com o subtítulo "Há diferenças, mas não cisões".

Por outro lado, o *Clarín*, que havia lançado a primeira notícia sobre o tema no dia anterior, retomou a questão em um artigo intitulado "Bonafini criticou o grupo dissidente", com o subtítulo: "Negam cisão". O destaque do texto dizia: "A presidenta das Mães da Praça de Maio, Hebe de Bonafini, descartou a possibilidade de uma cisão nessa entidade defensora dos direitos humanos e minimizou a atitude do grupo dissidente à sua liderança. Ambos os setores, separadamente, negaram a eventualidade de uma ruptura interna. Nova ronda na Praça".

No entanto, o artigo do *Clarín* detalhou o confronto. Em primeiro lugar, afirmava: "A presidente das Mães da Praça de Maio, Hebe de Bonafini, contradisse ontem as especulações sobre uma possível 'cisão' nessa entidade e, ao término da habitual ronda que realizam todas as quintas-feiras em frente à Casa de Governo, responsabilizou um grupo opositor que impugnou as eleições de 16 de janeiro por carecer de respaldo e por pretender 'o voto qualificado', assumindo 'o direito de agir como elite'". Além disso, mencionava que "as dissidentes da atual liderança da associação defensora dos direitos humanos, entre as quais estão María Adela de Antokoletz, Nora de Cortiñas, Marta de Vázquez e Renée de Epelbaum, especificaram que a contestação apresentada à Inspeção Geral de Justiça 'não é dirigida contra pessoa alguma, mas reivindica a correção de irregularidades que a tornam ilegítima'". Por fim, o *Clarín* observava que ambos os setores coincidiam em rejeitar as versões sobre uma suposta ruptura e reafirmavam seus objetivos de luta permanente em defesa dos interesses populares e dos direitos humanos.

O jornal indicava que, ao final da marcha da última quinta-feira, Hebe de Bonafini havia admitido as diferenças internas e lido um breve comunicado diante de centenas de Mães reunidas ao pé do monumento a Belgrano. Nesse documento, a Associação descrevia a formação de um grupo dissidente composto por "oito pessoas" que haviam assinado a impugnação das eleições realizadas em 16 de janeiro. A declaração ressaltava a "falta de respaldo desse pequeno grupo que assume o direito de atuar como uma elite, ignorando a igualdade das mães, sem supremacia de umas sobre as outras". Acusava também o setor dissidente de buscar "uma espécie de voto qualificado" e rejeitar a decisão da "maioria das mães de todo o país".

Em seguida, o *Clarín* destacava que "porta-vozes desse grupo dissidente rejeitaram as acusações feitas ontem na Praça de Maio pela senhora Bonafini. Manifestaram-se favoráveis a um pluralismo interno e repudiaram atitudes 'autoritárias'. Defenderam que ninguém questiona 'as qualidades de liderança, o caráter, a capacidade e a qualidade de líder' da senhora Bonafini, mas reivindicaram 'democracia interna'".

Apesar das negativas de ambos os setores, os meios de comunicação continuaram analisando a possibilidade de uma ruptura definitiva. No dia 11 de fevereiro, o jornal *La Razón* publicou uma charge de humor assinada por Fernando Sendra que reforçava essa ideia. A charge, usando três personagens clássicos do humorista, o primeiro dizia: "Últimas notícias! As Mães da Praça de Maio se dividiram em dois grupos." O segundo fazia um comentário: "Dessa forma abandonam um velho lema." O terceiro arrematava: "Mãe só tem uma!", revelando de que lema se tratava. As Mães, no entanto, não estavam para brincadeiras. Hebe enviou uma carta pessoal a Sendra criticando duramente a charge: "Fazer piadas tão infelizes como essa talvez te consiga um emprego no Ámbito Financiero ou na revista Cabildo", ambos meios caracterizados pelas Mães como propagadores da direita.

De fato, ambos os grupos concordaram em negar a ruptura, mas por razões diferentes. Ao desmentir a divisão, o setor oficial implícita e estrategicamente reforçava que não era possível falar em duas agrupações de Mães, pois somente a Associação reunia essa legitimidade, negando, assim, a validade do núcleo dissidente. Por outro lado, as opositoras negavam a ideia de divisão para evitar que a elas fosse atribuída a responsabilidade pela ruptura do histórico movimento, além de defender sua pertença e preservar suas aspirações ao contestar a legitimidade das eleições de 16 de janeiro.

A enorme repercussão midiática do caso refletia a importância política e simbólica do processo de fratura. Nenhum setor permaneceu indiferente a essa crise interna do movimento. A ultradireita civil e militar comemorava o enfraquecimento do grupo que os denunciava de forma mais incisiva como autores ideológicos e materiais do genocídio. O governo também se alegrava com o fato de que, por fim, mesmo entre as mais críticas às suas políticas de Estado, se desse uma divisão gerada, precisamente, a partir da avaliação das decisões tomadas pelo governo. A cisão também despertava interesse dentro do movimento de denúncia ao terrorismo de Estado, já que, inevitavelmente, alguns setores se alinhavam à linha de Bonafini, enquanto outros se aproximavam do grupo dissidente. Porém, além dos interesses e mesquinharias, o que era inegável era que a relevância do caso se justificava pelo valor histórico e político do movimento das Mães e pela enorme influência que ele exercia tanto na política interna quanto na imagem internacional do país.

Emoções em conflito

Ao mesmo tempo, o conflito interno despertou emoções conflitantes — que perdurariam por anos — em muitas pessoas e organizações, e desejos de que não acontecesse o que estava acontecendo, embora esses sentimentos não aprofundassem a essência da crise. O jornalista Sergio Joselovsky, por exemplo, publicou uma nota emotiva no *El Periodista* que foi elogiada por ambos os setores das Mães. O título era, simplesmente, "Mães da Praça de Maio". Joselovsky recordava que o fluxo de simpatias e antipatias gerados pelas Mães tinha sido cíclico. Os militares as haviam apelidado de "loucas" pela coragem com que enfrentaram a ditadura, e algumas pagaram com sua própria vida esse "atrevimento" de "se levantar sozinhas contra o poder onipresente". Depois, "durante o ano de 1983, foram exibidas como um símbolo de luta; descritas como felizmente loucas. Muitos disseram ter compartilhado uma luta que não compartilharam; foram os dias em que combater uma ditadura agonizante e em coma significava uma obrigação saudável, embora tardia. Naquela época, as 'mães-coragem' não eram as únicas fortes da sociedade argentina".

Após a posse de Alfonsín, Joselovsky afirmava: "as mães voltaram a estar um passo à frente, a continuar na luta, a ocupar todas as quintas-feiras a mesma praça, a manter a consigna Aparição com vida, Julgamento e punição aos culpados, a fustigar os funcionários e políticos que praticaram — e praticam — as inevitáveis contramarchas que o exercício do poder exige. Poucos repararam que as mães existiram porque existiu Jorge Rafael Videla, mas que, embora o ditador esteja condenado a viver para sempre em uma cela, as mães continuam existindo porque, além do general, também houve torturadores que hoje gozam de liberdade. Novamente as loucas giraram ao redor da pirâmide, em frente à Casa de Governo".

A notícia denunciava que, desde 1984, como nos anos da ditadura, as Mães da Praça de Maio tinham a entrada proibida na ATC, o canal oficial de televisão. Diferentes meios de comunicação, que um dia as descobriram, voltaram a ignorá-las. Cada vez menos entrevistas, ou mais questionamentos sobre sua intransigência.

"Agora", continuava, "em fevereiro de 1986, um grupo de mães manifestou publicamente diferenças com a direção liderada por Hebe de Bonafini. O jornal *Clarín* — que com respeito constante registrou a história das mães — publicou uma exclusiva sob o título 'Fratura', o Diário Popular ilustrou a situação como um 'Conflito entre as Mães'. Desta vez, a ATC não deixou de dar a notícia... Novamente as entrevistas ocuparam páginas que algum editor imaginou imprimir na seção policial".

Joselovsky considerava insensato pedir que as Mães não debatessem como levar adiante, "metodologicamente", os objetivos de luta que originaram seu nascimento. "As senhoras María Adela Antokoletz, Nora Cortiñas, Nélida Chidichimo, Renée Epelbaum, Élida de Galetti, Carmen Lapacó, Angélica Mignone, Beatriz Neuhaus, Emman de Ricetti e Marta Vázquez desqualificaram perante a Inspeção Geral de Justiça o recente ato eleitoral realizado na organização de direitos humanos. Apresentação formal que reflete um debate interno que, embora não vá além, foi iniciado".

"Pela primeira vez dentro da Casa das Mães se aponta — com boletins de imprensa — a dureza metodológica da condução de Hebe Bonafini para seguir reivindicações comuns a todas as mães; pede-se certa desaceleração na gestão da instituição no período democrático, uma etapa que elas transitam pela primeira vez. Por outro lado, exige-se modificar a linguagem característica do jornal *Madres de Plaza de Mayo*, e, se possível, se dirigir também aos leitores da classe trabalhadora e não apenas da rua Corrientes. Além disso, e sempre segundo o setor que sugere mudanças de tática política, se reivindica o reconhecimento da investidura dos juízes que, embora em grande parte herdados da ditadura, têm a toga porque assim votaram os representantes do povo que legislavam no Congresso Nacional."

Na opinião de Joselovsky, a maneira de apresentar a discussão havia sido "dura: impugnando perante a justiça um recente ato eleitoral e questionando as formalidades de um balanço". Mas acrescentava que a linguagem dura é própria de mães que perdem seus filhos em sessões de tortura. E também era dura a linguagem que usavam os inimigos das Mães para rebatizá-las como loucas.

"Elas são presas cobiçadas por muitos setores alheios à entidade" — denunciava. "E elas sabem disso. Mas também sabem que se um debate interno — comum e cotidiano em qualquer grupo humano que persegue um mesmo fim — for apresentado como fuxico político para ler na praia, os mais favorecidos serão alguns poucos homens: os que administram 30 mil aparelhos de choque elétrico".

Grupos de apoio

A ruptura também teve repercussão no exterior, especialmente nos grupos de apoio às Mães, embora não só entre eles, mas também em amplos setores políticos e sociais. Afinal, desde os piores anos da ditadura, enquanto a maioria dos argentinos lhes dava as costas, o mundo havia reconhecido a Argentina através das Mães. Nesse terreno, estava em jogo uma questão decisiva: a ajuda internacional foi de vital importância para as Mães durante a ditadura, tanto pela difusão da denúncia do terrorismo de Estado, pela proteção oferecida por governos e setores políticos e sociais, quanto pela ajuda econômica que lhes permitiu desenvolver todas as suas atividades. Tanto a nova direção da Associação quanto o grupo dissidente tinham plena consciência da importância desse apoio, e por isso ambos os setores tentavam atraí-lo para suas respectivas posições. Enquanto a Associação preparava uma viagem à Espanha e outros países europeus, o setor dissidente enviou aos grupos afins às Mães no exterior uma carta datada de 13 de fevereiro:

> Muito estimadas senhoras: seguem estes recortes de jornais e cartas explicativas dirigidas às mães, desejando explicar a elas e a vocês uma situação muito incômoda e desagradável.
>
> Em agradecimento ao legítimo interesse de vocês e à muito boa disposição de Nélida, enviamos esta carta. Há já algum tempo, quase dois anos, não gostamos da forma como as Mães estão sendo conduzidas. Há um autoritarismo sectário que se manifesta em alto grau e que diminui visivelmente a participação das Mães nas quintas-feiras na Praça de Maio. Muitas das resoluções tomadas nas reuniões da comissão diretiva não estão sendo cumpridas. Também não gostamos da linha do jornal de ataque frontal ao governo, sem apresentar alternativas; não são expostos projetos e as mães não têm intervenção. Assim, o jornal tem pouca circulação, e entende-se, porque ele é escrito quase exclusivamente por profissionais. O tremendo problema operário quase não tem espaço, e este jornal, se respondesse ao desejo de nossos filhos, poderia ser um bom ponto de referência para essa classe tão explorada.
>
> Os tempos mudam, e é necessário perceber e aceitar isso.
>
> Agora que temos um pouco de tempo, devemos nos guiar pela nossa carta fundacional e cumprir com os regulamentos que ela contém.
>
> Foi realizada uma assembleia que nós, que somos maioria na Comissão Fundadora, impugnamos por defeitos de forma e de fundo. Isso trouxe desgostos, discussões, mas não fractura, como diz a imprensa, que cumpre com a verdade. Se essa impugnação tivesse ocorrido em qualquer sociedade civil, os jornais a teriam mencionado como algo sem importância, mas, tratando-se das Mães da Praça de Maio, uma sociedade especial, não porque quem a conforma seja especial, mas porque o motivo que nos formou é único, realmente inédito, daí a circulação que teve.

Se reconhece nossa ética, a clareza e a dignidade com que conduzimos nossa luta, e não queremos perder isso por nada.

Como somos uma força política indiscutível, presa apetecível para qualquer partido, especialmente os que querem crescer, queremos e devemos ter um cuidado especial com qualquer tentativa de infiltração por parte de partidos políticos, tarefa que não é fácil, mas que devemos levar adiante com muita clareza.

Queremos novas eleições, que se ajustem ao direito. Queremos dizer que a chapa que vencer será reconhecida e amplamente respeitada, pois não se trata de nomes, mas de um bom procedimento.

Queridas amigas na luta, não queremos que cheguem a vocês versões distorcidas do que aconteceu, nem sobre divisões nem fraturas, nem que há uma linha dura e outra branda que quer conciliar com o governo.

Conciliar o quê? Nada disso é verdade, e quem o disser faz uma interpretação maliciosa e mal intencionada da realidade.

Mantemos as mesmas postulações da nossa declaração de princípios, as mesmos reivindicações, os mesmos pedidos e exigências. Somos as mesmas de sempre, isso deve ficar muito claro. Desejamos que nossa postura fique muito nítida, que o nome das Mães continue a ser exaltado e que vocês continuem prestando seu apoio moral e material à Associação. Abraçamos vocês com todo afeto."

No mesmo 13 de fevereiro, reunia-se a nova Comissão Diretiva eleita na Assembleia impugnada. Tratou, entre outras questões, sobre carta transcrita e a situação das dissidentes: "Para explicar de alguma forma que nada é por acaso — diz a ata da reunião — e que as pessoas traem um movimento em prol de interesses pessoais, expõe-se que o Movimento de Juventudes Políticas convocou uma reunião em uma cafeteria no centro da cidade, à qual compareceram os peronistas de Dante Gullo, o Partido Intransigente e o Partido Radical. Supõe-se que tentaram, e conseguiram, dividir o MOJUPO. De certa forma, isso demonstra algo semelhante ao que aconteceu em nossa instituição. Tudo demonstra que não é obra do acaso, o que nós já víamos quando começaram nossos problemas, víamos

> claramente um projeto político, eles desejavam que fôssemos um grupo de mães bem organizadinhas e facilmente dirigíveis.

Depois, consideraram uma proposta de unificação de organizações de direitos humanos:

> Com relação à pretendida unificação das Organizações de Direitos Humanos, fica esclarecido que, no Encontro Nacional, as mães expuseram que a linha das Mães difere da linha das demais organizações. Portanto, essa unificação é impossível. Todas as organizações tiveram seus próprios problemas de liderança, nos quais as Mães nunca interferiram; portanto, entendemos que devemos solucionar os nossos problemas sozinhas.
>
> Pede-se aos membros da Comissão total discrição sobre o que foi tratado na Comissão. Aparentemente, pode-se observar que o grupo Familiares tomou partido pelo grupo dissidente.
>
> As Mães que dedicam seu tempo ao trabalho diário na casa são as que fortaleceram o movimento, pois nós sempre estivemos na linha de frente. De comum acordo, ninguém aceita o paternalismo e que ninguém se intrometa em nossos problemas; seguiremos sozinhas, pois as diferenças são evidentes.

A nova direção da Associação acusava o grupo dissidente de afinidade com o governo. "Mães alfonsinistas", sussurrava Bonafini. Essa acusação atingiu o coração do grupo opositor, que a considerou uma jogada suja. Mas, se essa reprovação abalou profundamente o grupo, e se sentiram na obrigação de responder, foi porque a avaliação das políticas de Alfonsín havia sido crucial no processo de diferenciação interna do movimento. No dia 20 de fevereiro, as Mães dissidentes enviaram uma carta ao presidente Alfonsín. De certa forma, era uma proclamação programática do grupo, que por um lado marcava diferenças com a linha sustentada por Bonafini, e por outro se distanciava do governo. A "Carta aberta", divulgada em vários meios de comunicação, dizia:

> As abaixo-assinadas, integrantes da Associação Mães da Praça de Maio, nos dirigimos a V. S. para pedir mais uma vez por

> nossos filhos desaparecidos. Já se passaram mais de dois anos de regime democrático e nenhum passo efetivo foi dado nesse sentido. Por isso, solicitamos que, na sua qualidade de Chefe das Forças Armadas, encaminhe às que vos escrevem a entrega das informações que possuem sobre o destino de cada um dos desaparecidos. As Forças Armadas os levaram e seus Chefes sabem o que foi feito com eles. Não ter dado essa ordem implica uma grave omissão do Governo Constitucional que V. S. preside.
>
> É indispensável que, o quanto antes, os milhares de assassinos que permanecem impunes sejam julgados e condenados.

A seguir, a "Carta aberta" se pronunciava sobre vários acontecimentos recentes relacionados aos direitos humanos: as declarações do general Acdel Vilas, que havia afirmado que apenas os detidos "inofensivos" eram levados a um juiz — as Mães exigiam ao presidente que instruísse o Ministério Público para que fosse feita a acusação e o julgamento do mencionado oficial superior; as declarações do repressivo Juan Carlos del Cerro, conhecido como "Colores", que havia reconhecido sua participação em crimes — as Mães exigiam que fosse julgado; e os anúncios de promoções de oficiais envolvidos em tortura, sobre os quais as Mães manifestaram seu espanto.

Em uma declaração fortemente crítica, a Linha Fundadora dizia ao presidente que não admitiria mais adiamentos "para julgar e condenar os carrascos dos nossos filhos desaparecidos. Se a Justiça não agir, a possibilidade de Democracia se afastará".

"Não haverá força nem Lei", acrescentava, "que nos faça desistir da busca pelos nossos filhos. Exigimos sua aparição com vida, pois foi com vida que os levaram. A cada dia, pediremos com mais energia e, por isso, solicitamos a V. S. que adote as medidas necessárias para que se impulsionem as investigações e haja julgamento e punição para os culpados. Para todos os culpados. Pedir Justiça não significa vingança, nem revanche".

Também exigiam a liberdade dos presos políticos e o desmantelamento do aparato repressivo. Como a imagem pública das Mães continuava a ser hegemonizada pelo setor liderado por Bonafini, era evidente que o setor opositor buscava definir um perfil próprio e crítico, entre outras coisas, para contrapor o "alfonsinismo" que lhes era atribuído.

Divórcio ruim

A Linha Fundadora — como já começavam a chamar os jornalistas com a aceitação das Mães do setor dissidente — estava cedendo posições em todos os âmbitos: a essa altura dos acontecimentos, havia perdido o respaldo da maioria das mães; todas as filiais apoiavam a nova condução liderada por Bonafini; o grupo de jovens agrupados na Frente pelos Direitos Humanos se identificava com Hebe, assim como o Grupo de Assistência Psicológica, os advogados da Associação e a totalidade dos integrantes da redação do jornal *Madres de Plaza de Mayo*.

Praticamente, haviam abandonado também a luta para ocupar um lugar na Casa das Mães.

Curiosamente, sem saber que uma mãe da Comissão Diretiva havia comparado a situação com um divórcio, María Adela usou a mesma metáfora: "Isso é como uma má separação de cônjuges", disse a ex-vice-presidenta da Associação a Marta de Vásquez, "na qual a outra parte fica com tudo".

Ficava por definir o apoio exterior, não só porque daquele respaldo havia dependido muitas vezes a própria existência do movimento — no sentido mais elementar de proteção às vidas de seus integrantes durante a ditadura —, mas também porque dali provinham os recursos econômicos que permitiam o funcionamento da Associação. Pouco depois das eleições, Hebe de Bonafini e María Luisa Sotelo de Castro embarcaram em uma viagem por alguns países europeus com o propósito de garantir para a Associação o respaldo dos Grupos de Apoio às Mães e reafirmar sua distância crítica do governo de Alfonsín, que havia sido elogiado na Europa após a sentença contra os ex-comandantes.

42. Vigiar e punir

Enquanto Hebe de Bonafini e María Luisa Sotelo de Castro cumpriam sua turnê política pela Europa, o juiz Jorge Horacio García Collins, responsável pelo Tribunal Federal Criminal e Correccional número 4 de Mar del Plata, ordenou a prisão preventiva da presidenta das Mães. Nunca antes, nem mesmo durante a ditadura, havia sido adotada uma medida semelhante. A resolução, conhecida em 27 de fevereiro de 1986, acusava a dirigente de atentado, resistência à autoridade e desacato, devido à sua oposição, quase um ano antes, às exumações de não-identificados na cidade atlântica.

Se o magistrado tivesse calculado a oportunidade para dar esse golpe, não teria encontrado um momento melhor. A política de isolamento promovida pelo governo, as críticas midiáticas dirigidas à Bonafini e o afastamento do grupo de Mães que acabara de constituir Linha Fundadora tornavam a situação da Associação extremamente frágil. A medida judicial, centrada na polêmica atitude de oposição às exumações de não-identificados, também atingia um dos pontos mais frágeis das Mães.

Os meios de comunicação vinham desenvolvendo sua própria campanha nesse sentido. Não foi casual que *La Nación* publicasse em 7 de dezembro de 1985 a matéria intitulada "Críticas de uma mãe de duas desaparecidas a Hebe de Bonafini". O texto, além de abordar o debate sobre as exumações, lançava um ataque à presidenta das Mães por meio das palavras de Matilde Palmieri de Cerviño, católica praticante, amiga de María Adela de Antokoletz e integrante do grupo dissidente da Associação. "Hebe de Bonafini realiza uma gestão totalitária das Mães", sustentava a senhora de Cerviño, segundo La Nación, que a descrevia como uma docente mãe de duas desaparecidas que "teve uma discussão com a presidenta do movimento na ronda realizada anteontem".

A notícia dizia que "a senhora de Cerviño pediu ontem ao subsecretário de Direitos Humanos, doutor Eduardo Rabossi, que se inicie uma investigação no cemitério de Avellaneda, onde estariam enterrados um grande número de desaparecidos. A referida decidiu abrir mão de uma ordem judicial que suspendia alterações concedidas em seu favor, quando, segundo afirmou, não tinha forças para procurar cadáveres em um terreno de 15 metros por 30, diante da falta de apoio da organização. Explicou que, contra a opinião das Mães, Hebe Bonafini se opõe, como fez em Mar del Plata, a que se cave nas sepulturas. 'Ela não quer que apareçam os mortos — explicou —, mas sim continuar pedindo pela aparição com vida'".

"Estou muito magoada, estou indignada", declarou ao *La Nación* a senhora de Cerviño. "Tenho a sensação de que estão pisoteando o sangue das minhas filhas. Peço respeito por elas. Perdemos uma geração, queremos que se perca outra?".

Cerviño era mãe de duas moças: a mais velha, María Teresa, havia desaparecido em abril de 1976; seu cadáver foi encontrado pendurado em uma ponte de Lomas de Zamora, com inscrições que a identificavam como "terrorista". A mais nova, María Luisa, havia desaparecido em abril de 1977 e não se sabia nada sobre ela.

Em suas declarações ao jornal, Cerviño afirmou que, como integrante da Linha Fundadora, desejava uma mudança na liderança do movimento e acrescentou que o jornal das Mães era gerido por pessoas alheias ao movimento. Denunciou ainda práticas totalitárias de Bonafini. No dia anterior, por exemplo, após a marcha em torno da Pirâmide de Maio, Bonafini teria negado o megafone para ela falar na praça. "Tu, que és tão democrática, não me deixa falar?", repreendeu a senhora de Cerviño a Hebe. Segundo a mulher, uma "patota" partidária de Hebe teria começado a gritar "Aparição com vida", e ela teria respondido — mostrando a foto de sua filha pendurada na ponte — que não poderia pedir isso, pois María Teresa estava morta.

Inteligência de Buenos Aires

Se a divisão interna do movimento, as pressões externas e o isolamento político que as Mães sofriam formavam um conjunto de fatores propensos a desferir o golpe contra Bonafini, também poderia acontecer que, como em outras ocasiões ao longo da história das Mães, o ataque se voltasse contra aqueles que o lançaram. Essa foi, pelo menos, a conclusão dos serviços de inteligência da polícia de Buenos Aires, que, como nos velhos tempos da ditadura, acompanhavam de perto o desenvolvimento dos acontecimentos.

De fato, um informe da Direção de Inteligência da Polícia da Província de Buenos Aires (DIPBA), datado de março de 1986, começava por relatar minuciosamente a situação ocorrida um ano antes, a oposição da presidenta das Mães às exumações e a consequente onda de protestos e críticas contra ela. Mas, depois de deduzir que os advogados de defesa não conseguiriam evitar a detenção de Bonafini, o informe concluía que a efetivação da prisão preventiva poderia ser contraproducente porque, "independentemente das críticas iniciais dirigidas pelas organizações defensoras dos direitos humanos (Avós da Praça de Maio, CELS, e Familiares de Detidos e Desaparecidos Regional Mar del Plata), a afinidade ideológica permitiria o surgimento de repúdios à medida judicial por parte dos agrupamentos mencionados anteriormente, os quais se alinhariam ao lado de Hebe de Bonafini".

Na prática, segundo o informe da DIPBA, a campanha de solidariedade a Bonafini já estava em andamento: "Diante da medida adotada, não se descarta a formulação de uma campanha de ameaça psicológica da qual participariam o Peronismo Revolucionário (Montoneros), o Partido Comunista, o Movimento ao Socialismo, o Partido Operário, o Partido Intransigente e agrupamentos e integrantes de organizações vinculadas às Mães da Praça de Maio. No dia 1º de março, o jornal *La Capital* da cidade de Mar del Plata divulgou duras críticas ao Sr. Juiz Penal Pedro Federico Hooft, estendendo-as ao Colégio de Advogados local, imputando falta de celeridade e executividade para investigar os desaparecimentos ocorridos no âmbito de Mar del Plata durante o período de luta antiterrorista. Esta reação do jornal *La Capital* constituiria uma adesão surpreendente, a qual teria por objetivo criticar o que foi feito pelo Juiz Penal Hooft, magistrado apontado por militantes da esquerda radicalizada como vinculado à gestão do Processo de Reorganização Nacional (PRN)".[45]

45. O documento, intitulado "Prisão preventiva para Hebe de Bonafini por infração ao art. 237, inc. 2º e 244 do Código Penal", e classificado como "Policial 80, Mesa FS", pasta Vários, Arquivo 24.700, foi fornecido ao autor do livro pela Comissão Provincial da Memória e reproduzido e analisado na revista *Puentes*, ano 7, n. 20, mar. 2007, p. 79-90.

"Dispunham prisão preventiva para Hebe de Bonafini", titula o *Clarín* em 28 de fevereiro; "Um juiz marplatense decretou prisão preventiva para Hebe de Bonafini", afirmou o *La Razón* no mesmo dia.

De Bonn, Bonafini declarou à agência alemã DPA que a decisão era um "exemplo da injustiça que reina em meu país". Hebe previu que "o mundo tomará consciência da injustiça que se vive na Argentina, onde uma mãe de desaparecidos que luta pelos direitos humanos irá para a prisão enquanto os torturadores e assassinos de nossos filhos continuam em liberdade".

"As Mães sempre lutaram pelo Estado de Direito em nosso país, mas agora pedem prisão preventiva para nós, enquanto figuras como o ex-ministro do Interior da ditadura militar Harguindeguy ou o ex-presidente Galtieri gozam de plena liberdade", e acrescentou que era incrível que isso acontecesse em seu país, quando "nos Países Baixos colocam o nome das Mães da Praça de Maio nas praças". De fato, a prefeitura de Amsterdã havia decidido homenagear as Mães ao batizar uma praça desse município com o nome da Associação, cerimônia que ocorreria poucos dias depois, quando as Mães chegassem aos Países Baixos. Enquanto isso, Hebe e María Luisa cumpriam uma intensa agenda em ambas as Alemanhas. Em um ato solene da Igreja Evangélica de Berlim, as Mães foram homenageadas por sua "incansável luta pelos direitos humanos e pela busca por seus filhos", segundo as palavras do bispo de Berlim, Kurt Scharf, principal orador do evento junto à dramaturga Ingeborg Drewitz.

Consultada pela Rádio Mitre, María Adela disse que estava "doída e estupefata" pela decisão do juiz marplatense: "A única coisa que Hebe fez foi evitar a exumação de um cadáver a pedido dos familiares, por isso isso foi apenas uma questão emocional e não legal". E acrescentou que "nós Mães vivemos em constante angústia e, às vezes, podemos adotar atitudes talvez imprudentes, por isso considero desproporcional essa medida judicial".[46]

Para quem soubesse interpretá-las, as declarações de María Adela, principal referência da Linha Fundadora, ofereciam os primeiros indícios sobre a falta de consenso da decisão judicial, independentemente da polêmica sobre as exumações. Em seguida, a maior parte dos organismos, numerosos dirigentes sociais e políticos se pronunciaram contra a prisão preventiva e

46. Declarações publicadas pelo Clarín em "Cuestionan las Madres la prisión dictada a Bonafini", 1° mar. 1986.

criticaram o Colégio de Advogados marplatense, presidido por Oscar A. Huerta, promotor da denúncia contra Bonafini.

Perguntas

> Por que o Colégio de Advogados iniciou a queixa? Nem o juiz Collins entende.
>
> Por que o Dr. Huerta, durante o processo, aconselhava as Mães a não apresentar Habeas Corpus?
>
> Por que o juiz Collins não chamou as Mães para depor como testemunhas no Cemitério?
>
> Nós Mães defendemos a verdade, o que defende o Colégio de Advogados?
>
> O juiz Hooft pode não respeitar uma Mãe?
>
> O juiz Hooft deve não respeitá-la? Prisão preventiva para Hebe Bonafini, e os assassinos de nossos filhos livres? Será Justiça?
>
> A presidenta das Mães da Praça de Maio com prisão preventiva e os sequestradores de seus filhos livres por "Obediência Devida"?
>
> O Colégio de Advogados denunciou o desaparecimento das crianças sequestradas e nascidas em cativeiro?
>
> O Colégio de Advogados conseguiu prisão preventiva para Hebe Bonafini por desacato a um juiz do Processo?
>
> O Colégio de Advogados levantou sua voz para a sentença de Orlando Agosti, responsável por centenas de desaparecimentos?

Essa lista de perguntas podia ser lida em um panfleto escrito à mão pelas próprias Mães da Praça de Maio que, no dia 5 de março de 1986, a partir das 11h30 até pouco depois de o edifício dos Tribunais ser fechado, se concentraram junto a alguns simpatizantes em frente à sede da Departamental Mar del Plata do Poder Judiciário da Província de Buenos Aires, sede do tribunal a cargo de García Collins, com o objetivo principal de condenar a prisão preventiva contra Bonafini e, ao mesmo tempo, condenar a ação do Colégio de Advogados local, que havia promovido a medida, mas que "guardou silêncio durante a ditadura militar diante do genocídio cometido pelas Forças Armadas", segundo declararam as Mães ao jornal *La Capital*.

"Aproximadamente 120 pessoas", relatou o jornal marplatense no dia seguinte, "em sua maioria mulheres com lenços brancos cobrindo suas cabeças, participaram do ato que foi realizado nas portas do Palácio de Tribunais e, posteriormente, na frente do Colégio Público de Advogados. As manifestantes — locais, da província de Buenos Aires e de La Plata — empunhavam cartazes e quadros com imagens dos desaparecidos na guerra antisubversiva. A manifestação percorreu a rua Almirante Brown e, ao seu passar, segundo indicaram as 'Mães', foram agredidas por pessoas não identificadas 'que provavelmente pertenciam ao serviço militar'. 'Nos jogaram ovos, pedras, bolsas com água dentro e pó (poderia ser farinha ou cimento) e, além disso, nos insultaram constantemente', informou a responsável pelas Mães marplatenses, Beatriz de Rubinstein".

O relatório da DIPBA, que contrariava toda proibição legal e ainda cumpria funções de espionagem política, continha uma observação curiosa sobre a manifestação das Mães em frente aos tribunais marplatenses:

> APRECIAÇÃO DA INTELIGÊNCIA: O agrupamento "Mães da Praça de Maio" evidencia uma notória incompreensão do funcionamento soberano do Poder Judiciário, atuante no marco de uma sociedade democrática e respeitosa do estado de direito, denotando afinidade ideológica com posturas não compatíveis com a observância dos esquemas constitucionais, que não admitem pressões através de concentrações e mobilizações como as que estariam planejando as militantes do citado organismo de solidariedade, que além disso teriam como objetivo executar uma campanha de agitação questionando a medida processual adotada e a política que, na questão dos direitos humanos, foram promovidas pelas autoridades eleitas.
>
> Seja pela falta de consenso, pelos protestos e o escândalo, pela incomodidade do governo diante da perspectiva de prender Bonafini, o Poder Judiciário revogou a medida. Muitos anos depois, a presidenta das Mães foi "absolvida de culpa e cargo" nessa causa.

43. Momento de decisão

O grupo de mães dissidentes sofreu um revés inesperado. Apesar da forte convicção do setor quanto à solidez de seus argumentos jurídicos e da firme expectativa em relação ao resultado de sua apresentação à Inspeção Geral de Justiça, o parecer foi adverso. O órgão oficial desconsiderou a denúncia, praticamente sem analisar os detalhes. Simplesmente rejeitou a apresentação, indicando que as Mães eram uma "sociedade de fato", e, portanto, esse órgão estatal não tinha competência para se pronunciar.

O trecho pertinente da resolução dizia:

> Nestes atos, apresenta-se um grupo de pessoas alegando sua condição de fundadoras da entidade Mães da Praça de Maio.
>
> Nessa qualidade, impugnam a assembleia realizada em 16 de janeiro de 1986 por violação de disposições estatutárias que invalidam as resoluções ali tomadas.
>
> Consultado o expediente de personalidade, verifica-se que a entidade em questão solicitou personalidade jurídica em 16 de julho de 1984 e que, em 23 de agosto de 1984, o Inspetor Tello fez diversas e importantes observações ao estatuto e à apresentação que não foram respondidas, o que motivou o arquivamento em 4 de junho de 1985. Ou seja, estamos diante de uma denúncia contra uma entidade sem personalidade jurídica, a qual, inclusive, pode-se considerar que abandonou o processo iniciado nesse sentido.

> Isso torna incompetente esta Inspeção Geral de Justiça para entender as presentes ações.

A resolução, conhecida em 14 de fevereiro de 1986, colocou fim às expectativas do setor dissidente, ao menos em seu propósito de encontrar apoios externos às suas pretensões. Assim consideraram também os assessores jurídicos do grupo. O conflito deveria ser resolvido, portanto, no âmbito das relações de força internas do movimento, e estas, sem dúvida, favoreciam o setor liderado por Bonafini.

De fato, se alguns anos antes ela compartilhava a liderança da Associação, especialmente com algumas dirigentes do setor dissidente, agora a condução de Bonafini se impunha sobre as demais. Com o tempo, a presidenta da Associação foi se tornando a principal referência interna e externa das Mães, e isso implicava a capacidade de manter a adesão da maioria das Mães — inclusive de todas os grupos —, dos grupos de apoio externos e dos grupos de trabalho formados em torno do movimento — a Frente de Direitos Humanos, a equipe de jornalistas da revista das Mães, os advogados e a Equipe de Assistência Psicológica.

Em parte, a liderança de Bonafini havia concentrado o prestígio e a influência das Mães em importantes segmentos da população, tanto dentro quanto fora do país. Mas, sobretudo, baseava-se no reconhecimento da maioria das integrantes da Associação.

À medida que sua liderança se consolidava, a presidenta foi formando sólidas alianças com outras integrantes da direção, assim como com as principais líderes do movimento nos grupos das províncias, e tendia a excluir de algumas decisões aquelas que não compartilhavam sua perspectiva política — sobretudo dentro da Comissão Diretiva.

Quando as Mães dissidentes decidiram enfrentar Bonafini e seu grupo de direção, seguras da legitimidade de suas posições e apoiadas pela maioria obtida na Comissão Diretiva e na Comissão Fundadora — devido à mudança de Nora de Cortiñas e Ketty de Neuhaus —, não perceberam que, mais do que desafiar a autoridade de Hebe na qualidade de presidenta, estavam confrontando sua liderança. Devido às características do movimento — especialmente seu caráter inorgânico e informal, marcas da espontaneidade originária —, a liderança pessoal era um fator decisivo, mais importante do que a força de uma eventual maioria nos órgãos de condução.

Ruptura irreversível

Há mais de dois anos, o movimento começava a atravessar um processo de contradições internas, sem outra premeditação além de debater posições políticas a partir das medidas adotadas pelo governo de Alfonsín. Embora o grupo de Mães dissidentes alegasse que sua principal objeção fosse de ordem metodológica — as práticas "autoritárias" e "antidemocráticas" de Bonafini —, a verdade é que, mesmo que essas práticas não tivessem acontecido, o confronto, de qualquer forma, teria. Porque, como ficou evidente durante mais de dois anos de governo radical, ambos os grupos divergiam na avaliação das políticas de Estado e, consequentemente, na definição de sua própria linha. Quando as diferenças se tornaram suficientemente evidentes, o setor dissidente decidiu disputar a liderança, embora nenhuma mãe ignorasse a importância que a figura da presidenta havia adquirido. Esse embate não levou, de início, a uma determinação consciente de rachar o movimento. Nem o setor de Hebe nem as seguidoras de María Adela imaginavam ainda a ruptura. No entanto, a dinâmica do enfrentamento levou à divisão, de forma irreversível.

Embora as declarações da Linha Fundadora posteriores à eleição expressassem o propósito de manter o movimento unido e afirmassem que se constituía apenas como um setor interno das Mães, sua situação se tornara insustentável. Certamente, após as eleições e a consolidação do resultado após a rejeição da impugnação, o grupo não estava nas melhores condições para influenciar politicamente: o de Bonafini já não era o setor hegemônico na Comissão Diretiva, mas sim aquele que ocupava todos e cada um dos cargos nessa instância. Se antes as opiniões do setor dissidente eram ignoradas no momento das decisões, agora nem sequer conseguiam fazer com que suas vozes fossem ouvidas. Após o encerramento da disputa jurídica na Inspeção Geral de Justiça, as Mães dissidentes poderiam agora seguir dois caminhos: ou se calavam e se submetiam à nova direção, ou fragmentavam o movimento. Mas o custo era enorme. Não só carregariam a responsabilidade histórica da ruptura, como também corriam o risco de perder tudo.

Apesar do profundo desassossego, inicialmente tentaram consolidar uma corrente interna que continuasse formalmente dentro da Associação, mas com uma voz própria que lhes permitisse se diferenciar da nova direção. Caso contrário, para que haviam feito tudo o que fizeram? Descartada uma ação judicial — como recorrer a uma justiça composta por uma maioria de juízes que haviam pertencido à magistratura da ditadura?, pensavam —, no dia 10 de abril de 1986, o setor dissidente anunciou publicamente a criação da 'linha interna'. Mas, apesar dos cuidados para não parecerem rupturistas, a imprensa interpretou a notícia como o anúncio da ruptura definitiva das Mães. Não estavam errados.

"Oficializam a divisão nas Mães da Praça de Maio", titula o *Clarín* no dia 11 de abril. "Uma corrente interna denominada 'Linha Fundadora' foi constituída pelo grupo de Mães da Praça de Maio que se opõe à liderança de Hebe de Bonafini. Em um comunicado, assinado entre outras por Nora de Cortiñas e María Adela de Antokoletz, manifestam 'profundas divergências com a metodologia' aplicada pela atual comissão diretiva, surgida nas eleições realizadas no dia 16 de janeiro. Essas eleições foram impugnadas, mas a Inspeção Geral de Justiça rejeitou a demanda", informava o resumo.

"Sob a denominação 'Mães da Praça de Maio Linha Fundadora', o grupo dissidente, cujas principais dirigentes são a ex-vice-presidente María Adela de Antokoletz e a ex-tesoureira Nora de Cortiñas, distribuiu ontem um breve comunicado no qual manifesta 'as profundas divergências sobre a metodologia de liderança do movimento'".

Apesar das fortes diferenças políticas que haviam levado à divisão, essa primeira declaração as omite para acentuar, em vez disso, as críticas à "metodologia da liderança".

"Na declaração", continuava a nota de *Clarín*, "a nova corrente reafirmou os objetivos da associação e reivindicou 'a mãe que criou este movimento, Azucena Villaflor de Devincentti, em 1977, que se encontra detida-desaparecida desde 10 de dezembro daquele mesmo ano'. Adicionaram que 'em sua figura, reivindicamos também todos os detidos-desaparecidos'. Especificaram ainda que 'a luta incansável continua, pois não obtivemos resposta alguma aos nossos pedidos' e fizeram um convite 'às mães que compartilham nossas inquietações a participar desta, nossa luta'".

Após mencionar as líderes do setor dissidente, o jornal ressaltava que se tratava de dez mães que haviam integrado a Comissão Fundadora em 1979, ano em que se assinou a declaração de princípios e o estatuto da instituição. Também recordava que o grupo havia impugnado as novas autoridades da Associação, mas que a Inspeção Geral de Justiça rejeitou o pedido "porque a associação não tem personalidade jurídica", e informaram que não se apresentariam à Justiça civil por entenderem que "continuam nos cargos 90% dos juízes da ditadura".

As Mães manifestaram que retomariam suas atividades "como no início de nossa luta, reunindo-nos em nossas casas, já que pelo ambiente hostil é impossível reunir-se na sede que ocupa a Associação".

No final da notícia, o jornalista destacava que as integrantes da Linha Fundadora "criticaram o Governo pela falta de cumprimento de suas promessas eleitorais", mas ao mesmo tempo lamentaram que "cada vez haja menos lenços brancos nas quintas-feiras na Praça de Maio" e acrescentaram que a responsabilidade é da liderança exercida pela senhora Bonafini".

Um parágrafo polêmico do texto, que irritou a nova direção da Associação, obrigou que o grupo dissidente se retratasse. O jornalista afirmava que as porta-vozes da Linha Fundadora "expressaram que a atual Comissão Diretiva, com mandato até o primeiro trimestre de 1987, recebe 'influências não desejadas por todas as mães' e rejeitaram a possibilidade de que a Associação se transforme 'em um pequeno partido político'".

Finalmente, a nota afirmava que elas "denunciaram o exercício de um 'autoritarismo sectário' na liderança das Mães, e reiteraram que continuarão exigindo a 'Aparição com vida' de seus filhos desaparecidos, mas 'variando o discurso, sem cair no personalismo e levando à prática um movimento coletivo'".

"Divisão entre as Mães da Praça de Maio", titulava *La Nación* naquele mesmo 11 de abril; "Questionam a liderança de H. de Bonafini", afirmava *La Prensa*, e acrescentava que agora Bonafini deveria enfrentar uma oposição interna. "Constituem a primeira corrente interna nas Mães da Praça de Maio", expressava, por sua vez, *Tiempo Argentino*, *La Razón*, "Criam uma nova linha nas Mães", e *Crónica*, "Mães: oposição à Bonafini".

A edição vespertina de *La Razón* publicou, naquele mesmo dia, uma segunda nota intitulada "Cisma nas Mães". Afirmava que, segundo o grupo dissidente, um dos fatores centrais da polêmica interna era "a falta de distinção entre o período ditatorial e o pós-ditatorial por parte de Bonafini": "Em uma comunicação mantida na noite passada com *La Razón*, uma representante da Linha Fundadora indicou que 'Hebe Bonafini nos chama alfonsinistas, pois para ela só existe o branco e o preto', mas esclarecendo que 'nós não somos alfonsinistas. Além disso, acreditamos que o doutor Alfonsín não cumpriu com as promessas eleitorais. Mas, também acreditamos que há uma grande diferença entre uma ditadura militar e um governo democrático'".

Três dias depois desse turbilhão de notas jornalísticas, a nova liderança da Associação decidiu responder às expressões da Linha Fundadora com uma nota publicada em alguns jornais e no periódico das Mães. O documento expunha uma a uma as bandeiras do movimento e, implicitamente, estabelecia as diferenças políticas com o setor dissidente: "Cadeia para os genocidas", "Não às exumações", "Não às reparações econômicas" e "Não aos homenagens póstumas". Evidentemente, a nova liderança ressaltava as questões de fundo para rebater as acusações de "personalismo" e "autoritarismo", uma "cortina"', diziam, para ocultar o que consideravam o verdadeiro motivo da ruptura, ou seja, as diferenças políticas. A nota do dia 13 de abril expressava:

> As Mães da Praça de Maio comunicam: A conformação de uma corrente de opinião em qualquer tipo de agrupamento enriquece o mesmo e faz parte da prática democrática desse grupo humano. Tal corrente é o que comumente se denomina 'linha interna', o que implica diferenças, discrepâncias em questões formais, mas nunca em questões principiantes, nunca em questões de fundo. A existência das correntes internas geralmente se visualiza nas assembleias ou nos atos eleitorais, mas, uma vez superados, se confundem na luta comum, se integram na busca do mesmo objetivo. Por isso, é democrática a constituição de uma linha interna dentro do nosso organismo, mas é lamentável a forma e o meio utilizados para divulgá-la, não só porque se abundou infundadamente em qualificativos à direção da organização legitimamente surgida da vontade de nós, as Mães, em 16 de janeiro de 1986, mas porque essa atitude evidencia uma subestimação da nossa capacidade de decisão como integrantes da nossa organização. É também lamentavelmente doloroso que, depois de tantos anos de luta, esse pequeno grupo de mães ainda não tenha compreendido o conteúdo e alcance das consignas que repetimos e reiteramos para sempre:
>
> Aparição com vida: porque assim sequestraram nossos filhos e, se abandonarmos essa consigna, é como assassiná-los nós mesmas.

> Cadeia para os genocidas: porque os culpados ainda estão em liberdade convivendo conosco.
>
> Liberdade para os prisioneiros políticos: porque seus julgamentos condenatórios estão viciados de nulidade.
>
> Restituição das crianças sequestradas: porque são filhos dos nossos filhos sequestrados e devem recuperar dignamente sua identidade.
>
> Não à exumação de cadáveres: porque primeiro queremos encontrar os assassinos.
>
> Não às reparações econômicas: porque as vidas dos nossos filhos não podem ter preço.
>
> Não às homenagens póstumas: porque a única homenagem é o compromisso de luta.

Por outro lado, uma nova aparição pública de María Adela polemizando abertamente e exteriorizando as diferenças levou a nova direção da Associação a deslocar as integrantes da Linha Fundadora dos locais físicos comuns, com exceção da Praça, cujo valor simbólico, todas compreendiam, excedia as possibilidades de exclusão.

Após perder seu espaço na direção — legitimamente segundo a nova direção, de maneira ilegítima segundo o grupo dissidente —, após a expulsão de fato da Casa das Mães e o fracasso da impugnação jurídica, a Linha Fundadora se convenceu de que não lhe restava outra alternativa senão formalizar sua própria organização. Os passos seguintes acabaram consolidando a ruptura.

O fim do personalismo

Com o título contundente de "O fim do personalismo", a revista *Siete Días* publicou em 15 de abril uma extensa entrevista com Nora de Cortiñas. Após apresentar brevemente os episódios que levaram à formação da Linha Fundadora, o jornalista Gustavo Wrobel começou a reportagem perguntando em que momento ela percebeu que "algo não estava bem" entre as Mães. "Faz muitos anos", começou dizendo Nora, "que nós, com base em nossos estatutos, deveríamos ter feito eleições. Algumas das mães fundadoras também insistiam constantemente que precisávamos renovar a liderança, pois se tratava de dar a outras a possibilidade de estar na luta de maneira mais intensa. Não se fez no momento porque a luta estava muito dura e não podíamos perder tempo com uma eleição. Mas, como é lógico em um grupo onde se trabalha durante muito tempo, houve um desgaste. Para nós, havia muitas coisas que não eram cumpridas no que era o mínimo de nosso estatuto. Ultimamente, também não eram abordados temas que tratávamos por maioria: havia um personalismo que realmente prejudicava o movimento e afetava a democracia interna".

A acusada tinha nome e sobrenome: Hebe de Bonafini. Então, o jornalista destacou que "no entanto" houve eleições. Nora explicou que "em razão do desgaste interno, foi convocada uma eleição em um período ruim, programada de maneira intempestiva, com certa pressão ao redor. Não foi cumprido o requisito mínimo, que era a entrega de uma memória. Isso deveria ter sido feito com antecedência para que os membros da comissão que ia deixar de funcionar pudessem aprová-la em assembleia, além de oferecê-la a todas as mães para que estivessem a par do movimento da Associação".

Ela acrescentou que "também acreditamos que o cadastro não estava completo e que o mês de janeiro não era o mais propício para realizar eleições. Por outro lado, havia uma greve nos correios muito intensa e por causa disso muitas pessoas não receberam a convocatória. Por todos esses problemas, nos retiramos da assembleia e das eleições e depois impugnamos. Na eleição, ficou apenas uma chapa. Muitas mães não compareceram: das 650 registradas, apenas cerca de 150 votaram. Outras se retiraram insatisfeitas com a maneira como as coisas estavam sendo feitas. Para nós, não foram eleições normais".

"Foi nesse momento que decidiram a criação de uma linha interna?", perguntou o jornalista. "Não exatamente nesse momento", explicou Nora. "Após as eleições, tivemos uma grande mágoa, uma grande confusão. Mais tarde, quando decidimos que, como associadas fundadoras, integrantes que estiveram na luta permanentemente e considerando que ainda há muito a fazer pelos desaparecidos, decidimos criar essa linha. Não é uma corrente interna para fazer oposição, mas para reforçar a luta pelos desaparecidos. Isso deve ser entendido como problemas que acontecem dentro de uma mesma família".

Nora afirmou que as críticas do setor dissidente se resumiam à falta de democracia interna: o autoritarismo sectário e o personalismo "prejudicavam todo o movimento". No entanto, o jornalista destacou outro fator, tirado de declarações anteriores da própria Nora: "Acho que foste tu quem disse que a senhora de Bonafini trata o governo democrático da mesma maneira como tratava o governo da ditadura".

"Bom", respondeu Nora, "a metodologia é o que nos preocupa. Os objetivos, de maneira nenhuma. Nós estamos a favor de todos os objetivos, pelos quais nos fundamos e pelos quais estamos lutando. Ou seja, os objetivos são os mesmos; a metodologia acreditamos que deve ser alterada. Sabemos que vai ser muito difícil conseguir esses objetivos, que mudem essas estruturas da justiça, do Congresso...".

"Bom, de todos os passos que ainda temos que dar. Tudo isso porque não há uma decisão política do governo, por isso é tão difícil. Nós acreditamos que o governo não cumpriu em nada com o que prometeu durante a campanha eleitoral. Uma das principais coisas que o doutor Alfonsín disse durante sua campanha foi que os militares não seriam julgados pelos militares e, no entanto, o Código de Justiça Militar foi modificado muito modestamente, porque era necessário introduzir mais modificações para que juízes civis pudessem intervir na instrução do inquérito."

Essa opinião de Nora não representava fielmente a posição do grupo opositor, já que sua própria avaliação das medidas do governo coincidiam mais com Hebe do que com o restante da recém-formada Linha Fundadora. O setor opositor, de fato, como o entrevistador indicava, achava que Bonafini era excessivamente intransigente com o governo, que não distinguia completamente entre ditadura e governo democrático, e que não via muitos aspectos positivos na política de Alfonsín. O jornalista sabia bem onde queria chegar e fez uma nova pergunta:

"Será que o Informe da CONADEP e o julgamento dos ex-comandantes não foram, acaso, feitos positivos?"

"Foram feitos que ampliaram a informação", respondeu Nora, "que mostraram o que aconteceu para toda a opinião pública que não sabia o que tinha acontecido. O Informe da CONADEP agiu oficialmente com todos os informes que já tínhamos das organizações de direitos humanos e das organizações internacionais, ampliando inclusive alguns depoimentos. O julgamento, por sua vez, superou o que o promotor Strassera achou que ouviria durante o desenvolvimento do mesmo. Pensamos que ele também deve ter ficado horrorizado com os testemunhos devastadores que foram ouvidos e com o cinismo dos advogados de defesa dos militares, que realmente demonstraram a complexidade da ditadura militar".

O jornalista não ficou satisfeito com essa resposta e insistiu sobre a sentença dos ex-comandantes. "Acho que é uma aberração total, que para a história argentina é uma vergonha", enfatizou Nora. "Esperamos que a Suprema Corte de Justiça saiba fazer justiça ao que o Presidente diz em relação ao fato de que agora há justiça, e que aprove a sentença pedida pelo promotor Strassera. Os nove ex-comandantes precisam receber a punição solicitada porque realmente executaram um plano satânico, sangrento e brutal como nunca se viu na história argentina. Acreditamos que, além disso, os que torturaram, os que mataram, os que jogaram os filhos de alguém de um avião, não podem andar livremente entre nós. Isso é prejudicial para a sociedade e para todas as gerações que nos seguem".

Nora conjecturou, em seguida, que não acreditava que uma lei de ponto final pudesse ser sancionada porque o povo não permitiria. "A questão do ponto final é algo que não existe para um drama dessa magnitude", disse. O jornalista retrucou dizendo que os partidos majoritários acreditavam que, mais cedo ou mais tarde, "algo teria que ser feito para que as feridas cicatrizassem". "Não se pode cicatrizar a ferida quando não se sabe o que aconteceu com seu filho. Também não há obediência devida para torturar, para matar, para fazer desaparecer pessoas".

Nora pedia do governo que dissesse o que havia acontecido com todos e cada um dos desaparecidos, que reintegrasse às suas famílias as centenas de crianças desaparecidas, muitas delas nas mãos dos repressores, e que castigasse todos os culpados: "O governo", disse Nora, "não procurou nem mesmo os que dizem que estão foragidos. Na Argentina, estão foragidos aqueles que o governo quer".

O jornalista voltou à divisão do movimento e perguntou se isso se devia a razões ideológicas, "porque a senhora Bonafini disse que vocês são alfonsinistas e tu disseste que o jornal das Mães é dirigido por grupos de esquerda".

Nora negou que tivesse dito isso sobre os grupos de esquerda e atribuiu a uma especulação do jornalista que havia escrito a matéria: "O que pensamos", disse, "é que é inevitável que tenha havido tentativas de influenciar o nosso movimento, mas eu não desqualifico os jornalistas que escrevem o jornal. O jornal das Mães de qualquer forma não é a própria expressão das mães. O que não se pode negar é que existem diferenças sectárias".

"De esquerda, concretamente?", insistiu o jornalista. "As palavras direita e esquerda são uma sectorização que não queremos permitir", respondeu Nora. "E sobre as acusações de alfonsinistas?", contra-atacou o entrevistador. "Esses são rumores para que as mães acreditem que estamos apoiando o governo", negou Nora. "Pelo contrário, rejeitamos veementemente a política do governo em direitos humanos. Queremos comprovar com ações que a Justiça está bloqueada, que o Parlamento não tocou na questão dos direitos humanos porque o grupo majoritário é governista e por isso não foi criada a comissão bicameral para investigar o que aconteceu".

O jornalista tinha uma última pergunta guardada sobre o filho desaparecido de Nora. No dia seguinte à entrevista, completavam-se nove anos do sequestro. Ele perguntou de onde ela tirava forças para seguir em frente. A resposta de Nora envolvia uma dramática afirmação: "Primeiro, da união das Mães. Mas a força vem dos nossos filhos. Lembro de uma cena muito especial: eu ainda vivia com meu filho e um dia ele me disse que queria fazer algo pelo povo, militar em um partido político e também ir às mobilizações. E me disse: 'Mãe, te peço que, se algo me acontecer, não sofra por mim, porque quero fazer algo por todos'. Então eu pedi que, nas mobilizações, ele não fosse à frente, carregando as bandeiras, e ele me respondeu: 'Para que vá o filho de outra mãe?'. Aprendemos que, quando se defende o melhor, é preciso ir à frente e dar a cara. Temos netos aos quais temos que dar o nosso exemplo. Acreditamos que, com essa nova linha interna, muitas mães que estão desanimadas, que se sentiam mal, que já não vêm à praça, que já não vão à Casa das Mães, talvez se levantem, recuperem suas forças e pensem que estão defendendo a vida, não só dos nossos filhos desaparecidos, mas também de todo um povo".

A casa comum

Em um documento de caráter interno, pensado para esclarecimento de suas integrantes, a Linha Fundadora declarou as ideias centrais de sua própria origem, indicou as contradições que considerava praticamente insuperáveis e expressou a decisão irreversível de se afastar da "casa comum", afirmação que deveria ser lida de forma literal e metafórica:[47]

47. Este documento foi extraído do Arquivo Histórico das Mães da Praça de Maio — Linha Fundadora. Embora não esteja datado, nem tenha cabeçalho, assinaturas ou indicação das pessoas que o escreveram, a maioria das integrantes da direção desse setor aceita que ele representa o pensamento do grupo.

Origem da Linha Fundadora das Mães da Praça de Maio (Conflito).

Quando assume o atual governo, eleito pelo povo, as diferenças entre as Mães que hoje formam a Linha Fundadora e aquelas lideradas por Hebe de Bonafini se aprofundam.

Nós sustentamos que não existe democracia interna, que há excessos no discurso, um acentuado tom político partidário no jornal e no próprio discurso — que está invariavelmente sob a responsabilidade da mesma pessoa; não se cumpre o que foi resolvido nas sessões da Comissão Diretiva; não se aceita cumprir o que está estabelecido nos regulamentos — por exemplo, convocar a assembleia anual onde se considera a memória e o balanço; desvirtua-se o projeto de que as filiais do interior enviem uma ou duas representantes, uma vez por mês, às reuniões da Comissão Diretiva com voz e voto nas deliberações. Também queríamos que, como toda associação civil que se preze, se alcançasse a personalidade jurídica, que é a responsabilidade da Associação perante o social e o jurídico, mas até o momento tudo está estagnado. Queríamos — e esta Linha o faz atualmente — unir-nos aos outros organismos de direitos humanos em ações comuns, porque a união, não caminhar sozinhas, nos dá força a todas. Além disso, há três temas sobre os quais existem profundos desacordos. Nós acreditamos que, quando as condições estão dadas, deve-se proceder às exumações de cadáveres. Estes provam que a causa da morte não foi um confronto armado quando o orifício de bala na nuca, no coração ou na cabeça é causado a uma distância de vinte centímetros, e constata-se sinais de tortura, falta das mãos ou que estão atadas. Além disso, não é possível, não é humano privar os pais, filhos, irmãos e outros parentes dessa constatação. Um segundo tema é o subsídio concedido pela lei 23.466 a aqueles que dependem do pai ou do parceiro desaparecido. Acreditamos que muitos filhos de desaparecidos têm direito a não passar fome, ter roupas decentes, materiais escolares necessários e atividades recreativas, como todas as crianças. Por meio dessa lei se reconhece, ainda, o fato das desaparições, pois estabelece que o benefício cessará com o surgimento do desaparecido — e não obriga, em troca, a registrar o falecimento presumido. Um terceiro tema é o das homenagens aos desaparecidos nas escolas — de onde grupos de adolescentes foram levados —, sindicatos, hospitais, universidades, instituições, praças. Acreditamos serem importantes para a memória viva dos desaparecidos e a reivindicação dos ideais pelos quais lutaram.

Estas são nossas razões. Foram tomadas as consequentes decisões com grande dor e porque não havia outro remédio. Saímos da casa comum assim como havíamos começado, sem sede e sem um centavo, mas com o firme propósito de continuar sendo as zelosas defensoras dos princípios que nos fundaram e prosseguir a luta com a dignidade e a ética que nos caracterizaram sempre durante o tempo em que trabalhamos.

Contamos com a consideração geral.

44. Criadoras e fundadoras

Após a eleição na qual o setor de Bonafini alcançou a hegemonia na direção da Associação Mães da Praça de Maio e se iniciou o afastamento definitivo da Linha Fundadora, começou entre os dois grupos outra disputa, desta vez sobre a legitimidade de cada setor, vinculada com as origens do movimento.

O grupo dissidente, já formalizado como uma entidade independente da Associação e batizado como Linha Fundadora, atribuía-se — seu nome era uma afirmação disso — a recuperação dos valores e princípios "originários". Além de reunir em seu âmago a maioria das integrantes da antiga Comissão Fundadora, as "fundadoras" sustentavam que reivindicavam o espírito e os lemas que haviam inspirado o surgimento das Mães, em contraste com o setor de Bonafini, que teria abandonado consignas como "Julgamento e castigo", "sectarizando" o movimento, assimilando-o à estrutura de um "pequeno partido de esquerda" e acabando com o pluralismo e a democracia interna.

A nova Comissão Diretiva da Associação, por sua vez, presidida igualmente como a anterior por Bonafini, respondia pontualmente a essas afirmações. Em primeiro lugar, argumentava não ter abandonado nenhuma consigna, mas sim que as havia atualizado de acordo com as mudanças e etapas políticas. Era o caso de "Cadeia aos genocidas" em vez de "Julgamento e castigo": manter esta última era renunciar à condenação dos culpados pelo genocídio, já que não se podia esperar dessa "justiça" a punição que eles mereciam.

Em segundo lugar, negava que tivesse se tornado um partido e dizia que, por trás dessa acusação, estava a crítica à linha de oposição frontal do movimento, em contraste com a orientação governista do outro grupo. Em terceiro lugar, eram as "fundadoras" que haviam desistido do pluralismo e da democracia interna ao se retirarem da Associação após terem perdido uma eleição e ficado em minoria.

A quarta e última refutação era mais sutil. Bonafini negava que se pudesse falar de uma "linha fundadora". Na verdade, dizia ela, as Mães nunca haviam sido fundadas. O termo fundação, segundo ela, incluía a ideia de um ato formal no qual se discutem estatutos, princípios e questões semelhantes, quando, na realidade, as Mães haviam se formado quase espontaneamente no início, de forma gradual mais tarde, um longo processo cimentado por diversos fatos, ao longo dos quais foram delineados os traços básicos do movimento.

María Adela, principal representante do grupo dissidente, reconhecia alguns desses argumentos de Bonafini, mas argumentava, por sua vez, que no surgimento das Mães — ela havia sido protagonista, junto com Azucena e outras mulheres, daquele ato inicial de ir à Praça de Maio em 30 de abril de 1977, ao contrário de Hebe, que se somou semanas depois — já estava o germe dos princípios que agora seu setor reivindicava, além de que, de fato, em agosto de 1979, o movimento havia escolhido uma Comissão Fundadora, aprovado estatutos e uma declaração de princípios que plasmavam aquele espírito originário.

O espírito originário, dizia a nova direção da Associação, não tinha sido o de uma "fundação", mas o de uma "criação" — como em um "parto", dizia Bonafini, reeditando sua própria frase sobre o fato de que elas eram "as únicas mães paridas por seus filhos".

As Mães haviam criado algo novo, algo que antes não existia; um fenômeno em que ninguém acreditava, exceto Azucena Villaflor, porque o terror impedia qualquer ato de resistência, embora elas tivessem conseguido "mudar os limites" do possível.

Quando constituíram a Associação em 1979, não haviam feito mais do que escrever em um papel alguns dados e certa declaração de princípios a fim de adotar uma aparência jurídica frente à possível investida da ditadura, e ali estava exposto "o que então se podia dizer". Mas de maneira nenhuma aqueles papéis expressavam o que elas eram, de maneira nenhuma aqueles papéis fixaram de uma vez por todas o "espírito" das Mães, que deveria ser recriado permanentemente de acordo com as circunstâncias, as relações de força, o contexto político. Em todo caso, se havia um espírito originário, era justamente essa atitude "criativa" das Mães, representada agora na Associação e em sua nova Comissão Diretiva.

O debate sobre as origens do movimento em busca da própria legitimidade histórica não era um tema menor. Mas além das diferentes leituras e reivindicações do passado, nenhum dos dois setores era já o que haviam sido as Mães em seu início.

A identidade da Associação, assim como a da Linha Fundadora, estabelecia, no momento da ruptura, mais vínculos com o presente do que com as origens do movimento. Parafraseando Ernst Bloch, cada uma delas se parecia mais com seus "contemporâneos-presentes" do que com seus "pais-passados", ou seja, tinham mais a ver com a época em que estavam vivendo do que com a etapa em que haviam surgido.

A essência de cada núcleo deveria ser buscada nas relações sociais e políticas que encarnavam, no conjunto de representações e concepções políticas e ideológicas com as quais analisavam e agiam nessa etapa particular da história dos argentinos. Dessa interrelação de fatores surgiam consignas, estilos e, em geral, práticas políticas e culturais que definiam características e traços diferenciais.

Assim como no início do governo de Alfonsín umas observavam céticas a mudança que estava ocorrendo e outras depositavam esperanças nessa transformação, paulatinamente essas concepções foram ganhando corpo em um processo de enfrentamento com o poder, do qual emergiram primeiro as discrepâncias e depois as diferenças insuperáveis. Em qualquer caso, as "origens" do movimento estavam encarnadas, de algum modo, em ambos os grupos: tanto a Associação quanto a Linha Fundadora eram o produto da resolução das contradições inscritas na heterogeneidade inicial.

Quando a Linha Fundadora revisitou esses primeiros anos posteriores à queda da ditadura, criticou o desprezo do setor de Bonafini pela "democracia" e considerou um erro próprio não ter confrontado mais energicamente a atitude corrosiva da presidente em relação à CONADEP e ao julgamento dos ex-comandantes. Além disso, reivindicou o direito dos familiares de desaparecidos à indenização do Estado e às exumações em condições "técnicas e jurídicas aceitáveis". Em síntese, o grupo se afirmava em uma prática política que não rejeitava completamente as "regras de jogo", mas tentava discriminar os aspectos "positivos" e "negativos" do regime. Por sua vez, a Associação consolidou uma lógica política de oposição frontal, insistiu que a impunidade era um componente estrutural do regime "pseudo-democrático", frente ao qual, nas palavras de Bonafini, deviam se tornar "rochas" para resistir às pressões do "sistema" e manter seu "lugar".

Na análise dos acontecimentos políticos imediatos — as negociações de Alfonsín com os militares "caras pintadas" na Páscoa de 1987, as leis de "Obediência Devida" e "Ponto Final", entre outras questões —, a Associação via uma linha de continuidade, passos sucessivos rumo à impunidade como peças que completavam o plano inicial do "sistema" e que selavam o regime "pós-ditatorial". A Linha Fundadora avaliava esses acontecimentos como percalços, derrotas derivadas da luta e da correlação de forças desfavoráveis. Não seriam as únicas diferenças que o futuro lhes reservaria, mas apenas as mais próximas da ruptura.

Umas e outras haviam percorrido um longo caminho, a maior parte do trajeto, unidas. Desde a separação, começariam um processo de fortalecimento de suas respectivas identidades. Desprendidas de seus "adversários internos", as Mães se sentiriam mais livres para continuar a luta, cada uma com seu próprio estilo. Mas acima de metodologias, interpretações, diferenças e estilos, aquela declaração de princípios que assinaram em 1979, no pior momento do terrorismo de Estado — e que talvez algum dia fique gravada nos alicerces da Praça de Maio —, continuou pulsando igualmente no coração de cada uma das Mães:

> Nós, Mães signatárias, resolvemos constituir a Associação Civil Mães da Praça de Maio. Essa decisão de fundá-la é consequência dos encontros que realizamos durante mais de dois anos na Praça de Maio, na Capital Federal, e em outros locais dessa cidade e do interior do país. Essas reuniões começaram espontaneamente por conta das denúncias que centenas e depois milhares de nós, mães argentinas, realizamos na Casa de Governo de Buenos Aires, em busca de saber o paradeiro de nossos filhos, detidos por representantes das Forças Armadas e de Segurança a partir de 1976, e cujo destino desconhecemos. Somos mães de detidos-desaparecidos e representamos milhares de mulheres argentinas na mesma situação. Não nos move nenhum objetivo político. Ninguém nos convocou, nem nos impulsiona ou instrumentaliza. Estamos contra a violência e contra qualquer tipo de terrorismo, privado ou estatal. Queremos a paz, a fraternidade, a justiça. Ansiamos para a Argentina a vigência de um sistema democrático, respeitoso dos direitos fundamentais da pessoa humana. Crentes ou não, aderimos aos princípios da moral judaico-cristã.

> Repudiamos a injustiça, a opressão, a tortura, o assassinato, os sequestros, as prisões sem processo, as detenções seguidas de desaparecimentos, a perseguição por motivos religiosos, raciais, ideológicos ou políticos. Não julgamos nossos filhos detidos e desaparecidos. Só queremos que nos digam onde estão, de que são acusados e que sejam julgados de acordo com as normas legais e com o legítimo direito à defesa, caso se considere que cometeram algum delito. Que não sejam torturados, que sejam mantidos em condições decentes. Que possamos vê-los e ajudá-los. Pode haver um apelo mais simples, mais elementar, mais correto, mais humano, mais cristão? Sabemos que existem milhares de lares argentinos na mesma situação. Por essa razão, decidimos nos unir e formar uma associação civil que levará o nome de Mães da Praça de Maio, em lembrança do fato e do lugar que nos reuniu pela primeira vez. Como foi dito anteriormente, nosso primeiro objetivo é obter das autoridades do país, civis, militares e jurídicas, uma resposta às nossas angústias. Onde estão nossos filhos? O que aconteceu com eles? Com esse propósito, realizaremos todas as denúncias, atos e publicações que considerarmos convenientes, dentro do respeito às leis e à ordem pública. Queremos, em segundo lugar, ajudar umas às outras e prestar assistência às vítimas dos acontecimentos descritos. E, finalmente, desejamos trabalhar para construir uma Argentina onde exista justiça. Onde ninguém possa ser detido e feito desaparecer como ocorreu com nossos filhos. Onde o direito esteja em vigor e se possa conviver em um clima de liberdade, tolerância e respeito.

Todas as mães haviam assinado, há sete anos, essa declaração. Nenhuma renunciava àquelas palavras que clamavam por "uma Argentina onde exista justiça". Mas, em plena etapa pós-ditatorial, cada setor tinha sua própria ideia de justiça e dos caminhos para alcançá-la.

FIM DO SEGUNDO TOMO.

FONTES

Livros

ALFONSÍN, Raúl. *Memoria política:* transición a la democracia y derechos humanos. Buenos Aires: Fondo de Cultura Económica, 2004.

ARIES, Philippe. *Morir en Occidente*. Buenos Aires: Adriana Hidalgo, 2006.

BAUDUCCO, Gabriel. *Hebe, la otra mujer*. Buenos Aires: Ediciones de la Urraca, 1997.

CALVEIRO, Pilar. *Política y/o violencia:* una aproximación a la guerrilla de los años 70. Buenos Aires: Grupo Editorial Norma, 2005.

CIANCAGLINI, Sergio; GRANOWSKY, Martín. *Nada más que la verdad:* el juicio a las Juntas. Buenos Aires: Planeta, 1995.

COX, David. *En honor a la verdad:* memorias desde el exilio de Roberto Cox. Buenos Aires: Colihue, 2002.

D'ALOISIO, Fabián; NÁPOLI, Bruno. *Ventana a la Plaza de Mayo:* las Madres y Osvaldo Bayer. Crónicas de Osvaldo Bayer en el Periódico de las Madres de Plaza de Mayo, 1984-2006. Buenos Aires: Madres de Plaza de Mayo, 2006.

DIAGO, Alejandro. *Hebe de Bonafini:* memoria y esperanza. Buenos Aires: Dialéctica, 1988.

DOMÍNGUEZ, Nora. *De dónde vienen los niños:* maternidad y escritura en la cultura argentina. Rosario: Beatriz Viterbo, 2007.

DUTRENIT, Silvia. *Diversidad partidaria y dictaduras:* Argentina, Brasil y Uruguay. México: Instituto Mora, 1996.

FAUSTO, Boris. *Historia concisa de Brasil*. México: Fondo de Cultura Económica, 2003.

FEIERSTEIN, Daniel. *El genocidio como práctica social*. Buenos Aires: Fondo de Cultura Económica, 2007.

GELMAN, Juan; LA MADRID, Mara. *Ni el flaco perdón de Dios:* hijos de desaparecidos. Buenos Aires: Planeta, 1997.

GIUSSANI, Pablo. *Los días de Alfonsín*. Buenos Aires: Legasa, 1986.

GOÑI, Uki. *Judas:* la verdadera historia de Alfredo Astiz, el infiltrado. Buenos Aires: Sudamericana, 1996.

GRANOVSKY, Martín. *Misión cumplida:* la presión norteamericana sobre la Argentina, de Braden a Todman. Buenos Aires: Planeta, 1992.

HISTORIA de las Abuelas de Plaza de Mayo. Série Documentos. Buenos Aires: Ediciones de Página/12.

KORDON, Diana; EDELMAN, Lucila. *Desaparecidos:* efectos psicológicos de la represión. Buenos Aires: Planeta, 1982.

MÁNTARAS, Mirta. *Genocidio en Argentina.* Buenos Aires: [s.n.], 2005.

MIGNONE, Emilio F. *Iglesia y dictadura:* el papel de la Iglesia a la luz de sus relaciones con el régimen militar. Buenos Aires: Ediciones del Pensamiento Nacional, 1986.

MONALCILLO, Mona; FERNÁNDEZ, Alberto; MARTÍN, Manuel. *Juicio a la impunidad.* Buenos Aires: Tarso, 1985.

NINO, Carlos S. *Juicio al mal absoluto:* los fundamentos y la historia del juicio a las juntas del Proceso. Buenos Aires: Emecé, 1997.

NUNCA Más. Buenos Aires: Eudeba, 1984.

O'DONNELL, Guillermo. *Contrapuntos:* ensayos escogidos sobre autoritarismo y democratización. Buenos Aires: Paidós, 1997.

PAOLETTI, Alipio. *Como los nazis, como en Vietnam:* los campos de concentración en la Argentina. Buenos Aires: Asociación Madres de Plaza de Mayo, 1986.

PÉREZ ESQUIVEL, Adolfo. *Gota de tiempo:* crónica entre la angustia y la esperanza. Buenos Aires: Opoloop Ediciones, 1996.

PUCIARELLI, Alfredo Raúl. *Los años de Alfonsín.* Buenos Aires: Siglo Veintiuno, 2006.

PUCIARELLI, Alfredo Raúl. Empresas, tecnócratas y militares: la trama corporativa de la última dictadura. *In*: PUCCIARELLI, Alfredo Raúl (org.). *La patria contratista.* Buenos Aires: Siglo Veintiuno, 2004.

SANCINETTI, Marcelo A. *Derechos humanos en la Argentina post dictatorial.* Buenos Aires: Lerner Editores Asociados, 1987.

VACA NARVAJA, Gustavo; FURGÓN, Fernando. *Fernando Vaca Narvaja:* con igual ánimo. Pensamiento político y biografía autorizada. Buenos Aires: Colihue, [s.d.].

VERBITSKY, Horacio. *Civiles y militares:* memoria secreta de la transición política. Buenos Aires: Editorial Contrapunto, 1987.

VEZZETTI, Hugo. *Pasado y presente:* guerra, dictadura y sociedad en la Argentina. Buenos Aires: Siglo Veintiuno, 2002.

Capítulos de livros

BORON, Atilio. Aristóteles en Macondo: notas sobre el fetichismo democrático en América Latina. *In*: HOYOS, Guillermo (comp.). *Filosofía y teorías políticas entre la crítica y la utopía*. Buenos Aires: CLACSO, 2007.

DI STEFANO, Mariana. Estilo, persuasión y praxis política: el caso de las Madres de Plaza de Mayo. *In*: ARNOUX, Elvira (coord.). *Políticas del lenguaje*. Buenos Aires: Eudeba, [no prelo].

Artigos em periódicos e divulgação

BOZZOLO, Raquel. Algunos aspectos de la contratransferencia en la asistencia a familiares de desaparecidos. *In*: KORDON, Diana; EDELMAN, Lucila. *Desaparecidos:* efectos psicológicos de la represión. Buenos Aires: Planeta, 1983.

BROCATO, Carlos Alberto. De la ética a la política. *El Porteño*, abril de 1989.

HALPERIN DONGHI, Tulio. Una historia que se resiste a entrar en la Historia. *Clarín*, 20 mar. 2001.

IZAGUIRRE, Inés. Argentina: una larga tradición de prácticas genocidas normalizadas. *Edición APDH*.

RUIZ GUIÑAZÚ, Magdalena. Así fue la Conadep: reivindicación del Nunca Más. *Perfil*, Suplemento Treinta Años de Periodismo, 17 dez. 2006.

SARLO, Beatriz. Las fundadoras de una nueva conciencia en la Argentina. *Página/12*, 30 abr. 2002.

Diários e revistas

Clarín; *Crónica*; *La Nación*; *La Voz*; *Página/12*; *La Razón*; *La Prensa*; *Buenos Aires Herald*; *Somos*; *Gente*; *El Periodista*; *La Semana*; *Tres puntos*; *Fin de Siglo*; *El Diario del Juicio*; *Tiempo Argentino*; *La Gaceta*; *Boletín Informativo Madres de Plaza de Mayo*; *Mensuario Madres de Plaza de Mayo*; *Diario de Sesiones de la Cámara de Diputados de la Nación*; *Diario de Sesiones de la Cámara de Senadores de la Nación*; *El Atlántico*; *El Porteño*; *El Rodaballo*; *Acción*.

Arquivos

Asociación Madres de Plaza de Mayo; Madres de Plaza de Mayo Línea Fundadora; Secretaría de Derechos Humanos de la Nación; Comisión Provincial por la Memoria de la Provincia de Buenos Aires; Familiares de Detenidos y Desaparecidos por Razones Políticas.

Entrevistas

Entrevistas realizadas com Madres de Plaza de Mayo: Adelina de Alave; Mirta Acuña de Baraballe; Beatriz Ketty Aicardi de Neuhaus; María del Rosario Carballeda de Cerruti; María Elisa Hachmannn de Landín; María de las Mercedes Porota Colas de Meroño; Nélida Quita Fiodeliza de Chidíchimo; María Adela Gard de Antokoletz; Elsa Issa de Becerra; Dolores Noemí Lolín López Candal de Rigoni; Juana Meller de Pargament; Aurora Molina de Fracarolli; Nora Irma Morales de Cortiñas; Marta Ocampo de Vázquez; Hebe Pastor de Bonafini; Sofía Renée *Yoyi* Slotopolsky de Epelbaum.

Outras entrevistas: Raquel Ángel; Osvaldo Bayer; Clara Bertestetzky de Israel; Alberto Guilis; Diana Kordon; Emilio Fermín Mignone; Adolfo Pérez Esquivel; Herman Schiller; Fernando Vaca Narvaja; Antonio Rojas Salinas.

Nota: onde não foi indicada a fonte, as entrevistas foram realizadas especificamente para este livro.

Gravações

Cintas magnetofônicas de reuniões e assembleias das Mães da Praça de Maio gravadas por María del Rosario Carballeda de Cerruti.

Edição em CD de discursos das Mães. Buenos Aires: Asociación Madres de Plaza de Mayo.

ÍNDICE ONOMÁSTICO

C

D

E

F

G

H

I

J

K

L

M

N

O

P

R

S

T

V

W

Z

NOTA À EDIÇÃO BRASILEIRA

Ainda hoje, quase cinquenta anos depois das primeiras marchas ocorridas em 1977 sob a ditadura mais sangrenta do século XX na Argentina, ao aproximar-se em uma quinta-feira qualquer às 15h30 a Praça de Maio em Buenos Aires, se pode ver os lenços brancos das Mães e sentir o murmúrio de suas vozes, e o grito de suas consignas, e caminhar com elas, em passos circulares em torno da Pirâmide.

A maioria de suas iniciadoras já faleceram e apenas algumas poucas seguem vivas, mas foram paulatinamente substituídas por outras mulheres e homens que sustentam a luta que se iniciou a meio século com a mais elementar reivindicação em defesa da vida, e que continua atualmente por uma transformação profunda, política, econômica, cultural e social em solo argentino e no mundo inteiro, mais ungido que nunca de uma mudança que enfrente o avanço das direitas e ultradireitas, neonazis e neofascistas que colocam em risco já não um grupo humano, mas a humanidade inteira e ao próprio planeta.

Não se trata de assistir a um ritual e muito menos presenciar com distância um feito do passado que se repete no presente, mas sim de aprender uma gramática que deu voz e nome a milhares de desaparecidos e desaparecidas, que teceu uma rede de solidariedades para sustentar um sentido que ainda persiste, mais vasto, buscando um futuro melhor para nossos povos.

A rebelião das Mães aborda os primeiros dez anos dessa experiência singular de um movimento social e político nascido na encruzilhada da mais feroz ditadura da história argentina no século XX e a mais profunda derrota dos setores populares e revolucionários, encerrando por um longo período toda perspectiva de progresso e transformação social em meu país enquanto no restante da América Latina viviam-se situações similares.

Mas esse movimento continuou e se projetou até nossos dias dos mais diversos modos. Inclusive, criando, no ano 2000, uma Universidade Popular com um sentido contra-hegemônico, para a formação de quadros políticos revolucionários e que foi recentemente atacada e intervida pelo governo de ultradireita de Javier Milei.

A experiência das Mães transcendeu o mundo que escutou nelas o eco de suas próprias lutas e esperanças. Que sem forçar semelhanças pode, como qualquer homem e mulher do Brasil, sentir as ressonâncias de *Ainda estou aqui* ou *O luto que vira luta*, ou das mães de desaparecidos no México, e em outros países irmãos de América Latina, ou na Ásia e na África, e das vítimas da Europa em guerra e racista, e dos assassinados pelo terror no Oriente Médio e no genocídio na Palestina.

Com a transcendência política mundial das Mães, surgiu a necessidade de aprofundar o conhecimento na gênese e na prática desse movimento, não como um artigo de museu mas como um patrimônio político e cultural de nossos povos a caminho de sociedades cada vez mais justas e verdadeiramente humanas.

A iniciativa de traduzir e publicar em português essa história das Mães da Praça de Maio tem esse sentido. Agradeço enormemente a editora Coragem, a Thomás Daniel Vieira, a Camila Costa Silva, às tradutoras e a todos e cada um dos que participaram nessa edição que me permite continuar um diálogo com os leitores do Brasil que se iniciou com a primeira edição em castelhano, na Argentina, pelos anos de 2006 e 2008, que cruzou as fronteiras. E que, agora, sem as barreiras do idioma, se amplia.

Porque este livro e seus leitores se sustentam em um diálogo histórico entre nossos povos.

Muito especialmente, essa relação entre um livro surgido na Argentina e seus leitores brasileiros expressa outra relação, anterior, entranhável: o vínculo que as próprias Mães estabeleceram, desde os primeiros anos, com os movimentos de solidariedade, humanitários, sociais e políticos do Brasil. As Mães chegaram ao Brasil pela primeira vez, precisamente a Porto Alegre, em 1979, quando se intensificava a ferocidade da ditadura na Argentina e no Brasil ainda governava o ditador João Batista Figueiredo. Foi então que começaram a estreitar um vínculo que se estenderia no tempo e no espaço e que, a contrapelo das alianças de terror e despotismo, traziam e levavam a irmandade entre argentinos e brasileiros.

Superada a ditadura e os difíceis primeiros anos da etapa pós-ditatorial, as Mães, originalmente agraciadas pela solidariedade internacional, já convertidas em um símbolo mundial de luta pela vigência dos direitos humanos, se transformaram em semeadoras de solidariedade. Assim voltaram a percorrer o mundo, não somente para denunciar o drama do qual surgiram, mas para apoiar as lutas de outros povos.

Neste livro, se encontra um momento dessa história. Não como relíquia, mas como "memória féril", conceito cunhado pelas próprias Mães que se refere a uma história e a uma memória que não se limita na dor nem se compraz com o passado como uma peça sagrada ou um artigo de mera erudição, mas como conhecimento que respalda as experiências e as lutas do presente por uma sociedade mais justa e um futuro melhor para nossos povos.

Ulises Gorini
Buenos Aires, 04 de setembro de 2025.

Agradecimentos

A todas as Mães da Praça de Maio que me ajudaram a construir esta história, que abriram seus arquivos e seus corações, e reviveram tempos de lutas, de dor e de alegria, que ainda não terminaram.

À memória de meu avô Emilio e de meu pai Floreal, cujas vidas continuam a inspirar o sentido da minha própria vida.

À minha esposa e companheira, Mariana di Stefano, por seu amor e sua inteligência, por compartilhar as mesmas lutas e esperanças, e por toda a ajuda que me ofereceu na elaboração das ideias e na edição definitiva deste trabalho que, salvo pelos defeitos que possam ser de minha responsabilidade, é, como dizem meus filhos, coautora destas páginas.

À humanidade calorosa e à excelência profissional de Fernando Cittadini, que me sugeriu inúmeras correções ao texto original e me auxiliou em sua edição definitiva.

À amizade de Osvaldo Bayer e ao seu exemplo de vida, alguns de cujos dias são relatados aqui.

A Atilio Boron, que me orientou na interpretação da época e das formações sociais do período abordado, especialmente na Introdução.

A Comissão da Memória da Província de Buenos Aires, especialmente à historiadora Patricia Funes e à arquivista Claudia Belingeri, que me disponibilizaram valiosa documentação pertencente ao arquivo da instituição.

Ao Instituto Movilizador de Fundos Cooperativos, que me concedeu o tempo necessário para concluir o livro.

À Federação Judicial Argentina, que me apoiou generosamente em minha tarefa.

Aos indispensáveis companheiros e amigos, cuja ajuda foi decisiva para realizar as múltiplas tarefas de pesquisa e redação do livro: Leonora Djament, Gabriela Franco, María Luna, Mirta Quiles, Oscar Castelnovo, Carlos Zamorano, Silvia Porritelli, Edgardo Form, Víctor Mendibil, Mariana Morales, Constanza Penacini, Natalia Viñes, Gisela Romero e Marcela Dato.

Por fim, aos fotógrafos que, em sua maioria, cederam seus trabalhos para esta publicação, com exceção daqueles que foi impossível localizar ou identificar.

Este livro foi composto com fonte tipográfica Gotham Book 16pt e Cardo 10.5pt, e impresso sobre papel Supremo 250g/m^2 na capa e papel ivory 65g/m^2 no miolo pela gráfica Pallotti para a Coragem, no Rio Grande do Sul.

As Mães e Avós continuam suas tradicionais marchas semanais na Praça de Maio e, apesar das dificuldades na luta por memória, verdade e justiça com um governo negacionista, anunciaram em julho de 2025 a identificação do “neto 140”.